lonely planet

Estonia, Letonia y Lituania

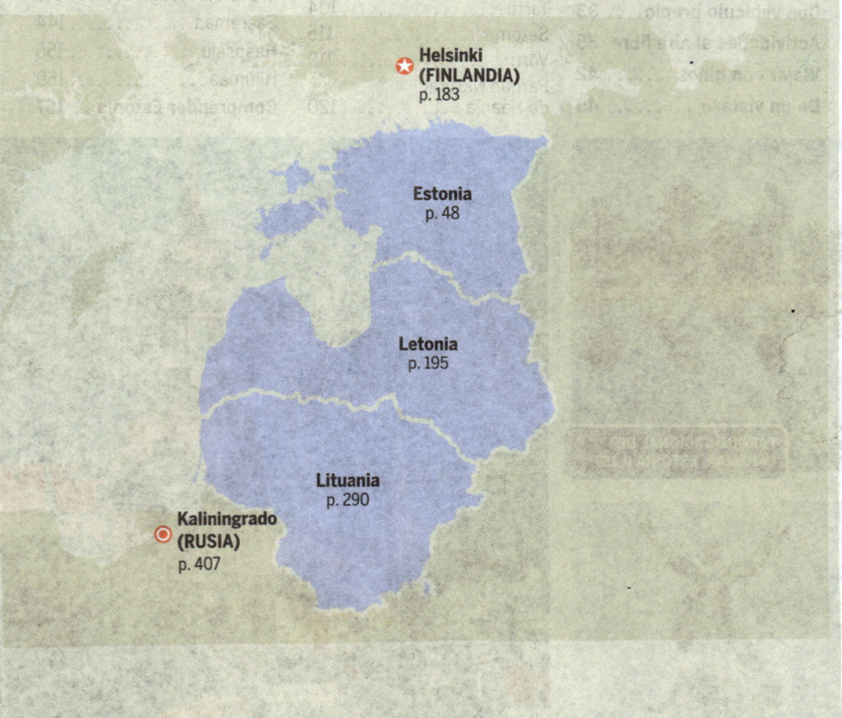

EDICIÓN ESCRITA Y DOCUMENTADA POR

Peter Dragicevich, Hugh McNaughtan y Leonid Ragozin

PUESTA A PUNTO

EXPLORAR

NICO TONDINI/ROBERTHARDING/GETTY IMAGES ©

PARQUE NACIONAL DE LAHEMAA, ESTONIA P. 187

PAUL BIRIS/GETTY IMAGES ©

COLINA DE LAS CRUCES, LITUANIA P. 354

KAVALENKAVAVOLHA/GETTY IMAGES ©

Sumario

GUÍA PRÁCTICA

CASCO ANTIGUO, RIGA, LETONIA P. 199

Bienvenidos a Estonia, Letonia y Lituania

Un viaje al Báltico, entre castillos, dunas elevadas, bosques cautivadores y lagos mágicos, convierte los cuentos de hadas en realidad.

Diminuto pero diverso

A pesar de su reducido tamaño, Estonia, Letonia y Lituania permiten descubrir tres culturas totalmente diferentes, con distintos idiomas, tradiciones y temperamentos completamente diferenciados. Basta con comparar las tres capitales, únicas pero igualmente cautivadoras: la majestuosamente medieval Tallin, la elegante y *art nouveau* Riga y la ostentosamente barroca Vilna. Además, la región permite gozar de una gran riqueza cultural sin recorrer grandes distancias.

Camaradas de la Guerra Fría

Pese a sus diferencias, las repúblicas bálticas padecieron juntas las adversidades del siglo xx. Y, cuando llegó el momento, respondieron todos a una a la cuestión de "ser o no ser" de forma claramente afirmativa. Los visitantes tendrán ocasión de descubrir las terribles y conmovedoras historias sobre la ocupación nazi y soviética de estos países: numerosos vestigios de la guerra, monumentos colectivos a las víctimas y excelentes museos de historia social mantienen vivo su recuerdo. Al mismo tiempo, la característica arquitectura estalinista y el impactante arte del realismo socialista siguen generando fascinación. Y es que a todo el mundo le gustan los finales felices.

Naturaleza privilegiada

Aunque los estados bálticos sean llanos, no carecen de atractivos naturales: playas de arena infinitas, multitud de lagos, extensos bosques y humedales ricos en flora y fauna. Además, muchos de los grandes mamíferos europeos han encontrado en esta región un lugar tranquilo para vivir, aunque los lobos, osos, alces y linces no se prestan a posar para los turistas. Resulta más fácil ver cigüeñas blancas realizando equilibrios en lo alto de una farola, pájaros carpinteros picoteando sin cesar o ciervos correteando asustados junto a una carretera.

Magia en el aire

Desde las torres de cuento de Tallin hasta las fantasmagóricas ruinas del castillo de Ludza, los adultos románticos y los niños fantasiosos disfrutarán del misterio de este paisaje antiguo y seductor. En los cuentos populares abundan los lagos sagrados, las cascadas mágicas y las brujas y duendes ocultos en los bosques más oscuros y en los pantanos más traicioneros. Este fue el último rincón de Europa en ser cristianizado y aún hoy, en los lugares más remotos, se ven árboles con un lazo en bosquecillos sagrados y monedas depositadas en piedras misteriosas. Conviene olvidar la incredulidad y dejar volar la imaginación.

Por qué me encantan Estonia, Letonia y Lituania

Por Peter Dragicevich, autor

Es probable que haber crecido en Nueva Zelanda, donde no hay edificios de más de 200 años, me haga especialmente sensible a los encantos de un lugar como Tallin. Cuando vi por primera vez sus calles empedradas, sus murallas torcidas y sus altos campanarios, quedé embelesado. El choque entre la historia y el mundo moderno ha convertido a los tres países bálticos en lugares sumamente fascinantes para mí. Y cada vez que viajo hasta allí, algo nuevo me enamora.

Para saber más sobre los autores, véase p. 456

Arriba: Castillo de Césis del s. XIII, Letonia (p. 268)

Estonia, Letonia y Lituania

Istmo de Curlandia
Para disfrutar del poder redentor de los elementos (p. 371)
Colina de las Cruces
Crucifijos de todos los tamaños y formas (p. 354)
Vilna
Una capital adoquinada muy en la onda (p. 291)
ALTITUD
250m
200m
150m
100m
50m
0
Mar Báltico
56°N
55°N
21°E
LITUANIA
LATGALE
RUSIA
BIELORRUSIA
POLONIA
VILNA
MINSK
Kaunas
Klaipėda
Šiauliai
Panevėžys
Daugavpils
Liepāja
Jelgava
Rēzekne
Kaliningrado
Neringa
Istmo de Curlandia
Nida
Juodkrantė
Palanga
Kretinga
Plungė
Telšiai
Mažeikiai
Skuodas
Kelme
Raseiniai
Kėdainiai
Jonava
Ukmergė
Utena
Anykščiai
Trakai
Alytus
Druskininkai
Marijampolė
Jurbakas
Tauragė
Šilutė
Sovetsk
Zelenogradsk
Suwałki
Augustów
Mrągowo
Lida
Maladzechna
Hlybokoye
Novopolatsk
Daugava (Zapadnaya Dvina)
Neman (Nemunas)
Lago Lubāns
Lago Rāzna
Juozapine
Ignalina
Visaginas
Zarasai
Rokiškis
Biržai
Pasvalys
Joniškis
Bauska
Dobele
Saldus
Aizpute
Madona
Ludza
Krāslava
Aglona
Jēkabpils
Aizkraukle
Koknese
Ogre
Molėtai
Švenčionys
Šalčininkai
Lazdijai
Kalvarija
Vilkaviskis
Kutuzovo
Sakiai
Kaisiadorys
Birštonas
Varena
Merkine
Marcinkonys
Dieveniskes
Pabrade
Nemencine
Giedraiciai
Sirvintos
Maisaigala
Vievis
Darsuniskis
Jeznas
Rudiskes
Zariskiai
Šeštokai
Nevskoye
Simkaiciai
Erzvilkas
Viesvile
Skautvile
Šilalė
Kvėdarna
Laukuva
Varniai
Zarenai
Rietavas
Gargzdai
Priekule
Sveksna
Zemaiciu Naumestis
Darbėnai
Klampji
Krumini
Kiburi
Salantai
Medininkai
Seda
Akmonė
Naujoji
Papile
Tryskiai
Kuršenai
Gruzdziai
Radviliškis
Šeduva
Grinkiskis
Smilgiai
Raguva
Seta
Linkuva
Zeimelis
Zabare
Alsiai
Auce
Ezere
Skrunda
Jaunspils
Kalnamuiza
Eleja
Pirunsdāle
Lecava
Skaistkaine
Baldone
Vecmuiza
Jaunjelgava
Liebarde
Dzisji
Mengele
Gostiņi
Viesite
Nereta
Suvainiškis
Salociai
Vabalninkas
Pampenai
Pandelys
Kupiškis
Svedasai
Uzpaliai
Dusetos
Daugailiai
Subate
Akniste
Ilūkste
Līvāni
Preiļi
Atašiene
Laudona
Varakļāni
Vilani
Malta
Stālidzāni
Ruskalava
Stiglava
Kārsava
Zilupe
Kaunata
Rukmuiza
Andrupene
Dagda
Auleja
Palūšė

Las 17 mejores experiencias

1

El fascinante casco antiguo de Tallin

1 Hubo un tiempo en que la mayoría de las ciudades europeas estaban rodeadas por robustas murallas con torrecillas, que fueron desapareciendo tras los bombardeos en tiempos de guerra y la introducción del automóvil. El casco antiguo de Tallin (p. 53) permite intuir ese mundo de caballeros, damas, mercaderes y campesinos, en parte gracias a la afición de los lugareños por los trajes de época. Las calles irregulares con sus casas medievales dan a plazas antaño llenas de desperdicios y hoy ocupadas por cafés y puestos de recuerdos y artesanía.

Solsticio de verano

2 Aunque las creencias religiosas están muy extendidas, los antiguos rituales paganos perduran en los tres países. Se venera a las cigüeñas, los ramos de flores impares se rechazan con superstición y el solsticio de verano goza de gran relevancia. El elemento espiritual de esta celebración ha desaparecido en gran medida, pero amigos y familiares siguen reuniéndose en el campo para una luminosa noche de cerveza y fogatas. Se festeja en todas las ciudades y pueblos, pero el lago Plateliai, en Lituania, (p.389) resulta ideal para celebrar el solsticio. Dcha.: Celebración del solsticio de verano en Klaipėda (Lituania).

KAVALENKAVAVOLHA/GETTY IMAGES ©

2

YEVGEN BELICH/SHUTTERSTOCK ©

Castillos y casas señoriales

3 El Báltico ocupó una posición clave en las antiguas rutas comerciales entre Europa occidental y Rusia. Las ruinas de castillos, testigos del legado de un reino olvidado, abundan en sus bosques. Durante siglos la región estuvo dividida en un rompecabezas feudal, por lo que el paisaje está salpicado por decenas de casas señoriales. Pernoctar en una de estas mansiones, como las del valle del Gauja en Letonia (p. 266), es toda una experiencia.

Arriba: Castillo de Turaida en Sigulda, Parque Nacional de Gauja.

Istmo de Curlandia

4 Algo elemental, incluso anticuado, invade el retiro costero más encantador de Lituania, un angosto brazo de arena con majestuosas dunas en el rincón sureste del mar Báltico. Tal vez sea el aroma a pino, la brisa marina o su relativo aislamiento lo que recuerda las estancias en la zona del escritor alemán Thomas Mann a principios de la década de 1930. El istmo de Curlandia (p. 371) resulta ideal para reponer energías y renovar la fe en las propiedades redentoras del viento, el agua, la tierra y el cielo.

3

4

ANGEL VILLALBA/GETTY IMAGES ©

A. ALEKSANDRAVICIUS/SHUTTERSTOCK ©

HOLGER LEUE/GETTY IMAGES ©

Casco antiguo barroco de Vilna

5 Con sus rincones tentadores, patios atractivos, iglesias barrocas y terrazas en las que tomar una cerveza, el casco antiguo de la capital lituana (p. 295) supone uno de los mejores lugares para perderse del Báltico. Lo viejo y lo moderno parecen coexistir sin problemas y, tanto si se busca una tienda de ropa de segunda mano, una panadería ecológica, una cálida y pequeña librería o un lugar apacible donde tomar un café, lo más probable es que todo se halle en alguno de sus inexplorados callejones empedrados.

Saaremaa

6 Ir a una isla siempre convierte un viaje en algo extraordinario y, Saaremaa (p. 144), en Estonia, brinda un lánguido espacio boscoso que destila magia. Su principal reclamo, el castillo de Kuressaare, la fortaleza medieval mejor conservada del Báltico, se erige orgulloso tras su foso, junto al puerto. Pero son los molinos de viento de la isla, concretamente el fotogénico quinteto de Angla, los que protagonizan la imagen más emblemática de Saaremaa, capturada en botellas de cerveza, vodka y agua de todo el país.

Arriba dcha.: Molino de viento de Angla, Saaremaa.

Arquitectura 'art nouveau' de Riga

7 Si se pregunta a un rigués dónde encontrar la mundialmente conocida arquitectura *art nouveau* de la ciudad, la respuesta siempre será la misma: "¡Alce la vista!". Más de 750 edificios de la capital letona lucen este exuberante y evocador estilo arquitectónico. Basta con pasar una tarde ventosa tomando instantáneas de las imaginativas fachadas del Centro Tranquilo de Riga (p. 206) para descubrir su etérea mezcla de demonios chillando, deidades encantadas, flora descontrolada y diseños geométricos singulares.

BOKSTAZ/SHUTTERSTOCK ©

GORSH13/GETTY IMAGES ©

WESTEND61/GETTY IMAGES

Recolecta de alimentos

8 Antes de visitar la región, conviene aparcar las ideas preconcebidas sobre patatas y lengua de cerdo, pues la mesa báltica ya no se parece a una cafetería soviética. El movimiento locávoro causa furor y su producto estrella es la seta. Buscar setas no es un pasatiempo, sino de una obsesión. El clima húmedo propicia que en lugares como el Parque Nacional de Dzūkija (p.339) surjan todo tipo de deliciosos hongos. Pero, para ir por cuenta propia, resulta más prudente esperar a la temporada de las frutas del bosque.

Colina de las Cruces

9 Lo primero que viene a la mente al cruzar el llano paisaje lituano de camino a este paraje es algo así como: "¿Dónde habrá una colina por aquí?". Acto seguido, uno la observa en la distancia; en realidad se trata más de un montículo que de una colina, repleta, eso sí, de miles de cruces. El lugar (p. 354) adquiere mayor significado cuando se averigua que las cruces no suponen solo un símbolo de fe religiosa, sino que representan la afirmación de la identidad del país.

Saunas y 'spas'

10 Aunque finlandeses, turcos y rusos sean más famosos por la sauna, a los bálticos también les encanta quitarse la ropa para darse un baño de vapor. En estos países abundan los *spas*, como el maravilloso Aqva (p.93) en Rakvere, donde se puede ronronear como un gatito mientras se recibe un masaje experto. Muchos prefieren imitar a los nativos y 'disfrutar' de una sauna tradicional, es decir, dejarse azotar con ramas de abedul secas mientras se suda a más de 60º C. Abajo dcha.: Sauna de humo de madera en Estonia.

Parque Nacional de Gauja

11 Salpicado de bonitos pueblos y fortalezas épicas, el Parque Nacional de Gauja (p. 260), en Letonia, resulta fascinante. La torre del castillo de Turaida se eleva majestuosa sobre los pinos como un glorioso vestigio de los reinos de fantasía que antaño dominaban estas tierras. Y, tras la lección de historia, llega la hora de vivir un poco de emoción y practicar algún deporte que dispare la adrenalina, como el *puenting* o deslizarse en trineo por una pista de hielo.

Tartu

12 Tartu (p. 104) supone para Estonia lo que Oxford y Cambridge para Inglaterra. Al igual que en estas ciudades, la presencia de una universidad antigua de gran reputación y la población estudiantil le imprimen un carácter especial. Existe un museo casi en cada esquina y, por lo visto, un garito en cada sótano. En días soleados, la colina del centro de la ciudad resulta el mejor lugar para observar los eternos clichés de la vida universitaria: cotorreo, romance y alcohol a raudales. Abajo: Edificio de la Universidad de Tartu.

11

12

Parque Nacional de Lahemaa

13 Con la presencia de los principales hábitats del país (litoral, bosques, llanuras, turberas, lagos y ríos) y a solo 80 km de la capital, Lahemaa (p. 87) representa un pedazo de la Estonia rural que ningún viajero debería perderse. Además de los atractivos naturales, se puede admirar hermosas casas señoriales barrocas, visitar diminutas aldeas y refugiarse en tabernas rurales cuando la meteorología se complica y el estómago ruge.

Jūrmala

14 Jūrmala (p. 231) fue antaño el *spa* y el destino costero más prestigioso del antiguo Imperio ruso. Y pese a que la fiebre por las aguas curativas ya pertenece al pasado, sigue tratándose de un lugar muy popular donde gozar de un sinfín de tratamientos singulares, como baños de chocolate. Aunque no resulte apetecible nadar en la playa poco profunda, merece la pena la excursión desde la capital letona para admirar las maravillosas mansiones de madera y comprobar la ostentación de los nuevos ricos.

VENEMAMA/GETTY IMAGES ©

GORSH13/GETTY IMAGES ©

DANITA DELIMONT/GETTY IMAGES ©

Pärnu

15 Probablemente no se viaja al Báltico pensando en playas de arena interminables, pero eso es exactamente lo que ofrece Pärnu (p. 132). Cuando la idea extravagante de bañarse en el mar se puso de moda, a principios del s. xx, Pärnu se convirtió en el destino costero más popular de Estonia, y casi sigue siéndolo en la actualidad. Las joyas arquitectónicas de esa época se combinan con vestigios de su herencia hanseática, creando deliciosas calles aderezadas con interesantes bares y restaurantes. Arriba izda.: Iglesia ortodoxa de Santa Catalina, Pärnu.

Costa de Kurzeme

16 Mientras que los lituanos disfrutan de las dunas del istmo de Curlandia y los estonios se deleitan con la vida isleña de Saaremaa e Hiiumaa, la intermedia costa letona de Kurzeme (p. 236) resulta un lugar bastante desolado, con una pequeña constelación de poblaciones dispuestas entre farallones y decadentes torres de vigía soviéticas. La desaliñada Liepāja se halla en el sur, siguen las playas de color crema de Ventspils y se llega al clímax en la norteña Kolka, donde el mar Báltico y el golfo de Riga se encuentran.

Vestigios soviéticos

17 Han transcurrido poco más de 20 años desde que los países bálticos hicieran trizas el Telón de Acero y, aunque estas nuevas naciones caminan hacia la globalización, aún quedan innumerables bloques de viviendas adustos y decadentes torres de vigía costeras que recuerdan los tiempos difíciles. Muchas otras reliquias soviéticas, sin embargo, permiten a los visitantes explorar el pasado a lo James Bond. Instalaciones antaño secretas, como el búnker Pension (p. 267), provocan risa, melancolía y asombro. Arriba dcha.: Entrada camuflada al búnker Pension.

Lo esencial

Para más información, véase 'Guía práctica' (p. 118)

Moneda

Euro (€)

Idiomas

Estonia: estonio
Letonia: letón
Lituania: lituano

También se habla ruso.

Visados

Los ciudadanos de la UE y EE UU no necesitan visado para entrar en Estonia, Letonia o Lituania.

Dinero

Abundan los cajeros. Se aceptan tarjetas de crédito en la mayoría de los restaurantes y hoteles.

Teléfonos móviles

Se venden tarjetas SIM prepago compatibles con la mayoría de los teléfonos extranjeros.

Hora local

Hora de Europa oriental (GMT/UTC+2).

Cuándo ir

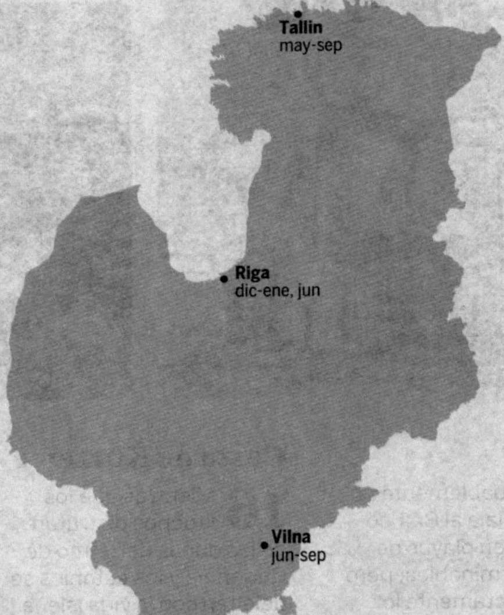

Veranos de cálidos a calurosos, inviernos fríos

Temporada alta (jul-ago)

- El alojamiento se agota en las capitales; resérvese con tiempo.
- Días interminables y tiempo cálido, ideales para un pícnic.
- No hay que perderse los festejos del solsticio de verano.

Temporada media (may y sep)

- Los precios de los billetes de avión bajan mucho.
- El tiempo es relativamente suave.
- Muchas atracciones reducen sus horarios.

Temporada baja (oct-abr)

- Temperaturas frías y días más cortos.
- Apenas existe actividad en las poblaciones costeras.
- Durante las vacaciones se llenan las capitales y las zonas de esquí.

Webs útiles

'Baltic Times' (www.baltictimes.com) Periódico en inglés con la actualidad de los tres países bálticos.

Visit Estonia (www.visitestonia.com) Portal oficial de turismo de Estonia.

Latvia (www.latvia.travel) Sitio turístico oficial de Letonia.

Lithuanian Travel (www.lithuania.travel) Principal portal turístico de Lituania.

Baltic Country Holidays (www.traveller.lv) Red de reservas en alojamientos rurales de toda la región.

Lonely Planet (www.lonelyplanet.es) Información sobre destinos, foros y mucho más.

Teléfonos útiles

Prefijo de Estonia	372
Prefijo de Letonia	371
Prefijo de Lituania	370
Prefijo internacional	00
Urgencias	112

Tipos de cambio

Argentina	10 ARS	0,64 €
Chile	100 CLP	0,13 €
Colombia	1000 COP	0,29 €
EE UU	1 US$	0,90 €
México	10 MXN	0,49 €
Venezuela	10 VEF	0,90 €

Para conocer los tipos de cambio actualizados, véase www.xe.com.

Presupuesto diario

Hasta 60 €

- Albergue o pensión: 10-35 €
- Comida para dos: 15 €
- Paseo por la ciudad: gratis
- Entrada a un museo: 3 €
- Bebidas en una terraza: 7 €

Entre 60 € y 120 €

- Habitación de hotel: 50 €
- Comida para dos: 28 €
- Transporte público: 2 €
- Entrada media a dos grandes museos: 10 €
- Bebidas en un club exclusivo: 15 €

Más de 120 €

- Habitación en hotel de lujo: 75 €
- Comida para dos: 55 €
- Taxis: 8 €
- Un día de museos: 15 €
- Noche de copas: 20 €

Horario comercial

Los horarios varían según la temporada y la localidad; a continuación se listan los habituales:

Bancos 9.00-16.00 o 17.00 de lunes a viernes

Bares 12.00-24.00 de domingo a jueves, hasta las 2.00 o 3.00 viernes y sábados

Cafés 9.00-22.00

Correos 8.00-16.00 de lunes a viernes, 9.00-14.00 sábados

Restaurantes 12.00-23.00 o 24.00 todos los días

Tiendas 10.00-18.00 de lunes a viernes, 10.00-15.00 sábados

Supermercados 8.00-22.00 todos los días

Cómo llegar

Aeropuerto de Riga (p. 426)

El autobús 22 (2 €, 25 min) va al centro, situado a 13 km, al menos cada media hora. Un taxi a la ciudad cuesta unos 12 €.

Aeropuerto de Tallin (p. 426)

El autobús 2 lleva al centro (1,60 €) en unos 20 min. Un taxi suele costar menos de 10 €.

Aeropuerto de Vilna (p. 426)

El autobús 1 une el aeropuerto con la estación de ferrocarril; salen trenes a la estación central cada media hora entre las 6.00 y las 23.30. El billete cuesta 0,72 € y el viaje dura 10 min. Un taxi al centro, situado a 5 km, cuesta 10-15 €.

Cómo desplazarse

El transporte en los países bálticos ofrece un precio razonable y resulta rápido y eficiente.

Automóvil Útil para viajar al ritmo deseado o por regiones con escaso transporte público. Pueden alquilarse en pueblos o ciudades. Se conduce por la derecha.

Autobús Estonia, Letonia y Lituania cuentan con amplias redes que cubren las principales ciudades y las conectan con poblaciones menores.

Tren Los servicios ferroviarios son limitados; hay que cambiar de tren para ir de un país a otro.

Avión Las tres capitales están unidas por vuelos regulares.

Para más información sobre **cómo desplazarse**, véase p. 431.

En busca de...

Castillos

El Báltico fue antaño un mosaico feudal. Los castillos que perduran, en ruinas o restaurados, dan fe de la importancia estratégica de la región entre dos civilizaciones.

Castillo de Trakai Este castillo de cuento en ladrillo rojo situado sobre una isla diminuta, proporciona un telón de fondo ideal para un paseo en barca por el lago. (p. 325)

Castillo de Kuressaare El castillo medieval mejor conservado del Báltico, con foso y todo. (p. 148)

Castillo de Narva Hermann Enfrentado a su contraparte rusa, al otro lado del río, evoca una partida de ajedrez entre gigantes. (p. 97)

Castillo de Rakvere Pequeñas princesas y diminutos caballeros se disfrazan, acarician animales y se lo pasan en grande. (p. 93)

Castillo de Bauska Dos por uno a la letona: un castillo del s. XVI intacto incrustado en las ruinas de uno del s. XV. (p. 253)

Castillo de la Orden Livona Esta sólida fortaleza en la ciudad costera letona de Ventspils alberga un fascinante museo de historia local. (p. 256)

Museos

Se puede documentar mucha historia, pero los museos abordan otros temas además del devastador pasado bélico de la región.

Museo de la Ocupación de Letonia Cinco decenios de ocupación a través de las historias de los supervivientes. (p. 219)

Museo de Arte al Aire Libre de Pedvāle Esculturas a gran escala en una granja aislada del valle del Abava, en Letonia. (p. 246)

Museo de los Diablos Lucifer acecha en sus distintas formas en la moderna Kaunas. (p. 346)

Museo de la Ciudad La historia de Tallin en 10 sitios diferentes, incluida la casa de comercio del s. XIV. (p. 57)

Museo de Arte Lituano Ocupa varias sedes en todo el país, incluida la de Vilna en el Palacio Radvilos. (p. 306)

Museo al Aire Libre de Estonia Venerables edificios de todo el país reubicados en un bosque en la periferia de Tallin. (p. 67)

Reliquias de guerra

Del conflicto con los soviéticos y el régimen nazi a las batallas tribales y las invasiones medievales, el Báltico ha asistido a numerosos derramamientos de sangre.

Pension Oculto durante décadas, este búnker de alta seguridad testimonia los juegos de espías soviéticos. (p. 267)

Paneriai Sombrío monumento en memoria de las 100 000 personas asesinadas aquí por los nazis en la II Guerra Mundial. (p. 324)

Prisión de Karosta Esta prisión militar rusa ofrece la oportunidad de experimentar la vida de un recluso. (p. 243)

Museo de la Guerra Fría El Parque Nacional de Žemaitija esconde uno de los grandes secretos soviéticos, una base de misiles nucleares subterránea. (p. 388)

Kiek in de Kök El museo alojado en esta imponente torre está dedicado a las fortificaciones y la historia militar de Tallin. (p. 60)

Península de Sõrve Este apéndice de la isla de Saaremaa incluye escenarios de batallas, sepulturas de guerra, búnkeres y un museo militar. (p. 153)

Playas

Los veranos bálticos son cortos, pero los amantes

Arriba: Biblioteca Nacional de Letonia, del arquitecto Gunnar Birkerts

Abajo: Turbera en el Parque Nacional de Soomaa.

de la playa gozarán con los interminables tramos de arena dorada.

Nida Paz, calma y una belleza natural inigualable entre dunas y pinos. (p. 374)

Jūrmala El *spa* costero más elegante del Báltico sigue repleto de magnates rusos y sus familias. (p. 231)

Pärnu Con su arena dorada, es sinónimo en Estonia de diversión veraniega. (p. 132)

Tuhkana Accesible por un camino forestal en la isla estonia de Saaremaa, ofrece una relativa calma. (p. 147)

Palanga El principal destino estival de Lituania es ideal para vivir la fiesta. (p. 382)

Saulkrasti Una hermosa playa letona sorprendentemente poco frecuentada. (p. 257)

Arquitectura

Tan hermosa como variada, las tres capitales bálticas presentan florituras barrocas, frontones medievales, deslumbrante *art nouveau*, edificios estalinistas y obras contemporáneas.

Arquitectura 'art nouveau' de Riga Fachadas recargadas en cientos de imponentes estructuras que se extienden más allá del centro. (p. 212)

Casco antiguo de Vilna Repleto de campanarios, bóvedas y pilares, el barroco casco antiguo de la capital está muy bien conservado. (p. 295)

Casco antiguo de Tallin Un tesoro de almenas, casas y edificios públicos medievales. (p. 53)

Kumu Las siete plantas de caliza, vidrio y cobre del museo de arte de Tallin suponen una nueva referencia. (p. 65)

1

STEFAN CIOATA/GETTY IMAGES ©

1. Pärnu (p. 132)

La pintoresca capital de verano de Estonia.

2. Hiiumaa (p. 159)

Una isla salpicada de molinos de viento, faros, búnkeres soviéticos abandonados y playas vacías.

3. Casco antiguo, Tallin (p. 53)

Un paseo por sus estrechas calles adoquinadas transporta al s. xv.

4. Parque Nacional de Lahemaa (p. 87)

Sus característicos bloques erráticos llegaron desde Escandinavia por la acción glaciar.

2

IGORSPB/GETTY IMAGES ©

4

MART KOPPEL/SHUTTERSTOCK ©

MATT MUNRO/LONELY PLANET ©

Biblioteca Nacional de Letonia Un nuevo "castillo de luz" a orillas del río Daugava. (p. 212)

Iglesia de Santa Ana No es la más impresionante de Vilna, pero para muchos sí la más hermosa. (p. 297)

Pueblos pintorescos

Abundan las granjas con encanto y los pueblos apacibles en la región, sobre todo ahora que los lugareños están cambiando su bucólico estilo de vida para irse a la gran ciudad.

Koguva Atrapado en un pintoresco pliegue temporal, este pueblecito de pescadores ofrece una ventana al pasado. (p. 141)

Labanoras Una aldea de madera de impactante belleza en una región protegida. (p. 333)

Kuldīga El lugar "donde el salmón vuela" sirve de escenario para películas de época letonas. (p. 248)

Rõuge El paraíso rural estonio se ubica en un valle con siete pequeños lagos. (p. 120)

Plateliai Hermosa localidad junto al lago y puerta de acceso al Parque Nacional de Žemaitija. (p. 388)

Pāvilosta Tranquila localidad playera con una gran oferta de deportes acuáticos. (p. 242)

Parques nacionales

Estonia, Letonia y Lituania se adelantaron a las otras repúblicas soviéticas creando los primeros parques nacionales de la URSS a principios de la década de 1970. Desde entonces no dejan de fascinar.

Parque Nacional de Lahemaa El "país de las bayas", en Estonia, presenta una hermosa sucesión de playas, bosques, pantanos y ríos. (p. 87)

Parque Nacional de Gauja Este valle letón de densos bosques está salpicado de castillos encantadores. (p. 260)

Parque Nacional de Rāzna Esta tranquila reserva protege buena parte del territorio lacustre de Latgale, en Letonia. (p. 278)

Parque Nacional de Žemaitija Un misterioso paisaje de bosques y lagos ideal para acampar, caminar o practicar deportes acuáticos. (p. 388)

Parque Nacional de Soomaa Un paseo por pasarelas sobre los pantanos de Estonia en busca de brujas, duendes, osos y lobos. (p. 132)

Palacios y casas señoriales

Cuando no guerreaba, la aristocracia báltica cambiaba sus fortalezas por cómodas casas de campo. Algunas han sido cuidadosamente restauradas, otras siguen en ruinas.

Palacio de Rundāle La principal joya palaciega de Letonia rinde homenaje a la opulencia de la elite báltico-germánica. (p. 253)

Palacio Kadriorg Construido por el zar Pedro el Grande, el hermoso palacio de Tallin forma parte del Museo de Arte de Estonia. (p. 65)

Palacio de los Grandes Duques de Lituania Minuciosa reproducción de la sede del poder en el s. XVII en el corazón de Vilna. (p. 294)

Muižas del Gauja Se puede dormir en una de las impresionantes *muižas* (casas señoriales) de la campiña letona. (p. 266)

Casa señorial de Palmse La pieza clave del Parque Nacional de Lahemaa (Estonia) está totalmente restaurada, así como sus múltiples anexos. (p. 89)

Casa señorial de Kau En plena campiña estonia, esta mansión hasta hace poco en ruinas acoge un original hotel y un famoso restaurante. (p. 87)

Mes a mes

PROPUESTAS DESTACADAS

Noche de San Juan, junio

Festival de Canto y Danza, julio (cada cinco años)

Positivus, julio

Festival de Cine de las Noches Oscuras, noviembre

Navidad, diciembre

Enero

Las celebraciones de Año Nuevo y el continuo espíritu festivo confortan el corazón de los lugareños mientras capean un crudo invierno con escasa luz solar.

Año Nuevo

Los festejos de la víspera prosiguen durante esta jornada al tiempo que se realizan prácticas paganas en las reuniones familiares a fin de garantizar un próspero año nuevo.

Febrero

El frío, oscuro y gélido invierno continúa, pero los lugareños lo aprovechan saliendo al campo a practicar esquí de fondo.

Maratón de esquí de Tartu

Esta prueba de 63 km campo a través reúne a cerca de 10 000 competidores en la campiña estonia; los ganadores completan el recorrido en menos de 3 h. Se sale de Otepää, de gran tradición deportiva.

Festival de focas de Palanga

Durante tres días a mediados de febrero los amantes del pescado acuden a la localidad costera de Palanga para probar los famosos eperlanos de la ciudad. También existe un encuentro anual de 'osos polares', en el que robustos nadadores retozan en las gélidas aguas del Báltico.

Marzo

Los lugareños levantan las cortinas para observar que efectivamente aún es invierno. Los principales motivos de celebración son las vacaciones de Semana Santa, aunque a veces caen en abril.

Arte popular lituano

Vilna y Kaunas acogen a principios de marzo la Feria de San Casimiro, un festival de arte y artesanías populares.

Abril

El frío llega oficialmente a su fin con el ascenso de la temperatura media por encima de los cero grados. La primavera asoma y es recibida con entusiasmo.

Festival de Cine Fantástico y de Terror de Haapsalu

Los zombis toman las calles y las pantallas de Haapsalu, en la costa occidental de Estonia. Esta muestra de cine de terror y fantasía se programa para coincidir con la luna llena de abril.

'Jazz' en Tallin

Figuras internacionales del jazz se reúnen durante dos semanas en el Festival Jazzkaar de Tallin. Las actuaciones tienen lugar no solo en salas de conciertos, sino en calles, plazas, parques e incluso en el aeropuerto.

Día del Estudiante de Tartu

La población universitaria de Tartu se desmelena en esta fiesta pagana que marca el fin del trimestre y la llegada de la primavera. Una segunda versión, más reducida, se celebra a mediados de octubre.

'Jazz' en Kaunas

El anual Festival de Jazz de Kaunas, a finales de abril, es posiblemente la cita más prestigiosa y popular de Lituania en este género.

Mayo

Los días son más largos y el tiempo mejora. Los negocios turísticos calientan motores en pleno ambiente preveraniego.

Días del Casco Antiguo

Tallin propone en sus fotogénicas calles del s. XIV unas jornadas temáticas aderezadas con danza, conciertos, artistas disfrazados, deportes y jolgorio medieval a raudales.

Festival de Nueva Danza Báltica

Compañías de Lituania y de todo el mundo acuden a Vilna durante una semana para actuar en este festival anual de danza moderna y contemporánea que se celebra a principios de mayo.

'Ballet' báltico

El Festival Internacional de Ballet Báltico de Riga propone tres semanas de actuaciones de compañías de todo el mundo.

VITALIJS BARISEVS/SHUTTERSTOCK ©

IL.BABAKIN/SHUTTERSTOCK ©

Arriba: Actuación en el festival Positivus.

Abajo: Mercado navideño en el casco antiguo de Riga.

Junio

Tras varios intentos, el tiempo cálido llega para quedarse. La celebración del solsticio de verano en toda la región proclama el momento cumbre del verano.

Festival Internacional de Folklore Báltico

Alternando de forma anual entre Tallin (2016, 2019), Vilna (2017, 2020) y Riga (2018, 2021), este gran festival celebra las tradiciones populares bálticas con miles de actividades.

Festival de Ópera de Riga

El acontecimiento principal de la Ópera Nacional de Letonia dura 10 días e incluye actuaciones de talentos de fama mundial.

Festival gastronómico Grillfest

Una oportunidad de unirse a miles de veraneantes para devorar comida a la parrilla en la localidad costera estonia de Pärnu.

Noche de la Cultura

Artistas visuales y músicos pueblan la capital lituana de Vilna con todo tipo de instalaciones y performances durante una noche de junio. (www.kulturosnaktis.lt)

Orgullo Báltico

El festival anual del orgullo de gais y lesbianas se alterna anualmente entre las tres capitales; Vilna en el 2016 (y 2019), Tallin en el 2017 (y 2020) y Riga en el 2018 (y 2021).

Solsticio de verano

La gran fiesta nocturna de la región se disfruta mejor en el campo, donde las hogueras iluminan a los noctámbulos.

Festival Folk Internacional

Celebrado el último fin de semana de junio en Nida, en el istmo de Curlandia, reúne cada año a músicos folk y agrupaciones de baile de varias regiones lituanas y europeas.

Jornadas Hanseáticas

Las localidades estonias de Viljandi y Pärnu celebran con fiestas medievales su pasado como parte de la Liga Hanseática de ciudades comerciales del norte.

Julio

Sumidos en plena vorágine estival, los lugareños se citan entre semana en terrazas y verandas para tomar cerveza, y los fines de semana se desplazan a sus casas de campo.

Ritmos de Riga

Celebrado a principios de julio, Rīgas Ritmi es el festival internacional de *jazz*, músicas del mundo e improvisación de la capital letona. En primavera e invierno se programan conciertos adicionales.

Conciertos clásicos

El Festival de Verano de San Cristóbal ofrece en julio y agosto dos meses de conciertos de música del mundo, clásica y *jazz* en toda Vilna, la capital lituana.

Festival de Cine de Pärnu

Coordinado por el Museo de Arte Nuevo de la ciudad, proyecta documentales del mundo entero. Se celebra a principios de mes en el museo y otras sedes del principal destino costero de Estonia.

Cerveza y conciertos

El Õllesummer es una cita sumamente popular de tres días, a principios de julio, en torno a la cerveza y el *rock*, en los históricos Jardines del Festival de la Canción de Tallin.

Festival del Mar de Klaipėda

Este festival anual de cinco días se celebra hacia el tercer fin de semana de julio y homenajea el rico patrimonio náutico de este puerto lituano.

Devilstone

Este festival de música *rock* y *metal* se celebra a mediados de julio en la ciudad de Anykščiai, en el centro de Lituania. El programa incluye *hard rock, heavy metal*, música gótica, electrónica y *speed metal*. Los aficionados ya saben dónde ir. (www.devilstone.net)

Festival de Folklore de Võru

A mediados de julio, Võru se convierte en un enjambre de bailarines, cantantes y músicos vestidos con trajes típicos de Estonia y de una docena de países que celebran sus respectivas tradiciones y culturas.

Jornadas Hanseáticas de Tartu

Tartu regresa al medievo durante tres días a mediados de julio de la mano de campesinos, damas, bufones y caballeros, exposiciones de artesanía, mercados, actividades familiares y mucho más.

Festival del Vino

El pueblo letón de Sabile, conocido por albergar los viñedos al aire libre más septentrionales del mundo, ofrece esta oportunidad única de catar vinos locales.

Festival de Canto y Danza

Celebrado por separado cada cinco años en cada uno de los países bálticos, atrae a gentes de origen báltico de todo el mundo, para actuar en gigantescos coros o bailes a gran escala a la altura de los de Corea del Norte.

Positivus

Los tranquilos pinares del norte de Vidzeme se han convertido en destino de una peregrinación anual para muchos letones, que disfrutan de varios días de música *rock*, indie y electrónica.

Summer Sound

Liepāja es reconocida como el refugio del punk y el sonido garaje, así que cualquier festival local merece la pena; especialmente el Summer Sound, que reúne cada año a unas 40 000 personas. (www.summersound.lv)

Festival de Música Folk de Viljandi

Los aficionados a la música folk toman la localidad estonia de Viljandi durante los cuatro días de este festival inmensamente popular, en el que actúan músicos estonios y extranjeros. Se celebran más de 100 conciertos y reúne a más de 20 000 personas.

Festival de Ópera de Sigulda

Festival de ópera al aire libre que reúne a cantantes de fama internacional en las ruinas del castillo de Sigulda (Letonia) durante tres días a final de mes. (www.opersvetki.lv)

Maratón de 'Jazz' de Nida

El *jazz* invade las dunas de este destino costero lituano con ocasión de su festival anual. Se programan varios días de conciertos seguidos de *jam sessions* en distintas sedes en el istmo de Curlandia a finales de julio y principios de agosto.

Agosto

Las largas tardes despejadas son perfectas para ir a la playa y descansar, y los lugareños aprovechan cada rayo de sol pese a las ocasionales tormentas.

Diversión marítima

A principios de mes, Kuressaare (en la isla estonia de Saaremaa) honra su condición portuaria con el Festival Marítimo, un fin de semana de actividades relacionadas con el mar, como una regata, una feria, muestras de cocina con arenques, bandas y una gran presencia naval.

Cine al aire libre

El festival de cine al aire libre tARTuFF proyecta gratuitamente durante una semana películas de autor y documentales en la plaza del Ayuntamiento, en el corazón de Tartu (Estonia). Lecturas de poesía y conciertos completan la propuesta.

Historias de fantasmas

Celebrado en los jardines del castillo de Haapsalu, al oeste de Estonia, el Festival de la Dama Blanca culmina con la aparición de un fantasma en la ventana de la iglesia, producido por el reflejo de la luna llena sobre el cristal.

Música pagana

El último fin de semana de agosto se celebra en una isla cercana a Zarasai el popular Festival de Música Alternativa MJR (Mėnuo Juodaragis), que festeja solo nominalmente las raíces paganas de Lituania, pues en realidad es una cita para disfrutar de música rara vez interpretada (www.mjr.lt).

Birgitta Festival

Las evocadoras ruinas del convento de Pirita, en el barrio playero más popular de Tallin, brindan un escenario para conciertos de clásica, *ballet*, ópera, obras corales y danza moderna.

Arte nocturno

La Baltā Nakts ("noche blanca"), patrocinada por el Foro de Arte Contemporáneo, reproduce la iniciativa de París de mostrar por una noche obras de artistas y culturales en toda Riga, la capital letona.

Piens Fest

Este sueño para los modernos parece casi una reunión accidental de artistas locales (músicos y otros) en la zona de Miera iela de Riga. Se puede devorar frituras, admirar ropa *vintage* y escuchar ritmos *indies* sentado en la hierba. (www.piens.nu/fest/)

Ezera Skaņas

Se trata probablemente del acontecimiento musical más esotérico de Letonia: los asistentes suben a barcos en el lago Kāla a las 5.00 para escuchar música mística flotando sobre el agua. (www.ezeraskanas.lv)

Future Shorts

Este festival de cine presenta cortometrajes de todo el mundo. (www.facebook.com/pages/Future-Shorts-Latvia/137370992955145)

Septiembre

Los últimos días del verano se transforman en el primer atisbo otoñal, con lluvias frecuentes a finales de mes y el cambio de color en las hojas que empiezan a caer de los árboles.

Teatro del mundo

El Festival Internacional de Teatro Sirenos (Sirenas), una popular cita anual celebrada en Vilna (Lituania) de mediados de septiembre a mediados de octubre, reúne a personas del mundo entero en torno a una sólida programación.

Octubre

Los días se acortan y atrás quedan las tardes de playa; los negocios orientados a turistas echan el cierre y se preparan para hibernar.

Festival de Música de Gaida

Una de las cimas del calendario musical de Lituania, esta celebración anual de la música clásica y moderna de la Europa central y oriental se celebra en Vilna.

Noviembre

El otoño da paso al invierno y la lluvia se torna nieve. A la espera de la Navidad, tal vez sea uno de los meses más tranquilos del año.

Scanorama

Celebrado en las cuatro ciudades más grandes de Lituania (Vilna, Kaunas, Klaipėda y Šiauliai), este festival muestra películas europeas de varios formatos y géneros. (www.scanorama.lt)

Mama Jazz

El encuentro de *jazz* más importante de Vilna se celebra en noviembre y suele reunir a artistas de primera línea de Europa y el mundo.

Festival de Cine de las Noches Oscuras

El mayor festival de cine de Estonia propone obras de todo el mundo en la capital durante dos semanas, a partir de mediados de noviembre. Programa paralelamente películas de animación, infantiles y algunas realizadas por estudiantes.

Día Nacional de Letonia

Una semana entera de festividades en torno al aniversario de la proclamación de independencia de Letonia el 18 de noviembre de 1918, incluido el Festival de la Luz de Riga.

Arēna

Este festival de compositores y artistas contemporáneos inscritos en la tradición clásica en sentido amplio se celebra en varias sedes de Riga (Letonia).

Diciembre

Las fiestas de Yule suponen la distracción perfecta para olvidarse del frío; las calles se engalanan y las familias se reúnen para celebrar el solsticio de invierno.

Navidad en Tartu

Las velas del Adviento se encienden los cuatro domingos antes de Navidad mientras cantan los coros en la plaza del Ayuntamiento, con una iluminación de cuento de hadas (Estonia).

Mercados navideños

Decoración festiva, arte y artesanía, comida típica y una amplia oferta de ocio amenizan los oscuros días previos a la Navidad en los cascos antiguos de las capitales y en muchas otras localidades de la región.

Nochevieja

Fuegos artificiales y fiesta nocturna en las principales plazas de Tallin, Riga y Vilna para celebrar la llegada del nuevo año.

Lo nuevo

El contagio culinario de Estonia

Los gastrónomos informados habrán oído hablar de la excelente oferta culinaria de Tallin, influenciada por la nueva cocina nórdica. La revolución está poniendo fin a la tiranía del cerdo y la patata en toda Estonia. De los 50 mejores restaurantes del país, casi la mitad se halla fuera de la capital, cuando hace un par de años eran apenas un puñado.

Kalamaja quiere ser respetable

En el que fue durante mucho tiempo el barrio favorito de los bohemios de Tallin, Kalamaja, han abierto en los últimos años muchos restaurantes, bares y cafés, atraídos por el éxito de la vecina Ciudad Creativa de Telliskivi. (p. 62)

Puerto de hidroaviones de Lennusadam

La transformación de este gancho arquitectónico en un museo marítimo de vanguardia ha conseguido llevar los circuitos turísticos fuera del casco antiguo de Tallin. (p. 62)

Torre de televisión de Tallin

Tras cinco años de reformas, la emblemática *teletorn* de Tallin ha vuelto a abrir con muestras interactivas, una pasarela exterior que permite asomarse al vacío y magníficas vistas desde su mirador a 175 m de altura. (p. 67)

Centro de Arte Mark Rothko de Daugavpils

La localidad natal del letón Mark Rothko, un gigante del arte del s. xx, ha ganado interés tras la inauguración de esta galería en su honor. (p. 273)

La Casa de la Esquina

La grandeza de este edificio de Riga contrasta con su macabra historia, pero esta antigua sede de la policía secreta soviética (KGB) cumple un propósito: contar las historias de sus víctimas. (p. 207)

Vilna despega

La capital lituana atraviesa un trance creativo, con una explosión de la oferta de bares y restaurantes y una creciente conciencia de su lugar en Europa desde el punto de vista artístico y cultural. (p. 291)

Lituania se lanza a la artesanía

La actividad artesanal sigue creciendo y mejorando en Lituania. En particular Vilna cuenta con una floreciente subcultura de telares tradicionales y de elaboración de papel, joyas, ropa y títeres. (p. 321)

Cerveza báltica artesana

La moda de la cerveza artesanal ha penetrado con fuerza en la región. En los barrios modernos de Estonia y Letonia, sobre todo, abundan los pequeños productores barbudos que ofrecen cerveza de calidad. (p. 179)

Para más recomendaciones y reseñas, véase www.lonelyplanet.es.

Itinerarios

2 SEMANAS Lo mejor del Báltico

Si se dispone de poco tiempo, pero se pretende ver lo mejor de cada país báltico, este itinerario incluye varios de los destinos ineludibles.

Se empieza en **Tallin** y se deambula por las magníficas calles medievales del casco antiguo de la capital estonia. Conviene explorar las delicias gastronómicas locales antes de ir al **Parque Nacional de Lahemaa.** La ciudad universitaria de **Tartu** espera; después se puede poner rumbo al sur, a Letonia, para visitar los castillos en ruinas de **Cēsis** y **Sigulda** en el **Parque nacional de Gauja**. Se puede dormir en una de las elegantes *muižas* (casas solariegas) cercanas y luego dirigirse a **Riga,** con su abrumador despliegue de fachadas decoradas. Después, se sigue al sur hasta **Rundāle** para visitar su opulento palacio, conocido como la versión báltica de Versalles, levantado por el arquitecto del Palacio de Invierno de San Petersburgo. Desde Rundāle se pasa la frontera con Lituania y se visita la **Colina de las Cruces,** en Šiauliai, antes de viajar al oeste hasta el **istmo de Curlandia.** Se puede pasar un tiempo entre sus pintorescas casas de campo, sus dunas móviles y sus jabalíes antes de terminar el viaje en la deslumbrante y barroca **Vilna.**

4 SEMANAS

El Gran Tour

Un mes basta para ir a la playa, realizar excursiones y ver muchas de las encantadoras localidades de la región, e incluso visitar Helsinki.

Se comienza en la hermosa capital lituana, **Vilna,** donde se dedican un par de días a sus calles empedradas, al monte Gediminas y al encanto histórico. Se visita al **castillo de Trakai** antes de dirigirse hacia el mar, al oeste. El **Parque Nacional de Žemaitija** ofrece una breve clase de táctica de misiles soviética previa a un descanso entre las dunas del **istmo de Curlandia.** Se sigue el mar Báltico dejando atrás la localidad portuaria de **Klaipėda** y el centro vacacional de **Palanga** hasta alcanzar la frontera letona.

Se para en **Liepāja,** famosa por su catedral dorada y sus enormes edificios soviéticos. Si el tiempo lo permite, se puede ir al norte, a la costa de **Pāvilosta,** antes de desviarse a la pintoresca localidad interior de **Kuldīga.** A continuación, se pasa la noche en los preciosos arenales de **Ventspils** antes de llegar al ventoso y salvaje **cabo de Kolka.** Siguiendo la línea serpenteante de la costa se llega al *spa* de **Jūrmala,** repleto de magnates rusos y excelente lugar para realizar una escala antes de dirigirse a la cercana **Riga.**

Tras un par de días en la capital letona, se cruza la frontera con Estonia para disfrutar de la playa en **Pärnu.** Al oeste se hallan las islas boscosas de **Muhu**, **Saaremaa** y **Hiiumaa**. En **Haapsalu** se almuerza y se visita el castillo antes de seguir hacia **Tallin,** a la que conviene dedicar al menos tres días para disfrutar de sus tesoros, antes de viajar en ferri a **Helsinki** a pasar la noche. De vuelta en Estonia, se puede pernoctar en el **Parque Nacional de Lahemaa** antes de ir a **Rakvere** y **Mustvee,** en la costa del lago Peipus, y a **Tartu** para pasar una o dos noches.

Se visita el original pueblo fronterizo de **Valga/Valka** y se sigue al **Parque Nacional de Gauja,** en Letonia. Se pasea por las ruinas de la fortaleza de **Cēsis** y se va a **Sigulda** a deslizarse en trineo o probar el puenting. Se termina en Riga o se regresa a Vilna para devolver el coche de alquiler.

1 SEMANA Toda Letonia

Una semana en Letonia permite explorar buena parte de los tesoros nacionales más allá de la atrayente capital.

Tras **Riga,** se visitan los bosques cercanos a **Sigulda,** plagados de castillos, antes de ver el búnker soviético secreto de **Līgatne** y la fortaleza de piedra de **Cēsis.** Después se puede ir a Latgale, la zona de los lagos, y dormir en una casa de huéspedes o en un *camping* a orillas del **lago Rāzna** y visitar la basílica de **Aglona**.

Se vuelve a **Rundāle** para apreciar la opulencia del palacio antes de alcanzar la costa en **Liepāja,** capital de la música de garaje letona, y el melancólico barrio de Karosta. Un desvío al interior lleva a **Kuldīga,** uno de los pueblos más pintorescos del país; se puede pernoctar en la costera **Ventspils.** Conviene visitar el **cabo de Kolka,** donde el golfo de Riga y el mar Báltico se unen de manera espectacular.

Siguiendo la costa y el rosario de pueblos aislados se llega a **Jūrmala,** la localidad turística más famosa del Báltico. Finalmente se regresa a Riga.

10 DÍAS De gira por las capitales

Diez días en la región báltica bastan para saborear las bondades de sus tres capitales.

Se empieza en **Vilna** (Lituania) para apreciar su suntuosa arquitectura barroca entre sinuosas calles empedradas. Dos días alcanzan para tomar instantáneas del monte Gediminas y empaparse del rico legado judío de la ciudad.

Se debe visitar el castillo de **Trakai** antes de partir hacia la capital letona, **Riga,** la mayor ciudad del Báltico. Se recomienda acercarse al mercado central y deleitarse con la maravillosa arquitectura *art nouveau*. Abundan las opciones para realizar excursiones de un día, desde **Jūrmala,** donde disfrutar de balnearios entre la elite rusa, hasta **Sigulda,** perfecta para liberar adrenalina con su oferta de deportes de aventura.

La siguiente etapa abarca Estonia y **Tallin,** donde se descubrirá un reino de cuento de hermosas casas medievales. Hay que dejarse tentar por la mundialmente afamada oferta culinaria local y terminar el viaje con un tranquilo día en el **Parque Nacional de Lahemaa.**

1 SEMANA Monográfico lituano

Una semana en la compacta Lituania da para mucho, pero si se dispone de tiempo, este itinerario se puede realizar con más calma en 10 días.

Tras admirar la catedral y los museos de **Vilna,** se va a **Trakai** para ver el castillo de la isla y se sigue hacia la vibrante y ruda **Kaunas.** Los amantes de la playa pueden ir a la costa báltica y la ciudad portuaria de **Klaipėda** antes de seguir hasta el istmo de Curlandia. Allí, la encantadora localidad de **Nida** supone la mejor base de operaciones.

Se deja atrás la costa y se hace escala en **Plateliai,** en el Parque Nacional de Žemaitija, para ver la base de misiles soviéticos abandonada, actual sede del Museo de la Guerra Fría. Se visita la **Colina de las Cruces,** al este, antes de seguir viaje a **Visaginas,** construida en los años setenta para alojar a los trabajadores de la ahora clausurada central nuclear de Ignalina. Después se sigue hacia el **Parque Nacional de Aukštaitija,** con sus lagos y sus rutas de senderismo, y se pernocta en **Labanoras,** centro del Parque Regional de Labanoras, antes de volver a Vilna.

1 SEMANA Estonia esencia

Para quienes logren dejar la maravillosa Tallin, este itinerario cubre parte de todo aquello que Estonia ofrece: playas, campo, castillos, ciudades históricas y pueblos pintorescos.

En un viaje de una semana a Estonia, se deben reservar al menos dos días para **Tallin,** para explorar cada rincón de su encantador centro medieval y saborear las delicias de la gastronomía local. El Parque Nacional de **Lahemaa** resulta un destino ideal para una excursión de un día, mientras que la ciudad universitaria de **Tartu** espera a quienes anhelen más vida urbana y cultural lejos de la capital. Merece la pena visitar **Otepää**, la capital estonia de los deportes de invierno, y después cambiar de estación en **Pärnu,** donde acuden los amantes del sol.

Las islas occidentales de Estonia rematan este viaje. Puede verse la **localidad de Koguva,** en Muhu, y luego instalarse en **Kuressaare,** en Saaremaa, la ciudad balneario más bonita de Estonia, construida en torno a un antiguo castillo con fosos. Desde allí se pueden explorar los molinos de viento silbantes, las iglesias solitarias y los altos acantilados de la isla. Al acabar la semana, se toma un vuelo a Tallin.

Puesta a punto

Con vehículo propio

Tanto quienes planean su viaje a conciencia como los que se limitan a seguir el aroma de la sal y el pescado ahumado por la costa, disfrutarán conduciendo por esta región. Las carreteras son buenas, hay poco tráfico y los conductores son bastante tranquilos. Conducir no resulta solo una forma fácil de explorar la región, sino también un placer.

Lo básico

Automóvil o transporte público

Francamente, resulta factible visitar el Báltico utilizando el transporte público. Alquilar un vehículo es una simple cuestión de placer, comodidad y libertad (además sirve para llevar las maletas). Un automóvil es sinónimo de flexibilidad, pues permite explorar el interior de los países al ritmo elegido. Nada como alejarse de las carreteras principales y descubrir diminutos pueblos atemporales o curiosas reliquias soviéticas de la época en que los rusos utilizaban tecnología espacial para espiar a Occidente.

Los vehículos particulares resultan más cómodos que el transporte público. Si se viaja solo a grandes ciudades o capitales, se recomienda usar el autobús o el tren, diseñados para ir a diario a trabajar y, por consiguiente, muy confortables. Para explorar los parques nacionales, zonas rurales o las islas estonias, los servicios de autobuses no resultan adecuados.

Si se viaja con familia o con amigos, la libertad del automóvil compensa los precios considerablemente altos de los carburantes. No obstante, aparcar el vehículo

Las mejores excursiones en automóvil

Desde Tallin

Nada mejor que disfrutar de la belleza natural de Estonia a primera hora de la mañana, cuando los bosques del Parque Nacional de Lahemaa se llenan de vida. Si el tiempo lo permite, merece la pena ir a Rakvere para visitar el castillo antes de volver a la capital.

Desde Riga

Quienes viajen con vehículo propio no tienen por qué limitarse a las excursiones típicas (Parque Nacional de Gauja, Rundāle, Jūrmala). También pueden ir al oeste. Se recomienda dirigirse a Pedvāle para contemplar las esculturas de torres de su museo al aire libre antes de aventurarse en el pintoresco Kuldīga, un encantador pueblo anclado en el tiempo.

Desde Vilna

La mayoría de los viajeros se dirigen al castillo de Trakai, al oeste, de ahí que se aconseje ir contracorriente y adentrarse en el noreste para deleitarse con los apacibles lagos y senderos del Parque Nacional de Aukštaitija, previa parada en Labanoras.

puede suponer un problema en las capitales, así que merece la pena tomarse unos días para explorarlas a pie antes de alquilar un vehículo y echarse a la carretera.

Cuándo ir

Por razones obvias, la mejor época para circular en automóvil es el verano (entre junio y agosto), época libre de nieve, granizo y otras precipitaciones que dificultan la conducción. Pero no hay que descartar que llueva durante los meses de verano y se debe reservar con tiempo los ferris a las islas estonias en épocas de mucha afluencia (sobre todo los fines de semana y en torno a San Juan). Los largos días de verano permiten una conducción segura aunque se haga tarde.

Dónde empezar y acabar

La buena noticia es que casi todas las compañías de alquiler de vehículos permiten la movilidad entre los tres países bálticos (aunque algunas cobran un cargo por este privilegio). Sin embargo, resulta muy difícil encontrar un servicio que permita trasladar el vehículo a cualquier otro país.

Si se alquila a través de compañías pequeñas, se debe devolver el vehículo en el mismo lugar en que se recogió. Los operadores de grandes franquicias permiten retornarlo en una ciudad diferente o incluso en otro país báltico con un cargo adicional; esto posibilita volar a Tallin y regresar desde Vilna. Si se quiere evitar el recargo y terminar el viaje en el mismo lugar en el que se inició, lo mejor es salir de Riga, realizar un circuito en forma de ocho subiendo a Estonia y bajando a Lituania (o viceversa) y regresar.

Carburante y talleres

Aunque la campiña báltica puede parecer desolada y desierta, existe un número razonable de estaciones de servicio en los tres países; nada justifica quedarse sin carburante.

Antes de emprender el viaje, se recomienda contar con los respectivos teléfonos de los servicios de asistencia en carretera de cada país. Los pinchazos son habituales, sobre todo en Letonia, donde el estado de las carreteras no es tan cuidado como en Lituania y Estonia.

Normas de circulación

Se circula por la derecha. En los cascos históricos y los pueblos abundan las calles de sentido único y las rotondas. Los límites de alcohol en sangre son bajos en los tres países (0,2 en Estonia, 0,4 en Lituania y 0,5 en Letonia).

A pesar de que los países bálticos gozan de una mala reputación en lo relativo a cuestiones como la educación vial o los accidentes de tráfico, lo cierto es que en general se trata de un estereotipo infundado. En las grandes ciudades, los conductores pueden ser agresivos, pero casi todos aceptan los giros equivocados y los cambios de carril. No obstante, hay que evitar el centro de las ciudades en horas punta, sobre todo los viernes por la tarde en los meses más cálidos, pues es cuando los lugareños enfilan hacia sus casas de campo en el interior. Dada la distancia entre poblaciones, conducir por las zonas rurales no entraña demasiado peligro, si bien hay que ser cauteloso con los vehículos que adelantan, ya que suelen acelerar repentinamente y en momentos sorprendentemente inoportunos.

Se debe prestar un cuidado especial en la autopista Tallin-Tartu, llamada por los nativos “la carretera de la muerte”. Existen muchas cámaras de control de la velocidad, así como en la autopista Tallinn–Narva y en toda Letonia.

Puesta a punto
Actividades al aire libre

Los países bálticos ofrecen muchas oportunidades de contacto estrecho con la cara más amable de la naturaleza: remo en lagos brillantes, rutas de senderismo o cicloturismo por hermosos bosques, descanso en la playa. En lugar de luchar para conquistar altas cumbres, la región permite extasiarse ante un escenario natural accesible y soberbio.

La vasta naturaleza

Aunque los llanos países bálticos carecen de la espectacularidad de las regiones montañosas, albergan lugares en los que la naturaleza salvaje dicta las normas, como las impresionantes dunas móviles del istmo de Curlandia o el desolado y ventoso cabo de Kolka.

En estos países abundan los espacios para respirar a pleno pulmón y ofrecen algunas de las mejores opciones del continente para huir de las multitudes y disfrutar en plena naturaleza. Basta revisar los datos de población para saber que cuentan con terreno de sobra.

Para gozar del aire libre se puede elegir entre una gran variedad de actividades. Se puede recolectar bayas silvestres antes de disfrutar de la brisa salada y las prístinas playas de arena blanca bañadas por las aguas azul intenso del Báltico. Después, se puede pedalear entre densas zonas boscosas, deslizarse por un plácido río o maravillarse con la flora y la fauna de las reservas naturales. Quienes busquen una dosis de adrenalina encontrarán opciones sorprendentes, desde *bobsleigh* hasta *puenting*. Además, se puede probar el esquí de fondo o por suaves descensos, o simplemente ir a sudar a una sauna rural tradicional.

Lo mejor

La ruta ciclista perfecta

Sigue la costa báltica desde el istmo de Curlandia, recorre la costa de Kurzeme, rodea el golfo de Riga y da a las tranquilas islas occidentales de Estonia.

Experiencia auténtica en la sauna

En el tradicional *pirts* letón, a elevadas temperaturas, se golpea el cuerpo con ramas de abedul antes de sumergirse en agua fría.

Las mejores pistas forestales

Los parques nacionales de Lahemaa (Estonia), Gauja (Letonia) y Žemaitija (Lituania).

Excelentes centros de piragüismo

El Parque Natural de Haanja (Estonia), los lagos de Latgale (Letonia) y el Parque Nacional de Aukštaitija (Lituania).

Naturaleza imprescindible

Vacas azules en la región de Kurzeme (Letonia), jabalíes en el istmo de Curlandia (Lituania), cigüeñas sobre torres eléctricas (campiña de Estonia).

Información en la red

Country Holidays (www.traveller.lv) Información sobre rutas ciclistas, senderismo y lugares de interés de toda la región.

Ciclismo

Gracias al terreno llano de la región, la bicicleta se erige en una opción ideal para todos los viajeros. Los ciclistas ocasionales pueden ceñirse a los carriles-bici, mientras que los más expertos pueden atreverse con rutas de varios días. Pese a la escasez de rutas de montaña, abundan los caminos de tierra en bosques, y los variopintos y serenos paisajes garantizan unas vistas siempre encantadoras.

Las capitales bálticas también están potenciando el uso de la bicicleta. Los carriles-bici urbanos se multiplican cada año mientras proliferan los sistemas de uso compartido y de alquiler de fácil acceso.

Entre los lugares más populares para pedalear en Lituania figuran el espectacular istmo de Curlandia, el Parque Nacional de Dzūkija y sus muchos lagos, el lago Plateliai y las sendas forestales del Parque Regional de Labanoras.

En Estonia destacan las tranquilas carreteras secundarias de las islas de Muhu, Saaremaa y Hiiumaa, así como los parajes costeros y forestales del Parque Nacional de Lahemaa.

En Letonia la bicicleta representa la mejor manera de explorar Liepaja, Ventspils, Sigulda y Jūrmala. Para una ruta más larga, el distrito lacustre de Latgale resulta ideal, con sus múltiples pistas asfaltadas o no, rodeadas de hermosa

ROMPER A SUDAR

Dado que la oscuridad, el frío y la nieve persisten durante buena parte del año, no resulta sorprendente que la sauna sea parte integral de la cultura local. Casi todos los hoteles disponen de una y algunas ciudades cuentan con baños públicos con saunas. Las ubicadas tranquilamente junto a un lago, un río o el mar, o en la espesura del bosque, brindan la experiencia más auténtica.

Existen tres tipos principales de sauna en la región:

- En las de estilo finlandés, un calentador eléctrico mantiene alta la temperatura del aire (70-95°C) y la humedad baja. Se hallan en muchos hogares, en casi todos los hoteles y en todos los *spas* y parques acuáticos. Las públicas cobran por hora y se alquilan muchas pequeñas saunas privadas. Algunos hoteles cobran, pero otros ofrecen saunas gratuitas a los clientes, o incluyen una sesión en la tarifa; las suites de algunos hoteles cuentan con sauna privada.
- La sauna de humo es la más arcaica, con un fuego encendido bajo las piedras en un edificio sin chimenea (generalmente una cabaña de madera de una sola estancia) que puede tardar 5 h en calentarse. Una vez apagado el fuego, las piedras emiten calor. Se libera el humo antes entrar; las paredes manchadas de hollín forman parte de la experiencia. Poco comunes, se están volviendo a poner de moda.
- La "sauna rusa" o sauna de vapor/baño de vapor no es tan popular como la finlandesa, pero se puede encontrar en *spas* y parques acuáticos. Su temperatura es intermedia (unos 50°C) y la humedad del aire es alta.

Independientemente del tipo de sauna, los lugareños utilizan ramos de hojas de abedul que sacuden o pasan rápidamente sobre el cuerpo para estimular la circulación de la sangre. Algunos también se aplican aceites y ungüentos (sobre todo productos a base de miel).

Enfriar la temperatura del cuerpo también forma parte esencial de la experiencia; de hecho, la mayoría de las saunas finlandesas cuentan con duchas o piscinas aledañas, mientras que las más auténticas saunas de humo suelen ubicarse junto a río o lago. En pleno invierno, algunos se revuelcan por la nieve o agujerean la capa helada de un lago para zambullirse en él.

En las saunas públicas, como las de los hoteles, suele haber normas de etiqueta y atuendo. Los trajes de baño suelen ser obligatorios en las zonas mixtas (para los hombres los bañadores de competición son los más comunes, y a veces se prohíben las bermudas), mientras que la gente tiende a desnudarse en las zonas para un solo sexo. Algunos establecimientos proporcionan toallas o papel para sentarse.

naturaleza. La zona del cabo de Kolka es también muy famoso.

Preparación del viaje

Quien busque ayuda para planificar su viaje, puede acudir a operadores especializados en cicloturismo que ofrecen servicios completos, desde la planificación del itinerario a rutas guiadas. Para organizarse uno mismo, resulta muy útil consultar la abundante información de www.eurovelo.org.

BaltiCCycle (www.bicycle.lt; Lituania)

City Bike (www.citybike.ee; Estonia)

'Spas' y saunas

Estonia

Acudir a un *spa* es habitual entre los estonios, que comparten la costumbre de la sauna con sus vecinos finlandeses. Se puede probar la tradicional sauna de humo en el Museo Agrícola de Mihkli, en la isla de Hiiumaa. Muchos estonios se refieren a la isla de Saaremaa como "Spa-remaa" a raíz de la proliferación de *spas,* concretamente en Kuressaare. También se hallan excelentes *spas* en Pärnu, Rakvere, Võru y Tallin.

Letonia

La localidad costera letona de Jūrmala es sin lugar a dudas la capital báltica de los *spas*. Durante su apogeo fue el centro vacacional por excelencia del Imperio ruso; de hecho, miles de aristócratas acudían para beneficiarse de los tratamientos curativos y disfrutar de las magníficas vistas de la bahía. Hoy en día todavía conserva buena parte de su encanto y sigue tratándose de un lugar muy popular entre los magnates rusos que deciden construirse una casa de vacaciones allí para disfrutar de sus masajes terapéuticos. Sin embargo, para someterse a una auténtica experiencia depuradora, lo mejor resulta alejarse del gentío de Riga o Jūrmala y adentrarse en el interior, donde los lugareños disponen de sus propios *pirts* junto al agua (ya sea a la orilla del mar, un río o un lago). Varios *pirts* particulares aceptan reservas, como el que comparten varios hoteles de Sigulda.

Lituania

Este país posee una cultura del *spa* y la sauna menos desarrollada que el resto de las repúblicas bálticas, si bien también es posible mimarse en varios lugares. Entre los dos destinos más populares están Birštonas y la legendaria ciudad balneario del s. XIX de Druskininkai, en el río Nemunas; esta última localidad es la opción preferida de los entendidos. La primera presume de una tradición que se remonta más de dos siglos atrás y dispone de *spas* de agua mineral (cuyas propiedades curativas benefician desde al estómago hasta el corazón), baños de lodo, un clima relativamente suave y una gran extensión boscosa en los alrededores que ayuda a mantener el ambiente limpio y fresco. Cabe añadir varias atracciones modernas, incluido un enorme parque acuático.

Senderismo

Pese a que los países bálticos carecen de la grandiosidad escarpada y de las grandes extensiones naturales de sus vecinos, una caminata de uno o dos días por alguno de sus parques nacionales resulta igualmente gratificante. Las zonas boscosas (Estonia, 51%; Letonia, 45%; Lituania, 33%) suponen un reclamo inmenso, máxime si se puede observar castores, recolectar bayas o escuchar historias de brujas y hadas a lo largo del camino.

Basta con calzarse unas botas de montaña, respirar profundamente y ponerse en marcha por las rutas de parques nacionales como el de Žemaitija (Lituania), el de Gauja (Letonia), o el de Lahemaa (Estonia). Entre los pueblos más recomendables como base se cuentan Otepää y Rõuge (Estonia), Valmiera y Cēsis (Letonia) y Nida (Lituania). Quienes no se sientan tentados por el senderismo convencional, tal vez prefieran ponerse un par de botas impermeables y realizar una caminata guiada por los cenagales del Parque Nacional de Soomaa, en Estonia.

Deportes acuáticos

Tras la reclusión invernal, la región vuelve a la vida en verano, momento en que se aprovecha la menor oportunidad para empaparse de vitamina D a medida que los días se van alargando. Nunca se está demasiado lejos del mar o de los lagos, donde se puede pescar, navegar, nadar o practicar *windsurf*. Y cuando el tiempo no acompaña, siempre se puede acudir a los centros acuáticos (con piscinas cubiertas, toboganes, saunas, etc.) de las grandes ciudades y lugares de veraneo.

Los principales destinos de playa del Báltico son Pärnu, Narva-Jõesuu y Saaremaa, en Estonia; Jūrmala, Ventspils, Pāvilosta y Liepāja, en Letonia; y Palanga, Klaipėda y Nida, en Lituania. Se pueden practicar deportes acuáticos como el *kiteboard* en Pāvilosta (Letonia).

Kayak y 'rafting'

Ver pasar lentamente el paisaje mientras se desciende por las tranquilas aguas de un río resulta una forma fantástica de observar la naturaleza desde un ángulo diferente. Y dado que los ríos de la región no abundan en rápidos, se trata de un lugar magnífico donde los principiantes pueden perfeccionar su técnica y las familias entretener a los más pequeños. La inmensa belleza paisajística y la paz de la región consiguen que incluso aquellos viajeros que prefieren experiencias extremas no tarden en olvidarse de los rápidos.

En Letonia, los ríos Gauja y Abava ofrecen travesías ininterrumpidas de varios días, aunque también se puede contratar un circuito organizado o alquilar el equipo y aventurarse por cuenta propia; los mejores puntos de salida son Sigulda, para el Gauja, y Kandava, en el caso del Abava. Los lagos de Latgale resultan también excelentes. En Lituania, los parques nacionales de Aukštaitija y Dzūkija y los parques regionales de Labanoras y del Delta del Nemunas y Trakai ofrecen grandes oportunidades a los piragüistas. Las piraguas o las tradicionales *haabjas* (embarcaciones ugrofinesas talladas en un solo tronco) brindan una buena forma de explorar el Parque Nacional de Soomaa, en el suroeste de Estonia; incluso se puede aprender a construir una. Otepää supone otro buen lugar para organizar y acceder a excursiones en piragua en Estonia, al igual que el Parque Natural de Haanja.

Pesca

El amplio conjunto de lagos, ríos y arroyos de los tres países ofrece un sinfín de oportunidades para pescar. Basta con acercarse a una oficina de turismo y solicitar información sobre lugares de pesca y permisos.

Durante el crudo invierno báltico nada supera la experiencia de pescar sobre hielo en compañía de pescadores que se calientan a base de vodka en la congelada laguna de Curlandia, cerca de la costa oeste de Lituania o en Trakai. El Parque Regional del Delta del Nemunas resulta otro lugar de pesca recomendable en el oeste de Lituania. En Letonia, la región lacustre de Latgale abunda en lagos de agua azul oscuro con un sinnúmero de oportunidades para pescar. En el norte de Kurzeme, el lago Engure se trata de un lugar muy popular. En Estonia destaca el enorme lago Peipus.

Recolección de bayas y setas

El profundo arraigo de los bálticos a la tierra se refleja en su obsesión por la recolección de bayas y setas, dos pasatiempos muy populares en los tres países. No hay mejor forma de experimentar esta tradición que acompañando a un amigo autóctono al bosque a recoger bayas en verano o setas en otoño.

Otra opción es unirse a una excursión organizada, pues los lugareños prefieren no revelar sus puntos de recolección preferidos, por lo que preguntar no suele servir de ayuda. Para información sobre excursiones organizadas, visítense www.atostogoskaime.lt (Lituania), www.maaturism.ee (Estonia) o www.traveller.lv (Letonia), o las oficinas de turismo locales.

Entre los más de mil tipos de setas de la región, unas 400 son comestibles y unas 100 venenosas; no hay que comer nunca nada si no se está completamente seguro. A menos que se vaya acompañado de un guía local, es mejor ir a un mercado y probar los productos recién recolectados. Los amarillentos rebozuelos y los carnosos boletus se cuentan entre los mejores. En las cartas de los restaurantes se pueden encontrar tesoros de temporada de los bosques locales.

Arriba: Cría de cormorán, Parque Nacional del Istmo de Curlandia (p. 371).

Abajo: Piragüismo en el río Gauja (p. 260).

FERVOR ESTIVAL

En tiempos paganos se trataba de una noche de magia y sortilegios en que las brujas corrían desnudas y desenfrenadas, hechizando a cualquier criatura que se cruzara en su camino. En el calendario agrícola marcaba el final de la siembra en primavera y el inicio de la cosecha en verano. En la época soviética se convirtió en una celebración política y en cada capital se encendía una antorcha a la independencia, cuya llama se utilizaba para prender hogueras a lo largo y ancho del país.

Actualmente la víspera del solsticio de verano o noche previa al día de San Juan (24 de junio) es la mayor fiesta del año para los bálticos. Aquella noche apenas oscurece, lo cual merece celebrarse en una región de veranos cortos e inviernos largos y oscuros. En Estonia se la conoce como Jaanipäev; en Letonia, como Jāņi, Jānu Diena o Līgo; y en Lituania, como Joninės o Rasos (el antiguo nombre pagano).

Los festejos comienzan el 23 de junio, en especial en Letonia, donde la festividad se recibe con gran deleite. Tradicionalmente, todos se desplazan al campo para celebrar la fiesta entre los lagos y los bosques de pinos. Se preparan cervezas, quesos y empanadas, se elaboran coronas de pasto y las casas se engalanan con flores y ramilletes de hierbas para atraer la buena suerte y alejar los malos espíritus. Los hombres portan coronas de hojas de roble y las mujeres, de flores.

Al caer la noche se encienden las hogueras, empieza la música y la bebida fluye. No se permite a nadie ir a dormir hasta que el sol caiga y asome de nuevo (quien lo haga tendrá un año de mala suerte). Se cantan canciones típicas, se baila y se arrasa con la comida para la ocasión. Para asegurarse la buena suerte, se debe saltar dos veces sobre la hoguera. En Lituania, saltar sobre una rueda en llamas en movimiento trae más suerte si cabe. En Estonia, los juerguistas se balancean en columpios dobles de madera especiales para Jaanipäev, instalados en claros de bosques o en las plazas de los pueblos.

La noche de San Juan es también una noche para los enamorados. En Estonia, los míticos Koit (alba) y Hämarik (ocaso) se encuentran una vez al año para fundirse en un fugaz abrazo que se prolonga durante el transcurso de la noche más corta del año. En toda la región, las parejas buscan la célebre flor del helecho, que solo florece esa noche. Asimismo, se dice que el rocío del solsticio de verano es una fuerza purificadora que rejuvenece instantáneamente. Sin embargo, hay que estar atento a las brujas de Jaanipäev/Jāni/Joninės, pues se dice que le dan un uso menos seductor.

Los amantes de los hongos pueden ir al festival de las setas de Varėna, que se celebra cada año en septiembre.

Observación de aves

Gracias a su perfecta ubicación en plenas rutas migratorias norte-sur, los países bálticos conforman un paraíso para los amantes de la observación de aves. Cada año, cientos de especies de aves descienden sobre la región atraídas por los humedales repletos de peces y los espacios abiertos casi despoblados. Todos los años llegan miles de cigüeñas que anidan por doquier en tejados y en postes de telégrafo. Entre otras especies que frecuentan cada año la región, se cuentan codornices, alcaravanes, grullas, cisnes, cigüeñas negras y toda clase de ocas.

Estonia

Uno de los mejores lugares de la región para observar aves es el Parque Nacional de Matsalu, en Estonia, donde se pueden contemplar 280 especies (muchas migratorias), con circuitos incluidos. La migración primaveral alcanza su apogeo en abril o mayo, si bien algunas especies se prodigan en marzo. La migración otoñal comienza en julio y puede prolongarse hasta noviembre. El Parque Nacional de Vilsandi, junto a Saaremaa, resulta otro lugar óptimo y sus oficinas pueden ayudar a organizar salidas para observar aves.

Lituania

Unas 270 de las 330 especies de aves encontradas en Lituania frecuentan el Parque Regional del Delta del Nemunas, un lugar de visita obligada para ornitólogos de nivel. Las autoridades del parque pueden ayudar a organizar expediciones cuando la época migratoria alcanza su punto culminante. El cercano Parque Nacional del Istmo de Curlandia ofrece oportunidades para observar unas 200 especies de aves en un sensacional marco junto al litoral.

Letonia

El espléndido Parque Nacional de Gauja presume de algunas de las aves más inusuales del continente. Con bosques frondosos y numerosos humedales, el Parque Nacional de Ķemeri, en el norte de Kurzeme, resulta otro paraje excepcional para la observación de aves. El lago Engure, en el norte de Kurzeme, constituye una importante reserva de aves, con 186 especies (44 amenazadas) que anidan en torno al lago y sus siete islotes.

Esquí

Pese a no disponer de verdaderas montañas, Estonia y Letonia no han permitido que esta limitación orográfica obstaculice sus ganas de disfrutar del esquí. Estos países se han convertido en especialistas en explotar los recursos de que disponen, instalando telesillas y creando pistas de esquí en colinas diminutas valiéndose de pendientes y montículos. Cuentan a su favor con el clima, con temperaturas bajas que garantizan una capa de nieve homogénea durante cuatro meses al año como mínimo. No hay que esperar pistas técnicas o largas pendientes de nieve en polvo, pero decir que se ha esquiado en el Báltico queda muy bien.

Otepää, al sureste de Estonia, es quizá el mejor destino de esquí del Báltico; cuenta con pendientes limitadas, muchas pistas de esquí de fondo, una rampa de salto y muchas tiendas para alquilar material. La animada vida nocturna y el ambiente de estación de esquí aumentan el atractivo. El Parque Nacional de Soomaa ofrece *kicksled*, esquí de fondo y excursiones sobre raquetas de nieve.

El valle del Gauja supone la meca letona de los deportes de invierno. Cēsis ofrece buenas pendientes cortas y muchas pistas de esquí de fondo. Los adictos a la adrenalina que queden decepcionados ante las discretas pendientes de Sigulda, pueden obtener su dosis lanzándose por la pista artificial de *bobsleigh*, de 1200 m, donde se alcanzan velocidades de hasta 80 km/h.

Lituania ofrece esquí alpino en Anykščiai y esquí de fondo entre densos bosques y gélidos lagos azules en el hermoso Parque Nacional de Aukštaitija. También existe una enorme pista interior de descenso en Druskininkai.

Paseos a caballo

La pausada cadencia de la exploración ecuestre casa a la perfección con la esencia del pasado que transmiten algunas regiones de los países bálticos. Entre las mejores y más bucólicas opciones figuran el Parque Nacional de Lahemaa y las islas de Hiiumaa y Saaremaa en Estonia. Los operadores suelen combinar salidas rurales y costeras, y se pueden reservar excursiones de varios días. En Letonia se puede ir a Plosti, entre Kandava y Sabile, en el pintoresco valle de Abava; al **rancho de Untumi** (☎6463 1255; www.untumi.lv), 7 km al noroeste de Rēzekne; o a los clásicos establos de Klajumi, a las afueras de Krāslava, en los lagos de Latgale. Para disfrutar de ocio ecuestre en Lituania, se debe ir a Trakai o al museo de los caballos de Niūronys, cerca de Anykščiai.

Puesta a punto

Viajar con niños

Tranquilidad. Los países bálticos no presentan problemas particulares para viajar con niños, ya sean bebés sonrientes o impetuosos adolescentes. Abundan las oportunidades para divertirse en familia. Incluso si el tiempo se complica, existe mucho que ver y hacer.

Las mejores zonas

Estonia

A los amantes del agua les encantará el país, con sus largas playas de arena y aguas poco profundas, ideales para los pequeños, y sus excelentes parques acuáticos. Además cuenta con museos para niños, castillos de cuento y cascos históricos medievales.

Letonia

El Parque Nacional de Gauja, un bosque encantado de altos pinos, castillos de cuento, ogros escondidos y búnkeres soviéticos secretos, ofrece muchas actividades de aventuras, como circuitos de cuerdas, tirolinas y piragüismo. La costa occidental presenta una sucesión de parques acuáticos y playas.

Lituania

Su costa constituye una gran área de recreo infantil, con parques de atracciones, espectáculos en los restaurantes de Palanga y Šventoji y alquiler de bicicletas y barcos en el istmo de Curlandia. El interior brinda una gran variedad de paisajes forestales para explorar a pie o en piragua. En Vilna, se puede subir a la torre de televisión, al funicular que va al monte Gediminas o zambullirse en el parque acuático.

Estonia, Letonia y Lituania para niños

Puede que en el pasado, cuando eran repúblicas socialistas soviéticas, resultara poco apetecible viajar con niños a Estonia, Letonia o Lituania, pero hoy supone un placer. Las tres forman parte de la UE, así que se aplican los mismos estándares que en Londres o Viena para todo tipo de productos, desde los alimentos infantiles hasta las sillas para bebés.

La historia de los países bálticos resulta fascinante y puede interesar a los adultos, pero ver un museo de historia social con niños o adolescentes puede suponer una pérdida de tiempo. Por suerte existen formas de que los jóvenes viajeros se diviertan y aprendan en los diferentes castillos, granjas, museos interactivos y demás. Casi todas las atracciones ofrecen entradas reducidas para niños en edad escolar y gratuitas para los más pequeños.

Por toda la región se organizan excursiones, sobre todo desde las capitales, que llevan hasta los distintos puntos de interés de la región. Estas excursiones, en general, no resultan recomendables para los más pequeños. Si se viaja con niños de corta edad, es mejor diseñar un itinerario a medida.

Hora de comer

Los niños educados son bien recibidos en casi cualquier establecimiento, aunque probablemente los restaurantes informales y familiares resulten más aptos, tanto para los padres como para los hijos. En Letonia se recomienda la cadena de autoservicio LIDO; especialmente la enorme sucursal de Atpūtas Centrs (p. 223), a las afueras de Riga, con un molino de viento gigante y un parque recreativo al lado. En Estonia, todo lo que se llame *kõrts* (taberna) supone una buena elección.

La textura densa, ligeramente insulsa, de la comida tradicional báltica gustará a la mayoría de los niños. Puede que se resistan a los arenques en escabeche y el chucrut, pero los numerosos platos de cerdo, pollo y patata no deberían plantear problema.

Clásicos infalibles, como la *pizza* y la pasta, son omnipresentes y suelen gustar también a los adultos. En cualquier caso, muchos locales ofrecen menús infantiles con raciones más pequeñas. Quien quiera probar algo diferente, pero barato, sustancioso y para todos los gustos, puede pedir un plato de *pelmeņi*, pasta rellena al estilo ruso.

Por contra, los restaurantes no suelen disponer de tronas y las salas para cambiar pañales prácticamente no existen.

Otros datos prácticos

Los pañales y los alimentos para bebés de las marcas más conocidas, incluidos los ecológicos, se encuentran fácilmente en los supermercados de las grandes ciudades.

Todas las grandes compañías de alquiler de automóviles disponen de sillas adecuadas para bebés, pero se debe comprobar la disponibilidad y reservar con antelación. Si se dispone de una silla propia tipo huevo de calidad, confortable y a la que se esté acostumbrado, puede ser adecuado llevarla, porque resultan muy cómodas para transportar al bebé.

Imprescindible

Historia viva

- **Casco antiguo de Tallin, Estonia** Torres de cuento de hadas, calles medievales y camareros vestidos de campesinos, criadas o granjeros. (p. 71)
- **Reserva del Museo de Turaida, Letonia** Se puede explorar el castillo, ver trabajar a los herreros y buscar las originales esculturas del jardín. (p. 260)
- **Parque Grūtas, Lituania** Un viaje al pasado soviético, con el añadido del material de juego *vintage* y un zoo en miniatura para los pequeños. (p. 335)
- **Castillo de Rakvere, Estonia** Los niños pequeños pueden vestirse de princesas y caballeros y acariciar a los animales; los mayores pueden desgañitarse en la cámara de tortura y ver cómo los alquimistas hacen explotar cosas. (p. 93)
- **Pension, Līgatne, Letonia** Un búnker oculto repleto de reliquias de la era soviética; apasionante a cualquier edad. (p. 267)
- **Castillo de Narva Hermann, Estonia** En verano, con una maqueta de una ciudad del s. XVII en el patio. (p. 97)
- **Centro de Artesanos de Ludza, Letonia** Se puede aprender a tejer lana, alfarería o a coser. (p. 279)
- **Casa de la Artesanía, Ventspils, Letonia** Una antigua aula escolar acoge talleres de artesanía. (p. 239)

Museos y galerías divertidos

- **Centro de Ciencias AHHAA, Tartu, Estonia** Dispositivos interactivos para convertir a los niños en científicos locos. (p. 109)
- **Museo del Juguete de Tartu, Estonia** Juguetes para desear, disfrutar y despertar la nostalgia de los mayores. (p. 107)
- **Puerto de hidroaviones de Lennusadam, Estonia** Muchos dispositivos interactivos, con un submarino de verdad, un rompehielos y un dragaminas. (p. 62)
- **Museo del Ferrocarril de Vía Estrecha, Anykščiai, Lituania** Se puede subir en una vagoneta manual y en un tren histórico. (p. 360)
- **Zoo de Tallin, Estonia** Para ver grandes animales y bichos adorables y aprender sobre ellos. (p. 68)
- **Museo del Caballo, Niūronys, Lituania** Se pueden ver carros y carrozas antiguos, montar en ellos y hornear pan negro. (p. 360)
- **Museo de la Escuela Parroquial de O. Luts, Palamuse, Estonia** El único lugar donde un adulto puede animar a su hijo a usar un

tirachinas para romper una ventana de verdad. (p. 104)

➡ **Nuku, Tallin, Estonia** El museo nacional de las marionetas ofrece disfraces, títeres para ver y para jugar y espectáculos. (p. 69)

➡ **El país de las maravillas de Ilon, Haapsalu, Estonia** Galería que expone el trabajo de la ilustradora de libros infantiles Ilon Wikland. (p. 156)

Actividades

➡ **Sigulda, Letonia** Durante mucho tiempo, la referencia de los adictos a la adrenalina atrae con saltos de *puenting* y pistas para trineos, pero ofrece también opciones más tranquilas para los niños. (p. 260)

➡ **Istmo de Curlandia, Lituania** Dunas móviles y kilómetros de playas convierten a este lugar en el mejor del Báltico para un castillo de arena perfecto. (p. 371)

➡ **Ventspils, Letonia** Un gran parque de juegos (la Ciudad de los Niños), un ferrocarril de vía estrecha y mucha diversión en la playa. (p. 238)

➡ **Palanga, Lituania** Un destino de playa repleto de diversión para niños: toboganes inflables, tiovivos, automóviles eléctricos, etc. (p. 382)

➡ **Pärnu, Estonia** Esta ciudad histórica atrae a las familias gracias a sus frondosos parques, su gran parque acuático interior y una preciosa y extensa playa. (p. 132)

➡ **Otepää, Estonia** La autoproclamada "capital de invierno" de Estonia ofrece todo el año actividades relacionadas con la naturaleza, como un excelente circuito de cuerdas altas. (p. 124)

➡ **Jūrmala, Letonia** Un destino de playa especialmente apto para familias. (p. 231)

➡ **Aqua Park, Druskininkai, Lituania** Un fabuloso parque acuático para niños y tratamientos de *spa* para los padres. (p. 335)

Planificación

Cuándo ir

Los días largos y las temperaturas suaves convierten el verano en el momento ideal para viajar al Báltico con niños, aunque la falta casi total de oscuridad en torno al solsticio puede complicarles el sueño. En verano, las actividades de ocio al aire libre funcionan a pleno rendimiento, las ciudades costeras se animan y se alquilan multitud de granjas en el interior. No obstante, es la época más popular para todo tipo de turistas, así que se debe reservar con antelación el alojamiento y el automóvil, y no olvidar solicitar cunas y asientos para bebés si es necesario.

Qué llevar

No hay que estresarse con el equipaje, si se olvida algo puede encontrarse fácilmente en cualquier capital. Un traje de baño resulta esencial en cualquier época del año, ya que existen muchas piscinas interiores de agua caliente donde disfrutar si el frío excesivo impide ir a la playa.

Conviene tener a mano repelente de insectos para viajar a las islas o a los parques nacionales, pues los mosquitos son enormes y voraces.

Alojamiento

La mayor parte de los hoteles harán que los niños se sientan como en casa. Muchos ofrecen habitaciones familiares con cama doble para los padres y otras pequeñas o literas para los niños. Suelen disponer de cunas, especialmente los grandes establecimientos, aunque es mejor preguntar y reservar una con antelación. Puede existir un cargo adicional por la cuna, pero en la mayoría de los casos los niños pueden alojarse gratis en una habitación doble.

De un vistazo

A primera vista, las repúblicas bálticas parecen intercambiables, escalonadas en la frontera nororiental de Europa. Aunque la región comparte historia y topografía, en otros aspectos, como el idioma, la religión o el temperamento, cada país es diferente.

Las tres capitales representan un ejemplo perfecto. La de Estonia se define como un cuento gótico, la de Lituania abunda en emocionantes florituras barrocas, mientras que la de Letonia resulta armoniosamente extravagante, con sus famosos edificios *art nouveau* decorados con dioses, monstruos, gatos trastornados y motivos naturales.

Más parecidos a movimientos separados de una sinfonía que a variaciones sobre el mismo tema, los países bálticos pueden saborearse por separado o combinarse en una gran obra. Y en cualquier orden.

Estonia

Ciudades históricas
Castillos
Naturaleza

Patrimonio hanseático

Desde el magnífico casco medieval de Tallin hasta las elegantes calles y parques de Pärnu y el complejo universitario de Tartu, en Estonia una gran cantidad de lugares parecen olvidados por el tiempo.

Inquietantes almenas

Haber ocupado una posición tan precaria entre civilizaciones tiene su recompensa. En el caso de Estonia, la herencia de un milenio de guerras conforma un espectacular conjunto de fortalezas distribuidas por el país.

Bosques y humedales

El campo estonio resulta llano y modesto en comparación con otras partes de Europa más montañosas, pero su baja densidad de población y sus bosques, pantanos y humedales lo convierten en un hábitat importante para muchos mamíferos grandes y pequeños, además del flujo de visitantes alados que recibe cada seis meses.

p. 48

Letonia

Arquitectura
Castillos
Naturaleza

'Art nouveau' en Riga

Nadie dominó el *art nouveau* como los arquitectos de Riga a comienzos del s. xx, que cubrieron muchas fachadas de la ciudad con duendes que parecen chillar, diosas orantes, frondosas hojas de vid y figuras geométricas.

Restos nobles

Antiguo jardín de recreo feudal para decenas de nobles alemanes, Letonia atesora numerosas ruinas que recuerdan un tiempo pasado. Muchos de estos castillos y casas señoriales han sido restaurados y transformados en fantásticos hoteles, el lugar perfecto para vivir una fantasía de cuento.

Paisajes y serenidad

Más allá del atractivo de Riga, sus chapiteles pareados y sus altos edificios, se extienden kilómetros y kilómetros de bosques tranquilos, lagos recogidos y costas blancas por descubrir que recuerdan el carácter reposado del Báltico.

p. 195

Lituania

Naturaleza
Arquitectura
Vida nocturna

Paisajes vírgenes

La costa báltica, las dunas del istmo de Curlandia y los grandes bosques salpicados de praderas y lagos conforman el paisaje lituano felizmente intacto. La buena infraestructura turística permite recorrerlo a pie, en bicicleta o en barco al ritmo deseado.

Color y grandeza

El atractivo casco histórico de Vilna luce repleto de arquitectura renacentista, barroca y neoclásica. Fuera de la ciudad, las sencillas estructuras rurales de madera sorprenden por sus colores vivos y sus complejos diseños.

La noche de Vilna

Vilna y Kaunas albergan a miles de estudiantes que animan los cientos de cafés, bares, restaurantes y clubes. El centro de la acción se ubica en el casco antiguo, pero existen locales por toda la ciudad.

p. 290

En ruta

Helsinki
(FINLANDIA)
p. 183
Estonia
p. 48
Letonia
p. 195
Lituania
p. 290
Kaliningrado
(RUSIA)
p. 407

Estonia

372 / 1 300 000 HAB.

Incluye »

Los mejores alojamientos

- Mansión de Pädaste (p. 142)
- Antonius Hotel (p. 111)
- Georg Ots Hotel (p. 151)
- Villa Theresa (p. 94)
- Tabinoya (p. 71)

Los mejores restaurantes

- Mr Jakob (p. 127)
- Kuur (p. 162)
- Ö (p. 77)
- Rataskaevu 16 (p. 75)

Por qué ir

Estonia es única y no necesita esforzarse para distinguirse de Letonia y Lituania. Comparten geografía e historia similares pero, culturalmente, se trata de un país muy diferente. Étnica y lingüísticamente su referente más cercano es Finlandia y, aunque coincidan en su amor por las saunas, se han visto distanciadas por el medio siglo de gobierno soviético en Estonia. Durante los últimos tres siglos el país ha estado vinculado a Rusia, pero los dos estados se parecen como una golondrina a un oso (sus respectivos símbolos nacionales).

Con una confianza recién descubierta, la singular Estonia se ha soltado de las manos soviéticas y ha saltado a los brazos de Europa. La historia de amor es mutua. Europa ha perdido la cabeza por los encantos de Tallin y su casco antiguo protegido por la Unesco. Tallin se trata hoy de una de las ciudades más cautivadoras del continente. Y en una abarrotada Europa, la Estonia rural con una baja densidad de población y vastas extensiones de bosque resulta idílica para los amantes de la naturaleza.

Cuándo ir

- De mayo a septiembre el clima es más clemente y, pese al frenesí que se vive en Tallin y Pärnu (sobre todo en julio y agosto), resulta la mejor época para ir.
- Casi todos los festivales se programan para el verano y las mayores celebraciones tienen lugar en el solsticio de verano.
- Los aficionados al esquí de fondo deberían ir a Otepää, la capital extraoficial de invierno de diciembre a marzo.
- Yuletide en Tallin es inolvidable, con mercados navideños y la tradición desde hace casi 600 años de colocar un árbol de Navidad en la plaza principal.

TALLIN

414 000 HAB.

A quienes relacionen "exsoviético" con grisura y tediosas atracciones turísticas, Tallin les demostrará su error. Esta ciudad logra un ambiente dinámico con su embriagadora fusión de modernidad y medievo: antiguos pináculos de iglesia, rascacielos de cristal, palacios barrocos, almenas melancólicas, centros comerciales despampanantes, casas de madera y cafés en plazas soleadas, sin olvidar algunas reliquias soviéticas.

Pese al fervor urbanístico del s. XXI, Tallin ha conservado su encanto de cuento de hadas sin alterar su casco antiguo de edificios de dos plantas, y resulta una de las ciudades amuralladas más cautivadoras de Europa. Aunque en algún momento pareció que quisiese vender su alma para convertirse en el Bangkok del Báltico con el señuelo de alcohol barato y prostitución para atraer a grupos de hombres jóvenes, la situación se ha calmado bastante. Y, a pesar de que aún quedan rincones sórdidos, la ciudad se ha dado cuenta de que se gana más con exquisitez que con ordinariez.

Tallin se trata de un lugar verdaderamente fascinante, cada vez más sofisticado sin resultar aséptico, una ciudad que mira al futuro sin soltar el pasado.

Historia

Se cree que las tribus ugrofinesas poblaron el actual emplazamiento de Tallin hacia el año 2500 a.C. Aproximadamente en el s. IX d.C. se consolidó como centro comercial estonio y en el s. XI se levantó una fortaleza en Toompea (la colina que domina Tallin). Los daneses, comandados por el rey Valdemar II (que conquistó el norte de Estonia en 1219), hallaron una férrea resistencia en Tallin y a punto estuvieron de retirarse, pero según cuenta la leyenda, una bandera roja con una cruz blanca cayó del cielo a las manos de su obispo. Tomándolo como una señal del apoyo de Dios, siguieron batallando hasta ganar y, de paso, materializar su bandera nacional. Los daneses construyeron su propio castillo en Toompea. El nombre de Tallin se cree que viene de *Taani linn*, "localidad danesa" en estonio.

En 1227 los Caballeros Portaespadas arrebataron Tallin a los daneses y construyeron la primera fortaleza de piedra en Toompea. De Visby, en la isla báltica de Gotland, llegaron los mercaderes germanos, se establecieron debajo de la fortaleza y crearon una colonia de unas 200 personas. En 1238 Tallin regresó a manos danesas, pero en 1285 se sumó a la Liga Hanseática, dominada por los germanos, para canalizar el flujo comercial entre Nóvgorod, Pihkva (Pskov en ruso) y el oeste. Las pieles, la miel, el cuero y la grasa de foca iban hacia el oeste; la sal, los paños, los arenques y el vino, hacia el este.

A mediados del s. XIV, cuando los daneses vendieron el norte de Estonia a la Orden Teutónica, Tallin era una importante localidad hanseática de 4000 habitantes. El conflicto entre los caballeros y el obispo en la colina obligó a los artesanos y mercaderes de la ciudad baja, en su mayoría germanos, a levantar una muralla fortificada que los separara de Toompea. Aun así Tallin prosperó hasta convertirse en una de las mayores ciudades del norte de Europa. El nombre germano de Tallin, Reval, coexistió con el nombre local hasta 1918.

La prosperidad languideció en el s. XVI. La Liga Hanseática estaba en horas bajas y los rusos, suecos, daneses, polacos y lituanos guerreaban por la región báltica. Entre 1570 y 1571, el ruso Iván el Terrible asedió la ciudad durante 29 semanas, pero esta resistió. Tallin perteneció a Suecia entre 1561 y 1710 cuando, diezmada por la peste, se rindió a las tropas de Pedro el Grande de Rusia.

En 1870 se terminó la línea ferroviaria que la unía con San Petersburgo convirtiéndola en un importante puerto del Imperio ruso. Los campesinos liberados se instalaron en Tallin aumentando el porcentaje de estonios del 52% en 1867 al 89% en 1897. Durante la I Guerra Mundial, Tallin contaba con grandes astilleros y una clase trabajadora de más de 100 000 personas.

DE UN VISTAZO

Moneda

Euro (€)

Idioma

Estonio

Capital

Tallin

Superficie

45 339 km²

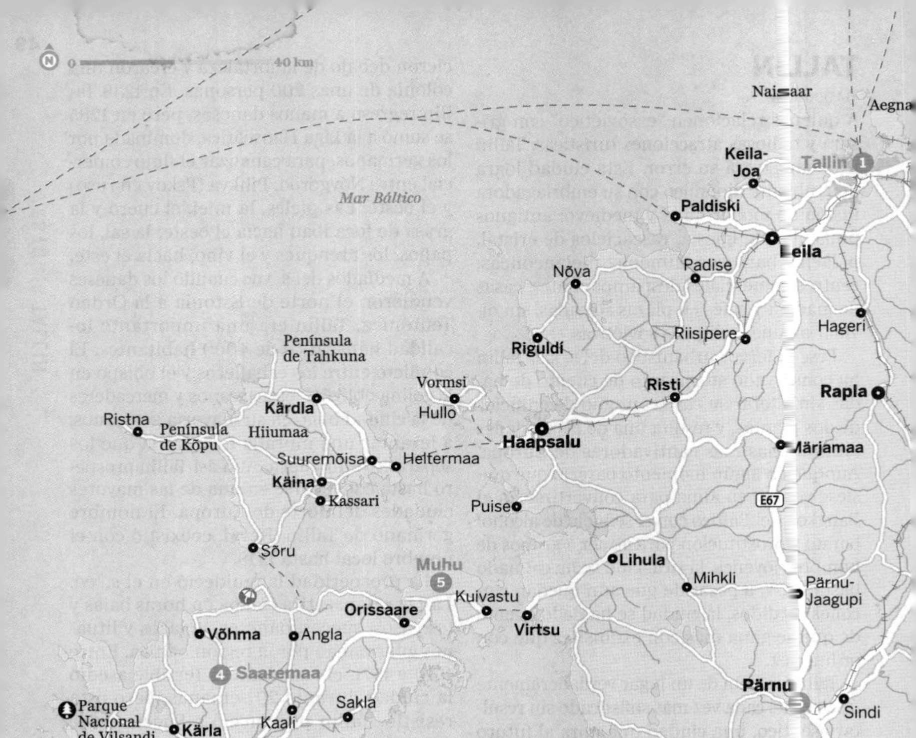

Imprescindible

1 Salir en busca de restaurantes evocadores y bares escondidos en las callejas que huelen a medievo de **Tallin** (p. 49).

2 Pasear por sendas forestales, pasarelas sobre ciénagas, playas abandonadas y salones de casas señoriales en el **Parque Nacional de Lahemaa** (p. 87).

3 Ampliar conocimientos en los museos y bares de estudiantes de **Tartu** (p. 104), la segunda ciudad de Estonia.

4 Relajarse entre los molinos de la isla de **Saaremaa** (p. 104) y explorar su costa,

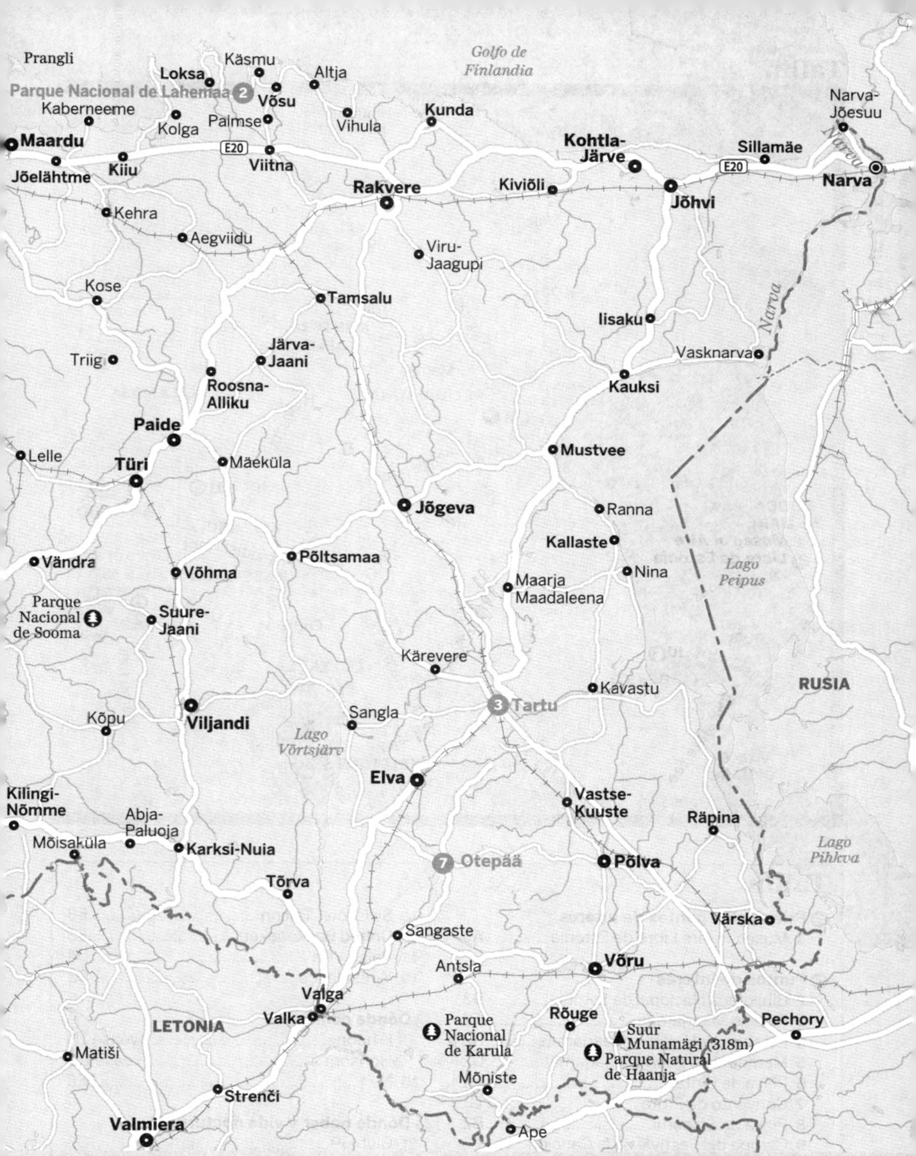

cráter, castillos, iglesias y acantilados.

5 Disfrutar en la isla de **Muhu** (p. 141) de la aldea atrapada en el tiempo de Koguva y de los placeres gastronómicos de la mansión de Pädaste.

6 Pasear por las arenas doradas y las distinguidas calles de la "capital de verano" de Estonia, **Pärnu** (p. 132).

7 Regresar a la naturaleza, aunque no haya nieve, en la "capital de invierno", **Otepää** (p. 124).

Tallin

Tallin

Principales puntos de interés

1 Museo al Aire Libre de Estonia A3

Puntos de interés

2 Biblioteca Nacional de Estonia D3
3 Palacio Maarjamäe F2
4 Establos del Palacio Maarjamäe G2
5 Memorial de guerra Maarjamäe G2
6 Playa de Pirita G1
7 Convento de Pirita G1
8 Playa de Stroomi B2
9 Campo del Festival de la Canción F2
10 Zoo de Tallin A4
11 Ciudad Creativa de Telliskivi D3

Actividades, cursos y circuitos

12 Alquiler de barcas Bell-Marine G1
13 Club 26 .... E3
14 Escuela de Verano de la Univ. de Tallin E3

Dónde dormir

15 Kreutzwald Hotel Tallinn D3
16 Swissôtel Tallinn E3
17 United Backpackers E3
18 Valge Villa C4
19 Y-residence D3

Dónde comer

F-hoone .... (véase 11)
Horisont .... (véase 6)
20 Neh E3

Dónde beber y vida nocturna

21 Club 69 .... D3
Pudel .... (véase 11)

Ocio

22 A. Le Coq Arena D4
23 Saku Suurhall A4

De compras

24 Mercado central E3
25 Stockmann Kaubamaja E3
Mercadillo de Telliskivi .... (véase 11)

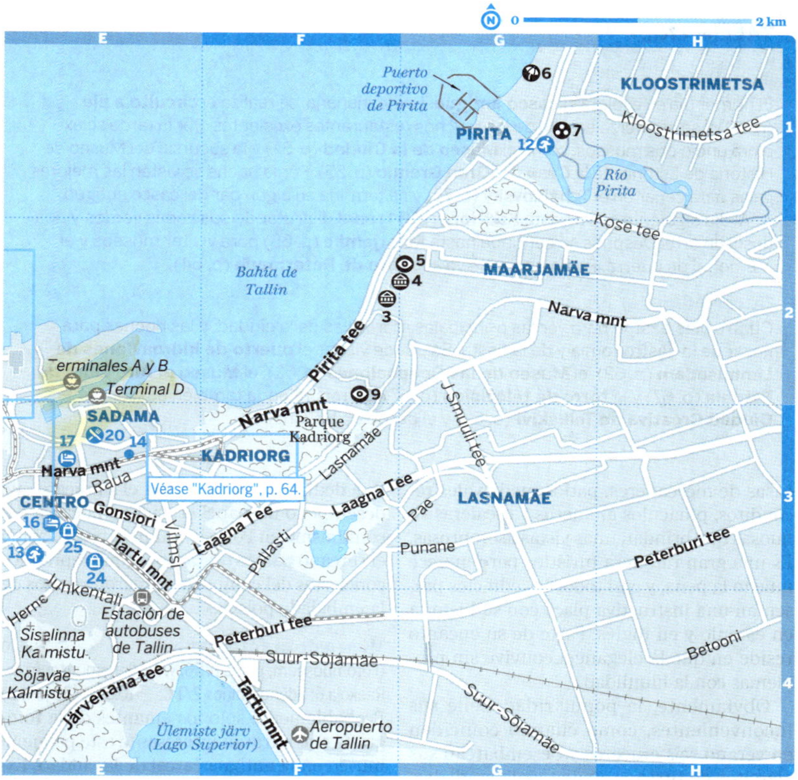

Durante la II Guerra Mundial miles de edificios fueron destruidos por los bombardeos soviéticos de 1944. Tras la contienda y en manos soviéticas, Tallin desarrolló una industria a gran escala –a destacar el mayor puerto de manipulación de grano de la URSS– y su población pasó de 175 000 habitantes en 1937 a casi 500 000, en su mayoría inmigrantes rusos, de ahí que se construyeran nuevas ciudades dormitorio.

La proliferación de barrios de estilo soviético en las afueras aniquiló la vida cultural del centro. En la década de 1980, el casco antiguo presentaba un estado lamentable y la mayoría prefería vivir en esos nuevos barrios. A finales de dicha década se empezó a renovar el casco antiguo mientras sus calles acogían los primeros vítores por la independencia.

En los años noventa, se convirtió en una ciudad contemporánea de tamaño medio, con un casco antiguo restaurado y un moderno distrito financiero. Tallin apuesta por todo lo nuevo; la tecnología de la información encabeza la nueva economía y una población muy desenvuelta en temas de internet y conectada a wifi busca un futuro más brillante. Mientras tanto, los suburbios necesitan una renovación, reciben pocos turistas y acusan la pobreza y el desempleo.

Puntos de interés

Aunque casi todos se hallen intramuros del medieval casco antiguo, se recomienda ir a atracciones más apartadas. Resulta sencillo, pues Tallin es bastante compacta. En concreto, cabe destacar Kadriorg.

Casco antiguo

Vanalinn, la joya medieval de Estonia, resulta el barrio más fascinante del país. Al transitar por sus estrechas callejas de adoquines uno cree adentrarse en el s. XV. Alberga antiguas

TALLIN EN...

Dos días

El primer día se explora el **casco antiguo.** Por la mañana, se realiza el **circuito a pie** (p. 60) y se almuerza en uno de los muchos restaurantes excelentes. Por la tarde se explora uno o dos museos, como el **Museo de la Ciudad** (p. 57) y la sucursal del Museo de Historia de Estonia de la **Casa del Gran Gremio** (p. 55). Por la noche se visten las mejores galas para cenar en el **Tchaikovsky** (p. 75) y se termina en algún bar del casco antiguo.

Al día siguiente se va hasta **Kadriorg** (p. 64) para disfrutar de sus zonas verdes y una dosis de arte. Después se continúa hasta **Maarjamäe** (p. 65) para visitar museos y el memorial de guerra. Por la noche se va al **barrio de Rotermann** (p. 64).

Cuatro días

Cuatro días bastan para ver las principales maravillas de la ciudad, y las noches para gozar de la gastronomía y de la fiesta. Se puede visitar el **puerto de hidroaviones de Lennusadam** (p. 62), el **Museo de las Ocupaciones** (p. 62), el **Museo al Aire Libre de Estonia** (p. 67) y la **torre de televisión** (p. 67). Se recomienda también pasear por la **Ciudad Creativa de Telliskivi** (p. 62) y el barrio de Kalamaja.

casas de mercaderes, patios medievales recónditos, pináculos altaneros y escaleras sinuosas que brindan unas vistas asombrosas. Es una gran ratonera turística pero merece mucho la pena, y casi todos los edificios presentan una instructiva placa con su historia en estonio y en inglés. Parte de su encanto reside en que la elegancia convive sin problemas con la humildad.

Obviamente, la popularidad tiene sus inconvenientes, como cuando coinciden en verano seis cruceros y desembarcan sus ejércitos de turistas. Quien viaje en dichos barcos debe saber que el casco antiguo queda a un paso del puerto y que disfrutará más si prescinde de los circuitos organizados. Casi todos los barcos se marchan por la tarde y las calles recuperan su relativa tranquilidad hacia las 17.00.

Ciudad baja

Plaza de la Libertad PLAZA

(Vabaduse väljak; plano p. 56) Esta gran plaza pavimentada se usa para conciertos estivales, *skateboard,* improvisados juegos de pelota y para ver el programa *Eesti Otsib Superstaari* en la gran pantalla de su extremo sur. Se encuentra al salir de una de las antiguas puertas de la ciudad, cuyos vestigios quedan protegidos por una vitrina de cristal cerca de la esquina noroccidental. Una cruz de cristal en el extremo occidental de la plaza conmemora la Guerra de Independencia.

La **iglesia luterana de San Juan,** del s. XIX, domina el extremo este de la plaza. Cerca de allí se halla una **piedra conmemorativa** dedicada a Solidaridad, el sindicato que desempeñó un papel crucial en la caída del comunismo en Polonia. Tanto la piedra como el cercano **banco de Chopin** (que reproduce conciertos del compositor) fueron regalos de la embajada polaca.

Museo de la Fotografía MUSEO

(Fotomuuseum; plano p. 56; www.linnamuuseum.ee; Raekoja 6; adultos/niños 2/1 €; ⏲10.30-17.30 ju-ma) Probablemente solo los amantes de la fotografía encontrarán interesante este pequeño museo en la antigua cárcel de la ciudad. Exhibe cámaras y fotografías antiguas.

★Plaza del Ayuntamiento PLAZA

(Raekoja plats; plano p. 56) Se trata del centro vital de Tallin; ya en el s. XI empezó a acoger mercados y en un lado se alza el ayuntamiento gótico. Bordeada de bonitos edificios en tonos pastel de los ss. XV-XVII, resulta muy fotogénica tanto bañada por el sol como cubierta de nieve.

En verano, sus cafés con terraza invitan a sentarse y ver pasar la gente. Al llegar la Navidad se instala un pino en medio de la plaza, tal como hizo en 1441 el gremio de la Hermandad de los Cabezas Negras con el primer árbol de Navidad del mundo expuesto en público (un mérito que también reclama Riga).

Ayuntamiento EDIFICIO HISTÓRICO

(Tallinna Raekoda; plano p. 56; ☎645 7900; www.raekoda.tallinn.ee; Raekoja plats; adultos/estudiantes 5/2 €; ⏲10.00-16.00 lu-sa jul-ago, con cita previa sep-jun) Completado en 1404, se trata del único ayuntamiento gótico que se conserva en el norte de Europa. Se puede visitar la Sala de Comercio (con un libro de visitas lleno de firmas de reyes), la Sala del Consejo (con las tallas de madera más antiguas de Estonia, de 1374), la abovedada Sala de los Ciudadanos, la oficina con baldosas amarillas y negras de un concejal y una pequeña cocina. El desván, de pronunciado techo a dos aguas, acoge exposiciones sobre el edificio y su restauración.

A veces exhibe destacadas muestras temporales de arte, en cuyo caso la entrada puede ser más cara.

De una columna de la fachada que da a la plaza cuelga un grillete de hierro.

Torre del ayuntamiento — MIRADOR

(plano p. 56; adultos/niños 3/1 €; ⏲11.00-18.00 jun-ago) Desde 1530, el Viejo Tomás (Vana Toomas), símbolo y guardián de Tallin, custodia la ciudad desde la veleta del ayuntamiento (aunque la figura original se halla en el Museo de la Ciudad), que brinda excelentes vistas tras subir sus 115 escalones. Según la leyenda, esta elegante estructura de 64 m tipo minarete se diseñó siguiendo un boceto realizado por un explorador tras su visita a Oriente.

Farmacia del ayuntamiento — EDIFICIO HISTÓRICO

(Raeapteek; plano p. 56; www.raeapteek.ee; Raekoja plats 11; ⏲10.00-18.00 ma-sa) No se conoce la fecha exacta de su apertura, pero en 1422 ya estaba gestionada por su tercer propietario, lo que la convierte en la farmacia en funcionamiento continuo más antigua de Europa. En 1583 Johann Burchardt tomó las riendas y hasta 1913 estuvo dirigida por 10 generaciones de la misma familia. Se pueden ver sus vigas pintadas y su pequeña exposición histórica y aprovisionarse de analgésicos y profilácticos.

Iglesia luterana del Espíritu Santo — IGLESIA

(Pühavaimu kirik; plano p. 56; www.eelk.ee/tallinna.puhavaimu/; Pühavaimu 2; adultos/niños 1/0,50 €; ⏲12.00-14.00 lu-vi, 10.00-16.00 sa ene-med mar, 10.00-15.00 lu-sa med mar-abr y oct-dic, 10.00-17.00 lu-sa may-sep) El reloj azul y dorado de la fachada de esta impresionante iglesia gótica del s. XIII data de 1684 y es el más antiguo de Tallin. En el interior atesora exquisitas tallas de madera y paneles pintados, incluidos un retablo de 1483 y un púlpito barroco del s. XVII. Johann Koell, antiguo pastor de la iglesia, se considera el autor del primer libro estonio, un catecismo publicado en 1535. Se programan conciertos de música clásica.

Casa del Gran Gremio — MUSEO

(Suurgildi hoone; plano p. 56; www.ajaloomuuseum.ee; Pikk 17; adultos/niños 5/3 €; ⏲10.00-18.00, cerrado mi oct-abr) El Museo de Historia de Estonia, en la impresionante Casa del Gran Gremio de 1410, ofrece una serie de reflexiones sobre la sociedad estonia a través de exposiciones interactivas. Los coleccionistas de monedas no deben perderse la exposición en la antigua sala de recaudación de impuestos, mientras que los amantes de la historia castrense deben bajar al sótano, donde también se explica la historia del Gran Gremio.

La exposición más importante, *Espíritu de supervivencia, 11 000 años de historia estonia,* plantea preguntas tales como "¿es Estonia el país más laico del mundo?" o "¿han sido felices los estonios en su propia tierra?". La respuesta a la segunda parece ser no, pues según las estadísticas se trata del pueblo más infeliz de Europa.

Galería Draakoni — GALERÍA DE ARTE

(plano p. 56; www.eaa.ee/draakon; Pikk 18; ⏲11.00-18.00 lu-sa) GRATIS Entre sedes de antiguos gremios y tras una fabulosa fachada *art nouveau,* acoge interesantes exposiciones de arte contemporáneo.

Claustro de Santa Catalina — IGLESIA

(plano p. 56; www.kloostri.ee; Vene 16; adultos/niños 2/1 €) El monasterio de Santa Catalina, uno de los edificios más antiguos de Tallin, fue fundado por monjes dominicos en 1246. En sus días de gloria contaba con su propia cervecería y hospital. Una turba de enojados luteranos le prendió fuego en 1524 y languideció durante los siguientes 400 años

IDIOMA

Hola.	*Tere*
Adiós.	*Head aega*
Sí.	*Jah*
No.	*Ei*
Gracias.	*Tänan*
De nada.	*Palun*
Perdone./Lo siento.	*Vabandage*
¡Salud!	*Terviseks!*

Centro de Tallin

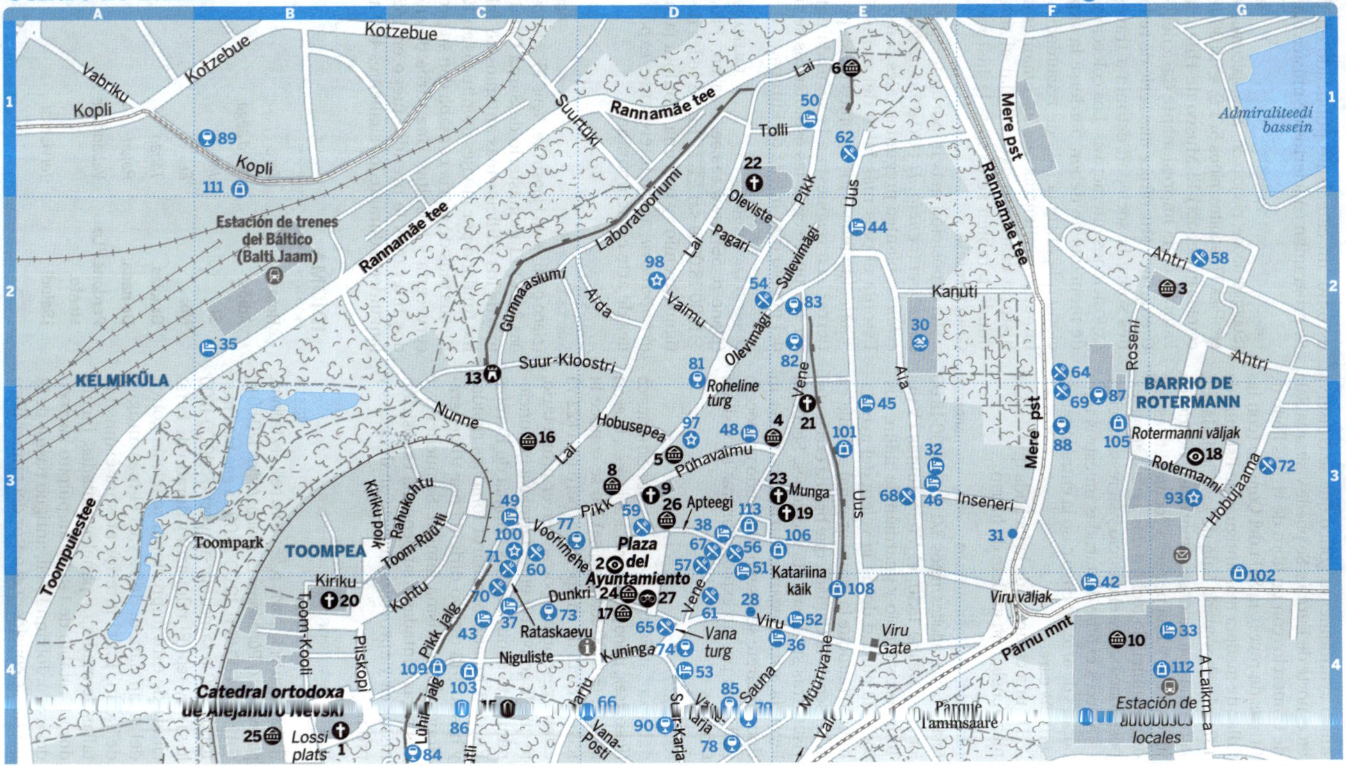

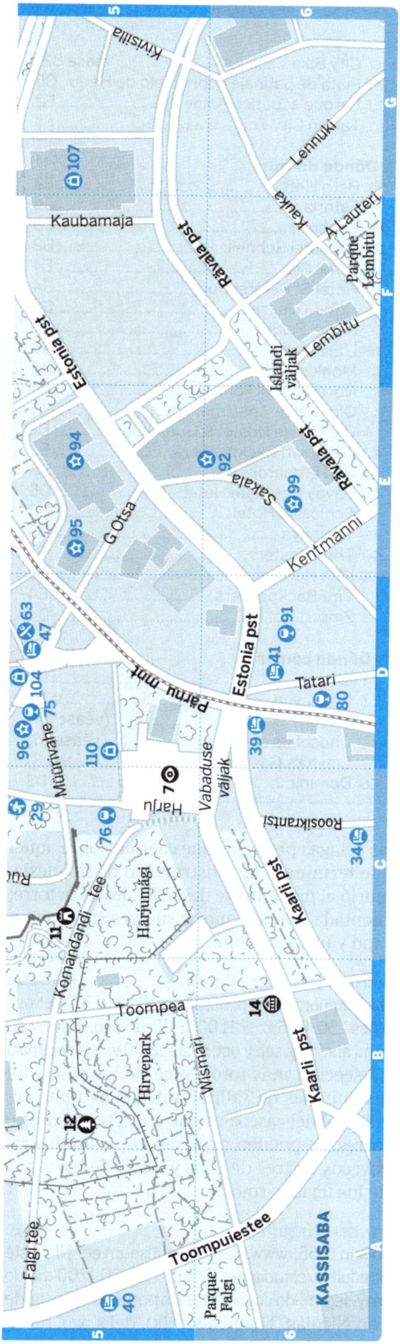

hasta una restauración parcial en 1954. El complejo en ruinas incluye el armazón de la iglesia y un tranquilo claustro bordeado de lápidas talladas.

Los horarios de apertura son irregulares, pero a menudo se puede acceder por una puerta en el vestíbulo de la contigua catedral católica.

Catedral católica de San Pedro y San Pablo IGLESIA

(Peeter-Paul katedraal; plano p. 56; ☎644 6367; www.katoliku.ee; Vene 18; ⏲9.30-13.00 do, 17.30-18.30 lu, ma y ju-sa, 7.45-9.30 mi) Esta atractiva catedral de 1844 fue diseñada por el famoso arquitecto Carlo Rossi, que dejó su impronta en la silueta neoclásica de San Petersburgo. Funciona como una de las iglesias católicas de Tallin, frecuentada sobre todo por comunidades polacas y lituanas. El patio delantero resulta ideal para descansar del bullicio estival.

Museo de la Ciudad MUSEO

(Linnamuuseum; plano p. 56; www.linnamuuseum.ee; Vene 17; adultos/niños 4/3 €; ⏲10.30-17.30 ma-do) Se encuentra repartido en 10 sedes diferentes y esta ocupa una casa de un mercader del s. XIV. Repasa la evolución de la ciudad desde sus inicios con exposiciones absorbentes y muy bien presentadas. Cuenta con mucha información en inglés, por lo que no se necesita una audioguía.

El último piso presenta una visión aproximada (y bastante politizada) de la vida bajo el Gobierno soviético, con un interesante vídeo de los acontecimientos que rodearon la caída del régimen.

Iglesia ortodoxa de San Nicolás IGLESIA

(Püha piiskop Nikolause kirik; plano p. 56; Vene 24; ⏲9.30-17.00) Construida en 1827 en el emplazamiento de una iglesia más antigua, era frecuentada por los comerciantes rusos de la calle Vene. Atesora un precioso iconostasio.

Margarita la Gorda MUSEO

(Paks Margareeta; plano p. 56; www.meremuuseum.ee; Pikk 70; adultos/niños 5/3 €; ⏲10.00-18.00, cerrado lu oct-abr) Contiguo a la gran puerta de la Costa, este bastión del s. XVI antaño protegía una importante entrada al casco antiguo. Ahora acoge, junto con el puerto de hidroaviones de Lennusadam (p. 62), el Museo Marítimo de Estonia, con exposiciones de maquetas de barcos y diversos objetos marítimos. Existen entradas combinadas (adultos/niños 16/10 €).

Centro de Tallin

Principales puntos de interés

1 Catedral ortodoxa de Alejandro Nevski B4
2 Plaza del Ayuntamiento D3

Puntos de interés

3 Museo de Arquitectura G2
Pasajes de los bastiones .... (véase 11)
4 Museo de la Ciudad E3
5 Galería Draakoni D3
6 Margarita la Gorda E1
7 Plaza de la Libertad C5
8 Casa del Gran Gremio D3
9 Iglesia luterana del Espíritu Santo D3
10 Hotel Viru y la KGB F4
11 Kiek in de Kök C5
12 Colina de Linda B5
13 Muralla de la ciudad baja C2
14 Museo de las Ocupaciones B6
15 Museo Niguliste C4
16 Nuku C3
17 Museo de la Fotografía D4
18 Barrio de Rotermann G3
19 Claustro de Santa Catalina E3
20 Catedral luterana de Santa María B4
21 Iglesia ortodoxa de San Nicolás E3
22 Iglesia de San Olaf D1
23 Catedral católica de San Pedro y San Pablo E3
24 Ayuntamiento D4
25 Castillo de Toompea B4
26 Farmacia del ayuntamiento D3
27 Torre del ayuntamiento D4

Actividades, cursos y circuitos

28 Blue Super Segway D4
City Bike .... (véase 2)
29 Pista de patinaje sobre hielo de Harju C5
30 Parque acuático Kalev Spa E2
31 Tallinn City Tour F3

Dónde dormir

32 Bern Hotel E3
33 Estoria G4
34 Euphoria C6
35 Go Hotel Schnelli B2
36 Hotel Cru E4
37 Hotel St Petersbourg C4
38 Hotel Telegraaf D3
39 Hotell Palace D6
40 L'Ermitage A5
41 Monk's Bunk D6
42 Nordic Hotel Forum F4
43 Old House Apartments C4
44 Old House Hostel & Guesthouse E2
45 Old Town Backpackers E3
46 Red Emperor E3
47 Savoy Boutique Hotel D5
48 Schlössle Hotel D3
49 Tabinoya C3
50 Three Sisters E1
51 Villa Hortensia D3
52 Viru Backpackers E4
53 Zinc D4

Dónde comer

54 Bocca D2
55 Cafe Lyon F4
Chedi .... (véase 54)
Chocolats de Pierre .... (véase 51)
Clayhills Gastropub .... (véase 8)
56 Dominic D3

Iglesia de San Olaf
IGLESIA

(Oleviste kirik; plano p. 56; www.oleviste.ee; Lai 50; torre adultos/niños 2/1 €; ⌚10.00-18.00 sep-jun, hasta 20.00 jul y ago) Esta iglesia (ahora baptista) fue el edificio más alto del mundo de 1549 a 1625 hasta que un rayo alcanzó su campanario de 159 m. La torre actual se eleva hasta los 124 m y se puede subir a lo alto por una estrecha escalera de 258 escalones para disfrutar de maravillosas vistas de Toompea por encima de las azoteas de la ciudad baja.

En el mismo emplazamiento desde el s. XIII, ha sufrido muchos añadidos y remodelaciones a lo largo de los años. Presenta el típico interior desnudo, con una pequeña sección de esculturas de piedra en la pared exterior trasera que se salvó de los iconoclastas de la Reforma.

Aunque dedicada al rey Olaf II de Noruega del s. XI, está vinculada a otro Olaf más próximo, su arquitecto, quien, indiferente a las aciagas profecías que caerían sobre aquel que terminara la construcción de la iglesia, murió al precipitarse desde lo alto de la torre; cuenta la leyenda que de su boca salieron un sapo y una serpiente.

Muralla de la ciudad baja
FORTALEZA

(Linnamüür; plano p. 56; Väike-Kloostri 3; adultos/niños 1,50/0,75 €; ⌚11.00-19.00 jun-ago, hasta 17.00 vi-mi abr, may, sep y oct, hasta 16.00 vi-mi nov-mar) La sección más fotogénica de los restos de las murallas de Tallin bordea el extremo occidental del casco antiguo conectando nueve torres. Se pueden explorar los desnudos recovecos de tres de ellas y gozar de las vistas de los tejados rojos.

Museo Niguliste
MUSEO

(plano p. 56; www.nigulistemuuseum.ee; Niguliste 3; adultos/estudiantes 5/3 €; ⌚10.00-17.00 ma-do may-sep, mi-do oct-abr) La imponente iglesia de San Nicolás (Niguliste kirik), del s. XIII, resul-

57 Elevant....D3
58 Enzo....G2
III Draakon....(véase 27)
59 Kehrwieder....D3
60 Kompressor....C3
61 La Bottega....D4
62 Leib....E1
MEKK....(véase 47)
63 Must Puudel....D5
64 Ö....F2
65 Olde Hansa....D4
66 Pegasus....D4
Rataskaevu 16....(véase 43)
67 Ribe....D3
68 Rimi....E3
69 Sfäär....F3
Tchaikovsky....(véase 38)
70 V....C4
71 Vanaema Juures....C3
72 Vapiano....G3
Von Krahli Aed....(véase 100)

Dónde beber y vida nocturna

73 Beer House....C4
74 Clazz....D4
75 Club Hollywood....D5
76 Club Privé....C5
77 DM Baar....C3
78 Drink Bar & Grill....D4
79 Frank....D4
80 G-Punkt....D6
81 Hell Hunt....D2
82 Kultuuriklubi Kelm....E2
83 Levist Väljas....E2
84 Café del Museo de la Torre de la Doncella....C4
85 Paar Veini....D4
86 Põrgu....C4
87 Protest....F3
88 Scotland Yard....F3
89 Speakeasy by Põhjala....B1
90 St Patrick's....D4
Von Krahli Baar....(véase 100)
91 X-Baar....D6

Ocio

92 Artis....E6
93 Coca-Cola Plaza....G3
94 Auditorio de Estonia....E5
95 Teatro Dramático de Estonia....E5
96 Kino Sõprus....D5
97 Salón Gremial de San Canuto....D3
98 Teatro Municipal de Tallin....D2
99 Teater No99....E6
100 Teatro Von Krahli....C3

De compras

101 Chado....E3
102 Foorum....G4
103 Galerii Kaks....C4
104 Ivo Nikkolo....D5
105 Kalev....F3
106 Katariina käik....E3
107 Kaubamaja....G5
108 Mercado de prendas de punto....E4
109 Lühikese Jala Galerii....C4
Patio de los Maestros....(véase 51)
110 Nu Nordik....D5
Rae Antiik....(véase 26)
111 Mercado de la estación de trenes....B1
112 Viru Keskus....G4
113 Zizi....D3

tó dañada por los bombarderos soviéticos en 1944 y por un incendio en la década de 1980, pero una restauración le devolvió su esplendor gótico. Alberga una sucursal del Museo de Arte de Estonia dedicada al arte religioso. Con una acústica excelente, muchos fines de semana acoge recitales de órgano.

Atesora la famosa *Danza macabra* de Bernt Notke, del s. XV, una escalofriante danza de esqueletos que representa que todo el mundo acaba bailando con la muerte, ya sea un rey, un papa o un joven holgazán. También contiene retablos pintados (incluido el extraordinario retablo políptico de 1481 de la propia iglesia, obra de Herman Rode, de Lübeck), lápidas talladas y una sala repleta de objetos de plata.

Toompea

Esta antigua ciudadela cimera se eleva por encima de la ciudad baja. En la época germana era el hogar de la nobleza feudal, que miraba, literalmente, por encima del hombro a los comerciantes y a la plebe que vivían por debajo. Actualmente alberga edificios gubernamentales, iglesias, embajadas y tiendas donde venden artículos de ámbar e imanes para neveras.

Catedral luterana de Santa María

IGLESIA

(Tallinna Püha Neitsi Maarja Piiskoplik Toomkirik; plano p. 56; www.toomkirik.ee; Toom-Kooli 6; iglesia/torre 2/5 €; 9.00-17.00 diario may-sep, 10.00-16.00 ma-do oct-abr) Originalmente católica, se fundó antes de 1233, aunque gran parte de la fachada actual data del s. XV, mientras que la torre se completó en 1779. En este impresionante edificio se enterraba a la gente rica y con títulos nobiliarios, y sus paredes encaladas lucen los elaborados escudos de armas de las familias nobles de

Estonia. Desde lo alto de la torre se puede disfrutar de las vistas.

Toompea toma su nombre de la catedral; la palabra estonia *toom* es un préstamo adaptado del alemán *dom*, que significa "catedral".

★Catedral ortodoxa de Alejandro Nevski IGLESIA

(plano p. 56; Lossi plats; ⌚8.00-19.00) Completada en 1900, la ubicación de esta magnífica catedral ortodoxa rusa con cúpulas bulbosas en el corazón del centro administrativo del país no es casual. Es una de las muchas construidas a finales del s. XIX como parte de la rusificación de las provincias bálticas del Imperio. Atrae a los creyentes ortodoxos, junto con turistas maravillados por los iconos y frescos del interior. Se permite la entrada de visitantes respetuosos, vestidos con decoro y en silencio, pero las cámaras están prohibidas.

Castillo de Toompea EDIFICIO HISTÓRICO

(plano p. 56; Lossi plats) Del castillo de los Caballeros Portaespadas en lo alto de la colina se conservan tres torres, la más bonita de las cuales es la Pikk Hermann (se ve mejor desde la parte de atrás), del s. XIV. En el s. XVIII el castillo sufrió una profunda remodelación a manos de la emperatriz rusa Catalina la Grande, que lo convirtió en el bonito palacio barroco de color rosa que ahora alberga el Parlamento de Estonia (Riigikogu).

Colina de Linda PARQUE

(Lindamägi; plano p. 56; Falgi tee) Poblada por tilos de más de 250 años, esta pequeña colina cerca de la parte superior de Toompea toma el nombre de la esposa de Kalev, el heroico primer líder de los estonios. Según la leyenda, Toompea es el túmulo que Linda construyó para su marido. Durante la época soviética la estatua de la afligida Linda se convirtió en el monumento no oficial en memoria de las víctimas de las deportaciones y ejecuciones de Stalin.

Kiek in de Kök CASTILLO, MUSEO

(plano p. 56; ☎644 6686; www.linnamuuseum.ee; Komandandi tee 2; adultos/niños 5/3 €; ⌚10.30-17.30 ma-do) Construida hacia 1475, esta alta y robusta fortaleza es una de las torres artilleras más formidables de Tallin. Su nombre en alemán coloquial significa "dar un vistazo a la cocina" porque desde los pisos superiores, los mirones del medievo podían ojear el interior de las casas que se extendían a sus pies. Hoy, como una sede del Museo de la Ciudad,

Circuito a pie
Casco antiguo de Tallin

INICIO PLAZA DE LA LIBERTAD
FINAL PUERTA VIRU
DISTANCIA 4 KM; 3 H

Esta introducción a las serpenteantes calles medievales de Tallin, parte de la ❶ **plaza de la Libertad** (p. 54). Se suben las escaleras a Toompea y se sigue hasta la ❷ **colina de Linda,** desde donde se ven los restos medievales del ❸ **castillo de Toompea;** se retrocede hasta Lossi plats (plaza del Castillo) para admirar su fachada barroca. Al otro lado de la plaza se alza la ❹ **catedral ortodoxa de Alejandro Nevski,** con cúpulas bulbosas.

Se va por Toom-Kooli a la ❺ **catedral luterana de Santa María** y se cruza Kiriku plats (plaza de la Iglesia) hasta Rahukohtu, desde donde un callejón lleva al ❻ **mirador de Patkul** (Patkuli vaateplats) que ofrece vistas de la ciudad baja hasta el mar. Se serpentea por los callejones hasta el ❼ **mirador de la plaza del Tribunal** (Kohtuotsa vaateplats).

Se pasa tras las catedrales y se cruza la muralla para ir al ❽ **jardín del Rey Danés,** donde en verano los artistas pintan las vistas. Se sale por la izquierda y luego se sube la escalera a través de la ❾ **torre de la puerta de la Pierna Corta,** considerado el edificio más embrujado de Tallin; en su interior se han visto fantasmas, como los de un monje crucificado y un perro negro con ojos de fuego. Se gira a la derecha y se toma la larga calle en pendiente, conocida como Pierna Larga (Pikk jalg), a través de la ❿ **torre de la puerta de la Pierna Larga** (1380), con el tejado rojo, que conduce a la ciudad baja.

Se gira a la izquierda por Nunne y luego a la derecha por Väilke-Kloostri, donde se halla el tramo mejor conservado de la ⓫ **muralla de la ciudad baja** (p. 58), que conecta 9 de las 26 torres que quedan; antaño fueron 45. Se atraviesa la puerta y se gira a la derecha para gozar de las vistas. Se va por el parque hasta la siguiente brecha en las murallas y se sale por Aida. Al final de la calle se gira a la izquierda por Lai (calle Ancha), bordeada de casas de comerciantes alemanes. Muchas de estas casas del

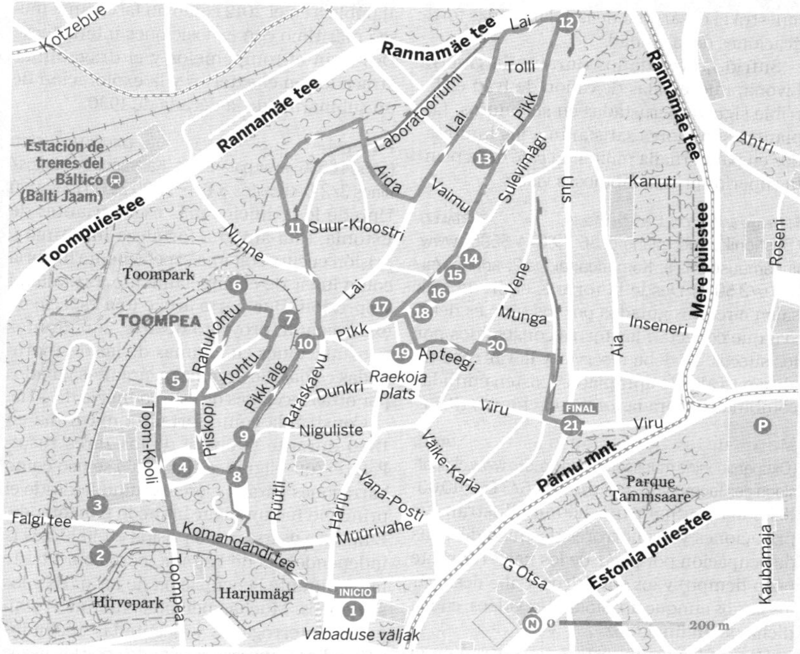

s. XV constan de tres o cuatro pisos; las dos inferiores se utilizaban como vivienda y salas de recepción y las superiores, como almacén.

Al final de Lai se sigue el sendero a la derecha junto a la muralla hasta la 12 **gran puerta de la Costa,** la más impresionante de las puertas medievales. Destaca el escudo de armas del exterior de la muralla y el crucifijo en un nicho de la parte interior.

Mientras se sube por Pikk (calle Larga), se dedica un pensamiento a aquellos que sufrieron en el nº 59, la 13 **antigua sede de la KGB.** Las ventanas del sótano fueron tapiadas para que los viandantes no pudieran ver ni escuchar nada. En el muro, una pequeña placa reza: "Este edificio albergó los cuarteles del órgano de represión de ocupación soviética. Aquí empezó el camino del sufrimiento para miles de estonios". Los capitalinos, con su característico humor negro, afirman que el edificio tenía las mejores vistas de Estonia, pues se podía divisar Siberia a lo lejos.

Más adelante se alzan edificios que pertenecían a los gremios de la ciudad, casi todos dominados por alemanes. En el nº 26 se halla la 14 **Hermandad de los Cabezas Negras** (Mustpeade maja), formada por jóvenes solteros que tomaron el nombre de su patrón, san Mauricio, un legendario soldado romano nacido en África cuyo rostro aparece representado en la fachada del edificio (1597) encima de una ornamentada y colorida puerta. El contiguo 15 **Salón Gremial de San Olaf** (Olev gildi hoone) fue la sede del primer gremio de Tallin, creado en el s. XIII y compuesto por los artesanos y los mercaderes más humildes y no germanos.

A continuación se halla el 16 **Salón Gremial de San Canuto** (p. 80), de 1860 y coronado por estatuas de cinc de Martín Lutero y su santo patrón. Un poco más adelante se encuentra la sede de 1410 del 17 **Gran Gremio** (p. 55), al que pertenecían los comerciantes más eminentes.

Se cruza la placita de la izquierda, pasada la 18 **iglesia del Espíritu Santo** (p. 55), y se toma Saiakang (pasaje del Pan Blanco; llamado así por una histórica panadería) hasta la 19 **plaza del Ayuntamiento** (p. 54). Se sigue a la izquierda hasta Vene (palabra estonia usada para designar a los rusos, que antaño vivían y comerciaban allí) y se ataja por el arco hasta 20 **Katariina käik** (p. 81). Al final del pasaje se gira a la derecha y luego a la izquierda por Viru, una de las calles más animadas del casco antiguo. Se termina en la 21 **puerta Viru,** que conecta el casco antiguo con el centro comercial de la ciudad moderna.

muestra el desarrollo de las elaboradas fortificaciones de la ciudad.

Sufrió graves daños durante la Guerra Livona; nueve balas de cañón de Iván el Terrible siguen incrustadas en sus muros. Las plantas superiores satisfarán a los interesados en parafernalia militar. El café de la planta superior brinda fabulosas vistas.

Pasajes de los bastiones FORTALEZA
(Bastionikäigud; plano p. 56; ☎644 6686; www.linnamuuseum.ee; Komandandi tee 2; adultos/niños 6/3,50 €) Desde la torre Kiek in de Kök salen circuitos guiados por los túneles del s. XVII que conectan las torres construidos por los suecos. Se debe reservar y llevar ropa de abrigo y calzado apropiado. Existen entradas combinadas para la torre y el circuito (9 €).

Museo de las Ocupaciones MUSEO
(Okupatsioonide muuseum; plano p. 56; www.okupatsioon.ee; Toompea 8; adultos/niños 6/3 €; ⌚10.00-18.00 ma-do) Sus exposiciones ilustran las privaciones y los horrores de cinco décadas de ocupación por parte de los nazis (durante poco tiempo) y los soviéticos. Cabe destacar los largos aunque apasionantes vídeos, con la dicha de un final feliz.

Casi todas las muestras se centran en el período soviético; para más detalles sobre la ocupación nazi, visítense los Establos del Palacio Maarjamäe (p. 66).

Kalamaja

Al noroeste del casco antiguo, este enclave de desmoronadas casas de madera y fábricas en ruinas se ha transformado en uno de los barrios más interesantes de Tallin. La enorme prisión de Patarei ha sufrido una extraordinaria transformación durante los últimos años. Varios importantes proyectos viales y la apertura de un impresionante museo en Lennusadam son solo los elementos más visibles de una revolución iniciada por *hipsters* locales que abrieron bares y cafés en tiendas y almacenes abandonados.

Puerto de hidroaviones de Lennusadam MUSEO
(www.lennusadam.eu; Vesilennuki 6; adultos/niños 14/7 €, Margarita la Gorda incl. 16/10 €; ⌚10.00-19.00 may-sep, ma-do oct-abr; Ⓟ) Cuando se completó este hangar de triple cúpula en 1917, su armazón de hormigón reforzado era único en el mundo. Parecido a la clásica guarida de uno de los villanos de James Bond, este amplio espacio fue restaurado y abierto al público en el 2012 como un fascinante museo marítimo con exposiciones interactivas. Destacan el rompehielos y el dragaminas atracados en el exterior y la exploración de un submarino de la década de 1930.

Patarei EDIFICIO HISTÓRICO
(☎504 6536; www.patarei.org; Kalaranna 2; adultos/niños 3/2 €, circuitos 8 €; ⌚12.00-19.00 may-sep) Uno de los edificios más escalofriantes de Estonia, esta antigua fortaleza marítima y prisión cuenta con una espeluznante historia como lugar de encarcelamiento, brutalidad y opresión. Una parte acoge una especie de extravagante proyecto de arte, con grafitos e instalaciones en algunas de las desmoronadas celdas. Se organizan circuitos guiados por otras secciones de este complejo de 4 Ha.

Construida como fortaleza marítima en 1840 durante la época de los zares rusos, Patarei (que significa “batería”) se usó como barracones para el ejército, aunque desde el principio fue un lugar húmedo e incómodo. Empezó a usarse como prisión en 1920 tras la independencia de Estonia, pero cobró triste fama durante la ocupación de los nazis y los soviéticos. Muchas personas fueron brutalmente interrogadas y ejecutadas, incluidos 250 judíos franceses asesinados por los nazis; en su recuerdo se halla una sencilla piedra conmemorativa cerca de la entrada sur.

En el otro extremo del complejo, un cartel señala la “sala de ahorcamientos”, donde un gancho en el techo y una trampilla en el suelo no requieren más explicación. La última ejecución en Patarei tuvo lugar en 1991, al final de la época de dominio soviético, aunque la prisión siguió en funcionamiento hasta el 2002. Desde entonces sufre un rápido deterioro.

El actual “parque cultural” quizás sea el intento menos ofensivo de darle un nuevo uso, aunque el bar tras el alambre de espino sea de un gusto cuestionable.

Museo de Arte Contemporáneo de Estonia GALERÍA DE ARTE
(Eesti kaasaegse kunsti muuseum; www.ekkm.ee; Põhja pst 35; ⌚13.00-19.00 ma-do abr-oct) GRATIS A pesar de su presuntuoso nombre, este espacio en un antiguo almacén resulta poco logrado. Ofrece exposiciones más alternativas y extravagantes que las de cualquier galería más oficial.

Ciudad Creativa de Telliskivi ZONA
(Telliskivi Loomelinnak; plano p. 52; www.telliskivi.eu; Telliskivi 60a; ⌚tiendas 8.30-21.00 lu-sa, 9.00-

Kalamaja

Kalamaja

Puntos de interés
1 Museo de Arte Contemporáneo de Estonia....D3
2 Puerto de hidroaviones de Lennusadam....B1
3 Linnahall....D3
4 Patarei....B2

Actividades, cursos y circuitos
5 Kalma Saun....B4

Dónde comer
6 Boheem....A4
Klaus....(véase 9)
7 Moon....C3

Dónde beber y vida nocturna
8 Tops....B3

De compras
9 Estonian Design House....C3

19.00 do) Antaño en el lado equivocado de las vías del tren, este conjunto de 10 fábricas abandonadas conforma el distrito de ocio y compras más alternativo de Tallin, con todos los clichés de la cultura *hipster:* cafés, tienda de bicicletas, cerveza artesana, grafitis, estudios de artistas, camiones de comida, etc. Sin embargo, incluso los no *hipsters* acuden para echar un vistazo a sus tiendas de moda y diseño, beber expresos y rebuscar en los puestos del mercadillo semanal.

Centro urbano

Hotel Viru KGB MUSEO

(plano p. 56; ☎680 9300; www.viru.ee; Viru väljak 4; circuitos 10 €; ⊙diario may-oct, ma-do nov-abr) Cuando se construyó este hotel en 1972 no

Kadriorg

Kadriorg

Principales puntos de interés
1 Museo de Arte Kadriorg C1
2 Kumu D2

Puntos de interés
3 Casa de Pedro I D2
4 Parque Kadriorg C1
5 Museo Mikkel C2
6 Palacio presidencial D2

Dónde comer
7 NOP A1

se trató solo del primer y único rascacielos de Estonia, sino también del único sitio donde los turistas podían alojarse en Tallin (literalmente). Tener a todos los extranjeros en un mismo lugar permitía vigilarlos mejor y evitar que los lugareños tuvieran contacto con ellos, y a eso se dedicó la KGB desde su base de espionaje del 23º piso. El hotel ofrece circuitos por las instalaciones en varios idiomas previa reserva.

Barrio de Rotermann ZONA
(Rotermanni kvartal; plano p. 56; www.rotermann.eu) Con impresionante arquitectura contemporánea, este antiguo complejo de fábricas se ha transformado en la zona de compras y restauración más elegante de la ciudad.

Museo de Arquitectura MUSEO
(Arhitektuurimuuseum; plano p. 56; www.arhitektuurimuuseum.ee; Ahtri 2; adultos/niños 4/2 €; 11.00-18.00 mi-do) Un almacén de sal restaurado de piedra caliza alberga este modesto museo con maquetas de edificios y de ciudades, además de exposiciones temporales.

Kadriorg

Parque Kadriorg PARQUE
(Kadrioru park; www.kadriorupark.ee) La zona verde preferida de los vecinos de Tallin queda 2 km al este del casco antiguo. El parque y el palacio barroco de Kadriorg fueron encargados por el zar ruso Pedro el Grande para su esposa Catalina I poco después de conquistar Estonia (Kadriorg significa "valle de Catalina" en estonio). Hoy los robles, lilos y castaños de Indias ofrecen sombra para pasear o un pícnic, los jardines de estilo formalista con sus estanques proporcionan un sosegado telón de fondo para paseos románticos y fotos de boda, y el parque infantil atrae a los más pequeños.

El **centro de información** (Kadrioru pargi infopunkt; Weizenbergi 33; 10.00-17.00 mi-do) del parque, en una bonita casa del s. XVIII cerca de la entrada principal, acoge una maqueta del palacio y sus jardines.

Los tranvías nº 1 y 2 paran junto al lado del parque. Los autobuses nº 1A y 34A, entre otros, llevan a J. Poska en Narva mnt, cerca de la parte inferior del parque, mientras que los nº 31, 67 y 68 van hasta el extremo donde se halla el Kumu.

★ **Museo de Arte Kadriorg** PALACIO, GALERÍA DE ARTE
(Kardrioru kunstimuuseum; www.kadriorumuuseum.ee; A Weizenbergi 37; adultos/niños 5,50/3,50 €; 10.00-18.00 ma y ju-do, hasta 20.00 mi may-sep, 10.00-20.00 mi, hasta 17.00 ju-do oct-abr) El palacio Kadriorg, construido por Pedro el Grande entre 1718 y 1736, alberga una sucursal del Museo de Arte de Estonia dedicada a la pintura holandesa, alemana e italiana de los

ss. XVI-XVIII, y a obras rusas de entre el s. XVIII y principios del s. XX (destaca la porcelana decorativa con motivos comunistas en la planta superior). El fabuloso edificio cuenta con un bonito jardín de estilo francés en la parte de atrás.

Museo Mikkel GALERÍA DE ARTE

(Mikkeli muuseum; www.mikkelimuuseum.ekm.ee; A Weizenbergi 28; adultos/reducida 3,50/2 €; 10.00-18.00 ma y ju-do, hasta 20.00 mi may-sep, 10.00-20.00 mi, hasta 17.00 ju-do oct-abr) La colección del Museo de Arte de Estonia inunda la antiguo cocina del palacio Kadriorg, con una pequeña pero interesante selección de pintura y porcelana, junto con exposiciones temporales. La entrada conjunta con el palacio cuesta 6,50 €.

Palacio presidencial PALACIO

Imitando el estilo del palacio Kadriorg, este imponente edificio se construyó en 1938 como residencia oficial del presidente estonio, un uso ahora recuperado. No está abierto al público, pero a través de las verjas se ve a los guardias que custodian el palacio.

El primer presidente de Estonia, Konstantin Päts, no pudo disfrutarlo mucho tiempo. Tras la ocupación soviética en 1940, pasó la mayor parte de los años que le quedaban de vida recluido en instituciones psiquiátricas por seguir afirmando que era el presidente de Estonia.

Casa de Pedro I MUSEO

(Peeter I majamuuseum; www.linnamuuseum.ee; Mäekalda 2; adultos/reducida 2/1 €; 10.00-18.00 ma-do may-sep, 10.00-17.00 mi-do oct-abr) La humilde casa que ocupaba Pedro el Grande en sus visitas a Tallin mientras se estaba construyendo el palacio Kadriorg alberga retratos, muebles y enseres de la época.

★ **Kumu** GALERÍA DE ARTE

(www.kumu.ee; A Weizenbergi 34; todas las galerías adultos/estudiantes 6/4 €, solo muestra permanente 4,50/3 €; 11.00-18.00 ma y ju-do, hasta 20.00 mi abr-sep, cerrado lu y ma oct-abr) Este edificio futurista de siete plantas y diseño finlandés (2006) es una espectacular estructura de piedra caliza, cristal y cobre muy bien integrada en el paisaje. Kumu (diminutivo de *kunstimuuseum* o museo de arte) atesora el mayor depósito de arte estonio, además de muestras contemporáneas cambiantes. La colección permanente se divide en Tesorería (en la 3ª planta, con obras que van de principios del s. XVIII a finales de la II Guerra Mundial) y Elecciones difíciles (en la 4ª planta, con arte de la era soviética). La 5ª plata acoge exposiciones actuales y vanguardistas. El complejo, accesible en sillas de ruedas, alberga una tienda y café.

Campo del Festival de la Canción de Tallin ANFITEATRO

(Tallinna lauluväljak; plano p. 52; www.lauluvaljak.ee; Narva mnt 95; faro 8.00-16.00 lu-vi) GRATIS Este anfiteatro al aire libre acoge el festival de la canción de Estonia, conciertos de *rock* y otros eventos. Construido en 1959, supone un ejemplo elegante y sorprendentemente curvilíneo de arquitectura soviética, con una capacidad oficial para 75 000 personas y un escenario donde caben 15 000 personas. Cuando no acoge ningún evento, se puede subir al "faro" de 42 m donde se enciende la llama del festival y que alberga una exposición fotográfica sobre el festival.

En septiembre de 1988, un festival de la canción congregó a unas 300 000 personas que exigieron públicamente la independencia en la llamada "Revolución Cantada". Aproximadamente 500 000 personas, entre ellos muchos emigrantes estonios, asistieron al 21º Festival de la Canción de 1990, el último gran evento antes de la recuperación de la independencia. Se restableció un repertorio estonio y 29 000 intérpretes cantaron bajo la bandera nacional por primera vez en medio siglo.

Maarjamäe

Corredores, ciclistas y patinadores frecuentan Pirita tee, la sinuosa carretera de la costa que va hacia el norte por la bahía de Tallin a través de Maarjamäe. Brinda hermosas vistas al atardecer del casco antiguo y se puede llegar con los autobuses nº 1A, 5, 8, 34A y 38.

Palacio Maarjamäe MUSEO

(Maarjamäe loss; plano p. 52; www.ajaloomuuseum.ee; Pirita tee 56; adultos/niños 4/2 €; 10.00-17.00 mi-do) Al norte del parque Kadriorg, se trata de una mansión neogótica de piedra caliza construida en 1874 para un conde ruso. Alberga el **Museo de Cine de Estonia** y una sucursal poco visitada del **Museo de Historia de Estonia** sobre las vicisitudes del s. XX. Destaca el cementerio de esculturas soviéticas tras el edificio.

Un bonito mural de estilo realista socialista titulado *Amistad de naciones* cubre las paredes de la sala de banquetes con exultantes

CUANDO MÁS GRANDE SOLO SIGNIFICA MÁS GRANDE

Nada representa a la antigua Unión Soviética como un gigantesco edificio público. Tallin cuenta con dos de ellos, ambos diseñados por el arquitecto local Raine Karp.

Linnahall (Ayuntamiento; www.linnahall.ee; Mere pst 20) Construido para los Juegos Olímpicos de Moscú de 1980 y originalmente bautizado como Palacio Lenin de Cultura y Deporte, alberga una enorme sala de conciertos en su inmensa estructura de hormigón medio en ruinas y llena de grafitis. La ciudad no sabe muy bien qué hacer con este complejo de tipo templo, protegido como patrimonio nacional, pero que se ha deteriorado mucho desde que se cerró en el 2009 y que separa el casco antiguo del puerto. Se ha barajado la opción de convertirlo en un palacio de congresos. Mientras, los perplejos turistas siguen paseando por su azotea y tomando innumerables fotografías para demostrar que han estado en contacto con la decadencia postsoviética.

Biblioteca Nacional de Estonia (Eesti rahvusraamatukogu; plano p. 52; www.nlib.ee; Tõnismägi 2; ⌚12.00-18.00 lu-vi) Comenzada en 1985, no se terminó hasta 1993, lo que convirtió este excelente ejemplo de arquitectura soviética en uno de los primeros nuevos edificios públicos de la Estonia independiente. Revestido de piedra caliza dolomítica local, merece la pena entrar para ver las puntiagudas sillas rojas del vestíbulo. Las plantas superiores suelen acoger exposiciones.

obreros, campesinos, astronautas y el rostro de Lenin entre las banderas rojas. Cuando se inauguró en 1987, nadie podía imaginar los dramáticos acontecimientos de los años posteriores.

Existen proyectos para restaurar el palacio y convertir el complejo en un "museo experiencial" que aproveche las esculturas soviéticas desmanteladas y que acoja proyecciones de películas y conciertos al aire libre.

Establos del Palacio Maarjamäe — MUSEO

(Maarjamäe lossi tallihoone; plano p. 52; www.ajaloomuuseum.ee; Pirita tee 66; adultos/niños 3/2 €, con palacio 6 €; ⌚10.00-18.00 mi-do) La larga ocupación soviética de Estonia se trata en muchos sitios, por lo que esta sucursal del Museo de Historia de Estonia, en unos establos del s. XIX de Maarjamäe, se centra en la ocupación nazi (1941-1944). La exposición, titulada "Torres y peones", ilustra la vida bajo el régimen nazi e incluye muestras interactivas y entrevistas grabadas con supervivientes de los campos de concentración.

Tras los horrores de la ocupación soviética en 1940, conocida como el "año del terror", muchos estonios se alegraron de la invasión alemana. Se estima que los nazis ejecutaron a unos 8000 estonios, incluidos 1000 judíos estonios (casi toda la población judía que no había huido) y a 250-500 gitanos estonios. Además, unos 12 500 judíos extranjeros fueron trasladados a campos de concentración en Estonia, sobre todo de otros países bálticos, pero también de lugares como Francia.

Para profundizar más en este oscuro episodio o mostrar los respetos a las víctimas, el Museo de Historia de Estonia ha montado una exposición al aire libre en el emplazamiento del campo de concentración de Klooga, 38 km al suroeste de Tallin.

Los establos son el último gran edificio del complejo, cerca del memorial de guerra.

Memorial de guerra Maarjamäe — MONUMENTO

(plano p. 52; Pirita tee) Sobre el promontorio junto al palacio Maarjamäe, este gran monumento de la era soviética consiste en un elegante obelisco en una gran plaza de hormigón deteriorada. Erigida en 1960 para rendir homenaje a las tropas soviéticas caídas en 1918, se trata de una estructura poco popular ya que la guerra era contra Estonia y todos los monumentos estonios a sus caídos se destruyeron tras la ocupación soviética (muchos se han vuelto levantar).

El resto del complejo –amplias avenidas de hormigón, protuberancias puntiagudas y demás– se construyó en 1975 como homenaje a los soldados del Ejército Rojo que murieron luchando contra los nazis. Se levantó parcialmente sobre un cementerio de guerra donde yacían 2300 alemanes y que databa de 1941. El cementerio, rehabilitado en 1998, presenta los conjuntos de cruces triples de granito que caracteriza a los cementerios militares de la II Guerra Mundial en casi toda Europa.

Pirita

Justo después de Maarjamäe el río Pirita llega a la bahía de Tallin e inicia la playa más popular de la ciudad. La zona fue la sede de las pruebas de vela de los Juegos Olímpicos de Moscú de 1980 y acoge regatas internacionales.

Los autobuses nº 1A, 8, 34A y 38 circulan entre el centro de Tallin y Pirita.

Playa de Pirita — PLAYA

(Pirita rand; plano p. 52). En verano, los jóvenes amantes del sol llenan la playa más grande y popular de Tallin, a solo 6 km del centro, y pasan el rato en sus relajados cafés. Con mal tiempo resulta un lugar desapacible y ventoso, pero si las condiciones lo permiten, windsurfistas y aficionados al *kitesurf* ofrecen un buen espectáculo.

Convento de Pirita — RUINAS

(Pirita klooster; plano p. 52; www.piritaklooster.ee; Kloostri tee; adultos/estudiantes 2/1 €; ⏲10.00-18.00 abr-oct, 12.00-16.00 nov-feb) De este convento finalizado en 1436 solo quedan los altos muros góticos de piedra. El resto fue destruido por Iván el Terrible durante la Guerra Livona en 1577. En 1996 las monjas de Santa Brígida obtuvieron el derecho a volver y reactivar el convento en una nueva sede junto a las ruinas. En verano se programan conciertos.

Kloostrimetsa

A este arbolado rincón (literalmente “el bosque del convento”) en la orilla norte del río Pirita llegan los autobuses nº 34A y 38 desde el centro, vía la playa de Pirita.

Torre de televisión de Tallin — MIRADOR

(Tallinna teletorn; www.teletorn.ee; Kloostrimetsa tee 58a; adultos/niños 8/5 €; ⏲10.00-19.00) Inaugurada para los Juegos Olímpicos de 1980, esta futurista torre de 314 m brinda geniales vistas desde su 22ª planta (175 m). Al pulsar un botón los discos de cristal esmerilado del suelo se vuelven transparentes y ofrecen vistas verticales hasta el suelo. Alberga muestras interactivas en dispositivos de la era espacial. Los más atrevidos pueden probar el paseo por la cornisa de la torre con arneses de seguridad (20 €).

El momento más dramático de su historia tuvo lugar el 20 de agosto de 1991, el día después de la declaración oficial de independencia de Estonia, cuando el ejército soviético intentó tomar la torre por la fuerza. Mientras la gente de la calle bloqueaba el paso a los tanques, cuatro hombres se atrincheraron en la sala de control para que la torre siguiera retransmitiendo. En la plaza frente a la torre, un monumento conmemora estos sucesos.

Jardín Botánico de Tallin — JARDINES

(Tallinna botaanikaaed; www.botaanikaaed.ee; Kloostrimetsa tee 52; adultos/niños 5/2,50 €, con torre de televisión 11 €; ⏲9.00-17.00 oct-abr) Frente al río Pirita y rodeado de bosque, este bonito jardín de 1,2 km² alberga 8000 especies de plantas en invernaderos y en varios arboretos y jardines temáticos. Se aconseja preparar un pícnic y pasar la tarde.

Haabersti

El distrito más occidental de Tallin cuenta con más de 43 000 habitantes, aunque la población no empezó a crecer hasta la finalización del proyecto urbanístico Väike-Õismäe (Pequeña Colina de la Flor) en la década de 1970. Este fascinante ejemplo de planificación urbanística soviética presenta un enorme anillo oval de grandes bloques de pisos alrededor de un lago ornamental. Muy cerca se halla el segundo centro comercial más grande de Estonia, el Rocca al Mare Kaubanduskeskus.

★ Museo al Aire Libre de Estonia — MUSEO

(Eesti vabaõhumuuseum; plano p. 52; www.evm.ee; Vabaõhumuuseumi tee 12, Rocca Al Mare; adultos/niños may-sep 7/3,50 €, oct-abr 5/3 €; ⏲10.00-20.00 may-sep, hasta 17.00 oct-abr) Hasta este excelente y extenso complejo se han trasladado edificios históricos entre los altos árboles. En verano este viaje al pasado se refuerza con un personal vestido de época que realiza labores tradicionales entre granjas y molinos de madera.

Existe una capilla de 1699 y una vieja taberna de madera, la Kolu Kõrts, que sirve cocina tradicional. Se ofrecen paseos en coche de caballos (adultos/niños 5/3 €) y se alquilan bicicletas (3 €/h). La noche de San Juan (23 jun) acoge las celebraciones tradicionales, hogueras y demás.

Desde el centro hay que enfilar por Paldiski mnt y antes de llegar al agua, torcer a la derecha por Vabaõhumuuseumi tee. El autobús nº 21, que sale de la estación de trenes como mínimo cada hora, para frente al museo. Vende entradas combinadas familiares, como una que incluye el zoo de Tallin, a 20 min.

Zoo de Tallin ZOOLÓGICO

(Tallinna loomaaed; plano p. 50; www.tallinnzoo.ee; Paldiski mnt 145, Veskimetsa; adultos/niños 7/4 €; ⌚9.00-21.00 may-ago, hasta 19.00 mar, abr, sep y oct, hasta 17.00 nov-feb) Con la mejor colección del mundo de muflones y cabras montesas, además de otras 350 especies, incluidos leones, leopardos y elefantes africanos, se trata del mejor lugar para ver fauna autóctona (osos, linces, búhos, águilas).

Este zoo plantea un dilema a los amantes de los animales. Aunque algunos de los recintos más antiguos resultan muy deficientes, la situación está mejorando claramente, y si la gente no visita el zoo nunca habrá fondos suficientes para completar las obras, incluido el nuevo y muy necesario recinto para los osos polares.

El recientemente creado **parque de aventura** (adultos/niños 17/6 €) ofrece un circuito de cuerdas a gran altura. Se permite el acceso al zoo hasta 2 h antes del cierre y todos los recintos interiores cierran los lunes. Se llega desde la estación de trenes con el autobús nº 21 o el trolebús nº 7, o con el trolebús nº 6 desde la plaza de la Libertad.

Playa de Stroomi PLAYA

(plano p. 52) Situada en Pelguranna, un barrio dominado por la comunidad rusa de Tallin, luce un telón de fondo no tan agradable como Pirita, con puertos y bloques de apartamentos. Pero los amantes del sol invaden esta larga franja de arena y aguas poco profundas, 3 km al oeste del casco antiguo, a 20 min en el autobús nº 40 desde el Viru Keskus o en el nº 48 desde plaza de la Libertad. En verano se respira un ambiente muy auténtico.

Actividades

Según los lugareños, una buena sudada a la antigua usanza lo cura todo y la verdad es que acudir a una sauna resulta parte esencial del viaje. Casi todos los hoteles cuentan con una, aunque también existen buenas saunas públicas.

Club 26 SPA

(plano p. 52; ☎631 5585; www.club26.ee; Liivalaia 33; sauna privada 25-65 €/h; ⌚7.00-22.00) En la planta superior del Radisson Blu Hotel Olümpia y con excelentes vistas, supone una de las opciones más lujosas de la ciudad, con dos saunas privadas, cada una con piscina y balconcito. Para redondear la experiencia se puede pedir comida y bebida; precio hasta 10 personas.

El complejo incluye un solárium, un pequeño gimnasio, un centro de masajes y una piscina de 16 m.

Kalma Saun SPA

(☎627 1811; www.kalmasaun.ee; Vana-Kalamaja 9a; entrada 7,50-10 €; ⌚11.00-23.00) En un imponente edificio detrás de la estación de trenes, la sauna pública más antigua de Tallin conserva un aura de *banya* (baños rusos); imprescindible golpearse con una rama de abedul. Ofrece secciones separadas para hombres y mujeres (la de mujeres ofrece precios un poco más bajos) y saunas privadas (20 €/h hasta 6 personas).

Parque acuático Kalev Spa NATACIÓN, SPA

(plano p. 56; www.kalevspa.ee; Aia 18; visita 2½ h adultos/niños 13/10 €; ⌚6.45-21.30 lu-vi, 8.00-21.30 sa y do) Cuenta con una piscina olímpica, toboganes de agua, *jacuzzis*, saunas y una piscina para niños. Además, dispone de gimnasio, *spa* de día y tres saunas privadas, la más grande para 15 personas.

Alquiler de barcas Bell-Marine PASEOS EN BARCA

(plano p. 52; ☎621 2175; www.bellmarine.ee; Kloostri tee 6a; kayak/barca 10/15 €/h; ⌚10.00-20.00 jun-ago) El río Pirita, con frondosa vegetación en las orillas, resulta idílico para navegar. Se alquilan barcas de remo y kayaks junto al puente de la calle, cerca de las ruinas del convento.

Pista de patinaje sobre hielo de Harju PATINAJE SOBRE HIELO

(Harju tänava uisuplats; plano p. 56; ☎610 1035; www.uisuplats.ee; Harju; adultos/niños/alquiler patines 5/3/2,50 €/h; ⌚10.00-22.00 nov-mar) Tras patinar bien abrigado en esta pista al aire libre del casco antiguo, nada mejor que un *hõõgvein* (vino caliente con especias).

Circuitos

La oficina de turismo y casi todas las agencias de viajes organizan circuitos en diferentes idiomas con un guía privado; resérvese con antelación.

Tallinn Traveller Tours CIRCUITOS

(☎5837 4800; www.traveller.ee) Circuitos amenos con una buena relación calidad-precio, incluido uno a pie de 2 h por el casco antiguo que sale al mediodía desde el centro de información turística (gratis pero se invita a dejar propina). También organiza circuitos sobre fantasmas (15 €), en bicicleta (desde 19 €), rutas de bares (20 €) y excursiones a Riga (55 €).

EstAdventures CIRCUITOS
(☎5308 3731; www.estadventures.ee; circuitos desde 19 €; ⊙may-sep) Circuitos temáticos a pie por Tallin (casco antiguo y Kalamaja, la Tallin encantada). Entre las excursiones de un día se incluyen el Parque Nacional de Lahemaa, Rakvere y Haapsalu.

Estonian Experience CIRCUITOS
(☎5346 4060; www.estonianexperience.com; circuito 1/4 personas desde 80/96 €) Circuitos privados sobre una amplia gama de temas (leyendas y cata de cervezas medievales, la Tallin judía, taller de mazapán y circuito a pie familiar); algunos incluyen transporte, comida y bebida. Aunque aceptan viajeros en solitario, los precios resultan mucho mejores para grupos pequeños.

City Bike CIRCUITOS EN BICICLETA
(plano p. 56; ☎511 1819; www.citybike.ee; Vene 33; ⊙10.00-19.00) Los circuitos "Welcome to Tallin" (19 €, 2 h) salen durante todo el año a las 11.00 y abarcan Kadriorg y Pirita. Los "Other Side" incluyen Kalamaja y la playa de Stroomi (desde 19 €, 2½ h), mientras que los "Countryside Cycling & Old Town Walking" van hasta el Museo al Aire Libre (desde 47 €, 4 h). También coordina viajes autoguiados de un día e itinerarios más largos.

Tallinn City Tour CIRCUITOS EN AUTOBÚS
(plano p. 56; ☎627 9080; www.citytour.ee; billete 24 h adultos/niños 19/16 €) Gestiona autobuses rojos de dos pisos con subidas/bajadas libres en los principales lugares de interés. Proporciona audioguías en diferentes idiomas. La parada principal se halla en Mere pst, justo fuera del casco antiguo. Los billetes combinados incluyen entradas a museos, un paseo en barco o un viaje en globo.

La línea roja abarca el centro y Kadriorg; la verde lleva a Pirita, el Jardín Botánico de Tallin y la torre de televisión, y la azul va hacia el oeste hasta el zoo y el Museo al Aire Libre de Estonia.

Blue Super Segway SEGWAY
(plano p. 56 ☎512 0030; www.bluesupersegway.ee; Viru 7; alquiler 30 €/h, con guía 60 €/grupo) Alquila *segways* para visitar la ciudad y organiza circuitos guiados en *segway*.

Euro Audio Guide CIRCUITOS A PIE
(www.euroaudioguide.com; alquiler iPod 13 €) En la oficina de turismo alquilan iPods con comentarios sobre varios puntos de interés del casco antiguo. Si se dispone de un iPod, iPhone o iPad es posible descargarse el circuito y un libro electrónico por 15 €.

360° Adventures KAYAK
(☎5686 4634; www.360.ee) Los miércoles desde finales de junio hasta agosto organiza circuitos guiados en kayak de 3-4 h por la bahía de Tallin (33 €). También ofrece excursiones en kayak, senderismo por las ciénagas, caminatas en raquetas de nieve y rutas por la naturaleza.

Reimann Retked KAYAK
(☎511 4099; www.retked.ee) Excursiones en kayak de mar, incluida una de 4 h a la isla de Aegna (35 €). También ofrece submarinismo,

TALLIN PARA NIÑOS

El casco antiguo, con sus almenas y sus animadas calles medievales, gusta mucho a los menores de 12 años, aunque el adoquinado puede ser un problema para los carritos. Los niños suelen ser bienvenidos; muchos restaurantes ofrecen menús infantiles y casi todos los hoteles grandes cuentan con parques infantiles y servicio de guardería.

Los niños disfrutarán con el Museo al Aire Libre de Estonia, el zoo, las playas, el parque acuático Kalev Spa y la pista de patinaje sobre hielo de Harju. También se puede ir al parque infantil del parque Kadriorg o del Hirvepark.

Nuku (plano p. 56; ☎679 555; www.nuku.ee; Nunne 8; entrada 4,80 €; ⊙11.00-18.00 ma-do) El museo nacional de marionetas exhibe muchos títeres antiguos y ofrece otros para jugar. Cuenta con un sótano de los horrores con "marionetas malvadas y siniestras" (incluido un conejo vampiro), una sala de disfraces, un teatro de sombras y ventanas a los talleres donde se crean las marionetas. En verano no se ofrecen espectáculos, pero los fines de semana del resto del año están incluidos en la entrada. Aunque se realizan en estonio, la diversión visual es universal.

Tschu-Tschu (adultos/niños 5/3 €) Muy popular entre los más pequeños y los adultos cansados, este trenecito ofrece en verano un recorrido de 20 min por el casco antiguo.

rafting, paseos por ciénagas, excursiones en raquetas de nieve y observación de castores.

Fiestas y celebraciones

En verano siempre se celebra algo. Para una lista exhaustiva de los festivales de Tallin, véase www.culture.ee y las páginas de eventos de www.tourism.tallinn.ee.

Jazzkaar MÚSICA
(www.jazzkaar.ee) Grandes artistas del *jazz* de todo el mundo acuden a mediados de abril a este excelente festival de 10 días. Tallin también acoge eventos más pequeños en otoño y Navidad.

Días del Casco Antiguo CULTURAL
(www.vanalinnapaevad.ee) A finales de mayo/principios de junio este festival de una semana programa días temáticos (Día de la Música, Día Medieval, Día de los Niños, etc.), con baile, conciertos, artistas vestidos de época y mucho jolgorio medieval.

Festival Internacional de Folclore Báltico CULTURAL
(www.folkloorinoukogu.ee) Música, baile y muestras sobre las tradiciones de las regiones bálticas. Se celebra por turnos en Riga, Vilna y Tallin, que lo acogerá en junio del 2016, el 2019 y el 2022.

ESCUELA DE VERANO DE LA UNIVERSIDAD DE TALLIN

Si se tienen raíces estonias o atracción por los idiomas poco conocidos, la **Escuela de Verano de la Universidad de Tallin** (plano p. 52; ☎640 9218; http://summerschool.tlu.ee; Narva mnt 25; curso 440 €, programa cultural estudiantes/no estudiantes 350/400 €), ofrece en julio cursos intensivos de estonio de tres semanas, además de un programa cultural con conferencias, circuitos guiados y excursiones sobre aspectos de la cultura, la historia, el arte, la música y las tradiciones del país.

Los cursos de estonio se imparten por las mañanas entre semana, mientras que el programa cultural se realiza por las tardes y los fines de semana, lo que permite optar por uno u otro, o por ambos. También se ofrecen cursos de ruso y chino mandarín (impartidos en inglés), además de una amplia gama de cursos técnicos y creativos.

Õllesummer CERVEZA, MÚSICA
(www.ollesummer.ee) La cerveza, las salchichas y el *rock* inundan durante cuatro días a principios de julio el Campo del Festival de la Canción de Tallin. Además de grupos de versiones y cantautores locales, suele actuar algún grupo internacional (como Placebo, The Cardigans, Pet Shop Boys o Scissor Sisters).

Festival de Canto y Danza CULTURAL, MÚSICA
(www.laulupidu.ee) Esta inmensa fiesta de alcance nacional se celebra en junio del 4º y el 9º año de cada década y culmina con un coro tradicional de más de 34 000 voces. La versión juvenil se celebra el 2º y el 7º año de cada década.

Días Medievales CULTURAL
(www.folkart.ee) El casco antiguo acoge un desfile y un torneo de justas y la plaza del Ayuntamiento se llena de puestos de artesanía durante una semana a mediados de julio.

Festival Internacional de Órgano de Tallin MÚSICA
(www.concert.ee) A finales de julio, se suceden 10 días de música de órgano por las iglesias de la ciudad.

Birgitta Festival MÚSICA
(www.birgitta.ee) Una excelente oportunidad para disfrutar de una mezcla de teatro y música en una amplia variedad de géneros, incluidos *ballet,* ópera, danza moderna, música coral y clásica. Se celebra en las evocadoras ruinas del convento de Pirita durante una semana a mediados de agosto.

Festival de Cine de las Noches Oscuras CINE
(www.poff.ee) Con películas de todo el mundo, el mayor festival de cine de Estonia anima las frías noches de invierno durante dos semanas a mediados de noviembre. Incluye secciones de cine juvenil, de animación y películas de estudiantes

Dónde dormir

Como el encanto medieval de Tallin ha dejado de ser un secreto, en verano conviene reservar con mucha antelación. Los precios se disparan en temporada alta (sobre todo en julio y agosto) y en fin de semana casi resulta imposible conseguir una cama si no se avisa con dos semanas de antelación, como mínimo.

Existe alojamiento para todos los bolsillos. El grueso se halla en el casco antiguo e inmediaciones, donde hasta los mochileros podrán dormir en evocadores edificios antiguos. Si se viaja en automóvil, hay más aparcamientos gratis hacia las afueras.

Casco antiguo

★ Tabinoya ALBERGUE €
(plano p. 56; ☎632 0062; www.tabinoya.com; Nunne 1; dc/i/d desde 15/30/40 €; @📶) El primer albergue del Báltico gestionado por japoneses ocupa las dos plantas superiores de un encantador edificio antiguo, con dormitorios y un salón comunitario arriba y espaciosas habitaciones privadas, una cocina y una sauna abajo. Los baños son compartidoss y se respira un ambiente un poco más tranquilo y confortable que muchos albergues de Tallin. Resérvese con antelación.

Red Emperor ALBERGUE €
(plano p. 56; ☎615 0035; www.redemperorhostel.com; Aia 10; dc/i/d desde 12/21/32 €; @📶) Encima de un bar de música en directo encantadoramente alternativo, se halla el principal albergue de fiesta de Tallin para gente alternativa y barbuda. Buenas instalaciones, habitaciones de vivos colores, literas de madera y muchas duchas. Cada día organiza actividades (karaoke, cenas compartidas, etc.). Si se tiene el sueño ligero hay que llevar tapones.

Old House Hostel & Guesthouse ALBERGUE €
(plano p. 56; ☎641 1281; www.oldhouse.ee; Uus 22 y Uus 26; dc/i/d desde 14/29/48 €; P@📶) Se respira un acogedor ambiente de casa de huéspedes con instalaciones de albergue (dormitorios sin literas, baños compartidos, cocinas para huéspedes y salones comunitarios). Su decoración de antaño (antigüedades, extravagante papel pintado, plantas, lámparas) y su ubicación relativamente tranquila en el casco antiguo atraen a viajeros con poco presupuesto que buscan un lugar agradable y confortable.

Old Town Backpackers ALBERGUE €
(plano p. 56; ☎5351 7266; www.tallinnoldtownbackpackers.com; Uus 14; dc/i 15/35 €; @📶) Se trata de una gran sala con media docena de camas, que también sirve como cocina y salón, alojada en una casa barroca. Dado el poco espacio, no se recomienda estar de fiesta hasta tarde; sin duda se llegará a conocer al resto de huéspedes, sobre todo porque cuenta con sauna y *jacuzzi*.

Old House Apartments APARTAMENTOS €€
(plano p. 56; ☎641 1464; www.oldhouseapartments.ee; Rataskaevu 16; apt desde 89 €; P📶) Maravillosa casa de un comerciante del s. XIV que ha sido dividida en ocho apartamentos muy bien amueblados, incluido uno muy espacioso con dos dormitorios y vestigios de un techo pintado medieval. Cuenta con otros 21 apartamentos repartidos por el casco antiguo en edificios similares, pero la calidad y los servicios varían mucho.

Zinc ALBERGUE €€
(plano p. 56; ☎5781 0173; www.zinchostel.ee; Väike-Karja 1; tw/tr/f 35/50/60 €; 📶) Más una pensión económica que un albergue tradicional, no dispone de dormitorios colectivos, pero sus limpias habitaciones privadas comparten baños, una cocina y un salón con TV. Los pasillos del edificio centenario lucen coloridos estarcidos. Resulta una opción bastante tranquila en un barrio ruidoso.

Bern Hotel HOTEL €€
(plano p. 56; ☎680 6604; www.bern.ee; Aia 10; h desde 63 €; ❄📶) Hotel bastante nuevo a las afueras del casco antiguo con habitaciones pequeñas y modernas. Dado el precio, destaca su gran atención al detalle. Las habitaciones incluyen albornoz y zapatillas, minibar, secador y aire acondicionado.

Villa Hortensia APARTAMENTOS €€
(plano p. 56; ☎504 6113; www.hoov.ee; Vene 6; i/d desde 45/65 €; 📶) En el adorable y adoquinado Patio de los Maestros, ofrece cuatro estudios-apartamentos divididos en dos niveles con pequeñas cocinas y acceso a un salón compartido. Cabe destacar sus dos apartamentos más grandes, con balcones y mucho carácter. En verano pueden resultar calurosos y el café de la planta baja abre hasta las 24.00, por lo que se necesitarán tapones si se tiene el sueño ligero.

Viru Backpackers ALBERGUE €€
(plano p. 56; ☎644 6050; www.virubackpackers.com; Viru 5, 3er piso; i/d desde 28/42 €; ❄📶) Este hermano del Monk's Bunk (p. 73), más pequeño pero mucho más llamativo, ofrece acogedoras habitaciones privadas de vivos colores, algunas con baño propio. Se halla en una parte más ruidosa de la ciudad que el Monk pero respira un ambiente más tranquilo.

★ Hotel Cru HOTEL €€€
(plano p. 56; ☎611 7600; www.cruhotel.eu; Viru 8; i/d/ste desde 88/110/198 €; 📶) Tras su bonita fachada azul cielo, este hotel-*boutique* en un edificio del s. XIV dispone de habitaciones profusamente decoradas y con elementos originales (vigas de madera y paredes de piedra)

en un laberinto de pasillos. Las más baratas resultan un poco pequeñas.

Three Sisters HOTEL €€€
(plano p. 56; 630 6300; www.threesistershotel.com; Pikk 71; h/ste desde 195/305 €;) Tres antiguas casas de comerciantes del s. XIV han sido unidas para ofrecer un lujo opulento. Cada una de sus 23 espaciosas habitaciones es diferente, pero todas cuentan con fabulosos detalles, como pequeños balcones, bañeras antiguas, vigas de madera y camas con dosel. Las visitas reales suelen alojarse en la suite con piano.

Hotel Telegraaf HOTEL €€€
(plano p. 56; 600 0600; www.telegraafhotel.com; Vene 9; i/d/ste desde 165/185/605 €;) Este exclusivo hotel en una antigua estación de telégrafos del s. XIX rezuma elegancia. Dispone de *spa,* un bonito patio, un aclamado restaurante, una decoración despampanante y un servicio eficiente. Las habitaciones "superiores", en la parte más antigua del edificio, lucen más detalles históricos, pero las habitaciones "ejecutivas", con una cuidada decoración, resultan un poco más baratas y espaciosas.

Savoy Boutique Hotel HOTEL €€€
(plano p. 56; 680 6688; www.tallinnhotels.ee; Suur-Karja 17/19; i/d/ste desde 98/116/278 €;) Los suaves tonos crema y caramelo y las ventanas de doble cristal convierten estas habitaciones en un oasis junto a una de las intersecciones más ajetreadas del casco antiguo. Las de las plantas superiores gozan de vistas de las azoteas. Entre sus excelentes detalles se incluyen una cesta de fruta a la llegada y albornoces y zapatillas en cada habitación. Cabe destacar su amable y atento personal.

Hotel St Petersbourg HOTEL €€€
(plano p. 56; 628 6500; www.hotelstpetersbourg.com; Rataskaevu 7; h/ste desde 153/216 €;) La Rusia imperial se mezcla con el lujo contemporáneo en este hotel con una ecléctica decoración. La curiosa mezcla de estilos incluye extravagantes lámparas, cómodas con espejo, grandes fotografías de bailarinas y un enorme Oscar en el vestíbulo. El precio incluye el desayuno y una sauna gratis por la mañana.

Schlössle Hotel HOTEL €€€
(plano p. 56; 699 7700; www.schloesslehotel.com; Pühavaimu 13/15; h/ste desde 16[illegible]/275 €;) Este hotel-*boutique* ocupa un grupo de edificios alrededor de un patio y acoge un bar muy evocador en un sótano abovedado. El tamaño y el estilo de sus 23 habitaciones varían mucho; las más pequeñas rezuman encanto histórico, mientras que algunas de las más grandes resultan un poco deslucidas para su precio.

Centro urbano

United Backpackers ALBERGUE €
(plano p. 52; 5685 0415; www.unitedbackpackers.ee; Narva mnt 9j; dc/d desde 14/32 €;) Escondido entre un grupo de edificios junto a una calle principal, este pequeño y agradable

APARTAMENTOS Y HABITACIONES EN CASAS PARTICULARES

Las agencias de apartamentos pueden ser una excelente opción, sobre todo para aquellos viajeros con presupuesto medio que busquen intimidad e independencia. Resulta menos probable conocer a otros viajeros, pero se disfruta de mucho más espacio que en una habitación de hotel, además de cocina, salón y lavadora. Los precios caen en temporada baja y con las estancias largas. Old House Apartments (p. 71) ofrece bastantes en el casco antiguo.

Romeo Family Apartments (644 4255; www.romeofamily.ee; apt 55-110 €;) Esta agencia familiar cuenta con una docena de apartamentos impolutos en el casco antiguo, espaciosos, muy bien amueblados, con cocina e instalaciones para lavar la ropa. Resulta una muy buena opción y ofrece servicio de recogida en el aeropuerto (10 €).

Goodson & Red (666 1650; www.redgroup.ee; apt desde 49 €) Dispone de 22 opciones desde modernos estudios hasta apartamentos de dos dormitorios. Casi todos gozan de una excelente ubicación y algunos dan a la plaza del Ayuntamiento. La estancia mínima es de dos noches y se paga 40 € por el servicio de limpieza.

Ites Apartments (631 0637; www.ites.ee; apt desde 80 €;) Agradable y eficiente, ofrece varios apartamentos bien equipados en el casco antiguo y sus alrededores. Existen importantes descuentos para estancias de más de una noche.

albergue dispone de habitaciones ingeniosamente decoradas agrupadas en una planta. No se tendrá problemas para recargar los dispositivos en los espaciosos dormitorios, pues cada cama cuenta con seis tomas de corriente. Los baños son compartidos, pero hay muchos. Cuenta con una mesa de billar y un bar abierto las 24 h.

Euphoria ALBERGUE €
(plano p. 56; ☎5837 3602; www.euphoria.ee; Roosikrantsi 4; dc/h desde 11/35 €; P@📶) Este despreocupado y ameno albergue un poco *hippy* al sur del casco antiguo respira una sensación de comunidad de viajeros, sobre todo si gustan los narguiles y las *jam sessions* a altas horas de la noche; de lo contrario, llévense tapones.

Monk's Bunk ALBERGUE €
(plano p. 56; ☎636 3924; www.themonksbunk.com; Tatari 1; dc 11-14 €, h 38 €; @📶) A pesar de su nombre ("La litera del monje"), el único monje que quizás encajaría en este albergue de fiesta sería el de Robin Hood. Cada noche organiza actividades, incluidas legendarias rutas de bares diseñadas para emborracharse. Dispone de buenas instalaciones, techos altos, taquillas gratis y suelo radiante en los baños.

★**Y-residence** APARTAMENTOS €€
(plano p. 52; ☎502 1477; www.yogaresidence.eu; Pärnu mnt 32; apt desde 80 €; 📶) La "Y" de su nombre viene de "yoga", un nombre extraño para tratarse de un bloque de apartamentos nuevos, muy modernos y bien equipados a un corto paseo del casco antiguo. Cuenta con un amable personal, pequeñas cocinas y una lavadora. Dispone de un segundo bloque de apartamentos en un edificio más antiguo al norte del casco antiguo.

Hotel Palace HOTEL €€€
(plano p. 56; ☎640 7300; www.tallinnhotels.ee; Vabaduse Väljak 3; h/ste desde 100/170 €; ❄📶🏊) Este recién renovado hotel de la década de 1930 con una arquitectura interesante ofrece cómodas habitaciones decoradas con mucho gusto. Se halla al otro lado de la calle de la plaza de la Libertad y el casco antiguo. Ofrece piscina cubierta, *spa,* saunas y un pequeño gimnasio, servicios solo gratuitos para los huéspedes de las habitaciones superiores o suites.

Swissôtel Tallinn HOTEL €€€
(plano p. 52; ☎624 0000; www.swissotel.com; Tornimäe 3; h desde 158 €; ❄📶🏊) En un extremo de la ciudad, este hotel de 238 habitaciones, repartidas en 30 pisos, ofrece elegancia, suntuosidad y vistas. El diseño del cuarto de baño supera lo *cool* (azulejos de color bronce y negros; bañeras independientes y cabinas de ducha). Cuenta con un *spa* y un amable personal.

Estoria HOTEL €€€
(plano p. 56; ☎680 9300; www.sokoshotels.ee; Viru väljak 4; h desde 134 €; ❄📶) El equipo de diseño de los hoteles Sokos ha realizado un gran trabajo eliminando cualquier mala vibración de la KGB que pudiera quedar en este edificio unido al tristemente famoso Hotel Viru. Todas las habitaciones presentan sillones verdes y naranjas, albornoces y zapatillas, y cada planta dispone de su propia salita de estar con una cafetera, bandejas de bombones y juegos de ajedrez.

Nordic Hotel Forum HOTEL €€€
(plano p. 56; ☎622 2900; www.nordichotels.eu; Viru väljak 3; h/ste desde 119/189 €; P❄@📶🏊) Rezuma mucha personalidad para tratarse de un gran alojamiento de tipo hotel de negocios, con motivos estarcidos en la fachada, moquetas que simulan un sendero de jardín, cristales esmerilados con flores en los baños y árboles en la azotea. Entre las instalaciones se incluyen saunas y una piscina cubierta con vistas en la 8ª planta.

Kassisaba y Kelmiküla

Al oeste del casco antiguo, a los pies de la colina de Toompea, estos pequeños barrios cuentan con una buena gama de modernos hoteles de altura y precio medios cerca de la estación de trenes. Kassisaba significa "cola de gato" en estonio y hace referencia al sendero que atraviesa las murallas hasta Toompea, y Kelmiküla significa "pueblo del tunante", que sigue haciendo justicia a la zona que rodea la estación de trenes, donde se respira un ambiente canallesco.

Go Hotel Schnelli HOTEL €€
(plano p. 56; ☎631 0100; www.gohotels.ee; Toompuiestee 37; i/d/apt desde 56/59/117 €; P❄📶) Junto a la estación de trenes, este moderno edificio ofrece habitaciones nuevas y confortables en una práctica ubicación cerca de Kalamaja y el casco antiguo. Dispone de aparcamiento gratis y las habitaciones que dan a la calle brindan fabulosas vistas de la silueta de Toompea.

L'Ermitage HOTEL €€
(plano p. 56; ☎699 6400; www.lermitagehotel.ee; Toompuiestee 19; i/d/ste desde 67/76/125 €; P❄📶) Construido en el año 2004 pero muy

setentero, este edificio revestido de metal gustará o se odiará; alberga habitaciones sencillas y cómodas. Su diseño interior luce un toque contemporáneo, con paredes blancas que contrastan con detalles de vivos colores. Las habitaciones traseras resultan más tranquilas.

Kreutzwald Hotel Tallinn HOTEL €€
(plano p. 52; ☎666 4800; www.kreutzwaldhotel.com; Endla 23; h desde 68 €; @📶) La elegancia escandinava se funde con el minimalismo japonés para crear un excelente hotel de precio medio. Las más caras habitaciones dobles "Zen" cuentan con *jacuzzi,* TV de pantalla plana e iluminación ambiental. Queda a 15 min a pie del casco antiguo.

Kristiine

Valge Villa PENSIÓN €€
(plano p. 52; ☎654 2302; www.white-villa.com; Kännu 26/2; i/d desde 35/45 €; P📶) Sencilla y agradable, esta pensión de tres plantas y 10 habitaciones en una tranquila zona residencial, 3 km al sur del centro, resulta una buena opción básica, sobre todo si se tiene automóvil para aparcar. Todas las habitaciones disponen de nevera, calentador de agua y algunas, además, de chimenea, balcón, minicocina y bañera. Se halla bien conectada con el casco antiguo mediante transporte público.

Dónde comer

Si las expectativas respecto a la comida en la antigua URSS son bajas, sorprenderá la oferta actual de Tallin, con muchos interesantes y variados restaurantes que, a pesar de ser cada vez más caros, cuestan una fracción de lo que se paga por una calidad similar en capitales de Europa occidental. El servicio puede no parecer muy profesional, pero sonríe y se da prisa.

Mientras en los barrios turísticos de todo el mundo resulta difícil encontrar restaurantes de calidad a buen precio, en el casco antiguo de Tallin abundan. Además, cabe sumar un marco sin parangón; en invierno apetece acurrucarse en acogedoras bodegas abovedadas, y en verano, sentarse en las terrazas engalanadas con plantas o flores.

Para disfrutar de una experiencia gastronómica aún mejor por el mismo dinero, se pueden encontrar restaurantes fabulosos a poca distancia a pie del casco antiguo, en Kalamaja.

Casco antiguo

★ **V** VEGANA €
(plano p. 56; ☎626 9087; Rataskaevu 12; principales 6-9 €; ⏰12.00-23.00; ✎) Este magnífico restaurante ofrece infinidad de opciones a los veganos. En verano sitúa cuatro mesas en la calle, aunque su evocador interior resulta ideal. Sirve excelente platos, como curri de boniato y cacahuetes, tofu picante con quinua y calabacines rellenos.

III Draakon CAFÉ €
(plano p. 56; Raekoja plats; principales 1-3 €; ⏰9.00-24.00) Esta diminuta y evocadora taberna debajo del ayuntamiento sirve sopa de alce, salchichas y tartas recién horneadas a precios baratísimos. Su entorno histórico se ve amplificado por las camareras con trajes de época y la cerveza en jarras de cerámica.

Chocolats de Pierre CAFÉ €
(plano p. 56; ☎641 8061; www.pierre.ee; Vene 6; principales 5-13 €; ⏰8.00-24.00) En el pintoresco Patio de los Maestros, este acogedor café que ofrece un respiro del ajetreo del casco antiguo debe su fama a sus deliciosos pero caros chocolates artesanales. También sirve pasteles, sándwiches y quiches; resulta ideal para un desayuno o almuerzo ligero. A medida que avanza el día la pasta se abre paso en la carta.

Kompressor CREPERÍA €
(plano p. 56; Rataskaevu 3; tortitas 5 €; ⏰11.00-hasta tarde) Baratas creps dulces y saladas que sacian y no dejan sitio para el postre. Por la noche resulta un buen lugar para una copa económica; poco elegante, pero con muy buena relación calidad-precio.

Must Puudel CAFÉ €
(plano p. 56; Müürivahe 20; principales 3,50-11 €; ⏰9.00-23.00 do-mi, hasta 2.00 ju-sa; 📶) El "Caniche Negro" se trata del café más de moda del casco antiguo, con mobiliario desparejado de los años setenta, una ecléctica banda sonora, mesas en el patio, excelente café, desayunos calientes (por menos de 5 €), sabrosas comidas ligeras y un amplio horario.

Kehrwieder CAFÉ €
(plano p. 56; www.kohvik.ee; Saiakang 1; tentempiés 2-6,90 €; ⏰8.00-23.00 do-ju, hasta 1.00 vi y sa) Cuenta con mesas en la plaza del Ayuntamiento, pero el café más acogedor de la ciudad brinda un ambiente único en el interior, donde es posible tumbarse en los sofás, leer a

la luz de las lámparas y disfrutar de los techos abovedados. Solo sirve pasteles, pastelitos y bombones, así como ensaladas y sándwiches ya preparados.

Rimi SUPERMERCADO €
(plano p. 56; Aia 7; 8.00-23.00) El casco antiguo no cuenta con tiendas de conveniencia, por lo que este pequeño pero bien surtido supermercado resulta muy práctico.

★ **Rataskaevu 16** ESTONIA €€
(plano p. 56; 642 4025; www.facebook.com/Rataskaevu16; Rataskaevu 16; principales 6,90-15 €; 12.00-23.00;) Se trata del lugar ideal si se quiere probar el alce estofado. Aunque no es un restaurante tradicional, su carta presenta muchos platos típicos, como arenques bálticos fritos, solomillo de cerdo a la plancha y fuentes de quesos estonios. Se puede redondear la comida con su legendario pastel de chocolate.

Von Krahli Aed EUROPEA MODERNA €€
(plano p. 56; 626 9088; www.vonkrahl.ee/aed/; Rataskaevu 8; principales 8,50-17 €; 12.00-24.00;) Este rústico restaurante lleno de plantas (*aed* significa "jardín") sirve platos con muchas verduras. Su carta ofrece sabores frescos y opciones veganas, sin gluten, sin lactosa y sin huevo.

Pegasus EUROPEA MODERNA €€
(plano p. 56; 662 3013; www.restoranpegasus.ee; Harju 1; principales 7,80-15 €; 12.00-23.00;) Este moderno restaurante con una decoración de diseño ocupa tres plantas de un genial edificio de la era soviética, con ventanas tipo ojo de buey y paredes de yeso grueso. Su carta incluye ensaladas, sopas y generosas raciones de verduras como acompañamiento de los platos principales. Cuenta con el mejor pan casero de Tallin y un personal encantador.

Vanaema Juures ESTONIA €€
(plano p. 56; www.vonkrahl.ee/vanaemajuures/; Rataskaevu 10/12; principales 12-15 €; 12.00-22.00) Comida como la que prepararía la abuela si fuera estonia y una gran cocinera. El "restaurante de la abuela" fue uno de los más elegantes de Tallin en la década de 1930 y sigue destacando por su comida estonia tradicional y casera. El comedor amueblado con antigüedades y lleno de fotografías destila un aire formal.

Elevant INDIA €€
(plano p. 56; 631 3132; www.elevant.ee; Vene 5; principales 8,50-22 €; 12.00-23.00;) Los deliciosos aromas de este restaurante embargan los sentidos mientras se sube la escalera de hierro forjado hasta las luminosas salas de la planta superior, donde se disfruta de sabrosa comida de inspiración india. Presenta una amplia selección de platos vegetarianos y algunas curiosidades (*korma* de alce, curri de jabalí, cocodrilo con salsa de mango).

Clayhills Gastropub COMIDA DE PUB €€
(plano p. 56; www.clayhills.ee; Pikk 13; principales 12-15 €; 11.00-24.00 do-ju, hasta 2.00 vi y sa) Interesante *pub* del casco antiguo con cómodos sofás, una sala superior con paredes de piedra y una soleada terraza de verano, que ofrece conciertos y comida de calidad. Se pueden comer los clásicos de *pub,* como salchichas (estonias de cerdo y manzana) con puré de patatas, hamburguesas y tentempiés.

La Bottega ITALIANA €€
(plano p. 56; 627 7733; www.labottega.ee; Vene 4; principales 10-20 €; 12.00-23.00) Consistente comida sarda en un marco evocador con antiguas vigas de madera y columnas de piedra que contrastan con una señorial escalera de pino en el comedor de techos altos. La carta presenta mucho pescado (a destacar los calamares rellenos) junto a carnes de caza de la zona, como jabalí y conejo.

★ **Tchaikovsky** RUSA, FRANCESA €€€
(plano p. 56; 600 0610; www.telegraafhotel.com; Vene 9; principales 24-26 €; 12.00-15.00 y 18.00-23.00 lu-vi, 13.00-23.00 sa y do) Ocupa un pabellón acristalado del Hotel Telegraaf y luce ostentosas lámparas de araña, marcos dorados y una gran vegetación. El servicio es formal e impecable, al igual que su clásica carta franco-rusa, que se acompaña de música de cámara en directo.

★ **Leib** ESTONIA MODERNA €€€
(plano p. 56; 611 9026; www.leibresto.ee; Uus 31; principales 15-16 €; 12.00-23.00) Tras una puerta que pasa desapercibida se extiende un amplio jardín custodiado por los bustos de Sean Connery y Robbie Burns. Bienvenidos a la antigua sede del club escocés de Tallin, donde se sirve "comida sencilla preparada con mucho sentimiento" junto con *leib* (pan) casero. Los platos de pescado a la plancha y la carne cocinada a fuego lento resultan excepcionales.

Dominic EUROPEA €€€
(plano p. 56; 641 0400; www.restoran.ee; Vene 10; principales 15-17 €; 12.00-24.00 lu-sa, hasta 21.00

do) Este romántico local con manteles blancos y velas ofrece una carta de comida y vinos con un toque francés, con platos como pato muy bien cocinado, un sustancioso buey a la borgoñona y un pastel de queso y chocolate blanco como postre.

Chedi ASIÁTICA €€€
(plano p. 56; 646 1676; www.chedi.ee; Sulevimägi 1; principales 12-32 €; 12.00-23.00) El chef afincado en el Reino Unido Alan Yau (de los restaurantes londinenses con estrella Michelin Hakkasan y Yauatcha) asesoró la carta de este elegante restaurante, en el que se preparan algunos de sus platos distintivos. De su ejemplar cocina panasiática moderna se recomienda probar la deliciosa ensalada de pato crujiente y los ingeniosos *dumplings*.

Olde Hansa ESTONIA €€€
(plano p. 56; 627 9020; www.oldehansa.ee; Vana turg 1; principales 15-50 €; 10.00-24.00) Con salas iluminadas con velas y camareros ataviados como campesinos que sirven grandes platos de carne de caza, este restaurante temático medieval resulta ideal para un festín. Aunque suene un poco *kitsch,* los chefs se han documentado muy bien para elaborar sabrosos platos históricos, aunque no demasiado sofisticados.

MEKK ESTONIA MODERNA €€€
(plano p. 56; 680 6688; www.mekk.ee; Suur-Karja 17/19; principales 17-22 €; 12.00-23.00 lu-sa) El nombre del restaurante, una contracción de *Moodne Eesti Köök* (cocina moderna estonia), lo dice todo. Resulta genial para disfrutar de una comida sofisticada y un buen servicio en un entorno elegante.

Ribe EUROPEA MODERNA €€€
(plano p. 56; 631 3084; www.ribe.ee; Vene 7; principales 17-19 €; 12.00-23.00) En una esquina de la calle principal de restaurantes del casco antiguo y con mesas en la terraza en verano, ofrece un ambiente bastante formal y una carta repleta de productos estonios de temporada.

Bocca ITALIANA €€€
(plano p. 56; 611 7290; www.bocca.ee; Olevimägi 9; principales 15-22 €; 12.00-23.00) Aplaudido restaurante italiano donde la sofisticación y la elegancia encajan con una cocina exquisitamente preparada y servida. Presenta una consistente carta de vinos a juego con los imaginativos platos. Y cuenta con un acogedor *lounge* y bar.

Kalamaja

F-hoone COMIDA DE PUB €
(plano p. 52; www.fhoone.ee; Telliskivi 60a; principales 5,50-8,70 €; 9.00-23.00 lu-sa, 10.00-21.00 do;) Este cavernoso local con un elegante estilo industrial fue el pionero del ultramoderno complejo de Telliskivi. Ofrece una carta de pasta, hamburguesas, guisos, verduras a la parrilla y *falafel* de alta calidad. Todo se puede regar con una cerveza artesana de su amplio surtido.

Boheem CAFÉ €
(Kopli 18; principales 5,40-6,50 €; 9.00-23.00;) Este popular café, primera parada obligada para los *hipsters* de Kalamaja, sirve sabrosos y asequibles bocadillos enrollados, creps, ensaladas, guisos, quiches y platos de pasta. También se puede ir a tomar una cerveza o un café.

★ **Moon** RUSA €€
(631 4575; www.kohvikmoon.ee; Võrgu 3; principales 12-17 €; 12.00-23.00 lu-sa, 13.00-21.00 do, cerrado jul) En la cada vez más de moda Kalamaja este restaurante, informal pero excelente, combina influencias rusas y europeas con un resultado exquisito. Se debe reservar sitio para el postre.

Klaus CAFÉ €€
(5691 9010; www.klauskohvik.ee; Kalasadama; principales 9,50-12 €; 9.00-23.00;) Este café informal junto al mar, con un toque fresco de diseño, presenta una carta llena de sabrosos tentempiés y comidas más sustanciosas, incluidos filetes, pasta y *koftas* de cordero. Se recomienda el sándwich de cerdo desmenuzado "Cubanos".

Centro urbano

Vapiano ITALIANA €
(plano p. 56; www.vapiano.ee; Hobujaama 10; principales 6-9 €; 11.00-23.00;) Se escoge una pasta o ensalada en el mostrador y se observa cómo la preparan. Quien desee una *pizza,* recibirá un localizador para avisarle cuando esté lista. Ideal para disfrutar de comida "rápida" fresca, barata y relativamente saludable en un espacio grande, luminoso y animado. Cuenta con otra sucursal en el Solaris Centre.

Cafe Lyon CAFÉ FRANCESA €€
(plano p. 56; 622 9297; www.cafelyon.ee; Viru väljak 4; desayuno 2,80-5,30 €, principales 5,90-13,90 €; 8.00-23.00 do-mi, hasta 1.00 ju-sa;)

Frente al parque en el extremo del Viru Centre, este espacioso café tienta con su mostrador repleto de deliciosos pasteles y pastelillos de estilo francés. Para cenar, la carta vira hacia la comida de bistró.

Sfäär EUROPEA MODERNA €€
(plano p. 56; ☎5699 2200; www.sfaar.ee; Mere pst 6e; principales 9-15 €; ⊙8.00-22.00 lu-mi, hasta 24.00 ju y vi, 10.00-24.00 sa, 10.00-22.00 do) Este elegante local tipo almacén que parece sacado de un catálogo de diseño nórdico ofrece una innovadora carta que resalta los mejores productos estonios. Si solo apetece tomar algo, la carta de cócteles y de vinos no decepciona. La tienda de moda anexa resulta bastante cara.

★**Ö** ESTONIA MODERNA €€€
(plano p. 56; ☎661 6150; www.restoran-o.ee; Mere pst 6e; menú 4/5/7 platos 46/59/76 €; ⊙18.00-23.00 lu-sa, cerrado jul) Este galardonado establecimiento se ha hecho un hueco en el mundo culinario de Tallin gracias a sus creativos menús de degustación con productos estonios de temporada. Su comida presenta una clara influencia de la nueva cocina nórdica y el sencillo comedor contrarresta su sofisticada cocina.

Neh ESTONIA MODERNA €€€
(plano p. 52; ☎602 2222; www.neh.ee; Lootsi 4; principales 22-24 €; ⊙18.00-24.00 ma-sa med sep-feb) Llevando la cocina de temporada a su extremo, este local cierra en verano y se va a la playa, en concreto a la mansión de Pädaste en la isla de Muhu, donde gestiona uno de los mejores restaurantes de Estonia. En temporada baja vuelve a la ciudad llevando consigo los sabores de las islas bálticas.

Horisont EUROPEA MODERNA €€€
(plano p. 52; ☎624 3000; www.horisont-restoran.com; Swissôtel, 30 ª planta,Tornimäe 3; principales 17-29 €; ⊙18.00-22.00 ma-sa) Con un servicio excelente, una carta creativa, una elegante decoración y magníficas vistas (de casi toda la ciudad excepto del casco antiguo), ofrece una experiencia maravillosa y glamurosa. Durante el ágape se sirven pan y salsas, aperitivos y sorbetes para aclarar el paladar.

Enzo EUROPEA €€€
(plano p. 56; ☎607 1150; www.enzocafe.ee; Laeva 2; principales 15-24 €; ⊙12.00-23.00;) Rusia, Estonia, Francia e Italia forman una sofisticada alianza en la carta de este sofisticado restaurante. Si uno consigue alejarse de los deliciosos petisús de su zona de café, puede sentarse bajo las lámparas de araña de su restaurante más formal y prepararse para ser agasajado con aperitivos y sorbetes para limpiar el paladar entre plato y plato.

Kadriorg

NOP CAFÉ €€
(www.nop.ee; J Köleri 1; principales 7-12 €; ⊙8.00-22.00;) Apartado de la ruta turística, se trata del tipo de café-delicatesen de barrio que atrae a madres jóvenes, *hipsters* y gastrónomos itinerantes. Con paredes blancas, suelos de madera y un rincón para que jueguen los niños, ofrece desayunos calientes, sopas, ensaladas y bocadillos enrollados. Queda cerca del parque Kadriorg.

Pirita

★**NOA** INTERNACIONAL €€€
(☎508 0589; www.noaresto.ee; Ranna tee 3; principales 12-18 €, 5/7 platos 59/79 €; ⊙12.00-23.00;) Merece la pena ir al extremo más alejado de Pirita para comer en este elegante restaurante inaugurado en el 2014 y considerado el mejor de Estonia ese mismo año. Ocupa un elegante pabellón bajo con vistas de la bahía de Tallin y el casco antiguo. Se puede elegir entre el restaurante a la carta, más informal, y el Chef's Hall, donde solo se sirven menús de degustación.

BORRACHERAS ORGANIZADAS

Si para pasárselo bien una noche se necesita acabar borracho, Tallin ofrece un par de opciones organizadas para intentar conseguirlo.

La **Epic Bar Crawl** (☎5624 3088; www.ministryofentertainment.ee; circuito 15 €; ⊙21.30 mi-sa) se anuncia como "la ruta de bares más divertida y desenfrenada de Tallin". Incluye una cerveza o una sidra de bienvenida, un chupito en tres bares diferentes y la entrada a un club nocturno. También organiza despedidas de soltero.

La **ruta de bares Mad Monk** del albergue Monk's Bunk (p. 73) ofrece 1 h de consumo ilimitado de cerveza o sidra en su bar, seguida de un chupito gratis en dos bares diferentes y la entrada a una discoteca. Cuesta 12 € para los huéspedes y 15 € para el resto.

Dónde beber y vida nocturna

A partir de la independencia, Tallin se fue consolidando como destino de fiesta y, aunque las cosas se han apaciguado, siguen llegando hordas de británicos en despedida de soltero y finlandeses borrachuzos, sobre todo los fines de semana de verano. Como suelen concentrarse en un pequeño grupo de *pubs* irlandeses y británicos del extremo suroriental del casco antiguo (el triángulo formado por Viru, Suur-Karja y las murallas de la ciudad), se pueden evitar o localizar fácilmente (según se prefiera). Fuera de esa zona, se encuentran bares donde es posible tomar una copa tranquilamente.

Casco antiguo

Se aconseja el Bocca (p. 76) para cócteles, el Clayhills Gastropub (p. 75) para música en directo y un acogedor ambiente de *pub*, y el bar encantadoramente *grunge* del albergue Red Emperor (p. 71) para música en directo y un ambiente más alternativo.

DM Baar BAR
(plano p. 56; www.depechemode.ee; Voorimehe 4; ⏲12.00-4.00) El bar ideal para quien nunca se canse de Depeche Mode. Las paredes lucen todo tipo de recuerdos, incluidas fotos de la banda de fiesta en el local. Ya se sabe qué música suena; si no se es fan del grupo, mejor no ir.

Kultuuriklubi Kelm BAR
(plano p. 56; Vene 33; ⏲17.00-2.00 lu-ju, hasta 6.00 vi, 19.00-6.00 sa, 19.00-2.00 do) Este artístico bar de *rock*, autocalificado como "club cultural", ofrece mucha música en directo, exposiciones de arte, competiciones de pimpón y películas los miércoles por la noche.

Hell Hunt PUB
(plano p. 56; www.hellhunt.ee; Pikk 39; ⏲12.00-2.00; 📶) Este veterano local, que se autodefine como "el primer *pub* estonio", goza de un ambiente muy sociable y una enorme selección de cervezas locales e importadas. Su nombre significa "lobo manso". En verano se expande a la placita del otro lado de la calle.

Põrgu PUB
(plano p. 56; www.porgu.ee; Rüütli 4; ⏲12.00-24.00 lu-ju, hasta 2.00 vi y sa) Aunque su nombre significa "infierno", el descenso a este inframundo les sabrá a gloria a los amantes de la cerveza artesana. Ofrece una buena variedad de cervezas locales e importadas, incluidas 13 cervezas y dos sidras de barril, así como buena comida.

Von Krahli Baar BAR
(plano p. 56; www.vonkrahl.ee; Rataskaevu 10; ⏲10.00-24.00; 📶) Este bar se siente bien con su estilo roñoso y cuenta con mesas en el patio y un interior tipo granero donde se programan conciertos puntuales de bandas y DJ. Resulta fantástico para comidas o cervezas económicas en un ambiente *indie*.

Paar Veini BAR DE VINOS
(plano p. 56; www.paarveini.ee; Sauna 1; ⏲18.00-23.00 lu y ma, hasta 1.00 mi y ju, hasta 5.00 vi y sa) Su nombre significa "un par de vinos" y eso es lo que toman los lugareños. Disfruta de un ambiente tranquilo y acogedor, con cómodos sofás, sillas desparejadas y velas en las mesas.

Frank BAR
(plano p. 56; www.frankbistro.ee; Sauna 2; ⏲12.00-24.00) Se trata de uno de los bares del casco antiguo favoritos de los lugareños, ya sea para tomar una hamburguesa, un desayuno caliente a la hora de la cena o una relajada copa en un ambiente tranquilo.

Drink Bar & Grill PUB
(plano p. 56; www.facebook.com/Drinkbaarandgrill; Väike-Karja 8; ⏲12.00-23.00 lu-ju, hasta 2.00 vi y sa) El mejor de todos los *pubs* de estilo británico de Tallin se toma muy en serio sus cervezas y sidras (su lema reza "nada de cerveza comercial de barril"), y ofrece comida de *pub* y largas *happy hours*.

Levist Väljas BAR
(plano p. 56; www.facebook.com/levistvaljas; Olevimägi 12; ⏲15.00-3.00 do-ju, hasta 6.00 vi y sa) En este bar abovedado (que suele ser la última parada de la noche) se encontrarán muebles rotos, bebida barata y una divertida mezcla de punks simpáticos, chicos *grunge* y extraviados de la ruta turística.

Clazz BAR
(plano p. 56; www.clazz.ee; Vana turg 2; ⏲12.00-24.00 do y lu, hasta 2.00 ma-sa) Tras su nombre cursi (una contracción de "classy jazz") se esconde un popular *lounge*-bar con música en directo cada día de la semana, desde *jazz* hasta soul, *funk*, *blues* y música latina.

Beer House CERVECERÍA ARTESANAL
(plano p. 56; www.beerhouse.ee; Dunkri 5; ⏲11.00-24.00 do-ju, hasta 2.00 vi y sa) Esta microcervecería sirve siete cervezas de la casa, todas

buenas, en un espacio enorme, tipo taberna, donde, si se va por la noche, la música alemana de viento puede dejar a uno aturdido.

Café del Museo de la Torre de la Doncella BAR DE VINOS

(Neitsitorn Muuseum Kohvik; plano p. 56; www.linnamuuseum.ee/neitsitorn; Lühike jalg 9a; entrada 2 €; ⏲12.00-21.00) Aunque se trata de una sucursal del Museo de la Ciudad, pocos pagarían la entrada para ver sus escasas exposiciones sobre la historia de la industria de la repostería en Estonia o para visitar su café. Pero en lo alto de esta torre medieval se halla un tranquilo bar de vinos con cómodas sillas y vistas del casco antiguo.

St Patrick's PUB

(plano p. 56; www.patricks.ee; Suur-Karja 8; ⏲11.00-2.00 do-ju, hasta 4.00 vi y sa) Uno de los cinco de la cadena repartidos por la ciudad, este animado y bonito local sirve mucha cerveza y atrae a muchos estonios. Se encuentra en el centro de la zona frecuentada por despedidas de soltero, por lo que los fines de semana abundan los turistas borrachos.

Club Privé CLUB

(plano p. 56; www.clubprive.ee; Harju 6; entrada desde 14 €; ⏲24.00-6.00 vi y sa) Ocupa un antiguo teatro de variedades con ornamentadas lámparas de araña y espejos barrocos, sus precios son caros y su derecho de admisión, estricto (hay que vestir lo mejor que se tenga). Pero su amplia variedad de DJ locales e internacionales lo convierten en la opción para bailar más glamurosa de Estonia.

Club Hollywood DISCOTECA

(plano p. 56; www.club-hollywood.ee; Vana-Posti 8; ⏲23.00-5.00 mi-sa) Este emporio de varios pisos conforma el local nocturno que atrae a más clientela. El miércoles es la noche de chicas (las mujeres entran gratis), por lo que acuden muchos chicos a ligar. Como suele tratarse de la última parada de las rutas de bares organizadas, la gente quizá vaya bastante borracha.

Kalamaja

Los *hipsters* de Tallin dejan los bares más caros del casco antiguo para los turistas y van hasta Kalamaja. La Ciudad Creativa de Telliskivi (p. 62) alberga la zona más animada, sobre todo el F-hoone (p. 76), pero se encuentran agradables *pubs* locales por todo el barrio.

Speakeasy by Põhjala BAR

(plano p. 56; www.speakeasy.ee; Kopli 4; ⏲18.00-2.00 mi-sa) Este pequeño y bastante básico local de moda –paredes de aglomerado, muebles usados y un patio rodeado de edificios en ruinas–, supone un escaparate para una de las mejores microcervecerías de Estonia. Lo frecuentan *hipsters* que discuten sobre las virtudes de la India Pale Ale con respecto a la Imperial Baltic Porter.

Pudel BAR

(plano p. 52; www.pudel.ee; Telliskivi 60a; ⏲16.00-24.00 do-vi, 12.00-2.00 sa) Íntimo y tranquilo, este agradable bar ofrece 13 cervezas artesanas de barril y tentempiés para acompañarlas.

TALLIN PARA GAIS Y LESBIANAS

Tallin ostenta el monopolio de la vida gay visible en Estonia, con algunos locales al sur del casco antiguo. El principal evento, la Marcha del Orgullo Báltico, se celebra por turnos en Tallin, Riga y Vilna, normalmente en junio; a Tallin le toca en el 2017 y el 2020. Se puede descargar gratis el *Gay Map* (www.tallinn.gaymap.ee), aunque no se actualiza de forma regular.

X-Baar (plano p. 56; www.xbaar.ee; Tatari 1; ⏲16.00-1.00 do-ju, hasta 3.00 vi y sa) Este consolidado bar, el pilar de la escena de ambiente, resulta un lugar tranquilo, con un bar acogedor y una gran pista de baile. Atrae a una variada clientela, principalmente local.

G-Punkt (plano p. 56; www.gpunkt.ee; Pärnu mnt 23; entrada 5 €; ⏲18.00-1.00 ma-ju, 20.00-6.00 vi y sa) Para saber cómo eran las discotecas gais de Europa del Este hace 15 años, hay que dirigirse a este agradable local, que atrae sobre todo a lesbianas de habla rusa. Sin rótulo, resulta complicado de encontrar. Se accede por un aparcamiento desde Tatari.

Club 69 (plano p. 52; www.club69.ee; Sakala 24; entrada 16 €; ⏲16.00-2.00 do-ju, hasta 7.00 vi y sa) Sauna gay; se debe pulsar el timbre junto a un letrero muy discreto de la puerta.

Tops BAR
(www.kohviktops.ee; Soo 15; ⏲16.00-23.00 ma-ju, 16.00-2.00 vi, 12.00-2.00 sa) Este tranquilo bar de barrio cuenta con sofás cómodos, una buena selección de cervezas y una variada clientela local. A veces acoge noches temáticas (Femme Fatale, Funky Friday) con DJ.

Centro urbano

El Sfäär (p. 77) y el Enzo (p. 77) resultan opciones sofisticadas, y en el Horisont (p. 77) se puede tomar un cóctel en las alturas.

Protest BAR
(plano p. 56; www.protest.ee; Mere pst 6a; ⏲14.00-hasta tarde) En la planta baja de un viejo edificio en el llamativo barrio de Rotermann, este garito tenuemente iluminado luce un techo abovedado y arte estrafalario en las paredes que no están pintadas de dorado con aerosol. Su música abarca desde Tame Impala hasta Vanilla Ice y atrae a una variada clientela de *hipsters* locales y huéspedes del albergue contiguo.

Scotland Yard BAR
(plano p. 56; www.scotlandyard.ee; Mere pst 6e; ⏲9.00-23.00 do, 11.00-23.00 lu-ju, 11.00-2.00 vi, 9.00-2.00 sa) Se trata de un logrado bar temático, con aseos tipo celda de prisión y personal vestido de *bobbies* ingleses. Ofrece una gran carta de comida de *pub* durante todo el día, una pequeña terraza a la intemperie y sillones de cuero.

☆ Ocio

Aunque más pequeña que otras capitales y con un ritmo más pausado, Tallin presenta numerosas opciones. Los eventos se anuncian en carteles en las paredes, en los *flyers* de tiendas y cafés y en los periódicos. La mejor guía del ocio en inglés, *Tallinn in your Pocket* (www.inyourpocket.com), se publica cada dos meses; se puede comprar en librerías o en la oficina de turismo (2,50 €) o descargar gratis desde su web. La también bimensual, a pesar de su nombre, *Tallinn This Week* se puede adquirir en la oficina de turismo y en locales de toda la ciudad. Para artes escénicas, véanse www.culture.ee, www.concert.ee y www.teater.ee.

Se pueden comprar entradas para conciertos y grandes eventos en **Piletilevi** (www.piletilevi.ee), por internet o en el interior del centro comercial Viru Keskus.

Música en directo

El Kultuuriklubi Kelm (p. 78), el Clazz (p. 78), el Clayhills Gastropub (p. 75) y el Scotland Yard programan música en directo. Los grupos internacionales de gira suelen tocar en el Campo del Festival de la Canción de Tallin (p. 65), el estadio A. Le Coq Arena o el Saku Suurhall.

Para conciertos de música clásica importantes, consúltese la programación del Auditorio de Estonia. Los de cámara, órgano y formato más pequeño se celebran en varias salas e iglesias de la ciudad.

Auditorio de Estonia MÚSICA CLÁSICA
(Eesti Kontserdisaal; plano p. 56; www.concert.ee; Estonia pst 4) Los mejores conciertos de música clásica se celebran en el auditorio más prestigioso de Tallin y sede de la **Ópera y el Ballet Nacional de Estonia** (www.opera.ee) y la **Orquesta Sinfónica Nacional de Estonia** (www.erso.ee).

Teatro y danza

Casi todos los espectáculos teatrales se representan en estonio o, a veces, en ruso.

Teatro Municipal de Tallin TEATRO
(Tallinna Linnateater; plano p. 56; www.linnateater.ee; Lai 23) La compañía de teatro más querida de Tallin actúa en siete escenarios repartidos por su edificio principal en la calle Lai, incluido un escenario de verano en la parte de atrás. Puede resultar difícil conseguir entradas.

Teatro Dramático de Estonia TEATRO
(Eesti Draamateater; plano p. 56; ☎680 5555; www.draamateater.ee; Pärnu mnt 5) Buque insignia que programa básicamente obras clásicas.

Teater No99 TEATRO
(plano p. 56; ☎660 5051; www.no99.ee; Sakala 3) Presenta producciones más experimentales.

Teatro Von Krahli TEATRO
(plano p. 56; ☎626 9090; www.vonkrahl.ee; Rataskaevu 10) Conocido por sus producciones experimentales y alternativas.

Salón Gremial de San Canuto DANZA
(Kanuti Gildi Saal; plano p. 56; ☎646 4704; www.saal.ee; Pikk 20) El templo de la danza moderna de Tallin también acoge puntuales espectáculos de danza clásica.

Deportes

A. Le Coq Arena FÚTBOL
(plano p. 52; Asula 4c) Este estadio, a 5 km al suroeste de la ciudad, sirve de sede para el equipo nacional y el equipo de fútbol de Tallin, el FC Flora (www.fcflora.ee).

Saku Suurhall BALONCESTO

(plano p. 52; www.sakusuurhall.ee; Paldiski mnt 104b) Los partidos importantes de baloncesto, uno de los deportes que despiertan más pasiones en Estonia, se disputan en esta cancha, al oeste del centro.

Cine

Las películas suelen proyectarse en versión original con subtítulos en estonio y ruso.

Artis CINE

(plano p. 56; www.kino.ee; Estonia pst 9) En el interior del Solaris Centre y algo complicado de encontrar, este cine de autor muestra producciones europeas, locales e independientes.

Kino Sõprus CINE

(plano p. 56; www.kinosoprus.ee; Vana-Posti 8) En un magnífico teatro de la época de Stalin (obsérvense los relieves de la fachada), este cine proyecta excelentes películas de autor.

Coca-Cola Plaza CINE

(plano p. 56; www.forumcinemas.ee; Hobujaama 5) Moderno cine con 11 salas que ofrece los últimos estrenos de Hollywood.

De compras

La zona de compras más ostentosa, el barrio de Rotermann (p. 64), alberga decenas de pequeñas tiendas que venden desde ropa hasta muebles de diseño escandinavo pasando por vinos y alimentos *gourmet*. La Ciudad Creativa de Telliskivi (p. 62) acoge menos tiendas, aunque más eclécticas. En el casco antiguo todo gira en torno a la *käsitöö* (artesanía), con numerosas tiendecitas que venden recuerdos tradicionales elaborados en Estonia, como artículos de lino, género de punto, libros encuadernados en piel, cerámica, joyas (sobre todo de ámbar), cristal de colores y artículos del hogar de dolomita o madera de enebro. También existen muchas tiendas de antigüedades que venden desde objetos de arte hasta recuerdos de la época soviética.

Si se buscan ideas para un obsequio, una botella de licor Vana Tallinn siempre resulta un acierto.

Casco antiguo

Patio de los Maestros ARTESANÍA

(Meistrite Hoov; plano p. 56; www.hoov.ee; Vene 6; ⏲10.00-18.00) El patio adoquinado no solo acoge un íntimo café sino también tiendecitas y talleres de artesanos que venden género de calidad, desde cerámica, cristal y joyas a artículos de punto, tallas de madera y velas.

Katariina käik ARTESANÍA

(pasaje de Santa Catalina; plano p. 56; junto a Vene 12) Esta encantadora calle alberga el Katariina Gild, que agrupa varios talleres de artesanos que venden cerámica, tejidos, colchas de *patchwork,* sombreros, joyas, vidrio tintado y libros encuadernados en piel.

Ivo Nikkolo MODA

(plano p. 56; www.ivonikkolo.ee; Suur-Karja 14; ⏲10.00-19.00 lu-vi, 11.00-16.00 sa y do) Prendas clásicas femeninas con un toque que aúna ligereza y diversión, colores suaves y profesionales, y confeccionadas con telas naturales de gran calidad. Esta tienda de dos plantas

ECONOMÍA DE MERCADO

Tanto si se buscan provisiones para un pícnic como despertadores con la imagen de Lenin, los mercados de Tallin resultan ideales, y también para observar a la gente.

Mercado de la estación de trenes (Jaama Turg; plano p. 56; Kopli; ⏲8.00-18.00) Detrás de la estación, rezuma un antiguo aire ruso. Hay rincones algo sórdidos (cuidado con la bolsa) pero también muchas tiendas interesantes de trastos viejos.

Mercadillo de Telliskivi (Telliskivi Kirbuturg; plano p. 52; www.kirbuturg24.ee; Telliskivi 60a; ⏲10.00-15.00 sa) El lugar al que va la gente *cool* a vender lo que ya no quiere o a encontrar nuevos tesoros. Hay artículos muy variados, incluidos libros, ropa y menaje del hogar.

Mercado de prendas de punto (plano p. 56; Müürivahe) Junto a la muralla del casco antiguo una docena de vendedores ofrecen bufandas, jerséis, manoplas, gorros y calcetines de lana.

Mercado central (Keskturg; plano p. 52; Keldrimäe 9; ⏲8.00-18.00) Vende sobre todo fruta y verdura, pero a veces se pueden encontrar joyas de la época soviética en alguno de los puestos circundantes. Se toma el tranvía nº 2 o 4 hasta Keskturg.

ofrece ropa y accesorios; cuenta con una sucursal en el centro comercial Viru Keskus.

Rae Antiik ANTIGÜEDADES
(plano p. 56; www.oldtimes.ee; Raekoja plats 11; ⏲10.00-18.00 lu-vi, hasta 16.00 sa) Sita en el mismo edificio que la farmacia del Ayuntamiento, alberga infinidad de tesoros. Se puede visitar la tienda o comprar en línea. Los precios no son baratos.

Nu Nordik REGALOS, ROPA
(plano p. 56; www.nunordik.ee; Vabaduse väljak 8; ⏲10.00-18.00 lu-sa, 12.00-18.00 do) Una gran variedad de artículos geniales, desde menaje hasta ropa, bolsos y joyas.

Galerii Kaks ARTESANÍA
(plano p. 56; www.facebook.com/galeriikaks; Lühike jalg 1; ⏲10.00-18.00) Lühike jalg, el callejón que sube hasta Toompea, alberga una buena selección de galerías de artesanía. Esta se trata probablemente de la mejor, con cerámica, joyas, cristalería y telas muy llamativas.

Lühikese Jala Galerii ARTESANÍA
(plano p. 56; www.hot.ee/lgalerii; Lühike jalg 6; ⏲10.00-18.00) Pequeña galería repleta de vaporosas telas, joyas, arte en cristal y cerámica. Solicítese ver la cascada natural alimentada por un manantial que se precipita por el muro trasero.

Zizi MENAJE
(plano p. 56; www.zizi.ee; Vene 12; ⏲10.00-18.00 lu-sa, hasta 16.00 do) Amplia gama de servilletas, salvamanteles, fundas de cojín y manteles de lino de alta calidad confeccionados en Estonia.

Chado BEBIDAS
(plano p. 56; www.chado.ee; Uus 11; ⏲12.00-18.00 lu-vi, hasta 16.00 sa y do) Tienda especializada en todo tipo de tés, muchos de ellos de Asia. Se puede pasar para hablar sobre *chai* y probar las infusiones preparadas por el entendido personal.

Kalamaja

Estonian Design House REGALOS
(Eesti Disaini Maja; www.estoniandesignhouse.ee; Kalasadama 8; ⏲12.00-18.00 ma-sa) Esta pequeña y lograda tienda muestra el trabajo de diseñadores estonios que crean desde calzado hasta lámparas. La marca respetuosa con el medioambiente Reet Aus confecciona prendas con los retales sobrantes de los procesos de producción en serie.

Centro urbano

Viru Keskus CENTRO COMERCIAL
(plano p. 56; www.virukeskus.com; Viru väljak 4; ⏲9.00-21.00) El mejor centro comercial de Tallin alberga tiendas de moda, una fabulosa librería (Rahva Raamat) y una sucursal de la agencia de venta de entradas Piletilevi. Por la parte de atrás conecta con los grandes almacenes Kaubamaja. La terminal principal de autobuses locales se halla en el sótano.

Kaubamaja GRANDES ALMACENES
(plano p. 56; www.kaubamaja.ee; Gonsiori 2; ⏲9.00-21.00) Fundados en 1960, se trata de los grandes almacenes más lujosos de Tallin. Ofrecen exclusivas marcas internacionales de moda para hombre y mujer (Hugo Boss, Michael Kors, DKNY, etc.) junto con marcas locales de moda (Ivo Nikkolo, Bastion, Monton), calzado, ropa para niño, juguetes, menaje y productos de belleza.

Stockmann Kaubamaja GRANDES ALMACENES
(plano p. 52; www.stockmann.ee; Liivalaia 53; ⏲9.00-21.00) Estos grandes almacenes finlandeses de categoría fueron una de las primeras tiendas extranjeras en abrir tras la independencia y ayudaron a relegar las escaseces soviéticas a las páginas de los libros de texto y a inaugurar una nueva era de consumismo galopante al estilo occidental.

Foorum CENTRO COMERCIAL
(plano p. 56; www.foorumkeskus.ee; Narva mnt 5; ⏲10.00-20.00) Más una galería comercial que un centro comercial, consta de un solo y glamuroso pasillo ocupado por tiendas de gama alta. En la sucursal de Tele2 se puede comprar una SIM local para el móvil.

Kalev COMIDA
(plano p. 56; www.kalev.eu; Roseni 7; ⏲10.00-20.00 lu-sa, 11.00-18.00 do) Esta leyenda local lleva elaborando delicioso chocolate y otros dulces desde 1806. El casco antiguo de Tallin parece haber sido diseñado para decorar la tapa de una caja de bombones, así que ¿porqué no llevarse una?

Información

Benu Apteek (www.benu.ee; Aia 7; ⏲8.30-20.30 lu-sa, 10.00-18.00 do) Una de las muchas *apteegid* (farmacias) bien surtidas de la ciudad.

Hospital Central del Este de Tallin (Ida-Tallinna Keskhaigla; ☎620 7002; www.itk.ee; Ravi 18) Ofrece todo tipo de asistencias, incluido un servicio de urgencias 24 h.

Oficina de correos (plano p. 56; Narva mnt 1; ⌚8.00-20.00 lu-vi, 10.00-16.00 sa y do) Se entra por Hobujaama.

Clínica dental de Tallin (Tallinna Hambapolikliinik; ☎1920; www.hambapol.ee; Toompuiestee 4; ⌚8.00-20.00 lu-vi, 9.00-15.00 sa y do)

Centro de información turística de Tallin (plano p. 56; ☎645 7777; www.visittallinn.ee; Niguliste 2; ⌚9.00-19.00 lu-vi, hasta 17.00 sa y do may-ago, 9.00-18.00 lu-vi, hasta 15.00 sa y do sep-abr) Folletos, mapas, programas de eventos y otra información.

Tõnismäe Südameapteek (☎644 2282; www.sudameapteek.ee; Tõnismägi 5; ⌚24 h) Farmacia abierta 24 h al sur del casco antiguo.

Cómo llegar y salir

AVIÓN

El **aeropuerto de Tallin** (Tallinna Lennujaam; plano p. 52; ☎605 8888; www.tallinn-airport.ee; Tartu mnt 101) goza de una práctica ubicación en el centro de Tallin, 4 km al sureste del casco antiguo. Varias líneas aéreas vuelan a Tallin desde la región del Báltico (p. 181) y desde más lejos (p. 426). Avies opera los vuelos nacionales, limitados a las islas principales.

Avies (☎630 1382; www.avies.ee) Vuela a/desde Kärdla (Hiiumaa) como mínimo una vez al día y a/desde Kuressaare (Saaremaa) casi todos los días.

BARCO

Los ferris conectan Tallin con Helsinki (p. 194) y otros puertos del Báltico (p. 429).

AUTOBÚS

Los autobuses regionales e internacionales salen de la **estación central de autobuses** (Tallinna bussijaam; plano p. 52; ☎12550; www.bussijaam.ee; Lastekodu 46; ⌚5.00-1.00), 2 km al sureste del casco antiguo; se llega con el tranvía nº 2 o 4. Ofrece servicios a Letonia (p. 181) y otros destinos europeos (p. 428).

La extensa red nacional de autobuses comunica Tallin con casi cualquier rincón del país. Todos los servicios aparecen en la práctica web de T pilet (www.tpilet.ee). Principales rutas:

Haapsalu (4,35-8,50 €, 1¾ h, como mínimo cada hora)

Kuressaare (15-17 €, 4 h, 11 diarios)

Pärnu (6,50-11 €, 2 h, como mínimo cada hora)

Tartu (7-12 €, 2½ h, como mínimo cada 30 min)

Viljandi (9,50-11 €, 2½ h, 11 diarios)

AUTOMÓVIL Y MOTOCICLETA

En verano se suelen agotar los automóviles de alquiler, por lo que se debe reservar. En Tallin se encuentran las principales compañías internacionales y muchas de ellas cuentan con mostradores en el aeropuerto de Tallin. Si no se ha reservado con antelación, pregúntese en la oficina de turismo por las más pequeñas compañías locales, normalmente más baratas.

Advantec (☎520 3003; www.advantage.ee) Desde 39 € por día en verano (menos para alquileres más largos).

Bulvar (☎503 0222; www.bulvar.ee) Desde 26 € por día (buenas ofertas para alquileres más largos).

Europcar (☎605 8031; www.europcar.ee)

Hansarent (☎655 7155; www.hansarent.ee)

Hertz (☎605 8923; www.hertz.ee)

R-Rent (☎605 8929; www.rrent.ee) Alquiler desde 32 € por día.

TALLINN CARD

Tallinn Card (www.tallinncard.ee; 1/2/3 días adultos 31/39/49 €, niños 16/19/24 €) Esta tarjeta ofrece entrada gratis a casi todos los puntos de interés de la ciudad; descuentos en compras, restauración y ocio; transporte público gratis, y un circuito gratis a elegir. De buena relación calidad-precio si se pensaba realizar un circuito; si no, cada día hay que visitar muchos puntos de interés para que salga a cuenta. Se vende por internet, en el centro de información turística y en muchos hoteles.

TREN

La **estación de trenes del Báltico** (Balti Jaam; Toompuiestee 35) queda en el extremo noroeste del casco antiguo. A pesar de su nombre no ofrece servicios directos a otros países bálticos. **GoRail** (www.gorail.ee) cuenta con un servicio diario que para en Rakvere (desde 6 €, 1¼ h) y Narva (7,90 €, 3 h) en ruta a San Petersburgo y Moscú.

Elron (www.elron.ee) opera las rutas nacionales, que incluyen los siguientes destinos:

Narva (11 €, 2¾ h, 2 diarios)

Pärnu (7,60 €, 2¼ h, 3 diarios)

Rakvere (5,50 €, 1½ h, 3 diarios)

Tartu (11 €, 2-2½ h, 8 diarios)

Viljandi (8,40 €, 2¼ h, 4 diarios)

Cómo desplazarse

A/DESDE EL AEROPUERTO

➡ El autobús nº 2 circula cada 20 min (6.30-24.00) desde la parada de A. Laikmaa, frente al Tallink Hotel, junto al Viru Keskus. Desde el aeropuerto, el autobús nº 2 efectúa seis paradas antes de llegar al centro y luego sigue hasta el puerto de pasajeros. Los billetes se compran en el autobús (1,60 €); la duración del trayecto depende del tráfico, pero raras veces supera los 20 min.

➡ Un taxi entre el aeropuerto y el centro urbano debería costar menos de 10 €. En el aeropuerto sugieren que se usen los taxis que esperan en la parada oficial para evitar estafas. Para ir al aeropuerto, pídase al alojamiento que pida un taxi de una empresa fiable.

A/DESDE LAS TERMINALES DE FERRIS

Los servicios de pasajeros atracan en tres puntos, todos ellos a un corto paseo (menos de 1 km) del casco antiguo. La mayor parte de los ferris y los cruceros atraca en el puerto viejo (Vanasadama). Eckerö Line, Viking Line y St Peter Line usan las **terminales A y B** (plano p. 52; Sadama), mientras que Tallink utiliza la **terminal D** (plano p. 52; Lootsi), al otro lado del puerto deportivo. Los ferris de Linda Line fondean un poco más hacia el oeste, en el enorme **Linnahall** (Kalasadama).

El autobús nº 2 sale cada 20-30 min desde una parada próxima a la terminal A y realiza paradas en la terminal D, el centro urbano, la estación central de autobuses y el aeropuerto. Si se va al puerto desde el centro, hay que tomar el autobús desde la parada A. Laikmaa, delante del Tallink Hotel. Los tranvías nº 1 y 2 y el autobús nº 3 también van del centro urbano hasta la parada de Linnahall (en Põhja pst, casi al principio de Sadama), a 5 min a pie de todas las terminales.

Un taxi entre el centro urbano y cualquiera de las terminales debería costar unos 5 €.

BICICLETA

Además de ofrecer circuitos, City Bike (p. 69) puede ocuparse de todo lo necesario para desplazarse en bicicleta por Tallin, Estonia o la región del Báltico (bicicletas urbanas y de montaña 7/15 € por 3/24 h; bicicletas de carretera y eléctricas 15/20 €). También alquila alforjas, GPS y bicicletas, asientos y remolques para los críos. También realiza reparaciones y facilita mapas y consejos. Para viajes largos, ofrece la opción de alquiler con devolución en otro lugar.

AUTOMÓVIL Y MOTOCICLETA

La conducción por Tallin conlleva algunos desafíos únicos, como el hecho de compartir la calzada con tranvías y trolebuses. En aquellas calles donde el tranvía se detenga en medio de la vía, los automóviles deben detenerse hasta que los pasajeros apeados hayan despejado la calle.

El complicado sistema de calles de sentido único y restricciones de giros del centro urbano resulta un tanto frustrante para el recién llegado. Curiosamente se puede circular por buena parte del casco antiguo, aunque lentamente, existen poquísimos aparcamientos y solo se puede acceder por algunas calles. Merece la pena aparcar el automóvil durante la estancia y explorar la ciudad a pie o en transporte público.

Aparcar resulta complicado, incluso para los lugareños, y el pago se efectúa a través del teléfono móvil (nada fácil si no se dispone de una tarjeta SIM local). Se deben buscar las señales (aunque no se entiendan) y estar listo para pagar una multa si no se obedecen. Pregúntese en el alojamiento, que ofrecerá aparcamiento (normalmente de pago) o indicará la opción más cercana.

TRANSPORTE PÚBLICO

Tallin cuenta con una excelente red de autobuses, tranvías y trolebuses (6.00-24.00). La principal **estación de autobuses locales** (plano p. 56; Viru Väljak 4) se halla en el sótano del centro comercial Viru Keskus, aunque algunos autobuses efectúan su última parada en las calles circundantes. Los horarios del transporte público local pueden consultarse en www.tallinn.ee.

El transporte público es gratis para los habitantes de Tallin pero no para los visitantes, que deben pagar en efectivo al conductor (billete sencillo 1,60 €) o usar el sistema de billetes electrónicos. Para ello hay que comprar una tarjeta inteligente de plástico (fianza 2 €), cargarla con crédito (1,10/3/6 € por 1 h/1/5 días) y luego validarla al inicio de cada viaje en los lectores de tarjetas naranjas.

La Tallinn Card incluye los viajes en transporte público. Viajar sin billete validado implica una multa de 40 €.

ℹ CALLES, PLAZAS Y OTRAS VÍAS

- ➡ *maantee* – carretera (a menudo abreviado como "mnt")
- ➡ *puiestee* – avenida/bulevar (a menudo abreviado como "pst")
- ➡ *sild* – puente
- ➡ *tänav* – calle (normalmente omitido en mapas y direcciones)
- ➡ *tee* – camino
- ➡ *väljak/plats* – plaza

TAXI

Abundan, pero cada empresa fija sus propias tarifas; los precios deberían constar de forma visible. Aun así, si se para un taxi en la calle, a veces cobra de más. Para evitar problemas, se puede solicitar por teléfono. Los operadores, que hablan inglés, informan del número del automóvil (matrícula) y de la hora prevista de llegada (5-10 min). Si se sospecha del precio, se puede pedir un recibo al conductor, el cual está obligado a facilitarlo.

Por todo el casco antiguo circulan muchos bicitaxis; se suelen encontrar intramuros en Viru.

Krooni Takso (☎1212; www.kroonitakso.ee; tarifa básica 2,50 €, más 0,50 €/km 6.00-23.00 o 0,55 €/km 23.00-6.00)

Reval Takso (☎1207; www.reval-takso.ee; tarifa básica 2,29 €, más 0,49 €/km)

Takso24 (☎1224; bajada de bandera 2,90 €, más 0,58 €/km)

Tallink Takso (☎1921; www.tallinktakso.ee; bajada de bandera 3,90 €, más 0,79 €/km 6.00-23.00 o 0,89 €/km 23.00-6.00) Para grupos grandes se puede pedir un Maksitakso de entre 8 y 12 plazas (bajada de bandera 5,75 €, más 1,25 €/km).

Tulika Takso (☎1200; ⌚bajada de bandera 3,65 €, más 0,69 €/km 6.00-23.00 o 0,80 € 23.00-6.00)

ALREDEDORES DE TALLIN

Con Tallin en el centro, el condado de Harju (Harjumaa) abarca alrededor de la mitad de la costa norte de Estonia y se alarga hacia el interior. Sus varios puntos de interés pueden visitarse en excursiones de un día desde la capital o como paradas de camino a destinos más lejanos.

Keila-Joa

Cascada de Keila y Schloss Fall — CASCADA

(www.schlossfall.com; castillo adultos/niños 8/5 €; ⌚castillo 10.00-18.00) La llana Estonia no destaca por sus cascadas, y con 6 m de altura, esta no es demasiado alta. Sin embargo, resulta pintoresca debido en parte a su proximidad a una pequeña mansión neogótica construida en 1833 para el conde Alexander von Benckendorf. Una torre almenada le da aspecto de castillo, pero sus pretensiones de ser una fortaleza son puramente románticas. Dos puentes colgantes conducen a través de frondoso campo hasta lo alto de la cascada en forma de herradura.

El zar Nicolás I visitó dos veces la mansión y quedó tan impresionado que encargó a su arquitecto, Andrei Stackenschneider, construir varios palacios en San Petersburgo y reformar parte del Palacio de Invierno. Durante la visita de Nicolás I en 1833 se cantó por primera vez *¡Dios salve al zar!*, el himno nacional del Imperio. Un pequeño museo en el sótano rememora este evento, lo cual no justifica el precio de la entrada.

El edificio fue saqueado en 1917, nacionalizado en 1920, requisado en 1940 por el ejército soviético y en 1941 por el ejército nazi, y luego se convirtió en la sede del 572º regimiento soviético de aviones de caza en 1953. Abandonado durante décadas, la Fundación de Patrimonio Nacional se hizo cargo de él; la reconstrucción ha conferido a los suelos y las obras de yeso un aspecto demasiado nuevo y reluciente.

Aun así, merece la pena realizar el trayecto de 30 min desde Tallin para saborear un pícnic junto a la cascada. Desde Tallin se conduce al oeste por Paldiski mnt y, 12 km más allá del zoo, se gira a la derecha en Kiia por la carretera 410.

Padise

Monasterio de Padise — RUINAS

(Padise klooster; www.padiseklooster.ee) GRATIS La enorme estructura de este antiguo monasterio pide ser explorada. Unas escaleras ascienden hasta las ruinas, donde se puede pasear entre la mampostería y subir a la torre para disfrutar de unas vistas que abarcan varios kilómetros a través del llano paisaje rural. La antigua iglesia conserva el techo y ventanas góticas, e incluso en su estado ruinoso resulta fácil imaginar su antigua majestuosidad.

Los terrenos fueron donados a la orden cisterciense en 1220 por su importante papel en la conversión de los paganos estonios tras la invasión cristiana, pero la construcción del monasterio no empezó hasta 1317. El lugar parece más una fortaleza que un lugar de culto. La relación con el esclavizado pueblo estonio era bastante delicada y durante el levantamiento de la noche de San Jorge los lugareños atacaron el monasterio reduciéndolo a cenizas y matando a 28 monjes.

El monasterio fue reconstruido y alcanzó su mayor cota de poder hacia 1480. En 1558 el maestro de la Orden Livona lo tomó por la fuerza, echó a los monjes y reforzó las fortificaciones. Durante las posteriores guerras cambió de manos varias veces y se fortificó más antes de ser convertido en una mansión en el s. XVII. En 1766 un rayo provocó un incendio en la mansión y fue abandonada; sus piedras se usaron para construir la vecina mansión de Padise.

Mansión de Padise HOTEL €€
(Padise Mõis; ☎608 7877; www.padisemois.ee; i/d desde 79/84 €; P 📶) A pesar de su cercanía a la carretera principal, este hotel en una histórica mansión goza de una bonita ubicación, con zonas de césped, un lago y las ruinas del monasterio de Padise. Sus habitaciones, con un toque antiguo, resultan una opción genial para una escapada rural.

Kaberneeme

En la punta de una lengua de tierra 40 km al este del centro de Tallin, este pequeño y aletargado pueblo cuenta con una larga playa de arena bordeada de pinos y un excelente restaurante. Aunque existe una playa junto al puerto deportivo, se recomienda seguir 1,5 km al sureste y buscar las zonas de aparcamiento designadas en el bosque de pinos.

Actividades

Aktiivne Puhkus DEPORTES ACUÁTICOS
(☎504 6019; www.aktiivnepuhkus.ee; Sadama tee; ⏲10.00-21.00 med jun-ago) En un cobertizo en la arena cerca del puerto deportivo, alquila kayaks (10 €/h), bicicletas acuáticas (40 €), lanchas motoras (120 €) y motos de agua (120 €).

Dónde dormir y comer

OKO EUROPEA MODERNA €€€
(☎5300 4440; www.okoresto.ee; Sadama tee 1; principales 14-19 €, h 80 €; ⏲12.00-23.00) El hermano pequeño del NOA, uno de los mejores restaurantes de Estonia, celebra su ubicación junto al pequeño puerto de Kaberneeme con una elegante decoración náutica, una soleada terraza entarimada y una carta repleta de pescado. También ofrece agradables habitaciones con balcón (aunque los baños necesitan una renovación) en la planta superior.

Cómo llegar y salir

El transporte público no llega Kaberneeme. Desde Tallin hay que desviarse de la carretera principal Tallin-Narva (ctra. 1) en Koogi y seguir los carteles. Desde el este hay que tomar la salida de Kiiu.

NORESTE DE ESTONIA

La joya más preciada de los parques nacionales de Estonia, Lahemaa, ocupa gran parte del noreste del país. Abarca un prístino litoral de belleza escarpada, exuberantes bosques interiores ricos en fauna y pueblos somnolientos junto a lagos, ríos y ensenadas.

El parque aparece tras recorrer un tercio del camino entre Tallin y la frontera con Rusia. Al este de Lahemaa, el bucólico paisaje se transforma en una zona consumida por la mano del hombre. Las cicatrices dejadas por la industria soviética aún se aprecian en poblaciones como Kunda, donde se halla una descomunal planta de cemento; Kohtla-Järve,

Noreste de Estonia

MERECE LA PENA

MANSIONES RENACIDAS

La zona rural de Estonia alberga otrora majestuosas mansiones de la desaparecida élite alemana del Báltico. Aunque casi todas están en ruinas debido a la guerra o al abandono, muchas se están convirtiendo en hoteles-*boutique* y restaurantes. Entre Tallin y Tartu, junto a la carretera 2, existen varias opciones fantásticas.

Antaño hogar del explorador del s. XIX Otto von Kotzebue, la **Casa señorial de Kau** (☎644 1411; www.kau.ee; Triigi, Kose Parish; h desde 130 €, principales 14-19 €; ⊙restaurante 17.00-22.00 mi-vi, 13.00-22.00 sa, 13.00-20.00 do; P📶🏊) ha sido rescatada del abandono y convertida en un extravagante hotel y un aclamado restaurante. Tanto la decoración como la carta se inspiran en los viajes de Von Kotzebue, con grabados históricos ampliados en las paredes y una colección de animales disecados por toda la mansión.

Las habitaciones de la casa principal lucen antigüedades y tapicería de época, mientras que las de la antigua cochera resultan igual de confortables pero más comedidas. El precio incluye el desayuno y una sauna y un baño matutino en la piscina cubierta.

El restaurante Kaheksa Jalga (Ocho Patas) toma su nombre de una lámpara de araña con forma de pulpo del comedor. La carta cambia cada mes para aprovechar los productos de temporada, con los platos de cada mes centrados en un lugar diferente de los que visitó Von Kotzebue.

Queda 50 km al sureste del centro de Tallin, a 9 km de la carretera Tallin-Tartu tras tomar la salida de Kose.

El ambiente decadente de la **mansión Põhjaka** (☎526 7795; www.pohjaka.ee; Mäeküla, Paide; principales 12-15 €; ⊙12.00-20.00 diario jun-ago, mi-do sep-may; 📶) acoge un maravilloso restaurante que utiliza productos agrícolas locales frescos en sus soberbios platos tradicionales, como las costillas de cerdo con puré de patatas. Queda a 90 km del centro de Tallin y a 95 de Tartu y hay indicaciones en la carretera Tallin-Tartu.

el centro regional de la nociva extracción de esquito bituminoso; o Sillamäe, que antiguamente albergaba una planta de procesamiento de uranio.

Quienes deseen dedicarle más tiempo a la zona encontrarán lugares muy gratificantes, como la joven localidad de Rakvere, los acantilados de caliza alrededor de Ontika y el curioso espectáculo que brinda la localidad costera de Sillamäe, un monumento vivo a la arquitectura estalinista. Cabe destacar la población de Narva, con su castillo del s. XIII.

Para percibir el aire de Rusia sin problemas de visados y cruces de fronteras, el noreste de Estonia supone una buena alternativa. Con una inmensa mayoría de habitantes de etnia rusa, en las calles, tiendas y restaurantes se oye hablar ruso. Esta zona ofrece muchas oportunidades para fotografiar encantadoras iglesias ortodoxas, rascacielos de la época comunista y otros legados de los vecinos orientales de Estonia.

Parque Nacional de Lahemaa

La "tierra de las bahías", el *rahvuspark* (parque nacional) más grande de Estonia, cubre 725 km² de paisaje rural virgen y resulta el sitio perfecto para una escapada al campo desde la cercana capital. Este microcosmos de los encantos naturales de Estonia engloba una franja de costa muy recortada con varias penínsulas y bahías, además de 475 km² de interior compuestos por bosques, lagos, ríos, turberas y zonas de interés histórico-cultural.

Presenta un paisaje sobre todo llano o, a lo sumo, ligeramente ondulado, con el punto más elevado a solo 115 m por encima del nivel del mar. Campos de piedras, lapiaces (zonas de fina corteza terrestre) y grandes rocas conocidas como bloques erráticos (llegados desde Escandinavia como consecuencia de la actividad glacial) protagonizan el paisajes más típico de Estonia.

En el parque se han identificado casi 840 especies de plantas (incluidas 34 muy poco comunes) y en él habitan 50 especies de mamíferos, entre ellos el oso pardo, el lince y el lobo (no se verán sin la ayuda de un guía); unos 220 tipos de aves, incluidos cisnes mudos, cigüeñas negras, colimbos árticos y grullas; y 24 especies de peces. Los salmones y las truchas desovan en sus ríos y se alimentan de los mosquitos que abundan en verano (llévese repelente).

Parque Nacional de Lahemaa

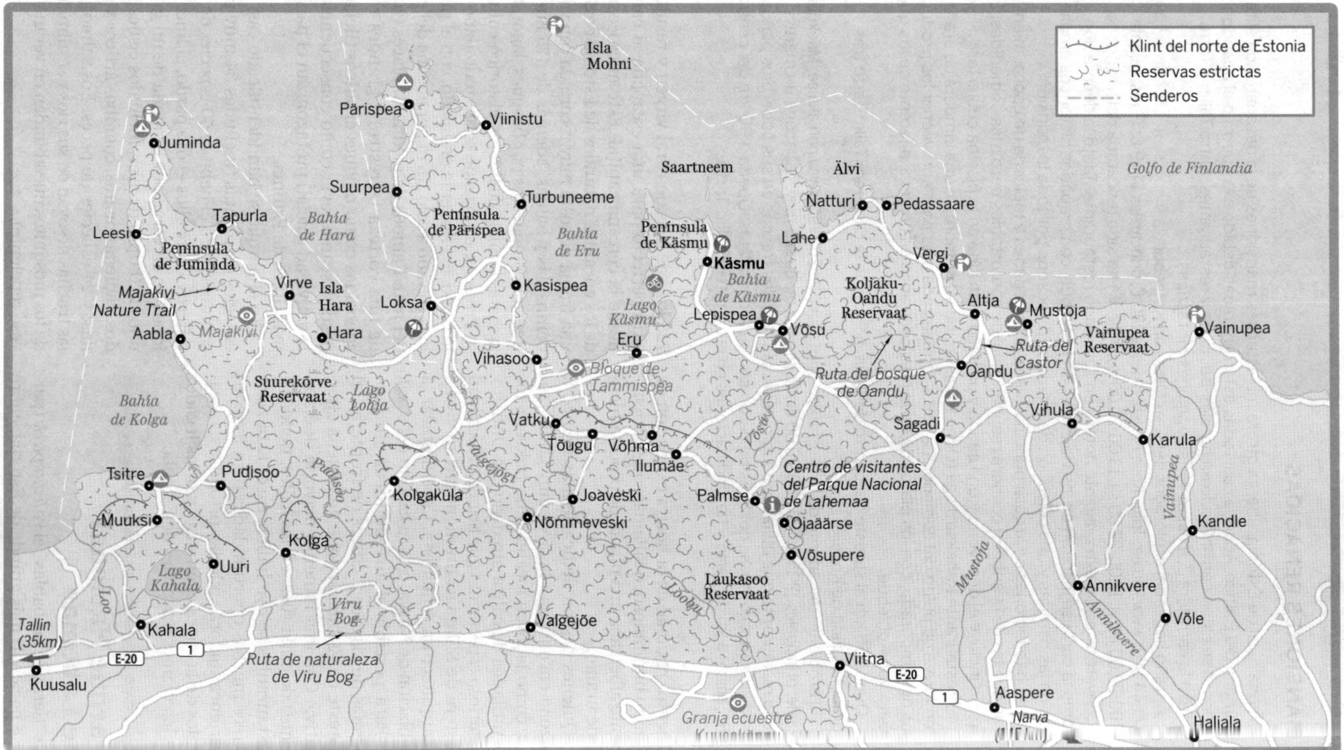

En invierno el parque se transforma en un mágico paisaje invernal de orillas nevadas, aguas congeladas y resplandecientes árboles negros.

Cuenta con pensiones acogedoras, mansiones restauradas y *campings* apartados para alojarse, además de una extensa red de senderos por el bosque para excursionistas, ciclistas y jinetes.

El agua supone la principal atracción, pero entre 1945 y 1991 todo el litoral del parque nacional era una frontera controlada por los militares, con una alambrada de espino de 2 m de altura que impedía que los lugareños accedieran al mar.

Loksa, el pueblo más importante del parque, cuenta con una popular playa de arena pero, por lo demás, resulta bastante anodino. **Võsu,** el siguiente asentamiento más grande, y más bonito, ofrece una larga playa de arena y unos cuantos bares en verano. En temporada alta, a pesar de tratarse de poco más que una aldea grande, se llena de jóvenes juerguistas.

Historia

Cuando se creó en 1971, Lahemaa se convirtió en el primer parque nacional de la Unión Soviética. Y pese a que anteriormente ya existían zonas protegidas en la región, las autoridades consideraban que la idea de establecer un parque nacional promovería sentimientos nacionalistas incendiarios. Presiones sigilosas (incluida una referencia a un oscuro decreto aprobado por Lenin en el que se afirmaba que los parques nacionales eran una forma aceptable de proteger la naturaleza) y años de preparación, condujeron finalmente a su aprobación. Letonia y Lituania fundaron parques nacionales en 1973 y 1974, respectivamente, si bien en el caso de Rusia habría que esperar hasta 1983.

Puntos de interés

Se aconseja empezar por el centro de visitantes del parque en la mansión de Palmse.

Mansión de Palmse — EDIFICIO HISTÓRICO

(www.palmse.ee; adultos/niños 7/5 €; ⏲10.00-19.00) Esta excepcional mansión restaurada alberga en sus antiguos establos el centro de visitantes del Parque Nacional de Lahemaa. Construida en 1720 y reconstruida en la década de 1780, se ha convertido en un museo con ropa y muebles de época. Otros edificios de la hacienda también han sido restaurados y gozan de un nuevo uso; la destilería como hotel, la residencia del administrador como pensión, la casa de baños junto al lago restaurante de verano y los aposentos de los trabajadores agrícolas como taberna.

La riqueza de los antiguos terratenientes alemanes queda patente en esta hacienda de 52 Ha que incluye más de 20 edificios. En el s. XIII, el emplazamiento lo ocupaba un convento cisterciense. Y perteneció a una familia báltico-alemana (los Von der Pahlens) desde 1677 hasta 1923, cuando les fue expropiada por el Estado (un hecho celebrado por el sencillo monumento a la Reforma de la Tierra, que se ve frente a la casa, desde el lago ornamental y los jardines de estilo francés). También se pueden visitar los diversos invernaderos.

Mansión de Sagadi y Museo del Bosque — EDIFICIO HISTÓRICO

(Sagadi Mõis y Metsamuuseum; ☎676 7888; www.sagadi.ee; adultos/niños 3/2 €; ⏲10.00-18.00 may-sep, con cita previa oct-abr) Completada en 1753, esta bonita mansión barroca rosa y blanca está rodeada de fabulosos jardines (gratis), con un lago, esculturas modernas, un arboreto e interminables vistas a impresionante avenida de árboles. La entrada permite acceder al contiguo Museo del Bosque, dedicado a la silvicultura y a la flora y fauna del parque.

Esta hacienda fue nacionalizada durante el primer período de independencia de Estonia, aunque se permitió que el aristócrata Von Focks la habitara hasta 1939. Los edificios anexos albergan ahora el Centro Nacional de Gestión Forestal (Riigimetsa Majandamise Keskus; RMK), su Escuela de Naturaleza, un hotel y un albergue.

Altja — PUEBLO

Citada por primera vez en en 1465, esta aldea pesquera posee numerosos edificios tradicionales restaurados o reconstruidos, incluida una taberna de aspecto antiguo que en realidad data de 1976. Kiitemägi (colina del columpio), donde no falta el tradicional columpio estonio de madera, es desde hace tiempo escenario de los festejos de la noche de San Juan en Lahemaa. La circular **ruta de naturaleza y cultura de Altja,** de 3 km, empieza en Kiitemägi y discurre junto a cobertizos de madera, casas de pescadores y un campo de piedras conocido como "museo de las piedras al aire libre".

Existen varias playas recomendables al este, entre Altja y Mustoja. Una ruta paisajística, a pie o en bicicleta, avanza hacia el este a lo largo de la antigua carretera de Altja a Vainupea.

Käsmu POBLACIÓN

Conocida como el Pueblo de los Capitanes, esta pequeña localidad albergó entre 1884 y 1931 una escuela naval. En un momento dado se decía que cada familia de Käsmu contaba al menos con un capitán de barco. En la década de 1920 un tercio de los barcos de Estonia estaba matriculado en este pueblo.

Se halla en un campo de piedras que alberga el mayor número de bloques erráticos de Estonia. Se pueden ver a lo largo de los senderos que empiezan al final de la carretera. La **ruta de naturaleza y cultura de Käsmu,** un circuito de 4,2 km (90 min), abarca la costa y pinares. Una senda más larga, 15 km, va de la capilla hasta el **lago Käsmu** (Käsmu järv).

Museo Marítimo de Käsmu MUSEO

(Käsmu Meremuuseum; www.kasmu.ee; Merekooli 1; entrada con donativo) Los antiguos barracones de los guardacostas soviéticos albergan esta ecléctica muestra con cartas de navegación y objetos náuticos. Se trata de un museo privado, donde viven sus dueños, por lo que no dispone de un horario fijo.

Museo de Arte de Viinistu GALERÍA DE ARTE

(Kunstimuuseum; www.viinistu.ee; adultos/niños 4/2 €; ⏲11.00-18.00 mi-do) Resulta extraordinario que un pueblo tan recóndito cerca de la punta de la península de Pärispea albergue una de las mejores galerías del país. Viinistu acoge esta muestra, en constante expansión, de la excelente colección privada de arte de Jaan Manitski, uno de los hombres más ricos de Estonia. Dedicada al arte estonio, presta especial atención a la pintura contemporánea, aunque también exhibe esculturas, grabados, dibujos y algunos cuadros más antiguos y tradicionales.

Manitski nació en Viinistu pero se fue siendo un bebé. Forjó su fortuna como mánager del grupo sueco ABBA y ha transformado este aletargado pueblo con esta galería y el contiguo restaurante y hotel en una antigua planta procesadora de pescado a orillas del mar. En verano se suele programar música en directo.

Bloque de Tammispea PUNTO DE INTERÉS

A lo largo de los milenios se ha partido en varios trozos, pero este enorme bloque errático de 7,8 m de altura todavía resulta impresionante. Queda oculto en un claro del bosque; hay que dejar la carretera principal de la costa y dirigirse hacia el pueblo de Tammispea para luego continuar por el camino sin asfaltar y buscar el cartel un poco más allá de la casa con esculturas de osos polares.

Mansión y Museo de Kolga MUSEO

(www.kuusalu.ee; adultos/niños 2/1 €; ⏲10.00-18.00 med may-med sep, 9.00-16.00 lu-vi resto del año) GRATIS La fotogénica mansión en ruinas de estilo clásico de Kolga data de 1642 pero fue reconstruida en 1768 y 1820. De nuevo en manos de la familia Stenbock, su propietaria desde el s. XVII hasta principios del s. XX, necesita una restauración impedida por falta de fondos. En un edificio cercano, el pequeño museo de historia local, con información limitada en inglés, acoge una interesante exposición sobre los entierros de la Edad del Bronce en el cercano lago de Kahala.

Actividades

Ciclismo

Los caminos sombreados de Lahemaa resultan perfectos para los ciclistas y muchos de los alojamientos del parque alquilan bicicletas (desde 10 €/día), como el Lepispea Caravan & Camping, el Merekalda, la mansión de Sagadi, el Toomarahva Turismitalu y el Uustula B&B.

La magnífica **ruta ciclista de Käsmu** de 11,6 km, describe un círculo con un par de largos desvíos. Con inicio al final de la carretera en Käsmu, atraviesa el bosque hasta el bloque errático de Matsikivi, continúa hasta la punta de la península, baja hasta el lago Käsmu y regresa al pueblo, cerca de la iglesia. Se puede descargar un mapa en la sección de Lahemaa de www.loodusegakoos.ee.

City Bike (p. 69) coordina circuitos autoguiados de un día por el parque desde Tallin (desde 29 €, incluido el alquiler de bicicletas pero no el tren a/desde Kadrina).

Senderismo

El centro de información dispone de mapas e información sobre las rutas que discurren entre los variados paisajes del parque.

La **ruta del bosque de Oandu,** un recorrido circular de 4,7 km, 3 km al norte de Sagadi, resulta quizá la más interesante del parque. Se ven árboles arañados por osos y jabalíes y con la corteza mordida por alces, y en los pinos, incisiones para la extracción de resina.

Entre Oandu y Altja discurre la **ruta del Castor** (Koprarada), una bonita pasarela de madera de 1 km que pasa por presas de castores en el río Altja, aunque resulta difícil ver a estos tímidos animales nocturnos.

La **ruta de naturaleza del pantano de Viru** es un senda de 3,5 km por el pantano de Viru, con inicio en el primer kilómetro de la carretera a Loksa (cerca de Kolga) que se desvía de la carretera Tallin-Narva; se aconseja fijarse en las carnívoras venus atrapamoscas, las plantas favoritas de Charles Darwin.

La **ruta de naturaleza de Majakivi**, de 7 km, empieza en la carretera Loksa-Leesi, cerca del encantador pueblo costero de Virve, y pasa por Majakivi (Bloque Casa), que con sus 7 m de altura y 584 m³, se trata del bloque errático más grande de Lahemaa.

Paseos a caballo

Granja ecuestre Kuusekännu PASEOS A CABALLO
(Kuusekännu Ratsatalu; ☎325 2942; www.kuusekannuratsatalu.ee; 20 €/h) Al lado del parque nacional, cerca de Viitna, organiza paseos por los senderos de Lahemaa. Las excursiones de dos días incluyen comidas y alojamiento en Käsmu (295 €). En la opción de tres días se pernocta en Käsmu y luego en Atlja o Sagadi (desde 390 €). Se debe reservar con antelación; en la web se explica cómo llegar.

Circuitos

Tanto Tallinn Traveller Tours (p. 68) como EstAdventures (p. 69) ofrecen excursiones a Lahemaa desde Tallin (desde 55 €). Un circuito privado con Estonian Experience (p. 69) cuesta desde 320 € para una persona hasta 460 € para cuatro.

Dónde dormir

Käsmu, sito en una rocosa zona de costa, cuenta con muchas pensiones sencillas. Võsu, destino de verano muy popular entre los estudiantes estonios, ofrece más animación playera. Existen pensiones por toda la región; el centro de visitantes en Palmse facilita listados. Antes de saltar una valla, se debe saber que muchas pensiones tienen perros, y bastante grandes.

Acampar en Lahemaa resulta una opción fantástica, pues abundan los *campings* sencillos y gratuitos gestionados por el RMK. Existen *campings* cerca de Tsitre en la bahía de Kolga, en la punta norte de las penínsulas de Juminda y Pärispea, al sur de Võsu y 300 m al sur de la ruta de Oandu junto a la carretera Sagadi-Altja. Se deben buscar los pequeños letreros de madera que rezan "RMK". Todos los *campings* (tanto los gratuitos del RMK como los privados) figuran en el mapa del *Lahemaa Rahvuspark*, disponible en el centro de información (1,90 €).

Lepispea Caravan & Camping CAMPING €
(☎5450 1522; www.lepispea.eu; Lepispea 3; tienda por persona 5 €, caravana 15 €; ⏲may-sep; P Wi-Fi 🐾) En Lepispea, 1 km al oeste de Võsu, este *camping* ocupa un gran campo flanqueado de árboles que termina en una pequeña playa bordeada de juncos. Ofrece buenos servicios, incluido el alquiler de bicicletas (10 €/día) y una sauna.

FAUNA ESTONIA

Estonia cuenta con 64 especies registradas de animales terrestres; algunos que han desaparecido en otros lares han sobrevivido en los extensos bosques del país. El oso pardo que estuvo a punto de extinguirse a principios del s. XX cuenta ahora con 600 ejemplares en Estonia. El castor europeo, al borde de la extinción por la caza, se reintrodujo con éxito en la década de 1950 y hoy su población ronda los 20 000 ejemplares.

A pesar de que hay decenas de miles corzos y jabalíes, su población disminuye. En parte atribuible a los depredadores, lo cierto es que estos animales figuran en las cartas de los restaurantes más caros (junto al alce y el oso). En Estonia aún quedan lobos (unos 135) y linces (más de 750), cuyas grandes patas sirven como raquetas de nieve. Los linces, osos, lobos y castores son solo algunos de los animales que se cazan cada año; un sistema de cuotas pretende estabilizar las poblaciones.

En Estonia también habitan muchas aves, 363 especies catalogadas. Casi todas son migratorias debido al rigor del invierno estonio. La golondrina, aunque viva en casi todo el mundo, goza de un estatus casi real en Estonia y se trata del "ave nacional"; reaparece tras su retiro invernal en abril o mayo. Otro animal que goza de un puesto de honor es la cigüeña. Mientras su población disminuye en otras zonas de Europa, el número de cigüeñas blancas aumenta y se las suele ver en lo alto de los postes de luz en grandes nidos. Por desgracia, la cifra de cigüeñas negras disminuye.

Uustula B&B & Campsite PENSIÓN, CAMPING €
(☎325 2965; www.uustalu.planet.ee; Neeme tee 78a, Käsmu; parcelas por persona 4 €, caravana 10 €, i/d 30/45 €; P) Al final de la carretera de Käsmu, este complejo dispone de sencillas y alegres habitaciones junto al mar; el desayuno cuesta 6 € adicionales. Los campistas pueden montar sus tiendas en la zona de césped, pero deben pagar 3 € por las duchas. Alquila bicicletas (8 €/día).

★ **Merekalda** PENSIÓN, APARTAMENTOS €€
(☎323 8451; www.merekalda.ee; Neeme tee 2, Käsmu; cabaña/h 20/45 €, apt 69-99 €; ⊙may-sep; P) En la entrada a Käsmu, este tranquilo lugar alrededor de un encantador jardín junto a la bahía, cuenta con apartamentos con terraza y vistas del mar. Se debe reservar con antelación. También ofrece sencillas y románticas cabañas de madera junto al mar. Alquila barcas y bicicletas.

★ **Toomarahva Turismitalu** PENSIÓN, CAMPING €€
(☎505 0850; www.toomarahva.ee; Altja; tienda/pajar por persona 3/5 €, caravana 10 €, i/d 25/50 €, apt 80-110 €;) Esta evocadora granja, con edificios de madera con techo de paja y un jardín lleno de flores y esculturas, ofrece varias opciones, como dos bonitas y confortables habitaciones con un baño compartido, un apartamento que puede alquilarse con uno o dos dormitorios, o la posibilidad de dormir en el pajar en verano. También alquila una sauna tradicional.

Mansión de Sagadi HOTEL, ALBERGUE €€
(☎676 7888; www.sagadi.ee; Sagadi; dc 15 €, i/d desde 60/80 €; @) Despertarse en los terrenos de esta exclusiva mansión, con sus elegantes jardines, resulta una experiencia encantadora. Dispone de un limpio albergue con 31 camas en la antigua casa del administrador de la finca, mientras que el hotel, con nuevas y confortables habitaciones, ocupa el edificio encalado que albergaba los establos, al otro lado del jardín.

Palmse Guesthouse PENSIÓN €€
(☎5386 6266; www.palmse.ee; Palmse Manor; i/d sin baño 25/50 €, ste 76-96 €; P) En la antigua casa del administrador de la mansión de Palmse (1820), esta pensión resulta una opción más evocadora que el hotel principal de la finca. Sin embargo, solo las suites júnior y las suites disponen de baño propio.

Viinistu Hotel HOTEL €€
(☎5373 6446; www.viinistu.ee; Viinistu; i/d/f 40/50/70 €) Este luminoso hotel a orillas del mar junto al museo privado de arte de Jaan Manitski luce una alegre decoración náutica. Las amplias habitaciones familiares cuentan con minicocina. Resérvese una habitación con balcón que dé al mar.

Mansión de Vihula HOTEL €€€
(☎326 4100; www.vihulamanor.com; Vihula; h/ste desde 94/164 €; P) Como parte de su transformación en un elegante club de campo y *spa*, esta finca ha reconvertido su casa solariega y demás edificios para albergar habitaciones, restaurantes y un *spa*. Las particularmente refinadas estancias de la casa principal cuentan con tentadoras bañeras. Se alquilan barcas para remar por el lago.

Dónde comer y beber

Se pueden comprar provisiones en el **Meie** (www.meietoidukaubad.ee; Mere 67; ⊙10.00-20.00) de Võsu, con un cajero automático en su interior, o en el mucho más grande **Loksa Kauplus** (Tallinna 36; ⊙9.00-22.00) de Loksa.

★ **Altja Kõrts** ESTONIA €
(www.palmse.ee; Altja; principales 6-8 €; ⊙12.00-20.00) En un edificio con el techo de paja y una gran terraza, este restaurante rústico sirve deliciosos platos tradicionales, como cerdo asado con chucrut, en mesas de madera con velas. Resulta muy evocador y divertido.

Viinistu Restaurant EUROPEA €
(☎5558 6984; www.viinistu.ee; Viinistu; principales 8 €; ⊙12.00-21.00;) Centrado en ingredientes de temporada, este elegante bar-restaurante ofrece una reducida pero deliciosa carta con platos como pasta con tinta de calamar y ensaladas frescas. Dispone de terraza, pero si el tiempo no acompaña, las vistas del mar resultan igual de encantadoras desde los ventanales de su comedor interior.

Viitna Kõrts ESTONIA €
(☎520 9156; www.viitna.eu; Viitna; principales 6-13 €; ⊙11.00-22.00;) Esta reconstruida taberna del s. XVIII, una popular parada para las familias que viajan entre Tallin y Narva, presenta una extensa carta de platos tradicionales, como cerdo asado a la miel o arenques con queso fresco. El básico café contiguo abre a las 7.00 y sirve café, sándwi-

ches, etc. También cuenta con un mostrador de kebabs.

Palmse Kõrts ESTONIA €€
(www.palmse.ee; Palmse; principales 7,50-13 €; ⏲11.00-21.00) Esta rústica taberna, un corto paseo al sur de la mansión de Palmse en un edificio de 1831 que albergaba los aposentos de los trabajadores agrícolas, evoca tiempos pasados bajo enormes vigas de madera con una reducida y sencilla carta de comida tradicional. Su cremosa ensalada de patata con huevo resulta deliciosa, al igual que su "pastel de la abuela".

La Boheme EUROPEA €€€
(☎326 4100; www.vihulamanor.com; mansión de Vihula; principales 18-22 €; ⏲14.00-23.00; P 📶) Se puede comer en el jardín o en un balcón, pero entonces uno se perdería el lujoso ambiente del salón de baile de la mansión de Vihula. La carta incluye caza y pescados locales, y el servicio es excelente. Hay que dejar sitio para el postre.

O Kõrts PUB
(Jõe 3, Võsu; principales 5-10 €; ⏲11.00-24.00 do-ju, hasta 4.00 vi y sa) Esta taberna cuenta con un acogedor interior de madera y una terraza llena de flores, ideal para disfrutar del sol vespertino. Su carta abarca desde tentempiés hasta clásicos a base de cerdo, bistecs o salmón. En las largas noches de verano ofrece música en directo y DJ.

Información

Centro de visitantes del Parque Nacional de Lahemaa (☎329 5555; www.looduse gakoos.ee; mansión de Palmse; ⏲9.00-17.00 diario may-oct, lu-vi oct-abr) Este excelente centro ofrece un mapa de Lahemaa (1,90 €) e información sobre rutas de excursionismo, alojamiento y guías. Merece la pena visionar la proyección de 17 min *Lahemaa – Nature and Man*.

Cómo llegar y desplazarse

Lahemaa se recorre mejor en automóvil o en bicicleta, dadas las limitadas conexiones de autobús dentro del parque. Principales rutas de autobús a través del parque:

- De Tallin a Altja (6,50 €, 1¾ h, diario) vía Loksa, Käsmu, Lepispea y Võsu.
- De Rakvere a Sagadi (1,55-1,95 €, 45 min, 1-4 diarios), Palmse (1,75-2 €, 50 min, 1 diario), **Altja** (1,90- 2,25 €, 1 h, casi todos los días), **Võsu** (1,95-2,55 €, 1 h, 6 diarios) y **Käsmu** (2,20-2,55 €, 1 h, 4 diarios).

Rakvere

15 300 HAB.

Situado a medio camino entre Tallin y Narva, se trata de un lugar agradable para descansar o incluso pernoctar. Se respira un ambiente, a diferencia del de Narva, alegre, joven y moderno.

La ciudad celebra con entusiasmo su vínculo con el hijo más famoso de Estonia, el compositor Arvo Pärt, que se mudó aquí cuando era niño. Sin embargo, Rakvere también es conocida por el **Festival de la Canción Punk de Estonia** (www.punklaulupidu.ee). Iniciado como protesta contra el conservadurismo del festival nacional, se celebra cada tres o cuatro años (la última vez fue en agosto del 2015). La canción *Anarchy in the UK* cantada por un enorme coro con crestas de colores resulta un espectáculo impresionante.

Puntos de interés y actividades

Castillo de Rakvere CASTILLO
(Rakvere Linnus; ☎507 6183; www.rakverelinnus.ee; Vallikraavi; adultos/niños 7/5 €; ⏲10.00-19.00 may-sep, 10.00-16.00 mi-do oct-abr) La atracción estrella de Rakvere ofrece diversiones de estilo medieval. Aunque muchas están dirigidas a niños (disfraces, un zoo infantil), los adultos pueden blandir reproducciones de espadas romas, poner a prueba su habilidad con el arco o las justas y disfrutar de cerveza y comida en la taberna. La entrada incluye demostraciones de alquimia, exhibiciones de disparo de cañones y, a pesar de que el castillo nunca tuvo una, un circuito por una sala de tortura con luces rojas, esqueletos falsos y ataúdes.

Esta ladera acogió las primeras fortificaciones de Estonia entre los ss. V y VI, aunque este castillo fue construido por los daneses en el s. XIV. Luego pasó por diversas manos, incluidas las de la Orden Livona, los rusos, los suecos y los polacos. Sufrió graves daños en una batalla entre suecos y polacos en 1605 y fue convertido en una casa señorial a finales del s. XVII.

Acoge conciertos y funciones en verano; consúltese la programación en la oficina de turismo.

Estatua de Tarvas MONUMENTO
Bien visible y cerca del castillo, esta estatua de 3,5 m de altura, 7,1 m de largo y 7 toneladas completada en el 2002 por el artista local Tauno Kangro, conmemora el 700º ani-

versario de la ciudad. Representa un uro, un enorme buey salvaje de grandes cuernos, extinguido en el s. XVII. *La crónica de Enrique de Livonia*, de 1226, recogía una descripción de un viejo castillo de madera en la colina de Rakvere, llamado Tarvanpea. En estonio, "Tarvanpea" designa la cabeza de un uro, de ahí la estatua.

Robledal de Rakvere BOSQUE
(Rakvere tammik) En la colina siguiente a la del castillo, este bosque maduro de robles y tilos de 23 Ha supone un lugar maravilloso para pasear. Aunque es probable que antaño hubiera aquí un robledal sagrado, el bosque ha sido talado en varias ocasiones, la última alrededor de 1800.

En una extensión de césped cerca de su extremo sur se halla **Okaskroon** (Corona de Espinas), un monumento en conmemoración de los locales deportados a Siberia durante la era soviética. El bosque alberga un pequeño **cementerio militar alemán** con grupos de tres cruces entre los árboles.

Casa Museo del Ciudadano MUSEO
(Linnakodaniku majamuuseum; www.svm.ee; Pikk 50; adultos/niños 1,60/1 €; ⏲11.00-17.00 ma-sa may-sep, 11.00-17.00 ma-vi, hasta 15.00 sa oct-abr) La calle Pikk acoge muchos edificios históricos, como esta casa del s. XVIII, equipada con objetos en su mayoría de principios del s. XX. Sus muestras incluyen el taller de un zapatero, una colección de juguetes y un piano que perteneció a Arvo Pärt.

Iglesia de la Santísima Trinidad IGLESIA
(Kolmainu kirik; www.kolmainu.ee; Pikk 17; ⏲10.00-18.00 lu-sa, hasta 12.30 do jun-ago) Esta encantadora iglesia luterana data del s. XV, aunque desde entonces ha resultado dañada y ha sido reparada varias veces. Cuenta con una torre que se eleva hasta 62 m de altura, un púlpito tallado con paneles pintados (1690) y algunos cuadros impresionantes. Cada 16 de septiembre acoge un concierto por el aniversario de Arvo Pärt.

Plaza del mercado PLAZA
(Turuplats; Lai, Laada y FG Adoffi) Para ser de la época soviética, esta enorme plaza resulta bastante bonita. Grandes farolas arqueadas de acero amarillo se elevan por encima de fuentes y círculos de guijarros, y acoge una estatua del compositor Arvo Pärt representado como un niño con su bicicleta. Alberga varios cafés y la oficina de turismo.

Iglesia de la Natividad de la Madre de Dios IGLESIA
(Jumalaema Sündimise kirik; Tallinna 17; ⏲10.00-16.00) Esta bonita iglesia ortodoxa del s. XIX se estaba restaurando y sus elegantes cúpulas bulbosas se estaban pintando de dorado cuando se redactó esta guía. Contiene las reliquias de Sergius Florinsky, un sacerdote local asesinado en 1918 por comunistas locales que ahora es considerado un santo por la Iglesia ortodoxa rusa.

Centro de saunas y parque acuático Aqva NATACIÓN, SPA
(www.aqvahotels.ee; Parkali 4; 2½ h 9-13 €, saunas incl. 12-18 €; ⏲9.00-22.00) Uno de los mejores de Estonia, el complejo de piscinas y saunas del Aqva Hotel ofrece a los amantes de la natación una piscina cubierta de 25 m y a los niños una piscina de olas y un tobogán. También cuenta con una piscina para menores de 5 años, una pequeña piscina al aire libre y un solárium.

Cada vestuario cuenta con una sauna, pero merece la pena la entrada más cara para poder disfrutar de las saunas secas y baños de vapor del centro de saunas, sobre todo de la relajante sauna de sal.

Dónde dormir

★ Villa Theresa HOTEL €€
(☎322 3699; www.villatheresa.ee; Tammiku 9; i/d 55/65 €; P❄📶) En un boscoso rincón a las afueras de la ciudad, 1,5 km al sur de la plaza principal, este maravilloso hotel-*boutique* ofrece una mezcla de paz y tranquilidad, confort, excelente comida y precios razonables. Reina un ambiente de antaño en todo el complejo, desde la vieja casa de madera de la parte delantera hasta las habitaciones del anexo moderno.

Art Hotell HOTEL €€
(☎323 2060; www.arthotell.ee; Lai 18; i/d 33/60 €; P📶) Perteneciente a los mismos dueños del café de enfrente, este pequeño hotel posee una atractiva elegancia sutil; cuesta imaginar que a principios del s. XIX fuese un burdel. Las habitaciones lucen techos abuhardillados, baños con mamparas y TV de pantalla plana.

Aqva Hotel & Spa HOTEL €€€
(☎326 0000; www.aqvahotels.ee; Parkali 4; i/d/ste desde 93/105/215 €; 📶🏊) Muy popular entre las familias finlandesas, este enorme complejo arquitectónicamente muy interesante cuenta con un *spa* y un fabuloso parque acuático. La temática acuática se eleva a su

máxima expresión, como se observa en sus moquetas, su acuario o en la pared de agua del vestíbulo. Las habitaciones estándar resultan menudas pero modernas y elegantes.

Dónde comer y beber

Art Café CAFÉ €

(www.artcafe.ee; Lai 13; principales 5,50-12 €; 11.00-23.00 lu-sa, hasta 21.00 do;) Con un aire de gran ciudad, un tentador jardín trasero y una clientela diversa, este café hace las veces de moderno restaurante y bar de copas abierto hasta tarde. Su amable pero lento personal puede ayudar a escoger entre la amplia gama de ensaladas, sopas, tortitas, pasta y otros platos más creativos.

Inglise Pubi COMIDA DE PUB €

(www.inglisepub.ee; Tallinna 27; principales 6,50-9,90 €; 11.00-24.00;) Buena imitación de un *pub* inglés, con papel pintado antiguo, madera oscura y una barra con elementos de latón. Su cervecería al aire libre resulta genial para tomarse una pinta. La sencilla carta (escalope de ternera, chuletas de cerdo, salmón a la parrilla) le da un toque de autenticidad.

Villa Theresa EUROPEA €€€

(322 3699; www.villatheresa.ee; Tammiku 9; principales 15-19 €; 12.00-22.00) El restaurante del hotel Villa Theresa ofrece un ambiente más formal y sofisticado. La carta incluye cremosas pastas y deliciosos platos de estilo francés.

Información

Oficina de turismo (324 2734; www.rakvere.ee; Laada 14; 9.00-17.00 lu-vi todo el año, y 9.00-15.00 sa y do med may-med sep) La primera parada debería ser esta agradable oficina, con mapas de la ciudad y folletos de circuitos a pie.

Cómo llegar y salir

AUTOBÚS

La estación de autobuses se halla en la esquina de Laada con Vilde, una manzana al sur de la oficina de turismo. Principales rutas:

Narva (5-9 €, 2 h, 10 diarios)
Pärnu (9-11 €, 2¾-4 h, 3 diarios)
Tallin (3,50-7 €, 1½ h, 19 diarios)
Tartu (7-9 €, 3 h, 8 diarios)
Võsu (1,95-2,55 €, 1 h, 6 diarios)

TREN

- Elron opera tres trenes diarios a Tallin (5,50 €, 1½ h) y dos a Narva (5,60 €, 1½ h).
- Los trenes de GoRail a Moscú y San Petersburgo paran dos veces diarias en Rakvere; también paran en Narva (4,30 €, 1½ h) y Tallin (desde 6 €, 1¼ h).
- La estación de trenes se halla en Jaama pst, 1,2 km al noreste de la plaza principal.

Reservas Paisajísticas de Ontika y del Parque de Oru

Encajonadas entre una estrecha carretera costera y el mar, a mitad de camino entre Rakvere y Narva, estas dos reservas protegen una sección del escarpe de piedra caliza conocido como *klint* báltico, donde el terreno desciende bruscamente hasta el mar formando acantilados de hasta 54 m de altura. El *klint* se extiende a lo largo de 1200 km desde Suecia hasta el lago Ladoga en Rusia, pero 500 km discurren bajo el mar.

El único asentamiento importante en este tramo de costa es **Toila**, un pequeño pueblo de playa con varios *spas* entre las dos reservas.

Puntos de interés

Valaste juga CASCADA

Valaste acoge una plataforma de observación y unas escaleras metálicas frente a la cascada más alta de Estonia, con entre 26 y 30 m de altura. Dependiendo del mes, la cascada puede ser un torrente, tener solo un hilillo de agua o estar congelada.

Reserva Paisajística del Parque de Oru PARQUE

(Oru Pargi Maastikukaitseala) El majestuoso castillo de Oru fue construido en 1899 por el destacado hombre de negocios de San Petersburgo Grigory Yeliseyev, uno de los comerciantes más ricos de Rusia. En 1935 se convirtió en el palacio de verano del presidente estonio, pero fue destruido durante la guerra. Aunque el edificio ya no existe, el parque circundante sigue siendo uno de los más encantadores de Estonia.

Una avenida de árboles centenarios conduce hasta los jardines ornamentales de estilo francés y la terraza del castillo, con vistas hasta el mar. A través de la reserva de 75 Ha discurren varios senderos que conducen hasta una gruta con un manantial de agua dulce, una torre de observación, un cementerio de la II Guerra Mundial y la playa.

Dónde dormir y comer

Mansión de Saka HOTEL, CAMPING €€
(☎336 4900; www.saka.ee; parcela por persona 3,20 €, hotel i/d desde 60/80 €, mansión d/ste desde 110/230 €; P 📶 ≋) 🍃 Con una tranquila ubicación en lo alto del acantilado y señalizada junto a la carretera al este de Varja, esta finca incluye un *camping*, un sencillo hotel con *spa* y una mansión de estilo italiano (1864) con habitaciones y un restaurante en el sótano (principales 8-16 €). Una escalera metálica desciende desde el borde del acantilado hasta el mar.

Valaste PENSIÓN, CAMPING €€
(☎332 8200; www.valaste.eu; Valaste; parcela/cabaña por persona 4/17 €, i/d 30/40 €) La pequeña pensión pintada de vivos colores junto a la cascada de Valaste cuenta con una gran cocina comunitaria, baños compartidos bien mantenidos y una gran zona de acampada. El café junto a las cascadas sirve como recepción, además de servir contundentes tentempiés las 24 h.

Toila Spa Hotell y Camping Männisalu HOTEL, CAMPING €€
(☎334 2900; www.toilaspa.ee; Ranna 12, Toila; parcela por persona 5 €, cabaña 45-70 €, i/d desde 53/78 €; P 📶 ≋) Este hotel de precio medio dispone de un gran parque acuático, un *spa*, un parque infantil, un gimnasio y varios restaurantes. Ofrece habitaciones limpias y sencillas. El *camping* entre los pinos (abierto may-sep) también resulta una buena opción. Cuenta con sencillas cabañas de madera y parcelas para tiendas y caravanas.

Cómo llegar y salir

No circulan autobuses directos desde Tallin ni desde Narva; se debe hacer transbordo en Jõhvi o Kohtla-Järve.

Sillamäe

14 000 HAB.

Tal vez destinada a encontrarse atrapada perpetuamente entre la Unión Soviética y la Estonia moderna, esta localidad costera resulta un paraje misterioso y un lugar de visita obligada para los fanáticos de la arquitectura estalinista neoclásica. Trazada por arquitectos de Leningrado, entre sus edificios se cuenta un **ayuntamiento** inspirado en una iglesia luterana. En el parque de enfrente se alza una **escultura** de un musculoso obrero sosteniendo un átomo por encima de la cabeza.

El destino de la región quedó marcado en los años posteriores a la II Guerra Mundial, tras descubrirse que el esquito bituminoso contiene pequeñas cantidades de uranio extraíble. Una planta de procesamiento de uranio y químicos nucleares no tardó en ser levantada por 5000 prisioneros políticos rusos, al tiempo que 3800 prisioneros de guerra bálticos (que habían servido en el Ejército alemán) construían el centro de la localidad. Para el año 1946, el acceso de visitantes a Sillamäe estaba terminantemente prohibido; se la conocía por varios nombres en clave como Leningrado 1 o Moscú 400, y, a menudo, no figuraba en los mapas de la época soviética. Sin embargo, la vida de aquellos obreros en general era mejor que en otras partes de la Estonia soviética.

En la planta solo se procesaba uranio sin enriquecer, aunque los edificios abandonados en la linde occidental de la localidad evidencian las intenciones soviéticas de procesar uranio puro listo para ser utilizado en un reactor. Por suerte la desmembración de la Unión Soviética salvó el medioambiente de Estonia. El procesamiento de uranio se interrumpió en 1989 y actualmente los residuos radiactivos yacen bajo hormigón junto al mar. El temor de un posible escape a aguas del Báltico ha alarmado a grupos ecologistas, si bien buena parte de los fondos de la UE han sido destinados a garantizar la seguridad del material.

Actualmente la planta privatizada de Sillamäe se trata de la principal productora del mundo de niobio y tantalio, dos metales utilizados para fabricar equipo médico y electrónico.

Puntos de interés

Museo de Sillamäe MUSEO
(www.sillamae-muuseum.ee; Kajaka 17a; adultos/niños 2/1 €; ⏲10.00-18.00 lu-ju, hasta 16.00 vi) Hasta hace rebosaba de fascinantes reliquias de la era soviética, incluidos uniformes, banderas y grandes retratos de Lenin y Stalin. Lenin y sus camaradas han sido desterrados a una sucursal del **Centro Cultural de Sillamäe** (Kesk 24) y este museo ha sido tomado por muñecas y ositos de peluche. También alberga una excelente muestra sobre minerales junto con información sobre la industria extractiva local. Más interesante resulta la sala que reproduce un apartamento de la década de 1950.

El edificio queda entre las calles Kajaka y Majakovski, a una manzana del mar.

Cómo llegar y salir

Los autobuses a San Petersburgo paran aquí, pero entre los principales servicios a destinos nacionales se cuentan:

Narva (1,47-4 €, 45 min, como mínimo cada hora)
Pärnu (15 €, 4¼ h, diario)
Rakvere (5-7 €, 1½ h, 9 diarios)
Tallin (7-12 €, 3 h, 21 diarios)
Tartu (7-12 €, 2¾ h, 7 diarios)

Narva

58 400 HAB.

La localidad más oriental de Estonia queda separada de la población rusa de Ivángorod por el río Narva y casi todos sus habitantes son rusos. El puente al final de la calle principal supone el enlace más importante del país con Rusia y la tierra de nadie avanza hasta el mismo borde de la plaza de la localidad. A excepción de su castillo y su viejo ayuntamiento barroco, la mayor parte de su arquitectura fue destruida en la II Guerra Mundial. La Narva reconstruida que se observa en la actualidad destila un aire melancólico propio de una población venida a menos, y la prosperidad, evidente en otras partes del país, brilla por su ausencia. Aun así y dada su singularidad, la tercera mayor localidad estonia resulta un lugar interesante para una (breve) visita.

Historia

Poblada desde la Edad de Piedra, Narva se asienta sobre una importante ruta comercial. Tras la invasión cristiana, se encontró en un cruce de civilizaciones sobre la línea divisoria entre las iglesias occidental (de tradición católica) y oriental (ortodoxa). Como era de esperar, a lo largo de los siglos se vio envuelta en numerosas guerras y disputas fronterizas. Prueba de ello es la ubicación del castillo de Hermann frente al castillo de Ivángorod, al otro lado del río, construido por Iván III de Rusia en 1492. En los ss. XVI y XVII, Narva cambió de manos con frecuencia, de Rusia a Suecia, hasta caer definitivamente del lado ruso en 1704.

Durante la II Guerra Mundial, Narva fue bombardeada tanto por los alemanes como por los rusos, quedando prácticamente en ruinas en 1944 durante su recaptura por parte del Ejército Rojo. Posteriormente pasó a formar parte de la zona industrial del noreste de Estonia y se convirtió en una de las localidades más contaminadas de Europa. Hoy, las emisiones se han reducido en gran medida gracias a las inversiones para promover tecnologías más limpias.

Puntos de interés

Castillo de Hermann CASTILLO
(Peterburi 2) Construido por los daneses a finales del s. XIII y reforzado en los siglos

INDISPENSABLE

KUREMÄE

Antaño un lugar de culto pagano, esta tranquila aldea en lo alto de una colina 20 km al sureste de Jõhvi, alberga un magnífico convento ortodoxo ruso. Se dice que en el s. XVI la Virgen María se le apareció a un pastor en un robledal de esta zona (con cierta similitud con las creencias estonias precristianas en seres divinos que vivían en arboledas sagradas). Posteriormente se encontró un icono de la Dormición de la Madre de Dios bajo uno de los robles; actualmente pertenece al convento, que se ha convertido en un lugar de peregrinación. También hay un venerado 'manantial sagrado' que dicen que nunca se congela.

Para ir en autobús normalmente hay que realizar transbordo en Jõhvi o Kohtla-Järve, aunque circulan dos autobuses directos semanales desde Tallin (8,60 €, 3½ h) y Rakvere (6,70 €, 2 h).

Convento de Pühtitsa (☎337 0715; www.orthodox.ee; 7.00-19.00) Construido entre 1885 y 1895, las cinco torres con cúpulas bulbosas verdes de su impresionante iglesia principal se ven desde varios kilómetros de distancia. Los murales junto a la puerta representan a la Virgen María, a la que está dedicado el convento. La comunidad de monjas ortodoxas rusas trabaja los campos circundantes y son autosuficientes. Ofrecen circuitos guiados por un módico precio. Se puede entrar en el complejo y visitar la iglesia siempre que se vista con decoro.

posteriores, conforma, junto a la fortaleza rusa de Ivángorod, en la orilla opuesta del río, un conjunto arquitectónico único en Europa. Las murallas exteriores rodean el **patio del castillo,** una gran extensión de césped abierta al público que alberga una de las últimas estatuas públicas de Lenin que quedan en Estonia. Restaurada tras sufrir daños durante la II Guerra Mundial, la torre de Hermann alberga el Museo de Narva.

La mejor perspectiva de la confrontación entre ambos castillos se obtiene desde la popular playa ribereña al sur de ambos.

Museo de Narva — MUSEO

(www.narvamuuseum.ee; castillo de Hermann de Narva, Peterburi 2; adultos/niños 6/3 €; ⏲10.00-18.00, cerrado lu y ma sep-may) La entrada al museo permite subir por la torre de Hermann hasta una plataforma de observación de madera mientras se visitan exposiciones (con un grado de interés variable y no todas rotuladas en inglés) en cada planta de la torre. Más interesantes resultan las fotografías de antes y después de la destrucción de la ciudad durante la guerra. En verano, el **patio norte** acoge una réplica de un pueblo del s. XVII, con la presencia del boticario, el herrero, el alfarero y los talleres de encaje; se puede acceder con la misma entrada del museo.

Casco antiguo — ZONA

Los restos del casco antiguo de Narva, destruido durante la guerra, quedan en las manzanas al norte del castillo. Destaca el **ayuntamiento** barroco en Raekoja plats, construido entre 1668 y 1671. Junto a él, llama la atención el impresionante edificio de la **Facultad de Narva de la Universidad de Tartu.** Una gran ampliación moderna sobresale hacia arriba y hacia fuera de la parte inferior del edificio, una recreación del antiguo edificio barroco de la Bolsa que antaño se hallaba aquí.

Como en Tallin y Tartu, los suecos rodearon el casco antiguo con un conjunto de bastiones en forma de estrella, y la mayor parte de los terraplenes de tierra todavía resultan visibles. El **parque oscuro** (Pimeaed) del bastión Victoria ofrece sombra y vistas al río.

Galería de arte — GALERÍA DE ARTE

(Kunstigalerii; www.narvamuuseum.ee; Vestervalli 21; adultos/niños 2/1 €, con museo 7/3,50 €; ⏲10.00-18.00) Esta galería de arte, que ocupa tres plantas de un depósito de munición del s. XIX en el bastión Gloria, alberga una interesante colección. Destacan las obras anteriores a la II Guerra Mundial.

Iglesia de Alejandro — IGLESIA

(Aleksandri kirik; www.narvakirik.ee; Kiriku 9) Bautizada en honor al zar ruso asesinado mientras estaba siendo construida (1881-1884), se trata del edificio religioso más grande de Estonia. Sufrió graves daños en las dos guerras mundiales y el campanario octogonal se reconstruyó tras la independencia de la URSS. Ahora es la catedral luterana de Narva.

Catedral ortodoxa de la Resurrección — IGLESIA

(Voskresensky sobor; www.narvasobor.ee; Bastrakovi 4) Escondida entre deslustrados bloques de apartamentos al noroeste de la estación de trenes, esta catedral de 1896 luce una atractiva fachada de ladrillo rojo y un resplandeciente interior. Destacan los frescos del interior de la cúpula y el maravilloso iconostasio tallado.

🛏 Dónde dormir y comer

King Hotel — HOTEL €€

(☎357 2404; www.hotelking.ee; Lavretsova 9; i/d 28/36 €, principales 5-17 €; 📶) En el casco antiguo, no demasiado lejos del castillo, este hotel ofrece acogedoras habitaciones modernas en un edificio de 1681, y un excelente y evocador restaurante con una terraza a la sombra. Se recomienda la especialidad local, la lamprea del Narva.

Elektra Külalistemaja — PENSIÓN €€

(☎716 6651; www.elektra.nev.ee; Kerese 11; i/d 40/45 €; P📶) Esta pequeña pensión, contigua a la estructura en ruinas de una central eléctrica, ofrece uno de los mejores alojamientos de Narva. Cuenta con habitaciones limpias con minicocina, aunque en verano pueden resultar calurosas. Dispone de sauna y *jacuzzi*.

100% China House — CHINA €

(☎357 5099; www.chinahouse.ee; Tallinna mnt 6b; principales 5-13 €; ⏲12.00-23.00) Puede que no se trate de la mejor comida china del mundo, pero probablemente sí la mejor de Estonia. En una gran casa amarilla apartada de la calle principal, ofrece una extensa carta con ilustraciones, incluidos algunos entrantes coreanos, y un interior *kitsch* con deslumbrantes dragones y faroles.

Antalya Kebab House TURCA €
(Aleksander Puškini 15; principales 4-8 €; ⏲11.30-23.00) No ofrece alta gastronomía, pero para deliciosas *pide* (*pizzas* de estilo turco), kebabs, *shashlik* (brochetas a la barbacoa) o un café muy negro, este humilde local resulta ideal. Para encontrarlo, se debe doblar la esquina desde la oficina de turismo y cruzar la calle.

De compras

Aleksandr Antiques ANTIGÜEDADES
(Aleksander Puškini 13; ⏲11.00-18.00 ma-vi, hasta 15.00 sa) Vende recuerdos rusos, como bustos de Lenin, medallas, joyas e iconos religiosos. También ofrece algunas baratijas modernas.

Información

Oficina de turismo (☎359 9087; http://tourism.narva.ee; Peetri plats 3; ⏲10.00-17.30) Este excelente centro de información, con un amable y eficiente personal que habla inglés, ofrece mapas e información sobre la ciudad. También acoge interesantes exposiciones interactivas.

Cómo llegar y salir

La estación de trenes y la de autobuses se hallan una junto a la otra en Vaksali 2, en el extremo sur de la calle principal, Aleksander Puškini.

AUTOBÚS

Desde Narva circulan autobuses a Riga y San Petersburgo. Entre los destinos nacionales se incluyen:

Narva-Jõesuu (2 €, 30 min, aprox. cada hora)
Pärnu (15 €, 4¾ h, diario)
Sillamäe (1,47-4 €, 45 min, como mínimo cada hora)
Tallin (7-13 €, 3¼ h, aprox. cada hora)
Tartu (7-12 €, 3 h, 9 diarios)

TREN

Elron opera dos servicios diarios a/desde Tallin (11 €, 2¾ h) y Rakvere (5,60 €, 1½ h). Los trenes de GoRail a Moscú y San Petersburgo (p. 429) también paran en Narva dos veces diarias en ruta a Rakvere (4,30 €, 1½ h) y Tallin (7,90 €, 3 h).

Narva-Jõesuu

2630 HAB.

Unos 13 km al norte de Narva, el centro vacacional de Narva-Jõesuu (literalmente "desembocadura del río Narva") es un bonito pero destartalado pueblo, muy popular desde el s. XIX por su larga playa de arena dorada bordeada de pinares. Salpicado de casas de madera de principios del s. XX, junto con media docena de hoteles y *spas,* se trata de una buena base para explorar Narva. Se están llevando a cabo nuevos proyectos principalmente destinados a veraneantes rusos. La zona más concurrida se concentra en torno al Meresuu Hotel.

Dónde dormir

Meresuu Spa & Hotel CENTRO VACACIONAL €€
(☎357 9600; www.meresuu.ee; Aia 48a; i/d/ste desde 88/99/176 €; P Wi-Fi piscina) Este reluciente hotel de 11 plantas cuenta con un personal risueño, atractivas habitaciones y muchos extras, como vistas al mar, un centro acuático con siete piscinas, saunas, un gimnasio, un centro de belleza y salud, una sala de juegos infantil, alquiler de bicicletas y un restaurante que sirve bufetes y comidas a la carta.

Noorus Spa Hotel CENTRO VACACIONAL €€€
(☎356 7100; www.noorusspahotel.com; L Koidula 19; i/d/ste desde 132/149/229 €; P @ Wi-Fi piscina) No queda claro si este enorme y nuevo complejo, cuyo nombre significa "juventud", está dirigido a jóvenes o a aquellos que buscan la eterna juventud. Ofrece habitaciones modernas y confortables, y excelentes instalaciones, incluidas piscinas cubiertas y al aire libre, un *spa* con ocho saunas diferentes, un gimnasio, un restaurante, un bar y una bolera.

Cómo llegar y salir

El autobús nº 31 conecta cada hora Narva con Narva-Jõesuu (2 €, 30 min). También circulan servicios directos a/desde Tallin (7-14 €, 4¼ h, 3 diarios), Rakvere (7-9,40 €, 3 h, 2 diarios) y Sillamäe (3-3,60 €, 1 h, 3 diarios).

SURESTE DE ESTONIA

Con ondulantes colinas, pintorescos lagos y enormes bosques, el sureste alberga algunos de los paisajes rurales más bonitos de Estonia. También cuenta con una de las ciudades más importantes de Estonia, el animado centro universitario de Tartu.

En todas las direcciones alrededor de Tartu se pueden encontrar magníficos entornos naturales. Al sur se hallan las localidades de Otepää y Võru, donde se pueden realizar

VIEJOS CREYENTES RUSOS

Entre 1652 y 1666 el patriarca Nikon introdujo reformas para adecuar la doctrina ortodoxa rusa a la de la Iglesia ortodoxa griega. Hoy en día, dichas reformas litúrgicas pueden parecer triviales (como cambiar la manera de hacer la señal de la cruz, la dirección de una procesión y el número de veces que se dice "aleluya"), pero resultaron de vital importancia para muchos creyentes. Quienes rechazaron las reformas fueron torturados o ejecutados y se destruyeron muchas casas e iglesias.

En los siglos posteriores, miles de personas huyeron a la costa occidental del lago Peipus, donde erigieron nuevas aldeas y casas de oración. Aunque escaparan de la persecución, seguían gobernados por la Rusia zarista y no pudieron practicar abiertamente su religión hasta 1918 cuando Estonia obtuvo su independencia. Quedan unos 2600 viejos creyentes rusos en Estonia, que viven en 11 congregaciones, sobre todo en la costa del lago Peipus.

actividades al aire libre, como senderismo y natación en lagos en verano, y esquí de fondo en invierno. Cabe añadir la belleza de sus pueblos a orillas de ríos errantes o en valles sosegados. Una buena dosis de naturaleza la brindan los bosques, lagos y colinas de los parques nacionales de Haanja y Karula.

Hacia el este se extiende el lago Peipus, uno de los más grandes del continente, cuyas orillas ofrecen playas arenosas y una costa virgen. Además de nadar, pasear en barca, pescar y empaparse de la belleza de los paisajes, se puede explorar el borde occidental, con puestos de comida junto a la carretera y pueblos diminutos.

Una de las regiones más fascinantes de Estonia resulta también una de las menos visitadas. En el extremo sureste, agrupados en pueblos próximos al lago Pihkva, habita la etnia seto, descendiente de las tribus baltofinesas que se asentaron en la zona a principios del primer milenio.

Quienes pretendan curiosear en la zona pueden desplazarse en autobús sin problemas. Ahora bien, dada la poca frecuencia de los servicios, para explorar en profundidad el Parque Nacional de Haanja, Setomaa y el lago Peipus se recomienda alquilar un automóvil.

Lago Peipus

A caballo entre la frontera de Estonia y Rusia, el lago Peipus (en ruso, Chudskoe Ozero) es, con 3555 km^2, el quinto más grande de Europa. Su arenosa costa norte, de 42 km de largo, brinda algunas buenas playas casi vacías. Los populares centros vacacionales de la era soviética se desmoronan tras años de abandono y apenas se han construido nuevas urbanizaciones para sustituirlos.

En el rincón noreste del lago se encuentra **Vasknarva,** una recóndita aldea pesquera con un centenar de residentes y un monasterio ortodoxo que, según dicen, antaño albergaba un centro de espionaje de la KGB. Aquí nace el río Narva, que abastece al lago y forma la frontera con Rusia de camino al Báltico. En Vasknarva, junto al lago, también se hallan las ruinas de un castillo de 1349 de la Orden Teutónica.

La aldea de **Alajõe** alberga la principal iglesia ortodoxa de la zona. **Kauksi,** donde la carretera principal desde el norte llega al lago, cuenta con la playa más bonita y popular.

Con 1320 habitantes, un pequeño puerto y una playa de arena, **Mustvee** se trata de la población más grande del lago. Un poco más al sur junto a la orilla, se ve *La chica afligida* (1973), un triste monumento de una chica con la cabeza inclinada en conmemoración de los 264 soldados del ejército soviético enterrados aquí en una fosa común durante la II Guerra Mundial. Cerca se halla una bonita iglesia de los viejos creyentes de 1927.

En los ss. XVIII y XIX los viejos creyentes rusos *(Starovyery)* –una rama escindida de la Iglesia ortodoxa que fue perseguida por no aceptar las reformas litúrgicas de 1666– se refugiaron en la orilla occidental del lago. Esta fascinante comunidad sigue viviendo en varias aldeas que fundó a orillas del lago; la más grande es **Kallaste.**

En Kallaste existe un asentamiento de viejos creyentes desde 1720, cuando la zona era conocida como Krasniye Gori (Montañas Rojas) por los acantilados de arenisca roja de hasta 11 m de altura que rodean el pueblo. La mayoría de sus 819 habitantes hablan ruso. Merece la pena visitar el cementerio de viejos creyentes en el extremo sur del pueblo y la playa de arena con pequeñas cuevas.

Kolkja, una aldea de viejos creyentes rusos, cuenta con una exquisita iglesia verde de madera y un pequeño Museo de los Viejos Creyentes en lo que parece una casa particular. Los viejos creyentes habitan también en Kasepää, Varnja y la isla de Piirissaar.

Puntos de interés y actividades

Castillo de Alatskivi EDIFICIO HISTÓRICO

(Alatskivi loss; ☎5303 2485; www.alatskiviloss.ee; adultos/niños 5/3 €; ⏲11.00-19.00 diario jun-ago, 11.00-18.00 mi-do may, sep y oct, 10.00-16.00 lu-vi nov-abr) Señalizado junto a la carretera principal Kallaste-Tartu, este castillo transporta las tierras altas escocesas a este pedazo de Estonia sumamente verde; sus torrecillas blancas y su tejado entrecortado de estilo señorial están inspirados en el castillo de Balmoral, la residencia preferida de la reina de Inglaterra. La planta superior alberga cinco salas dedicadas a la vida de Eduard Tubin (1905-1982), un importante compositor y director de orquesta estonio; toda la información está en estonio. Los terrenos circundantes abarcan 130 Ha de

Sureste de Estonia

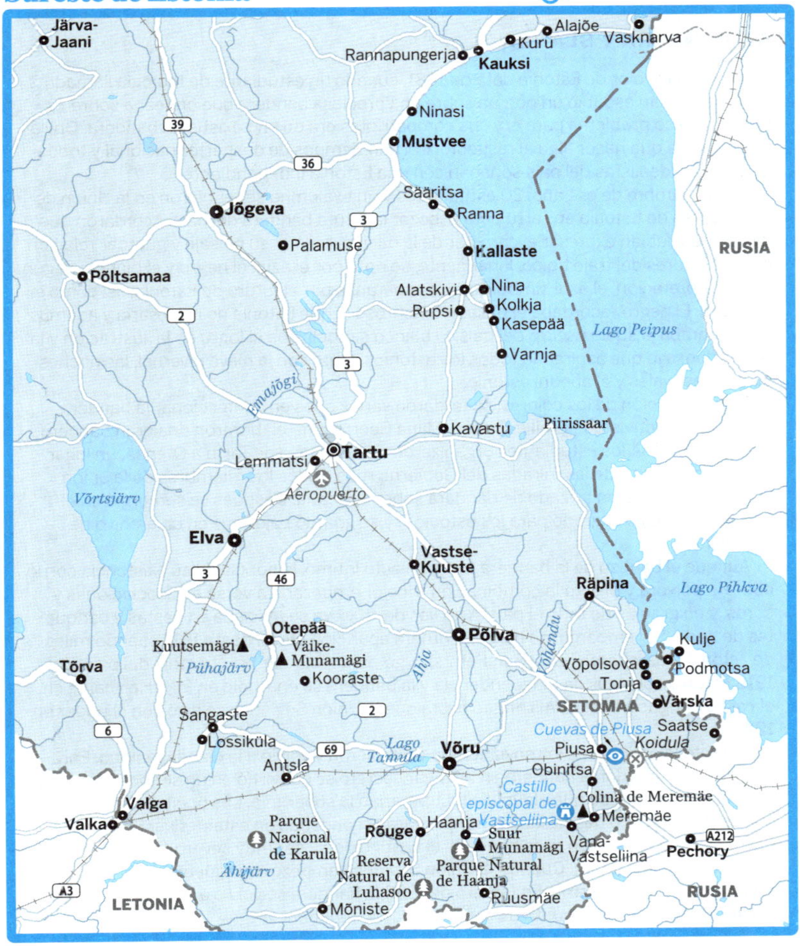

zona verde abierta al público con robles, fresnos, arces, alisos y un camino bordeado de tilos.

Durante siglos ha habido una casa solariega en este lugar, si bien la joya neogótica actual data de 1885. Tras su nacionalización en 1919, el edificio fue utilizado como colegio, barracones de la caballería, granja, oficinas municipales, cine y biblioteca, pero ha sido restaurado para recuperar su antiguo esplendor valiéndose de fotografías facilitadas por los descendientes de los aristócratas que la habitaron originalmente.

Además del museo de Tubin, el edificio alberga un restaurante y cuatro suites (80 €/noche, desayuno incl.).

Museo Liiv MUSEO
(www.muusa.ee; Rupsi; adultos/niños 2/1 €; ⏲10.00-18.00 jun-ago, 10.00-16.00 ma-sa sep-may) Dedicado a Juhan Liiv (1864-1913), celebrado escritor, poeta y figura nacionalista, se trata de un encantador paraje rural y los edificios del s. XIX donde vivieron los Liiv resultan muy interesantes, incluso si jamás se ha oído hablar de Liiv (bastante probable, a menos que uno sea estonio). El museo a veces acoge conciertos y concursos de poesía.

Museo de los Viejos Creyentes MUSEO
(www.hot.ee/k/kolkjamuuseum/; Kolkja; adultos/niños 3/1 €; ⏲11.00-18.00 mi-do abr-sep, 11.00-17.00 sa y do oct-mar)

AZUL, NEGRA Y BLANCA

La bandera tricolor de Estonia data de 1881, cuando un estudiante de teología llamado Jaan Bergmaan escribió un poema sobre una preciosa bandera que ondeaba sobre Estonia. El único problema para él y sus compatriotas era que no existía tal bandera. Obviamente había que hacer algo al respecto. Corrían tiempos de despertar nacional y todos los jóvenes idealistas del país soñaban con una Estonia independiente.

En septiembre de ese año, 20 estudiantes y un exalumno se reunieron en la Unión de Estudiantes de Estonia en Tartu para esbozar la futura bandera del país. Acordaron que los colores debían expresar el carácter de la nación, reflejar su paisaje y guardar relación con los colores del traje típico. Finalmente, se optó por el azul, el negro y el blanco. Según una interpretación, el azul simbolizaba la esperanza por el futuro de Estonia, así como la fidelidad. El negro recordaba el pasado tenebroso al que Estonia no regresaría y además representaba el suelo oscuro del país. El blanco simbolizaba el logro de la ilustración y la educación, a lo que aspiraban todos los estonios, junto con la nieve invernal, las noches blancas estivales y el abedul estonio.

Tras la elección de los colores, se tardaron varios años en confeccionar la bandera. Tres jóvenes activistas –Emilie, Paula y Miina Beermann– elaboraron una gran bandera de seda. En 1884 los estudiantes organizaron una comitiva de Tartu a Otepää, un lugar que quedaba lejos de las miradas del Gobierno ruso. Todos los miembros de la unión estudiantil asistieron al izado de bandera sobre la vicaría. Después se sumergió en el Pühajärv (un lago sagrado para los estonios) y se guardó bajo llave en un archivo de estudiantes.

Aunque el bautizo de la bandera fuera un acto íntimo, la noticia de su existencia corrió como la pólvora y pronto la combinación tricolor empezaría a verse en asociaciones y coros, y en granjas de todo el país. A finales del s. XIX ya se utilizaba en fiestas y banquetes de boda. Sin embargo, no hizo su primera aparición oficial hasta 1917 cuando miles de estonios marcharon hacia San Petersburgo para reclamar la soberanía del país. En 1918 Estonia consiguió la independencia y la bandera se enarboló en Pikk Hermann en el casco antiguo de Tallin. Allí ondeó hasta que la Unión Soviética se hizo con el poder en 1940.

Durante la ocupación, los soviéticos la prohibieron y volvió a la clandestinidad. Para los estonios, guardar la bandera en un lugar secreto se convirtió en un símbolo pequeño pero esperanzador de que algún día recuperarían la soberanía. Las ocultaban bajo los suelos de madera o descosían las franjas para esconderlas en estanterías. Si se era descubierto en posesión de la bandera, el castigo podía ser muy severo (con posible deportación a un gulag). Cuando la Unión Soviética empezó a resquebrajarse, la tricolor recuperó su protagonismo. En febrero de 1989 la bandera se volvió a izar en Pikk Hermann; Estonia estaba a punto de recuperar la independencia.

Este pequeño museo privado en la aldea de Kolkja ofrece poco que ver, pero resulta interesante informarse sobre los cambios litúrgicos aparentemente menores que provocaron tan gran derramamiento de sangre. Se gira a la izquierda en la bandera de Estonia, se pasa el restaurante pintado de azul y se gira a la derecha al llegar al lago.

Peipsirent PASEOS EN BARCO, CICLISMO
(☎504 1067; www.peipsirent.eu; Narva 9c, Mustvee) Este operador con sede en el hotel Kalamesteemaja de Mustvee alquila lanchas motoras (35-120 €/día) y bicicletas (10 €/día). En invierno lleva a los viajeros por el lago en moto de nieve.

Dónde dormir

Quienes vayan a hospedarse cerca del lago no deben olvidar el repelente de mosquitos.

Hostel Laguun PENSIÓN €
(☎505 8551; www.hostel-laguun.ee; Liiva 1a, Kallaste; parcela/h por persona 4/17 €) Instalado en un emplazamiento privilegiado junto al lago, en Kallaste, se trata de un pequeño albergue con 10 camas distribuidas en habitaciones sencillas con baño compartido, además de una zona de acampada. Cuenta con un amplio jardín, una parrilla y una cocina compartida. Las mejores habitaciones dan al lago.

Kuru Puhkemajad CAMPING €
(☎529 5088; www.kurupuhkemajad.ee; Kuru; i/d 12/24 €, cabaña 30-48 €, autocaravana por persona 10 €; P) En Kuru, 2 km al este de Kauksi (junto a la carretera secundaria desde el lago hasta Iisaku), este complejo ofrece habitaciones en cabañas de madera y edificios de tipo granero; todas comparten una cocina comunitaria y baños rudimentarios. Dispone de barbacoas y zonas de juego para niños. Alquila bicicletas (2 €/h) y lanchas motoras (100 €/h).

Aarde Villa B&B €€
(☎518 3617; www.aardevilla.ee; Sääritsa; parcelas por persona 5 €, i/d/ste 26/52/56 €; P) A mitad de camino entre Mustvee y Kallaste, esta finca a orillas del lago ofrece confortables habitaciones con baño en un edificio de piedra de 1711 junto a su propia playa privada. Este lugar de retiro tranquilo y maravilloso ofrece muchas actividades, incluido el alquiler de barcas (con equipo de pesca) y bicicletas. Se puede acampar en su frondoso recinto.

Dónde comer

La especialidad local es el pescado ahumado, ya sea trucha o salmón; para algunos merece la pena visitar la región solo por este delicioso manjar. Se recomienda buscar los puestos que rezan *suitsukala* (pescado ahumado) repartidos por la carretera que bordea el lago. Existen supermercados en Mustvee y Kallaste, y una *pood* (tienda de comestibles) en Kuru.

Kivi Kõrts ESTONIA €
(☎745 3872; www.kivikorts.ee; Tartu mnt 2, Alatskivi; principales 2,70-7,90 €; ⏲10.00-20.00 lu-mi, hasta 22.00 ju-do) Esta acogedora taberna tenuemente iluminada resulta el mejor lugar de la región para una comida barata y copiosa. Luce una decoración entre una tienda de antigüedades y una chatarrería (gran parte de lo que se ve está a la venta). Su carta incluye mucha carne de cerdo, pero también prepara pollo y pescado.

Restaurante de Pescado y Cebolla RUSA €
(Kala-Sibula Restoran; ☎745 3445; www.hot.ee/k/kolkjarestoran; Kolkja; principales 6-8 €; ⏲12.00-18.00 diario, con reserva en invierno) Este sencillo restaurante azul permite saborear la cocina de los viejos creyentes, en buena medida basada en la pesca local y en las cebollas cultivadas en los huertos del vecindario. Si se habla ruso, se aconseja llamar con antelación para confirmar el horario de apertura.

Información

Oficina de turismo de Kallaste (☎745 2705; www.kallaste.ee; Oja 22; ⏲10.00-18.00 lu-vi, 10.00-16.00 sa y do jun-ago)

Cómo llegar y desplazarse

Llegar hasta las aldeas a orillas del lago y desplazarse por ellas resulta complicado sin vehículo propio. Desde Mustvee circulan autobuses a:

Alatskivi (3,40 €, 40 min, a diario)
Kallaste (2,80 €, 30 min, 2 diarios)
Narva (5 €, 2 h, 5 diarios)
Tallin (13 €, 3 h, diario)
Tartu (4-5 €, 1 h, 10 diarios)

Palamuse

Este pequeño y aletargado pueblo, 35 km al norte de Tartu, atrae a los turistas estonios por tratarse del escenario de la novela sobre el paso de la niñez a la edad adulta *Primavera,* de Oskar Luts, y de su posterior adaptación al cine en 1969. Emitida cada año en televisión por Navidad, es sin duda la película familiar favorita de los estonios. Pero, aunque uno no conozca *Primavera*, resulta un agradable lugar rural.

Puntos de interés

Museo de la Escuela Parroquial de O. Luts MUSEO

(O Lutsu kihelkonnakoolimuuseum; www.palmuseum.ee; Köstri allee 3; entrada 1,50 €, tirachinas 0,90 €; ⏲10.00-18.00 may-sep, 10.00-17.00 lu-vi oct-abr) Este edificio rústico albergaba la escuela donde estudió el novelista Oskar Luts entre 1895 y 1899, tal como inmortalizó en *Primavera*, su libro más famoso. La posterior adaptación cinematográfica se rodó en este lugar, que ahora acoge exposiciones sobre la película, el libro y el autor.

El público de *Primavera* es mayoritariamente estonio, por lo que se brinda poca información en inglés. Aun así, resulta entretenido visitar la recreación de un aula, del dormitorio de los alumnos y de la habitación de un profesor, y ver los fotogramas en blanco y negro de la película.

Lo mejor es que se puede alquilar un tirachinas para intentar romper la ventana de un edificio cercano recreando una escena de la película. El personal del museo asegura que los niños tienen mucha mejor puntería que sus padres.

Iglesia luterana de San Bartolomé IGLESIA

(Püha Bartholomeuse kirik; Köstri allee 2; ⏲10.00-17.00 may-sep) Esta encantadora iglesia gótica, otra protagonista de la adaptación cinematográfica de *Primavera*, tiene sus orígenes en el s. XIII pero ha sido reformada a lo largo de los años. Cabe destacar su púlpito de madera tallada de 1696 adornado con santos y ángeles.

Información

Centro de información turística de Jõgevamaa (☎776 8520; www.visitjogeva.com; Köstri allee 1; ⏲10.00-17.00 lu-vi, hasta 15.00 sa y do med may-med sep, 10.00-17.00 lu-vi resto del año)

Cómo llegar y salir

El transporte público es limitado, con solo un autobús diario a y desde Tartu (1 h).

Tartu

98 000 HAB.

Esta ciudad se atribuye la capitalidad espiritual de Estonia y sus habitantes suelen hablar del *vaim* (espíritu) especial que impregna la ciudad, quizá creado por la sensación de intemporalidad que transmiten sus casas de madera y edificios majestuosos, unido a la belleza de sus parques y su paseo fluvial.

Pequeña, provinciana y atravesada por el imperturbable río Emajõgi, se trata de la ciudad universitaria estonia por excelencia; no en vano una séptima parte de su población está compuesta por estudiantes. Esto, como es natural, dota a su arbolado entorno histórico de gran vitalidad, premiándolo con una vida nocturna sumamente vibrante para una ciudad de su tamaño. En las largas noches de verano, los estudiantes que no se han marchado a la playa suelen reunirse en la colina detrás del ayuntamiento para beber y coquetear.

Tartu fue la cuna del resurgimiento nacional estonio en el s. XIX y escapó de la planificación urbanística soviética en mayor medida que Tallin. En el centro se suceden edificios de corte clásico del s. XVIII, muchos de los cuales han sido asignados a usos innovadores. Más allá de sus atracciones (galerías de arte y museos incluidos), la ciudad supone una magnífica base para explorar el sur de Estonia.

Historia

Alrededor del s. VI ya existía una fortificación estonia en Tartu y se dice que en el 1030 Yaroslav el Sabio construyó un fuerte llamado Yuriev. Los estonios mantuvieron el control de la zona, pero en 1224 fueron derrotados por los Caballeros Portaespadas, que nombraron a un obispo y construyeron un castillo y una catedral en lo que a partir de entonces se conoció como Toomemägi (colina de la Catedral). La población circundante se conoció con su nombre alemán, Dorpat, hasta finales del s. XIX.

A lo largo de los ss. XVI y XVII, Dorpat sufrió repetidos ataques y transitó de unas manos a otras mientras Rusia, Suecia y Polonia-Lituania se batían por controlar la región báltica. Su período de paz más prolongado tuvo lugar durante el dominio sueco, que coincidió con la fundación de la universidad, en 1632, un hecho que tendría un enorme impacto en el devenir de la ciudad. La paz terminó en 1704 con el estallido de la Gran Guerra del Norte, cuando Pedro I el Grande aprovechó para incorporar Tartu a Rusia. En 1708, sus tropas arrasaron la ciudad y el grueso de la población fue deportada a Rusia.

A mediados de la década de 1800, se convirtió en el foco del resurgimiento nacional estonio. El primer Festival de la Canción de Estonia se celebró en 1869 en Tartu, donde también se imprimió la primera tirada de un diario en estonio.

El tratado de paz que otorgó la independencia a Estonia (por primera vez en su historia) se firmó en Tartu entre la Rusia soviética y Estonia el 2 de febrero de 1920. Tartu sufrió grandes daños en 1941, cuando las tropas soviéticas se retiraron tras volar el puente de Kivisild (1784), y, posteriormente, en 1944, cuando se la arrebataron a los nazis. Ambos ejércitos de ocupación cometieron un sinnúmero de atrocidades. Hoy, un monumento se yergue junto a la carretera a Valga en el lugar exacto donde los nazis masacraron a 12 000 personas.

Puntos de interés

Tartu, como principal centro del patrimonio cultural de Estonia, posee museos dedicados a gran variedad de temas. La oficina de turismo facilita ayuda si se está interesado, por ejemplo, por la maquinaria agrícola.

Casco antiguo

★ Plaza del Ayuntamiento PLAZA

(Raekoja plats) En la plaza principal de Tartu, bordeada de imponentes edificios, resuena en verano el sonido de platos y copas. El elemento central es el propio ayuntamiento, frente al cual se ve una fuente con una estatua de dos estudiantes besándose bajo un paraguas con surtidores. Llama la atención el relieve de la hoz y el martillo que aún se conserva en la fachada del nº 5, en la parte sur de la plaza.

Ayuntamiento EDIFICIO HISTÓRICO

(Raekoja plats) Construido entre 1782 y 1789, este elegante edificio fue diseñado por el arquitecto alemán J. H. B. Walter a semejanza de un típico ayuntamiento holandés. Coronado por una torre y una veleta, destaca el reloj que se añadió para animar a los estudiantes a llegar puntuales a las clases. Además de las oficinas consistoriales, alberga la oficina de turismo y una farmacia.

Museo de Arte de Tartu GALERÍA DE ARTE

(Tartu Kunstimuuseum; www.tartmus.ee; Raekoja plats 18; adultos/estudiantes 4/3 €; ⌚11.00-18.00 mi y vi-do, hasta 21.00 ju) Los cimientos de este edificio, la antigua casa del coronel Barclay de Tolly (1761-1818), un exiliado escocés que se hizo un nombre en el ejército ruso, se asientan parcialmente sobre una muralla del casco antiguo, lo que ha provocado a lo largo del tiempo una inclinación. Actualmente contiene una galería repartida por tres plantas; la baja está dedicada a exposiciones temporales. El grueso de la colección permanente consta de cuadros, además de esculturas, fotografías, videoarte y obras en técnica mixta, incluidos algunos retratos.

Universidad de Tartu UNIVERSIDAD

(Tartu Ülikool; www.ut.ee; Ülikooli 18) Con seis columnas dóricas en su fachada, el impresionante edificio principal de la Universidad de Tartu se construyó entre 1803 y 1809. Previamente, en 1632, la universidad había sido fundada por el monarca sueco Gustavo II Adolfo con el propósito de formar a los clérigos luteranos y a los funcionarios del gobierno. Su diseño se inspiró en la universidad sueca de Uppsala.

La universidad cerró durante la Gran Guerra del Norte en 1710, pero reabrió en 1802 para más tarde convertirse en uno de los centros de aprendizaje punteros del Imperio ruso. Su énfasis inicial en las ciencias queda patente por los grandes eruditos que estudiaron aquí en el s. XIX, incluidos el pionero físico-químico y ganador del Premio Nobel de Química Wilhelm Ostwald; el físico Heinrich Lenz; y el fundador de la embriología, el científico y naturalista Karl Ernst von Baer.

Museo de Arte de la Universidad de Tartu MUSEO

(Tartu Ülikooli kunstimuuseum; www.kunstimuuseum.ut.ee; Ülikooli 18; adultos/niños 3/2 €; ⌚10.00-18.00 lu-sa may-sep, 11.00-17.00 lu-vi oct-abr) En el edificio principal de la universidad, esta colección incluye copias de escayola de las décadas de 1860 y 1870 de esculturas de la antigua Grecia, junto con una momia egipcia. El resto de las piezas originales fueron enviadas a Rusia durante 1915 y jamás fueron devueltas. La entrada incluye el acceso a una **celda** del ático cubierta de grafitis donde se encerraba a los estudiantes por diferentes infracciones.

En el s. XIX no devolver a tiempo un libro a la biblioteca podía significar dos días de encierro; insultar a una dama, cuatro días; insultar a un conserje, cinco días, y batirse en duelo, hasta tres semanas.

Iglesia luterana de San Juan IGLESIA

(Jaani kirik; www.jaanikirik.ee; Jaani 5; torre adultos/niños 2/1,50 €; ⌚10.00-19.00 lu-sa jun-ago, 10.00-18.00 ma-sa sep-may) Esta imponente iglesia de

Tartu

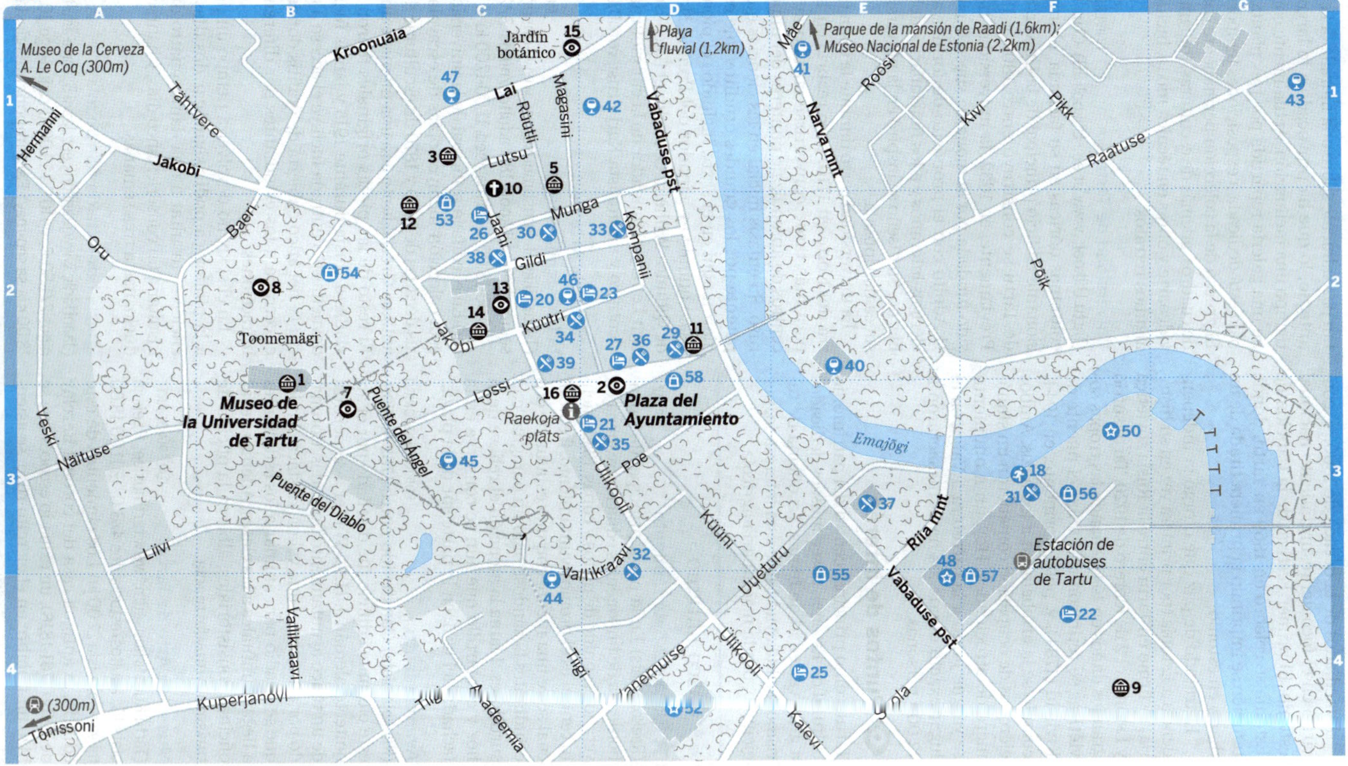
400 m
Museo de la Cerveza A. Le Coq (300m)
Kroonuaia
Jardín botánico
15
Playa fluvial (1,2km)
Parque de la mansión de Raadi (1,6km); Museo Nacional de Estonia (2,2km)
Mäe
41
Roosi
Kivi
Pikk
Raatuse
43
Hermanni
Tähtvere
Jakobi
Lai
47
Rüütli
Magasini
42
Vabaduse pst
Narva mnt
Lutsu
3
5
10
12
53
Jaani
26
Munga
30
33
Kompanii
Baeri
Oru
38
Gildi
54
8
13
46
20
23
Põik
14
Küütri
34
27
36
29
11
Toomemägi
39
58
40
1
Museo de la Universidad de Tartu
7
Puente del Ángel
Lossi
16
2
Plaza del Ayuntamiento
Raekoja plats
21
35
Emajõgi
50
Veski
Näituse
45
Poe
Ülikooli
18
31
56
Puente del Diablo
37
Riia mnt
Küüni
Estación de autobuses de Tartu
Liivi
Vallikraavi
32
44
Uueturu
55
48
57
Vabaduse pst
22
Vallikraavi
Tiigi
Ülikooli
Jänemuise
25
9
(300m)
Tõnissoni
Kuperjanovi
Tiigi
Akadeemia
52
Kalevi
Soola

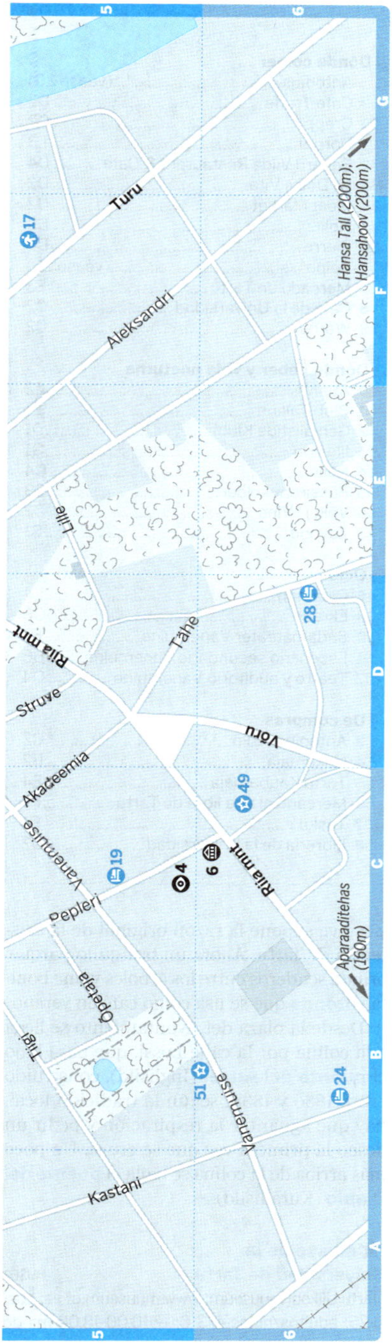

ladrillo rojo, como mínimo de 1323, resulta singular por las raras esculturas de terracota en nichos de su fachada y su interior. La iglesia quedó en ruinas tras un bombardeo soviético en 1944 y no fue restaurada hasta el 2005. Se pueden subir los 135 escalones de su torre de 30 m para disfrutar de vistas panorámicas.

Museo del Juguete de Tartu MUSEO

(Tartu mänguasjamuuseum; www.mm.ee; Lutsu 8; adultos/niños 5/4 €; ⏲11.00-18.00 mi-do) Muy popular entre los menores de 8 años (aunque también gusta mucho a los adultos), resulta una opción genial para un día de lluvia. Ocupa un edificio de finales del s. XVIII y exhibe muñecas, maquetas de trenes, caballitos mecedores y soldados de juguete, entre otros. Con un enfoque interactivo, brinda muestras en cajones extraíbles y una sala de juegos infantil.

La contigua casa con patio alberga personajes y utilería de series de televisión y películas de animación estonias. La entrada incluye el acceso al pequeño museo en el sótano de la Casa del Teatro, dos portales más abajo, donde se exhiben marionetas.

Casa Museo del Ciudadano MUSEO

(Linnakodaniku muuseum; http://linnamuuseum.tartu.ee; Jaani 16; adultos/niños 2/1 €; ⏲11.00-17.00 mi-sa, 11.00-15.00 do abr-oct, 10.00-15.00 mi-do nov-mar) Esta vieja casa de madera muestra cómo vivía un burgués en la década de 1830. Cuenta con pocas salas pero resulta interesante.

Jardín botánico de la Universidad de Tartu JARDINES

(Tartu Ülikooli botaanikaaed; ☎737 6180; www.botaanikaaed.ut.ee; Lai 38; invernadero adultos/niños 3/2 €; ⏲jardines 7.00-19.00, hasta 21.00 jun-ago, invernaderos 10.00-17.00) GRATIS Creado en 1803, alberga 6500 especies de plantas, incluidas muchas palmeras en el invernadero. En verano las familias locales recorren sus senderos y pasean alrededor del lago ornamental.

Museo de Deportes de Estonia MUSEO

(Eesti Spordimuuseum; www.spordimuuseum.ee; Rüütli 15; adultos 2,30/1,60 €; ⏲11.00-18.00 mi-do) Presentando algo más que los logros olímpicos de Estonia (cuya muestra de medallas sin duda salta a la vista), este original museo rezuma diversión. Las fotografías de culturistas de principios del s. XX sugieren que se lo tomaban muy en serio, pero nada obliga a seguir su ejemplo. Se puede pedalear en las

Tartu

Principales puntos de interés
- 1 Museo de la Universidad de Tartu B2
- 2 Plaza del Ayuntamiento D3

Puntos de interés
- 3 Casa Museo del Ciudadano C1
- 4 Monumento del Aciano C5
- 5 Museo de Deportes de Estonia C1
- 6 Museo de las Celdas de la KGB C6
- Museo Postal .... (véase 5)
- 7 Rotonda B3
- 8 Piedra de los Sacrificios B2
- 9 Centro de Ciencias AHHAA F4
- 10 Iglesia luterana de San Juan C1
- 11 Museo de Arte de Tartu D2
- 12 Museo del Juguete de Tartu C2
- 13 Universidad de Tartu C2
- 14 Museo de Arte de la Universidad deTartu C2
- 15 Jardín botánico de la Universidad de Tartu C1
- 16 Ayuntamiento C3

Actividades, cursos y circuitos
- 17 Aura Veekeskus F5
- 18 Pegasus F3

Dónde dormir
- 19 Academus Hostel C5
- 20 Antonius Hotel C2
- 21 Domus Dorpatensis D3
- 22 Hotel Tartu F4
- 23 London Hotell D2
- 24 Looming B6
- 25 Pallas Hotell E4
- 26 Tampere Maja C2
- 27 Terviseks D2
- 28 Villa Margaretha D6
- Wilde Guest Apartments .... (véase 32)

Dónde comer
- Antonius .... (véase 20)
- 29 Cafe Truffe D2
- 30 Crepp C2
- 31 Dorpat F3
- 32 Eduard Vilde Restaurant & Cafe D4
- 33 La Dolce Vita D2
- 34 Meat Market C2
- 35 Noir D3
- 36 Pierre D2
- Polpo .... (véase 23)
- 37 Mercado de Tartu E3
- 38 Café de la Universidad C2
- 39 Werner C2

Dónde beber y vida nocturna
- 40 Atlantis E2
- 41 Club Tallinn E1
- 42 Genialistide Klubi D1
- 43 Illusion G1
- 44 Naiiv C4
- 45 Püssirohukelder C3
- 46 Vein ja Vine C2
- 47 Zavood C1

Ocio
- 48 Cinamon E4
- 49 Ekraan C6
- 50 Sadamateater Vanemuine F3
- 51 Escenario secundario Vanemuine B6
- 52 Teatro y auditorio Vanemuine D4

De compras
- 53 Antoniuse Gild C2
- 54 Nukumaja B2
- 55 Tartu Kaubamaja E4
- 56 Mercado al aire libre de Tartu F3
- 57 Tasku F4
- 58 Librería de la Universidad D2

bicicletas estáticas o probar la propia fuerza en el juego interactivo del tira y afloja.

Museo Postal MUSEO
(Postimuuseum; www.erm.ee; Rüütli 15; entrada 1,20 €; 11.00-18.00 mi-do) Compartiendo edificio con el Museo de Deportes, este museo más formal resulta bastante interesante. Los sellos expuestos testimonian la historia reciente de Estonia, con la esvástica impresa en 1941, antes de que fuera el turno de la hoz y el martillo en 1945.

Toomemägi

Al oeste del ayuntamiento, Toomemägi (colina de la Catedral), que se usó de forma intermitente como fortaleza desde alrededor del s. V o VI, supone la razón original de la existencia de Tartu. Ahora un tranquilo parque, brinda senderos entre los árboles y una bonita **rotonda** que se usa como café en verano.

Desde la plaza del Ayuntamiento se llega a la colina por la calle Lossi, que pasa bajo el **puente del Ángel** (Inglisild), construido entre 1836 y 1838; según la tradición local, hay que aguantar la respiración y pedir un deseo la primera vez que se cruza. Un poco más arriba de la colina se halla el **puente del Diablo** (Kuradisild).

★ **Museo de la Universidad de Tartu** MUSEO
(Tartu Ülikool muuseum; www.muuseum.ut.ee; Lossi 25; adultos/niños 4/3 €; 10.00-18.00 ma-do

may-sep, 11.00-17.00 mi-do oct-abr) En la cima de Toomemägi se ven las ruinas de una catedral gótica, originalmente levantada por los caballeros teutónicos en el s. XIII. Ampliamente reconstruida en el s. XV, saqueada durante la Reforma en 1525, usada como granero durante una época y parcialmente reconstruida entre 1804 y 1809 para albergar la biblioteca de la universidad, ahora acoge un museo sobre la vida estudiantil.

Se aconseja tomar el histórico ascensor de la década de 1920 hasta la planta superior e ir visitando las plantas hacia abajo. La **sala de Morgenstern** conserva el aspecto de la histórica biblioteca y luce estatuas de musas de la antigua Grecia. A los niños les encantará el **gabinete del Científico Loco,** donde pueden participar en actividades relacionadas con la ciencia. Otras salas destacadas son la bonita **Sala Blanca** y el **Tesoro,** que alberga objetos eclécticos, como la máscara mortuoria del poeta ruso Aleksandr Pushkin, un grabado de Durero de 1504, una mano humana usada para lecciones de anatomía y una serie de elaboradas chuletas requisadas a los estudiantes en la década de 1980.

De mayo a septiembre la entrada incluye el acceso a la plataforma de observación en la parte superior de la torre de la catedral.

Piedra de los Sacrificios SANTUARIO

En los tiempos paganos solían depositarse ofrendas en el hueco tallado de esta piedra y en cientos como esta repartidas por todo el país. Hoy en día sigue sucediendo; de hecho, a menudo se ven monedas o flores incluso en las piedras expuestas en museos; en esta en concreto los alumnos suelen dejar restos quemados de sus apuntes a modo de ofrenda. A poca distancia se alza un parapeto natural conocido como colina de los besos, donde las parejas rusas de recién casados dejan candados con sus nombres inscritos.

Centro urbano

Centro de Ciencias AHHAA MUSEO

(Teaduskeskus AHHAA; www.ahhaa.ee; Sadama 1; adultos/niños 12/9 €, planetario 4 €, simulador de vuelo 1 €, sala 4D 2 €; 10.00-19.00) Alberga una serie de exposiciones interactivas que sacarán al científico loco que todo niño y adulto lleva dentro. Se debe dedicar al menos un par de horas a pulsar botones, lanzar chorros de agua y girar mandos. La bandeja de limaduras de hierro imantadas "bailando" al son de *Smalltown Boy* de Bronski Beat resulta muy curiosa. La planta superior acoge una espeluznante colección de órganos y fetos deformes, cortesía de la Facultad de Medicina de la universidad.

Museo de las Celdas de la KGB MUSEO

(KGB kongide muuseum; http://linnamuuseum.tartu.ee; Riia mnt 15b, enter desde Pepleri; adultos/niños 4/2 €; 11.00-16.00 ma-sa) ¿Qué hacer cuando un edificio antiguamente nacionalizado es devuelto a su dueño con celdas en el sótano y una historia trágica? En este caso particular, la familia optó por donar el sótano al Museo de la Ciudad de Tartu, el cual se encargó de crear una tétrica exposición digna de ser visitada. Escalofriante por momentos, la muestra presenta un análisis fascinante de las deportaciones, la vida en los gulags, el movimiento estonio de resistencia y lo que aconteció en esta antigua sede de la KGB, conocida como la "casa gris".

Monumento del Aciano MONUMENTO

En 1990 se erigió cerca de la sede de la KGB este monumento metálico que representa una flor azul de aciano, la flor nacional de Estonia, en memoria de las víctimas de la represión soviética.

Karlova y Vaksali

Aparaaditehas ZONA

(www.aparaaditehas.ee; Kastani 42) Una parte de este antiguo complejo de fábricas estaba todavía abandonada y otra en obras cuando se redactó esta guía, pero quizá merezca la pena echarle un vistazo en el futuro. Se planea transformarlo en un moderno centro cultural, gastronómico, de copas y de compras parecido a la Ciudad Creativa de Telliskivi (p. 62) en Tallin.

Tähtvere

Museo de la Cerveza A. Le Coq MUSEO

(744 9726; www.alecoq.ee; Laulupeo 15; adultos/niños 5/2 €; circuitos 14.00 ju, 10.00, 12.00 y 14.00 sa) Ubicado en la famosa cervecería A. Le Coq, este museo ilustra brevemente la historia de la elaboración de esta bebida, con especial hincapié en la maquinaria y técnicas de producción. Ofrece una cata gratuita al final de la visita.

Raadi-Kruusamäe

★**Museo Nacional de Estonia** MUSEO

(Eesti rahva muuseum; www.erm.ee; Narva mnt 177) El inmenso escaparate arquitectónico diseña-

ESCULTURAS DE TARTU

Ocultas en parques, exhibidas en plazas y escondidas en callejas, las esculturas de Tart resultan sorprendentes y, a veces, extrañas. Bastan los siguientes ejemplos:

La favorita de todo el mundo Los estudiantes besuqueándose delante del ayuntamiento.

La más caprichosa Oscar Wilde y el escritor estonio Eduard Vilde comparten apellido y un banco del parque delante de Vallikraavi 4. En vida nunca se conocieron.

La más inquietante El bebé desnudo del tamaño de un hombre va de la mano de un hombre desnudo del tamaño de un bebé en Küüni. Se trata de un autorretrato del artista con su hijo.

La más inteligente A primera vista la fuente en la esquina de Vanemuise y Struve parece una maraña de tubos de acero que arrojan agua por detrás pero, vista desde ciertos ángulos, se convierte en una caricatura del famoso profesor Yuri Lotman (1922-1993).

La más extravagante El cerdo sobre un barril frente al mercado, con un costado ya marcado por los cortes del carnicero. Este cerdito fue al mercado y la cosa no acabó bien.

El mejor 'flashback' de los años setenta *Mujeres rurales*, frente a la galería de arte. La ausencia de sujetador y los vaqueros acampanados de la mujer más joven harían datar la escultura alrededor de 1978, aunque no hubiera ninguna placa.

do para albergar este museo estaba a punto de ser inaugurado cuando se elaboró esta obra. Construido en una pista de aterrizaje soviética en los terrenos de la mansión de Raadi (la sede original del museo antes de la guerra), este nuevo edificio de baja altura con una superficie de casi 34 000 m² albergará un café, un restaurante y exposiciones con títulos como "Diálogos estonios" y "El eco de los Urales". Más detalles en su web.

Parque de la mansión de Raadi PARQUE

(Raadi Mõisapark; www.erm.ee; Narva mnt 177; ⏲7.00-22.00) GRATIS Junto a la carretera principal en dirección norte hacia las afueras de la ciudad, se hallan los restos de la mansión de Raadi. Antaño un bonito edificio de estilo barroco, tras los bombardeos de la II Guerra Mundial quedó solo su armazón de ladrillo rojo. En el s. XIX sus terrenos, ahora muy desmejorados, conformaban uno de los parques más bonitos de Estonia y los lugareños todavía acuden para pasear o nadar en el lago.

Actividades

Pegasus CRUCEROS

(☎733 7182; www.dorpat.ee; adultos/niños 8/6 €; ⏲12.00 y 14.00 ma-do, y 16.00 sa) Cruceros de 90 min por el río con salida desde el muelle del Hotel Dorpat.

Playas fluviales PLAYA

Si aprieta el sol y no se puede ir hasta Pärnu, existen un par de agradables playas a ambas orillas del río Emajõgi, 1 km a pie al noroeste del puente de Kroonuaia.

Aura Veekeskus PARQUE ACUÁTICO

(www.aurakeskus.ee; Turu 10; piscina 3-6 €, parque acuático 6-8 €; ⏲10.00-22.00, cerrado jul) Cuenta con una piscina olímpica cubierta y un parque acuático ideal para familias.

Fiestas y celebraciones

Tartu a menudo se viste de fiesta y se desmelena; para más información, visítese www.kultuuriaken.tartu.ee.

Días del Estudiante de Tartu CARNAVAL

(Tartu Tudengipäevad; www.studentdays.ee) No hay que perderse las trastadas de los estudiantes a finales de abril, cuando toman las calles para festejar de todas las maneras imaginables el fin del cuatrimestre y la llegada de la primavera. A mediados de octubre tiene lugar una segunda versión más comedida.

Días Hanseáticos CARNAVAL

(Hansapäevad; www.hansapaevad.ee) Durante un fin de semana a mediados de julio se celebra la pertenencia durante la época medieval de Tartu a la Liga Hanseática, con talleres de artesanía, mercados, representaciones familiares y un desfile de carrozas.

tARTuFF CINE

(www.tartuff.ee) Un gran cine al aire libre toma la plaza del Ayuntamiento durante una semana en agosto. Las proyecciones gratuitas ofrecen sobre todo de cine de autor; también se programan documentales, recitales de poesía y conciertos.

Ciudad Navideña de Tartu NAVIDAD
(Jõululinn Tartu; www.joululinntartu.ee) Los coros cantan mientas se encienden las velas de Adviento en una ceremonia que se celebra en la plaza del Ayuntamiento a las 16.00 cada uno de los cuatro domingos anteriores a Navidad. La plaza resulta mágica, cubierta de nieve y decorada con luces y árboles de Navidad.

Dónde dormir

Casco antiguo

Terviseks ALBERGUE €
(565 5382; www.terviseksbbb.com; Raekoja plats 10, piso superior; dc 15-17 €, i/d 22/44 €;) En un edificio histórico en la plaza principal, este excelente "B&B para mochileros" ofrece dormitorios colectivos (máx. 4 camas, sin literas), habitaciones privadas, una cocina completa y mucha información sobre eventos en la ciudad. Un brindis a su salud *(iterviseks!)*.

★ **Domus Dorpatensis** APARTAMENTOS €€
(733 1345; www.dorpatensis.ee; Raekoja plats 1; i 40-69 €, d 55-84 €;) Gestionado por una fundación académica, este bloque con 10 apartamentos ofrece una ubicación inmejorable y una excelente relación calidad-precio. Los apartamentos de varios tamaños disponen de escritorio y, casi todos, de minicocina. El personal, muy servicial, facilita consejos para aparcar e indica cómo llegar a la lavandería comunitaria. Se accede por Ülikooli.

Tampere Maja PENSIÓN €€
(738 6300; www.tamperemaja.ee; Jaani 4; i/d/tr/c desde 48/79/99/132 €;) Con fuertes vínculos con la ciudad finlandesa de Tampere (ciudad hermanada con Tartu), esta acogedora pensión brinda seis luminosas y acogedoras habitaciones de diferentes tamaños con acceso a instalaciones para cocinar. El precio incluye el desayuno. Cuenta con una sauna finlandesa (1-4 personas 13 €; abierta a los no huéspedes).

Wilde Guest Apartments APARTAMENTOS €€
(511 3876; www.wildeapartments.ee; Vallikraavi 4; apt 60-90 €;) El Eduard Vilde Restaurant también alquila cinco bonitos apartamentos independientes. Cuatro quedan cerca del restaurante, en las calles Vallikraavi y Ülikooli, y el quinto se halla en el llamativo rascacielos junto al río. Todos cuentan con un dormitorio y un sofá cama en el salón.

★ **Antonius Hotel** HOTEL €€€
(737 0377; www.hotelantonius.ee; Ülikooli 15; i/d/ste desde 88/108/196 €;) Frente al edificio principal de la universidad, este excelente hotel-*boutique* de 18 habitaciones rebosa de antigüedades y accesorios de época. El desayuno se sirve en el sótano abovedado del s. XVIII, que por la noche se transforma en un genial restaurante.

London Hotell HOTEL €€€
(730 5555; www.londonhotel.ee; Rüütli 9; i/d desde 79/99 €;) Tras ver el deslumbrante vestíbulo de este exclusivo hotel, con adornos de latón y una fuente de agua, la decoración de las habitaciones resulta deslucida. Aun así, goza de una excelente ubicación.

Centro urbano

Academus Hostel ALBERGUE €
(5306 6620; www.academus.ee; Pepleri 14; i/tw/f 30/40/50 €;) La universidad gestiona tres albergues, pero solo este abre todo el año para los no estudiantes. Sus habitaciones, limpias, luminosas y bastante grandes, disponen de minicocina y baño. A pesar de su anodina decoración, ofrece una excelente relación calidad-precio. Resérvese con antelación.

Hotel Tartu HOTEL €€
(731 4300; www.tartuhotell.ee; Soola 3; i/d 49/68 €, sin baño 33/44 €;) Con una práctica ubicación frente a la estación de autobuses y el centro comercial Tasku, ofrece habitaciones con una decoración sencilla pero contemporánea. En un ala del edificio acoge un pequeño albergue con habitaciones con baños compartidos más baratas. Dispone de una sauna para alquilar (25 €/h).

Pallas Hotell HOTEL €€
(730 1200; www.pallas.ee; Riia mnt 4; i/d 60/80 €;) Construido en el antiguo emplazamiento de una escuela de arte, ha tratado de canalizar parte de esa creatividad en su decoración. Sus habitaciones resultan espaciosas y luminosas; para disfrutar de más espacio, buenas vistas y obras de arte, pídase una con vistas a la ciudad en la 3ª planta. El Big Ben Pub, de temática britá-

nica, sobresale de un lateral del edificio en una estructura de cristal en forma de seta.

Karlova y Vaksali

Looming ALBERGUE €
(☎5699 4398; www.loominghostel.ee; Kastani 38; dc 15-17 €, i/d 32/39 €;) Gestionado por ecologistas urbanos comprometidos con los materiales reciclados y las prácticas sostenibles, el Looming (que significa "creación") ofrece elegantes dormitorios sin literas y habitaciones privadas en una antigua fábrica *art nouveau*. Goza de una atractiva azotea y alquila bicicletas (10 €/día).

Villa Margaretha HOTEL-BOUTIQUE €€
(☎731 1820; www.margaretha.ee; Tähe 11/13; i/d/ste desde 50/60/150 €;) Esta casa de madera *art nouveau*, que parece sacada de un cuento de hadas, cuenta con una encantadora torrecilla y románticas habitaciones con camas trineo y telas artísticamente decoradas. Las habitaciones más baratas del anexo moderno en la parte de atrás resultan más sosas. Queda un poco lejos de la acción pero a poca distancia a pie del casco antiguo.

Dónde comer

Casco antiguo

Werner CAFÉ €
(www.werner.ee; Ülikooli 11; productos horneados 2-3 €; ⊙7.30-23.00 lu-ju, 8.00-1.00 vi y sa, 9.00-21.00 do) En la planta de arriba un restaurante sirve pasta y platos principales de carne, pero se recomienda el animado café de la planta baja, con un mostrador lleno de quiches y tentadores pasteles. También dispone de un encantador patio trasero.

Noir EUROPEA €
(☎744 0055; www.cafenoir.ee; Ülikooli 7; principales 7-8 €; ⊙11.00-23.00 lu-sa, hasta 18.00 do;) Este atractivo restaurante y vinoteca con paredes negras, ideal para impresionar a una cita, resulta un buen lugar para comer y beber bien. Se halla en un patio junto a Ülikooli, con mesas al aire libre y una carta de ensaladas y pasta a buen precio.

Crepp CREPERÍA €
(www.crepp.ee; Rüütli 16; principales 4,50-8,50 €; ⊙11.00-23.00) A los lugareños les encanta este local con una cálida y elegante decoración donde sirven creps dulces y saladas a precios de ganga. Ofrece excelentes combinaciones, como la de chocolate, cerezas y almendras. También sirve sabrosas ensaladas.

Cafe Truffe EUROPEA MODERNA €€
(☎742 8840; www.truffe.ee; Raekoja plats 16; principales 7,50-15 €; ⊙11.00-23.00 do-ju, hasta 1.00 vi y sa) Aunque se autodenomina café, más bien parece un sofisticado bar y la calidad de su comida es de restaurante. Se trata de la mejor opción para comer en la plaza del Ayuntamiento y una de las mejores de Tartu. En verano se aconseja disfrutar en su gran terraza de un filete con salsa de trufa o un exquisito *magret* de pato ahumado.

Polpo EUROPEA MODERNA €€
(☎730 5566; www.polpo.ee; Rüütli 9; principales 9,50-17 €; ⊙11.00-23.00 lu-sa;) Aunque queda un poco por debajo del nivel de la calle, este espacio abovedado bajo el London Hotell resulta sorprendentemente alegre y moderno. Ofrece sustanciosos platos principales como carrillera de ternera, cordero asado y cerdo ahumado, junto con algunos sencillos pero creativos platos de pasta y *risottos*.

La Dolce Vita ITALIANA €€
(☎740 7545; www.ladolcevita.ee; Kompanii 10; principales 7-15 €; ⊙11.30-23.00) Sirve *pizzas* de masa fina recién salidas del horno de leña. Frecuentada por familias, presenta una clásica decoración informal (manteles a cuadros, pósteres de Fellini) y una extensa carta con *bruschettas, pizzas,* pasta y parrilladas.

Pierre CAFÉ €€
(☎730 4680; www.pierre.ee; Raekoja plats 12; principales 6,50-18 €; ⊙8.00-23.00 lu-ju, hasta 1.00 vi, 10.00-1.00 sa, hasta 22.00 do) El maestro chocolatero más popular de Tallin ahora ofrece un ambiente refinado, decoración de antaño y deliciosas trufas en la plaza principal de Tartu. Resulta un lugar excelente para un café y una dosis de azúcar a cualquier hora del día; también dispone de una carta de comida tipo bistró.

Eduard Vilde Restaurant & Cafe EUROPEA MODERNA €€
(☎734 3400; www.vilde.ee; Vallikraavi 4; principales 8-19 €; ⊙11.30-21.00 lu-mi, hasta 23.00 ju, 12.00-1.00 vi y sa, hasta 17.00 do) Se puede tomar comida saludable en su café de la planta baja o subir a su restaurante de la planta superior para disfrutar de pasta, chuletas de alce o una ensalada. También se puede saborear una copa en su agradable terraza.

Café de la Universidad CAFÉ €€
(Ülikooli Kohvik; ☎737 5405; www.kohvik.ut.ee; Ülikooli 20; principales 7-16 €; ⌚11.30-21.00 lu-mi, hasta 24.00 ju-sa) Esta venerable institución ocupa un laberinto de salas elegantemente decoradas. Lujoso y acogedor a la vez, sirve raciones capaces de saciar a los estudiantes más voraces. Por la noche la planta baja alberga el Tartu Jazz Club.

Antonius EUROPEA €€€
(☎737 0377; www.hotelantonius.ee; Ülikooli 15; principales 18-24 €; ⌚18.00-23.00) El restaurante más exclusivo de Tartu ocupa la romántica cava abovedada del Antonius Hotel, varios siglos más antigua que el edificio del s. XIX bajo el que se encuentra. Presenta una reducida carta de platos de carne, elaborados con técnicas francesas y los mejores productos estonios.

Meat Market ASADOR €€€
(☎653 3455; www.meatmarket.ee; Küütri 3; principales 15-22 €; ⌚12.00-23.00 lu-ju, hasta 1.00 vi y sa, hasta 21.00 do) Su nombre ("mercado de carne") lo dice todo. La carta abarca desde carpacho de alce hasta platos de ternera livona en los que se aprovechan todas las partes del animal, pasando por ahumadas *shashlik* al estilo azerí (brochetas de carne servidas en llamas en la mesa). Los acompañamientos de verduras también resultan excelentes. Está abierto hasta tarde para tomar cócteles.

Centro urbano

Dorpat BUFÉ €
(www.dorpat.ee; Soola 6; bufé 4-6,50 €; ⌚bufé 12.00-14.00 lu-vi) El elegante restaurante del Dorpat Hotel presume de un reputado menú a la carta, aunque destaca su bufé de mediodía entre semana. Por 4 € se incluye solo el bufé de sopas y ensaladas, mientras que por 6,50 € se tiene acceso a todo el bufé.

Mercado de Tartu MERCADO €
(Tartu Turuhoone; www.tartuturg.ee; Vabaduse pst 1; ⌚7.30-17.00 lu-vi, hasta 15.00 sa y do) Este mercado a orillas del río vende sobre todo a la carne, aunque también hay puestos de frutas y verduras, quesos y productos horneados. Los pescaderos tienen su propia sección.

Karlova y Vaksali

Hansa Tall ESTONIA €€
(www.hansahotell.ee; Aleksandri 46; principales 9,50-16 €; ⌚7.00-22.00 do-ju, 8.00-24.00 vi y sa; 📶) Rústica taberna tipo granero al sureste del centro con una carta genuinamente estonia. No es necesario probar la oreja de cerdo ahumada ni la morcilla para disfrutar de su variada y sustanciosa carta, su música en directo y sus animados clientes autóctonos.

Dónde beber y vida nocturna

En verano los bares están tranquilos a no ser que dispongan de mesas al aire libre. Los estudiantes que no se han ido de vacaciones suelen reunirse para beber en la colina de detrás del ayuntamiento. Durante el curso, los miércoles es la noche de fiesta de los estudiantes.

Genialistide Klubi BAR, CLUB
(www.genklubi.ee; Magasini 5; ⌚12.00-3.00 lu-sa) Este "centro subcultural" multiusos sirve a la vez de bar, café, local nocturno alternativo, local de música en directo, cine y tienda especializada en CD estonios; se trata del lugar más de moda de Tartu.

Naiiv BAR
(www.naiiv.ee; Vallikraavi 6; ⌚18.00-1.00 ma-ju, hasta 3.00 vi y sa) Genial bar de cerveza artesana y cócteles. Ofrece una amplia selección de cervezas, por lo que se recomienda pedir consejo sobre las cervezas locales al entendido personal y luego encontrar un sofá en el que acomodarse o salir al pequeño patio trasero.

Püssirohukelder PUB
(www.pyss.ee; Lossi 28; principales 7-17 €; ⌚12.00-2.00 lu-sa, hasta 24.00 do) En un cavernoso almacén de pólvora del s. XVIII en la ladera de Toomemägi, este ruidoso *pub* sirve tentempiés para acompañar las cervezas y comidas a base de carne bajo un alto techo abovedado de 10 m de altura. Suele programar música en directo y goza de una gran terraza.

Vein ja Vine BAR DE VINOS
(www.veinjavine.ee; Rüütli 8; ⌚17.00-1.00 ma-sa) Con sus vinos y excelentes aperitivos *gourmet*, este pequeño bar atrae a una clientela algo mayor (quizá estudiantes de posgrado) y se abarrota en verano.

Zavood PUB
(www.zavood.ee; Lai 30; ⌚19.00-5.00) Este colorido bar abovedado atrae a una clientela práctica y alternativa con sus bebidas baratas y su buen ambiente. A veces tocan grupos de estudiantes.

Club Tallinn CLUB
(www.facebook.com/ClubTallinn; Narva mnt 27; entrada 5-7 €; ⌚23.00-3.00 mi-sa) El mejor club de música *dance* de Tartu ofrece todo un espectáculo, con varias plantas y numerosos recovecos. Sus DJ de clase mundial atraen a una moderna clientela con ganas de fiesta.

Illusion CLUB
(www.illusion.ee; Raatuse 97; entrada 3-6 €; ⌚23.00-4.00 mi, vi y sa) En un imponente cine de la época de Stalin al norte del río, este club con un lujoso interior atrae a una ostentosa clientela. Cierra durante las vacaciones de verano de los universitarios.

Atlantis CLUB
(www.atlantis.ee; Narva mnt 2; entrada 3-7 €; ⌚23.00-4.00 ma-sa) Con vistas al río, se trata de una popular propuesta bastante carente de estilo pese a su ubicación ribereña.

☆ Ocio

Para información sobre conciertos de música clásica, véase www.concert.ee.

Teatro y auditorio Vanemuine TEATRO
(☎744 0165; www.vanemuine.ee; Vanemuise 6) Con el nombre del antiguo dios estonio de la canción, este local acoge una amplia gama de actuaciones musicales y obras de teatro. También programa espectáculos en su **escenario secundario** (Vanemuise 45) y en el **Sadamateater** (Teatro del Puerto; Soola 5b); este último goza de una excelente ubicación a orillas del Emajõgi y suele acoger las producciones más modernas y alternativas.

IDIOMAS DEL SUR DE ESTONIA

En la esquina suroriental de Estonia se habla un idioma bastante diferente que suena más entrecortado. Hasta finales del s. XIX, los idiomas del norte y del sur evolucionaron de forma independiente. Pero después, en pro del nacionalismo, se adoptó la política de una nación y un idioma; de este modo, el estonio del norte, hablado por la mayoría, se convirtió en el principal idioma del país.

Dentro de la rama del estonio meridional existen varios grupos; el más importante es el võro, usado por unos 75 000 hablantes nativos, la mayoría de los cuales viven en Võrumaa (condado de Võru). El võro está estrechamente relacionado con el seto, que cuenta con 12 600 hablantes. Otras variantes incluyen el mulgi y el tartu, con 9700 y 4100 hablantes, respectivamente.

Para saber más sobre el idioma võro, contáctese con el **Instituto Võro** (www.wi.ee).

Hansahoov MÚSICA EN DIRECTO
(☎737 1802; www.hansahoov.ee; Aleksandri 4) El gran patio rústico de la taberna Hansa Tall acoge conciertos y producciones teatrales.

Cinamon CINE
(www.cinamon.ee; Turu 2) Para ver películas comerciales de Hollywood hay que ir al multicine del centro comercial Tasku.

Ekraan CINE
(www.forumcinemas.ee; Riia 14) Este complejo de cines más pequeño proyecta películas comerciales y cine de autor.

De compras

Antoniuse Gild ARTESANÍA
(Lutsu 5; ⌚12.00-18.00 ma-vi) El patio de San Antonio alberga 16 talleres, donde se elaboran cerámicas, vidrieras, joyas, textiles y tallas en madera, muñecas, etc.

Tartu Kaubamaja CENTRO COMERCIAL
(www.kaubamaja.ee; Riia 1; ⌚9.00-21.00 lu-sa, 10.00-19.00 do) El centro comercial más grande y ostentoso de Tartu cuenta como tienda ancla con una sucursal de los grandes almacenes Kaubamaja de Tallin. Vende moda de grandes diseñadores y mucho más.

Tasku CENTRO COMERCIAL
(www.tasku.ee; Turu 2; ⌚10.00-21.00 lu-sa, hasta 18.00 do) Un gran y deslumbrante centro comercial con un supermercado Rimi en la planta baja, un multicine en la planta superior y una sucursal de la excelente cadena de librerías Rahva Raamat.

Nukumaja JUGUETES
(www.facebook.com/Nukumaja; Lai 1a; ⌚11.00-17.00 ju y vi, hasta 15.00 sa) En la ladera de Toomägi, junto a la versión de Tartu de la casa de la familia Addams, esta pequeña y encantadora tienda vende muñecas y juguetes creados a mano.

Mercado al aire libre de Tartu MERCADO
(Tartu avaturg; www.tartuturg.ee; Soola 10; ⌚7.00-17.00, hasta 15.00 sa y do) Cerca de la estación de autobuses, los lugareños acuden para comprar flores frescas, ropa barata, gafas de sol sin marca y otras gangas.

Librería de la Universidad LIBROS
(Ülikooli raamatupood; Raekoja plats 11; ⏲10.00-18.00 lu-vi) Ofrece una gran selección de libros, junto con camisetas, corbatas, bufandas y tazas de la universidad.

Información

Raekoja Apteek (☎742 3560; www.apotheka.ee; Raekoja plats 1a; ⏲24 h) Farmacia abierta 24 h dentro del ayuntamiento.

Centro de información turística de Tartu (☎744 2111; www.visittartu.com; ayuntamiento, Raekoja plats; ⏲9.00-18.00 med may-med sep, 9.00-17.00 lu-vi, 10.00-14.00 sa y do resto del año) Facilita folletos y mapas de Tartu, reserva de alojamiento, guías turísticos y acceso gratis a internet.

Cómo llegar y salir

AVIÓN

El aeropuerto de Tartu (TAY; ☎605 8888; www.tartu-airport.ee; Lennu tn 44, Reola küla) queda 9 km al sur del centro, pero solo sirve a los vuelos diarios de Finnair a y desde Helsinki (p. 181).

AUTOBÚS

Los autobuses regionales e internacionales (p. 181) salen de la **estación de autobuses de Tartu** (Tartu Autobussijaam; ☎12550; Turu 2, acceso desde Soola; ⏲6.00-21.00), contigua al centro comercial Tasku.

Principales rutas nacionales:

Kuressaare (18 €, 5½ h, 2 diarios)
Otepää (2-3,50 €, 1 h, 10 diarios)
Pärnu (9,60-12 €, 2¾ h, 12 diarios)
Tallin (7-12 €, 2½ h, como mínimo cada 30 min)
Viljandi (5,80 €, 1¼ h, 14 diarios)

AUTOMÓVIL Y MOTOCICLETA

La oficina de turismo posee listados actualizados de compañías de alquiler de automóviles con tarifas.

Avis (☎744 0360; www.avis.ee; aeropuerto de Tartu)
Budget (☎605 8600; www.budget.ee; aeropuerto de Tartu)
City Car (☎523 9669; www.citycar.ee; estación de autobuses de Tartu)
Europcar (☎605 8031; www.europcar.ee; aeropuerto de Tartu)
Hertz (☎506 9065; www.hertz.ee; estación de autobuses de Tartu)

TREN

La **estación de trenes** (☎673 7400; www.elron.ee; Vaksali 6), un edificio de madera de 1877 muy bien restaurado, se halla 1,5 km al suroeste del casco antiguo, al final de la calle Kuperjanovi. A diario circulan cuatro servicios expresos (2½ h) y cuatro regulares (2 h) a Tallin (ambos 11 €), y también existen tres trenes diarios a Sangaste (3,70 €, 1 h) y Valga (4,40 €, 70 min).

Cómo desplazarse

A/DESDE EL AEROPUERTO

Tartaline (☎505 4342; www.tartaline.ee; entradas 5 €) ofrece un servicio de enlace que sale de la terminal 10 min después de cada vuelo y desde enfrente del Tartu Kaubamaja 80 min antes de cada vuelo. Se pueden reservar con antelación los traslados desde el alojamiento. Un taxi cuesta unos 10 €.

BICICLETA

Se pueden alquilar bicicletas en **Jalgratas** (☎742 1731; www.kauplusjalgratas.ee; Laulupeo 19; 14 €/día; ⏲10.00-18.00 lu-vi, 10.00-15.00 sa) o en el albergue Looming.

AUTOBÚS

Tartu se puede explorar fácilmente a pie, si bien circula un autobús urbano. Los billetes sencillos se compran en cualquier quiosco (0, 83 €) o directamente al conductor (1 €); hay que validar el billete a bordo para evitar una multa. Los quioscos también disponen de bonos de un día (2,50 €).

AUTOMÓVIL

El aparcamiento funciona con parquímetro (8.00-18.00 lu-vi y fines de semana jul); se puede comprar un tique de un día en www.parkimine.ee (7,50 €) o pagar por horas en los parquímetros (0,50-1,50 €). Existe un aparcamiento gratis junto al club Atlantis, en el nº 2 de Narva mnt.

TAXI

Entre las empresas locales se incluyen **Takso Üks** (☎742 0000; www.taksod.ee; bajada de bandera 2,80 €, más 0,60 €/km) y **Tartu Taksopark** (☎730 0200; www.gotaksopark.ee; bajada de bandera 2,95 €, más 0,69 €/km).

Setomaa

En el lejano sureste de Estonia se halla la región políticamente no reconocida de Setomaa, que se extiende cruzando la frontera hasta Rusia. Culturalmente bastante diferente del resto de Estonia, resulta interesante hacer una parada.

Värska, la localidad más grande de la Setomaa estonia (1170 hab.), está poblada desde hace 5000 años. Famosa por su agua mineral y sus barros curativos, atesora un gran encanto rural y una pintoresca iglesia de piedra de 1907 con un arbolado cementerio a su alrededor.

La pequeña aldea de **Podmotsa,** en la punta de una península al noreste de Värska, estuvo muy vinculada a la aldea seto de Kulje, al otro lado de la ensenada y actualmente de Rusia. La bonita iglesia ortodoxa de Kulje, antaño la iglesia parroquial de Podmotsa, se ve desde la orilla, al igual que la torre de vigilancia de la guardia fronteriza. El cementerio de Podmotsa alberga tres antiguas cruces de piedra; en tiempos paganos cerca de allí se extendía una arboleda sagrada.

Unos kilómetros al norte de Värska, en el costado occidental de la bahía de Värska, brotan estos clásicos pueblos seto. No hay mucho que ver, pero sus carreteras secundarias resultan ideales para pasear en bicicleta. En **Võpolsova** se alza un monumento a la cantante folk Anne Vabarna, de quien se dice que se sabía de memoria 100 000 versos. Las granjas de Võpolsova suelen consistir en un anillo de edificios alrededor de un patio interior. Las casas de la vecina aldea de **Tonja** dan al lago del que la población obtiene su sustento.

La aldea de **Obinitsa** resulta un lugar agradable para parar a almorzar. Una escultura de la "Madre del Canto" seto mira solemnemente por encima del pequeño lago Obinitsa, con una presa en un extremo y una plataforma de baño.

Puntos de interés y actividades

Museo de la Granja de los Seto MUSEO

(Seto talumuuseum; www.setomuuseum.ee; Pikk 56, Värska; adultos/niños 2/1 €; 10.00-18.00 ma-do jun-ago, 10.00-16.00 ma-sa sep-may) Presidido por una talla de madera del dios/rey Peko, este museo consiste en una granja del s. XIX con establos, un granero y antiguos talleres de metalurgia y cerámica. Cuenta con un encantador restaurante y una tienda de regalos (la mejor de Setomaa), donde venden manoplas, calcetines, sombreros, muñecas y tapices, además de libros y música tradicional seto.

Cuevas de Piusa MINA

(Piusa Koopad; www.piusa.ee; 11.00-18.00 diario may-med sep, 12.00-16.00 sa y do resto del año) Asentado sobre una capa de piedra caliza de casi 500 m de grosor, Piusa fue el emplazamiento de una importante cantera entre 1922 y 1966, cuando se descubrió que la piedra contenía un 99% de cuarzo y era ideal para la fabricación de vidrio. Existe una red de 22 km de cuevas de tipo catedral excavadas por el hombre. Los circuitos por la entrada de la cueva se incluyen en el precio de la entrada del llamativo centro de visitantes con el tejado cubierto de césped.

El moderno centro de información ofrece proyecciones sobre la historia y ecología del área, permitiendo explorar sus profundidades por medio de una simulación informática interactiva. Acoge una cafetería y una zona infantil.

En las cuevas hiberna el murciélago más grande de la región báltica. Unos 3500 especímenes, incluidos algunos de especies raras, se congregan de octubre a mayo procedentes de un radio de 100 km. Los circuitos solo abarcan la entrada de la caverna principal, tanto por motivos de seguridad como para evitar molestar a los murciélagos. Las temperaturas bajo tierra oscilan entre 4 y 5°C, incluso en los meses de más frío y calor, por lo que hay que llevar ropa de abrigo.

También supone el inicio de la **ruta de naturaleza de Piusa,** un apacible bucle de 1,4 km a través de pinares y trincheras de la II Guerra Mundial. Se ha creado una serie de estanques con el fin de proteger el inusual tritón crestado.

Si se viaja al sur, de Piusa a Obinitsa, la carretera a las cuevas se indica a mano izquierda, cerca de un puente sobre una vía férrea.

Casa Museo de los Seto de Obinitsa MUSEO

(Obinitsa Seto muuseumitarõ; 785 4190; www.obinitsamuuseum.ee; adultos/niños 2/1 €; 11.00-18.00 diario med may-med sep, 11.00-16.00 lu-vi resto del año) Este museo con una sola sala exhibe trajes tradicionales, tapices, utensilios de cocina y algunas fotografías antiguas. Facilita folletos turísticos.

Colina de Meremäe MIRADOR

En un país tan llano, una modesta colina de 204 m puede considerarse un punto elevado. Esta, dotada con una torre de observación de madera de cuatro plantas, se halla junto a la Granja Turística de Setomaa, un complejo con un centro de conferencias y alojamiento para grupos que suele estar reservado para bodas.

Castillo episcopal de Vastseliina CASTILLO

(Vastseliina piiskopilinnus; www.vastseliina.ee/linnus; Vana-Vastseliina; museo y castillo adultos/niños 4/3 €, castillo solo 1 €; ⏲10.00-18.00 diario jun-ago, mi-do sep) Con una bonita ubicación en lo alto de un peñasco por encima del río Piusa, en el extremo de Setomaa, estas evocadoras ruinas se conservan en un estado de pintoresco deterioro. Solo quedan una sección de la muralla y tres torres medio desmoronadas donde anidan grandes cigüeñas. Una cercana taberna del s. XVII ha sido convertida en un museo dedicado a la historia del castillo y a temas de interés de la época medieval (peregrinaciones, tortura, ejecuciones, alquimia, cirugía, muerte, etc.).

Fundado en 1342 por los caballeros teutónicos de Livonia en la por entonces frontera con Rusia, Vastseliina (o Neuhausen, como

A LA MANERA DE LOS SETO

La cultura de los nativos de Setomaa, los seto ("seto" en el idioma local, pero "setu" en estonio del norte), mezcla viejas tradiciones estonias y rusas. Al igual que los estonios, son de origen ugrofinés, pero son ortodoxos en lugar de luteranos porque estuvieron bajo el dominio de Nóvgorod y más tarde de Pihkva (en ruso Pskov), y no de los barones alemanes como el resto de Estonia.

Nunca asimilaron completamente la cultura rusa y conservaron su idioma a lo largo de los siglos, muchas características del cual se parecen más al estonio antiguo que al estonio moderno. Esto mismo ocurre con ciertas tradiciones paganas que todavía conservan, como dejar comida en la tumba de un familiar, una práctica habitual en Estonia antes de que los cruzados alemanes trajeran el cristianismo a punta de espada.

La región de Setomaa se hallaba en el territorio de la Estonia independiente entre los años 1920 y 1940, pero hoy la mayor parte pertenece a Rusia. La localidad de Pechory (Petseri en estonio), 2 km al otro lado de la frontera y considerada la 'capital' de Setomaa, es conocida por su monasterio del s. XV, uno de los más fascinantes de Rusia.

Actualmente, la cultura de los seto parece sufrir un lento proceso de decadencia. A pesar de los esfuerzos por enseñar y conservar su idioma y por fomentar sus costumbres, la generación más joven está asimilando rápidamente la forma de vida estonia. La impenetrable frontera con Rusia, que ha dividido la comunidad desde 1991, solo ha empeorado la situación.

Existen 12 600 hablantes de seto en Estonia, pero solo unos 3000 viven en la Setomaa estonia. Como los seto del lado ruso tienen derecho a la ciudadanía estonia en base a la frontera que existía antes de la formación de la URSS, casi todos los seto rusos han optado por trasladarse a Estonia. Se estima que en el lado ruso quedan menos de 200, por lo que ahora muchos necesitan el pasaporte para visitar las iglesias y las tumbas de sus antepasados.

Un vistazo rápido al paisaje seto ilustra la singularidad de esta cultura. Los pueblos están estructurados como castillos, con las casas dispuestas unas frente a otras formando grupos. Esto ofrece un gran contraste con respecto al típico pueblo estonio, donde las granjas están ubicadas lo más lejos posible unas de otras. Aquí, la tradición ortodoxa ha fomentado durante siglos un sentido de comunidad mucho más estrecho.

Aparte de los grandes petos de plata que llevan las mujeres en sus trajes tradicionales, el canto distingue a los seto. Setomaa es famosa por sus cantantes folk femeninas, que improvisan nuevas letras cada vez que cantan sus versos. Estas canciones, o *leelo*, son polifónicas y se caracterizan por sus versos hablados, en solitario, seguidos de un estribillo cantado por un coro. No usan acompañamiento musical y provocan una sensación de algo muy antiguo.

El culto a Peko, un dios pagano de la cosecha, sigue coexistiendo con la religión ortodoxa, aunque los seto suelen considerar a Peko más como un rey. La epopeya seto *Pekolanõ* cuenta en 8000 versos la historia de este dios viril, cuyos ritos solo conocen los hombres. Este poema data de 1927, cuando a la cantante folk seto más célebre, Anne Vabarna, se le explicó la historia e *ipso facto* la convirtió en canción, prácticamente de una tirada hasta completar el verso 8000.

Más información sobre la región en www.setomaa.ee y www.visitsetomaa.ee.

por entonces se conocía) fue el castillo más poderoso de la antigua Livonia. Prosperó gracias a su ubicación en la ruta comercial entre Pihkva y Riga y como importante lugar de peregrinación debido a la presencia de una milagrosa cruz blanca que apareció en su capilla. El castillo fue destruido tras ser tomado por los rusos en 1700, al inicio de la Gran Guerra del Norte.

La entrada al museo incluye el acceso a los terrenos del castillo, donde se puede trepar entre las ruinas y subir a una de las torres. También se puede visitar una pequeña capilla fuera de la muralla. Frente al museo un viejo edificio de piedra alberga una **tienda de artesanía** y un pequeño **café** que sirve sopa, pasteles y tortitas.

Desde el castillo parte un **sendero de excursionismo** de 15 km a través del campo hasta la aldea de Lindora.

Circulan autobuses a Vana-Vastseliina desde Võru (1,70 €, 1 h, 4 diarios) y Obinitsa (0,80 €, 20 min, 3 diarios).

Fiestas y celebraciones

Día del Reino Seto CULTURAL

(www.visitsetomaa.ee) Según la tradición, el dios/rey seto Peko duerme día y noche en su cueva de arena cerca de Pechory. Por eso, cada año durante el Día del Reino Seto, celebrado el primer sábado de agosto, el pueblo seto se reúne en un lugar diferente de su región para nombrar a un *ülemtsootska* (regente). Este colorido evento resulta tan fascinante como extravagante.

Los aspirantes deben hablar con fluidez el idioma seto, deben ser propuestos por 10 de sus compatriotas y deben hacer que un coro tradicional de *leelo* seto alabe sus cualidades cantando. A continuación deben ponerse de pie sobre un tocón mientras sus compatriotas se alinean enfrente de su preferido.

Tan importante como la elección de este embajador cultural de facto resulta la preservación de las industrias tradicionales seto, por lo que se celebran concursos para elegir a los mejores tejedores de manoplas y cinturones y a los mejores productores de pan, cerveza, vino y queso. También se escoge al hombre más fuerte.

Y así queda completada la corte real. Durante las celebraciones se interpretan canciones y danzas tradicionales seto y se intercambian saludos tradicionales. Las mujeres llevan encajes tradicionales seto y grandes petos y collares de plata que pesan más de 3 kg cada uno. Más tarde la gente presenta sus respetos a los muertos y todo el mundo se une al desfile del "ejército seto" empuñando herramientas agrícolas.

Fiesta de la Transfiguración RELIGIOSA

Cada 19 de agosto cientos de miembros del pueblo seto van hasta Obinitsa para participar en una procesión desde la iglesia hasta el contiguo cementerio, un lugar de entierro desde hace más de 1800 años (mucho antes de la invasión cristiana). Luego celebran un pícnic comunitario en el cementerio; comen muchas manzanas y miel y dejan comida en las tumbas para los difuntos.

Dónde dormir y comer

Centro vacacional Hirvemäe PENSIÓN €€

(Hirvemäe puhkekeskus; ☎797 6105; www.hirvemae.ee; Silla 6; i/d desde 33/57 €; P) A orillas de un bonito lago junto al puente que conduce a Värska, esta atractiva pensión dispone de acogedoras habitaciones con suelo de madera. También se puede acampar. Sus extensos terrenos incluyen una pequeña playa, pistas de tenis, un minigolf, una sauna y un parque infantil. Su cafetería ofrece una carta breve, sencilla y barata.

FRONTERA RUSA

En esta zona el puesto fronterizo oficial con Rusia se halla en Koidula, justo al norte de Pechory (Petseri en estonio), aunque en Setomaa existen muchos puestos abandonados, cercas sin vigilar y escalofriantes calles sin salida. Una carretera, de Värska a Saatse, incluso cruza la zigzagueante frontera y entra 2 km en territorio ruso; está prohibido parar en este tramo.

Cruzar la frontera por algún puesto no oficial (aunque se tenga un visado ruso) es ilegal y podría ser motivo de arresto. Fue en esta zona donde un oficial de seguridad estonio fue arrestado por el ejército ruso a finales del 2014 y condenado a 15 años de prisión por espía. Estonia sostiene que fue secuestrado en el lado estonio de la frontera, mientras que Rusia insiste en que lo arrestaron en el lado ruso. A la luz de las tensiones actuales, no hay que correr ningún riesgo.

Salón de té seto COCINA SETO €
(Seto tsäimaja; www.setomuuseum.ee; Pikk 56, Värska; principales 4,70-7 €; ⏲11.00-19.00 ma-sa, hasta 17.00 do med may-med sep, 11.00-17.00 ma-sa resto del año; 📶) Contiguo al Museo de la Granja de los Seto, en una cabaña de madera con carácter, brinda un entorno inmejorable para saborear una comida casera. Su carta, no especialmente elaborada (sopa fría, cerdo ahumado o guisado, arenque con crema agria, pollo frito), rebosa autenticidad.

Taarka Tarõ Köögikõnõ COCINA SETO €
(www.taarkatare.com; Obinitsa; principales 2-2,50 €; ⏲10.00-20.00 may-sep; 📶) En el centro comunitario seto de Obinitsa, este local informal sirve platos tradicionales seto, como una cremosa sopa fría con tomates, pepinillos, lechuga y pepino muy sabrosa. El personal habla un poco de inglés.

Información

Oficina de turismo de Värska (☎512 5075; www.verska.ee; Pikk 12; ⏲11.00-17.00 ma-vi, hasta 16.00 sa y do med ma-med sep, 11.00-17.00 lu-vi resto del año)

Cómo llegar y salir

Se trata de una región muy fácil de recorrer en automóvil o en bicicleta. También llegan autobuses a Värska desde Tartu (6,60 €, 1¾ h, 8 diarios) y Tallin (14 €, 4¼ h, 2 semanales). Desde Võru circulan autobuses tanto a Obinitsa (2 €, 1 h, 4 diarios) como a Meremäe (2 €, 1 h, 3 diarios).

Võru

12 500 HAB.

Situada a orillas del lago Tamula, esta localidad posee una mezcla de edificios de madera del s. XIX (muchos bastante destartalados) y otros, rematadamente feos, de la época soviética. Su orilla arenosa conforma el mayor reclamo local; en los últimos tiempos se ha construido un flamante paseo fluvial y atrae a muchos veraneantes.

Võru se fundó en 1784 a raíz de un decreto dictado por Catalina la Grande, aunque se han descubierto restos arqueológicos en la zona de miles de años de antigüedad. Sin embargo, su residente más famoso no fue ni el miembro de una tribu ni una zarina, sino el escritor Friedrich Reinhold Kreutzwald (1803-1882), conocido como el padre de la literatura estonia por su epopeya *Kalevipoeg (Hijo de Kalev).*

Puntos de interés

Museo Conmemorativo del Dr. F. R. Kreutzwald MUSEO
(Dr Fr R Kreutzwaldi memoriaalmuuseum; www.lauluisa.ee; Kreutzwaldi 31; adultos/niños 2/1 €; ⏲10.00-17.00 mi-do) El museo más interesante de Võru ocupa la antigua casa donde este honorable hombre vivió y trabajó como doctor de 1833 a 1877. Se trata de una de las casas más antiguas, de 1793, y goza de un encantador jardín trasero. Las exposiciones abarcan la vida y carrera del doctor y se centran en la publicación del poema épico *Hijo de Kalev,* basado en su profundo conocimiento de las historias folclóricas estonias.

Uno de los edificios anexos está dedicado a ediciones del *Hijo de Kalev* publicadas en una sorprendente variedad de idiomas, incluido el chino mandarín y el hindi, así como a ilustraciones del libro y otras formas de arte inspiradas por la epopeya.

En el parque de la parte inferior de Katariina allee, cerca del lago, se alza un monumento en honor al escritor.

Museo del Condado de Võru MUSEO
(Võrumaa muuseum; Katariina allee 11; adultos/niños 1,30/0,70 €; ⏲11.00-17.00 mi-do) Sito en uno de los edificios más espantosos de la localidad, ofrece exposiciones sobre la historia y cultura regionales. Ofrece explicaciones en estonio y ruso, pero se proporciona un folleto en inglés. También acoge una galería con exposiciones temporales de arte, sobre todo local.

Iglesia luterana de Santa Catalina IGLESIA
(Katariina kirik; Jüri 9) Dedicada a la mártir cristiana Catalina pero bautizada en honor a la zarina Catalina la Grande, la principal iglesia luterana de Võru se completó en 1793, solo nueve años después de la fundación de la ciudad. La pirámide sobre el dintel simboliza la Santísima Trinidad. En la contigua plaza se alza un monumento de granito dedicado a los 17 habitantes locales que murieron en la tragedia de 1994 del ferri *Estonia* (p. 164).

Iglesia ortodoxa de Santa Catalina IGLESIA
(Ekaterina kirik; Lembitu 1a; ⏲16.00-19.00 sa, 7.00-11.00 do may-sep) La principal iglesia ortodoxa de Võru también está dedicada a santa Catalina en alusión a Catalina la Grande, fundadora de la ciudad. Completada en 1804, su elegante diseño neoclásico luce chapiteles curvos de estilo ruso. Su interior atesora un bonito iconostasio y los restos de Nikolai Bežanitski, un sacerdote asesinado por los

bolcheviques y considerado un mártir por la iglesia ortodoxa rusa.

Fiestas y celebraciones

Festival de Folclore de Võru CULTURAL
(Võru folkloorifestival; www.vorufolkloor.ee) Se trata de la celebración más importante y animada del calendario local, con cinco días a mediados de julio llenos de bailarines, cantantes y músicos ataviados con coloridos trajes tradicionales.

Dónde dormir y comer

Kubija HOTEL €€
(☎786 6000; www.kubija.ee; Männiku 43a; i/d/ste 69/79/129 €; P 📶 🍽) Escondido en la boscosa orilla de un lago en el extremo sur de Võru, este viejo hotel parece de la era soviética pero sus habitaciones han sido modernizadas y alberga uno de los mejores *spa* de Estonia. Los valientes lugareños socializan en las saunas al aire libre antes de darse un baño en el lago.

Ränduri PENSIÓN, PUB €€
(☎786 8050; www.randur.ee; Jüri 36; i/d 45/55 €, principales 6-9 €; ⏲*pub* 8.00-24.00; P 📶) Encima de este rústico *pub* revestido de madera se hallan 10 agradables habitaciones decoradas con temáticas diferentes (japonesa, egipcia, rusa, etc.). También se trata de uno de los mejores locales de Võru para una sencilla y copiosa comida, ya sea a base de cerdo o de pollo.

Spring Cafe CAFÉ €
(www.springcafe.ee; Petseri 20; principales 6-13 €; ⏲11.00-21.00 lu-sa) Con un aspecto menos de *pub* y más de bar-cafetería, este impecable local junto al lago resulta más que satisfactorio. Goza de una bonita terraza, un comedor de ladrillo y madera y una 2ª planta tipo salón con grandes ventanas. Su buena carta presenta especialidades como el cerdo y el pollo a la barbacoa, pero también ofrece ensaladas y comida más típica de cafetería.

Dónde beber y ocio

Õlle 17 PUB
(www.olle17.ee; Jüri 17; ⏲11.00-24.00 do-ju, hasta 2.00 vi y sa) Cordial *pub* deportivo frecuentado por lugareños, con mesa de billar, TV de pantalla gigante, terraza trasera y una completa carta con comida de *pub*.

Võru Kannel CINE, TEATRO
(www.vorukannel.ee; Liiva 13) El jardín trasero de este centro cultural acoge conciertos y festivales folclóricos, mientras que el centro sirve como cine y teatro. Se puede consultar la cartelera en la oficina de turismo.

De compras

Karma ANTIGÜEDADES
(www.antiques.ee; L Koidula 14; ⏲10.30-16.00 ma-vi, 10.00-14.00 sa) Una de las mejores tiendas de antigüedades de Estonia, además de un divertido lugar para buscar artículos de la II Guerra Mundial.

Información

Oficina de turismo (☎782 1881; www.visitvoru.ee; Jüri 12, entrada por L. Koidula; ⏲10.00-17.00 lu-sa med may-med sep, lu-vi resto del año) Facilita mapas e información sobre festivales, atracciones y granjas turísticas en el condado de Võru.

Cómo llegar y salir

Principales servicios que paran en la **estación de autobuses de Võru** (Võru bussijaam; ☎782 1018; Vilja 2):

Pärnu (14 €, 2¾ h, diario)
Rõuge (0,75-3 €, 25 min, 8 diarios)
Tallin (10-14 €, 4 h, 10 diarios)
Tartu (2-5,60 €, 1½ h, 16 diarios)
Valga (4,50 €, 2 h, 2 diarios)

Parque Natural de Haanja

Con 169 km² de densos bosques, resplandecientes lagos y serpenteantes ríos, esta zona protegida al sur de Võru abarca algunos de los paisajes más bonitos del país.

La encantadora aldea de **Rõuge** se halla entre onduladas colinas al borde del Ööbikuorg (valle del Ruiseñor), un valle con una suave pendiente llamado así por los ruiseñores que se congregan en primavera. Siete pequeños lagos se extienden a lo largo de la base del valle, incluido el lago más profundo de Estonia, el Suurjärv (Gran Lago, 38 m), situado en medio de la aldea y a cuyas aguas se atribuyen propiedades curativas. Linnamägi, la colina por encima del lago Linnjärv, albergó una fortaleza estonia entre los ss. VIII y XI. En el s. XIII, los enfermos recorrían largas distancias para ver a un curandero llamado Rõugetaja, que vivía en el lugar. Desde la colina, a la que se accede por detrás del Centro del Valle del Ruiseñor, se goza de buenas vistas del valle.

Se pueden conseguir mapas e información sobre las múltiples opciones de excursionismo y esquí de fondo del parque en el

Centro del Valle del Ruiseñor en Rõuge o en las oficinas de turismo de Võru, Otepää y Tartu.

Puntos de interés y actividades

Suur Munamägi MIRADOR

(www.suurmunamagi.ee; acceso por escaleras adultos/niños 4/3 €, en ascensor 6 €; ⏲torre 10.00-20.00 abr-ago, hasta 17.00 sep y oct, 12.00-15.00 sa y do nov-mar) Con solo 318 m, la Suur Munamägi (literalmente "la gran colina del Huevo") se trata del pico más alto del Báltico. De hecho, resulta fácil pasar por alto su 'cima' cubierta de árboles si uno no la está buscando. Se puede subir a su torre de observación de 29 m de altura, construida en 1939. En los días despejados se pueden ver las torres de televisión de Tartu, las cúpulas bulbosas de la ciudad rusa de Pihkva (Pskov) y frondosos bosques en todas direcciones.

La planta baja alberga un agradable café con mesas dentro y fuera, y junto a la carretera principal otro café vende hamburguesas y dulce de azúcar.

Unas escaleras suben por la colina desde la carretera Võru-Ruusmäe, 1 km al sur de la anodina aldea de Haanja, que, a su vez, queda 13 km al sur de Võru.

Iglesia luterana de Santa María IGLESIA

(Maarja kirik; Haanja mnt 10, Rõuge; ⏲9.00-15.00 ju-do jun-ago) La iglesia de piedra encalada de Rõuge, de 1730, sustituyó a una iglesia del s. XVI destruida en la Gran Guerra del Norte. En su interior cabe destacar la pintura del altar *Cristo en la cruz* (1854), enmarcada por un relieve neoclásico. En el exterior se halla un monumento dedicado a los lugareños que murieron en la Guerra de Independencia de 1918-1920. Durante la era soviética el monumento se enterró en el patio trasero de una casa para evitar su destrucción.

Reserva Natural de Luhasoo RESERVA NATURAL

(Luhasoo maastikukaitseala) Compuesta por ciénagas en la frontera con Letonia (aneja a los lindes del Parque Natural de Haanja), esta reserva brinda una fascinante visión del pasado primigenio de Estonia. Una pasarela bien señalizada de 4,5 km discurre sobre varias ciénagas y junto a un lago negro, con venus atrapamoscas y nenúfares entre el follaje. Se pueden observar alces y ciervos, pero lo máximo que se verá de los osos, lobos y linces serán sus huellas.

INDISPENSABLE

PARQUE NACIONAL DE KARULA

Según el folclore popular, en los 123 km² de boscosas colinas, pequeños lagos y antiguos túmulos de piedras del Parque Nacional de Karula abundan las hadas, los fantasmas y las brujas. En el centro se halla Ähijärv, un lago rodeado de árboles y juncos que se considera sagrado desde tiempos paganos.

El **centro de visitantes** (☎786 8360; www.keskkonnaamet.ee; Ähijärve; ⏲10.00-18.00 med may-med sep), junto al lago, distribuye información y mapas de excursionismo. El maravilloso **sendero de Ähijärv,** de 4 km (unos 90 min), recorre el extremo norte del largo y atraviesa bosques y praderas; se pueden ver pájaros carpinteros y orquídeas autóctonas.

Al parque se accede por una carretera parcialmente sin asfaltar que va de Mõniste, al sur, hasta Antsla, al norte.

Para llegar, se sigue la carretera a Krabi desde Rõuge; pasada la parada de autobús de Pärlijõe, se gira a la izquierda hacia Kellamäe.

Haanja Hikes ACTIVIDADES AL AIRE LIBRE

(Haanjamatkad; ☎511 4179; www.haanjamatkad.ee; bicicleta/piragua 10/32 € por día) Esta compañía sita en Võru alquila piraguas y bicicletas. Organiza salidas en piragua (3-6 h, adultos/niños 20/10 €) y de *rafting* (4-6 h, balsa para 10 personas 200 €), así como rutas de senderismo y cicloturismo de dos días.

Dónde dormir y comer

La mejor base dentro del parque, Rõuge, cuenta con limitadas opciones para comer, pero dispone de un pequeño supermercado y el Centro del Valle del Ruiseñor vende deliciosos productos horneados y alimentos tradicionales.

Ööbikuoru Puhkekeskus CAMPING €

(☎509 0372; www.visit.ee; Ööbikuoru 5, Rõuge; parcelona por adulto/niño 4/2 €, cabaña por persona 9-15 €, casa 115 €) En una encantadora ubicación con vistas al valle del Ruiseñor, este *camping* ofrece alojamiento en sencillas cabañas de madera y casas independientes (para hasta 6 personas). Alquila barcas de remos (4 €/h), piraguas (4 €) y bicicletas (2 €), así como una sauna (30 €/2 h). Se halla a 600 m de la carretera principal, señalizado si conduce hacia el sur.

★ Ööbikuoru Villa HOTEL, CAFÉ €€
(☎509 9666; www.oruvilla.ee; Tiida küla; h desde 58 €, principales 8-12 €; P📶) En dos edificios contiguos que dan a un pequeño lago, se encuentra la mejor opción en Rõuge para dormir y comer. A pesar de sus recargados muebles antiguos, se trata de un establecimiento recién inaugurado con habitaciones modernas y muy confortables. En la planta baja, el café Andreas sirve sabrosos almuerzos y cenas de tipo bistró.

Rõuge Suurjärve Külalistemaja PENSIÓN €€
(☎524 3028; www.maremajutus.ee; Metsa 5, Rõuge; i/d 25/35 €, sin baño 11/22 €; P) Esta gran pensión familiar de color amarillo, genial para relajarse en un entorno encantador, ofrece vistas del valle desde su bonito jardín y sencillas habitaciones, muchas de ellas con baño propio, algunas con TV y unas pocas con balcón. El desvío hacia la pensión se halla frente a la iglesia luterana de Santa María.

Información

Centro del Valle del Ruiseñor (Ööbikuorg Keskus; ☎785 9245; ⌚10.00-18.00 med may-ago) Señalizado 1,5 km al este de la iglesia de Rõuge, en la carretera a Haanja, facilita información sobre rutas de excursionismo. También cuenta con una tienda de artesanía y otra que vende comida elaborada en la localidad (tentempiés 1,50 €).

Cómo llegar y salir

Circulan autobuses desde Võru a la aldea de Haanja (0,70-1,40 €, 25 min, 5 diarios) y a Rõuge (0,75-3 €, 25 min, 8 diarios).

Valga

12 400 HAB.

Si alguien se extrañó con el paso fronterizo en pleno centro de Narva, que espere a ver Valga, el único punto de controversia entre Estonia y Letonia tras la I Guerra Mundial. Para resolver la disputa se requirió un mediador británico, que sugirió la actual frontera que parte la localidad en dos. Como resultado, mientras se camina por el centro del pueblo puede que se esté entrando y saliendo de Valga y de Valka (como es conocido el lado letón). Ya no existen controles fronterizos, pero hay que llevar siempre el pasaporte. Las autoridades locales colaboran en asuntos importantes como la información turística y los servicios de autobús.

Valga disfruta de un lento proceso de aburguesamiento, aunque sus viejas casas de madera y sus parques siguen rodeados por algunos horribles polígonos industriales. Su sangrienta historia durante la guerra la hace merecedora de una breve parada. Aunque existen algunos búnkeres y cementerios de guerra en Valka, casi todos los puntos de interés se hallan en Valga.

Puntos de interés

Museo de Valga MUSEO
(www.valgamuuseum.ee; Vabaduse 8; museo adultos/niños 2/1 €, galería 1/0,50 €; ⌚11.00-18.00 mi-vi, 10.00-15.00 sa y do) En un edificio *art nouveau* que antaño albergó un teatro y un banco, este museo se centra en la región local, con exposiciones sobre historia natural, arqueología, las deportaciones y la vida cotidiana en la era soviética, y el héroe local Alfred Neuland, ganador de la medalla de oro en halterofilia en los Juegos Olímpicos de 1920. Casi todas las explicaciones están en estonio, pero hay folletos con traducciones al inglés. La galería anexa acoge exposiciones temporales.

Iglesia luterana de San Juan IGLESIA
(Jaani kirik; Kesk 23) Cerca de la oficina de turismo, esta iglesia construida en 1816 destaca por ser la única iglesia oval de Estonia. También es famosa por su raro órgano del s. XIX.

Monumento Conmemorativo de la II Guerra Mundial MONUMENTO
(Roheline) Se calcula que 29 000 rusos perdieron la vida en el campamento de prisioneros de guerra de Stalag-351, situado en establos reconvertidos de Priimetsa, en las afueras de Valga. Muchos murieron de hambre, frío y enfermedades. No queda nada del campo de prisioneros, pero cerca de allí se alza un sencillo y emotivo monumento conocido como *La madre en duelo*. Los soviéticos tomaron el campo y encerraron a prisioneros de guerra alemanes, 300 de los cuales yacen enterrados entre los abetos en un cercano cementerio de guerra oficial.

Dónde dormir y comer

Metsis HOTEL €€
(☎766 6050; www.hotellmetsis.com; Kuperjanovi 63; i/d desde 53/65 €, principales 8,50-13 €; P📶) Con una gran zona de césped, este hotel de 1912 supone el mejor alojamiento de Valga. Ofrece agradables habitaciones, algunas con

su propia sauna y *jacuzzi*. El restaurante de la planta baja, a pesar de los trofeos de caza, también está muy bien.

Voorimehe Pubi COMIDA DE PUB €
(767 9627; www.voorimehepubi.ee; J. Kuperjanovi 57; principales 6-8,50 €) Luce madera oscura, carácter a raudales y una carta compuesta por copiosos platos de salmón, escalopes, cerdo y demás. Los fines de semana está amenizado por DJ.

Información

Oficina de turismo (766 1699; www.valgamaa.ee; Kesk 11; 10.00-17.00 diario med may-med sep, 10.00-17.00 lu-vi, 10.00-14.00 sa y do resto del año) Facilita planos e información sobre ambas partes de la localidad.

Cómo llegar y salir

La **estación de autobuses y trenes de Valga** (512 0295; Jaama pst 10) se encuentra un par de manzanas al sureste del centro.

AUTOBÚS

Llegan autobuses internacionales desde Rusia y Letonia. Principales destinos nacionales:
Otepää (3,30 €, 1 h, 4 diarios)
Pärnu (10 €, 2½ h, diario)
Tallin (14 €, 4 h, 6 diarios)
Tartu (5,50-7 €, 1¾ h, 5 diarios)
Viljandi (6,50-7,20 €, 1¾ h, 6 diarios)

TREN

La histórica estación de Valga se trata de la última estación de la red de ferrocarriles, tanto de Estonia como de Letonia; hay que hacer transbordo en este punto si se viaja, por ejemplo, entre Tartu y Riga (p. 182). Circulan tres servicios directos diarios a y desde Tartu (4,40 €, 70 min).

Sangaste

228 HAB.

Existen dos buenas razones para detenerse en esta pequeña aldea en la carretera Valga-Otepää, ambas relacionadas con el centeno. La localidad es conocida como la "capital del centeno de Estonia", lo que en un país tan fanático del centeno supone todo un honor. Esto se debe en gran parte a los esfuerzos del noble alemán báltico Friedrich Georg Magnus von Berg (1854-1938), conocido como el "conde del centeno" por desarrollar una variedad que actualmente se cultiva en todo el mundo.

Puntos de interés

Castillo de Sangaste EDIFICIO HISTÓRICO
(Sangaste Loss; www.sangasteloss.ee; adultos/niños 3/2 €; 10.00-18.00) La arquitectura de esta majestuosa mansión de ladrillo rojo está influenciada por el castillo de Windsor. Completada en 1881 como hogar del "conde del centeno" Friedrich von Berg, se considera uno de los mejores ejemplos de la arquitectura neogótica en el Báltico. La historia se ha cobrado su peaje, pero los visitantes pueden explorar el impresionante salón de baile octogonal y subir un precario tramo de escaleras hasta la azotea de la torre.

Aunque la mayor parte de las mansiones fueron nacionalizadas durante el primer período de independencia de Estonia, el popular conde eliminó el "von" de su nombre y se le permitió seguir viviendo aquí como Friedrich Berg hasta su muerte a los 93 años. Luego la mansión fue usada como barracones del ejército soviético, como hospital militar alemán y, tras la guerra, como cine y campamento juvenil de los Pioneros soviéticos. Los actuales hotel y café no han conseguido eliminar ese aire institucional, pero el edificio está siendo restaurado a medida que lo permiten los fondos.

Se encuentra en Lossiküla ("aldea del castillo"), 3,5 km al sureste de la aldea de Sangaste.

Iglesia luterana de San Andrés IGLESIA
(12.00-13.30 do may-ago) Se cree que el nombre Sangaste puede derivar de la expresión latina *Sanguis Christi* (sangre de Cristo), en referencia a la reliquia que se guardaba en la iglesia original del s. XIII de Sangaste. El edificio actual data de 1742, mientras que su torre barroca se añadió en 1873. Su interior, bastante simple, luce un cielo estrellado encima del sagrario y una escena del Calvario sobre el altar, pintada en Múnich en 1883.

Dónde dormir y comer

Casa del Centeno de Sangaste ESTONIA €
(Sangaste Rukki Maja; 766 9323; www.rukkimaja.ee; Valga mnt 13; principales 7-8 €, i/d 35/45 €; P) Este acogedor restaurante celebra la designación de Sangaste como "capital del centeno de Estonia" con una carta dedicada a este cereal. Además de delicioso pan de centeno, sirve una sorprendente gama de sopas tradicionales y platos de cerdo, salmón y pollo. En la planta de arriba dispone de limpias habitaciones a precios muy razonables.

Cómo llegar y salir

No existe estación de autobuses, pero circulan servicios diarios a/desde los siguientes destinos:

Otepää (1,70 €, 30 min, 6 diarios)
Tallin (13 €, 4 h, diario)
Tartu (5 €, 1¼ h, 3 diarios)
Valga (2,20 €, 35 min, 7 diarios)

Otepää

1900 HAB.

Este pequeño pueblo, encaramado en una colina y 44 km al sur de Tartu, es el centro de una pintoresca región de bosques, lagos y ríos, muy apreciada por su belleza natural y por su gran oferta de actividades (senderismo, ciclismo y natación en verano, y esquí de fondo en invierno). Considerada la capital de invierno del país, goza de fines de semana bulliciosos y divertidos. Irónicamente se llega a conocer como "Alpes estonios", más por sus excelentes pistas de esquí que por sus cumbres. Punto de partida del maratón de esquí de Tartu, de 63 km, incluso en verano se puede ver a atletas profesionales y aficionados practicando el esquí sobre ruedas.

El centro neurálgico de Otepää, con tiendas, la plaza principal y algunas calles residenciales dispersas, se halla en la intersección de las carreteras de Tartu, Võru y Valga. Una pequeña franja boscosa la separa de una localidad menor situada a orillas del lago, 2 km al suroeste.

Puntos de interés

Pühajärv

LAGO

Según la leyenda, el Pühajärv (lago Sagrado), de 3,5 km de largo y 8,5 m de profundidad, se formó con las lágrimas de las madres que perdieron a sus hijos en una batalla de la epopeya *Hijo de Kalev*. Y sus cinco islas se consideran sus túmulos funerarios. Las asociaciones paganas perduran y cada verano se organizan diversos actos. La popular **playa de arena** (Ranna tee) en la orilla nororiental cuenta con toboganes de agua, un pontón para bañarse, un café y socorristas en verano.

El dalái lama bendijo el lago en 1991; un **monumento** en forma de rueda cerca de la playa conmemora su visita.

Un sendero de 13 km rodea el lago, pero en su mayor parte discurre junto a la carretera, lo que le resta interés. Merece más la pena el **sendero de Murrumetsa,** de 3,5 km, que empieza cerca del Pühajärve Spa Hotel y describe un círculo en sentido contrario a de las agujas del reloj junto a la orilla del lago por un prado pantanoso y un bosquecillo de abedules, alisos y píceas.

Columna de Energía

MONUMENTO

(Energiasammas; Mäe) Si se está bajo de energías, hay que acudir a este extraño tótem cubierto de osos. Se erigió en 1992 en base a la consolidada creencia de que la zona desprende energía positiva.

Museo de Deportes de Invierno de Otepää

MUSEO

(Otepää talispordimuuseum; www.spordimuuseum.ee; estadio Tehvandi, Valga mnt 12; adultos/niños 1,50/1 €; ⏲11.00-16.00 mi-do) El amplio y ostentoso estadio Tehvandi, dedicado al fútbol y al esquí, da fe de la afición por el deporte de Otepää. Situadas bajo la tribuna principal, las dos salas de este museo albergan exposiciones de equipo, vestuario y medallas de algunos de los atletas de invierno más conocidos de Estonia. Se puede alquilar un *frisbee* (4 €) en el mostrador para jugar a disco-golf en el campo contiguo.

Linnamägi

RUINAS

La bonita colina arbolada al sur de la iglesia fue una antigua fortaleza estonia durante 800 años antes de que fuera coronada por un castillo episcopal en 1224. Conocida como la "Cabeza del Oso" *(oti pää)*, dio nombre al pueblo. Su cima alberga restos de las fortificaciones y brinda soberbias vistas de los valles vecinos. El castillo quedó destruido en 1396 en una batalla entre el obispo de Tartu y la Orden Livona.

Iglesia luterana de Santa María

IGLESIA

(Maarja Luteri kirik; Võru mnt; ⏲10.00-1 .00 ma-sa med may-med sep) La iglesia gótica de Otepää, en la cima de una colina, data de 1671, aunque fue ampliamente reconstruida en 1890. Su interior luce intrincada carpintería, lámparas de araña que cuelgan bajas y una impresionante escena de la Crucifixión (1880) encima del altar. En ella la Sociedad de Estudiantes de Estonia consagró en 1884 su nueva bandera azul, negra y blanca, que se convertiría más tarde en la bandera de la Estonia independiente. Los bajorrelieves de la pared exterior a ambos lados de la puerta conmemoran la ocasión; creados en

Otepää

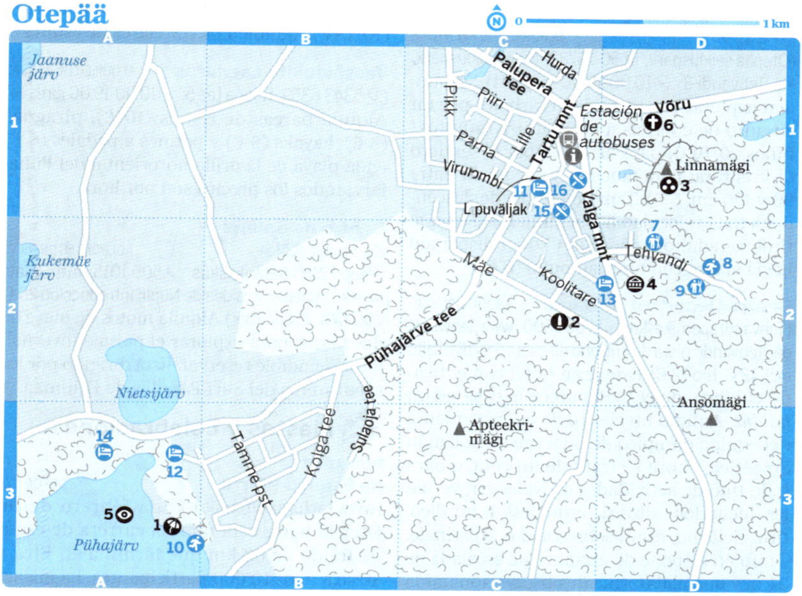

Otepää

Puntos de interés

1 Playa A3
2 Columna de Energía C2
3 Linnamägi D1
4 Museo de Deportes de Invierno D2
5 Pühajärv A3
6 Iglesia luterana de Santa María D1

Actividades, cursos y circuitos

7 Fan-Sport D2
8 Parque de Aventuras de Otepää D2
9 Centro Deportivo Tehvandi D2
10 Veesõidukite Laenutus A3

Dónde dormir

11 Edgari Külalistemaja C1
12 GMP Clubhotel A3
13 Murakas D2
14 Pühajärve Spa & Holiday Resort A3

Dónde comer

Edgari Pood .... (véase 11)
15 I.u.m.i. C1
16 Oti Pubi C1
Pühajärve Pub .... (véase 14)
Pühajärve Restaurant .... (véase 12)

1934 y destruidos durante la era soviética, se recuperaron en 1989.

Frente a la entrada principal de la iglesia se eleva un monumento dedicado a los caídos en la Guerra de Independencia de 1918-1920. La parte superior del monumento fue enterrada entre 1950 y 1989 para evitar su destrucción.

Actividades

La oficina de turismo facilita mapas e información sobre rutas de excursionismo, ciclismo y esquí, desde paseos cortos aptos para niños hasta una ruta de 20 km. El personal también ofrece información sobre las numerosas actividades que brinda la región, incluidos paseos a caballo, golf, disco golf, descensos por la nieve en flotadores inflables, paseos en trineo y excursiones en moto de nieve.

Las pistas de esquí de fondo más próximas se hallan al final del pueblo, cerca del centro deportivo Tehvandi. Además, existen buenos senderos cerca del lago Kääriku.

Para practicar piragüismo o *rafting*, se debe contactar con un día o dos de antelación. Los operadores se ocupan de la recogida y el regreso al hotel, así como del traslado hasta el río.

Parque de Aventuras de Otepää DEPORTES DE AVENTURA

(Otepää seikluspark; ☎504 9783; www.seikluspark.ee; Tehvandi 3; ⏲10.00-19.00 may-oct) Se pueden explorar las copas de los árboles por un circuito de cuerdas a gran altura (adultos/niños 20/10 €) o los arbustos por el sendero de aventuras para niños (hay que medir entre 90 y 120 cm, 5 €). También se puede descender a toda velocidad hasta Linnamägi en una tirolina (adultos/niños 8/6 €) o ser disparado hacia el aire con una catapulta (6 €).

Centro Deportivo Tehvandi ESQUÍ, CICLISMO

(Tehvandi spordikeskus; ☎766 9500; www.tehvandi.ee; Tehvandi; pista de entreno de esquí 6 €/día, salto incl. 12 €, tiro 12 €) Este gran hotel con el tejado cubierto de césped parece la casa de un *hobbit*. Antaño un centro de entrenamiento del equipo olímpico de invierno de la Unión Soviética, ahora se trata de un centro para todo tipo de actividades estivales e invernales, incluidos saltos de esquí, esquí nórdico, tiro, ciclismo, esquí sobre ruedas y patinaje. También dispone de un muro de escalada de 34 m y una plataforma de observación unida a la torre de saltos de esquí (ascensor/escaleras 3/2 €).

Kuutsemäe ESQUÍ

(☎766 9007; www.kuutsemae.ee; pase diario lu-vi 17 €, sa y do 20 €) Aunque el esquí de fondo supone la principal atracción de la zona, esta estación de esquí cuenta con seis modestas pistas de descenso con una longitud de entre 214 y 476 m. Se trata del centro más acondicionado de la región, con una taberna, alojamiento y escuela de esquí y *snowboard*.

VeeTee PIRAGÜISMO, RAFTING

(☎506 0987; www.veetee.ee) Dispone de una amplia oferta de piragüismo y *rafting* por los ríos Ahja y Võhandu y los pequeños lagos del valle del río Kooraste (20 €/persona). También alquila esquís y tablas de *snowboard* e imparte clases.

Toonus Pluss PIRAGÜISMO, ESQUÍ

(☎505 5702; www.toonuspluss.ee) Agencia especializada en viajes en piragua por el valle del río Ahja; las excursiones personalizadas pueden combinar piragüismo con excursionismo y ciclismo de montaña. También alquila esquís y ofrece clases.

Fan-Sport DEPORTES DE NIEVE

(☎507 7537; www.fansport.ee; Tehvandi) Este operador con sede invernal en el Karupesa Hotel alquila esquís de fondo (3 h/1 día 7/13 €), esquís de descenso (10/13 €) y *snowboards* (10/13 €). También ofrece clases de esquí.

Veesõidukite Laenutus ALQUILER DE BARCAS

(☎5343 6359; Ranna tee 5; ⏲10.00-19.00 jun-ago) Alquila barcas de remos (10 €), piraguas (8 €), kayaks (8 €) y patines a pedales (8 €) en la playa de la orilla nororiental del Pühajärv; todos los precios son por hora.

Centro de Safaris de Paap Kõlar DEPORTES DE NIEVE

(Paap Kõlari Safarikeskus; ☎505 1015; http://safarikeskus.paap.ee/; aldea de Nüpli; introducción 25 €, y 90 €/h; ⏲ene-mar) Alquila motos de nieve de dos plazas para explorar el paisaje invernal; imprescindible reservar. Está dirigido por los aventureros del Surf Paradiis de Hiiumaa.

Fiestas y celebraciones

Maratón de Esquí de Tartu DEPORTIVA

(www.tartumaraton.ee) Cada febrero desde Otepää parte esta famosa carrera de esquí de fondo de 63 km que termina en Elva y atrae a unos 10 000 participantes. La misma organización celebra una amplia gama de eventos deportivos (carreras de ciclismo de carretera, ciclismo de montaña, atletismo) en Tartu y sus alrededores durante todo el año.

Dónde dormir

La temporada baja abarca de abril a mayo y de septiembre a noviembre; durante estos meses los precios descienden entre un 10 y un 15%. Las tarifas más altas corresponden a los fines de semana de temporada alta.

Murakas HOTEL €€

(☎731 1410; www.murakas.ee; Valga mnt 23a; i/d 45/50 €; P 📶) Con solo 10 habitaciones parece más una gran y agradable pensión que un hotel. Las alfombras de rayas, madera clara y balcones aportan un toque fresco; la planta baja acoge un salón de desayuno muy animado.

Pühajärve Spa & Holiday Resort CENTRO VACACIONAL €€

(☎766 5500; www.pyhajarve.com; Pühajärve tee; i/d/ste desde 60/75/125 €; P @ 📶 🏊) Este gran complejo blanco goza de una espléndida ubicación junto al lago. La maravillosa piscina con cubierta transparente da al lago. Por otro lado, se percibe un vago aire soviético y las habitaciones, a pesar de su buen tamaño, resultan un tanto espartanas.

Edgari Külalistemaja PENSIÓN €€
(☎766 6550; http://edgari.otepäält.ee; Lipuväljak 3; i/d 25/50 €; 📶) Ocupa las plantas superiores de un atractivo edificio de ladrillo en el centro del pueblo, con un café y un delicatesen en la planta baja. Cuenta con habitaciones pequeñas y otras más grandes con balcón; todas cuestan lo mismo, por lo que hay que pedir una de las más grandes al reservar.

GMP Clubhotel APARTAMENTOS €€€
(☎799 7000; www.clubhotel.ee; Tennisevälja 1; apt desde 120 €; P📶) Los elegantes apartamentos de este edificio a orillas del lago disponen de minicocina, muebles geniales, cómodas camas y grandes fotografías. Como guinda, dos lujosas saunas separadas por sexo en la planta superior.

Dónde comer y beber

I.u.m.i. CAFÉ €
(☎742 4020; www.lumikohvik.ee; Munamäe 8; principales 5,50-13 €; ⏲12.00-20.00 lu-ju, hasta 23.00 vi y sa, hasta 18.30 do) El manifiesto *hippy* al principio de su carta informa de que *lumi* significa "nieve" y, entre toda la disertación sobre buenas energías, incluye una lista bastante tradicional de platos de pasta, pescado, cerdo, cordero y pollo. Goza de un ambiente elegante, con muebles desparejados y algunas lámparas creadas con cubertería. Una opción excelente.

Edgari Pood PANADERÍA, DELICATESEN €
(http://edgari.otepäält.ee; Lipuväljak 2; bollería 0,80 €; ⏲8.00-18.00 lu-vi, 9.00-15.00 sa) Permite prepararse un económico y sabroso desayuno a base de lonchas de carne y vodka o unos pasteles.

Oti Pubi COMIDA DE PUB €€
(www.otipubi.ee; Lipuväljak 26; principales 7-13 €; ⏲10.00-24.00; 📶) En un edificio octogonal decorado con artículos relacionados con el esquí en el centro del pueblo, el "pub del oso" atrae a una fiel clientela local. Resulta una buena opción siempre que no se esperen demasiadas sorpresas (sopa, pasta, *pizza*, parrilladas, etc.).

Pühajärve Restaurant EUROPEA MODERNA €€
(☎799 7000; www.clubhotel.ee; Tennisevälja 1; principales 9-18 €; ⏲12.00-22.00) El restaurante más famoso de Otepää entre las décadas de 1960 y 1980, perdió su fama cuando se desmoronó la Unión Soviética. La apertura del contiguo Clubhotel ha provocado su resurgimiento y ahora ofrece una sabrosa carta de platos en una terraza por encima del lago homónimo.

Pühajärve Pub COMIDA DE PUB €€
(☎766 5500; www.pyhajarve.com; Pühajärve tee; principales 6-19 €; ⏲11.00-23.00 do-ju, hasta 1.00 vi y sa) Con su extensa carta, este informal *pub* de hotel se adapta a todo tipo de clientes (niños y vegetarianos, entre otros) y además abre todo el día. Brinda una soleada terraza, además de un interior de ladrillo, con billares y chimenea, muy apetecible los días de lluvia.

★ **Mr Jakob** ESTONIA MODERNA €€€
(☎5375 3307; www.otepaagolf.ee; Mäha küla; principales 14-18 €; ⏲12.00-21.00; 📶) El mejor restaurante de Otepää se encuentra en el club de golf, 4 km al oeste del Pühajärv. Su carta, tan contemporánea y alegre como su decoración, se basa en platos tradicionales estonios, como costillas de cerdo y filetes de arenque marinados, para crear platos extraordinarios. Ofrece un servicio encantador y maravillosas vistas del campo de golf y el paisaje circundante.

Información

Centro de información turística de Otepää
(☎766 1200; www.otepaa.eu; Tartu mnt 1; ⏲10.00-17.00 lu-vi, hasta 15.00 sa y do med may-med sep, 10.00-17.00 ma-vi, hasta 15.00 sa resto del año) Su personal, muy bien informado, facilita mapas y folletos, y asesora sobre actividades, guías y alojamiento.

Cómo llegar y desplazarse

La **estación de autobuses** (Tartu mnt 1) está junto a la oficina de turismo. Principales destinos nacionales:

Narva (10 €, 4¼ h, 2 semanales)
Sangaste (1,70 €, 30 min, 6 diarios)
Tallin (13 €, 3½ h, diario)
Tartu (2-3,50 €, 1 h, 10 diarios)
Valga (3,30 €, 1 h, 4 diarios)

SUROESTE DE ESTONIA

La playa supone el gran aliciente de este rincón del país. En un largo tramo de arena, Pärnu atrae a hordas de turistas durante el verano. Jóvenes fiesteros llegan en masa desde Tallin y Tartu para disfrutar de las playas y los clubes nocturnos, mientras un sinfín de autocares de jubilados de otras ciudades acuden atraídos por los tratamientos de balneario y las curas de lodo.

Al este del Pärnu se extiende el Parque Nacional de Soomaa, región de sinuosas llanuras y pantanos con una gran biodiversidad. Pasado Soomaa, se halla Viljandi, un relajado centro regional y foco de cultura tradicional, sobre todo musical.

Viljandi

17 600 HAB.

Esta localidad, una de las más sugerentes de Estonia, se encuentra en un pintoresco valle con vistas al lago homónimo. Los Caballeros Portaespadas fundaron en este lugar un castillo en el s. XIII. La población que creció a su alrededor se unió más tarde a la Liga Hanseática, pero luego sufrió las idas y venidas de suecos, polacos y rusos. Hoy se trata de un lugar relajado, ideal para viajar en el tiempo, con castillos en ruinas, edificios antiguos y un frondoso paisaje.

Si se viaja a finales de julio, se debe tener reservado el alojamiento, pues durante cuatro días se celebra el Festival de Música Folk de Viljandi, el más importante de Estonia.

Puntos de interés

La parte antigua, situada en las manzanas al norte del castillo, abunda en bonitos edificios de madera con exquisitos detalles, pero todo se vuelve más feo al alejarse del centro.

★ Castillo de la Orden Teutónica de Viljandi CASTILLO

(Viljandi ordulinnus; Lossimäed) GRATIS En un exuberante parque, los escasos restos del castillo de Viljandi forman un pintoresco conjunto de ruinas y ofrecen vistas panorámicas del valle y el lago. Construido en 1224 por los Caballeros Portaespadas en una serie de tres pequeñas colinas divididas por barrancos, reemplazó una fortaleza estonia que databa del s. IX. El castillo cayó en el abandono tras las guerras polaco-suecas del s. XVII.

Solo se conservan escasas secciones de la muralla y cimientos en ruinas, pero interesantes paneles describen la disposición del castillo. Se puede llegar a través de un elegante puente peatonal colgante construido en 1879 para las ruinas de otro castillo en Tarvastu, pero trasladado a este en 1931.

En el pequeño cementerio de la parte de atrás del parque del castillo yacen enterrados los soldados alemanes que murieron en este lugar durante la II Guerra Mundial.

ENTRADA TRIPLE DE VILJANDI

Una entrada combinada (adultos/niños 5/3 €) incluye el Museo de Viljandi, el Centro Kondas y la vieja torre de agua.

Iglesia luterana de San Juan IGLESIA

(Jaani Kirik; Pikk 6; 11.00-18.00 lu-sa, 9.00-18.00 do med may-med sep) La renovación de esta iglesia medieval, con paredes de color gris pálido y un altar de piedra, permitió rescatarla de su antigua encarnación soviética como almacén de muebles. Inicialmente parte de una abadía franciscana del s. XV (de ahí la imagen del santo en la vidriera a la derecha del altar), aún se ven restos de frescos anteriores a la Reforma sobre el arco principal que van desde el porche a la iglesia propiamente dicha.

Centro Kondas GALERÍA DE ARTE

(Kondase keskus; www.kondas.ee; Pikk 8; adultos/estudiantes 2/1 €; 10.00-17.00 mi-sa ene-mar, mi-do abr y sep-dic, 11.00-18.00 diario may-ago) Esta galería, la única dedicada al arte naíf y marginal, expone algunas de las vistosas obras del pintor local Paul Kondas (1900-1985) y otros artistas autodidactas y alejados de la comercialidad. En una encantadora referencia a la obra de Kondas *Comedores de fresas*, de 1965, los tallos de todas las fresas gigantes que se ven por la ciudad apuntan hacia la galería.

Museo de Viljandi MUSEO

(433 3316; www.muuseum.viljandimaa.ee; Laidoneri plats 10; adultos/niños 2/1 €; 10.00-17.00 ma-sa abr y sep-dic, 11.00-18.00 diario may-ago) Este modesto museo de dos plantas, que ilustra la historia de la localidad desde la Edad de Piedra a mediados del s. XX, se alza frente a la antigua plaza del mercado. Exhibe trajes tradicionales, animales disecados, antiguas fotografías de la ciudad, joyas vikingas y una maqueta del aspecto que debía de tener el castillo original.

Vieja torre de agua MIRADOR

(Vana veetorn; www.sakalakeskus.ee; Laidoneri plats 5; adultos/niños 2/1 €; 11.00-18.00 may-ago, 10.00-17.00 ma-sa sep) Con 30 m de altura, esta curiosa torre de agua de ladrillo rojo coronada por una estructura de madera hexagonal, uno de los monumentos más emblemáticos de Viljandi, ofrece excelentes vistas del paisaje circundante.

Viljandi järv LAGO

Este lago, al que se accede por un empinado sendero que desciende desde la calle Pikk,

Suroeste de Estonia

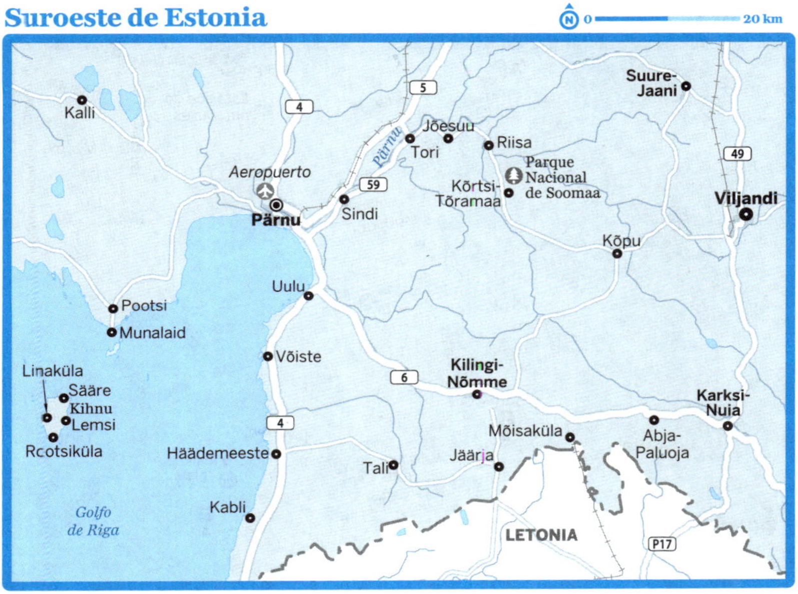

resulta muy popular para bañarse en los calurosos días de verano. Dispone de todos los elementos típicos de las playas estonias (pista de voleibol, cafés, alquiler de botes) y de una plataforma para bañistas junto a la orilla. Acoge las principales celebraciones de la noche de San Juan.

Iglesia luterana de San Pablo IGLESIA
(Pauluse kirik; Kiriku 5; ⏲10.00-15.00 ma-vi, hasta 13.00 do jun-ago) Construida en 1866 en estilo gótico Tudor, esta iglesia luterana con aspecto de castillo de piedra y ladrillo atesora un púlpito y una galería de madera, y una escena de la crucifixión sobre el altar.

Circuitos

Paseo por la ciudad CIRCUITOS A PIE
(adultos/niños 1/0,50 €; ⏲13.00 jun-ago) En verano se organiza un económico circuito guiado a pie de 1 h que sale desde enfrente de la oficina de turismo, donde se paga. Ofrece comentarios en inglés y estonio.

Fiestas y celebraciones

Días Hanseáticos CULTURAL
(www.hansa.viljandi.ee; Hansapäevad) Celebración del pasado de la ciudad durante un fin de semana largo a principios de junio.

Festival de Música Antigua de Viljandi MÚSICA
(Viljandi vanamuusika festival; www.vivamu.ee) Durante una semana a mediados de julio las iglesias y salas de conciertos de la ciudad sirven de escaparate para instrumentos y géneros musicales arcaicos.

Festival de Música Folk de Viljandi MÚSICA
(Viljandi pärimusimuusika festival; www.folk.ee) Este festival musical de cuatro días, el mayor evento del calendario, debe su popularidad y fama a su agradable y relajado ambiente y a su impresionante cartel de grupos internacionales. Se celebra el último fin de semana de julio, con más de 20 000 asistentes a más de 100 conciertos, por lo que se dobla la población de Viljandi.

Dónde dormir

Hostel Ingeri PENSIÓN €€
(☎433 4414; www.hostelingeri.ee; Pikk 2c; i 29 €, d 40-45 €; P wifi) En una de las calles más bonitas de Viljandi, esta pensión de seis habitaciones ofrece una excelente relación calidad-precio con confortables y luminosas habitaciones con TV y baño. Las plantas y la cocina para uso de los huéspedes lo con-

Viljandi

vierten en un buen segundo hogar, y goza de una ubicación inmejorable junto al parque.

Grand Hotel Viljandi HOTEL €€
(☎435 5800; www.ghv.ee; Tartu 11; i/d 76/98 €; P 📶) En el centro de la parte antigua de la ciudad, este hotel un poco cursi dispone de habitaciones de estilo *art déco* con adornos de madera oscura, sillas satinadas, grandes ventanas y alfombras de diseños atrevidos. Acoge un elegante restaurante a la carta, así como un agradable café en verano en la parte delantera. Búsquese el cartel que reza "EVE", el nombre del edificio de 1938 que ocupa.

Villa Hilda PENSIÓN €€
(☎433 3710; www.hildavilla.ee; Valuoja pst 7; h 46-84 €; P 📶) Aunque no destaque por su aspecto exterior, esta acogedora pensión luce numerosos detalles de época de los años treinta, como pulidos suelos de madera, espléndidos muebles y estufas. Solo cuenta con tres habitaciones, una de ellas con un balcón que da al parque.

Endla PENSIÓN €€
(☎433 5302; www.reinup.ee; Endla 9; i/d desde 30/35 €; @ 📶) En una tranquila calle secundaria al norte de la estación de autobuses, esta pequeña pensión rezuma un cierto aire suizo. Las habitaciones, sencillas pero impecables, lucen un elegante mobiliario.

Dónde comer y beber

La oferta gastronómica de Viljandi resulta bastante limitada dados su tamaño y su estatus, aunque existen varios *pubs* atractivos.

Aida CAFÉ €
(☎434 2066; www.aidakohvik.ee; Tasuja pst 6; principales 7,80-9,60 €; ⏲11.00-23.00 lu-sa, hasta 19.00 do) Con panorámicas al parque del castillo desde sus grandes ventanales y la terraza de la azotea, el café del Centro de Música Tradi-

Viljandi

Principales puntos de interés
1 Castillo de la Orden Teutónica B4

Puntos de interés
2 Centro Kondas C3
3 Vieja torre de agua C3
4 Iglesia luterana de San Juan C3
5 Iglesia luterana de San Pablo B3
6 Viljandi järv D4
7 Museo de Viljandi C3

Dónde dormir
8 Grand Hotel Viljandi C2
9 Hostel Ingeri C3
10 Villa Hilda A2

Dónde comer
Aida .... (véase 14)
11 Fellin C3
12 Suur Vend C2
13 Tegelaste Tuba C3

Ocio
14 Centro de Música Tradicional C4

cional brinda las mejores vistas de todos los restaurantes de la ciudad. Ofrece sustanciosa comida estonia muy bien preparada junto con pasta, salteados de verduras de estilo asiático y ensaladas.

Suur Vend COMIDA DE PUB €
(www.suurvend.ee; Turu 4; principales 4,50-9 €; 12.00-22.00 do y lu, hasta 24.00 ma y mi, hasta 3.00 ju-sa;) El amable personal, las generosas raciones, el billar y la animada música procedente de la máquina de discos alegran este acogedor *pub* con terraza y abundante madera oscura. Más tarde las noches de discoteca y de karaoke mantienen entretenida a la clientela.

Tegelaste Tuba COMIDA DE PUB €
(www.facebook.com/TegelasteTuba; Pikk 2b; principales 3,50-9 €; 11.00-24.00 do-ju, hasta 2.00 vi y sa;) La terraza con vistas al parque supone uno de los atractivos de esta taberna, junto con su acogedor interior en los fríos días de lluvia. Las paredes lucen artesanía estonia y una clientela muy diversa disfruta de su variada carta de sopas, ensaladas y comida casera rusa y estonia (bolas de masa hervida y mucho cerdo y pollo).

Fellin CAFÉ €€
(435 9795; www.kohvikfellin.ee; Kauba 2; principales 9-16 €; 11.00-20.00 do y lu, hasta 22.00 ma-sa) "Música en directo y comida local" reza el mantra de este genial café-bar, muy superior al resto de opciones de restauración de Viljandi. Su carta incluye desde tentempiés ligeros, ensaladas y sopas hasta comidas más sustanciosas (*magret* de pato, cerdo ahumado, pescado al vapor). También se puede ir a tomar vino y escuchar música.

Ocio

Centro de Música Tradicional MÚSICA EN DIRECTO
(Pärimusmuusika ait; www.folk.ee; Tasuja pst 6) La reputación de Viljandi como capital de la música folk de Estonia se consolidó con la apertura de este moderno centro en el 2007. Además de tratarse de un centro de estudio, acoge dos vanguardistas salas de conciertos y un sofisticado café. Para informarse sobre su programación, se puede pasar por allí o preguntar en la oficina de turismo.

Información

Centro de información turística (433 0442; www.visitestonia.com; Vabaduse plats 6; 10.00-18.00 lu-vi, hasta 15.00 sa y do med may-med sep, 10.00-17.00 lu-vi resto del año) Mapas locales e información en muchos idiomas sobre Viljandi y la zona circundante, incluido el Parque Nacional de Soomaa.

Cómo llegar y desplazarse

BICICLETA

Joosepi Jalgrattapood (434 5757; www.jalgrattad.eu; Kaalu 9; 4,50/10 € h/día; 9.00-18.00 lu-vi, hasta 15.00 sa) Alquiler y reparación de bicicletas.

AUTOBÚS

La **estación de autobuses** (bussijaam; 433 3680; www.bussireisid.ee; Ilmarise 1; 6.15-20.00 lu-sa, 8.00-20.00 do) se halla 500 m al norte de la oficina de turismo. Principales destinos:

Kuressaare (18 €, 5 h, 2 diarios)
Pärnu (6-6,80 €, 1½ h, 11 diarios)
Tallin (9,50-11 €, 2½ h, 11 diarios)
Tartu (5,80 €, 1¼ h, 14 diarios)
Valga (6,50-7,20 €, 1¾ h, 6 diarios)

TREN

La **estación de trenes** (raudteejaam; 434 9425; www.elron.ee; Vaksali 44) queda 1,6 km al suroeste de la oficina de turismo. Circulan cuatro trenes diarios a y desde Tallin (8,40 €, 2¼ h).

Parque Nacional de Soomaa

Con 390 km² y la mayor superficie de ciénagas, praderas y bosques ribereños de Estonia, el Parque Nacional de Soomaa (literalmente "tierra de ciénagas") se compone principalmente de cuatro ciénagas -Valgeraba, Öördi, Kikepera y Kuresoo–, cuya capa de turba alcanza en algunos puntos los 7 m de espesor. Varios afluentes del río Pärnu dividen las ciénagas y las inundaciones primaverales crean una 'quinta estación' en marzo y abril, durante la cual las aguas experimentan una crecida de hasta 5 m.

Hasta 43 especies de mamíferos habitan en los bosques circundantes, incluidos lobos, linces, osos pardos, alces, jabalíes y nutrias. Cada año llegan a Soomaa miles de aves, y se contabilizan 180 especies. La mejor época para avistar fauna abarca de septiembre a mayo, cuando al menos se pueden ver huellas en la nieve, y se evita la oleada de insectos del verano.

Para explorar el parque y sus serpenteantes vías navegables se recomienda ir en piragua o en *haabja,* una canoa tradicional ugrofinesa tallada a partir de un solo tronco de álamo temblón que se ha usado durante siglos para pescar, cazar, transportar heno y desplazarse.

A lo largo de la historia, las ciénagas han proporcionado aislamiento y protección a sus habitantes. Se afirma que están habitadas por brujas, aunque a veces se etiquetaba así a los curanderos tradicionales. Según la tradición, el maléfico fuego fatuo atrae a los lugareños a la ciénaga, donde se ven obligados a permanecer hasta que el gas arde, expulsando a los grotescos moradores del cenagal a la vista de todos. En un plano más cercano a la realidad, las ciénagas servían de refugio a los partisanos que huían de los invasores extranjeros.

Actividades y circuitos

La **ruta del Castor,** de 1,8 km, empieza en el centro de naturaleza de Soomaa y pasa por varias presas de castores. Otra buena y sencilla opción la brinda la **ruta de naturaleza de Riisa,** un trayecto circular de 4,8 km sobre una pasarela (1,2 km de la cual resultan accesibles en silla de ruedas) por la ciénaga de Riisa. Antes de recorrer los senderos, sobre todo en invierno, se aconseja informar al centro, ya sea por correo electrónico o en persona, sobre la ruta planeada.

Soomaa.com

(☎506 1896; www.soomaa.com) Ofrece una amplia gama de actividades, como viajes guiados y autoguiados en piragua, observación de nutrias en piragua, excursionismo por las ciénagas y circuitos de recogida de setas. En invierno se puede optar por salidas en trineo, esquí de fondo y excursiones en raquetas de nieve. El **Wilderness Day Trip** incluye excursiones a pie y en piragua por las ciénagas (50 €/persona, mín. 2 personas; may-sep; 20 € adicionales por recogida en Pärnu).

Dónde dormir

El parque cuenta con 10 zonas designadas de acampada, incluida una cercana al centro de naturaleza. Muy básicas y gratuitas, disponen de letrina, espacio para hacer hogueras y leña, pero no de agua corriente.

Información

Centro de naturaleza de Soomaa (☎435 7164; www.keskkonnaamet.ee; ⌚10.00-18.00 med abr-med sep, 10.00-16.00 lu-vi resto del año) Este agradable y muy profesional centro en Kõrtsi-Tõramaa ofrece información sobre el parque. Distribuye mapas de excursionismo y, si se avisa con antelación, puede reservar alojamiento y proporcionar guías.

Cómo llegar y salir

AUTOBÚS

Un autobús diario circula de Pärnu a Riisa (2,20 €, 1 h), a 6 km del centro de naturaleza.

AUTOMÓVIL Y MOTOCICLETA

Resulta más fácil acceder al parque por el lado de Pärnu (oeste), a través de Tori y Jõesuu. Aunque Viljandi queda más cerca, la carretera de 23 km que va de Kõpu al centro de visitantes se encuentra en gran parte sin asfaltar.

Pärnu

39 800 HAB.

Familias locales, jóvenes con las hormonas revolucionadas y veraneantes alemanes, suecos y finlandeses se unen en una plegaria colectiva para que brille el sol mientras pasean por las playas, los extensos parques y el pintoresco centro histórico del principal destino vacacional de playa de Estonia. En la región, Pärnu es sinónimo de diversión y sol; algún vecino exagerado la llama incluso "la Miami de Estonia", pero suele recibir el sobrenombre más prosaico de "capital del verano".

LOS HERMANOS DEL BOSQUE

Hoy en día los aletargados pantanos y plácidos bosques de Estonia son un refugio solo para la fauna, pero entre 1944 y 1956 buena parte de lo que ahora es el parque nacional y la reserva natural fue un feudo del movimiento independentista Metsavennad (o Metsavendlus; Hermanos del Bosque). Los Hermanos del Bosque resistieron con uñas y dientes a la ocupación soviética. Muchos optaron por una existencia en la clandestinidad del bosque y algunos permanecieron allí muchos años. Conocían bien su territorio y lo aprovecharon para sobrevivir y luchar por la restauración de la república.

Los soviéticos reclamaron Estonia en el Pacto Molotov-Ribbentrop de 1939 y, después de la retirada alemana, tras tres años de difícil ocupación, se aseguraron dicha concesión avanzando hacia Tallin en 1944. La resistencia, convencida de que esta ocupación no sería reconocida en la Carta del Atlántico de 1941 entre EE UU y el Reino Unido (que estipulaba la restitución de los derechos soberanos y la independencia cuando dichos derechos hubieran sido arrebatados por la fuerza), buscaron apoyo para lo que algunos pensaron que sería una nueva guerra. Como la ayuda internacional no se materializó, la causa por la independencia siguió siendo un asunto de Estonia.

La resistencia empezó con ataques aislados a tropas del Ejército Rojo que se cobraron las vidas de unos 3000 soldados. Los conocimientos estratégicos y las seguras redes de inteligencia provocaron daños irreparables en objetivos soviéticos. En el mejor momento de la resistencia se contaban más de 30 000 Hermanos del Bosque y simpatizantes, que incluían a niños, ancianos, jóvenes y una red de "Hermanos de la Ciudad". Su impacto queda patente en los archivos soviéticos de la época, donde se detallan episodios de sabotaje en infraestructuras como líneas ferroviarias y carreteras para entorpecer los primeros intentos por convertir Estonia en un nuevo estado soviético.

En años posteriores, los Metsavennad sufrieron muchas bajas, pues se toparon con una oposición variada y creciente. La NKVD/KGB (policía secreta soviética) incentivaba a la ciudadanía que fuera capaz de infiltrase en la resistencia. Los soviéticos coordinaron deportaciones masivas de presuntos simpatizantes y algunos partidarios de los Metsavennad fueron coaccionados para actuar contra la resistencia. En 1947, unos 15 000 combatientes habían sido arrestados o asesinados. El mayor golpe contra los Metsavennad se produjo en 1949, año en el que fueron deportadas más de 20 000 personas –principalmente mujeres, niños y ancianos–, la mayoría de las cuales había ofrecido apoyo logístico o encubierto a las actividades de la resistencia.

Existen muchos héroes de los Metsavennad, la mayoría con un final violento. Kalev Arro y Ants Kaljurand (*hirmus*, o "Ants el Terrible" para los soviéticos) fueron famosos por sus logrados disfraces y por el humor con el que continuamente se zafaban de los soviéticos. En 1980, se encontró en el distrito de Lääne el cadáver muerto por disparo del último Hermano del Bosque, Oskar Lillenurm.

Se ha trabajado mucho para recopilar la historia de este movimiento a base del registro de historias de testigos presenciales. Los supervivientes del movimiento se consideran héroes nacionales y reciben algunas de las más altas condecoraciones del país. Para más información, se puede consultar el libro *War in the Woods: Estonia's Struggle for Survival 1944-1956 (Guerra en el bosque: la lucha de Estonia por la supervivencia, 1944-1956)* de Mart Laar, antiguo primer ministro de Estonia e historiador.

La mayor parte de Pärnu resulta muy tranquila, con frondosas calles y amplios parques entremezclados con villas de comienzos del s. xx, reflejo de su pasado más moderno y decoroso. Aún acuden visitantes de cierta edad procedentes de Finlandia y Rusia en busca de descanso, rejuvenecimiento y tratamientos de lodo.

Historia

Existió un asentamiento comercial en Pärnu previo a la llegada de los cruzados alemanes, un lugar que quedó inscrito en la historia en 1234 al convertirse el río Pärnu en frontera entre los territorios del obispo Ösel-Wiek (oeste y norte) y los caballeros livonios (este y sur). Comunicada fluvialmente con Viljandi, Tartu y el lago Peipus, la localidad se convirtió en el puerto hanseático de Pernau en el s. XIV (una conexión hoy inexistente debido al descenso del nivel del agua). Pernau/Pärnu estuvo habitada por mercaderes alemanes procedentes de Lübeck hasta al menos el s. XVIII. Soportó guerras, incendios y epidemias de peste. Pasó por distintas regencias de alemanes, polacos, suecos y rusos, y floreció en el s. XVII bajo la dominación sueca, hasta que el comercio quedó arruinado por los bloqueos en toda Europa durante las guerras napoleónicas.

A partir de 1838 la localidad empezó a convertirse poco a poco en un popular centro vacacional, con los baños de lodo y la playa como principales atractivos. Solo la zona vacacional salió indemne cuando el Ejército soviético expulsó a los nazis y causó importantes daños en la localidad. Gran parte del casco antiguo ha sido restaurado.

Puntos de interés

Pärnu se extiende a ambas orillas del río homónimo, que desemboca en la bahía del mismo nombre. La orilla sur concentra los principales puntos de interés, como el cas-

Pärnu

co antiguo y la playa. La calle principal del centro histórico, Rüütli, atesora magníficos edificios del s. XVII.

★ Playa de Pärnu PLAYA

La larga y ancha playa de arena de Pärnu, salpicada de redes de voleibol, cafés y vestuarios, supone el principal atractivo de la ciudad. Junto a la arena se extiende un paseo curvilíneo, con fuentes, bancos y un excelente parque infantil. Ranna pst, la avenida paralela a la playa, rebosa de edificios de principios del s. XX. Enfrente, los formales jardines que conforman el **Rannapark** brindan un marco ideal para un pícnic estival.

★ Museo de Arte Nuevo GALERÍA DE ARTE

(Uue kunstimuuseum; ☎443 0772; www.mona.ee; Esplanaadi 10; adultos/niños 3/1,50 €; ⏱9.00-21.00) La antigua sede del Partido Comunista de Pärnu alberga una de las galerías más vanguardistas de Estonia. Como parte de su compromiso por ampliar los límites de la cultura, cada verano acoge una exposición de arte nudista internacional. Fundada por el cineasta Mark Soosaar, acoge además el anual Festival de Cine de Pärnu.

También cuenta con una pequeña y fabulosa tienda de regalos y un café con un terminal con internet (2 €/h).

Puerta de Tallin PUERTA

(Tallinna Värav) La típica forma de estrella de las fortificaciones suecas del s. XVII que rodeaban el casco antiguo se distingue fácilmente en un mapa en color ya que casi todas las puntas se han transformado en parques. La única sección intacta, con foso incluido, se halla al oeste del centro. El punto de unión de la muralla con el extremo oeste de Kuninga está atravesado por esta verja con forma de túnel; antiguamente protegía la carretera principal que se dirigía al ferri del río y continuaba hasta Tallin.

Iglesia luterana de Santa Isabel IGLESIA

(Eliisabeti kirik; www.eliisabet.ee; Nikolai 22; ⏱12.00-18.00 ma-sa, 9.00-12.00 do jun-ago) Bautizada con el nombre de la madre de san Juan Bautista pero también con el de la emperatriz rusa de la época en que fue construida (1747), esta iglesia barroca luce lámparas de araña que cuelgan bajas, un púlpito de madera tallada de estilo gótico y un maravilloso retablo de la Resurrección realizado en Róterdam (1854).

Iglesia ortodoxa de Santa Catalina IGLESIA

(Ekatarina Kirik; Vee 8) Construida en 1768, esta fabulosa iglesia barroca toma el nombre de la

Pärnu

Principales puntos de interés
1 Museo de Arte Nuevo C3
2 Playa de Pärnu B5

Puntos de interés
3 Museo de Pärnu C1
4 Iglesia ortodoxa de Santa Catalina B2
5 Iglesia luterana de Santa Isabel C2
6 Puerta de Tallin B2
7 Ayuntamiento C2

Actividades, cursos y circuitos
8 Hedon Spa B4
9 Tervise Paradiis Veekeskus D5

Dónde dormir
10 Frost Boutique Hotel B2
11 Hommiku Hostel C2
12 Hotell Legend C4
13 Inge Villa D5
14 Tervise Paradiis D5
15 Villa Ammende A3
16 Villa Johanna B4

Dónde comer
17 Lime Lounge C2
18 Mahedik C2
19 Mercado Viejo D3
20 Piccadilly C2
21 Piparmünt C5
22 Port Arturi Konsum C1
23 Raimond B5
24 Steffani C2
25 Steffani B5
26 Supelsaksad C3
27 Trahter Postipoiss B2

Dónde beber y vida nocturna
28 Citi C2
29 Pärnu Kuursaal B4
30 Puhvet APTEK C2
Rock Club Volume .... (véase 29)
31 Romantic Bar D5
32 Sunset B5
33 Sweet Rosie C2
34 Veerev Õlu C2

Ocio
35 Teatro Endla B2
36 Auditorio de Pärnu C1

De compras
37 Maarja-Magdaleena Gild C2

emperatriz rusa Catalina la Grande, también el de una de las primeras mártires cristianas.

Ayuntamiento EDIFICIO HISTÓRICO
(Nikolai 3) Este edificio neoclásico de 1797 alberga la oficina de turismo y un pequeño espacio de exposición. También merece la pena observar la casa con entramado de madera de 1740 que se encuentra en diagonal al otro lado de la calle.

Museo de Pärnu MUSEO
(☎443 3231; www.parnumuuseum.ee; Aida 3; adultos/niños 4/2 €; ⌚11.00-18.00 ma-do) Este museo abarca 11 000 años de historia regional, desde reliquias arqueológicas prehistóricas hasta una reconstrucción de un apartamento de la época soviética. La estrella de la exposición, la llamada "Virgen de la Edad de Piedra", data de hace 8000 años.

Museo Koidula MUSEO
(www.parnumuuseum.ee; Jannseni 37; adultos/niños 2/1 €; ⌚10.00-18.00 ma-do jun-ago, 10.00-17.00 ma-sa sep-may) La memoria de Lydia Koidula (1843-1886), una de las figuras de la poesía de Estonia, sigue viva en este modesto museo de seis salas ubicado en su antigua vivienda-escuela. La antigua aula, la sala de estar (repleta de antigüedades) y los dormitorios resultan interesantes, aunque no se sea un apasionado del renacimiento cultural estonio.

Actividades

Hedon Spa SPA
(☎449 9011; www.hedonspa.com; Ranna pst 1; tratamientos desde 25 €; ⌚9.00-19.00 lu-sa, hasta 17.00 do) Construido en 1927 para albergar los famosos baños de lodo de Pärnu, este atractivo edificio neoclásico recientemente ha sido restaurado y ha abierto como *spa* de día. Ofrece todo tipo de tratamientos, no todos con lodo.

Tervise Paradiis Veekeskus PARQUE ACUÁTICO
(www.terviseparadiis.ee; Side 14; adultos/niños 3 h 13/9 €, día 20/15 €; ⌚10.00-22.00) En el extremo más alejado de la playa, el parque acuático más grande de Estonia cuenta con piscinas, toboganes y otras diversiones acuáticas. Resulta una gran atracción familiar, sobre todo cuando el mal tiempo arruina los planes de playa. También cuenta con tratamientos de *spa*, clases de *fitness* y una bolera.

Fiestas y celebraciones

La oficina de turismo distribuye *Pärnu This Week*, con listados de los eventos que se celebran en la ciudad.

Grillfest COMIDA
(Hea Toidu Festival; www.grillfest.ee) Durante el segundo fin de semana de junio unas 45 000 personas pasan por los 200 puestos de comida del parque Vallikäär para disfrutar de la mejor cocina estonia en este festival gastronómico.

Jornadas Hanseáticas de Pärnu CULTURAL
(Pärnu Hansapäevad; http://hansa.parnu.ee) Pärnu se vuelve medieval durante un fin de semana a finales de junio, con un torneo de caballeros, puestos de mercado, representaciones y una feria de ganado y aves de corral.

Festival de Cine de Pärnu CINE
(Pärnu Filmifestival; www.chaplin.ee) Este festival internacional cada vez más prestigioso lleva proyectando documentales desde 1987. Se celebra en el Museo de Arte Nuevo y en otros locales de la ciudad durante dos semanas a principios de julio.

Dónde dormir

En verano se debe reservar con antelación, sobre todo los fines de semana. Fuera de temporada alta debería ser posible conseguir una buena oferta, incluso a mitad de precio.

Konse Motel & Camping CAMPING €
(☎5343 5092; www.konse.ee; Suur-Jõe 44a; parcelas 9-15 €, h con/sin baño desde 52/40 €; P@) Junto al río y a 1 km del centro, ofrece una zona de acampada y una amplia variedad de habitaciones con acceso a cocina. No es especialmente bonito, pero goza de una sauna (15 €/h) y alquila bicicletas (10 €/día) y barcas de remos (10 €/h).

Embrace B&B, APARTAMENTOS €€
(☎5887 3404; www.embrace.ee; Pardi 30; h desde 75 €; P) Esta vieja casa de madera se encuentra en una calle suburbana cerca de la playa y el parque acuático. Las habitaciones ofrecen un buen equilibrio entre lo antiguo y lo contemporáneo. Dispone además de cuatro modernos apartamentos en un anexo cercano.

Inge Villa PENSIÓN €€
(☎443 8510; www.ingevilla.ee; Kaarli 20; i/d/ste 56/70/82 €;) Este sencillo y encantador alojamiento que se describe como "un hotel-villa sueco-estonio" goza de una excelente ubicación cerca de la playa. Sus 11 habitaciones lucen una decoración sencilla en tonos algo apagados, con el acento en el minimalismo nórdico. El jardín, el salón y la sauna ayudan a decidirse.

Villa Johanna B&B €€
(☎443 8370; www.villa-johanna.ee; Suvituse 6; i/d/ste 50/80/100 €; P 📶) Decorada con macetas colgantes y jardineras, esta bonita casa de madera de antaño ofrece acogedoras habitaciones revestidas de madera de pino en una tranquila calle cerca de la playa. Una habitación dispone de su propio balcón. Apenas hablan inglés.

Hotell Legend HOTEL €€
(☎442 5606; www.legend.ee; Lehe 3; i/d/ste desde 50/70/90 €; P @ 📶 🐾) Las lámparas de estilo Tiffany, las maquetas de barco y el panelado de madera brindan un aire de antaño al vestíbulo en fuerte contraste con el aspecto amazacotado de su exterior. Sus limpias habitaciones, su encantador personal y su proximidad a la playa lo convierten en una buena opción de precio medio.

Hommiku Hostel PENSIÓN €€
(☎445 1122; www.hommikuhostel.ee; Hommiku 17; i/d desde 25/35 €; P 📶) Con una excelente y céntrica ubicación, se parece más a un hotel económico que a un albergue. Ofrece habitaciones con baño, TV y minicocina; algunas lucen techos antiguos con vigas.

Villa Ammende HOTEL €€€
(☎447 3888; www.ammende.ee; Mere pst 7; i/d/ste desde 165/210/400 €; P ❄ 📶) Esta renovada mansión *art nouveau* de 1904 que se alza sobre un jardín muy bien cuidado rezuma lujo. El precioso exterior, que recuerda a una moderna estación del metro de París, combina con el elegante vestíbulo y las habitaciones con muebles de anticuario; las de la vivienda del jardinero, aunque más asequibles, no resultan tan atractivas.

Frost Boutique Hotel HOTEL €€€
(☎5303 0424; www.frosthotel.ee; Kuninga 11; h/ste desde 140/210 €; P 📶) Escondido tras un viejo edificio reducido a cenizas, este hotel ofrece habitaciones muy elegantes con la decoración más sofisticada de Pärnu: paredes de madera rústica, lámparas de araña, azulejos metálicos en el baño, mantas de piel, pufs de piel de vaca, ositos de peluche y mucho más. El desayuno cuesta 12 € adicionales.

Tervise Paradiis CENTRO VACACIONAL €€€
(☎445 1600; www.terviseparadiis.ee; Side 14; i/d/ste desde 91/104/153 €; P 📶 🏊) Amplio (120 habitaciones) y muy frecuentado en verano, este hotel próximo a la playa ofrece elegantes dormitorios con balcones y vistas marinas; se aconseja pedir una de las plantas superiores. Entre sus servicios destacan una bolera, un cuarto de juegos infantiles, un *spa,* un gimnasio, un parque acuático, restaurantes y bar. Muy popular entre suecos y finlandeses, en verano hay que reservar con antelación.

Dónde comer

★ Piccadilly CAFÉ, VEGETARIANA €
(www.wine.kohvila.com; Pühavaimu 15; principales 4,50-7,50 €; ⏲9.00-23.00 lu-sa, 10.00-20.00 do; 🌿) Ofrece un tranquilo refugio para los vegetarianos y los amantes del vino, así como una amplia gama de bebidas calientes. Entre las opciones saladas se incluyen deliciosas ensaladas, sándwiches y tortillas, pero en realidad destacan los dulces, como bombones caseros y adictivas tartas de queso.

Steffani PIZZERÍA €
(www.steffani.ee; Nikolai 24; principales 6,10-8,30 €; ⏲11.00-24.00 do-ju, hasta 2.00 vi y sa; 👪) Frente a este local siempre se forman colas. Resulta una opción excelente para *pizzas* de masa fina y gruesa, sobre todo en verano, cuando se puede comer en su gran terraza llena de flores. Su carta también incluye pasta y, aunque resulte curioso, burritos. En verano también abre una **sucursal en la playa** (Ranna pst 1; principales 7,10-9,90 €).

Port Arturi Konsum SUPERMERCADO €
(Lai mnt 11; ⏲9.00-22.00) El supermercado más céntrico se encuentra en el centro comercial Port Artur.

Mercado Viejo MERCADO €
(Vana Turg; Suur-Sepa 18; ⏲7.00-16.30 ma-sa, 7.00-15.00 do) Mercado cubierto recomendable para comprar fruta y verdura.

Piparmünt EUROPEA MODERNA €€
(☎442 5736; www.kurgovilla.ee; Papli 13; principales 11-17 €; ⏲12.00-23.00) A pesar de su aspecto sencillo y su escondida ubicación junto a un pequeño hotel en una calle lateral cerca de la playa, se trata de uno de los mejores restaurantes de Pärnu. La carta cambia constantemente, pero suele incluir platos interesantes, cargados de sabor y presentados de forma ingeniosa.

Supelsaksad CAFÉ €€
(☎442 2448; www.supelsaksad.ee; Nikolai 32; principales 10-18 €; ⏲8.00-22.00 do-ju, 9.00-24.00 vi y sa) Este fabuloso café, decorado en color rosa vivo y con muchas rayas y estampados, sirve una atractiva gama de ensaladas, pastas y platos principales de carne. También ofrece numerosos pasteles.

Mahedik CAFÉ €€

(☎442 5393; www.mahedik.ee; Pühavaimu 20; desayuno 5-6 €, principales 8-15 €; ⌚10.00-19.00 do, 9.00-21.00 lu-ju, 10.00-23.00 vi y sa) Este acogedor café, cuyo nombre significa más o menos "tirando a orgánico", se centra en comida local de temporada. Ofrece desayunos calientes, platos de pescado local y un divino surtido de pasteles.

★ **Lime Lounge** INTERNACIONAL €€€

(☎449 2190; www.limelounge.ee; Hommiku 17; principales 12-21 €; ⌚12.00-24.00 lu-sa, hasta 21.00 do; 📶👪) Animado y muy colorido, parece más una coctelería que un restaurante, pero ofrece una comida excelente. Su carta internacional incluye desde platos de Francia (*magret* de pato) e Italia (deliciosa pasta) hasta de Tailandia (sopa *tom kha gai*) pasando por Rusia *(borscht)*.

Raimond EUROPEA MODERNA €€€

(☎5556 2686; www.hedonspa.com; Ranna pst 1; almuerzo 8 €, cena 19-25 €; ⌚13.00-24.00) Frente al mar en la parte de atrás del Heddon Spa & Hotel, una clientela playera disfruta de almuerzos ligeros (sopas, ensaladas y un legendario tartar de ternera) en su gran terraza. Por la noche, un público adinerado se acomoda en su ostentoso interior para disfrutar de platos más sustanciosos, como lomo de venado, solomillo de ternera o pescado fresco.

Trahter Postipoiss RUSA €€€

(☎446 4864; www.trahterpostipoiss.ee; Vee 12; principales 13-22 €; ⌚12.00-23.00) En un edificio de correos de 1834, esta taberna rústica con una clientela agradable y retratos imperiales en las paredes prepara excelente cocina rusa, desde platos sencillos hasta sofisticados. En verano abren el amplio patio y programan música en directo los fines de semana.

Dónde beber y vida nocturna

Veerev Õlu PUB

(Uus 3a; ⌚11.00-1.00 lu-sa, 13.00-1.00 do) El "Rolling Beer", llamado así en honor a los Rolling Stones, destaca como el *pub* más agradable y acogedor. Este minúsculo y rústico local ofrece buenas vibraciones, cerveza asequible y alguna que otra actuación de bandas de folk-*rock* (con baile obligatorio en las mesas, según parece).

Sweet Rosie PUB

(www.sweetrosie.eu; Munga 2; ⌚11.00-24.00 do-ju, hasta 2.00 vi y sa) Los amantes de la fiesta abarrotan el acogedor interior de madera oscura de este divertido *pub* irlandés con una extensa carta de cervezas, sabrosa comida de *pub* y esporádicas actuaciones de música en directo.

Puhvet APTEK BAR, CLUB

(www.aptek.ee; Rüütli 40; ⌚22.00-2.00 mi y ju, hasta 4.00 vi y sa) Esta antigua farmacia de la década de 1930 se ha transformado gracias a una ingeniosa restauración en un tranquilo local nocturno. La fabulosa decoración, incluidas vitrinas, viales y botellas originales, compite con los cócteles y los DJ por atraer la atención.

Pärnu Kuursaal PUB

(www.kuur.ee; Mere pst 22; principales 3,50-5,50 €; ⌚12.00-22.00 do-mi, hasta 24.00 ju, hasta 4.00 vi y sa) Este salón de baile de finales del s. XIX se ha convertido en una espaciosa cervecería rústica con una gran terraza en la parte de atrás. Su clientela, formada por turistas y lugareños más maduros, acude por la cerveza artesana, la música en directo y una carta que presenta buenos platos de carne y tentempiés para acompañar la cerveza.

Citi PUB

(Hommiku 8; principales 5-13 €; ⌚10.00-23.00 lu-sa, 11.00-21.00 do) Cuando brilla el sol, las mesas exteriores de este animado *pub* se llenan con una variada clientela, y el rústico local no desentona con la sencilla carta de tentempiés, cerveza y económicos platos principales (pollo a la parrilla, cerdo asado y filete de salmón). Resulta muy popular entre turistas y lugareños, y el propietario es todo un personaje local.

Romantic Bar BAR

(www.terviseparadiis.ee; Tervise Paradiis, 2ª planta, Side 14; ⌚14.00-24.00) A pesar de su nombre y el anodino aire de bar de hotel, sus vistas marinas lo convierten en el escenario ideal para tomar un cóctel al atardecer o una copa por la noche en las sillas blancas de cuero o en la pequeña terraza.

Sunset DISCOTECA

(www.sunset.ee; Ranna pst 3; ⌚23.00-6.00 vi y sa jun-ago) La discoteca de verano más grande y famosa de Pärnu goza de una terraza al aire libre en la playa y un elegante interior de varias plantas con muchos rincones para cuando la pista de baile está abarrotada. Grupos y DJ internacionales mantienen el ambiente animado hasta altas horas de la madrugada.

Rock Club Volume CLUB
(www.rockclubvolume.ee; Mere pst 22; entrada 7-12 €; ⌚variable) Anexo al *pub* Kuursaal, este club de *rock* duro atrae a una joven y entusiasta clientela amante del *metal* con una mezcla de actuaciones de DJ y grupos en directo.

☆ Ocio

En verano se celebran conciertos en locales tradicionales como el Auditorio y el Kuursaal, así como en parques, el ayuntamiento, iglesias y los jardines del hermoso hotel Villa Ammende.

Auditorio de Pärnu MÚSICA CLÁSICA
(Pärnu konserdimaja; ☎445 5810; www.concert.ee; Aida 4) Impresionante auditorio de acero y cristal junto al río, dotado de una magnífica acústica y considerado el mejor del país.

Teatro Endla TEATRO
(☎442 0667; www.endla.ee; Keskväljak 1; ⌚cerrado jun) El mejor teatro de Pärnu acoge una amplia gama de representaciones, normalmente en estonio. También alberga una galería de arte, un club de *jazz* y un café al aire libre.

De compras

Maarja-Magdaleena Gild ARTESANÍA
(www.maarjamagdaleenagild.ee; Uus 5; ⌚10.00-18.00 lu-vi, hasta 15.00 sa) Los artesanos asociados a este gremio local venden sus productos (cuero, cristal, papel, tejidos, fieltro, joyas, cerámica) en la tienda principal de la planta baja y en sus pequeños talleres repartidos por todo el edificio.

ℹ Información

Biblioteca central de Pärnu (Pärnu keskraamatukogu; www.pkr.ee; Akadeemia tänav 3; ⌚10.00-19.00 lu-vi, hasta 15.00 sa) Elegante y moderna biblioteca con acceso gratis a internet.

Centro de información turística de Pärnu (☎447 3000; www.visitparnu.com; Uus 4; ⌚9.00-18.00 med may-med sep, 9.00-17.00 lu-vi y 10.00-14.00 sa y do resto del año) Centro muy útil que facilita mapas y folletos, reserva de alojamiento y de automóviles de alquiler (por una pequeña comisión), además de servicio de consigna (2 €/día). Cuenta con una pequeña galería anexa, además de lavabo y duchas.

ℹ Cómo llegar y salir

AVIÓN

El **aeropuerto de Pärnu** (Pärnu lennujaam, EPU; ☎447 5000; www.parnu-airport.ee; Lennujaama tee, Eametsa), a 4 km del centro, queda en el extremo norte de la ciudad, al oeste de la carretera de Tallin. Solo lo utiliza una pequeña línea aérea, Luftverkehr Friesland-Harle (LFH), para vuelos en invierno a las islas de Kihnu y Ruhnu, cuando viajar por mar resulta imposible. El autobús nº 23 circula dos veces al día entre la estación de autobuses y el aeropuerto (15 min); un taxi no debería costar más de 3 €.

BARCO

El **club náutico de Pärnu** (Pärnu jahtklubi; ☎447 1750; www.jahtklubi.ee; Lootsi 6) cuenta con un puerto deportivo con una oficina de aduanas, así como un restaurante y alojamiento.

AUTOBÚS

Los autobuses paran en la esquina de Pikk con Ringi, pero las **taquillas de la estación de autobuses** (Ringi 3; ⌚6.30-19.30) quedan a unos 100 m, al otro lado de Ringi (búsquese el letrero rojo de "bussijaam"). Circulan autobuses internacionales a San Petersburgo y Vilna (p. 181). Principales destinos nacionales:

Haapsalu (5,05 €, 2½ h, diario)
Kuressaare (13 €, 3½ h, 4 diarios)
Tallin (6,50-11 €, 2 h, como mínimo cada hora)
Tartu (9,60-12 €, 2¾ h, 12 diarios)
Viljandi (6-6,80 €, 1½ h, 11 diarios)

AUTOMÓVIL Y MOTOCICLETA

Entre las agencias de alquiler se incluye **Avis** (☎667 1515; www.avis.ee; Rüütli 44), en el Hotel Pärnu.

TREN

Circulan tres trenes diarios entre Tallin y Pärnu (7,60 €, 2¼ h), pero no resulta una opción demasiado buena dada la poco práctica ubicación de la **estación de Pärnu** (Liivi tee), 5 km al este del centro, en un lugar difícil de encontrar y de difícil acceso junto a una carretera principal. No hay taquilla; los billetes se compran en el tren. Si se llega desde Tallin, hay que asegurarse de ir en los vagones correctos, ya que parte del tren se desengancha en Lelle y continúa por una vía diferente hasta Viljandi.

ℹ Cómo desplazarse

BICICLETA

En verano, **Tõruke Rattarent** (☎502 8269; www.bicyclerentalparnu.eu; Ranna pst 1a; bicicleta por h/día/semana 2,50/10/43 €; ⌚9.00-19.00 jun-ago) alquila bicicletas en un puesto cercano a la playa, en la esquina de Ranna pst con Supeluse. También entregan las bicicletas en los alojamientos por 1 € adicional.

AUTOBÚS

Los autobuses locales no resultan necesarios, pues todos los puntos de interés se pueden visitar a pie. Los billetes para trayectos locales cuestan 0,64 € si se compran con antelación o 1 € si se adquieren en el mismo autobús.

TAXI

Los taxis se concentran cerca de la estación de autobuses de Ringi. Entre las empresas locales se incluyen **E-Takso** (☎443 1111; www.etakso.ee; bajada de bandera 2,90 €, más 0,96 €/km) y **Pärnu Takso** (☎443 9222; www.parnutakso.ee; bajada de bandera 2,88 €, más 0,96 €/km).

Kihnu

502 HAB.

Unos 40 km al suroeste de Pärnu en el golfo de Riga, esta isla parece un museo viviente de la cultura estonia. Muchas mujeres siguen usando casi a diario las coloristas faldas tradicionales de rayas. La isla, de 7 km de largo, alberga cuatro aldeas y su costa occidental está bordeada de largas y tranquilas playas.

En diciembre del 2003, la Unesco declaró el Espacio Cultural de Kihnu obra maestra del Patrimonio Oral e Inmaterial Mundial, una distinción que supone un homenaje a las ricas tradiciones culturales aún presentes en la isla: canto, danza, festivales espirituales y artesanía. Su supervivencia durante siglos se debe en parte al aislamiento en el que ha permanecido.

Siglos atrás, muchos de sus primeros pobladores eran criminales y exiliados llegados del continente. Los hombres vivían de la pesca y caza de focas; las mujeres gobernaban la isla en su ausencia. El habitante más famoso de Kihnu, el capitán Enn Uuetoa (conocido como Kihnu Jõnn), según parece surcó todos los océanos del mundo. Murió ahogado en 1913 al hundirse su barco frente a la costa danesa en el que iba a ser su último viaje antes de jubilarse. Fue enterrado en el pueblo danés de Oksby, pero en 1992 sus restos fueron repatriados a Kihnu.

Tras la II Guerra Mundial se creó una cofradía de pescadores, y la pesca y la ganadería siguen siendo fundamentales para su subsistencia.

Puntos de interés

Museo de Kihnu MUSEO
(☎446 9983; www.kihnu.ee; Linaküla; adultos/niños 3/1,50 €; ⊙10.00-17.00 may-ago, 10.00-14.00 ma-sa sep, 10.00-14.00 ma-vi oct-abr) Cerca de la pintoresca iglesia ortodoxa de Linaküla, este museo permite conocer más a fondo a Kihnu Jõnn y la vida en la isla.

Iglesia ortodoxa de San Nicolás IGLESIA
(Nikolaose kirik; Linaküla; ⊙10.00-15.00 may-sep) Los isleños se cuentan entre la minoría de etnia estonia que profesa la religión ortodoxa rusa. Esta pequeña y bonita iglesia en el centro de la isla data de 1786, con algunos añadidos de 1862.

Faro de Kihnu FARO
(Kihnu Tuletorn; adultos/niños 3/1,50 €; ⊙10.00-18.00 jun-ago, 10.00-15.00 sa y do may y sep) Construido con piezas transportadas en barco desde Inglaterra en 1864, este faro de 29 m de altura se alza en el extremo sur de la isla y sigue emitiendo sus señales luminosas. En verano se puede subir para disfrutar de las vistas.

Dónde dormir y comer

Las estancias en casas particulares son muy populares ya que ofrecen la oportunidad de interactuar con los lugareños y de disfrutar de cocina casera. Más información en www.visitestonia.com; existen muchas probabilidades de que los anfitriones no hablen inglés.

Rock City PENSIÓN €
(☎446 9956; www.rockcity.ee; Sääre; parcelas por persona 4 €, i/d desde 15/30 €; ⊙may-ago) Cerca del puerto, dispone de habitaciones básicas con suelos de madera y baño compartido. Además, ofrece alquiler de bicicletas, sauna, excursiones y un restaurante que prepara suculentos platos rurales.

Granja turística Tolli PENSIÓN €€
(☎527 7380; www.kihnukallas.ee; Sääre; parcelas por persona 6 €, i/d 32/40 €; ⊙may-sep) Unos 2 km al norte del puerto, cuenta con habitaciones en el edificio principal de la granja, el granero y una rústica cabaña de troncos. También permite acampar. Dispone de una sauna, organiza excursiones en barco y los huéspedes pueden pedir las comidas. Incluso ofrece un servicio de recogida de los clientes en el territorio continental.

Información

La agencia de viajes **Kihnurand** (☎525 5172; www.kihnurand.ee; Sääre) organiza excursiones y circuitos.

Cómo llegar y salir

AVIÓN

En invierno (desde diciembre o cuando se interrumpe el servicio de barcos), **LFH** (☎512 4013; www.lendame.ee) vuela a/desde Pärnu.

BARCO

- Siempre que el hielo lo permita (como mínimo med may-fin oct), circulan ferris operados por **Veeteed** (☎443 1069; www.veeteed.com) a Kihnu; salen de Munalaid (adultos/niños/automóviles/bicicletas 3/1,50/12/1 €, 50 min, 2-4 diarios), 40 km al suroeste de Pärnu.
- Los autobuses de Pärnu a Munalaid en teoría se programan para coincidir con los ferris.
- Aunque también parten ferris desde el centro de Pärnu (adultos/niños/automóviles/bicicletas 5/2,50/15 €/gratis, 2½ h, ju-do), se estaba estudiando la posibilidad de suspenderlos. Incluso teniendo que tomar el autobús, el trayecto resulta más rápido desde Munalaid.
- Los billetes pueden comprarse en cualquiera de los puertos.
- La oficina de turismo de Pärnu dispone de horarios actualizados.
- El muelle de ferris de Kihnu queda a medio camino entre las aldeas de Sääre y Lemsi.

Cómo desplazarse

La bicicleta supone la mejor forma de desplazarse por la isla. Se alquilan en varios sitios, incluidos casi todos los alojamientos.

OESTE DE ESTONIA Y LAS ISLAS

La costa occidental de Estonia, una de las regiones más seductoras del Báltico, alberga frondosas islas, verde campiña y pueblos costeros que dormitan a la sombra de pintorescos castillos medievales.

Cubiertas de bosques de pinos y enebros, Saaremaa y Hiiumaa son las mayores islas del país. Polvorientas carreteras recorren desolados tramos de litoral, sin apenas signos de civilización a excepción de los faros del s. XIX y antiguos molinos de viento de madera, auténticos iconos de las islas. Ambas islas brindan apacibles escenarios para practicar senderismo, montar a caballo o simplemente recorrer la campiña en busca de ocultas iglesias de piedra y semiderruidas fortalezas, ruinas abandonadas por guerreros paganos estonios, caballeros alemanes y estrategas militares soviéticos.

Saaremaa, la isla más grande y más visitada, presume de varios balnearios, un castillo y una bella 'capital' que se anima en los meses estivales. Supone también una buena base para explorar las islas ricas en fauna y flora del Parque Nacional de Vilsandi.

En el continente, Haapsalu, antiguo centro vacacional de los aristócratas rusos del s. XIX, resulta una sugerente aunque descuidada localidad. Su casco antiguo atesora un castillo episcopal del s. XIV, actualmente escenario de festivales al aire libre y conciertos de verano.

Muhu

1560 HAB.

Comunicada con Saaremaa por medio de una carretera elevada de 2,5 km, esta isla sirve injustamente solo como lugar de paso a la isla mayor; muchos viajeros la atraviesan camino del ferri, pero pocos se quedan. De hecho, la tercera isla de Estonia ofrece numerosos alicientes, como uno de los mejores restaurantes del país y magníficos alojamientos. No cuenta con oficina de turismo, pero se ofrece mucha información útil en www.muhu.info.

Puntos de interés y actividades

Museo de Muhu MUSEO

(www.muhumuuseum.ee; Koguva; adultos/reducida 3/2 €; ⏲9.00-18.00 med may-med sep, 10.00-17.00 ma-sa resto del año) Koguva, a 6 km de la carretera principal en la punta occidental de Muhu, se trata de una aldea isleña tradicional muy bien conservada, protegida como museo al aire libre. La entrada permite visitar una antigua escuela, una casa que exhibe bonitos tejidos tradicionales de la zona, incluidos intrincados trajes tradicionales, y una granja que fue la casa solariega del escritor Juhan Smuul (1922-1971). Se pueden ver varios edificios de la granja, uno de las cuales alberga una colección de máquinas de coser Singer.

En el pueblo todavía vive mucha gente, sobre todo familias que llevan allí muchas generaciones, por lo que hay que respetar su privacidad y permanecer en las zonas designadas del museo.

Koguva Kunstitall GALERÍA DE ARTE
(Koguva; ⌚12.00-17.00 jun-ago) GRATIS Si se pasa por Koguva merece la pena visitar esta atractiva galería de arte moderno que alberga un café.

Eemu Tuulik MOLINO DE VIENTO
(adultos/niños 1/0,50 €; ⌚10.00-18.00 mi-do med may-med sep) Junto a la carretera principal, en Nautse, este molino de viento en funcionamiento cuenta con un panel explicativo y vende pan elaborado con la harina que muele.

Fortaleza de Muhu FORTALEZA
(Muhu Maalinn) Al suroeste del molino, en este frondoso anillo de tierra libraron su última batalla en 1227 los estonios paganos, y resistieron durante seis días a un ejército de 20 000 soldados liderados por los Caballeros Portaespadas antes de rendirse. Un obelisco de piedra recuerda la masacre posterior, en la que perecieron 2500 guerreros a manos de los cristianos.

Granja de avestruces de Muhu GRANJA
(Muhu Jaanalinnufarm; www.jaanalind.ee; adultos/niños 3,50/2,50 €; ⌚10.00-18.00 med may-med sep) Los propietarios aportan abundante información sobre estas criaturas y permiten que el visitante las alimente (cuidado con los dedos). Alberga también un minizoo con canguros, ualabíes, emúes y ponis para los niños. En la pequeña tienda venden plumas, huevos, así como monederos y zapatos fabricados con su piel. El desvío queda 200 m al este del molino de Eemu.

Rutas ciclistas CICLISMO
(www.muhu.ee/Activities-on-Muhu/) Las tranquilas carreteras secundarias de Muhu resultan perfectas para ir en bicicleta. Existen dos rutas ciclistas: la norte, de 52,5 km, y la sur, de 26 km. Ambas empiezan en el muelle de ferris y terminan en la carretera elevada a Saaremaa, lo que significa que pueden combinarse en una gran ruta circular. Se puede descargar un mapa en la web.

Cursos

Nami Namaste CURSO DE COCINA
(www.naminamaste.com; Simisti; 245 €/persona; ⌚may-sep) La famosa chef de la televisión finlandesa Sikke Sumari ofrece cursos de cocina (alojamiento y comidas incl.) en su elegante y rústica granja del sur de Muhu. Utiliza ingredientes en su mayor parte locales (muchos de su propia huerta) y de temporada, y los cursos se imparten en varios idiomas. También resulta posible alojarse o comer sin asistir a los cursos, aunque las plazas son limitadas.

Dónde dormir

Vanatoa Turismitalu PENSIÓN €€
(☎454 8884; www.vanatoa.ee; Koguva; i/d desde 30/60 €; P 📶) En el extremo de la aldea atrapada en el tiempo de Koguva, esta pensión familiar dispone de habitaciones renovadas con pequeños baños en los edificios con techo de paja de una granja. El restaurante anexo sirve platos típicos de comida estonia, como filete de cerdo y arenque. Se suele utilizar por grupos escolares o para bodas, por lo que se debe reservar con antelación.

★ **Mansión de Pädaste** HOTEL €€€
(☎454 8800; www.padaste.ee; Pädaste; h/ste desde 159/265 €; ⌚mar-oct; P 📶) Si el dinero no supone un problema, este resulta un buen lugar para gastarlo. Esta cuidada finca junto a la bahía incluye la restaurada mansión (14 habitaciones y un restaurante gastronómico), la casa de piedra donde se guardaban los carruajes (9 habitaciones y un *spa*) y una *brasserie* en una "casa de mar" de piedra. Destaca su atención al detalle, desde los TV que se ocultan hasta los muebles antiguos y los bordados de Muhu.

Dónde comer

Muhu Kalakohvik PESCADO, ESTONIA €
(☎459 8551; Liiva; principales 5,50-7,50 €; ⌚12.00-20.00 verano) Un poco apartado de la carretera principal, en Liiva, este humilde café sirve pescado de primera calidad en un comedor familiar. Se trata de un local muy informal con horarios bastante irregulares. Conviene llamar antes y comprobar si está abierto.

Alexander EUROPEA MODERNA €€€
(☎454 8800; Pädaste; 3/5/7/9 platos 67/80/103/119 €; ⌚13.00-14.30 mar-may y sep, 19.00-22.30 mar-med oct) Si no se está interesado en una aventura gastronómica, mejor ir a otro lugar. Aunque sirve menús de cena de tres platos, destaca por los menús de degustación de múltiples platos. Ofrece nueva cocina nórdica de alta calidad, incluidas gastronomía molecular y una gran cantidad de excelentes productos de la isla. De junio a agosto sirve almuerzos más ligeros en el Sea House Terrace.

Oeste de Estonia y las islas

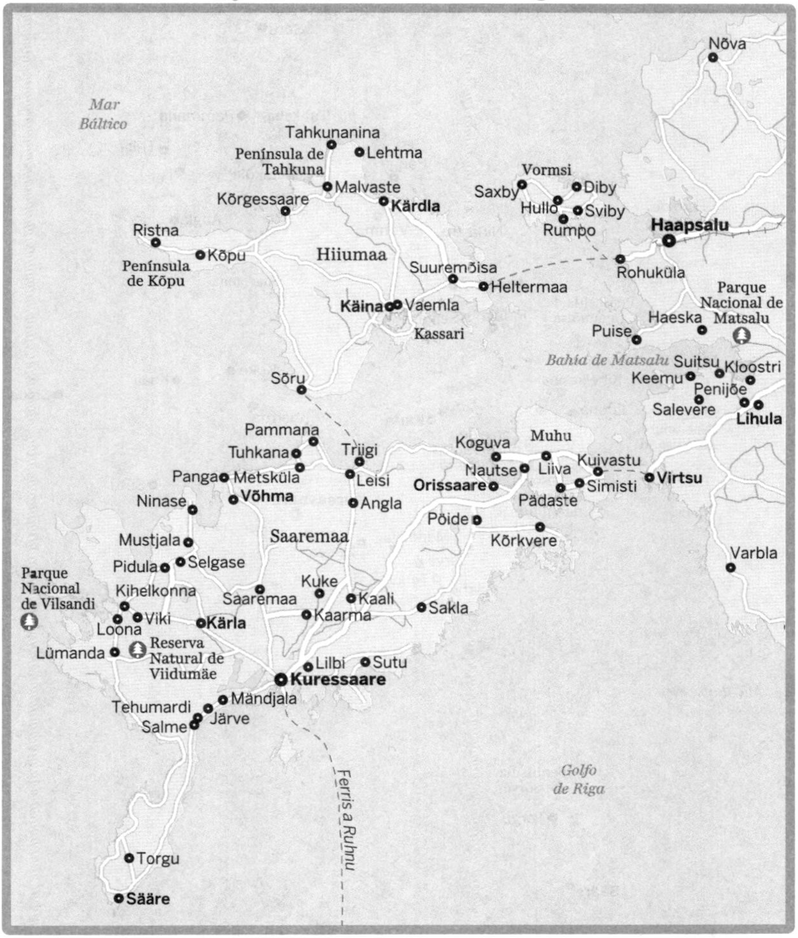

Cómo llegar y salir

BARCO

- Los ferris de automóviles de **SLK** (☎4524 4444; www.tuulelaevad.ee; adultos/niños/automóvil 2,60/1,30/7,40 €) tardan 25 min en realizar la travesía entre Virtsu, en el continente, y Kuivastu, en Muhu.
- Los barcos parten de Virtsu entre las 5.35 y las 24.00, con al menos una o dos salidas por hora hasta las 22.15.
- Se aplica un recargo del 50% a los vehículos que van a la isla los viernes después de las 13.00 y vuelven de la isla los domingos después de las 13.00.
- Hasta el 70% de la capacidad de cada barco se vende con antelación por internet; en la web de SLK se indica en tiempo real qué porcentaje se ha vendido. El 30% restante se reserva para la compra in situ y los billetes se van vendiendo según llegan los clientes. En temporada alta se aconseja comprar los billetes con antelación, sobre todo para los fines de semana de verano.
- Los billetes comprados por internet deben imprimirse o descargarse como billete electrónico en un teléfono inteligente.

Saaremaa y Muhu

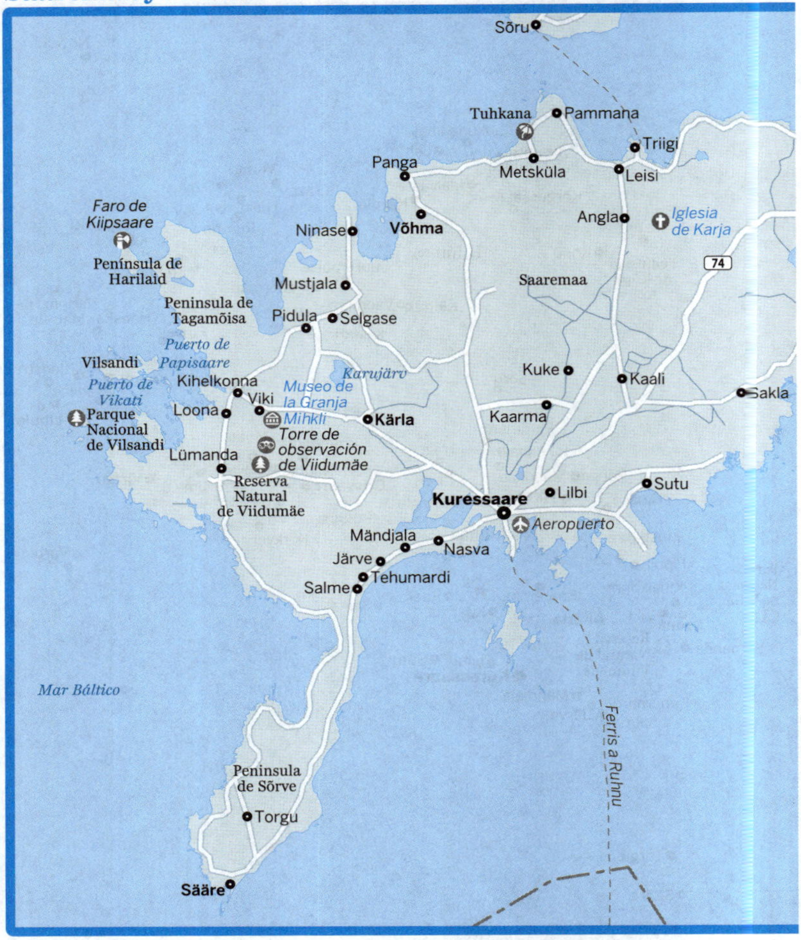

➡ Si se pierde el barco para el que se ha comprado un billete con antelación, el billete es válido para los siguientes barcos hasta un máximo de 48 h.

AUTOBÚS

Los autobuses toman el ferri desde el continente y continúan hasta Saaremaa por la carretera elevada efectuando paradas a lo largo de la carretera principal. Entre semana algunos servicios entre Kuressaare y Kuivastu se desvían hacia Koguva y Pädaste. Principales destinos:

Kuressaare (5-5,60 €, 1 h, 18 diarios)
Pärnu (8,80 €, 2½ h, 4 diarios)
Tallin (12-14 €, 3 h, 11 diarios)
Tartu (17 €, 5 h, 2 diarios)
Viljandi (15 €, 4 h, 2 diarios)

Saaremaa

31 600 HAB.

Para los estonios Saaremaa (literalmente "tierra de la isla") es sinónimo de espacio, píceas, aire fresco, agua embotellada, vodka y excelente cerveza. La isla más extensa de Estonia (más o menos del tamaño de Luxemburgo) sigue prácticamente cubierta de bosques

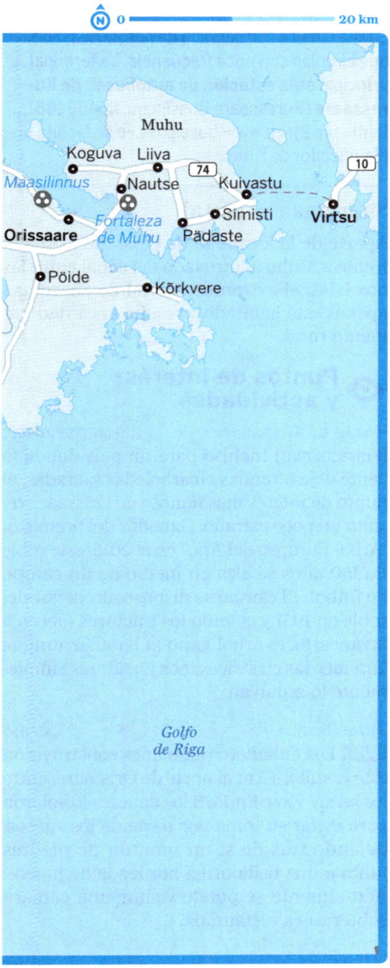

de pinos, píceas y enebro, y sus molinos de viento, faros y pequeños pueblos se muestran ajenos al paso del tiempo.

Durante la era soviética estaba prohibido el acceso a la isla (debido a un incipiente sistema de radares y una base de cohetes), incluso para los estonios del territorio continental, que necesitaban un permiso especial. La consecuencia de esta medida ha sido una concentración industrial mínima y la involuntaria protección de su encanto rural.

Este entorno natural único refleja a la perfección el sempiterno orgullo de los lugareños. Saaremaa siempre ha tenido un corazón independiente y a menudo ha sido el último reducto del país en caer en manos invasoras. Sus habitantes conservan costumbres, canciones y vestidos tradicionales propios; tampoco honran al legendario *Hijo de Kalev* de la Estonia continental, sino a Suur Tõll, el héroe local que libró múltiples batallas en la isla contra todo tipo de demonios.

Kuressaare, la capital, se localiza en la costa sur, a 75 km de la terminal de ferris de Muhu, y supone una base natural para los visitantes. Entre sus hoteles de lujo se entenderá el origen de su sobrenombre, "Spa-remaa". En los meses cálidos llegan finlandeses y suecos, que compiten por un espacio de playa y sauna junto a urbanitas de toda Estonia.

Para más información, véase www.saaremaa.ee.

Historia

Los primeros asentamientos costeros de Saaremaa, que se fechan en el IV milenio a.C., se hallan hoy tierra adentro, pues la isla ha subido unos 15 m en los últimos 5000 años. Entre los ss. X y XIII, Saaremaa y Muhu fueron las regiones con más densidad de población del país. Dinamarca intentó conquistar Saaremaa a comienzos del s. XIII, pero fueron los Caballeros Portaespadas alemanes quienes la sometieron en 1227. La isla quedó después dividida; los Caballeros controlaron Muhu y las regiones oriental y noroccidental, y el obispo de Ösel-Wiek de Haapsalu hizo de Kuressaare su bastión.

Saaremaa se rebeló muchas veces contra el dominio alemán entre 1236 y 1343, cuando el castillo de los Caballeros Portaespadas fue destruido y los alemanes expulsados. Sin embargo, la alegría inicial por esta victoria duró poco, ya que los alemanes reconquistaron la isla en 1345.

En el s. XVI, Saaremaa cayó en manos danesas durante la guerra de Livonia, pero en 1645 llegó el turno de los suecos, que se la apropiaron gracias al Tratado de Brömsebro. En 1710, durante la Gran Guerra del Norte, Rusia tomó el relevo y anexionó la isla a la provincia rusa de Livonia, gobernada desde Riga.

Cómo llegar y salir

Casi todos los viajeros utilizan el ferri de Virtsu a Muhu y cruzan después la carretera elevada de 2,5 km que lleva a Saaremaa.

AVIÓN

El **aeropuerto de Kuressaare** (Kuressaare Lennujaam; ☎453 0313; www.kuressaare-airport.ee; Roomassaare tee 1) se halla en Romassaare, 3 km al sureste del centro de la ciudad.

Los autobuses nº 2 y 12 lo comunican con la estación de autobuses de Kuressaare.

Avies (p. 83) opera dos vuelos diarios a/desde Tallin entre semana y uno los domingos.

BARCO

Además del ferri a Muhu, **SLK** (☎4524 4444; www.tuulelaevad.ee) cuenta con dos barcos diarios entre Sõru, en Hiiumaa, y Triigi, en la costa norte de Saaremaa (adultos/niños/automóviles 2,60/1,30/7,40 €, 65 min; med sep-med may solo lu, mi, vi y do). Los billetes pueden comprarse en el puerto o reservarse por internet, pero hay que imprimirlos con antelación.

Saaremaa resulta muy popular entre los aficionados a los yates. El mejor **puerto deportivo** (☎503 1953; www.kuressaare.ee/sadam/en; Tori 4) se encuentra en Kuressaare. Para detalles sobre este y otros puertos de Saaremaa, véase www.sadamaregister.ee.

AUTOBÚS

Desde el continente, los autobuses embarcan en el ferri de Muhu y siguen hasta Saaremaa por una carretera elevada, hasta Kuressaare, donde finaliza el trayecto. Principales rutas:

Isla de Muhu (5-5,60 €, 1 h, 18 diarios)
Pärnu (13 €, 3½ h, 4 diarios)
Tallin (15-17 €, 4 h, 11 diarios)
Tartu (18 €, 5½ h, 2 diarios)
Viljandi (18 €, 5 h, 2 diarios)

Cómo desplazarse

En Saaremaa existen más de 400 km de carreteras asfaltadas y muchos más de tierra. Se suele practicar autostop en las rutas principales; las carreteras secundarias tienen muy poco tráfico.

BICICLETA

La llana Saaremaa resulta ideal para pedalear. Exceptuando la carretera principal de Muhu a Kuressaare, en el resto de carreteras suele haber poco tráfico y existen muchas rutas secundarias para explorar.

Muchos alojamientos ofrecen alquiler de bicicletas. En Kuressaare, **Bivarix** (☎455 7118; www.bivarix.ee; Tallinna mnt 26; 1 h/4 h/día 4/6/10 €; ⏲10.00-18.00 lu-vi, hasta 14.00 sa) alquila bicicletas y equipamiento, como remolques para niños o para equipaje. También ofrece consejos sobre rutas interesantes.

AUTOBÚS

La isla cuenta con servicio de autobuses, aunque circulan con poca frecuencia. La terminal principal es la **estación de autobuses de Kuressaare** (Kuressaare Bussijaam; ☎453 16[illegible]; Pihtla tee 2); en www.bussipilet.ee se facilita un planificador de rutas.

Saaremaa oriental

Aparte de la localidad de Orissaare, situada frente a Muhu al otro lado del canal entre las dos islas, el extremo oriental de Saaremaa apenas está habitado y resulta encantadoramente rural.

Puntos de interés y actividades

Roble de Orissaare PUNTO DE INTERÉS

(Kuivastu mnt) Incluso para un país donde la gente deja ofrendas en arboledas sagradas, el punto de interés más famoso de Orissaare resulta un poco extraño. Ganador del premio al "Árbol Europeo del Año" en el 2015, este roble de 150 años se alza en medio de un campo de fútbol. El campo se dispuso alrededor del roble en 1951 y cuando los tractores fueron a arrancarlo, el árbol ganó la batalla, aunque aún luce las cicatrices. Los jugadores simplemente lo esquivan.

Maasilinnus CASTILLO

GRATIS Los Caballeros alemanes construyeron este castillo, 4 km al norte de Orissaare, entre los ss. XIV y XVI. En 1578 los daneses lo volaron para evitar su toma por parte de los suecos, dejando tras de sí un montón de piedras junto a una bella orilla bordeada de juncos. Actualmente se puede visitar una cámara subterránea restaurada.

Iglesia de Santa María IGLESIA

Pöide, 3 km al sur de la carretera principal, fue la sede en Saaremaa de los Caballeros Portaespadas alemanes y esta iglesia, construida entre los ss. XIII y XIV, sigue siendo un imponente símbolo de su influencia. Actualmente sirve a las congregaciones luterana, metodista y ortodoxa. La perfecta vidriera de colores sobre el altar contrarresta su deteriorado exterior.

Durante el Levantamiento de la Noche de San Jorge de 1343 los Caballeros fueron asediados en su interior durante ocho días. Los asaltantes estonios les aseguraron que si se rendían, ninguna espada se levantaría contra ellos. Fieles a su palabra, y como muestra de su sentido del humor, los lapidaron hasta la muerte.

Tika Talu PASEOS A CABALLO
(☎504 4169; www.tikatalu.ee; Kõrkvere; 12 €/h) Ofrece sencillo alojamiento en régimen de B&B además de excursiones a caballo para niños y adultos.

Centro de Saaremaa

Si se llega en ferri desde Hiiumaa, la primera población que se encuentra es **Leisi**, una bonita aldea con viejas casas de madera a 3,5 km del puerto de Triigi. Existen algunos puntos de interés en esta sección de la costa norte, junto con muchos otros a ambos lados de la carretera principal en dirección sur hacia Kuressaare.

Puntos de interés

Tuhkana PLAYA
Escondida entre pinares, se trata de una de las mejores playas de arena de Saaremaa, debido en parte a su remota ubicación. Desde Leisi, se sigue 11 km al oeste hasta Metsküla y se gira a la derecha por la carretera sin asfaltar. Al cabo de 3 km se ve un aparcamiento a la izquierda.

Panga Pank MIRADOR
Los acantilados más altos de Saaremaa siguen la costa norte, cerca de Panga, durante 3 km. En la cima (21,3 m), un lugar sagrado, se ofrecían sacrificios al dios del mar. Resulta un bello lugar sobre el traicionero mar.

Colina de los molinos de viento de Angla MOLINOS DE VIENTO
(Angla Tuulikumägi; adultos/niños 3,50/1,50 €; ⊙9.00-20.00 may-ago, hasta 17.00 sep-abr) Se trata del conjunto de molinos de viento de madera más extenso y fotogénico de las islas. A comienzos del s. XVI ya existían nueve; hoy quedan cuatro pequeños, sobre todo del s. XIX, y uno más grande de estilo holandés de 1927. Desde la carretera las vistas son magníficas, pero por un pequeño importe se puede explorar su interior. Alberga también una colección de tractores y arados antiguos, y un excelente café tipo taberna cuyo personal, ataviado con atuendo campesino, sirve pan casero, tartas y cerveza.

Iglesia luterana de Santa Catalina de Karja IGLESIA
(Karja Katariina kirik; Linnaka; ⊙10.00-17.30 lu-sa, 12.30-17.30 do med may-med sep) Paganos y cristianos coinciden en esta iglesia del s. XIV con aspecto de fortaleza. En su exterior, un panel sobre símbolos precristianos hace especial referencia a varias de las lápidas trapezoidales de los ss. XIII y XIV halladas en este lugar. En su interior, los capiteles de las columnas lucen hojas de roble y las paredes, símbolos interesantes.

Encima de la puerta exterior, a la derecha, se observa una escena tallada de la Crucifixión bastante inusual que muestra a Jesús entre los dos ladrones. El alma del buen ladrón (en versión diminuta) sale por su boca al encuentro de un ángel dispuesto a llevárselo al cielo. Un diablo de aspecto similar aguarda al otro.

Cráter de Kaali LAGO
Quizá como prueba de su poder de atracción, Estonia posee una de las mayores concentraciones de cráteres de meteoritos documentados. En Kaali, 18 km al norte de Kuressaare, se halla un lago redondo de 100 m de ancho y 22 m de profundidad, formado por un meteorito de hace al menos 4000 años. En los alrededores existen otros ocho cráteres, de entre 12 y 40 m de diámetro, creados por fragmentos del mismo meteorito. En la mitología escandinava, este lugar era conocido como la tumba del sol.

CERVEZA ISLEÑA

Saaremaa cuenta con una larga tradición cervecera artesana e incluso su producción industrial goza de muy buena fama. La más popular es Tuulik, con su característico molino, aunque ahora se elabora en Tartu. El popular vodka Saaremaa que también luce etiqueta con molino tampoco se destila aquí.

Para una cerveza más sofisticada, hay que probar la Pöide (sobre todo su cerveza negra), que se elabora en una fábrica en el pueblo del mismo nombre. Se puede encontrar en los *pubs* de Kuressaare y en los distribuidores de cerveza artesana de todo el país.

Cualquier cerveza casera gustará a los más cerveceros. Se elabora con la tradicional mezcla de malta, levadura y lúpulo, pero sabe un tanto amarga. Resulta ligera y refrescante, sin parangón si se bebe en jarra de madera cuando aprieta el calor estival.

Se ha erigido una especie de aldea turística, con un pequeño **museo** (www.kaali.kylastuskeskus.ee; adultos/niños 1,50/0,70 €; ⌚9.00-19.00), tiendas de artesanía y un hotel, además de una taberna al estilo de antaño que ofrece comida estonia y cerveza de elaboración local.

GoodKaarma GRANJA

(☎5348 4006; www.goodkaarma.com; Kuke; ⌚10.00-18.00 jun-ago, otras horas con cita previa) Dirigida por una pareja anglo-estonia desde su granja a las afueras del pueblo de Kaarma, unos 15 km al norte de Kuressaare, elabora jabones de cultivo ecológico con ingredientes locales como enebro, pino y espino cerval de mar. Organiza talleres de 75 min (adultos/niños 7,50/4 €; mín. 4 personas).

También cuenta con una bonita terraza ajardinada y un café-bar para tomar tentempiés caseros, tés biológicos y cervezas locales, entre otros. Vende artesanía local.

Información

Oficina de turismo de Leisi (☎457 3073; ⌚13.00-19.00 jun-ago; 📶) Si se llega desde Hiiumaa con el ferri Sõru-Triigi, se pueden conseguir mapas e información general sobre Saaremaa en la pequeña oficina de turismo de Leisi, dentro del bonito restaurante cubierto de parras Sassimaja.

Kuressaare

13 000 HAB.

Constituye el principal punto de interés de Saaremaa; cuenta con un pintoresco centro de calles arboladas y su castillo se alza en la bruma, rodeado por la típica desigual extensión de viviendas e industria ligera. La reputación de Kuressaare como centro de salud data del s. XIX, tras el descubrimiento de las propiedades curativas del lodo de su litoral y la apertura de los primeros balnearios. Ahora abundan y van desde desvencijados sanatorios comunistas a elegantes y estilizados complejos turísticos.

La razón de ser de Kuressaare es el castillo, fundado en el s. XIII como bastión del obispo de Ösel-Wiek (establecido en Haapsalu) en la parte insular de su diócesis. La localidad se convirtió en el motor económico de Saaremaa, y creció con rapidez al caer en manos suecas en 1645. Desde 1952 hasta 1988 Kuressaare se llamó Kingisseppa en honor a Viktor Kingissepp, un comunista estonio de la década de 1920.

Aparte del castillo, los mejores edificios históricos de Kuressaare se hallan alrededor de la plaza central, Keskväljak. La oficina de turismo se encuentra en el ayuntamiento (1670), un edificio barroco custodiado por un bonito par de leones de piedra. Al otro lado de la plaza, el *pub* Vaekoja ocupa una antigua casa de pesaje, también del s. XVII.

Puntos de interés

★ **Castillo de Kuressaare** CASTILLO

Esta fortaleza observa el mar desde el extremo sur de la localidad, en una isla artificial rodeada por un foso. Se trata del castillo mejor conservado de los países bálticos y el único medieval de piedra que sigue intacto. Los terrenos del castillo están abiertos al público, pero para visitar la torre del homenaje se debe comprar una entrada para el Museo de Saaremaa.

Ya existió un castillo en la década de 1260, pero la imponente fortaleza dolomita que puede verse hoy se construyó en el s. XIV; entre los ss. XV y XVIII se añadieron varios muros defensivos. Además de baluarte defensivo, actuó también como centro administrativo. La más delgada de las dos altas torres de las esquinas, Pikk Hermann al este, cuenta con un puente levadizo que la separa del resto del castillo, y que puede implicar un uso como refugio final en caso de ataque.

En el patio se celebran conciertos al aire libre durante el verano y se puede practicar el tiro con arco. En el muro oriental un **monumento conmemorativo** recuerda a las 90 víctimas caídas en su recinto a manos del Ejército Rojo en 1941. Más allá de la muralla del castillo, en uno de los terraplenes de la isla se ve otro gran **monumento conmemorativo** dedicado a las 300 personas ejecutadas durante la ocupación nazi.

Rodeando el foso se halla un sombreado parque diseñado en 1861 que alberga algunos exquisitos edificios de madera, en particular el **Kuursaal**, de 1899, actualmente un restaurante, y el contiguo quiosco de música de 1920. Si el tiempo acompaña, se pueden alquilar barcas de remos (10 €/h) o bicicletas (4 €/h) en el Kuursaal.

Museo de Saaremaa MUSEO

(www.saaremaamuuseum.ee; adultos/reducida 5/2,50 €; ⌚10.00-19.00 may-ago, 11.00-18.00 mi-do sep-abr) Este museo, en la torre del homenaje del castillo de Kuressaare, está dedicado a la naturaleza y la historia de la isla. Una gran parte de su atractivo consiste en explorar el laberinto de cámaras, pasillos, pasadizos y escaleras, capaz de avivar cualquier fantasía.

Según la leyenda, los condenados eran llevados a una estancia próxima a los aposentos del obispo que daba a una mazmorra llena de leones hambrientos (los rugidos grabados refuerzan esa imagen mental).

Asimismo se cuenta que en el s. XVIII se halló el cadáver de un caballero al abrir una estancia que permanecía sellada, lo que generó diversas conjeturas. El cuerpo se convirtió rápidamente en polvo; hoy siguen recreando el espeluznante efecto.

En el museo escasean los rótulos en inglés hasta la sección dedicada a la II Guerra Mundial, patrocinada por la UE, en la que las explicaciones pasan repentinamente de estonio/ruso a estonio/inglés. Ofrece muestras de la vida cotidiana en la antigua Unión soviética, como el interior de un apartamento típico, aunque varios rótulos pecan de propagandísticos.

La planta superior acoge un café con vistas de la bahía y la campiña.

Playa de Kuressaare PLAYA

(Raiekivi tee 1) Aunque las mejores playas quedan fuera de la ciudad, esta pequeña bahía arenosa detrás del castillo de Kuressaare en verano se llena de gente que toma el sol, rema y juega a voleibol.

Suur Töll y Piret ESTATUA

La estatua más desenfadada de Estonia alegra el paseo marítimo cerca del Spa Hotel Meri. Representa al gigantesco y legendario héroe de Saaremaa, Suur (que significa "el grande") Töll, y a su esposa, Piret, acarreando una barca cargada de pescado.

Iglesia ortodoxa de San Nicolás IGLESIA

(Püha Nikolai kirik; Lossi 8; ⌚10.00-13.00 lu-vi y do, 16.30-18.30 sa) La iglesia ortodoxa más antigua de Saaremaa data de 1790 y luce dos torres y una impresionante entrada de dolomita y hierro forjado. En el muro exterior que da a la calle se conserva una imagen apenas visible de san Nicolás, mientras que su interior atesora algunos encantadores iconos, incluido uno de la propia iglesia.

Iglesia luterana de San Lorenzo IGLESIA

(Laurentiuse kirik; Tallinna 13; ⌚10.00-17.00 ma-vi, hasta 14.00 sa jun-ago) Aunque esta gran iglesia data de 1836, luce un preciado elemento mucho más antiguo: una pila bautismal medieval de piedra, probablemente de principios del s. XV, tallada con una especie de dragones. También destacan los bancos encajonados de madera gris, las lámparas de araña y el exquisito techo abovedado sobre el sagrario pintado con un interesante trampantojo.

Museo Conmemorativo de Johannes y Joosep Aavik MUSEO

(Johannes y Joosep Aaviku majamuuseum; www.saaremaamuuseum.ee; Vallimaa 7; adultos/niños 1/0,50 €; ⌚11.00-17.00 mi-do) La residencia de la familia Aavik se ha convertido en un pequeño museo dedicado a la vida y obra del lingüista Johannes Aavik (1880-1973), que introdujo significativas reformas en el idioma nacional, y a su primo Joosep Aavik (1899-1989), dotado de gran talento musical.

Actividades

Spa Hotel Rüütli PARQUE ACUÁTICO

(www.saaremaaspahotels.eu; Pargi 16; adultos/niños 7/4 €; ⌚7.00-21.00) Si hace mal tiempo, se puede llevar a los niños al parque acuático de este hotel para que disfruten de sus piscinas y su tobogán de 52 m. Los padres pueden disfrutar del *spa*.

Saare Golf GOLF

(☎453 3502; www.saaregolf.ee; Merikotka 35; 9/18 hoyos 35/60 €, alquiler de palos 20 €) Este campo de competición de 18 hoyos queda al oeste del centro de Kuressaare.

Fiestas y celebraciones

Kuressaare bulle en verano. Además de destacados festivales, suele acoger conciertos estivales en el parque y los terrenos del castillo; para información sobre los eventos, pregúntese en la oficina de turismo.

Festival de Ópera de Saaremaa MÚSICA

(Saaremaa ooperipäevad; www.saaremaaopera.eu) Durante una semana a finales de julio unas 2000 personas abarrotan los terrenos del castillo de Kuressaare para ver las producciones de una compañía internacional invitada.

Días de Música de Cámara de Kuressaare MÚSICA

(Kuressaare kammermuusika päevad; www.kammerfest.ee) Durante cinco días a finales de julio/principios de agosto se celebran conciertos de música de cámara por toda la ciudad.

Festival Marítimo de Kuressaare CULTURAL

(Kuressaare merepaevad; www.merepaevad.ee) La playa de detrás del castillo es tomada por puestos de comida, bebida y artesanía mientras una gran variedad de artistas entretiene al público. Se celebra durante un fin de semana a principios de agosto.

Kuressaare

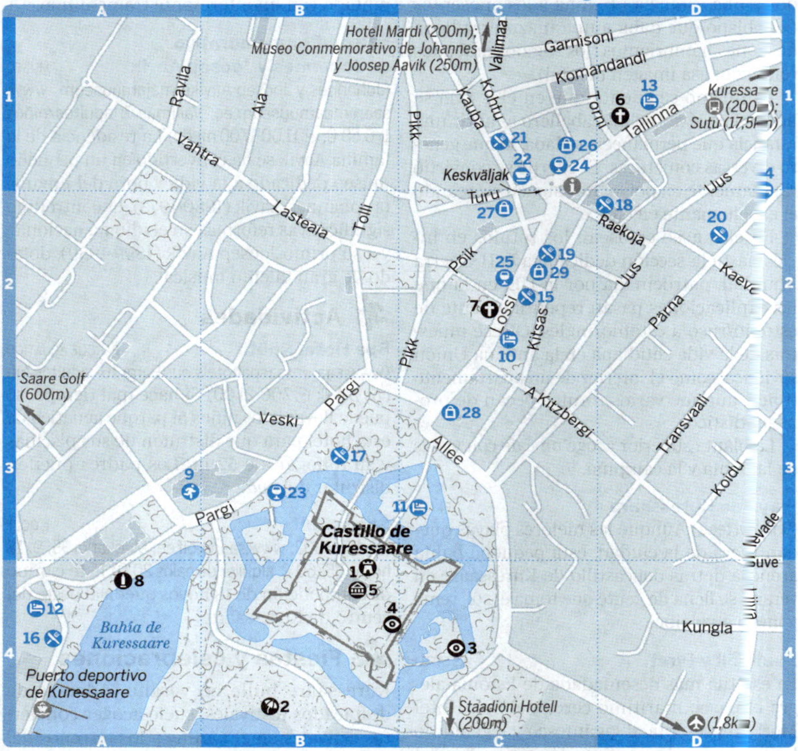

Kuressaare

Principales puntos de interés
1 Castillo de Kuressaare B4

Puntos de interés
2 Playa de Kuressaare B4
3 Monumento conmemorativo a las víctimas de los nazis C4
4 Monumento conmemorativo a las víctimas del Ejército Rojo B4
5 Museo de Saaremaa B4
6 Iglesia luterana de San Lorenzo D1
7 Iglesia ortodoxa de San Nicolás C2
8 Suur Töll y Piret A4

Actividades, cursos y circuitos
9 Spa Hotel Rüütli A3

Dónde dormir
10 Arensburg C2
11 Ekesparre C3
12 Georg Ots Spa Hotel A4
13 Grand Rose Spa Hotel D1
14 Karluti Hostel D2

Dónde comer
15 Classic Cafe C2
16 Gospa Restaurant A4
17 Ku Kuu B3
18 Rae Konsum D2
19 Retro C2
20 Saaremaa Trahter D2
21 Vanalinna C1

Dónde beber y vida nocturna
22 Chameleon C1
23 John Bull B3
24 Vaekoja Pubi C1
25 Vinoteek Prelude C2

De compras
26 Mercado central C1
27 GoodKaarma C2
28 Lossi Antiik C3
29 Saaremaa Kunstistuudio C2

Dónde dormir

La oficina de turismo reserva alojamiento en viviendas particulares y granjas de toda la isla. Los precios de los hoteles caen hasta un 50% entre septiembre y abril. Casi todos los *spas* de los hoteles aceptan no huéspedes.

Hotell Mardi ALBERGUE, HOTEL €
(☎452 4633; www.hotelmardi.eu; Vallimaa 5a; albergue i/tw 20/30 €, hotel i/d desde 44/67 €; P 📶) Estas sencillas habitaciones se hallan junto a una escuela universitaria. Las del albergue, con literas y baños compartidos, respiran un aire un poco institucional, pero suponen la mejor opción económica de Kuressaare.

★ **Georg Ots Spa Hotel** HOTEL €€
(Gospa; ☎455 0000; www.gospa.ee; Tori 2; h/apt/ste desde 75/149/194 €; P ❄ 📶 🏊) Este hotel, que lleva el nombre de un famoso cantante de ópera estonio, ofrece habitaciones modernas con llamativas moquetas de rayas, enormes camas y un diseño minimalista pero acogedor; casi todas con balcón. Dispone de un gimnasio y un *spa* con piscina y múltiples saunas. También cuenta con apartamentos de verano independientes y muchas opciones para familias.

Staadioni Hotell HOTEL €€
(☎453 3556; www.staadionihotell.ee; Staadioni 4; i/d 44/56 €; ⏲med may-ppios sep; P @ 📶) Agradable y apartado hotel que se encuentra al sur del castillo con habitaciones luminosas y espaciosas con una buena relación calidad-precio. Está rodeado de zonas verdes e instalaciones deportivas. Alquila bicicletas (8 €/día) y dispone de sauna.

Karluti Hostel PENSIÓN €€
(☎501 4390; www.karluti.ee; Pärna 23; tw/tr sin baño 38/55 €; @ 📶) Esta alegre pensión color mostaza está dirigida por una encantadora pareja mayor y cuenta con zonas de césped en una tranquila calle residencial próxima al centro. Si al viajero se le abre el apetito en la pista de voleibol, siempre puede saciarlo en la cocina de huéspedes. Conviene reservar con antelación, sobre todo en verano.

★ **Ekesparre** HOTEL-BOUTIQUE €€€
(☎453 8778; www.ekesparre.ee; Lossi 27; h desde 125 €; P 📶) En primera línea en los jardines del castillo, este elegante hotel de 10 habitaciones ha recuperado su esplendor *art nouveau*. El papel pintado y las moquetas de época, las lámparas Tiffany y un gran número de orquídeas crean un ambiente sofisticado, mientras que la biblioteca de la 3ª planta se trata de una auténtica joya. En sintonía con su precio, resulta muy refinado.

Arensburg HOTEL-BOUTIQUE €€€
(☎452 4700; www.arensburg.ee; Lossi 15; i 115 €, d 130-185 €, ste 250 €; P 📶 🏊) Prácticamente dos hoteles en uno, con una parte antigua y otra nueva. Se aconsejan las atrevidas y atractivas habitaciones pintadas de gris oscuro en la elegante ampliación del 2007; las estándar del ala histórica resultan aceptables pero sin nada destacable. Acoge un *spa* y dos restaurantes.

Grand Rose Spa Hotel HOTEL €€€
(☎666 7000; www.grandrose.ee; Tallinna 15; i/d/ste desde 130/135/205 €; 📶 🏊) De temática floral y algo rococó, luce sillas de terciopelo de estilo barroco, arañas de luces y detalles acuáticos en un vestíbulo repleto de rosas. Las habitaciones de lujo cuentan con balcón, bañera exenta, cabina de ducha y camas *king-size*, pero resultan más recargadas que las estándar. Acoge un *spa* y un restaurante muy buenos.

Dónde comer

★ **Retro** CAFÉ €
(☎5683 8400; www.kohvikretro.ee; Lossi 5; principales 7,50-8,50 €; ⏲12.00-22.00 lu-ju, hasta 24.00 vi y sa, hasta 20.00 do; 📶 👶) Este pequeño y moderno café-bar brinda una carta sencilla (pasta, hamburguesas, bistecs, pescado a la plancha), pero elabora su propia pasta y su propio pan de hamburguesas, y usa los mejores productos frescos locales. Ofrece también postres deliciosos y una gran selección de cerveza artesana estonia, ideal para degustar en su gran terraza trasera.

Vanalinna PANADERÍA, CAFÉ €
(☎455 5309; www.vanalinna.ee; Kauba 8; tentempiés 1-2 €; ⏲7.30-19.00 lu-sa, 8.00-16.00 do) Café-panadería con un interior de madera y piedra, fotografías en blanco y negro colgadas de paredes naranjas y un atractivo ambiente. Su mostrador presenta una deliciosa selección de sándwiches, ensaladas, dulces y helados.

Rae Konsum SUPERMERCADO €
(Raekoja 10; ⏲9.00-21.00) Detrás de la oficina de turismo.

Ku Kuu EUROPEA MODERNA €€
(☎453 9749; www.kuressaarekuursaal.ee; Lossipark 1; principales 6-15 €; ⏲11.00-24.00 may-med sep; 📶) Ocupa el antiguo y elegante balneario del

que toma el nombre (Ku Kuu es la abreviatura de Kuressaare Kuursaal) y se trata del restaurante más encantador de Saaremaa. Los paneles de madera y las ventanas con cristales de colores ofrecen un marco evocador para disfrutar de sus sabrosos platos de pescado y productos de la isla preparados con un marcado toque francés.

Saaremaa Trahter ESTONIA €€

(☎453 3776; www.saaremaaveski.ee; Pärna 19; principales 9-12 €; ⏲11.00-22.00 do-ju, hasta 24.00 vi y sa; 🚼) Sin resultar demasiado turístico, este restaurante, en un molino de viento del s. XIX, ofrece una calidad y un ambiente excelentes, con sustanciosos platos locales, como estofado de jabalí, sopa de remolacha y quesos de Saaremaa.

Classic Cafe CAFÉ, PIZZERÍA €€

(Lossi 9; principales 5-16 €; ⏲9.00-22.00) Se pueden pedir platos de carne tipo bistró, pero sus ensaladas frescas, sus sopas, su pasta y, sobre todo, sus *pizzas* ofrecen una relación calidad-precio mucho mejor. A pesar de su elegante decoración se trata de un local informal.

Gospa Restaurant EUROPEA €€€

(☎455 0000; www.gospa.ee; Tori 2; principales 12-20 €; ⏲12.00-23.00) Con grandes ventanas, el luminoso y espacioso restaurante del Georg Ots Spa Hotel brinda geniales vistas del puerto deportivo. Sirve comida fresca, ligera e innovadora, preparada con productos locales.

Dónde beber y vida nocturna

Vinoteek Prelude BAR DE VINOS

(☎453 3407; www.prelude.ee; Lossi 4; principales 11-12 €; ⏲16.00-24.00; 📶) Un racimo de uvas esculpido custodia la entrada de este acogedor bar de vinos tenuemente iluminado en un edificio del s. XVIII. Se sube la escalera hasta los sofás bajo el alero y se escoge de su menú de vinos internacionales (muchos por copa), tentempiés y platos de bistró.

John Bull PUB

(Lossipark 4; ⏲11.00-22.00) A pesar de su nombre, este *pub* en el parque del castillo tiene muy poco de inglés; de hecho, respira un ambiente más bien soviético, con una barra hecha con un antiguo autobús ruso y un rincón con retratos de Lenin. Su terraza entarimada goza de geniales vistas del castillo por encima del foso.

Chameleon CAFÉ-BAR

(www.chameleon.ee; Kauba 2; principales 7,50-11 €; ⏲11.00-23.00 do-ju, hasta 1.00 vi y sa; 🚼) Haciendo honor a su nombre, este café se convierte en coctelería al caer el sol, la personalidad que mejor le sienta. Su elegante decoración en negro y gris con iluminación rosa le da un toque de elegancia urbana, pero la sala de juegos para niños demuestra que no se esfuerza demasiado en ser *cool*.

Vaekoja Pubi PUB

(www.vaekoda.ee; Tallinna 3; ⏲10.30-23.00 do-mi, hasta 5.00 ju, hasta 6.30 vi y sa; 📶) Este tranquilo *pub* con mesas al aire libre cuyo nombre significa "casa de pesaje" ocupa uno de los edificios históricos más significativos de Kuressaare, construido en 1663 para pesar las mercancías con el fin de aplicarles los impuestos pertinentes. Suele tratarse de la última parada de los juerguistas locales.

De compras

Lossi Antiik ANTIGÜEDADES

(www.lossiantiik.eu; Lossi 19; ⏲10.00-16.00 lu-sa) En dirección al castillo, esta pequeña y abarrotada tienda vende todo tipo de antigüedades, desde aperos del s. XIX hasta recuerdos soviéticos. Ideal para curiosear.

Mercado central MERCADO

(Tallinna 5; ⏲9.00-17.00) En la misma manzana que el *pub* Vaekoja, los puestos de este mercado al aire libre venden todo tipo de productos de Saaremaa: botes de dolomita, jerséis de lana, miel, fresas, etc.

Saaremaa Kunstistuudio ARTE

(☎453 3748; www.kunstistuudio.ee; Lossi 5; ⏲11.00-19.00 lu-vi, 12.00-17.00 sa) Esta luminosa galería de arte muestra una gran variedad de obras de artistas nacionales, entre las que destacan tejidos, cerámica, esculturas y cuadros.

GoodKaarma

PRODUCTOS DE BELLEZA

(www.goodkaarma.com; Kauba 3; ⏲10.00-18.00 lu-sa) 🌿 Vende los jabones ecológicos que se elaboran en la granja del mismo nombre.

Información

Oficina de turismo de Kuressaare (☎453 3120; www.kuressaare.ee; Tallinna 2; ⏲9.00-18.00 lu-vi, 10.00-16.00 sa y do med may-med sep, 9.00-17.00 lu-vi resto del año) Situada en el antiguo ayuntamiento, vende mapas y guías, reserva alojamiento y facilita información sobre excursiones en barco y circuitos por las islas.

Cómo llegar y desplazarse

Kuressaare Takso (☎453 0000; www.kuressaaretakso.ee; bajada de bandera día/noche 2,20/2,40 €, más 0,80/0,95 € por km) es una fiable compañía local de taxis.

Costa suroeste

El largo tramo de arena bordeado de pinos entre **Mändjala** y **Järve,** al oeste de Kuressaare, se trata del principal centro vacacional de playa de Saaremaa. La playa poco profunda describe una suave curva hacia el sur dejando paso a la **península de Sõrve,** de 32 km. Esta bonita pero escasamente poblada península termina de forma espectacular en **Sääre,** con un faro y una estrecha lengua de tierra que se adentra en el mar.

La península fue testigo de feroces combates durante la II Guerra Mundial y las cicatrices todavía son visibles, con varios búnkeres abandonados y los restos de la línea de defensa antitanques de Lõme-Kaimri.

Puntos de interés

Monumento a la Batalla Nocturna de Tehumardi MONUMENTO

La noche del 8 de octubre de 1944 tuvo lugar una terrible batalla en el pueblo costero de Tehumardi entre las tropas alemanas de retirada y el Cuerpo de Rifles de Estonia del Ejército Rojo. Ambos ejércitos lucharon a ciegas, disparando a bulto o buscando al enemigo a tientas. Este gran monumento de la época soviética presenta forma de espada con estilizados relieves de rostros formando la guarda. Los estonios muertos yacen en tumbas dobles cerca del lugar.

Museo Militar y de Historia Natural de Sõrve MUSEO

(Sõrve militaarmuuseum y loodusmuuseum; Sääre; adultos/niños 4/2 €; ⌚9.00-20.00 jun-ago, 10.00-17.00 sep-may) En los antiguos barracones de la guardia fronteriza soviética, este destartalado museo exhibe desechos militares, muchos de ellos procedentes del campo de batalla circundante. Más interesantes que la propia colección resultan los restos de fortificaciones del jardín. La misma entrada permite visitar una cercana casa de campo con una ecléctica colección de insectos, mariposas, plumas, cráneos, musgo y animales disecados.

Centro de visitantes de Sõrve MUSEO

(Sõrve külastuskeskus; www.sorvekeskus.ee; Sääre; adultos/niños 4/2 €; ⌚10.00-19.00 diario may-ago, 11.00-18.00 ju-do sep-abr) Teniendo en cuenta el dinero que se deben de haber gastado en este moderno centro en la antigua residencia del vigilante del faro de Sääre, no resulta demasiado interesante, al menos para quienes no hablan estonio. Las exposiciones están repartidas en varias plantas e incluyen una sala del faro, una sala de naturaleza y una sala marítima dedicada a pecios y al servicio de rescate. También acoge una sala de juegos para niños. El primer faro se construyó en 1646, pero el actual, pintado de negro, data de 1960.

Dónde dormir y comer

Tehumardi Camping CAMPING €

(☎457 1666; www.tehumardi.ee; Tehumardi; parcela para tienda/caravana 5/15 €, h y cabaña 50 €; P 📶) Este *camping,* el mejor del tramo de playa, queda a la sombra de los árboles junto a un pequeño lago. Además de básicas cabañas de madera para cuatro personas ofrece pequeñas habitaciones con baño tipo hotel, habitaciones con literas y casas más grandes para familias o grupos.

★ **Piibutopsu** APARTAMENTOS €€

(☎5693 0288; www.piibutopsu.ee; Ülejõe 19a, Nasva; d/tr/c 60/90/120 €; P 📶) En la extensa zona de césped de una residencia privada en una calle secundaria de Nasva (el primer pequeño pueblo al oeste de Kuressaare), esta opción excelente dispone de cuatro apartamentos de vacaciones bien equipados en un edificio nuevo. Los apartamentos se ubican de un salón central con una chimenea; también cuenta con un *spa.*

Sääre Paargu PESCADO €€

(☎5624 5585; www.saarepaargu.ee; Sääre; principales 9-13 €; ⌚10.00-22.00 do-ju, hasta 4.00 vi y sa may-sep; 📶) 'Paargu' significa "casa de verano" y este pequeño y elegante pabellón cerca de la punta de la península de Sõrve solo abre en los meses más cálidos. Gran parte de la carta se compone de pescado, recién capturado por los pescadores locales y servido a la parrilla. A medida que avanza la noche el *rock* duro va subiendo de volumen y hay un ambiente más de *pub.*

Saaremaa occidental

Incluso en verano resulta sencillo escapar de las hordas turísticas en este extremo de la isla. La población principal es la aletargada Kihelkonna, más una aldea grande que un pueblo y la puerta de entrada a Vilsandi, el más remoto de los parques nacionales estonios.

Puntos de interés

Reserva Natural de Viidumäe RESERVA NATURAL

(Viidumäe looduskaitseala) Creada en 1957, abarca una superficie de 26 km², con una **torre de observación** de 22 m de altura en el punto más alto de Saaremaa (54 m). La torre, a la que se accede tras 2 km por la pista de tierra que sale de la carretera Kuressaare-Lümanda en Viidu, ofrece vistas panorámicas de la zona y de las maravillas de la isla, memorables durante la puesta de sol. Dos **senderos naturales** (2,2 y 1,5 km) permiten conocer los diferentes hábitats de la zona.

Se trata de una reserva botánica y sus favorables condiciones climáticas propician la presencia de especies de plantas poco comunes. En la sede de la reserva, cerca de la torre, se puede ver una pequeña exposición sobre este tema.

Museo de la Granja Mihkli GRANJA

(Talumuuseum; www.saaremaamuuseum.ee; Viki; adultos/niños 1,50/1 €; ⏲10.00-18.00 diario med may-ago, mi-do ppios may y sep-med oct) Con una bonita ubicación al sureste de Kihelkonna, esta granja de principios del s. XVIII se ha conservado en su totalidad, con edificios de madera y techo de paja, una sauna (30 €/h), un molino de viento y un columpio tradicional.

Iglesia luterana de San Miguel IGLESIA

(Mihkli kirik; Kiriku 4; ⏲10.00-17.00 may-ago) La austera y alta iglesia de Kihelkonna es anterior a 1280. Su interior resulta bastante oscuro, debido en parte a los soportes de madera que soportan el tejado, pero cabe destacar el tríptico renacentista *La última cena* (1591) sobre el altar y el púlpito tallado (1604). El campanario se añadió en 1899. Hasta entonces las campanas se tocaban en el **campanario** exento (1638) que se halla a 100 m; antaño esto era habitual, pero ahora se trata del único de su clase que queda en Estonia.

Península de Tagamõisa ZONA

Gran parte de la poco visitada costa oeste de la península de Tagamõisa pertenece al Parque Nacional de Vilsandi, incluida la península de Harilaid. En su punta noroccidental, accesible solo a pie, se alza el asombroso **faro de Kiipsaare,** que debido a la erosión de la playa ahora se halla 30 m mar adentro. La erosión ha provocado una inclinación del faro, que se corrige de forma periódica debido al movimiento de la arena.

Dónde dormir y comer

Mansión de Loona PENSIÓN €€

(☎454 6510; www.loonamanor.ee; Loona; parcela por persona 5 €, h/ste 75/85 €; ⏲abr-oct;) Con habitaciones sencillas y suites más amplias, esta casa señorial del s. XVI resulta más acogedora que grandiosa. El centro de visitantes del Parque Nacional de Vilsandi se halla en sus terrenos. Alquila bicicletas (10 €/día), piraguas para dos personas (2[illegible] €), lanchas neumáticas (32 €/4 h) y esquís ([illegible] €).

Söögimaja ESTONIA €

(☎457 6493; www.soogimaja.planet.ee; Lümanda; principales 5-11 €; ⏲10.00-22.00) Este rústico restaurante en una granja ofrece una visión excepcional de la vida en la isla a través de su cocina. La carta contiene algunos de los platos que comían las antiguas generaciones: sopa de pescado, cerdo hervido con nabos y zanahorias y repollo relleno. Queda junto a la carretera principal en Lümanda, al lado de la iglesia del pueblo.

Parque Nacional de Matsalu

Este parque (Matsalu Rahvuspark), todo un paraíso para los amantes de las aves, supone uno de los centros de migración y cría más importantes de los países bálticos y de toda Europa; hasta la fecha se han identificado 282 especies diferentes. Con 486 km² de humedales, incluida la bahía de Matsalu de 20 km, la ensenada más profunda de la costa occidental de Estonia, fue declarada reserva en 1957 y parque nacional en el 2004.

La migración primaveral culmina en abril y mayo, aunque los cisnes llegan ya en marzo. La otoñal comienza en julio y puede durar hasta noviembre. En Keemu, Suitsu, Penijõe, Kloostri y Rannajõe existen **torres de observación de aves** con vistas a diferentes terrenos en los que descansan las aves. También hay **senderos de naturaleza** bien señalizados en Penijõe (entre 3,2 y 7 km), Salevere (1,5 km) y Suitsu (1 km). Se aconseja llevar calzado adecuado, pues el suelo es húmedo y pantanoso.

Las oficinas del parque se hallan en Penijõe, 3 km al norte de la carretera Tallin-Virtsu, en una casa señorial de comienzos del s. XVIII próxima a Lihula. El **centro de naturaleza** (☎472 4236; www.loodusegakoos.ee; ⏲9.00-17.00 diario med abr-sep, lu-vi resto del año) ofrece una exposición permanente y un

MERECE LA PENA

VILSANDI

Situada al oeste de Kihelkonna, se trata de la más grande de las 161 islas e islotes frente a la costa occidental de Saaremaa, protegidas por el Parque Nacional de Vilsandi (que también incluye partes de Saaremaa, como la península de Harilaid). Este parque de 238 km² (163 km² de mar y 75 km² de tierra) se presta a constantes estudios ecológicos. En la zona se estudian los patrones reproductivos del eider común y la migración de la barnacla cariblanca. En la época de cría se ven focas oceladas y en el parque florecen 32 especies de orquídeas.

Vilsandi, de 6 km de longitud y hasta 3 km de ancho, es una isla arbolada y plana. En los pequeños islotes circundantes proliferan grosellas y juníperos. Se han distinguido 250 especies de aves y, en primavera y otoño, abundan las aves acuáticas migratorias; hasta 10 000 barnaclas cariblanca se detienen en Vilsandi a mediados de mayo, y se han visto pigargos europeos y águilas pescadoras.

El **centro de visitantes del parque nacional** (☎5301 2772; www.loodusegakoos.ee; ⏲10.00-18.00 diario jun-ago, 9.00-17.00 lu-vi resto del año), en la mansión de Loona de Saaremaa, facilita información sobre los cuatro básicos *campings* gratis y las dos "granjas turísticas" privadas que ofrecen alojamiento y traslados en barco.

Islander (☎5667 1555; www.islander.ee; ⏲may-sep), con taxis acuáticos a la isla, organiza submarinismo, esquí acuático, *tubing* y salidas de observación de focas.

documental de 20 min. Si se avisa con antelación, puede contactar con guías que ofrecen circuitos por la reserva, desde excursiones en canoa de 2 h por zonas de juncos a varios días de observación de aves. Además, recomienda alojamiento en la zona.

Estonian Nature Tours (☎5349 6695; www.naturetours.ee), con sede en la cercana Lihula, ofrece guías naturalistas con un gran conocimiento sobre las aves, los mamíferos y la flora de Matsalu. Para información sobre su calendario de circuitos especializados, véase su web.

Haapsalu

10 200 HAB.

Situada en una península en forma de tenedor que se adentra en la bahía, esta pintoresca localidad turística a 100 km de Tallin constituye una excelente escala en ruta a las islas. Cuenta con varios museos y galerías de arte, algunos hoteles-*spa* y un destacable castillo. El algo tosco casco antiguo, más rústico que urbano, alberga casas de madera en sus angostas calles, un estrecho paseo que bordea la bahía y muchos rincones secretos para contemplar la puesta de sol.

Si se desea un tratamiento a base de lodo o de balneario, Haapsalu resulta más recomendable que Pärnu o Kuressaare. Aunque menos lujosos, los complejos disponen de un lodo de excelente calidad, utilizado en centros de salud de todo el país.

Historia

Al igual que otras localidades estonias, Haapsalu ha pasado por varias manos desde su fundación. Los Caballeros Portaespadas conquistaron la región en 1224; en Haapsalu residió el obispo, hecho que llevó a construir un fuerte y una catedral. Los daneses dominaron la localidad durante la guerra de Livonia (hacia 1559); en el s. XVII llegó el turno de los suecos, a quienes se la arrebataron los rusos durante la Gran Guerra del Norte en el s. XVIII.

Haapsalu prosperó con los zares, principalmente por el lodo; al descubrirse las propiedades curativas de su litoral en el s. XIX, se convirtió en ciudad-balneario. El compositor ruso Chaikovski y miembros de la familia imperial rusa la visitaron por sus baños de lodo. En 1907 se completó la línea férrea entre Haapsalu y San Petersburgo. En la época soviética estaba vedada a los extranjeros.

Puntos de interés y actividades

Castillo episcopal de Haapsalu CASTILLO
(Haapsalu piiskopilinnus; www.haapsalulinnus.ee; Lossiplats 3; adultos/niños 4/3 €; ⏲10.00-18.00 may-sep, 11.00-16.00 vi-do oct-abr) La joya de Haapsalu, su castillo episcopal, fue el centro de mando occidental de Estonia en los ss. XIII-XVI. Solo quedan pocas pero muy pintorescas ruinas: una torre almenada, la práctica totalidad de la muralla exterior y parte del foso. El acceso al recinto es gratis todo el año, pero

se precisa entrada para acceder al castillo. El interior acoge un **museo** dedicado a su historia, con túneles y armamento medieval expuesto con gran espectacularidad. Accesible desde el museo, la **iglesia de la Cúpula** (oficialmente, catedral de San Nicolás), de estilo románico-gótico y con tres cúpulas interiores, se trata de la mayor estructura de su género en el Báltico. Goza de una acústica sublime y alberga conciertos regulares. En el interior 'habita' el fantasma de la Dama Blanca.

Intramuros se celebran conciertos al aire libre en verano. El fabuloso **parque infantil** incluye un barco pirata y una de las torres, una **plataforma de observación**. También se puede practicar el tiro con arco frente a la puerta principal (5 €).

Museo del Ayuntamiento — MUSEO

(Raekoda muusem; www.salm.ee; Kooli 2; adultos/niños 3/2 €; ⌚10.00-18.00 may-ago, 11.00-17.00 mi-do sep-abr) Construido en 1775, el antiguo ayuntamiento de Haapsalu ahora alberga un pequeño y encantador museo con exposiciones sobre la historia del pueblo como centro vacacional y sobre historia regional, así como la recreación de una farmacia y el bien conservado despacho del alcalde.

El país de las maravillas de Ilon — GALERÍA DE ARTE

(Iloni Imedemaa; www.ilon.ee; Kooli 5; entrada 6 €; ⌚11.00-18.00 may-ago, 11.00-17.00 mi-do sep-abr) Exhibe obras de la ilustradora estonio-sueca Ilon Wikland, que pasó su infancia en Haapsalu y es conocida sobre todo por sus ilustraciones de los libros de Pippi Calzaslargas. Resulta ideal para los niños, pues muchas obras se sitúan a la altura de sus ojos.

Iglesia luterana de San Juan — IGLESIA

(Jaani Kirik; Kooli 4; ⌚10.00-14.00 vi y sa, 13.00-16.00 do med may-ago) Aunque data del s. XVI, la fachada de esta iglesia encalada fue sometida a una profunda renovación en 1858. En su interior destacan los relieves esculpidos sobre el altar (1630) y el púlpito tallado.

Torre de observación de aves — MIRADOR

La bahía de Haapsalu supone uno de los hábitats más importantes de aves acuáticas migratorias del país y está incluido en la **Lista Ramsar de Humedales de Importancia Internacional** (www.ramsar.org). En primavera y otoño llegan hasta 20 000 aves. Si se sabe distinguir un ánade friso de un somormujo y se desea avistar una serreta grande, hay que dirigirse a la torre de observación de aves, al sur de la playa África. Se pueden ver águilas marinas volando en círculos.

Playa de África — LAYA

(Aafrikarand) Aún hay quien se baña en esta diminuta playa a pesar de sus aguas turbias y llenas de algas. El nombre proviene de las estatuas de animales salvajes que adornaban la orilla y que fueron usadas como leña por los soldados soviéticos en la década de 1940. Hay un excelente parque infantil.

Promenaadi — PASEO MARÍTIMO

En la encorsetada Rusia del s. XIX, al igual que en la Inglaterra victoriana y el París de la *belle époque,* nada gustaba más que un buen paseo donde poder socializar, y este resultaba ideal. El paseo luce esculturas de la época en la que Haapsalu estaba de moda, incluidos un reloj de sol y un busto del Dr. Karl Abraham Hunnius, el pionero de las curas de lodo. También acoge un **banco de Chaikovski,** de 1940, que reproduce sinfonías del compositor.

Haapsalu Kuursaal — EDIFICIO HISTÓRICO

(www.haapsalukuursaal; Promenadi 1; ⌚12.00-20.00 may-med sep) Este edificio de madera blanco y verde que parece sacado de un cuento de hadas, se ubica en el paseo marítimo rodeado de jardines de rosas. Al entrar en su cavernoso interior (1897), se retrocede hasta una época más refinada. Alberga un pequeño escenario en un extremo (usado para conciertos) y un restaurante de verano en el otro. El entorno supera a la comida, pero aun así la visita merece la pena.

Museo de los Suecos de Estonia — MUSEO

(Rannarootsi muuseum; www.aiboland.ee; Sadama 32; adultos/niños 2/1,50 €; ⌚10.00-16.00 do y lu, hasta 18.00 ma-sa) Pintoresco museo con reliquias, fotografías, antiguas redes de pesca y un tapiz que explica la historia de los suecos en Estonia desde su llegada en el s. XIII hasta su regreso a Suecia en el *Triina* en 1944.

Museo del Ferrocarril de Estonia — MUSEO

(Eesti raudteemuuseum; www.jaam.ee; Raudtee 2; adultos/niños 3/2 €; ⌚10.00-18.00 may-ago, 11.00-16.00 vi-do sep-abr) La antigua y colorida estación de trenes de Haapsalu, con su ornamentación de madera esculpida y majestuosa columnata, se inauguró en 1907 para trasladar a la nobleza rusa al balneario. Su plataforma cubierta de 214 m de longitud, diseñada para protegerlos de la lluvia, era supuestamente de la más larga del imperio

Haapsalu

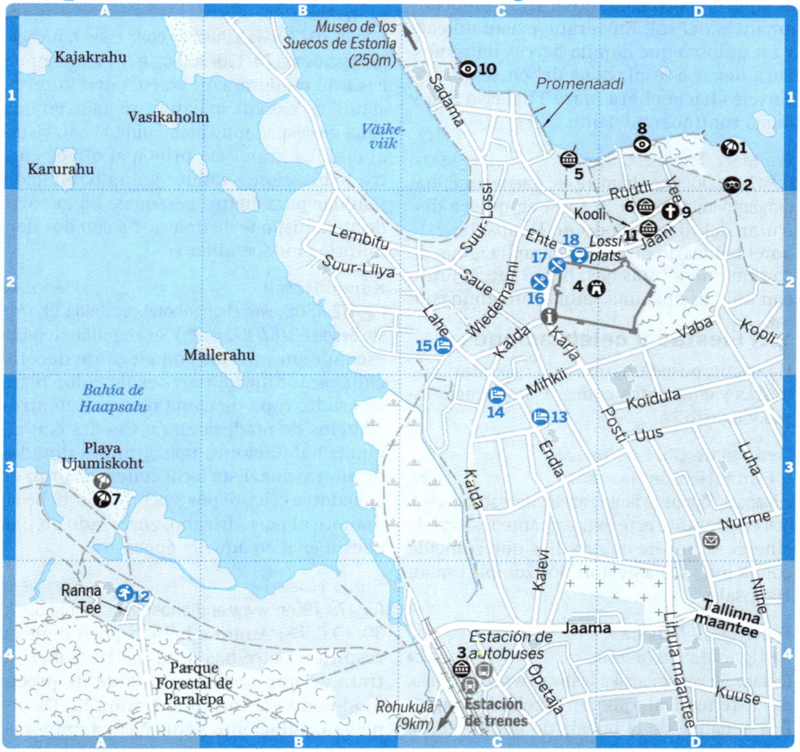

Haapsalu

Puntos de interés

1 Playa de África D1
2 Torre de observación de aves D1
3 Museo del Ferrocarril de Estonia C4
4 Castillo episcopal de Haapsalu C2
5 Haapsalu Kuursaal C1
6 El país de las maravillas de Ilon D2
7 Parque Forestal de Paralepa A3
8 Promenaadi D1
9 Iglesia luterana de San Juan D2
10 Banco de Chaikovski C1
11 Museo del Ayuntamiento D2

Actividades, cursos y circuitos

12 Fra Mare Thalasso Spa A4

Dónde dormir

13 Endla Hostel C3
14 Kongo Hotell C3
15 Lahe Maja C2

Dónde comer

16 Hapsal Dietrich C2
17 Müüriääre Kohvik C2

Dónde beber y vida nocturna

18 Herman Bistro & Bar C2

ruso. Este museo, del tamaño de un vagón, rememora los años dorados del tren y en las inmediaciones se muestran viejas locomotoras. En verano un tren turístico circula entre el museo y el casco antiguo (2 €).

Parque Forestal de Paralepa

PLAYA, BOSQUE

(☎alquiler barca de remos 5660 3144; Ranna tee; barca de remos 8 €/h) En el extremo oeste de Haapsalu, más allá de la estación de trenes, este arbolado parque alberga una playa que, aunque un poco pantanosa, atrae a muchos amantes del sol. En verano existe un café y un quiosco que alquila barcas de remos. Para llegar a la playa se deben seguir los carteles hacia el Fra Mare Thalasso Spa y luego continuar adelante.

Fra Mare Thalasso Spa BALNEARIO
(☎472 4600; www.framare.ee; Ranna tee 2; tratamiento lodo 20 min, 37 €) Si se quiere disfrutar del mágico lodo de Haapsalu, este hotel balneario ofrece una amplia gama de tratamientos (masajes, baños, etc.), junto con una piscina, una sauna y un gimnasio.

Fiestas y celebraciones

Haapsalu posee un animado calendario de fiestas y conciertos concentrados entre junio y agosto.

Festival de Cine de Terror y Fantástico de Haapsalu CINE
(Haapsalu õudus-ja fantaasiafilmide festival; www.hoff.ee) Durante este extravagante festival de cine de terror de cuatro días que coincide con la luna llena de abril los zombis toman Haapsalu.

Festival de Música Antigua de Haapsalu MÚSICA
(Haapsalu vanamuusika festival; www.haapsalu.ee) Este festival, que aprovecha la magnífica acústica de la iglesia de la Cúpula, se celebra a principios de julio.

August Blues MÚSICA
(Augustibluus; www.augustibluus.ee) El mayor festival de *blues* del país se desarrolla durante dos días a principios de agosto.

Festival de la Dama Blanca CULTURAL
(Valge daami päevad; www.valgedaam.ee) Esta gran celebración de temática fantasmagórica se celebra durante tres días en agosto.

Dónde dormir

Lahe Maja B&B €€
(☎516 3023; www.lahemaja.com; Lahe 7; h/cabaña/casa desde 70/130/700 €; P 📶) Esta bonita casa de madera azul claro, cuyo nombre significa “casa de la bahía”, se halla en una zona de césped muy bien cuidada con vistas al mar. La gran casa principal ofrece cuatro habitaciones dobles y una habitación familiar para cuatro personas. En la parte de atrás dispone de una casita con dos dormitorios independientes.

Kongo Hotell HOTEL €€
(☎472 4800; www.kongohotel.ee; Kalda 19; i/d/ste desde 68/87/150 €; 📶) Su sencilla fachada esconde un interior con elegante decoración escandinava, paredes de color blanco crudo, ropa de cama de tonos neutros y suelos de madera clara. Cuenta con algunas habitaciones más grandes dotadas de minicocina. Este local, antes un antro de bebedores célebre por sus broncas, debe su nombre al país africano, enzarzado en una guerra civil en aquella época.

Endla Hostel ALBERGUE €€
(☎473 7999; www.endlahostel.ee; Endla 5; i/d 30/40 €; 📶) Aunque hablan poco inglés y respira un aire bastante institucional, se trata de una opción aceptable de precio moderado en una calle tranquila. Dispone de habitaciones pequeñas y luminosas, con baños en el pasillo y una cocina para huéspedes. No hay dormitorios colectivos.

Dónde comer y beber

Se pueden comprar alimentos en los supermercados de la parte más nueva del pueblo, cerca de la intersección de la carretera de Tallin con la calle Posti. Para verdura y fruta fresca se recomienda el mercado al aire libre de la calle Jaama, unas cuantas

UNA VIGILIA ATERRADORA

El mayor evento del año en Haapsalu, el **Festival de la Dama Blanca** (p. 158), coincide con la luna llena de agosto. El día empieza con alegría –cuentos para los niños, teatro para los adultos– y culmina con una aparición espectral. Durante los plenilunios de agosto y febrero, la luz de la luna crea una sombra fantasmagórica a través del ventanal de la catedral. Según la leyenda, esta sombra pertenece a una joven que, en el s. XIII, fue emparedada viva. En aquel entonces solo se permitía entrar a los hombres al castillo y el arzobispo montó en cólera cuando supo que una joven disfrazada de fraile se había infiltrado para estar cerca de su monje amado. En agosto, los jóvenes se reúnen en los jardines del castillo hasta tarde para ver una obra que cuenta dicha historia. Después aguardan junto a la muralla la aparición del espectro.

manzanas al este de la estación de autobuses; resulta genial para comprar fresas en verano.

Müüriääre Kohvik CAFÉ €
(☎473 7527; www.muuriaare.ee; Karja 7; principales 3-8 €; ⏲10.00-22.00) Se trata del café más popular de la localidad a juzgar por el gentío. Sus cálido interior, bonita terraza posterior, mostrador repleto de tartas y carta a base de platos frescos, sabrosos y ligeros (ensaladas y quiche) lo hacen irresistible.

Hapsal Dietrich CAFÉ €€
(☎509 4549; www.dietrich.ee; Karja 10; principales 7-14 €; ⏲9.30-22.00) Este agradable café goza de un ambiente acogedor y una sabrosa carta internacional que incluye desde *risotto* con ajo de oso hasta sopa tailandesa *tom yum*. Su encantador servicio y sus fabulosos pasteles lo convierten en una opción muy atractiva.

Herman Bistro & Bar BAR
(www.hermanhaapsalu.ee; Karja 1a; principales 3-8 €; 📶) Con un cálido y acogedor ambiente, este bar pintado de colores vivos sirve sándwiches, copiosas comidas y cócteles. También se puede ir a tomar una cerveza.

Información

Oficina de turismo de Haapsalu (☎473 3248; www.visithaapsalu.com; Karja 15; ⏲9.00-17.00 med may-med sep, 10.00-17.00 lu-vi resto del año; 📶) Esta acogedora oficina ofrece abundante información sobre Haapsalu y la región.

Biblioteca (Posti 3; ⏲10.00-18.00 ma-vi, 10.00-15.00 sa) La biblioteca, que comparte un llamativo edificio de hierro y piedra caliza con la galería municipal de arte (Linnagalerii), ofrece acceso gratis a internet.

Cómo llegar y salir

La **estación de autobuses** (Jaama 1) se encuentra en la bella estación de trenes en desuso. Entre los principales destinos se incluyen Tallin (4,35-8,50 €, 1¾ h, como mínimo cada hora), Tartu (12 €, 4¼ h, diario) y Pärnu (5,05 €, 2½ h, diario). Para ir a Hiiumaa, dos autobuses diarios circulan a Kärdla (2¾ h) y uno diario a Käina (2¼ h).

Los ferris a Hiiumaa y Vormsi zarpan de Rohuküla, 9 km al oeste de Haapsalu.

Cómo desplazarse

- Se pueden alquilar bicicletas en **Vaba Aeg Rattad** (☎521 2796; Karja 22; h/día/24 h 2,50/10/16 €).
- El autobús nº 1 circula con regularidad entre Lossi plats, la estación de autobuses y Rohuküla (el muelle de ferris, 9 km al oeste); los horarios se exponen en Lossi plats y la estación de autobuses.

Hiiumaa

8590 HAB.

La segunda isla más grande de Estonia (1000 km²) se trata de un lugar tranquilo, poco poblado, con estupendos tramos de costa y un interior boscoso. Dispone de menos infraestructuras turísticas, alojamientos y restaurantes que Saaremaa y de una oferta de actividades también más limitada, pero la mayoría de los visitantes se contentan con respirar la brisa marina y relajarse.

Repartidos por la isla se encuentran faros, antiguos búnkeres soviéticos, playas desiertas y una reserva natural con más de 100 especies de aves. Si se busca más actividad, se puede caminar, montar a caballo y practicar deportes acuáticos. Gracias a su microclima, goza de un clima mucho más cálido que el continente, a 22 km.

Dado su relativo aislamiento de la Estonia continental, no resulta extraño que los isleños tengan un punto de vista único de la realidad y un folclore plagado de héroes legendarios, como Leiger, sin relación alguna con el hijo de Kalev (héroe mítico del territorio continental). Quienes se trasladan a vivir a la isla reciben durante 10 años el nombre de *isehakanud hiidlane* (aspirantes a isleños) antes de ser considerados habitantes de pleno derecho. También se dice que en Hiiumaa habitan criaturas como hadas y elfos, antepasados de los nacidos en la isla. Sin embargo, sus habitantes actuales rara vez discuten este singular aspecto de su árbol genealógico para no molestar a sus esquivos parientes.

Para más información sobre la isla, véase www.hiiumaa.ee.

Cómo llegar y salir

AVIÓN

Existen dos vuelos diarios de Avies (p. 83) entre el **aeropuerto de Kärdla** (Kärdla Lennujaam; ☎463 1381; www.kardla-airport.ee; Hiiessaare) y Tallin entre semana y uno los fines de semana. El aeropuerto queda 5 km al este del centro de Kärdla; los autobuses coinciden con los vuelos (1 €).

Hiiumaa y Vormsi

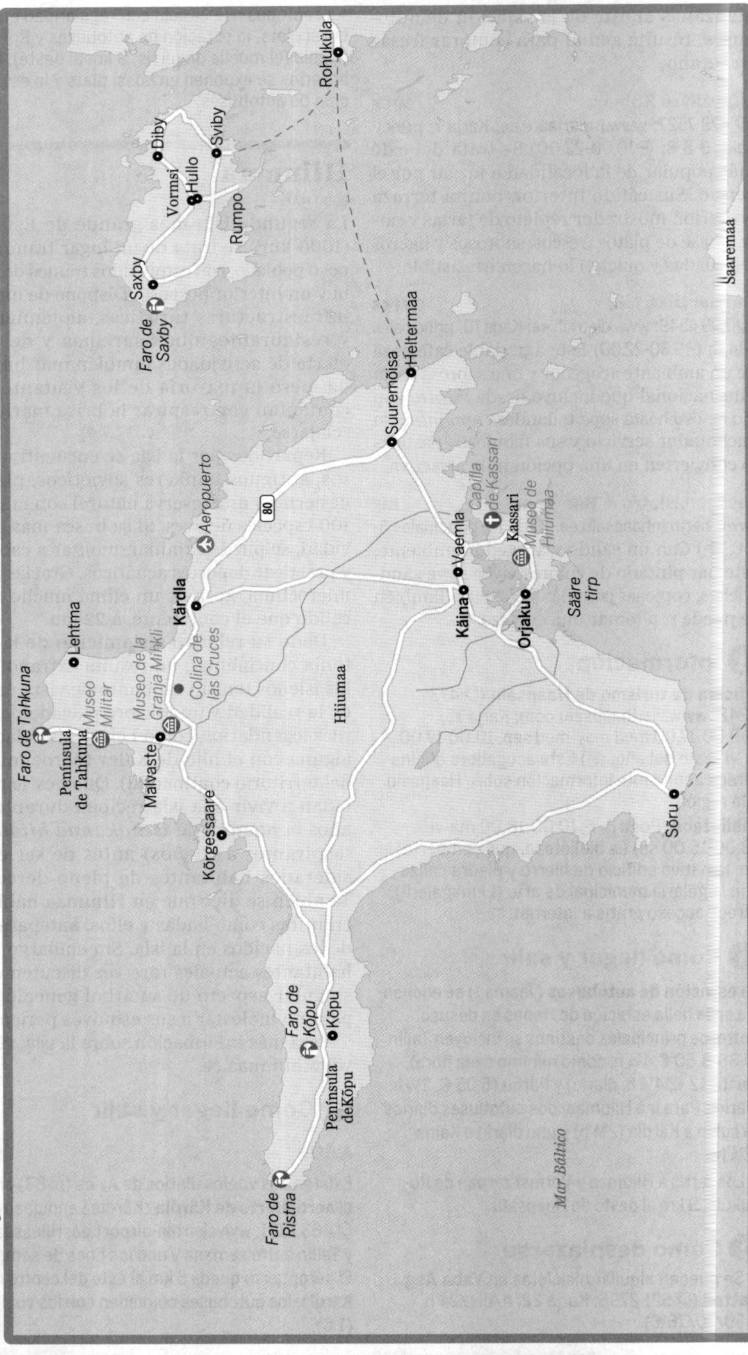

BARCO

- Se suele llegar a Hiiumaa con los ferris de **SLK** (☎4524 4444; www.tuulelaevad.ee) entre Rohuküla y Heltermaa (adultos/niños/automóviles/bicicletas 3/1,50/8,80/3,70 €, 1½ h, 7-9 diarios).
- Se aplica un recargo del 50% a los vehículos que van a la isla los viernes y regresan de la isla los domingos después de las 13.00.
- Hasta el 70% de la capacidad de cada barco se vende con antelación por internet; en la web de SLK se indica en tiempo real qué porcentaje se ha vendido. El 30% restante se reserva para la compra in situ y los billetes se van vendiendo según llegan los clientes. En temporada alta se aconseja comprar los billetes con antelación, sobre todo para los fines de semana de verano.
- Los billetes comprados por internet deben imprimirse o descargarse como billetes electrónicos en un teléfono inteligente.
- Si se pierde el barco para el que se ha comprado un billete con antelación, el billete es válido para los siguientes barcos hasta un máximo de 48 horas.
- También existen ferris entre Hiiumaa y Saaremaa (p. 143).

AUTOBÚS

Circulan dos autobuses diarios entre Kärdla y Tallin (13 €, 3¾ h) y uno entre Käina y Tallin (12 €, 2 h); todos paran en Suuremõisa, Heltermaa, Rohuküla y Haapsalu.

Cómo desplazarse

Las carreteras que circunvalan Hiiumaa y algunas vías secundarias están asfaltadas; las demás son de tierra. Hiiumaa se puede explorar en bicicleta. Se trata de un lugar relativamente llano y ninguna de sus carreteras soporta mucho tráfico, a no ser que se coincida con los vehículos que acaban de bajar del ferri.

Existen estaciones de servicio en Kärdla y Käina. Muchos alojamientos se ocupan del alquiler de automóviles y bicicletas, al igual que **Jaanus Jesmin** (☎511 2225; www.carrent.hiiumaa.ee) en Kärdla, que alquila vehículos desde 20 €/día.

Casi todos los autobuses salen de Kärdla (algunos de Käina) y viajan a casi toda la isla, aunque con poca frecuencia. Los horarios se exponen en la estación de autobuses de Kärdla y en www.peatus.ee.

Suuremõisa

Este pueblo, cuyo nombre se traduce como “gran finca”, se extiende en torno a una **casa señorial** (Suuremõisa loss) del s. XVIII que perteneció a la rica familia noble de Ungern-Sternberg. Aunque ha disfrutado de días mejores y se ve muy descuidada, sus frondosos jardines resultan muy agradables.

Más interesante resulta la **iglesia luterana de San Lorenzo** en la cercana Pühalepa; data del s. XIII y se trata del edificio más antiguo de Hiiumaa. Una vidriera del s. XX alegra esta estructura encalada y en el cementerio se ven curiosas cruces circulares.

Kärdla

3009 HAB.

La “capital” de Hiiumaa creció en torno a una fábrica de telas de 1829 destruida durante la II Guerra Mundial. Este pueblo repleto de jardines y calles arboladas, de ambiente soñoliento y con pocos alicientes, se trata aun así del centro de servicios de la isla y cuenta con un par de supermercados.

Se halla en el borde del “cráter de meteorito paleozoico mejor preservado” del mundo, de 4 km de diámetro. El meteorito impactó hace 455 millones de años.

Puntos de interés

Pikk Maja MUSEO
(www.muuseum.hiiumaa.ee; Vabrikuväljak 8; adultos/niños 3/2 €; ⏲10.00-18.00 may-sep, 10.00-17.00 lu-vi oct-abr) La “casa larga”, antaño morada de los directores de la fábrica de telas, ahora alberga exposiciones relacionadas con la fábrica, incluida la reconstrucción de la casa de un obrero. También exhibe obras de artistas locales y en la planta superior muestra una colección de medallas civiles y militares estonias.

Playa de Kärdla PLAYA
(Lubjaahju) Aunque poco espectacular, la playa poco profunda de Kärdla resulta bastante agradable, con una orilla de arena bordeada por el Rannapark, una extensión de bosque y hierba que ocupa parcialmente un cementerio sueco.

Dónde dormir

Kivijüri Külalistemaja B&B €€
(☎526 9915; www.kivijuri.ee; Kõrgessaare mnt 1; i/d 40/55 €; P 📶) Esta acogedora casa rural en rojo brillante cuenta con cuatro habitaciones con TV y baño. Ofrece un desayuno excelente, un patio trasero y una relajante zona de césped. También permite acampar y los hospitalarios propietarios plurilingües

pueden ayudar a alquilar bicicletas y automóviles. Una opción excelente.

Padu Hotell HOTEL €€
(☎463 3037; www.paduhotell.ee; Heltermaa mnt 22; i/d/apt desde 40/55/65 €;) El agradable motivo del pino llevado al extremo (muros, pisos, techos, puertas, mobiliario) induce a pensar que se trata de enorme una sauna. Las acogedoras habitaciones están bien equipadas (todas con balcón), pero los apartamentos son bastante más grandes y varios incluyen sauna. Dispone de una sauna comunitaria y un café.

Dónde comer y beber

Gahwa Cafe CAFÉ €
(Põllu 3; tentempiés 1-2 €; 10.00-18.00 lu-vi, hasta 15.00 sa y do;) Este café, un bonito lugar de parada con mesas dentro y fuera, ofrece comidas ligeras, como sopas o quiches. Hay que probar el sensacional pastel de chocolate.

Linnumäe Puhkekeskus EUROPEA €
(☎462 9244; www.linnumae.ee; Heltermaa mnt; principales 5,50-13 €; 11.30-19.00;) La terraza de este bar-restaurante resulta muy atractiva para tomar una cerveza a media tarde, aunque también se puede comer en el interior. La carta ofrece pocas sorpresas, pero los platos están bien preparados y las raciones resultan generosas y asequibles; se recomienda la trucha con salsa bearnesa. Queda a las afueras, 500 m después del Padu Hotell.

★ **Kuur** EUROPEA MODERNA €€
(www.restokuur.ee; Sadama 28; principales 11-12 €; 11.00-23.00 may-sep;) Aunque su nombre significa "cobertizo", este local junto al puerto que solo abre en verano resulta muy elegante, con dos paredes acristaladas y otra hecha con leña. La extraordinaria comida se compone solo de tres entrantes y tres platos principales, todos muy creativos, muy bien presentados y deliciosos. Cuenta con un servicio genial y una soleada terraza entarimada. Sin duda, el mejor restaurante de Hiiumaa.

Rannapaargu CLUB
(www.rannapaargu.ee; Lubjaahju 3; 22.00-4.00 vi y sa) Este restaurante con forma piramidal luce grandes ventanas con vistas a la playa. La comida no sobresale, pero al llegar el fin de semana alrededor de 300 personas acuden para divertirse al son de los mejores grupos de música y DJ que visitan la isla. No se anima hasta bien entrada la madrugada.

Información

Oficina de turismo de Hiiumaa (☎462 2232; www.hiiumaa.eu; Hiiu 1; 10.00-17.00 lu-vi todo el año, y 10.00-14.00 sa y do med may-med sep) Este acogedor centro, alojado en una vieja torre de vigilancia contra el fuego, facilita mapas y ayuda a conseguir alojamiento y guías. Vende el *Lighthouse Tour* (3 €; 40 páginas; en inglés), que detalla un circuito de la isla para conductores.

Oeste de Hiiumaa

La mitad occidental de Hiiumaa está poco poblada, incluso para los parámetros de Estonia. En la accidentada península de Tahkuna se libró una encarnizada batalla entre los ejércitos alemán y soviético durante la II Guerra Mundial. En la carretera

ARTESANÍA DE HIIUMAA

Las artesanías tradicionales están experimentando un discreto renacer en Hiiumaa. Una de las mejores tiendas se encuentra en el museo de Kassari (p. 165), que vende alfombras de lana tejida de primera calidad, entre otros artículos. También se recomiendan las siguientes:

Casa de artesanía Heltermaa (Heltermaa käsitöömaja; www.heltermaakasitoomaja.voog.com; Heltermaa; 10.30-19.00 lu-vi, hasta 17.30 sa jun-ago) Si sobra tiempo antes de tomar el ferri, en esta tienda se pueden comprar calcetines, miel, fuentes de madera o las omnipresentes alfombras.

Fábrica de lana Hiiu (Hiiu villavabrik; www.hiiuvill.ee; Vaemla; 9.00-18.00 lu-sa, 10.00-16.00 do med may-ago, 9.00-18.00 lu-vi, 10.00-16.00 sa resto del añor) Esta pequeña fábrica de lana, 4 km al este de Käina, todavía utiliza tejedoras e hiladoras del s. XIX para confeccionar artículos tradicionales de punto. Se pueden comprar jerséis y guantes o lana para tricotar. En verano dispone de un café.

que conduce al faro se ven instalaciones militares soviéticas abandonadas, incluido un búnker subterráneo que puede visitarse (llévese una linterna).

La isla termina en la estrecha península de Kõpu, que apunta hacia Estocolmo, al oeste. Para los surfistas muy expertos, en Ristna, donde la península se adentra en las corrientes del Báltico, se han producido olas de hasta 10 m y las excitantes corrientes de este peligroso tramo pueden arrastrar hasta Finlandia,.

Sõru, donde se halla el puerto de los ferris que van a Saaremaa, resulta un lugar precioso, con una costa boscosa ribeteada con juncos que se expande en ambas direcciones.

Puntos de interés y actividades

Colina de las Cruces MONUMENTO CONMEMORATIVO

(Ristimägi) En el norte de Hiiumaa vivía una comunidad de granjeros suecos libres a quienes Catalina la Grande obligó a marcharse; muchos acabaron en Ucrania con la falsa promesa de una vida mejor. Este montículo (solo en la llana Estonia se le podría llamar colina) junto a la carretera principal, 7 km al oeste de Kärdla, señala el lugar donde los últimos 1000 suecos de Hiiumaa celebraron la última ceremonia religiosa antes de abandonar la isla en 1781. Por tradición, los visitantes primerizos aparte de desafiar a los mosquitos deben dejar una cruz en el lugar.

Museo de la Granja Mihkli GRANJA

(Mihkli talumuuseum; www.muuseum.hiiumaa.ee; adultos/niños 2/1,50 €; ⏲10.00-18.00 ma-sa med jun-med ago) Escondida en un bosque en Malvaste, 2 km al norte de la carretera entre Kärdla y Kõrgessaare, esta granja, originalmente sueca, ofrece una visión genial de la vida rural de antaño. La sauna de humo (90 € para hasta 10 personas) brinda una extraordinaria experiencia, pero no se recomienda a personas con los ojos sensibles; hay que reservar con antelación, ya que tarda un día en calentarse.

Museo de Historia de Hiiumaa MUSEO

(Hiiumaa Militaarmuuseum; www.militaarmuuseum.ee; adultos/niños 3/1,50 €; ⏲10.00-18.00 med may-med sep) Sito en el antiguo cuartel de la guardia fronteriza soviética en la península de Tahkuna, este pequeño museo resulta bastante interesante a pesar de los escasos rótulos en inglés. El patio exhibe grandes piezas de equipamiento militar y el interior, uniformes, fotografías, carteles, armas y medallas.

> **VISITA A LOS FAROS**
>
> Existe una entrada combinada (adultos/niños 5/2 €) que permite visitar los tres faros de Hiiumaa. Se puede comprar en el primer faro que se visite.

Faro de Tahkuna FARO

(Tahkuna Teletorn, adultos/niños 2/1 €; ⏲10.00-19.00 ma-do may-med sep) Este faro de 43 m de altura que data de 1874 se alza en la punta noroccidental de la península de Tahkuna. Más allá del faro aguarda un **monumento** en honor a las víctimas de la tragedia del ferri *Estonia*. Esta estructura de metal de 12 m de altura, encarada al mar, encierra una cruz de la que pende una campana con las caras esculpidas de niños; únicamente tañe cuando el viento sopla a la misma velocidad y en la misma dirección que esa trágica noche de septiembre de 1994.

Entre el monumento y el faro se encuentra un **laberinto** de piedra bastante bajo, una reproducción de uno que se halló en la isla. Se trata de seguir el sendero entre las piedras como una forma de meditación.

Según se dice, el Ejército Rojo luchó hasta el último aliento en la batalla que se libró en la zona durante la invasión nazi de 1941, y el último soldado soviético subió a lo alto del faro y se lanzó al vacío mientras seguía disparando a los alemanes.

Faro de Kõpu FARO

(Kõpu Tuletorn; adultos/niños 2/1 €; ⏲10.00-20.00 may-med sep) Con su base piramidal y su robusta torre cuadrada, el monumento más famoso de Hiiumaa se trata también, según algunos, del faro en funcionamiento ininterrumpido más antiguo del mundo. En la elevada franja de tierra del interior donde se sitúa ya existía un faro en 1531, aunque la actual torre blanca de piedra caliza se reconstruyó en 1845. Sus 37 m de altura se distinguen a 55 km de distancia.

La cercana cafetería, con deliciosos pasteles pero un café horrible y con el mismo horario que el faro, acoge en verano conciertos en su zona de césped.

Faro de Ristna FARO

(Ristna Tuletorn; adultos/niños 2/1 €; ⏱ 10.00-19.00 ma-do may-med sep) En el extremo occidental de la península (Estocolmo queda 200 km al oeste) destaca el segundo faro de Kõpu, de color encarnado. En 1874 se llevó a Hiiumaa en un carguero desde París, donde se construyeron este y el de Tahkuna. Un barecito sirve bebidas y tentempiés.

Museo de Sõru MUSEO

(adultos/niños 2/1 €; ⏱11.00-17.00 mi-do jun-ago, 11.00-16.00 mi-vi sep-may) Si sobra tiempo antes de tomar el ferri a Saaremaa, merece la pena visitar este pequeño museo comunitario. En la planta baja puede que haya obras realizadas por los niños de la escuela del pueblo o artículos de fieltro elaborados en la localidad, mientras que en la planta de arriba se muestra una colección permanente de fotografías en blanco y negro de pescadores y agricultores, junto con redes y herramientas antiguas. Desde lo alto del edificio se puede otear el horizonte con unos potentes prismáticos de la guardia fronteriza soviética.

Surf Paradiis DEPORTES ACUÁTICOS

(☎505 1015; http://surfparadiis.paap.ee/; adultos/niños 40/20 €; ⏱may-nov) En un tramo de playa de arena que se halla a 1 km bajando por una carretera llena de baches desde Ristna (el desvío queda justo antes del faro), este centro ofrece todo tipo de actividades acuáticas y de aventura. El bono de un día para el "parque acuático" incluye el uso de tablas de surf, tablas de *bodyboard*, una cama elástica acuática, kayaks, barcas de remos, equipo de buceo con tubo, una sauna y tumbonas, a menudo acompañado de música en directo.

Entre las actividades adicionales se incluyen motos de agua, *windsurf*, paseos en banana hinchable, pesca y tiro con arco. También dispone de alojamiento.

Se recomienda llamar con antelación, ya que las actividades dependen del tiempo y a veces todo está reservado por grupos grandes.

El surf en Ristna es muy exigente por lo que no hay que intentar ir por cuenta propia sin coordinarse con el centro que gestiona un servicio de socorristas y de primeros auxilios.

EL HUNDIMIENTO DEL 'ESTONIA'

Unas 30 millas náuticas al noroeste de la península de Tahkuna, en Hiiumaa, yacen los restos del *Estonia*, que naufragó durante una tormenta poco después de la medianoche del 28 de septiembre de 1994 mientras cubría la ruta Tallin-Estocolmo. Solo 137 personas sobrevivieron a una de las peores catástrofes marítimas de Europa, que se cobró 852 vidas.

Las causas del accidente siguen siendo objeto de polémica y teoría conspiratoria. En 1997, el informe de la Joint Accident Investigation Commission (JAIC; Comisión Conjunta de Investigación del Accidente), una investigación encargada por los gobiernos estonio, sueco y finlandés, culpó al diseño del ferri y a una tripulación seguramente poco preparada para afrontar emergencias. Se afirmó que la puerta de proa estaba mal diseñada para condiciones adversas de navegación y que durante la tormenta el visor se desprendió de proa dejando la cubierta de automóviles a merced de toneladas de agua de mar que hundieron el *Estonia* en 1 h. El tiempo previsto de evacuación de los 989 pasajeros era solo de 15 min, pero no accedieron a los botes salvavidas debido a la repentina inclinación y hundimiento del ferri. Además, las gélidas temperaturas del agua redujeron a escasos minutos el tiempo de supervivencia de los que pudieron escapar.

La validez del informe fue cuestionada al conocerse los desacuerdos internos de la JAIC. En el 2000 una expedición conjunta de submarinistas estadounidenses y alemanes y un nuevo análisis del visor recuperado del *Estonia* apuntaron a la teoría de una explosión a bordo. Sus defensores afirman que el *Estonia* transportaba un cargamento de municiones sin registrar, ya que el comercio ilícito de armamento estaba a punto de restringirse tras la aprobación de nuevas leyes de exportación.

Las intervenciones inexplicadas en el barco naufragado y el vertido de tierra que el Gobierno sueco ordenó en el 2000 han alimentado más los rumores de conspiración y las demandas de una nueva investigación. Los gobiernos estonio, finlandés y sueco están resueltos a que el ferri permanezca donde yace en memoria a los fallecidos; se calcula que 700 cadáveres permanecen en su interior.

Käina

1380 HAB.

La segunda población más grande de Hiiumaa se trata de un lugar anodino, cuyo principal punto de interés son las enormes ruinas de la **iglesia de San Martín** (c. 1500), destruida por una bomba en la II Guerra Mundial.

Puntos de interés

Casa Museo de Rudolf Tobias MUSEO

(Rudolf Tobiase Majamuuseum; www.muuseum.hiiumaa.ee; Hiiu mnt; adultos/niños 2/1,50 €; 11.00-17.00 mi-do med may-med ago) En el extremo oeste de Käina, la humilde casa de madera y paja de 1840 de Rudolf Tobias (1873-1918), compositor de algunas de las primeras obras orquestales de Estonia, se ha conservado como un museo en su memoria. No existen rótulos en inglés, pero el personal se esfuerza en sus explicaciones. En la parte de atrás se halla un molino.

Dónde dormir

Hotell Liilia HOTEL €€

(463 6146; www.liiliahotell.ee; Hiiu mnt 22; i/d 42/48 €;) En un edificio de dos plantas junto a las ruinas de la iglesia, ofrece habitaciones bien mantenidas y decoradas con mucho gusto, con suelos y techos de madera clara. La planta baja acoge un gran restaurante con una agradable terraza, pero solo abre cuando hay mucha demanda.

Kassari

300 HAB.

Esta isla de 8 km de longitud, cubierta de bosques de distinto follaje, disfruta de asombrosos paisajes costeros. Queda comunicada con Hiiumaa por dos carreteras elevadas que prácticamente aíslan la bahía de Käina del mar abierto. En la bahía, una importante reserva de aves, crían unas 70 especies diferentes. Al norte de Orjaku se encuentra una **torre de observación de aves** y un sendero corto para pasear. Durante los meses de verano, buena parte de la bahía se seca y se convierte en un cenagal.

Puntos de interés y actividades

Museo de Hiiumaa MUSEO

(www.muuseum.hiiumaa.ee; adultos/niños 3/2 €; 10.00-18.00 may-sep, 10.00-17.00 mi-do oct-abr) En la antigua oficina de correos de Kassari, este pequeño museo alberga una colección de objetos e informa sobre la historia y la biodiversidad de Hiiumaa. Entre otras curiosidades, exhibe un TV de 1955 de fabricación rusa, el prisma en forma de joya del faro de Tahkuna de 1874 y el cuerpo disecado de un lobo que supuestamente sembró el terror en la isla hasta 1971. También vende excelente artesanía y ediciones especiales de sellos postales de la isla.

Sääre Tirp ZONA

Kassari se estrecha hacia el sur hasta un promontorio de peculiar vegetación y termina en una fina lengua de arena de 3 km, la punta de la cual se adentra en el mar. Resulta un lugar bonito para pasear y de camino hacia allí se encuentra una playita muy popular llena de juncos.

Según la leyenda, este afloramiento rocoso son los restos de un puente que el héroe local Leiger empezó a construir hasta Saaremaa para facilitar que su hermano, Suur Töll, el héroe de Saaremaa, lo visitara y colaborara con él en diferentes actos heroicos. Una estatua de Leiger con su canto rodado al hombro se alza en la bifurcación a Sääre Tirp.

Capilla luterana de Kassari IGLESIA

(Kassari kabel; 11.00-16.00 med jun-ago) Esta bonita capilla encalada con techo de paja (1801) en el extremo este de la isla de Kassari no dispone de electricidad, por lo que las misas se celebran a la luz de las velas. Cabe destacar un púlpito poco corriente situado sobre el altar. Supone un buen destino para una excursión a pie, en bicicleta o en automóvil; hay que seguir los carteles por un camino de tierra desde el punto más oriental de la carretera asfaltada de la isla.

Desde la capilla, un sendero de unos 2 km conduce hasta una pequeña bahía en la esquina nororiental de Kassari.

Kassari Ratsamatkad PASEOS A CABALLO

(5342 3346; www.kassari.ee; paseo h/día 13/40 €) En el camino hacia la capilla de Kassari, la granja ecuestre más grande de Hiiumaa ofrece una amplia gama de excursiones, incluidas salidas de varios días por bosques y tramos de costa virgen.

Dónde dormir y comer

Dagen Haus B&B €€

(518 2555; www.dagen.ee; Orjaku; h 65-89 €; P) Este antiguo granero reformado, una de las opciones más atractivas de Hiiumaa, con paredes rugosas y vigas de madera, ofrece cinco elegantes y modernas habitaciones.

Se halla en una gran zona verde y dispone de fabulosas zonas comunes. Sus propietarios también alquilan atractivas casas de verano para hasta 12 personas (99-219 €). Resérvese con antelación.

Kassari Puhkekeskus HOTEL €€
(☎469 7169; www.kassarikeskus.ee; Kassari; d 70 €, apt 85-105 €; P 📶) Las fábricas abandonadas abundan en Estonia, pero las remodeladas con gusto como esta escasean. Luce una decoración fresca y moderna, e incluso las habitaciones estándar cuentan con microondas y un pequeño balcón con césped artificial. Los apartamentos disponen de un salón independiente y minicocina, y dan a una gran terraza compartida con *jacuzzi*.

Grill Lest & Lammas ESTONIA €
(☎469 7169; www.kassarikeskus.ee; Kassari; principales 7,50-11 €; ⌚12.00-21.00 jun-ago; 📶) Este restaurante, cuyo nombre significa "platija y oveja", ofrece pescado a la parrilla y cordero marinado, junto con salchichas, cerdo y pollo a la barbacoa. También se puede saborear una botella de vino bajo el chamizo en uno de los terraplenes ajardinados. Forma parte del complejo Kassari Puhkekeskus.

Vetsi Tall ESTONIA €
(☎462 2550; www.vetsitall.ee; principales 4,50-6 €, parcela por persona 4 €, cabaña i/d/tr 30/40/55 €, apt 100 €; ⌚10.00-23.00 jun-ago; P) En la carretera principal entre las aldeas de Orjaku y Kassari, esta oscura y evocadora taberna de 1843 ofrece enormes raciones de comida buena y sencilla. También ofrece pequeñas cabañas de madera en forma de barril en medio de su huerto de manzanos y, además, se puede acampar, aunque los baños son rudimentarios (p. ej., una ducha con una manguera). Encima de la taberna se alquila un apartamento de dos dormitorios.

Vormsi

277 HAB.

La cuarta isla más grande de Estonia (93 km²) surgió del mar hace unos 3000 años y se eleva unos 3 mm por año (su punto más alto se halla a 23 m sobre el nivel del mar y, al parecer, es una guarida de troles). La isla siempre ha estado poco habitada, exceptuando los mosquitos, de ahí que sus bosques, pastos costeros y prados boscosos estén relativamente intactos. Los suecos desembarcaron en el s. XIII y antes de la II Guerra Mundial constituían la mayoría de los entonces 2500 habitantes de la isla. Durante la contienda huyeron a Suecia en masa y pocos regresaron.

La isla, de 16 km de este a oeste y de 6 km de media de norte a sur, invita a un recorrido en bicicleta; existen unos 10 km de carretera asfaltada. Desde el muelle de ferris hasta el pueblo de **Sviby** hay 1,5 km. **Hullo,** el pueblo más grande de la isla, se encuentra 3 km al oeste. Dentro de una antigua granja colectiva, junto al cruce de Hullo, se ven las ruinas de una iglesia rusa ortodoxa. Sito en una península cubierta de enebros que se adentra en la bahía de Hullo, 2 km al sur, se halla el minúsculo **Rumpo**. Gran parte de la isla, incluidos los 30 islotes de la bahía de Hullo, forma parte de la **Reserva Paisajística de Vormsi** (Vormsi Maastikukaitseala), un refugio para aves costeras y líquenes raros, así como para animales más grandes, como alces, corzos, linces y jabalíes.

Puntos de interés

La isla no dispone de oficina de turismo pero cuenta con tablones informativos cerca del muelle de ferris.

Museo de la Granja de Vormsi GRANJA
(Vormsi talumuuseum; www.talumuuseum.vormsi.ee; Sviby; adultos/niños 2,50/1 €; ⌚10.00-17.00 mi-do jun-ago) Esta restaurada finca conserva la herencia sueca de la isla, incluida la característica moda de sus habitantes. Las mujeres llevaban calcetines rojos gruesos para resaltar sus tobillos, ya que las piernas fuertes eran un símbolo sexual; nadie quería una mujer que no pudiese realizar trabajos manuales pesados.

Iglesia luterana de San Olaf IGLESIA
(Püha Olavi kirik; ⌚10.30-12.30 do may-sep) Una pequeña y colorida estatua del santo con su fiel hacha destaca en el nicho encima de la puerta de esta iglesia encalada del s. XIV a las afueras de Hullo. Atesora un exquisito púlpito barroco pintado (1660) y pinturas medievales en el techo.

Faro de Saxby FARO
Construido en 1864, este faro de 24 m queda cerca de Saxby, el pueblo más occidental de la isla, que a su vez se encuentra a 7 km de Hullo.

Kirikukivi CANTO RODADO
(iglesia monolito) Este canto rodado irregular de 5,8 m se halla cerca de Diby, al noreste.

Dónde dormir y comer

Se pueden encontrar opciones de alojamiento por internet (www.vormsi.ee) o en la oficina de turismo en Haapsalu. Tanto Rumpo Mäe Puhketalu como Elle-Malle Külalistemaja alquilan bicicletas y barcas, y el desayuno está incluido en el precio. Para comer, se debe acudir al **Kõrts Krog No. 14**, una taberna recién abierta a las afueras de Hullo.

Rumpo Mäe Puhketalu B&B **€€**
(☎5342 9926; www.rumpomae.ee; d/tr 55/75 €;) A unos pasos de la orilla en Rumpo, esta atractiva granja con techo de paja alquila habitaciones con baño con un estilo de antaño. También ofrece alojamiento más básico en la rústica casa de la sauna (por persona/toda la casa 45/220 €) y en la 'casa pequeña' con ocho camas (toda la casa 135-205 €). Además, dispone de una zona de acampada. Se aplica un suplemento para estancias de una sola noche.

Elle-Malle Külalistemaja B&B **€€**
(☎5647 2854; ellemalle@gmail.com; Hullo; por persona 24 €) Con una tranquila ubicación entre Hullo y la iglesia luterana de San Olaf, esta agradable pensión ofrece limpias habitaciones revestidas de madera de pino en la casa principal y una romántica habitación doble abuhardillada, con baño propio en la planta baja, en una casita de madera independiente. Sirve comidas (cena de 3 platos 9 €) y el propietario también vende una pequeña pero selecta gama de antigüedades locales.

Hullo Kauplus COMPRA DE ALIMENTOS **€**
(Hullo; 10.00-20.00 lu-sa, hasta 17.00 do;) Hay una oficina de correos y un punto de internet anexos a la pequeña tienda de Hullo, en la que se pueden comprar provisiones.

Cómo llegar y desplazarse

Vormsi queda a solo 3 km del litoral continental estonio. Los ferris de **SLK** (☎4524 4444; www.tuulelaevad.ee) recorren entre tres y cinco veces diarias los 10 km entre Rohuküla y Sviby (ida y vuelta adultos/niños/automóviles/bicicletas 6,40/3,20/14/2 €, 45 min). Se aplica un recargo del 50% en los barcos que salen de Rohuküla los viernes después de las 13.00 y de Sviby los domingos después de las 13.00. Si se va a embarcar un vehículo en verano, hay que reservar con antelación por internet (1,60 € adicionales).

Junto al muelle de ferris, **Sviby Bike & Boat Rental** (☎517 8722; www.vormsi.ee/sviby; hasta tarde may-sep) alquila bicicletas (½/8/24 h 5/10/15 €) y barcas de remos (5 €/h), y ofrece un servicio de taxi acuático y circuitos por la isla. Los alojamientos también suelen ofrecer estos servicios.

COMPRENDER ESTONIA

Estonia hoy

Los largos y grises días del yugo soviético quedan lejos. Hoy a quienes visitan Estonia por primera vez les asombra el fervor con el que el país ha abrazado la economía de mercado. Los estonios gozan de un espíritu emprendedor y la economía se ha diversificado mucho desde 1991.

El país destaca en el ámbito digital, de ahí el apodo de "e-Stonia". Varias innovaciones se deben a diseñadores de *software* estonios, como Skype, que permite hacer llamadas de voz y de vídeo gratis por internet. Los ciudadanos estonios pueden votar y presentar la declaración de impuestos por internet y firmar digitalmente documentos en línea, y en el 2014 Estonia se convirtió en el primer país en ofrecer la "residencia virtual" a no residentes.

Alabado como el éxito económico más sobresaliente de la antigua URSS, el país actualmente forma parte de la UE, la OTAN, la Organización para la Cooperación y el Desarrollo Económicos (OCDE) y la eurozona.

Estonia se ha librado, política y económicamente, de la era soviética y mira más hacia Occidente y el norte. Sus ciudadanos se consideran más cercanos (lingüística y culturalmente) a sus vecinos finlandeses que a Letonia y Lituania, y consideran la etiqueta "países bálticos" como una referencia geográfica práctica y poco más. Incluso se habla de construir un túnel por debajo del golfo de Finlandia para estrechar más sus lazos con el país vecino, aunque el coste de semejante proyecto resulta prohibitivo.

Aunque Estonia cada vez se dirige más hacia Occidente, también mira de reojo hacia Rusia. La anexión rusa de Crimea y el conflicto armado de Ucrania (que en Estonia se cree que ha sido fomentado por el Kremlin) han puesto nerviosos a muchos habitantes de este país independiente desde hace poco. Conscientes de la naturaleza efímera de la primera independencia de Estonia en las décadas de entreguerras, que el período actual de independencia haya durado más que el primero solo ofrece una cierta seguridad a los estonios.

La respuesta de Estonia a la crisis de Ucrania ha sido apoyar las sanciones contra la Federación Rusa y estrechar lazos con la OTAN; el presidente Toomas Ilves ha solicitado una base permanente de la OTAN en suelo estonio.

Las tensiones con Rusia aumentaron en el 2015, cuando un oficial de seguridad estonio fue sentenciado por un tribunal ruso a 15 años de prisión por espía; los rusos insisten en que lo arrestaron en el lado ruso de la frontera mientras que los estonios (y la UE) afirman que fue secuestrado en el lado estonio. Estonia planea construir una valla de 110 km de largo y 2,5 m de altura en su frontera con Rusia (gran parte del resto de la frontera queda delimitada por el lago Peipus y el río Narva).

Al mismo tiempo, el gobierno estonio reconoce la necesidad de mejorar las relaciones con la gran minoría étnica rusa de Estonia, una gran parte de la cual todavía tiene que obtener la ciudadanía estonia (p. 173). A pesar de que el ruso medio en Estonia goza de un nivel de vida más elevado que el ruso medio en Rusia, todavía queda por detrás de sus compatriotas estonios. En el 2015 un informe de Amnistía Internacional señalaba que las minorías étnicas de Estonia, la mayor de las cuales es la rusa, se ven afectadas de forma desproporcionada por el paro y la pobreza.

Un recorrido por las degradadas ciudades del noreste, donde el empleo y las esperanzas escasean, da una ligera idea de la difícil situación de los rusos. Los rusohablantes están sobrerrepresentados en la población carcelaria, las tasas de infección del VIH y las estadísticas de drogadicción, y los graves problemas sociales que afectan a la comunidad rusa alimentan a su vez los clichés negativos sobre los rusos.

Aunque los casos de hostilidad por motivos étnicos o raciales sean poco frecuentes, ocurren a veces. La tensión, y la violencia que desató la decisión del Gobierno en el 2007 de trasladar del centro de Tallin el monumento conmemorativo de guerra de la época soviética, demostró que existen fisuras entre los ciudadanos de etnia rusa del país y el resto de la población; con frecuencia se denuncia la discriminación (sobre todo desde los medios de comunicación rusos) que sufren las minorías de habla rusa.

'AESTI'

En el s. I d.C. el historiador romano Tácito describió el pueblo de los aesti, afirmando que rendían culto a imágenes de diosas y que perseguían jabalíes con garrotes y armas de hierro. Ese pueblo también era conocido por el comercio de ámbar. Aunque Tácito estaba describiendo a los antepasados de lituanos y letones, el nombre aesti al final se aplicó específicamente a los estonios, que en la actualidad siguen llamándose a sí mismos "eesti".

Desde el lado estonio se intenta frenar la influencia de los medios de comunicación rusos promoviendo los servicios informativos en ruso desde Estonia.

Historia

Orígenes

Los primeros asentamientos en Estonia se remontan 10 000 años atrás; cerca de la actual Pärnu se hallaron útiles de la Edad de Piedra. Unos siglos más tarde (probablemente sobre el 3500 a.C.) llegaron las tribus ugrofinesas procedentes del este (seguramente de los Urales), se mezclaron con las comunidades neolíticas y fundaron las actuales Estonia, Finlandia y Hungría. Encariñadas con el lugar, fijaron su residencia y renunciaron a la vida nómada que caracterizó a la mayoría de los pueblos europeos durante los siguientes 4000 años.

La invasión cristiana

Durante los ss. IX y X d.C., los estonios eran conscientes de la amenaza de los vikingos, que parecían más interesados en las rutas comerciales a Kiev y Estambul que en conquistar su territorio. Los invasores cristianos del sur supusieron la primera amenaza real para su libertad.

Atendiendo a los llamamientos papales en pro de una cruzada contra los paganos del norte, las tropas danesas y los caballeros germanos invadieron Estonia y conquistaron la fortaleza de Otepää (al sur de Estonia) en 1208. Tardaron más de 30 años en controlar totalmente el territorio porque sus moradores resistieron con uñas y dientes. A mediados del s. XIII, los daneses ocupaban el norte de Estonia mientras la Orden Teutónica germana controlaba el sur.

Los conquistadores levantaron ciudades nuevas y cedieron buena parte del poder a los obispos. A finales del s. XIII se construyeron catedrales en Tallin y Tartu, más o menos al mismo tiempo que las órdenes religiosas de los cistercienses y los dominicos construían monasterios para adoctrinar y bautizar (o como mínimo intentarlo) a los lugareños. Mientras tanto, los estonios seguían rebelándose.

El alzamiento más significativo empezó la noche de San Jorge (23 de abril) de 1343. Comenzó en el norte de Estonia, controlado por los daneses, cuando los estonios saquearon el monasterio cisterciense de Padise y asesinaron a todos sus monjes. Acto seguido, tras sitiar Tallin y el castillo del obispo en Haapsalu, pidieron ayuda a los suecos, quienes enviaron refuerzos por el golfo pero llegaron demasiado tarde y se vieron obligados a replegarse. Pese a la determinación estonia, en 1345 la rebelión fue sofocada. Sin embargo, los daneses, ya hartos, vendieron su parte de Estonia a la Orden Livónica (una ramificación de la Orden Teutónica).

En el s. XIV aparecieron los primeros gremios y asociaciones mercantiles y muchas ciudades (Tallin, Tartu, Viljandi y Pärnu) prosperaron como socios comerciales de la Liga Hanseática (un gremio mercantil medieval). Sin embargo, en estas ciudades vivían sobre todo comerciantes alemanes, mientras que los estonios se veían relegados a trabajar el campo.

Los estonios siguieron practicando el culto a la naturaleza y bodas y funerales paganos, pero en el s. XV dichos ritos ya se habían fusionado con el catolicismo y se empezaron a utilizar nombres cristianos.

En la década de 1520, la Reforma alcanzó Estonia desde Alemania y los primeros en llegar fueron los predicadores luteranos. A mediados del s. XVI, la reorganización eclesiástica dejó las iglesias en manos de los luteranos y cerró monasterios.

La guerra de Livonia

Durante el s. XVI, por el este acechaba la mayor amenaza contra Livonia (ahora el norte de Letonia y sur de Estonia). Iván el Terrible, autoproclamado primer zar ruso en 1547, quería expandirse hacia el oeste. En 1558, las tropas rusas, encabezadas por la feroz caballería tártara, atacaron las inmediaciones de la región de Tartu. El enfrentamiento fue despiadado, dado que los invasores iban dejando un reguero de destrucción a su paso. Polonia, Dinamarca y Suecia se sumaron a la refriega. Las luchas intermitentes se alargaron durante todo el s. XVII, cuando Suecia se proclamó vencedora.

Como en todas las guerras, quien más sufrió fue la población civil. Durante las dos generaciones de guerras (aproximadamente de 1552 a 1629), la mitad de la población rural pereció y se abandonaron tres de cada cuatro granjas; las enfermedades (como la peste), la pérdida de las cosechas y las subsiguientes hambrunas añadieron más muertos a las guerras. Excepto en Tallin, se saquearon o destruyeron todos los castillos y ciudades fortificadas del país, incluido el castillo de Viljandi, en su día una de las fortalezas más poderosas del norte de Europa. Algunas poblaciones quedaron literalmente borradas del mapa.

La era sueca

Tras la guerra, Estonia, en manos suecas, entró en un período de paz y prosperidad. Aunque la situación del campesinado estonio no mejorara mucho, las ciudades, estimuladas por el comercio, crecieron y prosperaron y ayudaron a una rápida recuperación económica. Por primera vez en su historia, toda Estonia estaba regida por el mismo gobernante; este período está considerado como un episodio ilustrado de la larga historia de opresión extranjera en el país.

El rey sueco garantizó a la aristocracia báltico-germana un cierto grado de autogobierno e incluso, en un acto de generosidad, les concedió algunas tierras abandonadas durante la guerra. Aunque el primer libro impreso en estonio data de 1535, la publicación de libros no se inició hasta la década de 1630, cuando el clero sueco fundó escuelas en las aldeas y enseñó a los campesinos a leer y escribir. La fundación de la Universidad de Tartu en 1632 dio el empujón definitivo a la educación.

Sin embargo, a mediados del s. XVII todo empezó a deteriorarse. Un brote de peste y después la Gran Hambruna (1695-1697) se cobraron 80 000 víctimas, casi el 20% de la población. Los campesinos, que por una vez disfrutaban de mayor libertad de acción, pronto perdieron sus privilegios. Por su parte, el rey sueco, Carlos XI, quería abolir el vasallaje en las casas señoriales reales estonias (los campesinos eran libres en Suecia), pero los barones báltico-germanos de la zona lucharon a muerte por conservar el legado de la servidumbre de la gleba.

La Gran Guerra del Norte

Pronto Suecia se encaró a la amenazadora alianza en su contra de Polonia, Dinamarca y Rusia, que querían recuperar las tierras perdidas en la guerra de Livonia. En 1700 estalló la Gran Guerra del Norte y tras algunas victorias (incluida la derrota de los rusos en Narva), los suecos empezaron a amilanarse en diferentes frentes. En 1708 Tartu había sido destruida y todos sus supervivientes deportados a Rusia. Con la capitulación de Tallin en 1710, los suecos huyeron en desbandada.

El Siglo de las Luces

La dominación rusa perjudicó seriamente al campesinado estonio. La guerra y la peste de 1710 dejaron miles de muertos. Pedro I anuló las reformas suecas y destruyó cualquier esperanza de libertad para los siervos supervivientes. Las actitudes conservadoras hacia las clases más bajas de Estonia no cambiaron hasta el Siglo de las Luces, a finales del s. XVIII.

Entre los más influenciados por la Ilustración se contaba Catalina la Grande [1762-1796], quien puso freno a los privilegios de la élite mientras iniciaba reformas casi democráticas. Sin embargo, se tuvo que esperar hasta 1816 para que los campesinos fueran liberados; podían ponerse un apellido, gozar de mayor libertad de movimientos e incluso de un acceso limitado al autogobierno. En la segunda mitad del s. XIX, los campesinos empezaron a comprar fincas y a ganarse un sueldo con las ganancias de las cosechas, entre otras, de patatas y lino (el último se vendió a precios especialmente altos durante la Guerra de Secesión estadounidense y la posterior caída de la exportación del algodón americano a Europa).

Despertar nacional

A finales del s. XIX y encabezado por una nueva élite estonia, el país inició su andadura para constituirse como nación. El primer periódico en estonio, *Perno Postimees*, apareció en 1857. Lo publicó Johann Voldemar Jannsen, uno de los primeros en utilizar el término "estonio" en lugar de *maarahvas* (gente del país). Entre otros pensadores influyentes se contaba Carl Robert Jakobson, que luchó por la igualdad de los derechos políticos para los estonios y fundó *Sakala*, el primer periódico político de Estonia.

Nacieron muchas sociedades estonias y en 1869 se celebró el primer festival de la canción. El riquísimo folclore nacional también salió a la luz, especialmente con la publicación de *Hijo de Kalev*, la epopeya épica de Friedrich Reinhold Kreutzwald que recopilaba centenares de leyendas y cuentos de la tradición estonia. Otros poemas, en especial las obras de Lydia Koidula, ayudaron a dar forma a la conciencia nacional, marcada por siete siglos de esclavitud.

Rebelión y Primera Guerra Mundial

Las postrimerías del s. XIX experimentaron una industrialización desenfrenada, marcada por el trazado de una extensa red ferroviaria que comunicaba Estonia con Rusia y por la construcción de grandes fábricas. El socialismo y el descontento acompañaban esos tétricos puestos de trabajo, con manifestaciones y huelgas instigadas por los nuevos partidos de los trabajadores. Estonia se contagiaba de Rusia y, en enero de 1905, cuando una insurrección armada cruzó la frontera, los obreros estonios se sumaron a las trifulcas. La tensión fue creciendo hasta el otoño de ese año cuando unos 20 000 trabajadores se declararon en huelga. Las tropas zaristas respondieron con contundencia, matando e hiriendo a 200 personas.

La respuesta del zar Nicolás II provocó aún más a los rebeldes estonios, que siguieron destruyendo las propiedades de la vieja guardia. Rusia mandó a miles de soldados a sofocar esos levantamientos; se ejecutó a 600 estonios y centenares fueron deportados a Siberia. Se cerraron sindicatos, periódicos y organizaciones progresistas, y los líderes políticos huyeron del país.

Planes más drásticos para someter a Estonia (como colonizar el país con miles de campesinos rusos) nunca llegaron a realizarse. Al zar de Rusia le acuciaba otra prioridad, la I Guerra Mundial. Estonia pagó cara la intervención de Rusia; se reclutó a 100 000 hombres, de los que 10 000 murieron en el frente. Muchos estonios lucharon con la idea de que si ayudaban a derrotar a Alemania, Rusia les recompensaría con la independencia. Pero Rusia no albergaba ninguna intención al respecto. En 1917 tal cuestión dejó de ser competencia del zar. En San Petersburgo, Nicolás II fue obligado a abdicar y los bolcheviques tomaron el poder. Mientras el caos se apoderaba de Rusia, Estonia aprovechó el momento y el 24 de febrero se autoproclamó independiente.

La guerra por la independencia

Estonia se encaró a las amenazas de Rusia y de los barones báltico-germanos más reaccionarios. La guerra estalló cuando el Ejército Rojo, que avanzaba a marchas forzadas, ocupó la mitad del país en enero de 1919. Estonia se opuso con tenacidad y, con la ayuda de los buques de guerra británicos y de las tropas finlandesas, danesas y suecas, derrotó a su sempiterno enemigo. En diciembre, Rusia acordó una tregua y el 2 de febrero de 1920 firmó el Tratado de Paz de Tartu, con el que Rusia renunciaba a sus derechos de soberanía sobre el territorio estonio para siempre. Por primera vez en su historia, Estonia era totalmente independiente.

Una independencia efímera

El período de independencia fue una época dorada en muchos sentidos. La nobleza, en su mayoría báltico-germana, pudo arreglar sus asuntos antes de que sus casas señoriales se nacionalizaran y sus propiedades se repartieran entre el pueblo estonio. Por primera vez muchos granjeros podían poseer y trabajar sus propias tierras.

La economía progresó rápidamente; Estonia utilizaba sus recursos naturales y atrajo inversiones extranjeras. La Universidad de Tartu se convirtió en una universidad para estonios y el estonio en la lengua vehicular en todos los aspectos de la vida pública, creando nuevas oportunidades en esferas profesionales y académicas. La educación secundaria también mejoró (el número de estudiantes per cápita superó al de buena parte de los países europeos) y se forjó una importante industria editorial, con 25 000 títulos publicados entre 1918 y 1940 (una vez más superando a casi todos los países europeos en libros per cápita).

En otros frentes –sobre todo en el político– la independencia resultó tan productiva. El miedo a las subversiones comunistas (como el fallido golpe de Estado de los bolcheviques en 1924) decantó al Gobierno hacia la derecha. En 1934 Konstantin Päts, líder del gobierno de transición, junto con Johan Laidoner, comandante en jefe del Ejército estonio, violaron la Constitución y se hicieron con el poder con el pretexto de proteger la democracia de las facciones extremistas. Empezó la "era del silencio", una época de autoritarismo que atrapó a la joven república hasta la II Guerra Mundial.

La invasión soviética y la Segunda Guerra Mundial

El destino de Estonia quedó sellado cuando la Alemania nazi y la Unión Soviética firmaron un pacto secreto en 1939 por el que Estonia era cedida a Stalin. El Pacto Molotov-Ribbentrop, un acuerdo de no agresión entre la Unión Sovética y la Alemania nazi, dividió secretamente Europa del Este en esferas de influencia soviéticas y alemanas. Estonia cayó en la esfera soviética. Con el estallido de la II Guerra Mundial, Estonia se declaró neutral pero Moscú la obligó a firmar un acuerdo de asistencia mutua. Consecuentemente llegaron miles de soldados rusos con sus bases militares terrestres, navales y aéreas. El Partido Comunista de Estonia orquestó una falsa rebelión a través de la cual "el pueblo" pedía formar parte de la Unión Soviética. El presidente Päts, el general Laidoner y otros líderes fueron destituidos y enviados a campos de prisioneros rusos, se creó un gobierno de paja y el 6 de agosto de 1940, el Soviet Supremo aceptó

EL HÉROE CHECHENO DE TALLIN

En enero de 1991 el Ejército soviético ocupó edificios estratégicos de Vilna y Riga, y pretendía hacer lo mismo en Tallin. Sin embargo, el comandante de las tropas desobedeció las órdenes de Moscú y se negó a disparar contra la población civil. Incluso amenazó con cambiar el objetivo de su artillería si Rusia realizaba cualquier intento de invasión. Ese líder, Dzhojar Dudáyev, acabó convirtiéndose en el presidente de Chechenia y encabezó el movimiento por la independencia. En 1995 fue asesinado por el Ejército ruso. En Estonia se le recuerda con respeto por su papel en el logro de la soberanía estonia.

la “petición” de Estonia de pertenencia a la Unión Soviética.

Las deportaciones y la II Guerra Mundial devastaron el país. Miles de estonios fueron reclutados no para luchar sino para trabajar (y a menudo morir) en campos de trabajo del norte de Rusia. Miles de mujeres y niños fueron deportados a los gulags.

Cuando Rusia huyó ante el avance alemán, muchos estonios recibieron a los nazis con los brazos abiertos; 55 000 estonios se sumaron a las unidades de defensa nacional y a los batallones de Wehrmacht Ost. Sin embargo los nazis no reconocieron a Estonia como estado sino como un mero territorio ocupado por la Unión Soviética. Toda esperanza se perdió cuando los alemanes empezaron a ejecutar a colaboracionistas comunistas (unos 7000 ciudadanos estonios fueron fusilados) y a aquellos judíos estonios que todavía no se habían marchado del país (unos 1000). Para escapar de las filas alemanas (se reclutó a casi 40 000), miles huyeron a Finlandia y se unieron al regimiento estonio del Ejército finlandés.

A principios de 1944, los soviéticos bombardearon Tallin, Narva, Tartu y otras ciudades. El casco antiguo barroco de Narva fue destruido casi por completo. Los nazis se retiraron en septiembre de 1944. Ante el temido avance del Ejército Rojo, muchos estonios también huyeron y 70 000 llegaron a Occidente. Al final de la contienda uno de cada 10 estonios vivía en el extranjero. El país había perdido más de 280 000 compatriotas en la guerra (¼ parte de su población). Además de aquellos que emigraron, 30 000 murieron en el frente y otros fueron ejecutados, deportados a los gulags o exterminados en campos de concentración.

DESIGUALDAD SALARIAL Y SÁNDWICHES DE SALMÓN

Según Eurostat, los hombres de Estonia ganan de media un 30% más que las mujeres, la mayor diferencia en la UE. En una curiosa protesta contra esta brecha *(lõhe)*, los cafés y restaurantes que participan en el Día por la Igualdad Salarial venden sándwiches de salmón (también *lõhe* en estonio) con un recargo del 30% si se sirven con eneldo (en estonio *till*, que también designa coloquialmente al pene).

De vuelta a la URSS

Inmediatamente después de la guerra, Estonia fue anexionada a la Unión Soviética y comenzó la deprimente época de la represión estalinista, con miles de estonios encarcelados y otros 19 000 ejecutados. Los granjeros se vieron obligados a colectivizar sus granjas y llegaron miles de inmigrantes procedentes de otras regiones de la Unión Soviética. Entre 1945 y 1989 el porcentaje de nativos estonios descendió del 97% al 62% de la población.

La resistencia se plasmó en un gran movimiento guerrillero autodenominado Metsavennad (“Hermanos del Bosque”). Unos 14 000 estonios se abastecieron de armas, pasaron a la clandestinidad y operaron en pequeños grupos por todo el país. Las guerrillas afectaron poco al Ejército soviético y, en 1956, el movimiento ya había sido desmantelado.

Aunque se vivieran ciertos momentos de optimismo (sobre todo durante el deshielo de Jrushchov, con la exposición pública de los crímenes de Stalin), se tuvo que esperar hasta la década de 1980, con la perestroika (reestructuración) y la *glásnost* (apertura) del líder soviético Mijaíl Gorbachov para que los cambios parecieran posibles.

El movimiento disidente de Estonia cobró impulso y durante el 50º aniversario del Pacto Molotov-Ribbentrop de 1939 se celebró un mitin masivo en Tallin. En los meses posteriores se sucedieron las protestas que reclamaban la restauración de la independencia. Los festivales de la canción se convirtieron en un potente vehículo de protesta. El mayor tuvo lugar en 1988 cuando 300 000 estonios se citaron en los Jardines del Festival de la Canción de Tallin y atrajo la atención internacional.

En noviembre de 1989 el Soviet Supremo estonio declaró los sucesos de 1940 un acto ilegal de agresión militar. Estonia desobedeció a Moscú, convocó elecciones libres en 1990 y recuperó su independencia en 1991.

La segunda independencia de Estonia

En 1992 se celebraron las primeras elecciones generales con la nueva Constitución, con muchos partidos de nuevo cuño. El partido Unión Pro Patria ganó con escasa mayoría con su eslogan “Limpiando en casa”, que hacía referencia a apartar del poder a aquellos

SER CIUDADANO ESTONIO

Cuando Estonia recuperó la independencia en 1991, no todos los residentes recibieron la ciudadanía. Quienes ya eran ciudadanos de la República Estonia antes de 1940 y sus descendientes la obtuvieron automáticamente. Aquellos que emigraron a Estonia durante la ocupación soviética (rusohablantes en su mayoría, muchos de los cuales ni aprendieron el idioma local) podían naturalizarse, un proceso que les exigía demostrar sus conocimientos sobre la historia e idioma de Estonia. También podían solicitar la ciudadanía rusa, como todos los ciudadanos de la antigua Unión Soviética, o quedarse en Estonia como residentes sin ciudadanía. Sin embargo, solo los ciudadanos pueden votar en las elecciones parlamentarias.

El proceso de naturalización y la dificultad percibida en los exámenes iniciales del idioma desataron la polémica internacional ya que el Gobierno ruso, la UE y algunas organizaciones por los derechos humanos (incluida Amnistía Internacional) protestaron aduciendo que a muchos habitantes rusohablantes se les negaban sus derechos políticos y civiles. Tras las presiones, se modificaron los exámenes y el número de apátridas se ha reducido. En 1992, el 32% de los habitantes carecía de cualquier tipo de ciudadanía, mientras que actualmente la ACNUR calcula que esa cifra se ha reducido a un 6,7%.

Como consecuencia de esta política, solo el 84% de la población cuenta con ciudadanía estonia. Cerca del 9% de la población tiene pasaporte de otra nacionalidad, principalmente de la Federación Rusa, Ucrania o Finlandia.

personajes vinculados con el pasado comunista. Su líder, Mart Laar, historiador de 32 años, se convirtió en primer ministro.

Laar empezó a trabajar para convertir Estonia en una economía de libre mercado, introdujo la corona estonia como moneda y negoció la retirada total del Ejército ruso. En 1994, cuando partieron las últimas guarniciones soviéticas, los estonios suspiraron aliviados. Pese a los logros de Laar, se le consideraba una persona impetuosa y en 1994 fue destituido tras perder la confianza del Riigikogu (Consejo Nacional).

En septiembre del 2003 se convocó un referéndum en el que un 60% de estonios votó a favor de ingresar en la UE. En la primavera del 2004, el país se unió oficialmente a la UE y a la OTAN. A ello le siguieron la afiliación a la OCDE en diciembre del 2010 y la adopción del euro en lugar de la efímera corona a principios del 2011.

Tras la adhesión a la UE, los temas recurrentes son la economía, la creciente desigualdad de las rentas y las tensas relaciones con Rusia, sobre todo en cuanto a la numerosa comunidad rusohablante de Estonia.

La sociedad estonia

A pesar de (o quizás debido a) los siglos de ocupación danesa, sueca, alemana o rusa, los estonios han salvaguardado tenazmente su identidad nacional y están profunda y emocionalmente conectados a su historia y tradiciones. El Museo Literario de Estonia (en Tartu) alberga un fondo de más de 1,3 millones de partituras de canciones folclóricas, el mayor del mundo después del de Irlanda. Además, la industria cinematográfica de Estonia sirve a una de las audiencias más reducidas del mundo (solo superada por Islandia).

Se puede decir que los estonios (sobre todo los hombres) son reservados y distantes. Hay quien lo relaciona con el clima; las largas y oscuras noches nutren esa latente introspección. Dicho comedimiento también se extiende a las escasas muestras de afecto en público, comportamientos escandalosos y estados de embriaguez, todos muy mal vistos. Eso no significa que no celebren fiestas, como el Jaanipäev, donde amigos, familia y conocidos se reúnen en el campo para beber, bailar y divertirse.

A pesar de su merecida fama de trabajadores férreos, también les gusta disfrutar de la naturaleza. Un fin de semana ideal transcurre en la casa de campo familiar, recogiendo bayas o setas, paseando por el bosque o sentándose con los amigos a gozar de la apacible belleza. Poseer una casa de campo con una sauna supone una de las grandes aspiraciones nacionales.

De los 1,3 millones de habitantes del país, el 69% son estonios de pura cepa, el 25% rusos, el 2% ucranianos, el 1% bielorrusos y el 1% finlandeses. Los habitantes de etnia rusa se concentran en las ciudades industriales del noreste, en algunas de las cuales, como en Narva, suponen la amplia mayoría de la población. Los rusos también tienen una importante presencia en Tallin (37%). Estas cifras difieren mucho de las de 1934, cuando más del 90% de la población era nativa estonia. Entre 1945 y 1955 llegaron muchos inmigrantes desde otras zonas de la Unión Soviética y en los siguientes 30 años Estonia contaba con el mayor índice migratorio de todas las repúblicas soviéticas.

Uno de los grupos étnicos autóctonos más ignorados es el pueblo seto, con hasta 15 000 miembros divididos entre el sureste de Estonia y la vecina Rusia.

Según una encuesta de Gallup del 2009, Estonia era del país menos religioso del mundo, aunque muchos estonios se consideran espirituales, con unos valores basados en la naturaleza. Desde principios del s. XVII los cristianos estonios han sido principalmente luteranos, aunque la Iglesia ortodoxa se afianzó bajo el Imperio ruso y ha experimentado un resurgimiento en los últimos años. Actualmente solo una minoría de los estonios profesa creencias religiosas, con un 16% que se declara ortodoxo y un 10% luterano; ninguna otra religión representa más del 1% de la población.

Los judíos llegaron a Estonia en el s. XIV y a principios de la década de 1930 se contaban 4300. Tres cuartas partes huyeron antes de la ocupación alemana y casi todo el resto fue asesinado. Hoy en día existen 2000 judíos y, en el 2007, la comunidad judía celebró la inauguración de la primera sinagoga desde el Holocausto, una impresionante y moderna estructura en Karu 16 (Tallin).

Arte

Música

Estonia ha conseguido su mayor impacto artístico internacional en el campo de la música clásica. El compositor más famoso es Arvo Pärt (1935), el reservado y solitario maestro cuya evocadora austeridad musical ha sido calificada desacertadamente como minimalista. Pärt emigró a Alemania en la época soviética y sus *Miserere, Litany, Te Deum* y *Tabula Rasa* figuran entre las obras más aplaudidas a nivel internacional. Se caracterizan por su dramática desolación, su penetrante majestuosidad y sus matizados silencios. Actualmente se trata del compositor de música clásica vivo más interpretado del mundo.

Los principales compositores estonios del s. XX siguen gozando de popularidad. Rudolf Tobias (1873-1918) escribió influyentes piezas sinfónicas, corales y para concierto, pero también fantasías sobre melodías populares cantadas. Mart Saar (1882-1963) estudió con Rimsky-Kórsakov en San Petersburgo, aunque su música no apunta influencias de su maestro. Sus canciones y suites para piano se hallan entre las piezas más interpretadas en los conciertos de entreguerras en Estonia. Entre las obras de Eduard Tubin (1905-1982), otro gran compositor estonio, se cuentan 10 sinfonías. El compositor contemporáneo Erkki-Sven Tüür (1959) se inspira en la naturaleza y los elementos de su natal Hiiumaa.

Los directores de orquesta estonios Tõnu Kaljuste (que ganó un Grammy en el 2014 por una grabación de Pärt), Anu Tali y Paavo Järvi triunfan en todo el mundo.

Hortus Musicus constituye la formación más conocida de Estonia e interpreta música medieval y renacentista, principalmente. Rondellus, que ha tocado en muchos festivales de música antigua, utiliza instrumentos medievales y se atreve con la experimentación. Su aplaudido álbum *Sabbatum* (2002) rinde homenaje a Black Sabbath, con instrumentación medieval y voces en latín.

El *rock* y el punk prosperan en Estonia con grupos como Vennaskond y los *heavy* con un toque folk Metsatöll, cuyos títulos y letras de

UN IDIOMA SINGULAR

Si se está intrigado por el idioma nacional, se tiene don de lenguas y se desea enfrentarse al estonio, téngase en cuenta que el estonio tiene 14 casos, no hay futuro simple ni artículos. Y después se puede intentar pronunciar estas palabras ricas en vocales:

- *jäääär* – filo del hielo
- *töööö* – trabajo nocturno (también puede ser öötöö)
- *kuuuurija* – investigador de la luna
- *kuuüür* – alquiler mensual

Y luego probar con: "*Kuuuurijate töööö jäääärel*" o "¡el trabajo nocturno de un investigador de la luna al filo del hielo!"

canciones usan una lengua y una imaginería estonias arcaicas. Entre las bandas más veteranas y queridas del país se incluyen Ultima Thule y Smilers, más accesibles.

El pop y el *dance* abundan en Estonia, como demuestran las canciones que representan al país en el Festival de Eurovisión (el estonio Tanel Padar lo ganó convirtiendo a Estonia en la primera república exsoviética en conseguir el galardón). El grupo de chicas duras Vanilla Ninja se coló en las listas de éxitos de Europa central a principios de la década del 2000 con varias canciones en inglés. Stig Rästa, del exitoso grupo local Outloudz, se unió a la concursante televisiva Elina Born para representar a Estonia en el Festival de Eurovisión del 2015 con *Goodbye to Yesterday,* que luego entró en las listas de éxitos de 10 países.

La excéntrica diva del *dance* Kerli Kõiv, más conocida como Kerli, ha logrado dos números uno en la lista de éxitos *dance* de EE UU. desde el 2011. También destaca el joven DJ y productor Rauno Roosnurm (conocido como Mord Fustang), cuyas remezclas le han granjeado muchos seguidores internacionales.

Para información pormenorizada de músicos estonios de todos los géneros, consúltese www.estmusic.com.

Literatura

Los gobernantes extranjeros de Estonia consideraron el estonio una lengua de campesinos en lugar de un idioma con potencial literario, por lo que la historia de la literatura estonia cuenta con poco más de 150 años. Los báltico-germanos publicaron un libro de gramática estonia y un diccionario en 1637, pero no fue hasta finales del s. XIX, con el despertar nacional, cuando se empezaron a editar libros, periódicos y poesía.

La literatura estonia despegó a partir de los poemas y diarios de un joven licenciado en la Universidad de Tartu, Kristjan Jaak Peterson. Pese a morir a los 21 años en 1822 fue un lingüista portentoso. Sus versos "¿Puede la lengua de esta tierra/que trae la voz del viento/no subir a los cielos/y buscar su lugar en la eternidad?" están cincelados en piedra en Tartu y su cumpleaños se celebra como el Día de la Lengua Madre (14 de marzo).

Hasta mediados del s. XIX la cultura estonia se transmitía solo de forma oral entre los campesinos. La epopeya nacional *Kalevipoeg (Hijo de Kalev),* escrita entre 1857 y 1861 por Friedrich Reinhold Kreutzwald (1803-1882), bebió de estas ricas tradiciones orales. Se inspiró en *Kalevala de Finlandia,* un poema épico similar creado unas décadas antes. *Kalevipoeg* fusiona centenares de leyendas y cuentos tradicionales estonios y relata las aventuras del héroe mítico; acaba con su muerte y con la invasión extranjera de sus tierras, pero también con la promesa de recuperar la libertad. La epopeya desempeñó un papel importante en el despertar nacional del s. XIX.

Lydia Koidula (1843-1886) fue la poetisa del despertar nacional y primera dama de la literatura. Anton Hansen Tammsaare (1878-1940) se considera el mayor novelista estonio por *Tõde ja Õigus* (Verdad y justicia), escrita entre 1926 y 1933. Se trata de una saga de cinco volúmenes sobre la vida en el pueblo y en la ciudad que explora cuestiones sociales, políticas y filosóficas estonias.

Eduard Vilde (1865-1933), influyente novelista y dramaturgo de principios del s. XX, escribió *Tabamata Ime* (Maravilla inalcanzable, 1912). Con esta obra se inauguró el

'KIIKING'

El *kiiking* proviene del curioso y estrambótico mundo del deporte estonio. Inventado en 1997, se trata de un deporte extremo, en el cual los participantes se colocan de pie sobre un columpio e intentan completar una vuelta de 360º alrededor de una barra superior, con los pies atados a la base del columpio y las manos agarradas a los brazos del columpio. El inventor del *kiiking,* Ado Kosk, observó que cuanto más largos eran los brazos del columpio, más difícil era dar la vuelta completa de 360º. Después Kosk diseñó brazos de columpio extensibles para darle más emoción. En competición, gana aquel que da la vuelta entera con los brazos de columpio más largos; el récord actual recae en una fracción de más de 7 m. Quien no lo acabe de entender puede visitar www.kiiking.ee para verlo en imágenes y descubrir dónde se puede ver en directo (o incluso intentarlo).

Teatro Estonia en 1913, pero fue remplazada por *Hamlet* ya que la mordaz crítica de Vilde hacia la *intelligentsia* levantaba demasiadas ampollas. En buena parte de sus novelas y obras de teatro, Vilde contemplaba con exacerbada ironía la desmesura y ceguera de Estonia por formar parte de Europa. Para Vilde, la autoconfianza suponía la forma más verdadera de independencia.

Paul-Eerik Rummo (1942), el "Dylan Thomas estonio", se trata de uno de los poetas y dramaturgos más destacados del país por sus piezas patrióticas, que abordan los problemas contemporáneos con la identidad cultural. Su coetáneo Mati Unt (1944-2005) desempeñó un importante papel en crear un lugar en el mundo moderno para los intelectuales estonios. Escribió, a partir de la década de 1960, novelas bastante cínicas, a destacar *Sügisball* (Baile de otoño, 1979), obras de teatro y artículos sobre la vida contemporánea en Estonia.

El novelista Jaan Kross (1920-2007) obtuvo un gran reconocimiento por sus novelas históricas que analizan la época soviética. Su libro más famoso, *El loco del zar* (1978), relata la historia de un barón estonio del s. XIX que se enamora de una campesina pero que acaba en prisión. Se basa parcialmente en una historia real aunque la crítica al autoritarismo, pasado y presente, centra toda su obra.

Jaan Kaplinski (1941) ha publicado dos colecciones de poemas en inglés, *The Same Sea In Us All* y *The Wandering Border*. Su obra plasma de forma extraordinaria cómo se vive en Estonia. Tanto Kross como Kaplinski han sido nominados al Premio Nobel de Literatura.

Estado fronterizo (1993) de Tõnu Õnnepalu (publicado con el seudónimo de Emil Tode) trata sobre un joven estonio que viaja a Europa y se convierte en mantenido de un caballero rico y mayor, lo cual le lleva por un tortuoso camino de autodescubrimiento. Además de un relato confesional, la novela supone una crítica aguda y absorbente de los valores estonios modernos. En lo que a ficción popular se refiere, *Iseseisvuspäev* (El día de la independencia, 1998) de Kaur Kender relata las desventuras de emprendedores jóvenes y ambiciosos en la Estonia posindependiente.

La novela estonia más aplaudida de los últimos años es *Purga* (2008) de Sofi Oksanen, una desgarradora historia que entrelaza las purgas de Stalin con el tráfico de personas y la esclavitud sexual. Todo un éxito de ventas en Estonia y Finlandia, ha ganado seis importantes premios y se ha publicado en 36 idiomas, incluido el español. Inicialmente pensada como obra de teatro, luego ha sido llevada al cine y a la ópera.

> **PRECIOS EN RESTAURANTES**
>
> Los siguientes indicadores de precios se refieren a un plato principal estándar.
>
> **€** menos de 10 €
>
> **€€** entre 10 y 15 €
>
> **€€€** más de 15 €

Cine

En 1896 se proyectó la primera película en Tallin y en 1908 se inauguró el primer cine. La producción cinematográfica de Estonia no ha sido copiosa, pero sobresalen algunos títulos. Cabe destacar que el país produce películas para uno de los públicos más reducidos del mundo; muchas más que los países bálticos vecinos y con películas nacionales que se llevan un 14% de la audiencia.

La película más querida del país, *Kevade* (Primavera, 1969) de Arvo Kruusement, adapta la saga rural de Oskar Luts. Su secuela, *Suvi* (Verano, 1976), también popular, se consideró inferior. *Viimne Reliikvia* (La última reliquia, 1969), de Grigori Kromanov, fue una película atrevida y descaradamente antisoviética que se ha proyectado en 60 países.

Entra las obras más recientes, se cuentan la lírica *Georgica* (1998), de Sulev Keedus, sobre la niñez, la guerra y la vida en las islas occidentales, y *Sigade Revolutsioon* (La revolución de los cerdos, 2004), de Jaak Kilmi, sobre una revuelta antisoviética en una campamento de verano de adolescentes, que han desfilado por festivales internacionales de cine. La película del 2007 *Sügisball* (Baile de otoño) de Veiko Õunpuu, basada en la novela de Mati Unt, ganó premios en siete festivales, desde Bruselas hasta Bratislava.

En el 2014, *Mandarinid* (Mandarinas), una coproducción estonio-georgiana, se convirtió en la primera película estonia en ser nominada a los Oscar como mejor película de habla no inglesa. Ambientada en Georgia, narra la historia de dos agricultores estonios que quedan atrapados en medio del fuego cruzado en la guerra de Abjasia.

Una de las películas estonias más populares, *Nimed Marmortahvlil* (Nombres en mármol, 2002), cuenta la historia de un grupo de jóvenes compañeros de clase y su decisión de luchar por el país en ciernes en la Guerra de Independencia de 1918-1920 contra el Ejército Rojo. Dirigida por el aclamado director teatral estonio Elmo Nüganen, se basa en el libro homónimo de Albert Kivikas que estuvo prohibido durante la época soviética.

Teatro

Muchos de los teatros del país se construyeron únicamente gracias a los donativos ciudadanos, lo que da una idea del papel que las artes escénicas han desempeñado en la

A PEDIR DE BOCA

¿No se distingue *kana* de *kala*? ¿Ni *maasikas* de *marjad*? Si se aprenden algunas palabras, se tendrá ventaja a la hora de pedir algún plato.

Frases útiles

¿Podría traerme la carta?	*Kas ma saaksin menüü?*
Me gustaría...	*Ma sooviksin...*
La cuenta, por favor.	*Palun arve.*
Soy vegetariano.	*Ma olen taimetoitlane.*
¡Buen provecho!	*Head isu!*
¡Salud! (al brindar)	*Terviseks!*
desayuno	*hommikusöök*
almuerzo	*lõuna*
cena	*õhtusöök*

Glosario gastronómico

arenque	*räim, heeringas*
bayas	*marjad*
carne (roja)	*liha*
caviar	*kaaviar, kalamari*
cerdo	*sealiha*
chuleta de cerdo	*karbonaad*
col	*kapsas*
espadín	*kilud*
fruta	*puuviljad*
pan blanco	*sai*
pan de centeno	*leib*
patata	*kartul*
pescado	*kala*
pollo	*kana*
queso	*juust*
salchicha	*vorst*
salmón	*lõhe*
setas	*seened*
tortita	*pannkook*
verduras	*köögivili*

vida cultural estonia. En el 2013 Estonia era el tercer país de la UE, por detrás de Suecia y Holanda, en asistencia al teatro según el Eurobarómetro sobre participación cultural. Los resultados indicaban que el 45% de los estonios va al teatro por lo menos una vez al año (la media en la UE es del 28%).

Comida y bebida

Tallin resulta maravillosa para los amantes de la buena mesa. Abundan los restaurantes con cocinas de todo el mundo y precios mucho más bajos que el resto de capitales europeas. Se percibe la influencia de la nueva cocina nórdica, una tendencia culinaria que resalta los sabores puros de temporada del norte, ejemplificada por el restaurante Noma de Copenhague, uno de los mejores del mundo.

El resto de Estonia ha empezado a seguir los pasos de la capital, con la aparición en los últimos años de algunos fantásticos restaurantes en Pärnu, Tartu, Otepää y en varias mansiones rurales de todo el país.

Sin embargo, muchas zonas todavía ofrecen poca variedad más allá del tipo de carne que se quiera con patatas. Esto se debe en gran parte a las raíces de Estonia, pues durante siglos los nativos estuvieron relegados al papel de siervos que trabajaban el campo y necesitaban una alimentación sustanciosa para soportar las largas jornadas. La preparación de la comida era sencilla y práctica. La comida diaria consistía en gachas de cebada, requesón y patatas hervidas. En días festivos o en ocasiones especiales, aparecía la carne. Los habitantes de la costa además salían a pescar, principalmente bacalao y arenques. Para el invierno, se secaba, ahumaba y salaba el pescado.

Los restaurantes han sabido sacar partido de las tradiciones sencillas, sobre todo en los establecimientos más veteranos, donde camareros jóvenes vestidos de campesinos sirven opíparos banquetes. El mejor ejemplo lo constituye Olde Hansa de Tallin, pero la tendencia se ha extendido a tabernas de todo el país.

Especialidades 'eesti'

La gastronomía báltica está muy arraigada a la tierra, siendo la carne de res o de caza la base de una dieta contundente: *sealiha* (cerdo), otras carnes rojas, *kana* (pollo), *vurst* (salchicha) y *kapsa* (col). Las patatas aportan una dosis generosa de carbohidratos en invierno a una cocina nacional a menudo catalogada de sosa, pesada y desaborida. La leche agria se sirve con todo menos con el café. El *kala* (pescado), principalmente *heeringas* (arenque), *forell* (trucha) o *lõhe* (salmón), se sirve sobre todo como entrante ahumado o en salazón. Se encontrará buen *suitsukala* (pescado ahumado) en el lago Peipus; búsquense los puestos junto a la carretera de la costa. El *kilu,* espadín báltico marinado, se sirve a menudo en sándwiches o como parte de un bufé de desayuno.

La muy popular *kama* se trata de una bebida espesa tipo batido elaborada con una mezcla en polvo de guisantes, centeno, cebada y trigo hervidos, tostados y molidos a la que se le añade suero de leche o kéfir (leche fermentada). A menudo se sirve como postre con bayas y azúcar.

En Navidad, la *verivorst* (morcilla) se elabora con sangre fresca y se embute en intestino de cerdo. Aquellos que necesiten una transfusión culinaria encontrarán *verivorst, verileib* (pan de sangre) y *verikäkk* (albóndigas de sangre rebozadas con harina y huevo con trocitos de grasa de cerdo para potenciar su sabor) en buena parte de los restaurantes estonios tradicionales durante todo el año. Es probable que también se sirva como exquisitez la *sült* (carne en gelatina).

Las estaciones siguen desempeñando un gran papel en la dieta estonia. En primavera aparecen los puerros silvestres, el ruibarbo, la acedera fresca y el queso de cabra, y se sacrifican corderos jóvenes. El verano trae verduras frescas, además de bayas, frutos secos y setas recogidas en el bosque. Se recomienda pasar por algún *turg* (mercado) local y comprar unas sabrosísimas fresas (compruébese que sean de la zona y no importadas). Otoño siempre ha sido la principal temporada de caza y, aunque muchas especies están protegidas por cuotas de caza, se verá alce, ciervo, jabalí e incluso oso en las cartas de los restaurantes durante todo el año. En invierno, los estonios se decantan por los asados consistentes, los estofados, las sopas y el chucrut.

Dadas las raíces rústicas de Estonia, no sorprende que el pan desempeñe un papel importante en la dieta. El más habitual, de centeno, resulta húmedo, denso y exquisito (recién hecho, claro). Se suele servir como acompañamiento gratuito en todas las comidas de los restaurantes.

'¡Terviseks!'

El brindis tradicional en estonio significa "a su salud". La cerveza constituye la bebida preferida y predominan las marcas locales; destacan Saku y A. Le Coq, con diferentes variedades. La revolución de la cerveza artesana que se ha producido en todo el mundo ha encontrado un terreno abonado en Estonia, con decenas de microcervecerías que producen sabrosas variedades, muchas de ellas con un porcentaje de alcohol muy elevado (se recomiendan las cervezas de Põhjala). En Saaremaa y Hiiumaa también se puede encontrar cerveza casera, más floja que una *lager*, pero aun así es la bebida perfecta para un día caluroso. En invierno los estonios beben vino caliente con especias, el antídoto a las noches invernales.

El vodka, por los vínculos del país con Rusia, goza de una popularidad imperecedera. Viru Valge, de varios sabores, se trata de la mejor marca y algunos estonios la combinan con zumos de frutas (pruébese el vodka con sabor a vainilla mezclado con zumo de manzana).

Vana Tallinn es único. Nadie sabe exactamente de qué está hecho este licor almibarado, pero resulta dulce y fuerte y deja un agradable regusto. Se recomienda tomarlo solo, en el café, con leche y hielo, con helado o en el champán o el vino blanco seco.

Incluso sin viñedos propios, en Estonia existe una floreciente cultura del vino y los bares de vinos están muy de moda, sobre todo en las ciudades más grandes. Sin embargo, pocos ofrecen una amplia selección de vinos por copas. La capital también cuenta con las bodegas más grandes del Báltico y con infinidad de entornos medievales en los que saborearlos.

Dónde, cuándo y cómo

Las comidas se sirven en un *restoran* (restaurante) o un *kohvik* (café), *pubi (pub)*, *kõrts* (posada) o *trahter* (taberna). Casi todas las ciudades cuentan con su propio *turg* (mercado), con fruta, verduras, carne y pescado.

A la hora de comer, los estonios comparten costumbres con sus vecinos del norte. El almuerzo o la cena constituyen la comida principal del día. Dejar propina en los mejores restaurantes resulta habitual pero no imprescindible; se suele dejar un 10%. Para reseñas sobre los mejores restaurantes de Estonia, véase www.eestimaitsed.com.

Quien sea invitado a una casa particular, disfrutará de la arrebatadora hospitalidad y de generosas raciones. Se lleva un ramo de flores a los anfitriones, siempre en número impar (los pares se reservan para los muertos).

GUÍA PRÁCTICA

ℹ Datos prácticos A-Z

ACCESO A INTERNET

Existe wifi por todas partes en Estonia. Cientos de lugares públicos ofrecen acceso inalámbrico a internet (indicado con unas pegatinas naranjas y negras), como calles, hoteles, albergues, restaurantes, cafés, *pubs*, centros comerciales, puertos, gasolineras e incluso autobuses de larga distancia y parques nacionales. Y, habitualmente, es gratuito.

Si no se dispone de ordenador portátil o teléfono inteligente, las opciones para conectarse no resultan tan numerosas como antaño. Algunos alojamientos ofrecen un ordenador para uso de los huéspedes y existen algunos cibercafés con conexiones rápidas. Además, las bibliotecas públicas brindan ordenadores con internet que pueden usarse gratis (quizá sea necesario un documento de identidad con fotografía). Casi todas las comunidades pequeñas cuentan con un punto público con internet bien señalizado, a menudo vinculado a una tienda.

ADUANAS

Si se llega desde otro país de la UE, se aplican las habituales restricciones aduaneras; véase www.emta.ee para conocer los límites sobre alcohol y tabaco.

ALOJAMIENTO

Si gusta viajar de forma improvisada, la experiencia se complica mucho en julio y agosto. En Tallin los mejores alojamientos se llenan rápido, sobre todo en fin de semana; se recomienda reservar con un mes de antelación para el período comprendido entre mayo y finales de septiembre (entre semana resulta más sencillo).

En Estonia la temporada alta es en verano. En otras épocas los precios bajan bastante, a excepción de en Otepää, que cuenta también con un pico en invierno.

COMUNIDAD HOMOSEXUAL

El hecho de que Estonia resulte un lugar bastante tolerante y seguro para la comunidad homosexual mucho más que sus países

> **PRECIOS DE ALOJAMIENTOS**
>
> Los siguientes indicadores de precios se refieren a una habitación doble en temporada alta.
>
> **€** menos de 35 €
>
> **€€** entre 35 y 100 €
>
> **€€€** más de 100 €

vecinos, está muy relacionado con su actitud relajada respecto a la religión. Desgraciadamente, solo Tallin cuenta con locales de ambiente.

La homosexualidad se despenalizó en 1992 y desde el 2001, la edad del consentimiento sexual es igual para todo el mundo. En el 2014 Estonia se convirtió en la primera antigua república soviética en aprobar una ley que reconocía las uniones civiles entre personas del mismo sexo; entró en vigor en el 2016.

DINERO

El 1 de enero del 2011, Estonia se unió a la eurozona y dejó su efímera corona. Abundan los cajeros automáticos y las tarjetas de crédito se aceptan en casi cualquier sitio. Los cheques de viaje prácticamente han desaparecido; muchos bancos todavía los cambian, pero las comisiones pueden ser elevadas. Dejar propina en los restaurantes se ha convertido en costumbre; se puede redondear el importe de la cuenta sumando un 10% (o menos).

EMBAJADAS Y CONSULADOS

Para información de contacto actualizada de organismos diplomáticos estonios, así como de embajadas y consulados extranjeros en Estonia, véase la web del Ministerio de Asuntos Exteriores (www.vm.ee).

Consulado de Chile (☎7120105; consul.chile@mail.ee; Gonsiori 21, oficina 712, Tallin)

Consulado de Costa Rica (☎730 7300; costarica@sangar.ee; Sopruse 2, Tallin)

Embajada de España (☎667 6651/2; www.maec.es/embajadas/tallin; Liivalaia 13, 6ª planta, Tallin)

Embajada de EE UU (☎668 8100; http://estonia.usembassy.gov/; Kentmanni 20, Tatari, Tallin)

Embajada de Finlandia (☎610 3200; www.finland.ee; Kohtu 4, Toompea, Tallin)

Embajada de Letonia (☎627 7850; www.mfa.gov.lv; Tõnismägi 10, Tõnismägi, Tallin)

Consulado de Lituania (☎737 5225; http://ee.mfa.lt; Jakobi 2-434, Tartu)

Embajada de Lituania (☎616 4991; http://ee.mfa.lt; Uus 15, Tallin)

Consulado de México (☎5813 7564; javier@ftrconsultants.com; Kohtu 3a-2, Tallin)

Consulado de Perú (☎748 4724; peruu.auconsulaat@hotmail.com; Anne 75-18, Tartu)

Consulado de Rusia (☎356 0652; www.rusemb.ee; Kiriku 8, Narva)

Consulado de Rusia (☎740 3024; www.rusemb.ee; Ülikooli 1, Tartu)

Embajada de Rusia (☎646 4175; www.rusemb.ee; Pikk 19, Tallin)

Embajada de Suecia (☎640 5600; www.sweden.ee; Pikk 28, Tallin)

Consulado de Uruguay (☎510 4302; viktor.mahhov@cchellenic.com; Toomiku tee 20, Tallin)

FIESTAS OFICIALES

Año Nuevo (Uusaasta) 1 de enero

Día de la Independencia (Iseseisvuspäev) Aniversario de la declaración de 1918 (24 feb)

Viernes Santo (Suur reede) Marzo/abril

Domingo de Resurrección (Lihavõtted) Marzo/abril

Día de la Primavera (Kevadpüha) 1 de mayo

Pentecostés (Nelipühade) 7º domingo después de Pascua (may/jun)

Día de la Victoria (Võidupüha) Conmemora el aniversario de la batalla de Võnnu del 23 de junio de 1919.

San Juan (Jaanipäev, solsticio de verano) Muchos aprovechan el Día de la Victoria y el de San Juan el 24 de junio para tomarse una pausa laboral de una semana.

Día de la Restauración de la Independencia (Taasiseseisvumispäev) El 20 de agosto señala la recuperación de la independencia para el país en 1991.

Nochebuena (Jõululaupäev) 24 de diciembre

Navidad (Jõulupüha) 25 de diciembre

San Esteban (Teine jõulupüha) 26 de diciembre

INFORMACIÓN TURÍSTICA

Además de la web multilingüe repleta de información de la **oficina de turismo de Estonia** (www.visitestonia.com), existen oficinas de turismo en la mayor parte de las ciudades y en muchos pueblos y parques nacionales. Casi todas ofrecen mucho material gratis y personal que habla inglés.

MAPAS

Si solo se van a visitar las principales ciudades y parques nacionales, los mapas gratis de las oficinas de turismo y los centros de los parques resultan suficientes. Sin embargo, si se planea moverse en automóvil y explorar lugares más apartados, se recomienda comprar un mapa de carreteras, de venta en muchos lugares. **Regio** (www.regio.ee) edita un buen mapa de carreteras, de fácil manejo, con los pueblos importantes y ciudades ampliados. **EO Map** (www.eomap.ee) publica planos desplegables de cada condado y ciudad de Estonia, además de un mapa de carreteras.

TELÉFONO

No existen los prefijos locales; para una llamada nacional, se marcan los números tal y como aparecen en esta guía. Los teléfonos de línea terrestre cuenta con siete dígitos; los móviles, siete u ocho dígitos y empiezan con 5. El prefijo internacional de Estonia es ☎372. Para realizar una llamada a cobro revertido, márquese ☎16116 y después el número deseado. Para efectuar una llamada internacional, márquese 00 antes del prefijo del país.

Casi toda Estonia está cubierta por redes de telefonía móvil digital y todo el mundo dispone de un teléfono móvil. Para evitar las elevadas tarifas de itinerancia, se puede adquirir un kit (unos 5 €) que incluye un número en Estonia, una tarjeta SIM y unos 5 € en llamadas (las llamadas entrantes suelen ser gratis con todos los operadores). Se pueden comprar tarjetas con saldo adicional. Las tarjetas SIM y estos kits se venden en estafetas de correos, supermercados y quioscos.

Los teléfonos públicos aceptan tarjetas telefónicas, de venta en oficinas de correos, hoteles y en buena parte de los quioscos. Para llamar al extranjero sale más a cuenta comprar una tarjeta para llamadas internacionales con código PIN, disponible en muchos quioscos y supermercados. Dichas tarjetas solo sirven para llamadas de líneas terrestres y no desde móviles.

Cómo llegar y salir

AVIÓN

Existen 11 aerolíneas europeas con servicios regulares a Tallin durante todo el año, con rutas y líneas aéreas adicionales en verano (véase p. 426). Principales servicios con otros países bálticos:

airBaltic (www.airbaltic.com) Múltiples vuelos diarios entre Tallin y Riga.

Estonian Air (www.estonian-air.ee) Cuatro vuelos semanales entre Tallin y Vilna.

Finnair (www.finnair.ee) Entre cuatro y seis vuelos diarios entre Helsinki y Tallin, y vuelos diarios entre Helsinki y Tartu.

VOLUNTARIADO EN WWOOF

Si a uno no le importa ensuciarse las manos, una forma económica e instructiva de viajar por Estonia es realizando algunos trabajos de voluntariado como miembro de **Worldwide Opportunities on Organic Farms** (www.wwoof.ee), también conocida como Willing Workers on Organic Farms. Ser miembro de esta popular organización internacional con representación en todo el mundo ofrece acceso a la web de WWOOF Estonia, donde aparecen 50 granjas ecológicas e industrias artesanales respetuosas con el medio ambiente de todo el país. A cambio del trabajo diario se ofrece comida, alojamiento y conocimientos prácticos sobre agricultura ecológica. Para más información, consúltese su página web.

AUTOBÚS

Las siguientes empresas operan servicios entre Estonia y el resto de países bálticos:

Ecolines (☎606 2217; www.ecolines.net) Tallin-Pärnu-Riga (7 diarios, 2 siguen hasta Vilna); Tallin-San Petersburgo (4 diarios); Tartu-Valga-Riga (diario); Vilna-Riga-Tartu-Narva-San Petersburgo (diario).

Lux Express y Simple Express (☎680 0909; www.luxexpress.eu) Tallin-Pärnu-Riga (10-12 diarios, 6 siguen hasta Panevėžys y Vilna); Tallin-Rakvere-Sillamäe-Narva-San Petersburgo (6-9 diarios); Tallin-Tartu-Võru-Moscú (diario); Riga-Valmiera-Tartu-Sillamäe-Narva-San Petersburgo (9-10 diarios).

UAB Toks (www2.toks.lt) Tallin-Pärnu-Riga-Panevėžys-Vilna (2 diarios, 1 sigue hasta Kaunas y Varsovia).

AUTOMÓVIL Y MOTOCICLETA

Los tres países bálticos forman parte del Espacio Schengen, de modo que no existen controles de aduana cuando se circula en automóvil entre Estonia y Letonia. No suele haber problemas para cruzar la frontera con automóviles de alquiler, pero se debe informar a la empresa cuando se alquila el vehículo; algunas empresas cobran un recargo.

TREN

Valga es la terminal de las redes ferroviarias de Estonia y Letonia, pero los servicios de tren no están conectados. Desde Valga los trenes estonios de **Elron** (www.elron.ee) van hasta Tartu, mientras que los trenes letones de **Pasažieru vilciens** (www.pv.lv) circulan hasta Valmiera, Cēsis, Sigulda y Riga. También existen trenes directos a Tallin desde San Petersburgo y Moscú (p. 429).

Cómo desplazarse

BICICLETA, AUTOMÓVIL Y MOTOCICLETA

- En general, las carreteras estonias se hallan en buen estado y bien señalizadas.
- Los ciclistas agradecerán el terreno llano.
- En zonas de campo, sobre todo en las islas, existen algunas carreteras sin asfaltar pero suelen presentar buenas condiciones.
- El invierno plantea algunos inconvenientes añadidos a aquellos que no están acostumbrados a conducir en el hielo y la nieve.
- En casi todas las localidades importantes se alquilan automóviles y motocicletas.

AUTOBÚS

- La amplia red nacional de autobuses comunica todas las ciudades importantes entre sí y las localidades más pequeñas con su núcleo de transporte de la región.
- Todos los servicios aparecen en la práctica web de **T pilet** (www.tpilet.ee).
- No hay que presuponer que los conductores hablen inglés.
- Ofrecen descuentos para niños y jubilados.

TREN

Los servicios han mejorado mucho en los últimos años. **Elron** (www.elron.ee) opera las rutas nacionales, pero también se puede viajar entre Tallin, Rakvere y Narva con los servicios en dirección a Rusia de **GoRail** (www.gorail.ee).

Principales rutas nacionales:

Tallin-Rakvere (3 diarios, 2 siguen hasta Narva)
Tallin-Tartu (8 diarios)
Tallin-Viljandi (4 diarios)
Tallin-Pärnu (3 diarios)
Tartu-Sangaste-Valga (3 diarios)

Excursión a Helsinki

☎358 / 1 MILLÓN DE HAB.

Incluye »

Por qué ir

En la parte estrecha del golfo de Finlandia, dos capitales –Helsinki y Tallin– se miran como dos viejos amigos que no necesitan más compañía. Los 90 km que las separan pueden cubrirse en 2 h y una flota de barcos está dispuesta a facilitar una travesía que implica escasa dificultad.

Tan báltica en todos los sentidos como las tres capitales orientales, Helsinki goza de una ubicación espectacular. Se trata de un archipiélago y a la vez de una ciudad, así que las vistas al mar dominan en esta megalópolis moderna y elegante, obsesionada por el diseño y considerada una de las ciudades con más calidad de vida del mundo.

Finlandia permite realizar una interesante comparación histórica, ya que pudo compartir el destino de los países bálticos, pero, a diferencia de ellos, repelió la invasión soviética en 1939 y mantuvo su libertad. Ahora pueden verse las diferencias.

Los mejores alojamientos

- Hotelli Helka (p. 187)
- GLO Hotel Kluuvi (p. 189)
- Hotel Finn (p. 189)
- Hostel Academica (p. 187)

Los mejores restaurantes

- Olo (p. 190)
- A21 Dining (p. 190)
- Skiffer (p. 190)

Cuándo ir

- Su encanto dura todo el año porque siempre pasa algo.
- El verano arranca en junio, cuando todos los bares y cafés montan sus terrazas y las noches parecen no tener fin.
- En julio los finlandeses se dirigen a sus casas de veraneo y la ciudad se calma un poco, pero en agosto se llena de nuevo para recuperar su rica oferta de actividades.
- Quien ame el invierno debería viajar en diciembre, cuando es posible patinar sobre hielo y empaparse del ambiente navideño antes de que las temperaturas bajen demasiado.

Imprescindible

1 Tras unas copas en el **Maxine** (p. 191), disfrutar del fin de semana de Helsinki en sus bares y pubs.

2 Ir de pícnic y explorar la isla fortificada de **Suomenlinna** (p. 185), que protegía el puerto de Helsinki.

3 Curiosear en las numerosas tiendas de diseño de **Punavuori** (p. 192).

4 Elegir entre los muchos museos y galerías de la ciudad, como **Kiasma** (p. 185), con arte contemporáneo.

5 Dirigirse a **Ecobike** (p. 194) y explorar la ciudad sobre dos ruedas por los carriles-bici.

6 Sudar las preocupaciones en la tradicional **Kotiharju Sauna** (p. 186).

7 Probar la comida tradicional, como las albóndigas o el hígado con puré, o experimentar con l cocina suomi moderna en el **Olo** (p. 190) o el **Kuu** (p. 1[illegible]).

Puntos de interés

En la Kauppatori (plaza del mercado), el corazón del centro de Helsinki, amarran los ferris urbanos y se vende pescado fresco, bayas y recuerdos.

Helsinki cuenta con más de 50 museos, que incluyen varias buenas galerías de arte además de las mencionadas a continuación. La oficina de turismo facilita el folleto *Museums* (gratis) con una lista completa.

DE UN VISTAZO

Superficie 745 km² (área metropolitana)

Tasa de embarque inexistente

Moneda euro (€)

Idiomas oficiales finés, sueco

Visado No suele requerirse para estancias inferiores a 90 días; algunas nacionalidades precisan un visado Schengen.

★Suomenlinna — FORTALEZA

(Sveaborg; www.suomenlinna.fi) A apenas 15 min en ferri desde la Kauppatori, Suomenlinna, la «fortaleza de Finlandia», supone una visita obligada. Situado en un tupido conjunto de islas unidas por puentes, este conjunto declarado Patrimonio Mundial por la Unesco fue construido originalmente por los suecos y llamado Sveaborg a mediados del s. XVIII.

★Tuomiokirkko — CATEDRAL

(catedral luterana; www.helsinginseurakunnat.fi; Unioninkatu 29; ⏲9.00-18.00, hasta 24.00 jun-ago) GRATIS Una de las mejores obras de C. L. Engel, esta catedral luterana neoclásica blanca preside el Senaatintori. Creada para honrar la supremacía de Dios, su escalinata acoge ahora los arrumacos de los enamorados. El interior espartano luce, bajo la elevada cúpula, una pintura en el altar y tres severas estatuas de los héroes de la Reforma: Lutero, Melanchthon y Mikael Agricola.

Uspenskin Katedraali — CATEDRAL

(catedral Uspenski; http://hos.fi/uspenskin-katedraali; Kanavakatu 1; ⏲9.30-16.00 ma-vi, 10.00-15.00 sa, 12.00-15.00 do) GRATIS Frente a la catedral luterana, la llamativa catedral Uspenski de ladrillo rojo se sitúa en la vecina isla de Katajanokka. Los dos edificios se enfrentan como dos reinas en un tablero de ajedrez teológico. Construida en 1868 como iglesia ortodoxa rusa, presenta cúpulas bulbosas clásicas y ahora da servicio a la congregación ortodoxa finlandesa. El alto y cuadrado interior atesora un fastuoso iconostasio con los evangelistas flanqueando los retablos que representan la Última Cena y la Ascensión.

★Kiasma — GALERÍA DE ARTE

(www.kiasma.fi; Mannerheiminaukio 2; adultos/niños 10 €/gratis; ⏲10.00-17.00 do y ma, 10.00-20.30 mi-vi, 10.00-18.00 sa) El curvilíneo, curioso y metálico Kiasma, proyectado por Steven Holl y terminado en 1998, formaba parte de un conjunto de elegantes edificios contemporáneos de esta parte de la ciudad. Exhibe una variopinta colección de arte moderno finlandés e internacional y programa sorprendentes exposiciones contemporáneas. El interior, con sus curvas y perspectivas inesperadas, resulta tan estimulante como el exterior.

★Ateneum — GALERÍA DE ARTE

(www.ateneum.fi; Kaivokatu 2; adultos/niños 12 €/gratis; ⏲10.00-18.00 ma y vi, 9.00-20.00 mi y ju, 10.00-17.00 sa y do) El último piso de la principal galería de arte de Finlandia ofrece el curso intensivo ideal de arte patrio. Acoge pinturas y esculturas finlandesas desde el período dorado de finales del s. XIX hasta los años cincuenta, incluidas obras de Albert Edelfelt, Hugo Simberg, Helene Schjerfbeck, los hermanos Von Wright y Pekka Halonen. El orgullo de la galería, el tríptico del *Kalevala* de Akseli Gallen-Kallela, describe la persecución de la doncella Aino por Väinämöinen. También acoge una pequeña colección de arte extranjero de los ss. XIX y XX.

Kansallismuseo — MUSEO

(www.kansallismuseo.fi; Mannerheimintie 34; adultos/niños 8 €/gratis; ⏲11.00-18.00 ma-do) El impresionante Museo Nacional, erigido en 1916 en el estilo romántico nacional, denota un aire de iglesia gótica, con sus grandes sillares y su alta torre cuadrada. Se trata del principal museo de historia de Finlandia, cada sala abarca un período e incluye hallazgos prehistóricos y arqueológicos, reliquias de iglesias, exposiciones etnográficas y culturales temporales. Este museo riguroso y a la vieja usanza –los niños tal vez se aburran– proporciona una exhaustiva visión general.

Helsingin Kaupunginmuseo — MUSEO

(Museo Municipal de Helsinki; www.helsinkicitymuseum.fi; Sofiankatu 4; ⏲9.00-17.00 lu-vi, hasta 19.00 ju, 11.00-17.00 sa y do) GRATIS Está compuesto por varios pequeños museos en el centro de la ciudad, todos de entrada gratuita. Cada uno se centra en un aspecto del pasado o el presente de la ciudad, con exposiciones temporales o permanentes. El museo principal, de visita obligada, se halla junto al Senaatintori. Su colección de objetos y fotografías de interés histórico ilustra la entretenida historia del cambio de manos de Helsinki entre suecos y rusos y hasta la independencia.

★ Temppeliaukion Kirkko IGLESIA
(☎09-2340 6320; www.helsinginseurakunnat.fi; Lutherinkatu 3; ⏲10.00-17.45 lu-sa, 11.45-17.45 do jun-ago, hasta 17.00 sep-may) Diseñada por Timo y Tuomo Suomalainen en 1969, sigue constituyendo una de las principales atracciones de Helsinki. Tallada en piedra sólida, se acerca al ideal finlandés de espiritualidad en la naturaleza. Luce un sorprendente tejado de 24 m de diámetro cubierto con 22 km de tiras de cobre. Con una acústica fabulosa, suele programar conciertos. Los horarios varían según la actividad, llámese o consúltese su página de Facebook. Entre semana actúan menos grupos.

★ Seurasaaren Ulkomuseo MUSEO
(Museo al Aire Libre de Seurasaari; www.seurasaari.fi; adultos/niños 8/2,50 €; ⏲11.00-17.00 jun-ago, 9.00-15.00 lu-vi, 11.00-17.00 sa y do hasta tarde may y ppios sep) Al oeste del centro urbano, este excelente museo situado en una isla alberga una colección de edificios históricos de madera trasladados desde toda Finlandia. Muestra desde pajares a una mansión, una casa parroquial y una iglesia, y hermosos y gigantescos botes de remos usados para transportar a los fieles a la iglesia. Los precios y horarios se refieren al edificio, donde guías con trajes tradicionales realizan exhibiciones de danza y artesanía populares. También se puede pasear por la boscosa y pintoresca isla, que acoge varios cafés.

Actividades

Helsinki brinda entre otros el placer de recorrer en bicicleta sus largos paseos marítimos, sus numerosos parques y su completísima red de carriles-bici.

Finnair Sky Wheel NORIA
(www.finnair-skywheel.com; Katajanokanlaituri 2; adultos/niños 12/9 €; ⏲10.00-22.00 lu-ju, 10.00-23.00 vi y sa, 10.00-20.00 do) Elevada sobre el puerto, esta noria ofrece una buena perspectiva del ajetreo del centro de Helsinki. Por 195 € se puede disfrutar de la cabina vip, con suelo de vidrio, asientos de cuero y una botella de champán.

★ Kotiharjun Sauna SAUNA
(www.kotiharjunsauna.fi; Harjutorinkatu 1; adultos/niños 12/6 €; ⏲14.00-20.00 ma-do, sauna hasta 21.30) Esta tradicional sauna pública de leña de Kallio funciona desde 1928. Con la llegada de las saunas comunitarias en los bloques de pisos, este tipo de establecimientos prácticamente han desaparecido, pero se trata de una experiencia clásica que permite disfrutar, además, de un tratamiento exfoliante y un masaje. Cuenta con saunas separadas para hombres y mujeres. Se puede llevar la toalla o alquilar una (3 €). Queda muy cerca de la estación de metro de Sörnäinen. Cierra los domingos de junio a mediados de agosto.

HELSINKI EN...

Un día

Como sus habitantes, los mayores consumidores de café del mundo, se empieza con una dosis de cafeína y un *pulla* (bollo de canela) en un **café** clásico del centro. Después se va a la **Kauppatori** (plaza del mercado) y al contiguo **Kauppahalli,** el mercado, para preparar un pícnic y se toma un barco hasta la isla fortificada de **Suomenlinna.** A la vuelta, se visita la **catedral luterana** en Senaatintori (plaza del Senado) y la **catedral Uspenski.** Se toma el metro hasta la legendaria **Kotiharjun Sauna** para sudar antes de saborear una cena tradicional finlandesa en el **Kuu** o el **Olo.**

Dos días

Para conocer el panorama artístico y de diseño, se visita el **Ateneum,** con la edad de oro de la pintura finlandesa, y después el icónico **Kiasma,** con obras contemporáneas. Se realiza un circuito turístico en el **tranvía nº 3** y después se curiosea en las **tiendas de diseño** de Punavuori. Al atardecer, el **A21 Cocktail Lounge** ofrece una velada elegante y el **Mockba,** de los hermanos Kaurismäki, una diversión más salvaje y con más alcohol.

Yrjönkadun Uimahalli NATACIÓN

(www.hel.fi; Yrjönkatu 21; natación 5-5,40 €, natación y saunas 14 €; ⊙abierto sep-may, hombres 6.30-20.00 ma y ju, 8.00-20.00 sa, mujeres 12.00-20.00 do y lu, 6.30-20.00 mi y vi) Esta institución *art déco* dispone de sauna y piscina en una fusión de elevada elegancia nórdica y tradición romana. Los hombres y las mujeres acceden en horarios distintos. En las saunas el nudismo es obligatorio; en la piscina, opcional.

Cruceros CRUCEROS

En verano parten muchos cruceros de la Kauppatori. Una excursión de 1½ h cuesta 17-20 €; también se realizan cruceros con cena y otros al atardecer, así como combinados de autobús y barco. Casi todos pasan por Suomenlinna y zigzaguean entre otras islas. Navegan entre mayo y septiembre; no se requiere reserva.

Circuitos

Realizar un circuito por la ciudad en el **tranvía nº 2** o **nº 3** resulta una excelente opción barata; el folleto *Turismo en tranvía* sirve de guía por el centro urbano y hasta Kallio.

Natura Viva KAYAK

(☎010-292 4030; www.naturaviva.fi; Ramsinniementie 14; ⊙jun-ago) Ubicados en el hotel Rantapuisto de Vuosaari, al este, los propietarios organizan excursiones a remo diarias de 3 h por el archipiélago de Helsinki. Resultan aptas para principiantes y se ofrece un servicio de recogida desde el centro de la ciudad. Se pueden alquilar kayaks en el centro de remo, que abre también en mayo y la mayor parte de septiembre.

Happy Guide Helsinki MARCHA, CICLISMO

(☎0445 020066; www.happyguidehelsinki.com) Organizan diversos circuitos a pie o en bicicleta por la ciudad, desenfadados pero informativos. Existen muchas opciones; se recomienda estudiar la web.

Fiestas y celebraciones

Helsinki Päivä CIUDAD

(Día de Helsinki; www.helsinkipaiva.fi) Para celebrar el aniversario de la ciudad, la programación del Día de Helsinki incluye propuestas gratuitas en Esplanadi el 12 de junio.

Helsingin Juhlaviikot ARTES ESCÉNICAS

(Festival de Helsinki; www.helsinginjuhlaviikot.fi) De finales de agosto a principios de septiembre, este festival de las artes programa música de cámara, *jazz,* obras de teatro, ópera y demás.

Flow Festival MÚSICA

(www.flowfestival.com) Un festival de un fin de semana en agosto con música *indie, hip hop,* electrónica y experimental en el barrio de Suvilahti.

Feria del Arenque del Báltico COMIDA

(www.portofhelsinki.fi) La primera semana de octubre, pescadores y chefs se reúnen en Kauppatori para vender deliciosos arenques salados y marinados. Se celebra desde 1743.

Dónde dormir

El alojamiento resulta caro en Helsinki. De mediados de mayo a mediados de agosto se recomienda reservar.

★ **Hostel Academica** ALBERGUE €

(☎09-1311 4334; www.hostelacademica.fi; Hietaniemenkatu 14; dc/i/d 28,50/63/75 €; ⊙jun-ago; P@🛜🚭) Los estudiantes finlandeses viven bien, así que en verano se puede aprovechar esta residencia, un lugar limpio y animado con instalaciones (piscina y sauna) y personal agradable. Las estupendas habitaciones modernas cuentan con nevera y baño. Cada dormitorio dispone de dos o tres literas. Respetuosa con el medio ambiente, ofrece la posibilidad de desayuno y descuentos con la tarjeta Hostelling International.

★ **Hotelli Helka** HOTEL €€

(☎09-613 580; www.helka.fi; Pohjoinen Rautatiekatu 23; i 110-132 €, d 142-162 €; P@🛜) Uno de los mejores hoteles de gama media del centro, el Helka cuenta con personal competente y amable y excelentes instalaciones, incluido un aparcamiento gratuito con pocas plazas. Destacan sus habitaciones, que parecen oler a pino con sus muebles Artek, sus cabeceros blancos como la nieve y una imagen retroiluminada de la Finlandia rural sobre la cama para crear un ambiente relajado.

PRECIOS DE ALOJAMIENTOS

Los siguientes rangos se refieren a una habitación doble.

€ menos de 70 €

€€ entre 70 y 160 €

€€€ más de 160 €

Helsinki

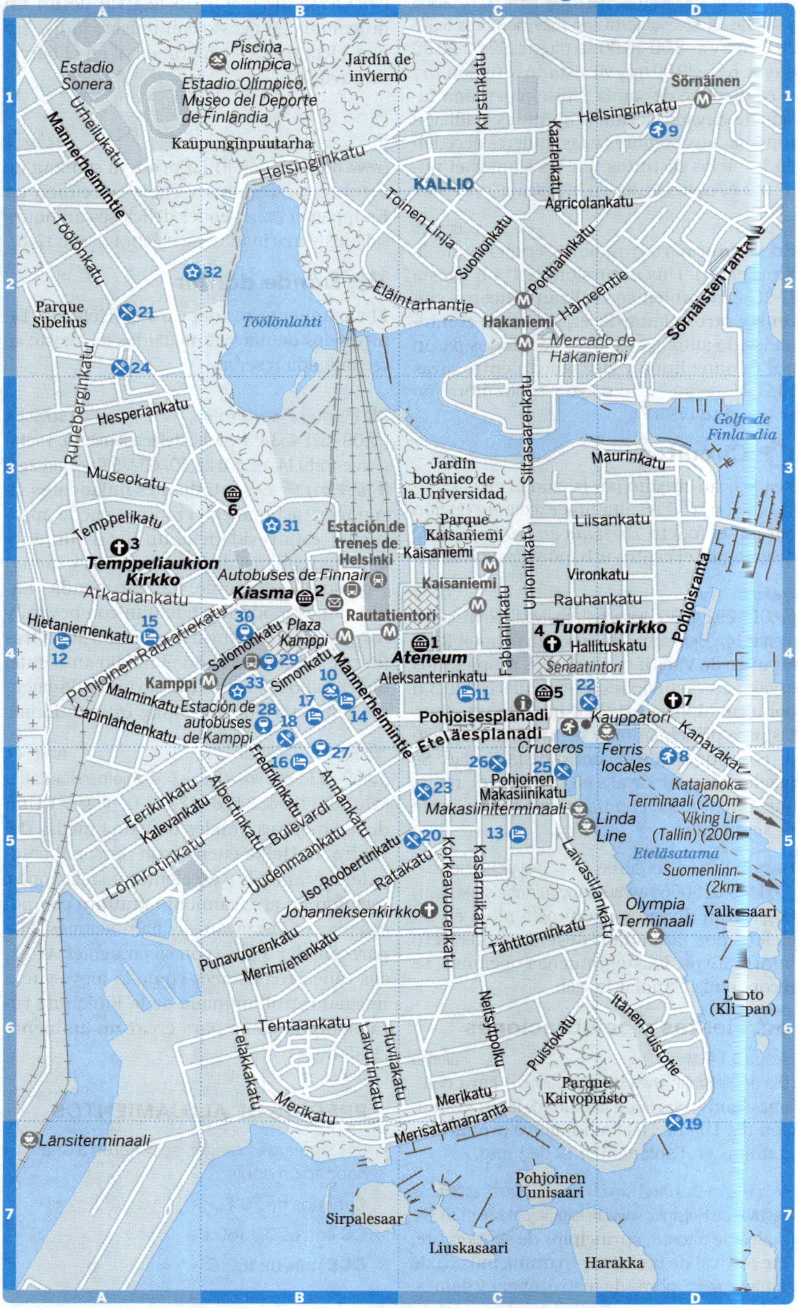

Estadio Sonera
Piscina olímpica
Jardín de invierno
Estadio Olímpico, Museo del Deporte de Finlandia
Kaupunginpuutarha
Sörnäinen
Helsinginkatu
Kirstinkatu
Kaarlenkatu
Mannerheimintie
Urheilukatu
KALLIO
Agricolankatu
Toinen Linja
Töölönkatu
Suonionkatu
Porthaninkatu
Hämeentie
Sörnäisten rantatie
Eläintarhantie
Parque Sibelius
Töölönlahti
Hakaniemi
Mercado de Hakaniemi
Runeberginkatu
Hesperiankatu
Siltasaarenkatu
Golfo de Finlandia
Maurinkatu
Museokatu
Jardín botánico de la Universidad
Temppelikatu
Estación de trenes de Helsinki
Parque Kaisaniemi
Kaisaniemi
Liisankatu
Temppeliaukion Kirkko
Autobuses de Finnair
Kiasma
Unioninkatu
Vironkatu
Arkadiankatu
Rautatientori
Rauhankatu
Pohjoisranta
Hietaniemenkatu
Plaza Kamppi
Ateneum
Tuomiokirkko
Hallituskatu
Fabianinkatu
Salomonkatu
Pohjoinen Rautatiekatu
Simonkatu
Senaatintori
Aleksanterinkatu
Kamppi
Malminkatu
Estación de autobuses de Kamppi
Pohjoisesplanadi
Kauppatori
Lapinlahdenkatu
Eteläesplanadi
Cruceros
Ferris locales
Kanavakatu
Fredrikinkatu
Katajanokan Terminaali (200m)
Pohjoinen Makasiinikatu
Makasiiniterminaali
Viking Line (Tallin) (200m)
Eerikinkatu
Albertinkatu
Annankatu
Linda Line
Kalevankatu
Bulevardi
Korkeavuorenkatu
Kasarmikatu
Laivasillankatu
Eteläsatama
Lönnrotinkatu
Uudenmaankatu
Iso Roobertinkatu
Ratakatu
Suomenlinna (2km)
Johanneksenkirkko
Olympia Terminaali
Valkosaari
Punavuorenkatu
Merimiehenkatu
Tähtitorninkatu
Neitsytpolku
Itäinen Puistotie
Tehtaankatu
Telakkakatu
Laivurinkatu
Huvilakatu
Puistokatu
Parque Kaivopuisto
Merikatu
Merisatamanranta
Länsiterminaali
Pohjoinen Uunisaari
Sirpalesaari
Liuskasaari
Harakka
EXCURSIÓN A HELSINKI

Helsinki

Principales puntos de interés

1 Ateneum C4
2 Kiasma B4
3 Temppeliaukion Kirkko A3
4 Tuomiokirkko C4

Puntos de interés

5 Helsingin Kaupunginmuseo C4
6 Kansallismuseo B3
7 Uspenskin Katedraali D4

Actividades, cursos y circuitos

8 Finnair Sky Wheel D5
9 Kotiharjun Sauna D1
10 Yrjönkadun Uimahalli B4

Dónde dormir

11 GLO Hotel Kluuvi C4
12 Hostel Academica A4
13 Hotel Fabian C5
14 Hotel Finn B4
15 Hotelli Helka A4
16 Omenahotelli Lönnrotinkatu B5
17 Omenahotelli Yrjönkatu B4

Dónde comer

18 A21 Dining B4
19 Café Ursula D7
20 Fafa's C5
21 Kuu A2
22 Olo C4
23 Skiffer C5
24 Tin Tin Tango A2
25 Vanha Kauppahalli C5
26 Zucchini C5

Dónde beber y vida nocturna

A21 Cocktail Lounge .... (véase 27)
27 Bar Loose B5
28 Corona Baari y Kafe Mockba B4
29 Maxine B4
30 Teerenpeli B4

Ocio

31 Musiikkitalo B3
32 Oopperatalo A2
33 Tavastia B4

Hotel Finn HOTEL €€
(☎09-684 4360; www.hotellifinn.fi; Kalevankatu 3; i 59-119 €, d 109-199 €; P 📶) Este céntrico y acogedor hotel distribuido en dos plantas resulta alegre gracias a su servicio amable y sus pasillos de atractivos tonos rojo y chocolate decorados con obras de jóvenes fotógrafos finlandeses. Las luminosas habitaciones, todas diferentes y empapeladas con estampados modernos, disponen de baños diminutos. Algunas están amuebladas con materiales reciclados. Las tarifas varían mucho y pueden ser muy bajas.

Omenahotelli HOTEL €€
(☎0600 18018; www.omenahotels.com; h 70-130 €; 📶) Esta cadena, sin personal y con buena relación calidad-precio, cuenta con dos prácticas sucursales en Helsinki: **Lönnrotinkatu** (www.omena.com; Lönnrotinkatu 13) y **Yrjönkatu** (www.omena.com; Yrjönkatu 30). Las habitaciones disponen de una cama doble, sofá-cama para dos personas más, minibar y microondas. Se reserva por internet o a través de una terminal situada en el vestíbulo.

★**Hotel Fabian** HOTEL €€€
(☎09-6128 2000; www.hotelfabian.fi; Fabianinkatu 7; h 200-270 €; ❄@📶) Céntrico, pero en una zona tranquila, sin el bullicio de otros hoteles de diseño. Las habitaciones estándar, elegantes, con iluminación original y diseño moderno contenido, resultan muy confortables; su tamaño varía bastante. Las habitaciones superiores gozan de comodidades extra, como minicocina. El personal, muy servicial, disfruta con su trabajo.

GLO Hotel Kluuvi HOTEL €€€
(☎010-344 4400; www.glohotels.fi; Kluuvikatu 4; i 234-269 €, d 249-284 €; ❄@📶) En la recepción de este relajado establecimiento de diseño no se ven trajes almidonados, y la atmósfera se mantiene en las modernas y confortables zonas comunes y las habitaciones. Las camas resultan excepcionalmente acogedoras. Cuenta con excelentes instalaciones, casi todas gratuitas. Se halla en una calle peatonal en el corazón de la ciudad. Y como detalle entrañable, un tigre de peluche.

Dónde comer

Helsinki goza de una gran variedad de restaurantes, ya sean clásicos finlandeses, de cocina suomi moderna o de tipo internacional. Los restaurantes salen caros, pero en los cafés se come bien y la famosa pasión de Helsinki por el café facilita que siempre se encuentre un buen local donde tomar una taza con un pastel tradicional.

La página web www.eat.fi constituye una buena fuente y señala los restaurantes en un plano de la ciudad; aunque no se entiendan las reseñas, se localizarán los preferidos del momento.

Zucchini VEGETARIANA €€
(Fabianinkatu 4; almuerzo 8-12 €; ⏲11.00-16.00 lu-vi; 🌿) Este restaurante vegetariano (uno de los

PRECIOS EN RESTAURANTES

Los siguientes rangos se refieren a una comida principal.

€ menos de 5 €

€€ entre 5 y 25 €

€€€ más de 25 €

pocos que hay) resulta fantástico al mediodía y se suelen formar colas. La quiche recién hecha sabe de maravilla en la terracita trasera en verano. A mediodía se puede elegir entre sopa o ensalada y añadir un plato caliente.

Skiffer
PIZZERÍA **€€**

(www.skiffer.fi; Erottajankatu 11; *pizzas* 12-17 €; 11.00-21.30 lu-ju, 11.00-23.00 vi, 14.00-23.00 sa, 14.00-20.00 do;) Delicias crujientes y sabrosos ingredientes frescos se combinan perfectamente en esta pizzería popular y atípica. Exposiciones de arte de temas náuticos decoran el oscuro interior. Muy frecuentada; se debe estar dispuesto a esperar para conseguir mesa.

Fafa's
KEBAB **€€**

(www.fafas.fi; Iso Roobertinkatu 2; comidas 7-11 €; 11.00-21.00 lu-mi, 11.00-4.00 ju-vi, 12.00-4.00 sa) Destacando sobre los típicos locales de kebab, este sirve un delicioso falafel hasta tarde. Los horarios varían según cómo haya ido el día.

Tin Tin Tango
CAFÉ **€€**

(www.tintintango.info; Töölöntorinkatu 7; comidas ligeras 7-10 €; 7.00-24.00 lu-vi, 9.00-24.00 sa, 10.00-24.00 do;) En este animado café de barrio decorado con imágenes de las aventuras del reportero belga del tupé se encuentra un poco de todo. Ofrece lavandería, sauna y también almuerzos, *brunch* y acogedoras mesas donde beber algo o saborear deliciosos rollos bien rellenos. Pero sin duda destaca el ambiente acogedor, bohemio y sencillo.

Café Ursula
CAFÉ **€€**

(www.ursula.fi; Ehrenströmintie 3; almuerzo 10-16 €; 9.00-21.00 do-ma, 9.00-22.00 mi-sa;) Con sus majestuosas vistas al mar, este café domina el archipiélago de Helsinki y goza de una maravillosa terraza. En invierno se puede admirar el mar helado desde el moderno interior. Se trata de un local muy de moda para almorzar, con buenos platos del día, pero caros, tostadas sofisticadas, sabrosos pasteles y refrescos. Abre hasta medianoche en verano, cuando el *brunch* dominical (22 €) resulta una gran opción.

★ Kuu
FINLANDESA **€€€**

(09-2709 0973; www.ravintolakuu.fi; Töölönkatu 27; principales 19-30 €; 11.30-24.00 lu-vi, 14.00-24.00 sa, 14.00-22.00 do) Oculta en una esquina tras el hotel Crowne Plaza en Mannerheimintie, se trata de una excelente elección tanto para comida finlandesa tradicional como moderna. La innovación y la presentación dominan en los platos contemporáneos, pero los ingredientes de calidad y un sabor excepcional suponen la clave del éxito en general. Entre los vinos, muy caros, destacan algunas referencias interesantes.

★ Olo
FINLANDESA MODERNA **€€€**

(010-320 6250; olo-ravintola.fi; Pohjoisesplanadi 5; almuerzo 53 €, degustaciones 89-137 €, con bebidas 224-292 €; 11.30-15.00 lu, 11.30-15.00 y 18.00-24.00 ma-vi, 18.00-24.00 sa) Para muchos el mejor restaurante de Helsinki, el Olo cuenta con modernas instalaciones en una hermosa mansión del s. XIX frente a la costa. Se sitúa a la vanguardia de la moderna cocina suomi y sus memorables menús de degustación aúnan el carácter campestre y algo de gastronomía molecular. Se debe reservar con semanas de antelación.

★ A21 Dining
FINLANDESA MODERNA **€€€**

(040-171 1117; www.a21.fi; Kalevankatu 17; menú 5/7 platos 65/79 €, combinaciones de cócteles 49-63 €; 17.00-24.00 ma-sa) Brinda una experiencia fuera de lo común, con un interior de un blanco cegador y un innovador menú degustación acompañado de una sugerente introducción de cada plato. La idea es trasladar al comensal al mundo natural finlandés, y funciona, con sorprendentes combinaciones de sabores acompañadas de originales cócteles.

Dónde beber y vida nocturna

A los finlandeses les gusta beber y Helsinki cuenta con la vida nocturna más ecléctica de Escandinavia. En invierno la gente se reúne en bares acogedores y en verano las cervecerías con terraza abren por toda la ciudad y pronto.

En el centro abundan los bares y locales nocturnos, pero la zona de Punavuori, alrededor de Iso-Roobertinkatu, destaca por su oferta alternativa y a la última.

Helsinki goza de un vigoroso panorama de clubes que siempre cambia. Algunos exigen una edad mínima (a menudo más de 20 años), de modo que antes hay que informarse en los sitios web.

★ Teerenpeli PUB

(www.teerenpeli.com; Olavinkatu 2; ⌚12.00-2.00 lu-ju, 12.00-3.00 vi y sa, 15.00-24.00 do; 📶) Se puede escapar de la habitual lager finlandesa en este excelente *pub* en la estación de autobuses de Kamppi. Sirve cervezas *ale* y *stout* muy sabrosas y sidras de bayas de su microcervecería en Lahti. Este local de varias plantas cuenta con una iluminación romántica, mesas íntimas y un patio interior para fumadores. Los precios caros lo convierten en un establecimiento bastante refinado para la zona.

A21 Cocktail Lounge COCTELERÍA

(www.a21.fi; Annankatu 21; ⌚18.00-24.00 mi, 18.00-1.00 ju, 18.00-2.00 vi y sa) Para entrar a este club chic hay que llamar al timbre de la puerta, un trámite imprescindible para codearse con la comunidad artística de la capital. En su suntuoso interior dorado el verdadero lujo reside en los cócteles, sobre todo los combinados finlandeses que mezclan el licor de mora ártica y el ruibarbo para crear copas muy innovadoras.

Bar Loose CLUB

(www.barloose.com; Annankatu 21; ⌚16.00-2.00 ma, 16.00-4.00 mi-sa, 18.00-4.00 do; 📶) El opulento interior de color rojo y los acogedores asientos parecen demasiado elegantes para este bar roquero, con retratos de virtuosos de la guitarra en una pared y una variopinta clientela que llena el piso superior, con dos barras. La planta baja acoge un club con música en directo la mayoría de los días y DJ que pinchan desde *metal* hasta clásicos *mod* y *retro*.

Corona Baari y Kafe Mockba BAR

(www.andorra.fi; Eerikinkatu 11-15; ⌚Corona 11.00-2.00 lu-ju, 11.00-3.00 vi y sa, 12.00-2.00 do, Kafe Mockba 18.00-2.00 lu-ju, 18.00-3.00 vi y sa; 📶) Los extravagantes cineastas Aki y Mika Kaurismäki vuelven a las andadas con este par de locales de copas. Corona juega a ser convencional, con mesas de billar, sin portero, una barra en mitad del local y una mezcla de clientes tranquilos. Mockba regresa a la URSS con un samovar burbujeante y vinilo soviético. Al cerrar vacían el local haciendo sonar discursos de Breznev.

En la planta baja del Corona, el Dubrovnik Lounge and Lobby se abre para proyecciones de películas o lanzamientos de discos.

Maxine BAR, CLUB

(www.maxine.fi; Kamppi, 6ª planta; entrada 3,50 €; ⌚16.00-4.00 ma-sa, horario reducido en invierno; 📶) En la planta superior del centro comercial de Kamppi, este local rehabilitado aprovecha al máximo las inspiradoras vistas de la ciudad. Se divide en tres secciones, con una zona de bar –un gran lugar para una copa al atardecer– y dos pistas de baile, una de las cuales (como indica su nombre, Kirjasto, que significa "biblioteca") resulta más tranquila y atrae a un público más adulto.

☆ Ocio

Helsinki presenta la escena cultural y la vida nocturna más dinámicas del país, con un panorama musical especialmente amplio, desde locales nocturnos de *metal* a ópera. Las últimas novedades se anuncian en *Helsinki This Week*, disponible en oficinas de turismo, centros comerciales, el aeropuerto, la estación de ferrocarril y la terminal de ferris.

Para conciertos y actuaciones, consúltese *Helsinki This Week*, pregúntese en la oficina de turismo o visítese la web de venta de entradas de **Lippupiste** (☎0600 900 900; www.lippu.fi).

★ Musiikkitalo SALA DE CONCIERTOS

(www.musiikkitalo.fi; Mannerheimintie 13) Fresco y vigorizante como un *gin-tonic* en un glaciar, este edificio moderno e impactante supone una gran aportación al centro de Helsinki. En su interior, el auditorio principal, visible desde el vestíbulo, ofrece una acústica impresionante. Se programan conciertos regulares de música clásica y los precios se mantienen en torno a los 20 €. El bar resulta un buen lugar para tomar una copa.

LA ANTIGUA PLAZA DEL MERCADO

En verano se encuentran puestos de comida, productos frescos y bayas en Kauppatori, pero los caprichos para un pícnic se hallan en **Vanha Kauppahalli** (www.vanhakauppahalli.fi; Eteläranta 1; ⌚8.00-18.00 lu-sa; 📶) 🌿. Construido en 1889 y aunque hoy algo turístico (¿kebabs de reno?), se trata de un mercado tradicional, donde se pueden comprar rollitos rellenos, queso, panes, pescado y toda suerte de tentempiés y exquisiteces. También alberga el **Soppakeittiö** (www.sopakeittio.fi; sopas 8-10 €; ⌚11.00-15.30 lu-vi, 11.00-15.00 sa), un gran local de sopas con una famosa bullabesa.

HELSINKI CARD

La **Helsinki Card** (www.helsinkiexpert.com; 24/48/72 h adultos 36/46/56 €, niños 15/18/21 €) ofrece transporte gratuito, entrada a más de 50 puntos de interés en Helsinki y alrededores y descuentos para circuitos de un día. Se puede adquirir en oficinas de turismo, hoteles, tiendas R-kioskis y terminales de transporte, aunque resulta más económica por internet.

Oopperatalo ÓPERA, BALLET
(ópera; ☎09-4030 2211; www.opera.fi; Helsinginkatu 58; entradas desde 14 €) Acoge óperas, *ballets* y conciertos de música clásica, pero no en verano. Las representaciones de la Ópera Nacional Finlandesa se rotulan en finés.

Tavastia MÚSICA EN DIRECTO
(www.tavastiaklubi.fi; Urho Kekkosenkatu 4; ⌚20.00-1.00 do-ju, 20.00-3.00 vi, 20.00-4.00 sa) Se trata de uno de los locales de *rock* legendarios de Helsinki y atrae a prometedoras formaciones y bandas internacionales consolidadas. Cada noche ofrece un concierto. También se puede echar un vistazo al Semifinal, el local de al lado.

De compras

Conocida por el diseño y el arte, Helsinki supone un epicentro de lo nórdico más novedoso, desde moda a menaje. Cuanto más lejos de Pohjoisesplanadi, la principal calle turística, más bajan los precios. Punavuori, la zona más de moda, cuenta con buenas *boutiques,* galerías de arte, estudios y tiendas de diseño; unas 200 forman parte del **Design Distrit Helsinki** (www.designdistrict.fi), cuyo inestimable mapa se puede obtener en la oficina de turismo.

Información

Se puede descargar una versión reducida de la web de turismo de Helsinki diseñada para teléfonos móviles en www.helsinki.mobi.

Algunas bibliotecas públicas ofrecen acceso a internet gratis. Amplias zonas del centro urbano disponen de wifi gratis, así como muchos bares y cafés, algunos con terminales para uso público. No existen los teléfonos públicos.

Ciudad de Helsinki (www.hel.fi) Web de la ciudad de Helsinki, con enlaces a abundante información.

Urgencias (☎112)

Oficina de turismo de la ciudad de Helsinki (☎09-3101 3300; www.visithelsinki.fi; Pohjoisesplanadi 19; ⌚9.00-20.00 lu-vi, 9.00-18.00 sa y do med may-med sep, 9.00-18.00 lu-vi, 10.00-16.00 sa y do med sep-med may) Concurrida y políglota oficina con mucha información de la ciudad. También cuenta con una oficina en el aeropuerto (www.visithelsinki.fi; Terminal 2, aeropuerto de Helsinki-Vantaa; ⌚10.00-20.00 may-sep, 10.00-18.00 oct-abr).

HSL/HRT (www.hsl.fi) Información sobre transporte público y planificación de excursiones.

Visit Helsinki (www.visithelsinki.fi) Excelente portal turístico con mucha información.

COMPRENDER HELSINKI

Helsinki hoy

Considerada una de las ciudades con mejor calidad de vida del mundo, Helsinki dejó hace tiempo de ser una tímida y acomplejada localidad provinciana para convertirse en un icono mundial del estilo alabada por publicaciones de vanguardia como *Monocle.* Mientras la economía subía y bajaba en el resto de la eurozona, aquí se respiraba la misma estabilidad y confianza que en Suiza, con precios como los de Zúrich para confirmarlo. Al igual que en el resto de Europa, el debate político gira en torno a la inmigración, los refugiados y cuánto poder debe delegarse en Bruselas. El partido euroescéptico local, ahora llamado Finlandeses, obtuvo muy buenos resultados en las elecciones del 2011 y se unió a la coalición gubernamental tras convertirse en la segunda fuerza del país en las elecciones del 2015.

Rusia es otro tema candente. Durante los decenios, la ciudad se ha beneficiado de su proximidad a San Petersburgo, sirviendo como destino de compras de fin de semana para los ricos y la clase media rusa (mientras que los finlandeses cruzan la frontera para comprar alcohol barato). Pero el deterioro de las relaciones entre el Kremlin y Occidente ha reavivado el debate sobre la neutralidad de Finlandia, un tema tabú desde la II Guerra Mundial. Ahora hay más partidarios de que Finlandia ingrese en la OTAN, pero falta mucho para que sean mayoría.

Historia

Fundada en 1550 por el rey sueco Gustav Vasa, Helsinki competía con Tallin, la ciudad comercial de la Liga Hanseática. Durante más de 200 años continuó siendo una ciudad de segunda y, como tal, sufrió varias incursiones rusas hasta que los suecos construyeron la fortaleza de Sveaborg en 1748. Cuando los rusos tomaron el control del país en 1809, se requería una capital más próxima a San Petersburgo para vigilar de cerca la política nacional de Finlandia. Se eligió Helsinki –en gran parte por su fortaleza costera (ahora llamada Suomenlinna) delante del puerto– y así, en 1812 Turku perdió su antiguo estatus de capital de Finlandia y ciudad más importante.

En el s. XIX y principios del s. XX, Helsinki creció rápidamente. Se pidió al arquitecto alemán C. L. Engel que dignificara el centro urbano; de ahí surgió la neoclásica Senaatintori (plaza del Senado). En la II Guerra Mundial, la ciudad sufrió un devastador bombardeo ruso, pero se recuperó durante la posguerra y albergó los Juegos Olímpicos de Verano de 1952.

Hoy el peso de la capital ha permitido olvidar su pasado como anónima ciudad comercial.

GUÍA PRÁCTICA

Cómo llegar y salir

AVIÓN

El **aeropuerto** (www.helsinki-vantaa.fi) se halla en Vantaa, 19 km al norte de la ciudad. Existen vuelos directos a Tallin, Riga, Vilna y Tartu. El número de vuelos directos a otros destinos de Europa, América y Asia no deja de crecer. Llegan algunas líneas de bajo coste desde varios países europeos, como Ryanair, Air Baltic y Blue1. Prácticamente el resto de vuelos los operan Finnair o Scandinavian Airlines (SAS).

BARCO

Los ferris internacionales comunican Helsinki con Estocolmo (Suecia), Tallin (Estonia), San Petersburgo (Rusia) y puertos de Alemania y Polonia. El pasaje se vende en las terminales, en las oficinas de la compañía (y a través de su página web) o, en algunos casos, en la oficina de turismo de la ciudad. Conviene comprarlo con bastante antelación en temporada alta (fin jun-med ago) y en fin de semana. Además, hay un servicio regular de catamarán e hidroplano desde Tallin.

Hay cinco terminales principales, tres cerca del centro:

Terminal Katajanokka Llegan el autobús nº 13 y los tranvías nº 2, 2V y 4.

Terminales Olympia y **Makasiini** Llegan los tranvías nº 3B y 3T.

Länsiterminaali (terminal del oeste) Llega el autobús nº 15.

Hansaterminaali (Vuosaari) Más apartada; llega el autobús nº 90A.

AUTOBÚS

Se pueden comprar billetes de autobús de larga distancia o rápidos en la **estación de autobuses de Kamppi** (www.matkahuolto.fi) o en el propio autobús. Los autobuses de larga distancia cubren toda Finlandia.

TREN

La céntrica **estación de trenes** (Rautatieasema; www.vr.fi) resulta muy práctica. Está comunicada con el metro (estación Rautatientori) por un túnel peatonal y queda muy cerca de la estación de autobuses.

Para ir de Helsinki a otros destinos importantes del país, el tren constituye el medio más rápido y económico. También circulan diariamente (los billetes se venden en el mostrador internacional) a las ciudades rusas de Vyborg, San Petersburgo y Moscú.

Cómo desplazarse

A/DESDE EL AEROPUERTO

El tren será la principal opción de transporte al aeropuerto cuando la estación de ferrocarril del aeropuerto (ya operativa en el momento de redactar esta guía) esté conectada con la terminal. Estaba previsto que la salida de la terminal estuviera terminada a comienzos del 2016. El viaje en tren a la estación de ferrocarril de Helsinki dura 30 min y cuesta 5 € si se compra el billete en las máquinas situadas en el andén.

El viejo autobús 615, que solía trasladar a los pasajeros del aeropuerto a la ciudad, realizará una ruta más larga y con menos frecuencia cuando el ferrocarril esté operativo. Conviene revisar las rutas y los precios cuando se haga oficial el anuncio.

Los **taxis del aeropuerto** (☎0600 555 555; www.airporttaxi.fi; 2/4 pasajeros 29,50/39,50 €), con un servicio de puerta a puerta, deben reservarse la víspera, antes de las 18.00, si se sale de Helsinki (una o dos personas, 27 €). Un taxi normal costaría 45-65 €.

FERRIS A TALLIN

Eckerö Line (☎0600 4300; www.eckeroline.fi) Salidas diarias a Tallin todo el año (adultos desde 19 €, automóvil desde 19 €, 2½ h) desde Länsiterminaali.

Linda Line (☎0600 066 8970; www.lindaline.fi; Makasiiniterminaali; ⊙abr-oct) Esta pequeña compañía de hidroplanos para pasajeros navega a Tallin (desde 19 €, 1½ h) desde la terminal de Makasiini ocho veces al día si no hay hielo. Es la opción más rápida.

Tallink/Silja (☎0600 15700; www.tallinksilja.com) Ocho servicios diarios a Tallin (ida adultos 26-44 €, vehículos desde 25 €, 2 h), desde Länsiterminaali.

Viking Line (☎0600 41577; www.vikingline.fi; Katajanokan Terminaali) Opera ferris de automóviles (adultos 21-39 €, vehículo más dos pasajeros 60-100 €, 2½ h) desde la terminal de Katajanokka.

BICICLETA

Con un centro llano y unos carriles-bici bien señalizados, Helsinki supone un paraíso para los ciclistas. La oficina de turismo facilita planos con las rutas marcadas.

El Ayuntamiento proporciona bicicletas municipales, de color verde, en puestos situados dentro de un radio de 2 km de la Kauppatori. Las bicicletas son gratuitas; basta con introducir una moneda de 2 € como depósito en la estación de bicicletas que después se puede recuperar en cualquier puesto.

Para algo más sofisticado, **Ecobike** (☎040-084 4358; www.ecobike.fi; Savilankatu 1b; ⊙13.00-18.00 lu-ju) alquila bicicletas a partir de 10 €.

TRANSPORTE PÚBLICO

HSL (www.hsl.fi) gestiona autobuses, metro y trenes locales, tranvías y un ferri a Suomenlinna. Un billete de 1 h para cualquier transporte de HSL cuesta 3 € si se adquiere a bordo y 2,50 € si se compra por adelantado. Permite transbordos ilimitados pero debe validarse en la máquina de sellado a bordo la primera vez que se use. Un billete sencillo de tranvía cuesta 2,20 € sin descuentos. Y como es territorio Nokia, se pueden pedir los billetes por móvil por los mismos precios; se manda un SMS al ☎16355 con el texto A1. Si se permanece en la ciudad varios días (hasta siete), se recomiendan los billetes de uno o varios días (24/48/72 h 7/10,50/14 €).

TAXI

Se pueden detener en la calle o esperar en una de las paradas de la estación de trenes o autobuses, o en Senaatintori. Se pueden pedir por teléfono al ☎010-00700.

Letonia

☎371 / 2,2 MILLONES DE HAB.

Incluye »

Los mejores restaurantes

- Istaba (p. 224)
- Aragats (p. 224)
- 36.Line (p. 234)
- 3 Pavaru (p. 221)
- Fazenda Bazārs (p. 223)

Los mejores alojamientos

- Rumene Manor (p. 246)
- Hotel Bergs (p. 220)
- Kārlamūiža (p. 269)
- Art Hotel Laine (p. 219)
- Fontaine Royal (p. 244)

Por qué ir

El mosaico de mar, lagos y bosques que conforma Letonia puede describirse como un gran parque virgen con una única gran ciudad, la cosmopolita Riga. A pesar de su reducido tamaño, en el país se goza de mucho espacio. Se puede estar seguro de encontrar un pedazo de naturaleza prístina para disfrute personal, ya sea para practicar senderismo, ciclismo o para soñar en una playa de arena blanca entre dunas cubiertas de pinos. Tras sufrir invasiones de todas las potencias regionales, Letonia presenta más matices culturales y una población menos homogénea que sus vecinos. Sus habitantes se consideran los menos pragmáticos y los más artísticos del Báltico, y lo demuestran con multitud de festivales y una actitud alegre y despreocupada, al modo nórdico, claro.

Cuándo ir

- La Navidad resulta ideal para visitar la cuna del árbol navideño y probar el *bobsleigh* en las gélidas semanas de diciembre y enero.
- El solsticio de junio trae los meses más cálidos y los lugareños van a sus casitas de la costa para disfrutar de la playa y el sol de medianoche.
- En septiembre los rigueses intentan prolongar el verano tomando café bajo los calefactores exteriores en las últimas terrazas de la temporada.

Imprescindible

1 Fotografiar la estrambótica colección de gárgolas demoníacas, bestias míticas y parras enredadas que habitan en la arquitectura *art nouveau* de **Riga** (p. 198).

2 Perderse entre las calles adoquinadas, agujas de iglesia y casitas del **casco antiguo de Riga** (p. 199), Patrimonio Mundial.

3 Oír el batir de las olas en el remoto **cabo de Kolka** (p. 251), que corona la desolada costa de Kurzeme.

4 Explorar el **Parque Nacional de Gauja** (p. 260) desde la fortaleza de **Cēsis** (p. 26_).

5 Unirse a los peces que saltan en **Ventas Rumba** (p. 249), la cascada más ancha de Europa (y posiblemente la más baja).

6 Escaparse de la capital para gozar de la aristocrática decadencia del **palacio de Rundāle** (p. 249).

7 Pasear entre edificios soviéticos y catedrales doradas en el distrito de Karosta en **Liepāja** (p. 142).

8 Codearse con la *jet set* rusa en el elegante ambiente balneario de **Jūrmala** (p. 131).

DE UN VISTAZO

Moneda

Euro (€)

Idiomas

Letón, ruso (no oficial)

Capital

Riga

Extensión

64 589 km²

RIGA

703 500 HAB.

Las agujas góticas que dominan el paisaje urbano de Riga sugieren austeridad, pero el llamativo *art nouveau* conforma realmente el cuerpo y el alma de esta vibrante ciudad cosmopolita, la mayor de las tres capitales bálticas. A pesar de su apariencia tranquila y reservada, se siente una química muy potente en sus modernos bares y centros de arte contemporáneo, así como en las cocinas de sus estupendos restaurantes de vanguardia. Situada junto al golfo del mismo nombre, Riga queda muy cerca del complejo costero de Jūrmala y su impresionante playa de arena blanca. Pero quien busque soledad y un entorno virgen encontrará magníficas dunas y bosques repletos de arándanos nada más salir de la ciudad.

Historia

Si Riga fuera una persona, contaría con un sinnúmero de pasaportes caducados expedidos a su nombre por una docena de países e imperios.

Nació en 1201 como una ciudad alemana. El obispo Albert von Buxhoeveden (más que un nombre, un trabalenguas) fundó la ciudad como cabeza de puente para la cruzada contra los paganos del norte: bálticos, eslavos y ugrofineses. Así, Riga se convirtió en baluarte de los Hermanos Livonios de la Espada y en el nuevo vínculo comercial entre el Estado protorruso y Occidente. En 1621 cayó en poder de Suecia y se convirtió en la ciudad más grande de su imperio, aún mayor que Estocolmo. Luego los rusos arrebataron Letonia a los suecos y añadieron al animado burgo un componente industrial. Mediada la década de 1860, Riga constituía el mayor puerto maderero del mundo y la tercera ciudad rusa después de Moscú y San Petersburgo. En el s. XX surgieron los cafés, los salones, los clubes de baile y una floreciente atmósfera intelectual, que adquirió un carácter letón diferenciado cuando el país se independizó en 1918. Todo aquello terminó en 1940 con la ocupación soviética, seguida por la II Guerra Mundial, que dejó la ciudad arrasada por las bombas y sin sus dos mayores comunidades: los alemanes, reubicados en Alemania, y los judíos, masacrados en el Holocausto. Pero, de algún modo, el ambiente internacional indeleble de Riga sobrevivió entre los escombros e incluso formando parte de la URSS Riga era conocida por su pensamiento avanzado y su animada vida cultural.

Gracias a su pasado cosmopolita, Riga se ha amoldado sin esfuerzo a una situación global y, más que la mera capital letona, se trata de la piedra angular del Báltico.

Puntos de interés

La ciudad se alza a orillas del río Daugava, que 15 km más al norte desemboca en el golfo de Riga. Su corazón histórico, el casco antiguo o Riga vieja (Vecrīga), se extiende 1 km a lo largo de la orilla oriental y 600 m tierra adentro de la ribera. Peatonal en su mayor parte, este sector medieval alberga un sinfín de sinuosas calles adoquinadas.

Kaļķu iela se aleja del río y se convierte en el Brīvības bulvāris (paseo de la Libertad) cuando alcanza el estrecho y encantador anillo verde que protege el centro medieval de la cuadrícula de grandes avenidas contigua. En medio de Brīvības bulvāris, el monumento a la Libertad con su remate de cobre constituye la entrada no oficial al centro de la ciudad (Centrs). Este ensanche de los ss. XIX y XX posee anchas avenidas, manzanas de lujosos pisos y abundante arquitectura *art nouveau*. En los bordes exteriores del centro urbano, el esplendor europeo da paso a los bloques de viviendas soviéticos y a los *microrraions* (microdistritos o suburbios).

IDIOMA

Hola (buenos días)	*Labdien*
Hola (informal)	*Sveiki*
¿Cómo está?	*Kā jums klājas*
Gracias	*Paldies*
Por favor/de nada	*Lūdzu*

Casco antiguo (Vecrīga)

Se debe pasear sin rumbo por las sinuosas calles empedradas del núcleo medieval. Tras perderse entre gabletes, agujas de iglesia y callejones, se descubrirá un impresionante ámbito (Patrimonio Mundial) de catedrales que se elevan al cielo, plazas enormes y desmoronados muros de castillo.

Rātslaukums

Esta turística plaza es ideal para empezar a explorar el casco antiguo. Cuenta con un centro de información turística (p. 230), con folletos y planos, en la Casa de los Cabezas Negras.

★Casa de los Cabezas Negras EDIFICIO HISTÓRICO

(Melngalvju nams; plano p. 202; www.melngalvjunams.lv; Rātslaukums 7) Construido en 1344 como casa de fraternidad del gremio de comerciantes solteros alemanes de los Cabezas Negras, el edificio original fue destruido en 1941 y arrasado por los soviéticos siete años más tarde. Los planos originales sobrevivieron y en el 2001, con motivo del octavo centenario de Riga, se construyó una réplica exacta de esta estructura fantásticamente decorada.

En el momento de redactar esta guía, la casa servía de residencia temporal del presidente letón y no se podía visitar, aparte de la oficina de turismo alojada en su interior.

Ayuntamiento EDIFICIO HISTÓRICO

(plano p. 202; Rātslaukums) El ayuntamiento histórico de Riga se destruyó en la II Guerra Mundial y se reconstruyó por completo en el 2003. Una **estatua de san Rolando**, patrón de la ciudad, se alza en la plaza situada enfrente. Se trata de una réplica de la original de 1897, ubicada en la plaza de San Pedro. Se puede visitar, aunque solo sea por ver la exposición de los regalos ofrecidos por las ciudades hermanadas.

Monumento a los Fusileros Letones MONUMENTO

Este polémico monumento rojo oscuro domina la plaza del mismo nombre, que antaño albergó el mercado central de la ciudad, al

RIGA EN...

Dos días

Se empieza la aventura por el corazón de la ciudad en la **Casa de los Cabezas Negras** en Rātslaukums. Se recogen unos prácticos folletos en el centro de información de la casa y después se dedica el resto de la mañana a pasear entre las sinuosas calles adoquinadas del medieval **casco antiguo de Riga.** Tras el almuerzo, se sale extramuros y se pasa por el **monumento a la Libertad** de camino a los señoriales bulevares que parten del corazón del castillo de la ciudad. En el **Centro Tranquilo** se encuentran algunos de los mejores ejemplos de arquitectura *art nouveau* de Riga. Cabe destacar el **Museo Art Nouveau de Riga.**

El segundo día se va a regatear al **Mercado Central,** donde todo, desde las fresas silvestres hasta las camisetas de imitación, es negociable. Se pasea por el pequeño barrio de **Spīķeri** y después se da un **paseo en barca** por el Daugava y los canales interiores de la ciudad. Para un almuerzo tardío, se puede ir por el Centro Tranquilo hasta **Miera iela** para disfrutar de la emergente cultura de los cafés modernos, cerca de la aromática fabrica de chocolate Laima. Por la noche, en temporada de ópera, se puede gozar de uno de los mejores conciertos de música clásica de Europa.

Cuatro días

Se puede pasar el tercer día en bañador en las sedosas arenas de **Jūrmala,** la meca del veraneo letón. Por la tarde se puede alquilar una bicicleta y pedalear junto a las impresionantes casas de campo de madera junto al mar. Como colofón, se puede disfrutar de un relajante tratamiento de *spa* y después volver a Riga para salir de fiesta en uno de sus clubes nocturnos.

El cuarto día se exploran rincones menos conocidos de Riga o se va al **Parque Nacional de Gauja** para pasar un día intenso visitando el castillo y practicando deportes de aventura. Se puede empezar en **Sigulda** y probar la pista olímpica de *bobsled,* ir hacia **Turaida** y después al oculto búnker soviético de **Līgatne,** para terminar el día en las ruinas de la fortaleza de **Cēsis** antes de regresar a la capital.

UN ENORME ÁRBOL DE NAVIDAD

La Casa de los Cabezas Negras de Riga era conocida por sus fiestas salvajes; a fin de cuentas era un club de comerciantes solteros. En una fría Nochebuena de 1510, la tropa de solteros, con un espíritu muy navideño (y otros elementos espirituosos), arrastró un enorme pino, lo enderezó junto a su club y lo engalanó con flores. Al final de la noche, lo quemaron creando una impresionante fogata. Desde entonces, decorar el 'árbol de Navidad' se convirtió en una tradición anual que acabó extendiéndose por todo el mundo (sin quemarlo al final, claro).

Una placa octogonal conmemorativa en los adoquines de Rātslaukums señala el lugar donde se levantó el árbol en cuestión.

otro lado del Museo de la Ocupación. Los Fusileros Letones formaron el núcleo del Ejército Rojo ruso en 1918. Algunos sirvieron en la guardia personal de Lenin, pero muchos regresaron a la nueva Letonia independiente.

Casa Mentzendorff EDIFICIO HISTÓRICO

(Mencendorfa nams; plano p. 202; ☎6721 2951; www.mencendorfanams.com; Grēcinieku iela 18; adultos/niños 2,85/1,14 €; ⏲10.00-17.00 diario may-sep, 11.00-17.00 mi-do oct-abr) Construida en 1695 como hogar de un rico vidriero alemán, esta casa con pocos muebles permite imaginar la vida cotidiana de los comerciantes de éxito en Riga. Exhibe arte contemporáneo en vidrio en la planta baja y programa exposiciones temporales en el ático.

Pēterbaznīca Laukums

Iglesia de San Pedro IGLESIA

(Sv Pētera baznīca; plano p. 202; www.peterbaznica.riga.lv; Skārņu iela 19; adultos/niños menores de 7 años 9 €/gratis; ⏲10.00-18.00 ma-sa, 12.00-18.00 do) Pieza clave del perfil de Riga, se estima que esta iglesia gótica tiene unos 800 años, lo que la convierte en uno de los edificios medievales más antiguos del Báltico. Su elevado interior en ladrillo rojo luce escasa decoración, excepto por los escudos heráldicos de las columnas. Las exposiciones de arte en las capillas laterales proporcionan un contraste colorido. En la parte trasera de la iglesia, un ascensor lleva a una plataforma panorámica situada a 72 m en el campanario.

El aspecto gótico austero de la iglesia queda suavizado por esculturas barrocas añadidas en el s. XVII junto con la aguja que se convirtió de inmediato en símbolo del perfil de Riga. En 1721 un incendio destruyó la aguja, aunque el emperador ruso Pedro I acudió personalmente al lugar para apagar el fuego. Según la leyenda, cuando se reconstruyó en 1746, los albañiles tiraron un cristal desde la cima para ver cuánto duraría la aguja; cuantos más fragmentos hubiera más larga sería su vida. El cristal cayó sobre una bala de paja y se rompió en solo dos pedazos. La aguja se destruyó de nuevo en la II Guerra Mundial. Cuando se levantó de nuevo, se repitió el lanzamiento ceremonial del cristal y esta vez se rompió en innumerables pedazos.

Museo de Artes Decorativas y Diseño MUSEO

(Dekoratīvi lietiškās mākslas muzejs; plano p. 202; ☎6722 7833; www.lnmm.lv; Skārņu iela 10/20; adultos/niños 4,27/2,13 €; ⏲11.00-17.00 ma y ju-do, hasta 19.00 mi) La antigua iglesia de San Jorge acoge un museo dedicado a las artes aplicadas desde el *art nouveau* hasta el presente, incluida una colección de muebles, grabados, tapices y cerámica. Sus cimientos se remontan a 1207, cuando se erigió el castillo de los Caballeros de la Espada, luego Orden de Livonia. Dado que el resto de los castillos de caballeros originales quedó arrasado por revueltas ciudadanas a finales del mismo siglo, se trata del único edificio que permanece intacto desde el nacimiento de Riga.

Museo de la Porcelana de Riga MUSEO

(plano p. 202; ☎6750 3769; www.porcelanamuzejs.riga.lv; Kalēju iela 9/11; adultos/estudiantes 2,50/1 €; ⏲11.00-18.00 ma-do) Acoge la colección de porcelana reunida en tiempos de la URSS por la desaparecida Fábrica de Porcelana y Mayólica de Riga, a su vez heredera de dos fábricas anteriores a la II Guerra Mundial. Una la dirigían los rusos procedentes de la famosa fábrica de Gzhel, cerca de Moscú, y la otra, alemanes locales. Como consecuencia, el estilo de fabricación de porcelana de Riga fusionó estas dos escuelas.

Iglesia de San Juan IGLESIA

(Jāņa baznīca; Skārņu iela 24; plano p. 202) Fruto de una amalgama de estilos góticos y barrocos de los ss. XIII-XIX, la primera noticia de su existencia se remonta a cuando los ciudadanos instalaron catapultas en su tejado y dispersaron con éxito a los caballeros livones que la atacaban. Inicialmente a cargo de monjes dominicos, fue saqueada durante la Reforma. Tras servir durante un tiempo de establo y de granero, fue entregada a los luteranos, que aún la gestionan. Un cercano pasaje abovedado lleva a **Jāņa sēta** (patio de San Juan), donde se hallan las ruinas del muro del monasterio del s. XIII.

Aquí fijó su residencia el obispo Albert von Buxhoeveden, fundador de Riga en 1201. Quien quiera descubrir el lugar exacto en el que nació la ciudad debe buscar esta referencia. Se dice que las líneas curvas sobre las puertas de ladrillo rojo describen el lomo del burro sobre el que Jesús entró en Jerusalén. Indica que se debe seguir a Cristo.

Kalēju Iela y Mārstaļu Iela

Estas zigzagueantes calles albergan antiguas mansiones de comerciantes, testimonio de un rico pasado como centro mercantil del norte de Europa. Muchas se han transformado en museos.

Museo del Frente Popular de Letonia MUSEO

(Latvijas Tautas Frontes muzejs; plano p. 202; ☎6722 4502; Vecpilsētas iela 13-15; ⌚14.00-19.00 ma, 12.00-17.00 mi-vi, 12.00-16.00 sa) GRATIS Sucursal del Museo Nacional de Historia, esta exposición dotada de moderna tecnología multimedia interactiva, repasa el período de la tercera Atmoda (despertar nacional), es decir, la lucha por la independencia durante los años de la perestroika. Dirigido por el activista medioambiental Dainis Ivans, el Frente Popular de Letonia era una organización paraguas que unía fuerzas prodemocráticas y que promovió actos emotivos como la Cadena Báltica, cuando letones, estonios y lituanos construyeron una cadena humana que atravesaba los tres países.

Museo de Fotografía de Letonia MUSEO

(Latvijas fotogrāfijas muzejs; plano p. 202; ☎6722 2713; www.fotomuzejs.lv; Mārstaļu iela 8; adultos/niños 3,55/1,42 €; ⌚10.00-17.00 mi y vi-do, 12.00-19.00 ju) Ubicado en una histórica casa de comercio, alberga imágenes antiguas de Riga y exposiciones temporales de fotografía contemporánea. También acoge una cámara oscura y una interesante muestra del artista local Valters Caps (1905-2003), inventor de la cámara en miniatura Minox, fetiche de los espías de la Guerra Fría.

Sinagoga de Riga SINAGOGA

(www.jews.lv; Peitavas iela 6/8; plano p. 202) Construida en 1905 en estilo *art nouveau*, se trata de la única sinagoga superviviente a la ocupación nazi, ya que incendiarla en el compacto casco antiguo habría puesto en riesgo los edificios vecinos. Se abrió de nuevo al culto en la era soviética, pero fue dañada por atentados de los neonazis en 1995 y 1998, tras la independencia. Se restauró en el 2009 con fondos de la UE.

Livu Laukums

La animada Livu laukums, cerca de la entrada más concurrida a la vieja Riga junto a Kaļķu iela, cuenta con varias cervecerías al aire libre en verano. La bordea una hilera de coloridos edificios del s. XVIII, en su mayor parte convertidos en restaurantes.

Casa de los Gatos EDIFICIO HISTÓRICO

(Kaķu māja; Miestaru iela 10/12; plano p. 202) Los asustados gatos negros de las torretas de este edificio de 1909 de influencia *art nouveau* se han convertido en un símbolo de Riga. Según la leyenda local, el propietario del edificio fue expulsado del Gran Gremio situado al otro lado de la calle y se vengó haciendo que los traseros de los gatos apuntaran al vestíbulo. Tras una larga batalla judicial, el gremio aceptó al comerciante como miembro a condición de que los gatos se colocaran en la dirección opuesta.

Doma Laukums

★ **Catedral de Riga** CATEDRAL

(Rīgas Doms; plano p. 202; ☎6721 3213; www.doms.lv; Doma laukums 1; entrada 3 €; ⌚9.00-17.00) Fundada en 1211 como sede de la diócesis de Riga, esta enorme catedral (antaño católica, hoy luterana evangélica) constituye la mayor iglesia medieval del Báltico. Presenta una mezcla de estilos de los ss. XII-XIX; románico en el extremo oriental, barroco del s. XVIII en la torre y gótico del s. XV en gran parte del resto.

En tiempos soviéticos se prohibieron los servicios, pero el edificio y su enorme órgano de 6768 tubos construido en 1884, fueron cuidadosamente restaurados. Se usó como sala de conciertos clásicos, que aún acoge (p. 227), aunque se ha reanudado el culto desde que el arzobispado de Letonia se instaló en ella.

En el suelo y los muros del vasto interior se ven lápidas antiguas cuyos símbolos tallados denotan el rango o el cargo del difunto; los ciudadanos eminentes pagaban por ser ente-

Casco antiguo de Riga (Vecrīga)

rrados lo más cerca posible del altar. En 1709 un brote de cólera y tifus mató a un tercio de la población de Riga; se achacó a una inundación que había afectado a las tumbas y se prohibieron nuevos enterramientos.

★ Museo de Arte de la Bolsa de Riga

MUS

(Mākslas muzejs Rīgas Birža; plano p. 202; www.lnmm.lv; Doma laukums 6; adultos/niños 6,40/2,85 €; ⊙10.00-18.00 ma-ju, sa y do, hasta 20.0

vi) El edificio de la Bolsa de Riga, espléndidamente restaurado, brinda un gran escaparate a los tesoros artísticos de la ciudad. La elaborada fachada muestra un grupo de deidades que bailan entre las ventanas, y en el interior candelabros dorados brillan bajo techos decorados con molduras. La sección oriental muestra hermosas cerámicas chinas y japonesas y una momia egipcia, pero las salas principales están dedicadas al arte occidental, incluido un cuadro de Monet y una copia a escala reducida de *El Beso* de Rodin.

Museo de Historia y Navegación de Riga — MUSEO

(Rīgas vēstures un kuģniecības muzejs; plano p. 202; www.rigamuz.lv; Palasta iela 4; adultos/niños 4,27/0,71 €; ⏲10.00-17.00 diario may-sep, 11.00-17.00 mi-do oct-abr) Fundado en 1773, el museo más antiguo del Báltico ocupa el antiguo monasterio de la catedral. La colección permanente incluye piezas desde la Edad del Bronce a la II Guerra Mundial, como preciosas joyas precristianas o manos de herreros medievales conservadas. Destaca la hermosa Sala de la Columna neoclásica, construida cuando Letonia formaba parte del imperio ruso y repleta de reliquias de aquel tiempo.

Los Tres Hermanos — EDIFICIO HISTÓRICO

(Trīs brāļi; Mazā Pils iela 17, 19 y 21; plano p. 202) Tallin cuenta con sus Tres Hermanas, y Riga ha bautizado tres de sus viejas casas de piedra como los Tres Hermanos. Estas joyas arquitectónicas convenientemente alineadas en fotogénica disposición, ejemplifican la diversidad de estilos arquitectónicos en la vieja Riga. El nº 17 cuenta más de 600 años, lo que la convierte en la casa más antigua de la ciudad. La casa contigua, del s. XVII, acoge exposiciones temporales y da acceso al patio, donde se exponen elementos decorativos de edificios desaparecidos del casco antiguo.

Cabe destacar las minúsculas ventanas de las plantas superiores; en Riga los impuestos sobre la vivienda durante la Edad Media se basaban en el tamaño de la ventana.

Catedral de Santiago — CATEDRAL

(Sv Jēkaba katedrāle; plano p. 202; Klostera iela; ⏲7.00-18.00, hasta 19.00 en verano) Construida en 1225, ha pasado en varias ocasiones de ser católica a protestante, y también ha cambiado de idiomas y de comunidades, sirviendo sucesivamente a alemanes, suecos, polacos y estonios. Fue el lugar donde los letones escucharon una misa en su propia lengua en 1523, durante su período protestante. Exactamente 400 años más tarde fue

Casco antiguo de Riga (Vecrīga)

Principales puntos de interés

1 Sala de Exposiciones de Arsenāls B2
2 Museo de Arte de la Bolsa de Riga C3
3 Casa de los Cabezas Negras C5
4 Catedral de Riga B4

Puntos de interés

5 Colina de los bastiones E2
6 Casa de los Gatos D3
7 Monumento a la Libertad F2
8 Barracones de Jacobo D2
9 Museo del Frente Popular de Letonia .. E6
10 Museo de Fotografía de Letonia E6
11 Monumento a los Fusileros Letones C5
12 Museo de la Guerra de Letonia D2
13 Monumento a las Víctimas del 20 de enero de 1991 .... D1
14 Casa Mentzendorff D6
15 Museo de Artes Decorativas y Diseño D5
16 Museo de la Ocupación de Letonia C5
17 Iglesia anglicana de Riga A3
18 Castillo de Riga A2
19 Museo de Historia y Navegación de Riga B4
20 Museo de la Porcelana de Riga E5
21 Sinagoga de Riga E6
22 Catedral de Santiago B2
23 Iglesia de San Juan E5
24 Iglesia de San Pedro D5
25 Estatua de San Rolando C5
26 Puerta Sueca C2
27 Los Tres Hermanos B3
28 Ayuntamiento C5

Actividades, cursos y circuitos

29 Rīga Bike Tours E4
30 Riga por el canal E2

Dónde dormir

31 Dome Hotel B3
32 Ekes Konvents E5
33 Grand Palace Hotel B3
34 Konventa Sēta D4
35 Naughty Squirrel .... F
36 Neiburgs C
37 Radi un Draugi .... E
38 Rīga Old Town Hostel .... F
39 Wellton Centra .... E

Dónde comer

40 3 Pavaru .... D
41 Gutenbergs .... B
42 Indian Raja .... E
43 Ķiploku Krogs C
Le Dome Fish Restaurant .... (véase 3
44 LIDO Alus Sēta C
45 Pelmeņi XL .... D
46 Rimi .... F
47 Rozengrāls C
48 Šefpavārs Vilhelms .... D
49 Tēvocis Vaņa .... D
50 V Ķuze C
51 Vecmeita ar kaki .... B

Dónde beber y vida nocturna

52 Aptieka .... B
53 Cuba Cafe C
54 DJ Bar .... D
55 Egle C
56 Folksklub Ala Pagrabs .... D
57 I Love You C
58 Kama Tea Hub C
59 Nabaklab .... E

Ocio

60 Gran Gremio .... D
61 Ópera Nacional de Letonia .... F
62 Look at Riga C
63 Catedral de Riga .... B

De compras

64 Elina Dobele .... E
65 Hobbywool .... B
66 Kafka .... F
67 Latvijas Balzāms .... E
68 Pienene .... D
69 Upe .... E

devuelta a los católicos para que la usaran como catedral, su actual función.

Pils Laukums

Castillo de Riga CASTILLO

(Rīgas pils; plano p. 202; Pils laukums 3) Construido en 1230 como cuartel general del Gran Maestre de la Orden de Livonia, este edificio ha cambiado mucho y ahora solo parece un castillo desde determinados ángulos. Hasta que un incendió lo dañó gravemente en el 2013, servía como residencia oficial del presidente letón, función que recuperará cuando se restaure.

★ Sala de Exposiciones de Arsenāls GALERÍA DE ARTE

(Izstāžu zāle Arsenāls; plano p. 202; www.lnmm.lv; Torņa iela 1; adultos/niños 3,56/2,13 €; 12.00-17.00 ma, mi y vi-do, hasta 20.00 ju) Tras una extraña fila de cabezas de granito que representan a los mayores artistas letones, el arsenal imperial, construido en 1832 como almacén de armas para el ejército del zar, alberga exposiciones de arte locales e internacionales y bien merece una visita. Las escaleras de madera maciza en la parte trasera del edificio; su geometría, sencilla pero original, se anticipa a la arquitectura moderna.

Torņa Iela

Esta fotogénica calle va de Pils laukums a Pilsētas kanāls (canal de la Ciudad) en la otra punta del casco antiguo. Bordean casi toda su parte norte los amarillos **barracones de Jacobo** (Jēkaba Kazarmas; plano p. 202; Torņa iela 4), construidos como enorme almacén en el s. XVI. El edificio rehabilitado alberga ahora cafés y tiendas frecuentados por turistas.

Puerta Sueca PUERTA

(Zviedru vārti; plano p. 202; Torņa iela 11) Abierta en la muralla medieval de la ciudad en 1698, cuando los suecos ocupaban el poder, se trata de la única puerta de acceso al casco antiguo de Riga aún existente. Se halla en la parte mejor conservada de la muralla y lleva a Trokšnu iela, la calle más pintoresca y estrecha de la vieja Riga.

Museo de la Guerra de Letonia MUSEO

(Latvijas kara muzejs; plano p. 202; www.karamuzejs.lv; Smilšu iela 20; ⏲10.00-18.00 abr-oct, hasta 17.00 nov-mar) GRATIS Solo queda esta torre cilíndrica del s. XIV de las 18 que punteaban la muralla de Riga. Nueve cañones rusos de los ss. XVII-XVIII están incrustados en sus muros. En el pasado sirvió como polvorín, prisión, cámara de tortura y casa de fraternidad. Ahora acoge un museo que repasa la historia política y militar de Letonia desde la época medieval hasta la actualidad.

Centro de Rīga (Centrs)

Al salir de la maraña de torres y torrecillas, Kaļķu iela se convierte en Brīvības bulvāris (bulevar de la Libertad) y divide en dos mitades el centro de Riga. Un collar esmeralda de parques separa el casco medieval y la amplia cuadrícula de señoriales bulevares. El centro urbano ofrece varios puntos de interés, como el llamativo barrio *art nouveau*, un vasto mercado central sito en gigantescos hangares de zepelines y el emblemático monumento a la Libertad.

Junto al canal de la Ciudad

Pilsētas Kanāls (canal de la Ciudad) PARQUE

(plano p. 208) El antiguo foso defensivo de la ciudad se ha incorporado al estrecho cinturón verde que separa el casco antiguo y el centro. Bordea la parte norte del arroyo el señorial Raiņa bulvāris, conocido como "hilera de las embajadas" durante la independencia letona de entreguerras. Raiņa ha recuperado su estatus, en el nº 7 acoge la embajada de EE UU y en el nº 9 la de Francia. Existen más legaciones diplomáticas en Kronvalda bulvāris y Kalpaka bulvāris.

La **colina de los Bastiones** (Bastejkalns), a orillas del Pilsētas kanāls cerca de Brīvības, conforma lo que queda de los medievales bastiones de arena de Riga. A su pie, cinco losas de piedra roja forman un **monumento a las Víctimas del 20 de enero de 1991**; aquí perdieron la vida cuando las tropas soviéticas asaltaron el cercano Ministerio del Interior. El 18 de noviembre de 1918 Letonia declaró su independencia en el barroco **Teatro Nacional** (Nacionālais teātris; plano p. 208), en la confluencia del canal y K. Valdemāra iela. En la otra punta del parque, cerca de L. Barona iela, se halla la Ópera Nacional de Letonia (p. 227), parecida al teatro Bolshói de Moscú.

Monumento a la Libertad MONUMENTO

(Brīvības bulvāris) Cariñosamente apodado "Milda", descolla entre el casco antiguo y el centro. Obra de Kārlis Zāle y financiado con donaciones particulares, el monumento se erigió en 1935 donde antes se alzaba la estatua del zar ruso Pedro el Grande.

En la base del monumento, se ve la inscripción *Tēvzemei un Brīvībai* ("Por la patria y la libertad"), acompañada de un friso en granito de letones que cantan y luchan por su libertad. Entre los personajes se reconoce a Lāčplēsis, personaje mitad hombre mitad oso que simboliza la lucha de los letones por la libertad (véase la p. 226).

Una Libertad en bronce culmina el elevado monumento con tres estrellas doradas en sus manos, que representan las tres regiones culturales originales de Letonia: Kurzeme, Vidzeme y Latgale (la cuarta región cultural de Letonia, Zemgale, se obvia como parte de Kurzeme.)

Sorprendentemente, el monumento no fue demolido en la era soviética. Sin duda ayudó que uno de sus autores, Ernests Štālbergs, hubiera diseñado la principal estatua de Lenin en Riga; se hallaba en Brīvības hasta que se retiró en 1991. No obstante, durante ese período el acceso a Milda estaba prohibido y si alguien ponía flores en la estatua era perseguido.

Dos soldados guardan el monumento todo el día y llevan a cabo un modesto cambio de guardia cada hora entre las 9.00 y las 18.00.

Cinturón verde

Esplanāde PARQUE

(plano p. 208) Este amplia parque salpicado de altos árboles brinda bancos de madera y cafés al aire libre. El Museo Nacional de Arte de Letonia lo adorna por un lado, mientras que al otro se elevan majestuosamente las cúpulas de la catedral ortodoxa rusa. De las antaño abundantes esculturas de la era soviética, solo queda el **monumento a Jānis Rainis**, el escritor letón más prestigioso.

Ahora lo acompañan dos militares. El **monumento en memoria de Oskar Kalpak** recuerda al hombre que en 1918 reunió al núcleo que luego formaría el ejército letón para luchar contra los fusileros letones probolcheviques. La figura en bronce de un hombre con tricornio cerca de la catedral se trata del **monumento a Michael Barklay de Tolli**. Natural de Riga y nacido en una familia de habla germana de origen escocés, dirigió al ejército ruso en la guerra contra Napoléon y concibió la táctica de tierra quemada que garantizó la victoria final de los rusos.

Museo Nacional de Arte de Letonia GALERÍA DE ARTE

(Latvijas Nacionālā mākslas muzeja; plano p. 208; www.lnmm.lv; K Valdemāra iela 10a) En el momento de redactar esta guía, se esperaba que la principal galería de Letonia reabriera tras una concienzuda restauración. Situado en el frondoso Esplanāde, este impresionante edificio se construyó ex profeso en 1905 en estilo clásico barroco. Consúltense en línea los precios y horarios.

Catedral de la Natividad de Cristo CATEDRAL

(Kristus Piedzimšanas katedrāle; plano p. 208; www.pravoslavie.lv; Brīvības bulvāris 23; ⏲7.00-19.00) Con sus cúpulas doradas asomando por encima de los árboles, esta catedral ortodoxa de estilo bizantino (1883) añade un deslumbrante aire ruso al perfil de la ciudad. En la era soviética, la iglesia se transformó en planetario, pero después recuperó uso. Se debe vestir con decoro (nada de pantalones cortos) y las mujeres deben cubrirse la cabeza.

RIGA PARA NIÑOS

Las calles del casco antiguo, protegidas por la Unesco, parecen un mágico túnel del tiempo para los menores de 12 años. En verano, se puede ir al **zoológico** (p. 213) del boscoso Mežaparks o a la playa de la cercana Jūrmala. Allí, además de chapotear en las olas y construir castillos de arena, se puede visitar el mayor parque acuático cubierto de Letonia, **Līvu Akvaparks** (p. 233), que alberga una piscina con olas y toboganes de agua.

Vērmanes dārzs (jardín Vērmanes) PARQUE

(plano p. 208) Desde Brīvības se toma Tērbatas iela y se pasa por el colorido **mercado de flores** (p. 228), abierto las 24 h, para llegar a este ameno jardín frecuentado por los capitalinos. En verano grupos de música locales actúan en el pequeño **anfiteatro al aire libre** y los artesanos montan sus tenderetes en los senderos de ladrillo.

Centro Tranquilo

El distrito *art nouveau* emplazado alrededor de Alberta iela, Strēlnieku iela y Elizabetes iela compite con el casco antiguo por el título de barrio más bonito de la capital. Riga, la ciudad con más arquitectura *art nouveau* del mundo, cuenta con más de 750 edificios de ese estilo (véase p. 212).

★ **Alberta iela** ARQUITECTURA

Parece un gran cuadro que se puede observar durante horas, descubriendo a cada momento nuevos detalles. Se trata en realidad de una calle bastante funcional con edificios residenciales, restaurantes y tiendas. De este *art nouveau*, también llamado *Jugendstil*, su responsable en buena medida es el artista Mijaíl Eisenstein (padre del director de cine Serguéi Eisenstein). Bautizada con el nombre del fundador de Riga, el obispo Albert von Buxhoeveden, la calle fue un regalo del arquitecto a Riga por su 700º aniversario.

En el edificio de **Alberta iela 2a**, construido en 1906, las caras serenas con cascos de caballero vigilan desde lo alto de la fachada, una guardia que se extiende más allá del actual tejado de la estructura. Las grotescas máscaras y los espantosos duendes adornan las secciones inferiores entre líneas limpias y formas sorprendentemente bastante robóticas. Dos sátiras mujeres-fénix de piedra vigilan la parte delantera. La fachada del edificio contiguo se conserva mejor. Llamarán la atención las tres cabezas de **Alberta iela 4**. Si se observa con atención, se puede ver un nido de serpientes reptando en torno a su cabeza, en referencia a Medusa. Los seis ojos parecen paralizados por un horror desconocido, pero solo dos de las caras gritan por el impacto y el miedo. Elaborados relieves de majestuosos grifos custodian la entrada y feroces leones con colas erectas vigilan la azotea. Un poco más abajo de la calle, la Escuela de Posgrado de Derecho de

Riga, en **Alberta iela 13**, personifica la atención al detalle del *Jugendstil*. Abundan los pavos reales, los arbustos enredados y las heroínas con el pecho al aire, mientras alegres relieves pastoriles decoran los turbantes que coronan las gigantescas máscaras bostezantes. El remate triangular luce un batiburrillo de pesadilla dantesca: cabezas de león que se estrechan hasta convertirse en colas de serpiente (como Quimera), caras sollozantes que reflejan agonía y una extraña máscara futurista que observa estoicamente la ciudad desde la cúspide.

Museo de Art Nouveau de Riga MUSEO

(Rīgas jūgendstila muzejs; plano p. 208; www.jugendstils.riga.lv; Alberta iela 12; adultos/niños may-sep 6/4 €, oct-abr 3,50/2,50 €; ⌚10.00-18.00 mi-do) Merece la pena visitarlo para saber qué esconden las creativas fachadas *art nouveau* de Riga. En su día residencia de Konstantīns Pēkšēns (arquitecto local y autor de más de 250 edificios de la ciudad), sus interiores se han restaurado para reproducir un apartamento de clase media de la década de 1920. Se entra por Strēlnieku iela; se debe llamar al timbre n.º 12.

Obsérvese la espectacular escalera, los estampados geométricos, los muebles redondeados, las vidrieras originales en el comedor y el fogón aún operativo en la cocina. Un vídeo gratuito de 10 min explica la decoración distintiva de la ciudad.

Consúltese la web del centro para más información sobre rutas *art nouveau* en la ciudad.

Museo Janis Rozentāls y Rūdolfs Blaumanis MUSEO

(plano p. 208; ☎6733 1641; Alberta iela 12; entrada 1,42 €; ⌚11.00-18.00 mi-do) Si se sigue la maravillosa escalera hasta la 5ª planta, se llega al antiguo apartamento de Janis Rozentāls, uno de los pintores letones más famosos, que vivió aquí con su esposa, Elli Forssell (famosa cantante finlandesa), y su amigo Rūdolfs Blaumanis (un famoso escritor letón). Se entra por Strēlnieku iela; hay que pulsar el timbre nº 9.

Judíos en Letonia MUSEO

(plano p. 208; www.jewishmuseum.lv; entrada con donativo; ⌚11.00-17.00 do-ju) Este pequeño espacio bastante informal muestra la vida judía hasta 1945 a través de objetos y fotografías. Los judíos de Riga, a diferencia de los de Vilna, estaban muy integrados en la sociedad local. En el sótano, un diminuto café *kosher* (entrada por Dzirnavu iela) vende delicias típicas como *challah* (pan de celebración) y albóndigas de pescado.

Casa de la Esquina MUSEO

(antigua sede de la KGB; Stūra Māja; plano p. 208; www.okupacijasmuzejs.lv/en/kgb-building; Brīvības iela 69; adultos/estudiantes 5/2 €; ⌚10.00-17.30 lu, ma, ju y vi, 12.00-19.00 mi, 10.00-16.00 sa y do) Paradigma de una casa encantada, este imponente edificio *fin de siècle* es recordado por generaciones de letones como la sede de la tristemente célebre policía secreta soviética, el NKVD/KGB. Presenció arrestos arbitrarios, torturas y ejecuciones, pero hoy acoge una exposición dedicada a las víctimas de la represión política de 1940-1941, que afectó directamente a unos 26 000 letones. Se ofrece una visita guiada en inglés de las salas de tortura todos los días a las 10.30; los miércoles a las 12.00.

El patio suele acoger exposiciones de arte, una de las cuales generó controversia en el 2015 cuando una instalación que incluía una efigie de Vladimir Putin crucificado fue vandalizada por seguidores locales del presidente ruso.

Museo Nacional de Historia de Letonia MUSEO

(Latvijas Nacionālais vēstures muzejs; plano p. 208; ☎6722 1357; www.lnvm.lv; Brīvības bulvāris 32; adultos/estudiantes 3/1,50 €; ⌚10.00-17.00 ma-do) Este museo explica la historia de Letonia desde la Edad de Piedra hasta la actualidad.

Iglesia de Santa Gertrudis IGLESIA

(Svētās Ģertrūdes baznīca; plano p. 208; Ģertrūdes iela 8) Esta elegante iglesia neogótica de ladrillo rojo está dedicada a los viajeros, ya que Santa Gertrudis, su patrona, responde a sus rezos. Por eso la iglesia que lleva su nombre se construyó en el antiguo límite de la ciudad, donde empezaba la carretera. Hoy rodeada de edificios *art nouveau*, se trata uno de los mejores puntos de encuentro de Riga y lugar predilecto de los fotógrafos, perfecto para captar las rojas puestas de sol estivales típicas de la ciudad.

Al igual que la catedral de Riga, Santa Gertrudis es mitad iglesia y mitad sala de conciertos. Alberga uno de los mejores órganos de la ciudad, construido en 1906, y acoge conciertos de música clásica.

Miera Iela

Más allá de las fachadas *art nouveau* que salpican el Centro Tranquilo, antiguas fábri-

Centro de Riga (Centrs)

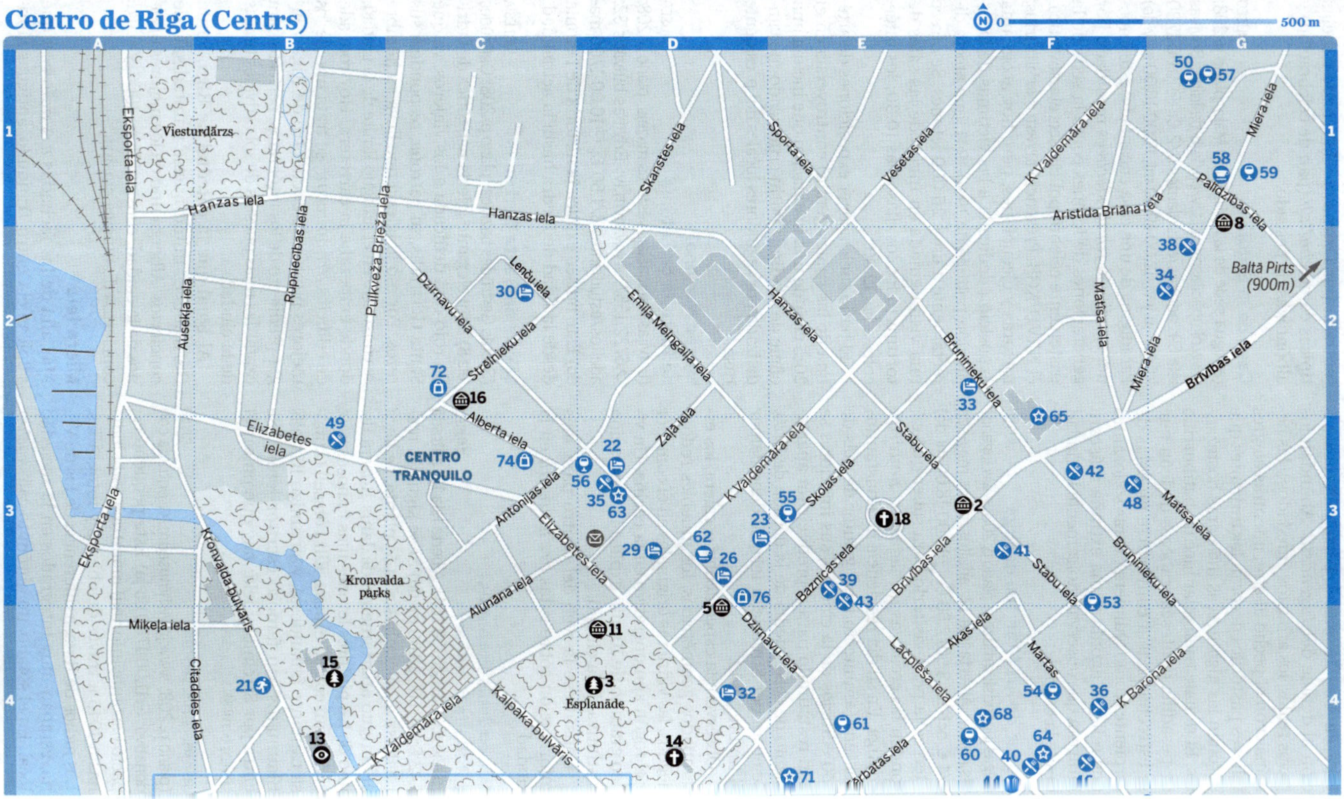

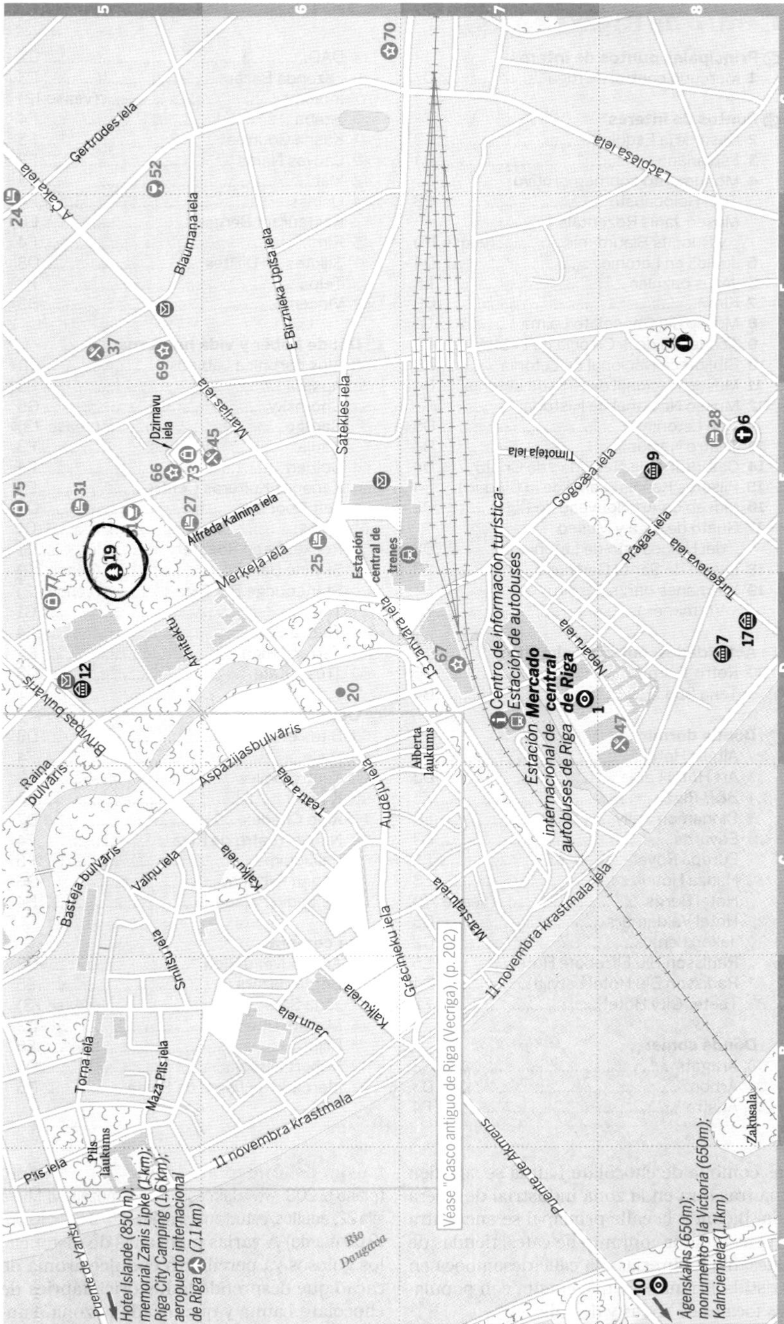
Centro de información turística
Estación de autobuses
Estación internacional de autobuses de Riga
Mercado central de Riga
Estación central de trenes
Véase "Casco antiguo de Riga (Vecriga)" (p. 202)
Hotel Islande (850 m); memorial Zanis Lipke (1 km); Riga City Camping (1.6 km); aeropuerto internacional de Riga (7,1 km)
Āgenskalns (650m); monumento a la Victoria (650m); Kalnciemiela (1,1km)
Puente de Vanšu
Puente de Akmens
Río Daugava
Zaķusala
Pils iela
Pils laukums
Torņa iela
Mazā Pils iela
11 novembra krastmala
Smilšu iela
Basteja bulvāris
Raiņa bulvāris
Brīvības bulvāris
Vaļņu iela
Kaļķu iela
Jaun iela
Grēcinieku iela
Teātra iela
Audēju iela
Aspazijas bulvāris
Alberta laukums
Mārstaļu iela
13 Janvāra iela
Merķeļa iela
Arhitektu
Alfrēda Kalniņa iela
Satekles iela
E Birznieka Upīša iela
Marijas iela
Dzirnavu iela
Blaumaņa iela
Ģertrūdes iela
A Čaka iela
Lāčplēša iela
Timoteja iela
Gogoļa iela
Prāgas iela
Turgeņeva iela
Nēģu iela
11 novembra krastmala iela
1
4
6
7
9
10
12
17
19
20
24
25
27
28
31
37
45
47
52
66
67
69
70
73
75
77
5
6
7
8
A
B
C
D
E
F
G

LETONIA

Centro de Riga (Centrs)

cas como la de chocolate Laima se suceden una tras otra en la zona industrial de Miera iela. Bajando la calle principal se encuentra un encantador conjunto de cafés, tiendas de artesanía y librerías. La calle desemboca en Aristida Briāna iela, que cuenta con populares locales de copas y de baile.

Museo del Chocolate Laima MUSEO
(plano p. 208; www.laimasokoladesmuzejs.lv; Miera iela 22; adultos/estudiantes/niños 7/5/3 €; 10.00-19.00 ma-do) A varias manzanas de distancia, los golosos ya percibirán el dulce aroma de cacao que desprende la histórica fábrica de chocolate Laima y que invade la zona. Fun-

dada en 1921 por Vilhelms Kuze, convirtió a todo el país en adicto al chocolate. El modesto museo está pensado sobre todo para los niños, que aprenderán el proceso de fabricación del chocolate y luego chantajearán a sus padres en la tienda adyacente.

Maskavas Forštate

Separado del casco antiguo por la estación central de ferrocarril, el "pequeño Moscú" de Riga se trata de uno de los barrios céntricos más antiguos, aunque a diferencia del resto parece no haberse recuperado nunca de las penurias económicas de los noventa. También parece sentirse su oscuro pasado, aquí se hallaba el gueto judío durante la ocupación nazi de Letonia. Acoge el precioso mercado principal y los primeros espacios industriales ocupados por la burguesía bohemia de Riga.

Academia de la Ciencia de Letonia EDIFICIO HISTÓRICO

(Latvijas Zinātņu Akadēmija; plano p. 208; www.panoramariga.lv; Akadēmijas laukums 1; panorama 4 €; ⌚8.00-22.00) Dominando el "pequeño Moscú", esta torre estalinista es un regalo no muy bien acogido de la capital rusa, que posee siete edificios similares, aunque más grandes. La construcción del llamado "pastel de cumpleaños de Stalin" se inició en 1951, pero no se terminó hasta 1961, cuando Stalin ya no pertenecía a este mundo. Los más observadores descubrirán hoces y martillos ocultos en la compleja fachada. La maravillosa terraza panorámica del 17º piso brinda las mejores vistas de Riga.

★Mercado central de Riga MERCADO

(Rīgas Centrāltirgus; plano p. 208; www.centraltirgus.lv; Nēģu iela 7; ⌚8.00-17.00) Este vasto mercado, situado en unos hangares para zepelines de la I Guerra Mundial , brinda una experiencia fundamental de Riga, una gran oportunidad para observar a la gente y preparar un pícnic. Aunque cada vez alberga menos puestos, las secciones de lácteos y pescados, situadas en hangares separados, presentan una colorida y atractiva abundancia.

Activo desde 1570, el mercado junto al río floreció a mediados del s. XVII, cuando la ciudad superó a Estocolmo y se convirtió en el principal baluarte del imperio sueco. Los barcos que bajaban por el Daugava se encontraban con los que atravesaban el Báltico para intercambiar sus mercancías.

En 1930 se trasladó a su actual ubicación en la frontera del centro con el rusificado barrio de Maskavas ("pequeño Moscú") para estar junto al ferrocarril, entonces principal ruta comercial en sustitución del río. Ante el problema del tamaño creciente del mercado, la ciudad de Riga decidió transportar cinco enormes hangares para zepelines de construcción alemana desde la ciudad de Vainode, al oeste de Letonia. Estos hangares, cada uno de 35 m de altura, añadieron 57 000 m² de espacio, permitiendo que se instalaran otros 1250 puestos.

Spīķeri BARRIO

(www.spikeri.lv) Detrás del mercado central, esta zona de almacenes de carga se ha aburguesado y los deteriorados almacenes de ladrillo donde otrora colgaban piezas de carne albergan ahora empresas nuevas y cafés de moda. Durante el día se puede visitar **Kim?** (plano p. 208; ☎6722 3321; www.kim.lv; Maskavas iela 12/1; entrada 3 €; ⌚12.00-20.00 ma, hasta 18.00 mi-do), una zona de arte experimental que coquetea con los medios contemporáneos. Por la noche se pueden examinar los productos agrícolas sobrantes en el **mercado nocturno**.

Gueto de Riga y Museo del Holocausto de Letonia MUSEO

(plano p. 208; www.rgm.lv; Maskavas iela 14A; ⌚10.00-18.00 do-vi) GRATIS Este modesto museo se centra en una casa de madera con una reconstrucción de uno de los apartamentos a los que tuvieron que mudarse los judíos cuando en 1941 los nazis crearon un gueto en esta zona de Riga. La planta baja acoge maquetas de las sinagogas que había en todas las grandes ciudades letonas. En el exterior se muestra una exposición fotográfica que detalla el Holocausto en Letonia.

Jēzus baznīca IGLESIA

(plano p. 208; www.jezusdraudze.lv; Elijas iela 18) Una iglesia luterana clásica como tantas otras si no estuviera construida totalmente en madera, lo que la convierte en una joya arquitectónica única y en un placer para la vista. Domina un parque asombrosamente hermoso y brinda un momento de deleite estético.

Monumento conmemorativo del Holocausto MONUMENTO

(plano p 208) Este conmovedor monumento se halla en la manzana trasera de Akadēmijas laukums, en un jardín tranquilo. Una gran sinagoga ocupaba esta esquina antes de ser

'ART NOUVEAU' DE RIGA

Si se pregunta a cualquier capitalino dónde se hallan los famosos edificios *art nouveau*, se recibirá esta respuesta: "¡Levante la cabeza!". Más de 750 edificios de Riga (más que en cualquier otra ciudad europea) lucen este estilo decorativo, y la lista crece por los proyectos de restauración. El *art nouveau* también se conoce como *Jugendstil*, que significa "estilo de la juventud". El nombre proviene de una revista con sede en Múnich llamada *Die Jugend*, que popularizó el diseño en sus páginas.

Al principio el *art nouveau* bebió de los dibujos japoneses difundidos por toda Europa occidental, pero al cobrar impulso, la tendencia se tornó más ostentosa y más libre: los diseños empezaron a presentar bestias mitológicas, máscaras histriónicas, flores retorcidas, diosas y duendes. El movimiento alcanzó su cénit en el umbral del s. XX, cuando inundó todas las grandes ciudades europeas, desde Oporto a San Petersburgo.

En Riga el movimiento *art nouveau* vivió tres importantes fases. La primera se llamó "*art nouveau* decorativo ecléctico" y duró los primeros cinco años del s. XX. Durante esta época, la fachada adquirió protagonismo en detrimento del interior porque los arquitectos locales que habían estudiado en Alemania importaron esa tendencia de rica ornamentación. El intrincado trabajo escultórico también se diseñaba en la zona, sobre todo por August Volz, también formado en Alemania. El centro de Riga acusa más esta fase de diseño porque coincidió con la inauguración de la Facultad de Arquitectura local.

No obstante, tras la fallida revolución rusa de 1905, el *art nouveau* quedó rápidamente desfasado, ya que los arquitectos locales emplearon toda su energía en crear un estilo con un toque nacionalista. El llamado "romanticismo nacional" surgió de esta idea y reflejaba motivos de la etnografía letona. Prosperó la admiración por los materiales naturales y las fachadas urbanas no se pintaban para mostrar las gamas de grises y marrones de los materiales de construcción. Las fachadas ejercían de ventanas, por así decirlo, de la composición del interior del edificio. Aunque este estilo tan solo fue popular durante cuatro años, coincidió con el apogeo de la prosperidad comercial de la ciudad, por lo que abundan los edificios de este estilo.

La fase final se conoció como "*art nouveau* perpendicular" y prosperó entre 1908 y 1912. Se trató de un híbrido entre las tendencias *art nouveau* existentes y un retorno a los motivos clásicos (pero en formas muy estilizadas). Se acentuó la verticalidad, así como la afición a los balcones y las ventanas panorámicas.

En Riga, el arquitecto más destacable fue Mijaíl Eisenstein, quien probó su capacidad artística en **Alberta iela** (p. 206).

incendiada durante la II Guerra Mundial, lamentablemente con toda la congregación dentro. No hubo supervivientes. Hoy en su lugar se alza este monumento dedicado a los valientes letones que arriesgaron la vida por ocultar a judíos durante la guerra.

Barrios de la periferia

Más allá de la zona interior de callejones empedrados y *art nouveau*, se descubre una boyante colonia de artistas, un par de excelentes museos y algunos barrios que brindan una visión completa de esta cosmopolita capital.

Pārdaugava

Pasado el río, Riga se vuelve tranquila y más baja, con viejas casas de madera y otras de piedra de la misma altura.

Biblioteca Nacional de Letonia — BIBLIOTECA

(Castillo de la Luz; plano p. 208; ☎22022920; www.lnb.lv; Mūkusalas iela 3; ⏲9.00-20.00 lu-vi, 1 .00-17.00 sa y do) Con aspecto de rampa de saltos de esquí diseñada por Swarovski, este nuevo icono de Riga es una profecía autocumplida. De acuerdo con muchos cuentos letones, el Castillo de la Luz se hundió al llegar la edad de las tinieblas, pero debía surgir de nuevo de las aguas del Daugava en la nueva era de luz y libertad. El arquitecto Gunnars Bikkerts hizo realidad esta profecía en el 2014. La nueva biblioteca alberga numerosos libros y revistas, muchos en inglés.

Kalnciema Kvartāls — ZONA

(www.kalnciemaiela.lv; Kalnciema iela 35) Un patio bellamente restaurado con varios edificios de madera acoge un mercado de fin de semana muy concurrido. Los nativos venden productos locales: carne fresca, queso, verduras e incluso alcohol. También se organizan conciertos, actuaciones y exposiciones de arte los días que no hay mercado. Merece la pena tomar un café en uno de los locales y empaparse del ambiente de un antiguo barrio de Riga.

Consúltese la programación en su web.

Monumento a la Victoria MONUMENTO

Una extensa zona verde (usada sobre todo para jugar al fútbol) acoge el monumento a la Victoria, construido por los soviéticos para honrar el heroísmo de sus soldados en la II Guerra Mundial. Se trata de un símbolo polémico; decenas de miles de miembros de la comunidad rusa se reúnen cada 9 de mayo pues lo consideran una victoria sobre el fascismo, mientras que para la mayoría de los letones simboliza la ocupación soviética.

Mežaparks

Esta boscosa ciudad-jardín (literalmente "parque forestal", en letón) se trata del suburbio planificado más antiguo de Europa. Situada 7 km al norte del centro, a orillas del lago Ķīšezers, la construyeron los alemanes en el s. XX con el nombre de Kaiserwald y la ambicionaba todo comerciante acaudalado deseoso de huir del mugriento núcleo industrial de Riga. El ambiente no ha cambiado mucho en los últimos 100 años y se pueden ver elegantes casas de campo, magníficas fachadas *art nouveau* y veleros deslizándose por el lago.

El parque constituye una amplia zona boscosa repleta de carriles-bici y con un gran lago que invita a nadar o a perder el tiempo en la playa. Abundan los puestos que venden *shashlyk* (brochetas de carne asada al estilo del Cáucaso) y *chebureky* (pasta rellena de tartar de carne). También alberga un par de buenos restaurantes junto al lago.

Para llegar a Mežaparks, se toma el tranvía nº 11 en K. Barona iela hasta la parada "Mežaparks"; para ir al cementerio de los Hermanos se baja en "Brāļu Kapi".

Zoo Nacional de Riga ZOOLÓGICO

(Zoologiskais dārz; ☎6751 8669; www.rigazoo.lv; Meža prospekts 1; adultos/niños 2/1,50 €; ⏲10.00-16.00) Situado en un pinar inclinado en Mežaparks, posee una variada colección de animales, entre ellos un nuevo conjunto de fauna tropical, además de los animales ya habituales del arca de Noé.

Ķīpsala

A un paseo de 10 min hacia el oeste al otro lado del puente Vanšu, esta isla supone la *rive gauche* de Riga. En los últimos cinco años se ha refinado mucho tras la restauración de las casas de madera y la transformación de las fábricas abandonadas en apartamentos estilo *loft*. La arbolada ribera resulta ideal para tomar fotos del centro de Riga.

Memorial Žanis Lipke MUSEO

(www.lipke.lv; Mazais Balasta dambis 8; ⏲12.00-18.00 ma-sa) Resulta difícil encontrar en Letonia un lugar con una historia tan conmovedora y optimista como la de este laberíntico memorial. Žanis Lipke fue un hombre de gran corazón y carácter intrépido. Durante la ocupación nazi encontró trabajo en las fuerzas aéreas alemanas, lo que le permitió sacar a 56 personas del gueto de Riga con la excusa de usarlos como obreros. Los escondió en su propia casa, ahora convertida en monumento conmemorativo.

Lipke recibió ayuda de su esposa y de una red de voluntarios, algunos de los cuales arriesgaron su vida entrando en el gueto para suplantar a los fugados durante los recuentos. Un árbol dedicado a su memoria crece junto al de Oskar Schindler en el Jardín de los Justos dentro del Memorial del Holocausto de Jerusalén.

Barrios del norte

El Museo del Motor de Riga y el Museo Etnográfico al Aire Libre de Letonia se hallan a varios kilómetros del centro de Riga.

Museo Etnográfico al Aire Libre de Letonia MUSEO

(Latvijas etnogrāfiskais brīvdabas muzejs; www.brivdabasmuzejs.lv; Brīvības gatve 440; adultos/niños may-oct 4,27/1,42 €, nov-abr 2,13/0,71 €; ⏲10.00-17.00) Parada obligatoria si no se dispone de tiempo para visitar el campo letón. Situado a orillas del lago Jugla, al noreste de los límites de la ciudad, esta franja boscosa contiene más de 100 edificios de madera (iglesias, molinos, granjas, etc.) de las cuatro regiones culturales de Letonia. Para ir, se toma el autobús nº 1 en la esquina de Merķeļa iela y Tērbatas iela y se baja en "Brīvdabas muzejs".

Museo del Motor de Riga MUSEO

(Rīgas Motormuzejs; ☎6709 7170; www.motormuzejs.lv; Eizenšteina iela 6; ⏲10.00-18.00) Exhibe automóviles que pertenecieron a personajes históricos soviéticos como Gorki, Stalin, Jrushchov y Brézhnev, con irreverentes figuras a tamaño natural de los mismos. Stalin, con la cara picada de viruelas, se sienta mayestático en la parte de atrás de su limusina blindada de 6005 cc y 7 toneladas de peso. Toda ella está recubierta con una chapa de acero de 1,5 cm de espesor, salvo las ventanas de 8 cm de grosor; consumía 1 l de gasolina cada 2,5 km. La reapertura del museo estaba prevista para verano del 2016 tras su reconstrucción.

Se ubica a 8 km del centro urbano; se toma Brīvības iela y luego se sigue 2 km al sur hacia el suburbio de Mežciems. El autobús nº 21 lleva desde la catedral ortodoxa rusa hasta la parada "Pansionāts", en Šmerļa iela.

Actividades

Para una buena descarga de adrenalina con *puenting*, carreras de trineos, bicicleta de montaña o paracaidismo hay que dirigirse a Sigulda (p. 260), en el Parque Nacional de Gauja. Los amantes de los deportes acuáticos han de pasar el día en Jūrmala (p. 231). A los ciclistas les gustará saber que hay decenas de rutas en torno a la ciudad; se alquilan bicicletas (p. 231) en dos docenas de ubicaciones en la ciudad y otras cuatro en Jūrmala.

No es preciso ir hasta Jūrmala para disfrutar de un buen *spa*. Riga cuenta con locales interesantes donde miman al cliente a la manera tradicional letona: golpeándolo con ramas secas de abedul mientras suda a más a 40°C. Véanse más opciones e información en www.spa.lv.

Baltā Pirts SPA

(☎6727 1733; www.baltapirts.lv; Tallinas iela 71; sauna desde 10 €; ⌚8.00-20.00 mi-do) Más frecuentado por los vecinos que por turistas, combina un ambiente de refinado diseño oriental con las tradicionales técnicas de relajación letonas; su nombre significa "abedul blanco". Para ir, se toma un tranvía que vaya hacia el norte por A. Čaka hasta Tallinas iela.

Taka Spa SPA

(plano p. 208; ☎6732 3150; www.takaspa.lv; Kronvalda bulvāris 3a; tratamientos desde 28 €; ⌚10.00-21.00 lu-vi, hasta 19.00 sa y do) Muy exclusivo, ofrece masajes, tratamientos exfoliantes y sauna. Se recomienda su "ritual de apertura", en el que uno se mueve entre saunas y piscinas de inmersión mientras bebe infusiones de hierbas.

Circuitos

Un sinfín de empresas ofrecen tanto circuitos por Riga como excursiones de un día a puntos de interés de los alrededores.

Circuito a pie
De Albert a Alberta

INICIO MONUMENTO A LA LIBERTAD
FINAL ALBERTA IELA
DISTANCIA 3 KM; DOS HORAS

El obispo Albert von Buxhoeveden es el hombre que fundó Riga en 1201 y Albert iela es una calle que lleva su nombre. Lo siete siglos que los separan se pueden recorrer en un agradable paseo.

Se parte del 1 **monumento a la Libertad** (p. 205), el glorioso Milda, y se atraviesan las vías del tranvía hacia el casco antiguo para luego girar a la izquierda en Vaļņu iela. Para escapar de esta calle comercial y del bullicio de la modernidad, se toma la estrecha y empedrada Gleznotāju iela.

Se trata de la Riga medieval. Se camina hacia Kalēju iela y se gira a la izquierda. Tras unos 30 m surge un muro de ladrillo rojo con una puerta. Lleva a 2 **Jāņa sēta** (p. 201), el atrio de la iglesia de San Juan, donde el obispo Albert estableció su residencia cuando fundó la ciudad en 1201

Un estrecho pasadizo situado a la derecha en el momento de cruzar las puertas lleva al siguiente patio medieval – 3 **Konventa Sēta** (p. 218), dominado por el hotel del mismo nombre, antiguamente una casa de retiro para viudas de ricos comerciantes.

Se sigue la flecha azul que apunta a Georga zale. En la parte izquierda de esta pequeña calle se encuentra el muro de la antigua 4 **iglesia de San Jorge** (p. 200), el único edificio de Riga prácticamente intacto desde la fundación de la ciudad.

Se gira a la derecha y se toma la callecita sin nombre paralela que lleva al turístico 5 **bar Black Magic**. Uno puede tomar un trago de esa magia negra, o bálsamo de Riga, antes de internarse en la animada Kaļķu iela, al otro lado del bar. O se puede rodear el local por un pasadizo verde situado a la izquierda.

Se toma Šķūņu iela y se va a la plaza del Domo. El obispo Albert inició la construcción de la 6 **catedral de Riga** (p. 201) tan pronto como puso el pie en este lugar. Se sigue Jēkaba iela hacia la 7 **catedral de Santiago** (p. 203), donde

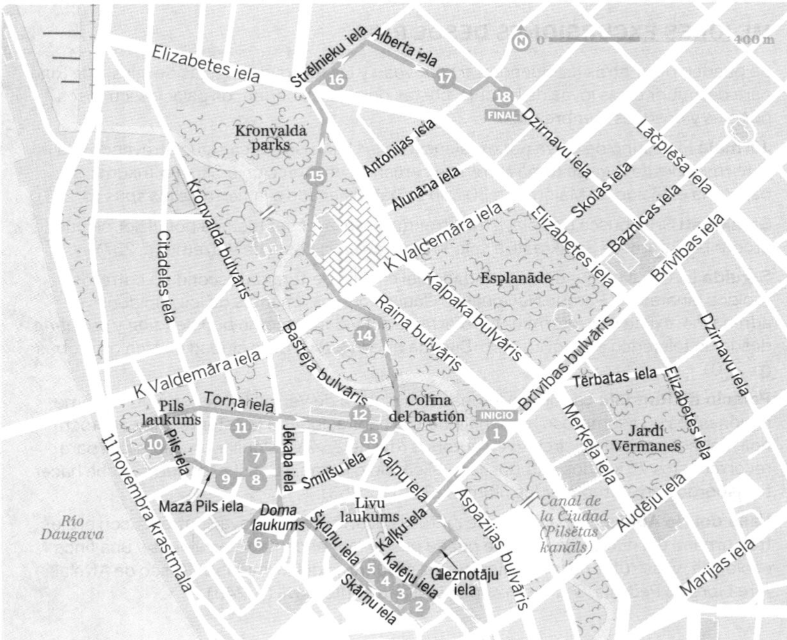

los protestantes celebraron la primera misa luterana en 1523, dando comienzo a la era de la Reforma.

Un pequeño pasadizo en la parte izquierda de la iglesia lleva a 8 **Hobbywool** (p. 229), un lugar para extasiarse ante tesoros tejidos –chales, sombreros y calcetines– antes de salir a Mazā Pils iela.

En este punto se encuentran los 9 **Tres Hermanos** (p. 203), tres bonitas casitas que permiten ir del s. XV al s. XVII, ya que la más antigua tuvo que esperar 200 años hasta ver construida la más nueva. Los caballeros alemanes fueron sucedidos primero por los polacos y luego por los suecos durante este período.

Se sigue por Mazā Pils iela hacia el 10 **castillo de Riga** (p. 204), cuya apariencia se debe a los gobernantes polacos y suecos. Al internarse por Torņa iela, se aprecia la herencia de los rusos, que iniciaron muchas construcciones cuando ocuparon la ciudad en 1710. Después se ve el 11 **Arsenāls** (p. 204; ahora un gran centro de arte) y los 12 **barracones de Jacob** (p. 205; ahora una sucesión de restaurantes), que deben su forma al zar Pedro el Grande.

Se va a la 13 **Torre de la Pólvora** (p. 205; herencia de los suecos) y luego se cruzan las vías del tranvía y el puente del canal, normalmente con músicos callejeros. El 14 **monumento al escritor Rūdolfs Blaumanis** saluda desde la otra orilla.

Se cruza Krišjāņa Valdemāra iela para dirigirse al agradable 15 **parque Kronvalda**, sin perder tiempo en la aburrida plaza soviética de camino. El barrio *art nouveau* queda muy cerca. El edificio de la 16 **Escuela de Economía de Estocolmo**, en Strēlnieku iela 4a, sirve de introducción al estilo. Nos hallamos a comienzos del s. XX.

Una sucesión de obras maestras espera al doblar la esquina en 17 **Alberta iela** (p. 206). Al llegar al final de la calle, aún impresionados, se gira por Dzirnavu iela y se entra en el Albert Hotel. Se toma el ascensor hasta el 18 **Star Lounge Rīga Bar** (p. 226), en la última planta. Se pide una bebida, se va hacia el balcón y se disfruta de las vistas sobre Riga, ahora ya sintiéndola como propia.

MEJORES EXCURSIONES DESDE RIGA

Se pueden dejar atrás los duendes *art nouveau* y las retorcidas agujas de iglesia de Riga para descubrir otras joyas de Letonia: costas doradas, laberínticos palacios, curiosos pueblos y bosques sombreados.

Jūrmala El destino de playa por excelencia en la Unión Soviética sigue atrayendo a la élite rusa. Desde Riga se toma el tren de cercanías en dirección a Skola o Tukums, se baja en la estación de Majōri y en 30 min se habrá llegado a la tierra de los *spas* (p. 231).

Saulkrasti Si se busca una playa más tranquila sin la *jet set* tostada por el sol, se puede probar la pintoresca Saulkrasti, a solo 1 h en tren en la costa de Vidzeme (p. 257).

Sigulda Es difícil no quedarse prendado del castillo de Turaida, escondido entre los tupidos pinares del Parque Nacional de Gauja. Para los amantes de los subidones de adrenalina, existe una interminable oferta de actividades, como *bobsledding* y *puenting* desde un teleférico en movimiento. Sigulda queda a 1¼ h de la ciudad en tren o autobús (p. 260).

Palacio de Rundāle La versión letona en miniatura de Versalles (pero sin sus aglomeraciones) es un asombroso homenaje de 138 habitaciones a la ostentosidad aristocrática. Se recomienda un circuito en autobús (desde 25 €) o alquilar un automóvil para recorrer estos 75 km; los autobuses públicos solo llegan a Bauska, donde se debe hacer transbordo para completar los últimos 12 km (p. 253).

Valle del río Abava El apacible valle junto al susurrante río Abava contrasta con el ajetreo urbano del núcleo de Riga. Se puede pasear por encantadoras aldeas y una finca ecológica, y disfrutar de un pícnic bajo las esculturas del formidable Museo de Arte al Aire Libre de Pedvāle. Se recomienda alquilar un automóvil (p. 246).

Amber Way CIRCUITOS EN AUTOBÚS, CIRCUITOS A PIE
(☎6727 1915; www.sightseeing.lv; circuitos desde 15 €) Gran variedad de circuitos por la ciudad, tanto en autobús como a pie, con salidas a las 11.00, 12.00, 13.00 y 15.00. Existe una combinación de paseo, autobús y almuerzo por 29 €. De la Ópera salen a las 11.00 las excursiones de un día al palacio de Rundāle (sa), Sigulda (vi) y Jūrmala (do). Casi todos los hoteles de precio medio y alto reservan estos circuitos.

Rīga Bike Tours CIRCUITOS EN BICICLETA
(☎28225773; www.rigabikerent.com; Riharda Vagnera iela 14; ⏲10.00-18.00) Los propietarios proponen a diario circuitos en bicicleta de 3 h por Riga a un precio de 15 € (10 € si se dispone de bici propia). También ofrecen circuitos más largos por Letonia. La oficina opera bajo la marca Riga Explorers Club.

E.A.T. Rīga CIRCUITOS A PIE
(☎22469888; www.eatriga.lv; circuitos desde 12 €) Las siglas aluden a experiencias alternativas, que se centran en circuitos temáticos a pie con itinerarios poco conocidos (el casco antiguo de Riga, *art nouveau*, Riga alternativa, Riga *retro*...). También ofrecen un circuito gastronómico y un circuito en bicicleta por Jūrmala.

Circuito cultural gratuito de Riga CIRCUITO CULTURAL
(☎20338877; www.rigaculturefreetour.lv) GRATIS Paseo diario en inglés a cargo de expertos locales. Dura 2 h y empieza a las 12.00 en el monumento a Jānis Rainis en Esplanade.

Tranvía retro CIRCUITO CULTURAL
(plano p. 208; ☎6710 4817; www.rigassatiksme.lv/en/services/retro-tram; entradas 2 €) Ofrece los recorridos a bordo de un tranvía restaurado por el barrio *art nouveau* y más allá hasta Mežaparks. Existen circuitos guiados gratuitos por el barrio *art nouveau* los fines de semana y festivos, con cinco salidas diarias desde la parada de tranvía de Ausekļa.

Riga por el canal CIRCUITO EN BARCO
(☎25911523; www.kmk.lv; adultos/niños 18/9 €; ⏲10.00-20.00) Se puede disfrutar de una perspectiva diferente de la ciudad a bordo del centenario *Darling*, un encantador barco de madera que perteneció a la familia del productor de ABBA, Stig Anderson, y que ha acogido a la banda al completo. La flota cuenta con otros tres barcos que siguen el mismo itinerario por el canal de la Ciudad y el río Daugava.

Rīga City Tour CIRCUITO EN AUTOBÚS
(☎26655405; www.citytour.lv; circuitos 15 €) Este autobús de dos pisos permite subir y bajar las veces que se desee, efectúa 15 paradas a ambos lados del Daugava. Sale de Rātslaukums a las horas en punto de 10.00 a 15.00.

Fiestas y celebraciones

A los rigueses les encantan las celebraciones, sobre todo en verano, cuando por fin sale el sol. La lista completa de eventos locales se puede consultar en www.rigatourism.lv.

Festival Internacional de Ballet Báltico DANZA
(www.ballet-festival.lv) Reúne compañías letonas e internacionales durante tres semanas a partir de finales de abril.

Festival de Ópera de Riga MÚSICA
(Rīgas Operas festivāls; www.opera.lv) La gran cita de la Ópera Nacional de Letonia abarca dos semanas en junio e incluye la actuación de talentos de fama mundial.

Celebración del solsticio de verano CULTURAL
Los letones vuelven a sus raíces paganas el 23 de junio. Se congregan muchedumbres junto al río y el transporte público es gratis.

Rīgas Ritmi MÚSICA
(Ritmos de Riga; www.rigasritmi.lv) El festival internacional de música de la capital se celebra a principios de julio.

Summer Sound MÚSICA
(www.summersound.lv) La capital musical de Letonia acoge en julio este festival que muestra lo mejor del pop nacional, así como importantes cabezas de lista internacionales.

Piens Fest MÚSICA
(http://piens.nu) El mejor club nocturno de Riga celebra su propio festival en agosto, con espectáculos circenses, lecturas poéticas y mucha música.

Future Shorts CINE
El popular festival de cortos documentales de directores letones y extranjeros se celebra actualmente en Kalnciema Kvartāls (p. 212) en agosto.

Baltā Nakts ARTE
(www.baltanakts.lv) Patrocinada por el Centro de Arte Contemporáneo de Letonia, esta noche se celebra en septiembre y sigue el ejemplo de París, mostrando por una noche obras culturales y artísticas en varios puntos de la ciudad.

Survival Kit ARTE
Este acontecimiento anual celebrado en septiembre acoge a algunos de los mejores artistas contemporáneos letones e invitados de la UE y las antiguas repúblicas soviéticas.

Arēna MÚSICA
(www.arenafest.lv) Programa música contemporánea en diversos escenarios de Riga durante las dos últimas semanas de octubre.

Festival de la Luz ESPECTÁCULO DE LUCES
(www.staroriga.lv) Tiene lugar hacia las celebraciones del Día Nacional en noviembre y levanta el ánimo ante el invierno que se avecina. Millares de edificios y objetos públicos se iluminan durante las largas noches.

Ruta del Árbol de Navidad NAVIDAD
Riga afirma ser la cuna del árbol de Navidad (p. 200) y en esas fechas sus habitantes decoran un elaborado árbol en Rātslaukums.

Dónde dormir

Tanto alojarse en el casco antiguo como en el centro de Riga resultan excelentes opciones. Dada la comodidad de la ciudad para el peatón, los desplazamientos no suponen un problema. Si solo se va a pasar una noche quizá sea mejor el casco antiguo, junto a las principales atracciones. Para estancias más largas, el centro brinda precios algo más bajos y menos sensación de turista. Además, en verano el ruido puede ser un problema en el casco antiguo, ya que los grupos callejeros tocan hasta tarde y a los juerguistas les gusta escuchar sus propios gritos.

Riga se llena en verano; así que debe reservarse con antelación desde junio hasta finales de agosto.

En la gama de precio económico abundan los albergues, donde en verano cuesta conseguir plaza. La oferta mochilera cambia constantemente debido a la vertiginosa subida de los precios inmobiliarios; algunos sitios cierran en invierno y no vuelven a abrir al llegar la temporada alta. Prácticamente todos los albergues ofrecen internet y wifi gratis. Suele haber un recargo en las tarifas de fin de semana.

En el otro extremo de la gama, la *crème de la crème* del alojamiento se divide en dos categorías: ostentosos viajes al aristocrático pasado de la ciudad (con suntuosas antigüedades y profusión de cortinajes) y joyas de vanguardia dignas de la última revista de diseño de interiores escandinava.

Casco antiguo de Riga (Vecrīga)

Rīga Old Town Hostel ALBERGUE €
(☎6722 3406; www.rigaoldtownhostel.lv; Valņu iela 43; dc desde 17 €;) El *pub* australiano de la planta baja hace las veces de *lounge*. Más allá de la falsa estantería que sirve de puerta y la serpenteante escalera, se hallarán espaciosos dormitorios con candelabros y mucha luz natural.

★ **Naughty Squirrel** ALBERGUE €
(☎6722 0073; www.thenaughtysquirrel.com; Kalēju iela 50; dc desde 18 €;) Brochazos de pintura y grafitis de cómics decoran el centro de referencia de los mochileros en la ciudad, repleto de viajeros que juegan al futbolín o se relajan en la sala de TV. Hay que registrarse para sumarse a la ruta por los bares, realizar excursiones campestres de un día cargadas de adrenalina o disfrutar de las barbacoas veraniegas.

Radi un Draugi HOTEL €€
(☎6782 0200; www.draugi.lv; Mārstaļu iela 1; i/d desde 50/60 €;) Construido en principio para alojar a emigrantes letones que acudían a visitar su país natal tras décadas de exilio, supone una opción segura (y a prueba de ruidos) en el corazón de la vida nocturna del casco antiguo. Luce una decoración interior más bien insulsa, que también se puede ver como una elegante falta de pretensiones.

★ **Ekes Konvents** HOTEL €€
(☎6735 8393; www.ekeskonvents.lv; Skārņu iela 22; h desde 60 €;) No se debe confundir con el contiguo Konventa Sēta. Cuenta 600 años y con mucho encanto medieval en sus recovecos, con adorables huecos en el rellano de cada piso ideales para relajarse con un libro. El desayuno se sirve un poco más abajo en la misma manzana.

Konventa Sēta HOTEL €€
(☎27087501; www.konventa.lv; Kalēju iela 9/11; i/d desde 71/76 €;) Goza de una insuperable ubicación, en un convento del s. xv en el corazón de la Riga medieval. Ofrece habitaciones pequeñas y recatadas, como la celda de una monja (de eso se trataban hasta 1938).

Wellton Centra HOTEL €€€
(☎6721 2012; www.centra.lv; Audēju iela 1; h desde 84 €;) Esta gran elección confortable en el corazón del casco antiguo de Riga dispone de habitaciones espaciosas y con detalles de diseño, como bonitos TV LCD, lavabos de porcelana y arte minimalista. Las habitaciones de las plantas 5ª y 6ª gozan de mejores vistas de las calles medievales.

★ **Neiburgs** HOTEL €€€
(☎6711 5522; www.neiburgs.com; Jaun iela 25/27; i/d desde 170/185 €;) Ocupa uno de los más bonitos edificios *art nouveau* del casco antiguo de Riga y mezcla detalles antiguos con toques contemporáneos para crear su característico y elegante estilo *boutique*. Las habitaciones de los pisos más altos brindan vistas a los tejados y agujas medievales.

Grand Palace Hotel HOTEL HISTÓRICO €€€
(☎6704 4000; www.grandpalaceriga.com; Pils iela 12; i/d desde 195/209 €;) Fastuoso establecimiento con habitaciones que lucen muebles de época. El amable personal despierta la nostalgia por las estrellas que se han alojado aquí, como Catherine Deneuve o REM, aunque resulta más adecuado para la realeza que para estrellas de *rock*.

★ **Dome Hotel** HOTEL €€€
(☎6750 9010; www.domehotel.lv; Miesnieku iela 4; h desde 237 €;) Resulta difícil imaginar que esta estructura de varios siglos formara parte en el pasado de un conjunto de carnicerías. Hoy una hermosa escalera de madera conduce a los huéspedes a un encantador complejo de habitaciones con decoración única, tejados en alero, paneles de madera, muebles tapizados y ventanales con vistas sobre la ciudad.

Centro de Riga (Centrs)

★ **Cinnamon Sally** ALBERGUE €
(plano p. 208; ☎22042280; www.cinnamonsally.com; Merķeļa iela 1; dc desde 12 €, h 45 €;) Fácilmente accesible desde las estaciones de trenes y de autobuses, este albergue dispone de habitaciones muy limpias, personal eficiente y espacios comunes llenos de gente sociable. Puede parecer extraño que haya que descalzarse en la recepción, pero forma parte del esfuerzo por crear un ambiente acogedor.

Riga City Camping CAMPING €
(☎6706 5000; www.rigacamping.lv; Ķīpsalas iela 8; plazas por adulto/niño/tienda 3/1,5/6 €; ⊙med may-med sep;) Frente al casco antiguo al

otro lado del río, este *camping* de Ķīpsala queda sorprendentemente cerca del centro urbano. Muy amplio, ofrece mucho espacio para tiendas y caravanas. Descuentos para estancias de más de tres noches.

Albert Hotel HOTEL €€
(plano p. 208; ☎6733 1717; www.alberthotel.lv; Dzirnavu iela 33; i/d desde 74/79 €; P❄@📶) Su moderna fachada contrasta claramente con los edificios *art nouveau* que lo rodean, pero su interior es agradablemente excéntrico y rinde homenaje a Albert Einstein, al que debe su nombre. La moqueta reproduce símbolos de la energía atómica y los carteles de «no molestar» de las puertas se han sustituido por letreros rojos que dicen «estoy pensando».

Hanza Hotel HOTEL €€
(plano p. 208; ☎6779 6040; www.hanzahotel.lv; Elijas iela 7; i/d desde 46,5/52 €; @📶) Justo detrás del mercado central, esta novedad en la oferta hotelera de Riga ocupa un antiguo edificio de apartamentos transformado en seis plantas de habitaciones pulcras, muchas con vistas a Jēzus baznīca.

★ Art Hotel Laine HOTEL €€
(plano p. 208; ☎6728 8816; www.laine.lv; Skolas iela 11; i/d desde 34/44 €; P📶) Integrado en un bloque de apartamentos, con un anticuado ascensor que lleva a la recepción del 3er piso, este lugar se acerca más a un hogar en Riga que la mayoría de los hoteles. La pintura verde oscura, los sillones de terciopelo, el arte en las paredes, las bañeras antiguas y los muebles refuerzan la sensación.

Edvards HOTEL €€
(plano p. 208; ☎6743 9960; www.hoteledvards.lv; Dzirnavu iela 45/47; i/d 65/75 €; 📶) Escondido en un patio tranquilo en pleno centro comercial, este establecimiento queda cerca de los principales puntos de interés y de algunos de los mejores cafés y restaurantes. El diseño de las habitaciones encaja con la austera elegancia sin extravagancias del edificio, construido en 1890.

Hotel Valdemārs HOTEL €€
(plano p. 208; ☎6733 4462; www.valdemars.lv; K Valdemāra iela 23; i/d desde 59/67 €; ❄📶) Oculto en un bloque, este hotel Clarion Collection supone una elección excelente para quienes busquen decoración moderna a un precio razonable. Sorprendentemente, el hotel ofrece desayuno, merienda y una sencilla cena a todos los huéspedes.

MUSEO DE LA OCUPACIÓN DE LETONIA

Esta compacta **exposición multimedia** (http://okupacijasmuzejs.lv; Raiņa bulvāris 7; ⏲11.00-18.00 may-sep, 11.00-17.00 oct-abr) GRATIS ilustra la ocupación nazi y soviética de Letonia entre 1940 y 1991; una visita esencial para entender la Letonia moderna. La exposición sustituye al museo principal, cerrado para su renovación en el momento de redactar esta guía y cuya reapertura no está prevista al menos hasta el 2017.

Islande Hotel HOTEL €€
(☎6760 8000; www.islandehotel.lv; Ķīpsalas iela 20; i/d 74/80 €; @📶) La ubicación en la isla de Ķīpsala parece casi rural, pero brindas vistas insuperables al casco antiguo al otro lado del río y queda a 20 min a pie del mismo. Una gran opción para pasar la noche sin soportar el ruido del centro.

Jakob Lenz PENSIÓN €€
(plano p. 208; ☎6733 3343; www.guesthouselenz.lv; Lenču iela 2; i/tr 55/64 €, d/tr con baño compartido 40/45 €; @📶) Todo un hallazgo, esta pensión escondida en una bocacalle en los bordes del barrio *art nouveau* ofrece 25 habitaciones adorables y un desayuno descomunal.

Teater City Hotel HOTEL €€
(plano p. 208; ☎6731 5140; www.cityhotel.lv; Bruņinieku iela 6; h desde 60 €; 📶) En pleno Centro Tranquilo, cuenta con un elegante patio cubierto como recepción, vistas sobre el palaciego edificio *art nouveau* del hospital Stradinš desde la zona de desayuno en el ático y habitaciones amplias y confortables.

B&B Rīga APARTAMENTOS €€
(plano p. 208; ☎6727 8505; www.bb-riga.lv; Ģertrūdes iela 43; h desde 55 €; P📶) Acogedor alojamiento en apartamentos con diferentes configuraciones (las suites con habitaciones abuhardilladas destilan un encanto especial) repartidos en un edificio residencial. Las camas y las almohadas podrían ser más cómodas.

★ Europa Royale HOTEL €€€
(plano p. 208; ☎6707 9444; www.europaroyale.com; K Barona iela 12; h desde 85 €; ❄@📶) Antaño residencia de la magnate de los medios de comunicación Emīlija Benjamiņa, esta ornamentada casa conserva buena parte de

su opulencia decimonónica con sus amplias escaleras, techos altos y un gran bar y sala de desayunos. Dispone de magníficas habitaciones con ventanales.

Hotel Bergs HOTEL €€€
(plano p. 208; ☎6777 0900; www.hotelbergs.lv; Elizabetes iela 83/85; ste desde 187 €; P❄📶) Este edificio del s. XIX rehabilitado y engalanado con una elegante ampliación de estilo escandinavo rezuma lujo. Las espaciosas suites lucen muebles monocromos de alta calidad y algunas cuentan con cocina. Ofrece incluso una carta de almohadas que permite elegir entre un surtido de materiales y texturas.

Radisson Blu Elizabete Hotel HOTEL €€€
(plano p. 208; ☎6778 5555; www.radissonblu.com/elizabetehotel-riga; Elizabetes iela 73; h desde 109 €; P❄📶) Esta elegante referencia, diseñada por un prometedor estudio de arquitectura londinense, mezcla en su fachada cromo, acero y enormes placas de vidrio. El interior también impresiona, con una ingeniosa planta y estiloso mobiliario en las habitaciones que las hace acogedoras y a la moda.

Radisson Blu Hotel Latvija HOTEL €€€
(plano p. 208; ☎6777 2222; www.radissonblu.com/latvijahotel-riga; Elizabetes iela 55; h desde 120 €; P❄📶🏊) Durante la época soviética, en esta mole mustia se dedicaban a vigilar las idas y venidas de los huéspedes. Hoy, tras una necesaria reforma y dejar atrás la era del espionaje, alberga arte ecléctico y un personal sonriente. Excelentes vistas desde el Skyline Bar de la 26ª planta (p. 226).

Dónde comer

Durante siglos en Letonia la comida supuso una mera fuente de energía para poder trabajar en el campo y combatir los gélidos inviernos bálticos. Hoy la era de la patata cocida con ternilla de cerdo se ha desvanecido y la gastronomía brinda una experiencia sensorial, tras una notable mejora en la última década. No obstante, debe tenerse en cuenta que la expansión de la oferta restauradora de la ciudad también implica mucho movimiento en el sector, sobre todo en estos tiempos de economía incierta, y que los restaurantes aparecen y desaparecen como las estaciones.

Últimamente el movimiento *slow food* (comida lenta) ha llegado a los restaurantes más selectos de Riga. Las cartas de temporada ofrecen platos preparados con mimo y respeto al medio ambiente, con productos de cultivo biológico del país. Fuera del ámbito de las tendencias gastronómicas, la mayor parte de los establecimientos locales son literalmente de 'comida lenta' por su servicio a paso de tortuga.

A la par que los restaurantes siguen recibiendo la influencia de otras culturas, en Riga la propina *(apkalpošana)* va evolucionando de habitual a obligatoria. En la capital se suele dejar el 10% de la factura, y muchos restaurantes la agregan a la cuenta.

Casco antiguo de Riga (Vecrīga)

Para autoabastecerse, existe una sucursal de **Rimi** (www.rimi.lv; Audēju iela 16; 🕗8.00-22.00), una famosa cadena de supermercados, en el centro comercial Galerija Centrs del casco antiguo.

Šefpavārs Vilhelms COMIDA RÁPIDA €
(Šķūņu iela 6; tortitas 0,60-0,90 €; 🕗9.00-21.00) La gente hace cola para servirse platos de tortitas, rellenas o no, y cubrirlas de ingredientes. Un desayuno fácil y rápido para mochileros.

LIDO Alus Sēta LETONA €
(www.lido.lv; Tirgoņu iela 6; principales unos 5 €; 📶) El mejor local de LIDO (la omnipresente cadena de bufés de Riga), parece una antigua cervecería letona. Famosa entre nativos y turistas, todos acuden por su comida barata pero sabrosa, además de cerveza casera. Las mesas llegan hasta la calle empedrada los meses cálidos.

V Ķuze CAFÉ €
(www.kuze.lv; Jēkaba iela 20/22; tentempiés 4 €; 🕗10.00-21.00; 📶) En este encantador café de los años treinta el mostrador cruje bajo el peso de los pasteles y trufas de chocolate. Debe su nombre al chocolatero Vilhelms Ķuze, que no sobrevivió a su deportación a Siberia tras la II Guerra Mundial. La chocolatería Ķuze Chocolates vuelve ahora a funcionar.

Pelmeņi XL RUSA €
(Kaļķu iela 7; principales unos 2,50 €; 🕗9.00-4.00) Una institución en Riga para los mochileros y noctámbulos, este enorme restaurante de autoservicio abre hasta muy tarde y ofrece sabrosos *pelmeņi* (pasta rellena de carne al estilo ruso) entre una decoración a medio camino entre Dalí y los Picapiedra digna de verse. Las raciones se cobran al peso, pero incluso las más grandes resultan asequibles.

EL PODER BRITÁNICO

En la Ópera de Riga se puede ver una estatua de bronce de una pareja clásica que pasea a un perro chow chow. A primera vista pueden parecer unos vecinos de la Riga de fin del s. XIX retratados en bronce para recordar a los habitantes actuales cómo eran sus antepasados. Pero la pareja (y el perro) no solo existieron realmente, sino que fueron lo bastante importantes como para que la reina Isabel inaugurara el monumento en el 2006.

El hombre es George Armitstead, regidor de la Riga de la *belle époque* (1901-1912), cuando la ciudad adquirió su actual elegancia cosmopolita. El mejor alcalde de la ciudad resultó ser un británico, nacido en una familia de comerciantes locales de yute originaria de Yorkshire.

En cuanto al legado de Armitstead, casi todo lo que se ve fuera del casco antiguo surgió bajo su mandato, empezando por 680 edificios *art nouveau* que ahora conforman la imagen arquitectónica de la capital letona. Pero también el grandioso Museo Nacional de Arte de Letonia; el aspecto moderno de la calle principal de la ciudad, Brīvības bulvāris; los parques que rodean el casco antiguo; el tranvía eléctrico; el sistema de abastecimiento de agua, aún en uso; el mercado central; y muchas cosas más.

Aun más importante, durante su ejercicio como alcalde de Riga adquirió su atmósfera de megalópolis global poco convencional que abraza la modernidad y sin olvidar su pasado.

Aunque los varones de la familia Armitstead se casaron con la aristocracia báltica alemana y se esforzaron por ser ciudadanos leales del Imperio ruso, nunca dejaron de ser incondicionalmente británicos. Su clan construyó la **iglesia anglicana** (www.anglicanriga.lv; Anglikāņu iela 2) de Riga, y la residencia campestre de George Armitstead en el castillo de Jaunmoku (p. 238) destila nostalgia por la tierra de sus antepasados. La obsesión familiar por los perros también se consideraba en la época una peculiaridad británica.

En cuanto al actual alcalde de Riga, Nils Ushakovs se trata también de un personaje multicultural excepcional, antiguo periodista y el único ruso étnico al frente de una capital de la UE. Totalmente bilingüe, gusta tanto a rusos como a letones en una ciudad en la que las dos comunidades, equivalentes en número, viven bastante separadas.

Pero nadie verá a Ushakovs paseando a su perro, ya que prefiere los gatos. Tiene al menos tres, a los que se puede ver paseando por el ayuntamiento. Afortunadamente, esto no tiene significado alguno para Riga. Para hablar de las complicadas relaciones interétnicas, la metáfora de los gatos y los perros no resulta apropiada.

Index BOCADILLOS €
(plano p. 208; www.indexcafe.lv; Brīvības iela 32; sándwiches y ensaladas 2,80 €; ⌚7.00-22.00 lu-vi, 10.00-22.00 sa y do) El último grito del *prêt a manger* letón se halla por encima de los bocadillos preparados de la tienda de comestibles. Luce estarcidos en negro y amarillo en las paredes y grandes ventanales a la animada Brīvības, ideales para observar a la gente. Cuenta con una sucursal algo menos acogedora en Šķūņu iela 16, en pleno casco antiguo.

Vecmeita ar kaki INTERNACIONAL €€
(Spinster y Her Cat; Mazā Pils iela 1; principales 5-12 €; ⌚11.00-23.00; 🖉) Frente al castillo de Riga, este restaurante algo tristón se especializa en platos de precio moderado y saciantes. En los meses cálidos, los clientes comen en el exterior en máquinas de coser convertidas en mesas.

Ķiploku Krogs EUROPEA €€
(www.kiplokukrogs.lv; Jēkaba iela 3/5; principales 7-14 €; ⌚12.00-23.00) Todo lleva ajo, hasta el helado. La carta es una lotería pero, se pida lo que se pida, se recomienda evitar la pasta de ajo para untar, pues dejará huella en el aliento durante días. Se entra por Mazā Pils.

★ **3 Pavaru** EUROPEA MODERNA €€€
(☎20370537; www.3pavari.lv; Torņa iela 4; principales 23-27 €; ⌚12.00-23.00) El trío estelar de chefs que dirigen el local comparten una visión de la cocina próxima al *jazz*, con la improvisación como constante de un menú compacto y variable. Se enfatiza la experimentación (¿apetece un bacalao asado con rabo de buey?) y una presentación artística que habría despertado la admiración de Mark Rothko o Joan Miró.

Le Dome Fish Restaurant PESCADO €€€
(☎6755 9884; www.zivjurestorans.lv; Miesnieku iela 4; principales 22-30 €; ⌚8.00-23.00; 📶) Deja claro que Riga se encuentra cerca de una masa de agua rebosante de delicioso pescado. El impecable personal sirve platos (con algunas

opciones de carne y vegetarianas) preparados con esmero, que reflejan la ecléctica variedad de las recetas del moderno repertorio letón.

Indian Raja INDIA €€€
(Sue's Indian Raja; ☎6722 3240; www.indianraja.lv; Skārņu iela 7; principales 12-17 €; 📶) Nadie esperaría tal maravilla de comida india en el Báltico. En una calleja medieval, ofrece un antídoto a los sosos ingredientes de la mayor parte de la comida letona. Prepara sabrosos curris con especias del subcontinente.

Gutenbergs LETONA €€€
(www.gutenbergs.eu; Doma laukums 1; principales 15-20 €; ⏲may-oct) Se come literalmente en las vistas. La azotea del Hotel Gutenbergs está rodeada de las altas agujas y los tejados con cenefas de madera del casco antiguo. A pesar del aire florentino, por las macetas con plantas, angelicales estatuas y cantarinas fuentes, la carta se centra en los clásicos locales.

Tēvocis Vaņa RUSA €€€
(Uncle Vanya; ☎27886963; www.unclevanya.lv; Smilšu iela 16; principales 14-21 €; ⏲11.00-23.00) Rusia adopta su cara chejoviana más amable en este evocador restaurante que ofrece un surtido superlativo de *bliny* (tortitas), *pelmeņi* (pasta rellena) y *kholodets* (gelatina de carne que, junto con un plato de encurtidos, acompaña a toda degustación de *samogon* [vodka rural] que se precie).

Rozengrāls LETONA €€
(☎25769877; www.rozengrals.lv; Rozena iela 1; principales 15-27 €; ⏲12.00-24.00) La luz de las velas traslada cinco siglos atrás, a tiempos anteriores al imperio de la patata, con comidas medievales de caza servida por camareros en traje regional de época.

Centro de Riga (Centrs)

Se puede comprar alimentos en el **Rimi** (plano p. 208; www.rimi.lv; K Barona iela 46; ⏲8.00-23.00) del centro comercial Barona Centrs o en el mercado central (p. 211).

★**Miit** CAFÉ €
(plano p. 208; www.miit.lv; Lāčplēša iela 10; principales 5 €; ⏲7.00-21.00 lu, hasta 23.00 ma y mi, hasta 1.00 ju, hasta 3.00 vi, 9.00-1.00 sa, 10.00-18.00 do) Los estudiantes a la última de Riga acuden a este local para tomar un café y escribir sobre Nietzsche entre cómodos sillones y piezas de bicicletas. El menú de dos platos supone una fantástica opción barata, con una sopa y un plato principal por menos de 5 € (el menú cambia a diario).

COMER COMO UN LETÓN

Estos constituyen los fundamentos de la gastronomía letona:

Bálsamo negro Este licor negro azabache de 45º se trata de una receta secreta con más de una docena de ingredientes, como corteza de roble, ajenjo y flor de tilo. Una dosis diaria es medicinal, según los jubilados letones. Puede suavizarse mezclándolo con una bebida de cola.

Setas Una obsesión nacional; los buscadores de setas toman el país tras los primeros chubascos otoñales.

Alus En este pequeño pequeño abunda la *alus* (cerveza); toda localidad importante cuenta con su cervecería. Se recomienda la Užavas, aportación de Ventspils.

Pescado ahumado Decenas de puestos de pescado salpican la costa de Kurzeme; las delatan las señales de humo sobre las copas de los árboles. Cómprese para llevar; resulta ideal para la merienda.

Kvass Esta adorada bebida elaborada con pan de centeno fermentado es responsable del declive de la Coca Cola a principios del s. XXI. ¡A los niños les encanta!

Pan de centeno Además de sabroso y posiblemente más sano que el pan de trigo, estas grandes hogazas marrones gozan de un valor estético, pues combinan bien con la madera oscura de los interiores nórdicos de Letonia.

Frutas del bosque Si se midiera la superficie total que ocupan las moreras y los arándanos en Letonia, se descubriría que cubren una buena parte del país. Las frutas del bosque se venden en mercados de todo el país, así que no es necesario adentrarse en el bosque para recolectarlas.

Arbooz POSTRES €
(plano p. 208 www.facebook.com/arbooz.lv; Dzirnavu iela 34a; *macarons* 2 €, *cupcakes* 3,85 €; ⌚10.00-20.00 lu-vi, 11.00-18.00 sa) Este local sería dulce aunque no sirviera esos ligeros *cupcakes* de frutas y merengues, solo por su decoración. Con suerte se conseguirá una de sus cuatro mesas; si no, se puede pedir para llevar y disfrutar del café en un parque.

Austra INTERNACIONAL €
(plano p. 208; www.facebook.com/cafe.austra; Krišjāna Barona iela 41/43; principales 5-8 €; ⌚12.00-21.00 lu y ma, hasta 22.00 mi, hasta 23.00 ju, hasta 24.00 vi, 13.00-23.00 sa) La creativa comida de fusión servida en este pequeño y modesto local ostenta la calidad de un restaurante caro de moda, pero a precio de cafetería. Los menús de dos platos a 5 € son de los más recomendables de la ciudad.

Lauvas Nams CAFETERÍA €
(plano p. 208; ☎6731 2661; Brīvības iela 82; comidas 3-5 €; ⌚24 h) Generaciones de juerguistas hambrientos han repuesto fuerzas en esta cafetería abierta día y noche, estratégicamente situada en la ruta del centro hacia los bares de la zona de Miera iela. En el mostrador se expone comida letona sencilla (guiso de cerdo con patatas, por ejemplo) en grandes raciones y acompañada de bebidas tradicionales lácteas o de frutas, como el *kefir* y el *mors*.

DAD CAFÉ €
(plano p. 208; www.dadcafe.lv; Miera iela 17; principales 5 €; ⌚10.30-23.00; 📶) DAD son las tres iniciales de los propietarios, que señalan con orgullo que DAD significa algo más (mejor que sean ellos quienes lo expliquen). El modesto local luce sofás, butacas y un piano vertical; en verano sitúan algunas mesas en la calle. Se trata de un lugar informal y sin pretensiones donde reunirse con los amigos o entablar nuevas amistades.

LIDO Atpūtas Centrs LETONA €
(www.lido.lv; Krasta iela 76; principales unos 5 €; ⌚11.00-23.00) Esta enorme cabaña de troncos dedicada a la cocina del país más cargada de colesterol es un cruce entre Letonia y Disney World. Camareras vestidas de lecheras bálticas pasan trotando mientras los clientes atacan las hileras de bufés. En el exterior ofrece un parque de juegos con un picadero de ponis y patinaje sobre hielo.

Queda a 3,5 km del mercado central de Riga; hay que tomar el tranvía 3, 7 o 9, bajarse en la parada LIDO y buscar el molino de viento gigante.

★ **Fazenda Bazārs** EUROPEA MODERNA €€
(plano p. 208; www.fazenda.lv; Baznīcas iela 14; principales 7-12 €; ⌚9.00-22.00 lu-vi, 10.00-22.00 sa, 11.00-22.00 do) Aunque se halla en pleno centro, al entrar en este local se viaja lejos y uno se encuentra de repente en una cálida taberna en mitad de la nada. Si a eso se une la cocina de cerámica, esta casa de madera rebosa de encanto y la comida es tan casera como parece a pesar de su carácter de fusión global.

★ **Kasha Gourmet** EUROPEA MODERNA €€
(plano p. 208; ☎20201444; www.kasha-gourmet.com; Stabu iela 14; principales 9-14 €; ⌚9.00-22.00) Ya sea porque hace la comida más sabrosa convirtiendo el plato en una obra de arte moderno, o por la mezcla posmoderna de ingredientes, este restaurante se trata de uno de los más originales e infravalorados de Riga. Se recomiendan particularmente sus desayunos bellamente presentados sobre tablas de madera.

Siļķītes un Dillītes PESCADO €€
(plano p. 208; www.facebook.com/SilkitesUnDillites; Centrāltirgus iela 3; principales 7-10 €; ⌚8.00-18.00) Tras explorar los puestos de pescado del mercado central de Riga, cabe preguntarse por un establecimiento donde lo cocinen. En "Arenque y Eneldo", traducción del nombre letón, se halla la respuesta. Se puede elegir un pescado y en unos minutos estará frito y servido con verduras y patatas.

El local se encuentra en el pasillo entre las secciones de pescado y verdura del mercado.

Telpa EUROPEA MODERNA €€
(plano p. 208; www.ecocatering.lv; Matīsa ielas 8; almuerzo 9 €; ⌚12.00-18.00) El bufé libre de mediodía incluye opciones vegetarianas de influencia india, grandes ensaladas y vistas al mercado de Vidzeme desde la gran terraza abierta. La ubicación, encima de un taller de bicicletas en el patio de una antigua fábrica de cerveza, añade un toque aventurero a la experiencia culinaria.

Osīriss CAFÉ €€
(plano p. 208; K Barona iela 31; principales 8-15 €; ⌚8.00-23.00 lu-sa, 10.00-23.00 do; 📶) Este puntal de la muy voluble cultura del café de Riga dispone de mesas de falso mármol verde que no han cambiado desde mediados de los noventa, al igual que la clientela compuesta

de artistas atormentados que garabatean sus cuadernos mientras toman una copa de vino tinto y un gran plato de comida casera letona.

Aragats GEORGIANA €€

(plano p. 208; ☎6737 3445; Miera iela 15; principales 7-18 €; ⏲13.00-22.00 ma-do) Hay que obviar las plantas de plástico y probar la potente cocina del Cáucaso de este adorable y anticuado local. Se puede empezar con un plato de encurtidos, acompañamiento perfecto para el *chacha* (vodka georgiano) casero. Después se puede trabar conversación con la dueña mientras corta hierbas frescas en la mesa para añadir al sabroso guiso de cordero.

★**Istaba** CAFÉ €€€

(plano p. 208; ☎6728 1141; K Barona iela 31a; principales 17 €; ⏲12.00-23.00) Propiedad del chef local y personalidad televisiva Mārtiņš Sirmais, "La Habitación" está situada en un local sobre una galería y espacio ocasional de *performances*. No ofrece una carta fija, que depende del humor del cocinero, pero el precio incluye muchos extras (pan, salsas, ensalada, verduras), además de enormes raciones.

★**Vincents** EUROPEA €€€

(plano p. 208; ☎6733 2830; www.restorans.lv; Elizabetes iela 19; principales 24-35 €; ⏲18.00-22.00 lu-sa) El restaurante más caro de Riga ha servido a reyes y estrellas de *rock* (el emperador Akihito, el príncipe Carlos, Elton John) en su cautivador interior inspirado en Van Gogh. El chef, Martins Ritins, es un incondicional del movimiento *slow food* y crea su menú cambiante a partir de productos comprados a pequeños productores letones.

Restaurant Bergs INTERNACIONAL €€€

(plano p. 208; ☎6777 0957; Elizabetes iela 83/85; principales 20-35 €; ⏲7.30-11.00 y 12.00-23.00 lu-sa, hasta 16.00 do) La carta breve y estupenda suena como un poema: salmón de primavera con una ensalada de naranja y eneldo, costillar de cordero con mostaza de grano entero y estofado de berenjenas a la menta. Si se busca sutileza culinaria en Riga, este se trata de uno de los locales imprescindibles.

Charlestons INTERNACIONAL €€€

(plano p. 208; ☎6777 0573; www.charlestons.lv; Blaumaņa iela 38/40; principales 9-21 €; ⏲10.00-23.00; 📶) Si ya se está cansado de comer carne de cerdo, este patio terraza en medio de una manzana residencial ofrece delicioso salmón noruego, pato salteado y la mejor ensalada César del Báltico.

Dónde beber y vida nocturna

Para salir de juerga como los letones hay que reunir un grupo de amigos e ir de bares por la ciudad, parando en antros pintorescos a tomar rondas de cerveza y Black Balzāms y riendo las ocurrencias a carcajadas. En verano hay que acudir a las cervecerías al aire libre del casco antiguo.

Los clubes nocturnos de Riga siempre están repletos de cuerpos en movimiento, casi siempre rusos. Los letones prefieren ir de *pubs* por la ciudad y beber chupitos de vodka con los amigos. Por la noche, muchos bares y cafés de Riga se transforman en locales más canallas con ritmos vibrantes.

En algunos locales nocturnos puede respirarse un ambiente tenso y la clientela puede ser agresiva. Conviene consultar en la sección de "Cultura y ocio" de *Rīga in Your Pocket* los locales incluidos en la lista negra de la embajada de Estados Unidos.

Casco antiguo de Riga (Vecrīga)

Cuba Cafe BAR

(www.cubacafe.lv; Jaun iela 15; ⏲12.00-2.00 do-ma, hasta 5.00 mi-sa; 📶) Un auténtico mojito y una mesa con vistas a Doma laukums es lo que se precisa tras una agotadora jornada de turismo. Si hace frío, se toma la caipiriña dentro entre banderas cubanas, tambaleantes lámparas estilo Tiffany y suaves notas de trompeta de *jazz*.

Egle CERVECERÍA AL AIRE LIBRE

(www.spogulegle.lv; Kaļķu iela 1a; ⏲11.00-1.00) Dividida en una mitad más ruidosa con música en directo casi cada noche (desde folk a *rockabilly*) y otra más tranquila que suele cerrar temprano, esta se trata de la mejor cervecería al aire libre del casco antiguo de Riga. Cierra cuando el tiempo empeora mucho.

★**Folksklub Ala Pagrabs** CERVECERÍA

(www.folkklubs.lv; Peldu iela 19; ⏲12.00-1.00 do-ma, hasta 3.00 mi, hasta 4.00 ju, hasta 6.00 vi y sa) Esta gran caverna, un local de copas de referencia en Riga, rebosa de la implacable alegría que proporciona la cerveza, la música folk-punk, el baile y el nacionalismo letón. Trata de reflejar la geografía y la diversidad de la producción cervecera letona, pero también ofrece sidra local, vino de frutas y licor casero *šmakouka*.

DJ Bar BAR

(www.djbar.lv; Mazā Jaunavu iela 5; ⏲1?.00-1.00) Especializado en electrónica alternativa, este pequeño bar oculto en una pequeña calle permite a jóvenes DJ mostrar su talento con la condición de que la música resulte lo bastante tranquila como para no impedir una charla entre cócteles y vino.

Aptieka BAR
(www.krogsaptieka.lv; Mazā Miesnieku iela 1; 16.00-1.00 do-mi, hasta 4.00 ju-sa) Antiguos tarros de farmacia confirman el sutil a la par que estiloso decorado de este popular local. Suele sonar música excelente y ofrece buena comida americana de bar (hamburguesas, etc.).

I Love You BAR
(Aldaru iela 9; 12.00-hasta tarde) Este lugar para relajarse, escondido en el casco antiguo, cuenta en el piso de abajo con un mar de cómodos sofás. Los jueves por la noche los DJ pinchan ritmos alternativos y en los meses más cálidos disponen muchas mesas fuera.

Kama Tea Hub SALÓN DE TÉ
(www.facebook.com/KamaTeaHub; Jēkaba iela 26/28; 12.00-24.00) Kama (como en Kama Sutra) significa "amor" en sánscrito. Este local recompensa a quienes aman el té y perder el tiempo con una decoración vagamente india y *new age* que contrasta con el ambiente clásico de la calle. Se puede disfrutar de una taza de *masala chai* y soñar con el Taj Mahal y las plantaciones de té de Kerala.

Nabaklab CLUB
(www.nabaklab.lv; ZA Meierovica bulvāris 12; 12.00-24.00 lu-mi, hasta 4.00 ju y vi, 17.00-4.00 sa) Una emisora de radio alternativa ha abierto un local nocturno en el que suena la mezcla de temas experimentales y electrónica marca de la casa. Naba's (93.1FM) congrega a los bohemios burgueses de la ciudad con sus ritmos DJ y cerveza barata en un sótano centenario.

Centro de Riga (Centrs)

Piens BAR, CLUB
(plano p. 208; www.klubspiens.lv; Aristida Briāna iela 9; 12.00-24.00 do-ma, hasta 16.00 mi-sa) Situado en la zona de Miera iela, este híbrido de bar y club ocupa un amplio solar industrial. Luce una atractiva mezcla de decoración ecléctica, viejos sofás y terrazas soleadas.

Rocket Bean Roastery CAFÉ
(plano p. 208; www.facebook.com/pages/Rocket-Bean-Roastery; Miera iela 29/31; 8.00-21.00 lu, hasta 22.00 ma-ju, hasta 23.00 vi y sa, hasta 18.00 do) Los dueños se toman muy en serio su trabajo, incluso preguntan qué tipo de café de Colombia se desea. Este amplio espacio de ambiente moderno con paredes de ladrillo y una gran barra resulta perfecto para hacer una parada en el barrio progresista de Miera iela. También prepara buena comida.

Trusis Kafe CAFÉ
(plano p. 208; 26582462; www.trusiskafe.lv; Dzirnavu iela 43; 10.00-22.00 lu-vi, 10.00-20.00 sa) Este modesto y bonito local (su nombre significa "conejo") ofrece un surtido impresionante de bebidas letonas, desde cerveza artesanal y sidra Malduguns hasta vino Sabile y 'champán' de ruibarbo. Resulta un sitio perfecto para beber y charlar con amigos sin necesidad de gritar, además de un café tranquilo durante el día.

Garage BAR DE VINOS
(plano p. 208; www.vinabars.lv; Berga Bazārs, Elizabetes iela 83/85; 10.00-24.00) Aparte de una decoración semiindustrial (suelos de cemento pulido, sillas de metal), este local pequeño y elegante no tiene nada de garaje. Mitad bar de vinos y mitad café (sirve un café excelente), ofrece tapas y algunos platos principales.

Gauja BAR
(plano p. 208; Tērbatas iela 56; 12.00-23.00) En este pequeño bar de decoración soviética se entra en un bucle del tiempo; entre mobiliario de época se puede jugar una partida de ajedrez o colocar las fichas del dominó de madera mientras una peculiar música retumba encima, pues los dueños poseen su propio estudio de grabación.

Terrace Riga CERVECERÍA AL AIRE LIBRE
(plano p. 208; Gallerija Riga, Dzirnavu iela 67; 10.00-23.00) Elevándose sobre los espléndidos bulevares en la azotea del centro comercial Gallerija Riga, esta enorme terraza intenta crear un ambiente a lo Miami Beach, con sombrillas en lugar de palmeras y licores fuertes en lugar de daiquiris y piñas coladas. Gusta mucho a los turistas rusos, aunque en las noches más cálidas y sin viento acude todo el mundo.

Taka BAR
(plano p. 208; Miera iela 10; 14.00-24.00 lu-mi, hasta 2.00 ju y vi, 12.00-2.00 sa, 19.00-23.00 do;) Este clásico del barrio moderno de Miera iela dispone de brillantes murales y sillones muy confortables. Resulta un buen local para probar cervezas diferentes y escuchar música alternativa.

EL ANIQUILADOR DE OSOS

Existe una leyenda en Letonia tan arraigada que no se entiende por qué Hollywood la ha ignorado hasta ahora. Resulta difícil permanecer unos días en Letonia sin pasar por una calle Lāčplēša (hay una en cada ciudad) o sin beber una cerveza Lāčplēša. La más alta condecoración militar letona se llama Orden de Lāčplēsis.

Este nombre no remite ni a un dirigente de la liberación, ni a un héroe militar, ni a un presidente popular. Nada tan banal. Lāčplēsis fue un superhombre digno de un cómic cuya historia bebe de antiguas sagas y de la imaginación del escritor decimonónico letón Andrejs Pumpurs. Se trata del gran héroe nacional letón, elegido por los dioses de la antigüedad para salvar al país de los invasores.

Hijo de un hombre y una osa, Lāčplēsis heredó las orejas de su madre, fuente secreta de facultades sobrenaturales. Secretas porque estaban siempre cubiertas por una melena vagamente *hippy*.

En su juventud mató a un oso agresivo (esperamos que su madre lo perdonara) destrozando sus fauces con sus propias manos (humanas). Y la gente empezó a llamarlo Lāčplēsis, término que significa "aniquilador de osos" y cuenta con suficientes acentos raros como para parecer típicamente letón. Puede verse una escultura de este personaje (y del oso aniquilado) en este momento cumbre de sus vidas en la base del monumento a la Libertad (p. 205).

Lāčplēsis inicia su carrera como superhéroe derrotando a un gigante estonio, pero su gran enemigo son los alemanes, descritos como personajes infernales que tratan de imponer su malvada religión (el cristianismo) en una Letonia que venera a los antiguos dioses. La historia se convierte en una odisea cuando Lāčplēsis cruza el Báltico para liberar a su amada de sus captores alemanes.

Una vez conseguido, celebra su boda, pero los alemanes amargan la fiesta. Su mejor luchador, el Caballero Oscuro, corta las orejas de oso de Lāčplēsis, privándole de sus poderes mágicos. El héroe sigue luchando y los dos rivales caen a las aguas del Daugava y desaparecen para siempre.

Para saber más sobre esta historia, visítese el **Museo Andrejs Pumpurs** (☎6505 3759; E. Kauliņa aleja 20; ⏲10.00-17.00 ma-sa, 10.00-15.00 do) en Lielvārde, en la carretera a Latgale. O pídase a los productores de Hollywood que rueden una película.

Skyline Bar COCTELERÍA
(plano p. 208; www.skylinebar.lv; Elizabetes iela 55; ⏲17.00-1.00 do-ju, 15.00-3.00 vi y sa; 📶) Visita obligada para cualquier viajero, el Skyline Bar se halla en la 26ª planta del Radisson Blu Hotel Latvija. Brinda amplias vistas, las mejores de la ciudad, incluso desde el baño y la mezcla de sofisticados adictos a los cócteles lo convierte en un gran lugar para observar a la gente.

Star Lounge Bar Riga BAR
(plano p. 208; www.alberthotel.lv; Dzirnavu iela 33; ⏲15.00-1.00 do-ju, hasta 2.00 vi y sa) Excepto en los meses de invierno, Riga sorprende por sus largos atardeceres, y el mejor lugar para ver cómo el cielo se vuelve naranja y púrpura es el gran balcón de la azotea del Albert Hotel. Mientras se saborea un cóctel de bálsamo de Riga, se pueden ver las agujas del casco antiguo y los barrios lejanos más allá del Daugava.

Apsara SALÓN DE TÉ
(plano p. 208; Elizabetes iela 74; ⏲10.00-22.00) Esta encantadora pagoda de madera situada en Vērmanes dārzs (p. 206) atesora numerosos tés raros importados de más allá del Himalaya. Se pueden saborear con delicadeza descansando en el suelo entre montones de cojines pastel.

Chomsky BAR
(plano p. 208; www.facebook.com/chomskybar; Lāčplēša iela 68; ⏲16.00-24.00) No hay que dejarse impresionar (ni hacerse ilusiones) por el nombre del polémico filósofo. La única filosofía que siguen los propietarios es sumergir las dudas sobre la vida y el universo en una piscina de cerveza o de un vodka georgiano sorprendentemente bueno. Los cómodos sofás y una gran terraza invitan a largos debates bañados en alcohol con estudiantes de arte y filosofía que forman buena parte de la clientela.

★ **Kaņepes Kultūras Centrs** BAR
(plano p. 208; Skolas iela 15; ⏲14.00-1.00) La vetusta sede de una antigua escuela de música, a la que parecen haber asistido la mitad de

los rigueses de más de 40 años, ahora acoge un bar con una amplia terraza repleta de estudiantes de arte. La amplia sala suele albergar agitados bailes en el mismo lugar en el que los padres de la clientela sufrieron con sus clases de violín.

Left Door Bar COCTELERÍA

(plano p. 208; Antonijas iela 12; 16.00-24.00) La gran referencia de los maestros cocteleros de Riga se camufla como un modesto bar en el distrito *art nouveau*. Nunca satisfechos con sus logros, los genios que gestionan el local, ganadores de varios premios, no dejan de experimentar para impresionar a los expertos trotamundos, y no a los advenedizos. Cada cóctel se sirve en un vaso especial.

Se recomienda el Belgium Avenue, a base de ron, que llevó a su autor, Juris Ķēniņš, a la final mundial del Bacardi Legacy en Sídney en el 2015.

Alus darbnīca Labietis CERVECERÍA

(plano p. 208; www.facebook.com/AlusDarbnicaLabietis; Aristida Briāna iela 9A-2; 13.00-1.00) Con un diseño minimalista que recuerda un poco a una iglesia gótica, este local aspira a promover las cervezas letonas más desconocidas y la producción artesanal local. Se trata de una gran aportación a la antigua zona industrial al final de Miera iela, cada vez más burguesa.

Golden DE AMBIENTE

(plano p. 208; www.mygoldenclub.com; Ģertrūdes iela 33/35; entrada club 10 €; 16.00-23.00 ma-ju, 19.00-5.00 vi, 23.00-5.00 sa) El niño mimado de la oferta para gais de Riga (aunque eso no significa gran cosa), es un pequeño local acogedor con una terraza interior y un club abierto solo el fin de semana.

Teātra Bārs BAR

(plano p. 208; Lāčplēša iela 26; 12.00-24.00 do-ju, hasta 5.00 vi y sa) Justo enfrente de un popular teatro, este bar canalla es una institución local que se parece a cualquier otro *pub* del mundo, pero que sigue atrayendo a parte de la mejor clientela de Riga. Repleto de actores, artistas y estudiantes, acoge conciertos y cuenta con una reducida pista de baile que se anima de madrugada.

☆ Ocio

Rīga in Your Pocket y *Rīga This Week* ofrecen las reseñas más actualizadas de ópera, *ballet*, DJ, música en directo y otros eventos de la ciudad. La oficina de turismo de la Casa de los Cabezas Negras reserva entradas para cualquier sala de conciertos de Riga. Para quien desee que le organicen su gran noche de fiesta, varias empresas de circuitos ofrecen rutas por bares y clubes. Los mochileros que estén en albergues marchosos pueden encontrarse con que estos organicen recorridos por bares y fiestas.

Ópera, teatro y 'ballet'

En Riga la temporada de *ballet*, ópera y teatro se interrumpe por vacaciones estivales de junio a septiembre.

Nuevo Teatro de Riga TEATRO

(Jaunais Rīgas Teātris; plano p. 208; 6728 0765; www.jrt.lv; Lāčplēša iela 25) Ofrece un repertorio contemporáneo.

Teatro Dailes TEATRO

(plano p. 208; 6727 0463; www.dailesteatris.lv; Brīvības iela 75) El más grande y moderno, conserva gran parte de su arquitectura original de época soviética.

Ópera Nacional de Letonia ÓPERA, BALLET

(Latvijas Nacionālajā operā; 6707 3777; www.opera.lv; Aspazijas bulvāris 3) Con una sólida reputación como una de las mejores compañías de ópera de Europa, la Ópera Nacional es el orgullo de Letonia. También es la sede del Ballet de Riga; el rigués Mijaíl Barýshnikov debutó aquí.

Salas de conciertos

Arena Rīga MÚSICA EN DIRECTO

(6738 8200; www.arenariga.com; Skantes iela 21) Principal recinto para los espectáculos deportivos más populares, el *hockey* sobre hielo y el baloncesto. Con un aforo de 10 000 personas, acoge espectáculos de danza y conciertos pop cuando no se usa para un partido.

Catedral de Riga MÚSICA CLÁSICA

(Rīgas Doms; 6721 3213; www.doms.lv; Doma laukums 1) Durante la semana se organizan breves conciertos de órgano y otros más largos los viernes por la noche.

Gran Gremio MÚSICA CLÁSICA

(6722 4850; www.lnso.lv; Amatu iela 6) Sede de la aclamada Orquesta Sinfónica Nacional de Letonia.

Sapņu Fabrika MÚSICA EN DIRECTO

(plano p. 208; 6728 1222; www.sapnufabrika.lv; Lāčplēša iela 101) En una antigua planta industrial, la "fábrica de sueños" programa bandas que tocan en directo, además de música *hip-hop* y electrónica.

RIGA CARD

Si se tiene previsto realizar muchas actividades y visitar varias atracciones turísticas, se recomienda comprar la Riga Card (1/2/3 días 25/30/35 €). Incluye transporte público gratuito, entrada gratuita a casi todos los museos, descuentos del 10-20% en alojamiento, una visita guiada gratuita al casco histórico de Riga y una copia de *Rīga in Your Pocket.* Se puede comprar en muchos lugares, como la oficina de turismo, el aeropuerto y algunos hoteles importantes. Más información en www.liveriga.com.

Palladium MÚSICA EN DIRECTO
(plano p. 208; Marijas iela 21) Construido en el bajo de un antiguo cine, acoge muchas actuaciones internacionales.

Daile SALA DE CONCIERTOS
(plano p. 208; ☎1189; K Barona iela 31) Este antiguo cine ha iniciado una nueva vida como sala de conciertos, aparentemente especializada en música acústica.

Bites Blues Club JAZZ
(plano p. 208; ☎6733 3123; www.bluesclub.lv; Dzirnavu iela 34a; ⏲11.00-23.00 lu-mi, hasta 2.00 ju-sa) Quien vaya un par de horas antes del pase a tomar un bocado (sobre todo cocina francesa o italiana) se ahorrará el precio de la entrada y disfrutará de algunos acordes de precalentamiento. En verano la música en directo se ofrece sobre todo los viernes por la noche; en invierno normalmente los jueves y viernes.

Cines

Ir al cine supone un buen modo de pasar el rato si llueve, y en Riga llueve a menudo. Las películas suelen proyectarse en versión original (normalmente inglesa) con subtítulos en letón o ruso. Las entradas cuestan entre 4 y 7 €, según el día y la sala. Consúltese la cartelera en las webs de los cines; todos son de entrada numerada, salvo K Suns.

Kino Citadele CINE
(plano p. 208; ☎1189; www.forumcinemas.lv; 13 Janvāra iela 8) Este multisalas de Riga cuenta con asientos en graderío, 14 pantallas, un café en el piso superior y las habituales películas de Hollywood, además de alguna que otra letona.

Look at Riga CINE
(www.lookatriga.lv; Latviešu Strēlnieku laukums 1; entradas 8 €; ⏲11.00-19.00 lu-vi, 10.00-19.00 sa y do) Una experiencia de vuelo en cinco dimensiones en un avión imposible que pasa bajo puentes muy bajos y justo sobre las cabezas de la multitud en calles concurridas. Las películas duran 10 min y casi no hay que esperar.

Splendid Palace CINE
(plano p. 208; ☎6718 1143; www.splendidpalace.lv; Elizabetes iela 61) Oculta por edificios soviéticos tipo Lego, esta joya *art déco* fue el primer cine sonoro de Riga. Ahora se especializa en cine de autor, festivales, retrospectivas y películas letonas.

K Suns CINE
(Ka Suns; plano p. 208; ☎6728 5411; www.kinogalerija.lv/ksuns.php; Elizabetes iela 83/85, Bergs Bazārs) De arte y ensayo, ofrece sobre todo cine independiente en su única sala. Se venden palomitas y refrescos.

De compras

Aunque los letones adoran sus centros comerciales, signo palpable de la globalización, también se hallará gran variedad de tiendas locales especializadas en artículos del país, como prendas de punto, artesanía, licores y moda. Existe un surtido maravilloso en **Berga Bazārs** (plano p. 208; www.bergabazars.lv; Elizabetes iela 83/85), un amasijo de tiendas caras en torno al Hotel Bergs, de cinco estrellas. Los vendedores callejeros ofrecen su mercancía (baratijas de ámbar, pinturas y muñecas rusas) ante la iglesia de San Pedro en Skārņu iela y por el extremo sur de Kaļņu iela. La gran feria de artesanía de Riga, el Gadatirgus, se celebra el primer fin de semana de junio en Vērmanes dārzs (p. 206). Búsquense los bellos anillos Nameju que los letones llevan por todo el mundo como forma de reconocerse entre sí.

Madam Bonbon ACCESORIOS
(plano p. 208; www.madambonbon.lv; Alberta iela 1-7a; ⏲11.00-19.00 lu-vi, hasta 15.00 sa) Cada mueble de este clásico apartamento *art nouveau* lleva algún tipo de calzado; se puede probar el tacón de aguja del piano de cola *mignon* o la bota bajo la tetera de la mesa de la cocina.

Mercado de flores de Sakta MERCADO
(plano p. 208; Tērbatas iela 2a; ⏲24 h) Abierto por la noche para las excusas nocturnas, cuando no basta con decir: "Siento llegar tarde, cariño".

Elina Dobele ZAPATOS
(www.elinadobele.com; Valņu iela 12; ⏲11.00-19.00 lu-sa) La diseñadora local Elīna Dobele se especializa en zapatos a medida para mujer y hombre. Estos productos realmente artesanales se diseñan y crean en el estudio tras el escaparate.

Riija MODA
(plano p. 208; www.riija.lv; Tērbatas iela 6/8; ⏲10.00-19.00 lu-vi, hasta 17.00 sa) El elegante diseño escandinavo anida en todos los recovecos de este nuevo enclave en el corazón del Centrs.

Pienene BELLEZA, ARTESANÍA
(Kungu iela 7/9; ⏲10.00-20.00; 📶) "El diente de león" alberga una amplia tienda y un café en pleno casco antiguo de Riga. Se pueden probar productos de belleza de fabricación local, además de los pañuelos de ensueño y oler las velas perfumadas.

Upe MÚSICA
(Vāgnera iela 5; ⏲11.00-19.00 lu-sa) Melodías letonas clásicas suenan mientras los clientes examinan instrumentos tradicionales y CD de folk, *rock* y música experimental local.

Gandrs EQUIPO DE AVENTURA
(www.gandrs.lv; Kalnciema iela 28; ⏲10.00-20.00 lu-vi, hasta 18.00 sa y do) Se puede comprar material para una aventura al aire libre de cualquier tipo en esta excelente tienda al otro lado del Daugava.

Latvijas Balzāms BEBIDAS
(www.lb.lv; Audēju iela 8; ⏲9.00-22.00) Una de las muchas sucursales de una popular cadena de licorerías que vende la marca Black Balzām.

Hobbywool ARTESANÍA
(www.uzadi.lv; Mazā Pils iela 6; ⏲10.00-18.00 lu-sa, 11.00-15.00 do) Uno cree caminar por un cuadro de Mark Rothko, pues esta pequeña tienda rebosa de coloridos chales, manoplas, calcetines y chaquetas de punto.

Robert's Books LIBROS
(plano p. 208; www.robertsbooks.lv; Dzirnavu iela 51; ⏲10.00-19.00) Robert escribía para el *Economist;* ahora vive en Riga y atiende su pequeña colección de libros usados en inglés. También se ofrecen tejidos tradicionales y velas de cera de abeja.

Jāņa Sēta LIBROS
(plano p. 208; www.mapshop.lv; Elizabetes iela 83/85; ⏲10.00-19.00 lu-vi, hasta 17.00 sa) Se trata de la mayor librería de viajes del Báltico, con mapas, libros de fotografía de recuerdo y guías Lonely Planet.

Art Nouveau Rīga RECUERDOS
(plano p. 208; www.artnouveauriga.lv; Strēlnieku iela 9; ⏲10.00-19.00) Venden diferentes recuerdos relacionados con el *art nouveau*, desde guías y postales hasta gárgolas de piedra y trozos de vidrieras.

Kafka LIBROS
(Vaļņu iela 26; ⏲11.00-20.00 lu-vi, 12.00-18.00 sa) Esta moderna librería de dos plantas cuenta con una buena selección de títulos en inglés, entre ellos muchos de Lonely Planet. Acoge una cafetería para leer los libros antes o después de comprarlos.

ℹ Información

ACCESO A INTERNET

El wifi gratis resulta habitual incluso en los hoteles más baratos, así como en la mayoría de los cafés y restaurantes (hay que pedir la contraseña al camarero). La Biblioteca Nacional (p. 212) se trata de un lugar insuperable y tranquilo para trabajar y navegar por internet. En unos minutos se puede obtener un pase permanente.

Birojnica (www.birojnica.lv; Dzirnavu iela 84 k-2; ⏲10.00-18.00 lu-vi) Quien necesite una mesa de trabajo cuando viaja (como ocurre con muchos autónomos), así como acceso rápido a internet e impresoras, puede visitar este moderno centro de trabajo compartido de bonito diseño en Berga Bazārs. Cuesta 1,50 €/h (solo acceso a internet) o 6 € diarios (internet, café a voluntad, impresoras).

ASISTENCIA MÉDICA

ARS (☎6720 1006; www.ars-med.lv; Skolas iela 5) Médicos que hablan inglés; ofrece consulta las 24 h.

DINERO

Abundan los cajeros automáticos. Si se diera el caso de no ver un banco, basta andar por Kaļķu iela y su continuación Brīvības bulvārīs para hallar un banco o un cajero. Es mejor sacar dinero que cambiar cheques de viaje o moneda extranjera; las oficinas de cambio ofrecen unos tipos pésimos y pocas aceptan cheques de viaje. Para más información sobre la moneda letona y los tipos de cambio, consúltese www.bank.lv.

CORREOS

Las oficinas de correos lucen una fachada azul con el letrero "Pasta". Véase más información en www.pasts.lv.

Oficina central de correos (plano p. 208;

GUÍAS LOCALES

Merece la pena conseguir las siguientes publicaciones.

Another Guide (www.anothertravelguide.com) Esta web ofrece una visión local de lugares populares, así como de puntos de interés y establecimientos de Riga menos conocidos. En grandes librerías se vende un bonito libro con sus reseñas.

Rīga in Your Pocket (www.inyourpocket.com/latvia/riga) Práctica guía publicada cada dos meses. Se puede descargar una versión en PDF o conseguir un ejemplar gratuito en muchos hoteles.

Riga this Week (www.rigathisweek.lv) Excelente guía (gratis) bimestral de la ciudad disponible en casi todos los alojamientos.

Brīvības bulvāris 32; ⊙7.30-20.00 lu-vi, 8.00-18.00 sa, 10.00-16.00 do) Servicio de fax y llamadas internacionales.

Oficina de correos (plano p. 208; Elizabetes iela 41/43; ⊙7.30-19.00 lu-vi, 9.00-15.00 sa)

INFORMACIÓN TURÍSTICA

Centro de información turística (☎6730 7900; www.liveriga.com; Rātslaukums 6; ⊙10.00-18.00) Proporciona planos turísticos y folletos de recorridos a pie, ayuda a reservar alojamiento y excursiones y vende entradas a conciertos. También dispone de la Rīga Card (p. 228), que ofrece descuentos para lugares de interés y restaurantes y viajes gratis en transporte público. Cuenta con sucursales en Livu laukums (solo may-sep) y en la estación de autobuses.

WEBS

www.1188.lv Reseña prácticamente todos los establecimientos de Riga y el resto del país. La búsqueda da más resultados si se selecciona el idioma letón. También da información actualizada sobre la vida nocturna y el tráfico.

www.rigaoutthere.com Gestionada por una empresa de circuitos local, dispone de un práctico planificador de itinerarios en la columna de la derecha.

www.zl.lv Otra excelente base de datos letona con detallada información sobre negocios en Riga y el resto del país.

Cómo llegar y salir

AVIÓN

El aeropuerto internacional de Riga (Starptautiskā Lidosta Rīga; ☎1817; www.riga-airport.com; Mārupe District; 🚌22) se halla en el suburbio de Skulte, 13 km al suroeste del centro. Se trataba del único aeropuerto comercial de Letonia cuando se elaboró esta guía.

BARCO

La **terminal de ferris de pasajeros** de Riga (☎6732 6200; www.portofriga.lv; Eksporta iel 3a), situada aproximadamente 1 km río abajo (norte) del puente de Akmens, conecta con Estocolmo con **Tallink** (☎6709 9700; www.tallink.lv), tres o cuatro veces por semana.

AUTOBÚS

La **estación internacional de autobuses** (Rīgas starptautiskā autoosta; plano p. 208; www.autoosta.lv; Prāgas iela 1) de Riga se encuentra detrás del terraplén del ferrocarril pasado el borde sureste del casco antiguo. Circulan autobuses a destinos internacionales como Tallin, Vilna, Varsovia, Pärnu, Kaunas, San Petersburgo y Moscú. Se puede probar **Ecolines** (☎6721 4512; www.ecolines.net), **Eurolines Lux Express** (☎680 0909; www.luxexpress.eu) o **Nordeka** (☎674 4620; www.nordeka.lv).

A continuación se detallan algunos de los servicios bálticos desde Riga (las frecuencias indicadas se refieren a la mañana; por la tarde pueden circular menos autobuses o ninguno):

Aglona (9 €, 4 h, diario, 4.00 y/o 6.00)
Bauska (3 €, 1¼ h, cada media hora)
Cēsis (4,15 €, 2 h, cada media hora)
Daugavpils (9 €, 3½-4¼ h, cada hora o cada 2 h)
Dobele (3,25 €, 1½ h, cada media hora o cada hora)
Jelgava (2,30 €, 1 h, cada media hora)
Kandava (5 €, 1½-2 h, 10 diarios)
Kaunas (20-25 €, 4-5½ h, 3 diarios)
Kolka (6,25-7,85 €, 3½-4½ h, 5 diarios)
Kuldīga (6,40 €, 2½-3¼ h, cada hora)
Liepāja (8,50 €, 4 h, cada hora)
Pärnu (11 €, 2¾ h, cada hora)
Pāvilosta (8,70 €, 4½ h, cada hora)
Sigulda (2,15 €, 1 h, cada 45 min)
Tallin (14 €, 4½ h, cada hora)
Ventspils (7,55 €, 3-4 h, cada hora)
Vilna (13-19 €, 4 h, 13 diarios)

TREN

La **estación central de trenes** de Riga (Centrālā stacija; ☎6723 2135; www.pv.lv; Stacijas laukums 2), fácilmente accesible desde el casco antiguo y el centro, se halla en un bloque de cemento de la era soviética (ahora incrustado en un centro comercial cubierto de vidrio) en los límites del casco antiguo.

En un amplio vestíbulo a la derecha de la entrada principal, las ventanillas 1- 6 venden billetes a destinos internacionales, entre los que figuran ahora Moscú (142 €, 16 h, diario), San Petersburgo (107 €, 15 h, diario) y Minsk (66 €, 12 h, diario). Los billetes nacionales se venden en las ventanillas 7-15. La oficina de información (abierta 7.00-19.00) queda cerca de esta última.

La mayoría de los letones viven en el amplio anillo suburbano y rural de Riga y van a trabajar a la ciudad con la práctica red de trenes suburbanos, que también resulta muy útil para excursiones de un día.

Riga cuenta con seis líneas suburbanas. Las más útiles para los viajeros son la línea Dubulti-Sloka-Ķemeri-Tukums, que recorre toda Jūrmala, y la línea Sigulda-Cēsis-Valmiera, que lleva al corazón del Parque Nacional de Gauja. La línea de Skulte es práctica para Saulkrasti.

Al este, la línea se dirige hacia Krustpils, donde se bifurca. Una parte sigue hacia Rēzekne, Ludza y Rusia y la otra va al sur hacia Daugavpils y Bielorrusia. Consúltense en www.ldz.lv los horarios y precios de trenes de larga distancia nacionales e internacionales. El tren no resulta práctico para destinos del oeste de Letonia.

A continuación se listan los servicios nacionales más populares. Obsérvese que no hay servicios nocturnos, aunque los trenes a Jūrmala circulan hasta medianoche:

Cēsis (3,50 €, 2 h, 4 diarios)
Daugavpils (7 €, 3½ h, 3 diarios)
Jūrmala (Majori) (1,40 €, 30 min, dos o tres cada hora)
Ludza (7,80 €, 4 h, 2 diarios)
Rēzekne (7,20 €, 3½ h, 2 diarios)
Saulkrasti (2,20 €, 1 h, cada hora)

Cómo desplazarse

Para información sobre el transporte público y el aparcamiento en Riga, consúltese la excelente web municipal www.rigassatiksme.lv.

A/DESDE EL AEROPUERTO

La forma más barata de ir del aeropuerto de Riga al centro es el autobús 22 (2 €, 25 min), que sale al menos cada media hora y efectúa varias paradas en la ciudad, incluido el complejo Stockmanns y la parte del casco antiguo situada junto al río. Un taxi del aeropuerto al centro cuesta unos 12 €.

BICICLETA

Para moverse por la ciudad, **Sixt Rent a Bicycle** (Sixt velo noma; ☎6767 6780; www.sixtbicycle.lv; 30 min/día 0,90/9 €) cuenta con varios puestos estratégicamente situados por Riga y Jūrmala; simplemente se elige la bici, se llama al servicio de alquiler y se recibe la clave para llevársela.

AUTOMÓVIL Y MOTOCICLETA

Riga está dividida en seis zonas de aparcamiento. Una plaza municipal en el centro de Riga cuesta 2-3 €/h. Si se precisa estacionar por más tiempo, se puede consultar www.europark.lv, que gestiona aparcamientos por toda la ciudad y ofrece más flexibilidad y mejores precios.

TRANSPORTE PÚBLICO

El centro de Riga es tan compacto que uno apenas se plantea usar el transporte público, pero los tranvías, autobuses o trolebuses pueden resultar útiles para explorar más allá. Se pueden consultar los itinerarios y horarios en www.rigassatiksme.lv. El billete cuesta 1,15 € (0,30 € para estudiantes con tarjeta ISIC). Hay billetes sin límite de viajes durante 24 h (5 €), tres días (10 €) y cinco días (15 €). Los billetes se venden en los quioscos de prensa Narvessen o en máquinas a bordo de los nuevos tranvías o en el paso subterráneo junto a la estación de tren.

TAXI

Los taxis cobran 0,60-0,80 €/km. Se debe insistir para que se conecte el taxímetro antes de arrancar. Los taxímetros suele empezar a contar desde 1,50 €. No debería costar más de 5 € un trayecto corto, como cruzar el Daugava para cenar en Ķīpsala. Hay paradas de taxis fuera de las estaciones de autobuses y trenes, en el aeropuerto y delante de algunos hoteles importantes del centro, como el Radisson Blu Hotel Latvija.

ALREDEDORES DE RIGA

Cuesta creer que se extiendan largos tramos de playas y umbrosos pinares a 20 km del núcleo metropolitano de Riga. Tanto Jūrmala como el Parque Nacional de Ķemeri constituyen excelentes excursiones de un día.

A la carretera que une Riga y Jūrmala (la única de seis carriles del país) la llamaban "10 minutos en América" durante la era soviética porque las películas de producción local ambientadas en EE UU siempre se rodaban en esta concurrida vía.

Jūrmala

56 000 HAB.

La versión báltica de la Costa Azul es una larga franja de localidades con villas de estilo

LA TIERRA LLORA EN SALASPILS

Si interesa el gigantismo soviético de temática bélica, como la escultura a la Patria de Volvogrado (Rusia), se encontrará un gran ejemplo en el Memorial del Campo de Concentración de Salaspils, a la salida de Riga en la carretera a Latgale. Creado por los nazis durante la II Guerra Mundial, no era un campo de la muerte como Auschwitz, pero las condiciones de los reclusos (en su mayoría izquierdistas letones y prisioneros de guerra soviéticos, además de unos miles de judíos alemanes) eran duras y muchos murieron.

El eje es un enorme búnker de hormigón que parece una caja de ascensor que sube al cielo para simbolizar el acceso a la eternidad a través del sufrimiento. Una inscripción reza "Tras esta puerta, la Tierra llora", un fragmento de un poema del escritor letón Eizens Veveris, que fue prisionero en este campo.

Enfrente, siete afligidas figuras de piedra con nombres como "El invicto", "El humillado", "Solidaridad" y "Juramento" se elevan en una pradera. En el interior del búnker una pequeña exposición explica los horrores allí vividos. Un bloque de piedra pulida de 6 m de longitud con un metrónomo en su interior emite un inquietante latido que nunca cesa.

Para ir en transporte público, se toma el tren subterráneo Ogre-Krustpils y se baja en Dārziņi (no en Salaspils). Junto al cuartel se inicia el camino de la estación al *piemineklis* (monumento conmemorativo), a solo unos 15 min a pie. Si se conduce desde Riga por la autopista A6, el desvío queda a mano izquierda, 300 m antes del cruce con la A5.

prusiano, todas únicas por su forma y decoración. Jūrmala siempre fue el sitio de playa donde había que estar, incluso en el apogeo del comunismo. Hoy en día, los magnates rusos y sus glamurosas esposas forman una parte visible de la población. Acaudalados seguidores de la moda exhiben sus prendas playeras de alta costura tomando el sol entre un tratamiento de *spa* y otro. Los fines de semana estivales las carreteras se atascan al acudir en tropel la gente de la *jet set* y los domingueros rigueses.

La franja de 32 km de Jūrmala consta de 14 municipios o distritos. Si no se dispone de automóvil ni bicicleta, lo mejor es dirigirse directamente al centro de la acción, los distritos de Majori y Dzintari. La calle peatonal de 1 km que los une, Jomasiela, se considera la calle principal de Jūrmala y ofrece un sinfín de locales para turistas. A diferencia de muchas otras localidades costeras europeas, en Jūrmala la mayor parte de restaurantes y hoteles quedan bastante apartados de la playa, por lo que esta se mantiene (relativamente) prístina.

Puntos de interés

Además de la playa, destacan las pintorescas **casas de madera** *art nouveau*, identificables por sus toldos con ondas, detalladas fachadas y elaboradas torres. Aunque la zona alberga más de 4000 construcciones de madera (en su mayor parte espléndidas casitas de verano), para hacerse una idea basta con pasear por Jūras iela, la paralela a Jomas iela entre Majori y Dzintari. Se verán casas en muy diversos estados, tanto deterioradas y abandonadas como estupendamente restauradas o incluso recién construidas. La oficina de turismo facilita un práctico folleto, *The Resort Architecture of Jūrmala City*, con varios circuitos a pie autoguiados de arquitectura; uno se centra en el barrio de Majori.

Al otro extremo del espectro arquitectónico, frente a la playa se verán varios sanatorios de época soviética. El más representativo, el **sanatorio Vaivari** (Asaru prospekts 61), se encuentra en la calle principal, 5 km al oeste de Majori; parece un enorme crucero varado, metido en naftalina desde los tiempos de Brézhnev. Sorprendentemente sigue en funcionamiento, enfocado a una clientela de cierta edad.

Museo de la Ciudad de Jūrmala MUSEO
(☎6776 4746; Tirgoņu iela 29; ⏲10.00-18.00 mi-do) GRATIS Tras una costosa renovación, este museo exhibe una bonita colección permanente que ilustra la colorida historia de Jūrmala como complejo turístico exclusivo en la antigua URSS.

Museo al Aire Libre de Jūrmala MUSEO
(☎6775 4909; Tiklu iela 1a; ⏲10.00-18.00 ma-do) En Lielupe, entre Jūrmala y Riga, este museo conserva casas de pescadores del s. XIX y una colección de material náutico. Con un poco

de suerte se puede probar pescado ahumado preparado a la tradicional manera letona.

Residencia Artística "Luz Interior" GALERÍA DE ARTE

(☎6787 1937; www.jermolajev.lv; Omnibusa iela 19; adultos/niños 3/1 €; ⊙11.00-17.00) Al visitarlo, se cura la melancolía de un día lluvioso. Regentado por un artista ruso local junto a su propia vivienda, muestra retratos que cambian al recibir distintas cantidades de luz; los crea con una pintura de efecto fluorescente cuya receta es secreta. La etérea música de Enya acentúa lo psicodélico de la experiencia, mientras las obras brillan en la palpitante oscuridad.

Actividades

El primer balneario de Jūrmala se inauguró en 1838, y desde entonces la zona goza de fama como capital balnearia y de *spa* del Báltico. Se ofrecen tratamientos en una serie de hoteles de renombre y enormes sanatorios soviéticos situados a lo largo de la playa hacia el Parque Nacional de Ķemeri. Muchos alojamientos disponen de paquetes combinados de habitación y *spa*.

Baltic Beach Spa SPA

(☎6777 1446; www.balticbeach.lv; Jūras iela 23/25; tratamientos desde 15 €; ⊙8.00-22.00) Unido a un complejo playero, se trata del mayor centro de tratamientos del Báltico, con tres plantas de salas de masaje, saunas, estudios de yoga, piscinas y *jacuzzis*.

La 1ª planta, decorada al estilo de un granero campestre, ofrece vigorizantes tratamientos que alternan el frío y el calor; hay que entrar en la sala de vapor y salir cada tanto para echarse cubos de agua helada sobre la cabeza.

Līvu Akvaparks PARQUE ACUÁTICO

(☎6775 5636; www.akvaparks.lv; Viestura iela 24; 1 día adultos/niños 29/20 €; ⊙11.00-22.00 lu-vi, 10.00-22.00 sa y do) Enorme e ideal para familias, se halla en Lielupe, entre Jūrmala y Riga.

Fiestas y celebraciones

Jūrmala solía acoger grandes festivales musicales y de comedia destinados a la audiencia televisiva rusa, pero todo terminó con la guerra en Ucrania. No obstante, aún se programan muchas actividades; consúltese www.tourism.jurmala.lv.

Festival Callejero de Joma CARNAVAL CALLEJERO

(www.jurmala.lv) La fiesta anual de Jūrmala tiene lugar en julio; el 2009 se celebró el 50º aniversario de la unificación de los distritos de Jūrmala. Cabe destacar el concurso de esculturas de arena en la playa (www.magicsand.lv).

Dónde dormir

No existe la palabra "barato" en Jūrmala. Quien pretenda gastar poco, debería realizar solo una excursión a Jūrmala y alojarse en Riga. La oficina de turismo ayuda a reservar alojamiento en la gama de precios elegida y dispone de una lista de particulares que alquilan habitaciones. Los precios resultan más altos en verano y disminuyen muchísimo en temporada baja.

★**Hotel MaMa** HOTEL-BOUTIQUE €€

(☎6776 1271; www.hotelmama.lv; Tirgonu iela 22; h desde 75 €; 📶) Las puertas de las habitaciones con un grueso acolchado en el lado interior tienen cierto toque psico-chic y las suites resultan una vorágine de blancos drapeados. Una mezcla de pintura plateada y polvos mágicos resalta los muebles y accesorios ultramodernos. Si el paraíso tuviera un burdel, sería algo así.

Parus HOTEL PATRIMONIO €€

(☎6776 2391; www.parus.lv; Smilšu iela 2; i/d/tr 65/80/110 €) Una de las villas prusianas que dan forma a Jūrmala, esta bonita casa de madera verde cuenta con habitaciones confortables de varias formas y tamaños. Solo una duna la separa de la playa.

Villa Joma HOTEL-BOUTIQUE €€€

(☎6777 1999; www.villajoma.lv; Jomas iela 90; i/d desde 100/110 €) Este atractivo hotel ofrece 14 habitaciones inmaculadas de curiosa tipología, como las que lucen claraboya. Aunque queda a varias manzanas de la playa, goza de una terraza ajardinada donde tomar el sol. Se sirve una comida fantástica en el espacioso restaurante de la planta baja.

Hotel Jūrmala Spa HOTEL €€€

(☎6778 4415; www.hoteljurmala.com; Jomas iela 47/49; h desde 80 €; @📶🏊) Las habitaciones de esta alta mole negra resultan pequeñas, pero se ven impolutas y las de los pisos 8º y 9º brindan amplias vistas del río interior y del mar. Se recomienda acercarse a la animada coctelería del piso superior.

Dónde comer

En verano se debe pasear por Jomas iela para elegir la cervecería al aire libre, cafetería con terraza o restaurante a la moda que más

Jūrmala

guste. Si no apetece experimentar, casi todas las cadenas de restaurantes de Riga cuentan con una franquicia en Jūrmala. La mayor parte de los locales abren todo el año, para los amantes de la playa en verano y para los adictos al *spa* en invierno. Además, muchos hoteles disponen de restaurante.

MaMa DE FUSIÓN €€
(http://hotelmama.lv/en/restaurant; Tirgoņu iela 22; principales 10-22 €; ⏲12.00-22.00) Prepara cocina de fusión ítalo-letona, luce almidonados manteles blancos y presenta un baturrillo de asientos que parecen tronos. Los asientos especialmente diminutos están reservados para mascotas. Hay que ver el baño en tecnicolor con una graciosa sorpresa en el techo.

Sue's Asia INDIA €€
(Jomas iela 74; principales 9-12 €; ⏲12.00-23.00) Los del lugar adoran su cocina cuasiauténtica, aunque choca ver a bálticas de un rubio platino vestidas con sari sirviendo platos panasiáticos. Se comen especiados curris o tierno pollo a la mantequilla entre estatuas de deidades orantes.

Orizzonte GOURMET €€
(www.orizzonte.lv; Baznīcas iela 2B; principales 10-20 €; ⏲11.00-23.00) Al borde de la arena en el distrito Dubulti de Jūrmala, brinda fantásticas vistas de la puesta de sol en el golfo de Riga. De noche presenta manteles blancos, luz de velas y suaves melodías de guitarra.

Il Sole ITALIANA €€
(Jūras iela 23/25; principales 14-30 €; ⏲11.00-23.00) Ubicado en el Baltic Beach Hotel, este romántico restaurante cuenta con una fantástica zona de comedor que da al mar y una larga carta de deliciosos platos italianos y vinos importados. Aunque el decorado florentino resulta algo hortera, nadie se fija mientras contempla la puesta de sol.

★36.Line LETONA MODERNA €€€
(☎22010696; www.lauris-restaurant.lv; Līnija 36; principales 12-30 €; ⏲11.00-23.00; ✎) El famoso chef local Lauris Alekseyevs reinventa clásicos letones en este fantástico restaurante que ocupa una franja de arena en el límite oriental de Jūrmala. Se puede disfrutar de la playa antes de vestirse ropa deportiva para el almuerzo o elegante para la cena. Por la noche los DJ suelen marcar el ritmo.

Dónde beber y ocio

Seaside Bar BAR
(☎6778 4415; Jomas iela 47/49; ⏲15.00-2.00 hasta 24.00 do) Este local de moda para bailar se eleva muy por encima de los árboles en la 11ª

Jūrmala

Puntos de interés

Actividades, cursos y circuitos

Dónde dormir

Dónde comer

Dónde beber y vida nocturna

Ocio

planta del Hotel Jūrmala Spa. Se puede tomar la copa tranquilamente en los asientos de la era espacial o bailar bajo la bola de discoteca.

Casa de la Cultura y cine de Majori
MÚSICA EN DIRECTO, CINE

(Majori Kultūras nams; ☎6776 2403; Jomas iela 35) Ofrece películas, conciertos de música y diversas exposiciones de arte y artesanía.

Sala de conciertos Dzintari
MÚSICA EN DIRECTO

(Dzintari Koncertzāle; ☎6776 2092; Turaidas iela 1) La legendaria sala de conciertos al aire libre (hay techo, pero no paredes) funciona desde 1897, aunque no en su forma actual. Antaño una de las salas más visitadas por los músicos y actores soviéticos, continuó siendo un segundo hogar para los artistas pop rusos hasta el 2015, cuando Letonia decidió cancelar dos grandes festivales rusos a causa de la guerra en Ucrania. Como consecuencia, ofrece ahora un repertorio más internacional y variado. Programa conciertos de junio a agosto.

Información

La oficina de turismo ofrece acceso a internet gratis y el Museo de la Ciudad de Jūrmala, wifi gratis.

Hospital Bulduri (Vienības prospekts 19/21)

Oficina de turismo (☎6714 7900; Lienes iela 5; ⏰9.00-19.00 lu-vi, 10.00-17.00 sa, 10.00-15.00 do) Muy eficiente, frente a la estación de trenes de Majori, con un sinfín de folletos de paseos a pie, rutas en bici y atracciones. Ayuda a concertar alojamiento y alquilar bicicletas. Fuera cuelga un enorme mapa para orientar a los visitantes cuando está cerrada.

Cómo llegar y desplazarse

BICICLETA

Sixt Rent a Bicycle (Sixt velo noma; www.sixtbicycle.lv) De las varias sucursales en Jūrmala, la más práctica se halla al otro lado de la plaza desde la estación de Majori. También se pueden dejar las bicicletas alquiladas en Riga.

AUTOMÓVIL Y MOTOCICLETA

Los conductores que entren en Jūrmala deben pagar un peaje diario de 2 € antes de cruzar el río Lielupe, aunque no hagan más que pasar. Hay muchas plazas de aparcamiento, en su mayoría gratuitas, en Jūras iela.

MICROBUSES

Una forma habitual de transporte entre Riga y Jūrmala supone tomar un microbús (30 min) con rumbo a Sloka, Jaunķemeri o Dubulti y pedir al conductor que se detenga en Majori. Salen cada 5-15 min de 6.00 a 24.00 frente a la estación central de trenes de Riga. Para el regreso, salen de la estación de trenes de Majori. Estos microbuses regulares también llegan a otros distritos dentro de Jūrmala. De 9.00 a 24.00 circulan microbuses entre Jūrmala y el aeropuerto internacional de Riga.

BARCO LENTO

El servicio de **barco lento** (☎29237123; www.pie-kapteina.lv; adultos/niños 15/10 €) sale desde la plaza de los Fusileros de Riga y desde los muelles cerca de la estación de tren en Majori. El viaje dura 1 h y solo funciona los fines de semana.

TREN

Se efectúan dos o tres salidas cada hora entre Jūrmala y el centro de Riga. Se toma el tren suburbano hacia Sloka, Tukums o Dubulti para apearse en la estación de Majori (1,50 €, 30-35 min). Desde Riga la primera salida es a las 5.50, y el último tren parte de Majori a las 22.45. Los trenes hacia Jūrmala suelen salir de las vías 3 y 4; efectúan seis o siete paradas dentro de los límites de la localidad costera para quien vaya a otro distrito. Consúltese la información más actualizada en www.pv.lv o www.1188.lv.

Parque Nacional de Ķemeri

Más allá de la parte elegante de Jūrmala, con casas de famosos y bares junto al mar, se extiende una zona interior verde llamada **Parque Nacional de Ķemeri** (Ķemeru nacionālais parks; ☎6673 0078; www.kemerunacionalaisparks.lv). Hoy esconde tranquilos pueblos pesqueros entre ciénagas, lagos y bosques, pero en los últimos años del s. XIX la fama del barro curativo y el agua de manantial de Ķemeri atraía a visitantes de lugares tan lejanos como Moscú. Aunque los terrenos del parque están abiertos todo el año, sus infraestructuras solo funcionan de junio a agosto.

El **centro de información del parque** (☎6714 6819; www.kemeri.lv; ⊙10.00-18.00 jun-ago) se halla en un viejo hotel-restaurante con aspecto de granero llamado "El mosquito gracioso". Aunque casi toda la información se ofrece en letón, se pueden alquilar bicicletas y apuntarse a conferencias y programas como los de observación de murciélagos y aves. De este centro sale un pintoresco **sendero** de 600 m que describe un círculo por bosque llano.

El olor a huevos podridos flota en el aire de la localidad balnearia del parque, famosa por sus aguas sulfurosas. También llamada Ķemeri, gozó de gran fama de oasis curativo desde que se inauguró su primer baño de barro a finales de la década de 1800 hasta la II Guerra Mundial. El agua de la zona resulta potable y al parecer muy saludable. Si se llena la botella de agua en la escultura de piedra del **Lagarto,** donde brota un manantial que va al río, se puede ir tomando la acre bebida paseando por glorietas de un desvaído verde menta y puentecillos de hierro forjado de románticos nombres como "puente de los Suspiros" o "puente de los Caprichos". Todo permanece como en el apogeo del balneario en la década de 1930.

Destaca el **Hotel Ķemeri;** construido durante la breve independencia letona en los años treinta y llamado el "buque blanco", muestra una de las fachadas más impresionantes fuera de Riga. Actualmente solo puede apreciarse el exterior debido a la falta de fondos para renovarlo. Se recomienda pasear por el parque hasta la **iglesia ortodoxa de San Pedro y San Pablo,** el templo más antiguo de Ķemeri. Se construyó en 1893 sin utilizar ni un solo clavo.

El ahumado y envasado del pescado siguen siendo las ocupaciones predominantes en los pueblos que se encuentran por la carretera costera que va hacia el norte y lleva al cabo de Kolka. Huele mucho a pescado en **Lapmežciems,** pueblo con vistas al lago Kaņieris 3 km al oeste de Jūrmala. Los espadines se envasan en la conservera situada a la derecha de la entrada este al pueblo. En el mercado local venden anguila, espadín, salmón y atún recién ahumados, al igual que en el de **Ragaciems,** 2 km al norte.

ℹ Cómo llegar y salir

Desde Riga resulta muy fácil llegar al Parque Nacional de Ķemeri, ya que se halla pasado Jūrmala en la línea de tren suburbano que desde la capital sale hacia el oeste. Circulan 15 trenes diarios entre Riga y la estación de Majori en Jūrmala. Al parque también se llega en el autobús nº 11 desde la estación de Majori o directamente desde Riga.

OESTE DE LETONIA (KURZEME)

El Condado de la Tierra Media letona, Kurzeme, posee el verdadero espíritu letón que los cosmopolitas rigueses sienten la necesidad de abrazar en momentos de celebración o desesperación. Nacionalismos aparte, Kurzeme consta de kilómetros y kilómetros de deslumbrante belleza natural. La desolada costa arenosa resulta perfecta para aventurarse fuera del camino trillado. Una constelación de localidades costeras –Kolka, Ventspils, Pāvilosta y Liepāja– ofrecen agradables pausas entre los largos tramos de vacío absoluto.

Kurzeme (Curlandia en español) no estuvo siempre tan tranquila; en tiempos la habitaban los curonios que le dieron nombre, una rebelde tribu famosa por unirse a los vikingos en sus incursiones y batallas. En el s. XIII llegaron los cruzados alemanes y subyugaron a los curonios y demás tribus de Letonia. Cuando en 1561 el zar ruso Iván el Terrible aplastó a la Orden de Livonia, su último gran maestre Gotthard Kettler salvó Curlandia y la vecina Semigalia (Zemgale en letón) como ducado personal.

Jacobo, duque de Curlandia de 1640 a 1682, puso la región en el mapa al crear una flota mercante y de guerra, y adquirir dos remotas colonias: Tobago, en el Caribe, y una isla en la desembocadura del Gambia en África. Incluso pensó en colonizar Australia. El imperio curlandés no duró mucho, pero los letones de

Oeste de Letonia (Kurzeme)

EE UU y Canadá siguen reuniéndose en Tobago, a pesar de que la isla tropical no recuerda mucho a la melancolía nórdica de la tierra de sus antepasados.

La carretera de Ventspils

Hay tres grandes carreteras que van de Riga a la costa de Kurzeme. La carretera de Ventspils es la más corta y ofrece muchas vistas pintorescas.

La carretera A10 sale de la autopista de Jūrmala y bordea Jūrmala antes de penetrar en el profundo bosque del Parque Nacional de Ķemeri. Poco después de la salida a la localidad de Ķemeri hay que buscar la señal marrón a la izquierda que indica Lielā Ķemeru tīreļa laipa, es decir, la **ruta del gran pantano de Ķemeri**. El circuito de 3 km de pasarelas traslada a un paisaje de otro mundo de ciénagas multicolor y estanques increíblemente oscuros y profundos, dignos de ser habitados por una sirena. En la torre de observación se reúnen los adictos a los *selfies* y los ornitólogos serios que tratan de avistar una rara cigüeña negra.

A unos 65 km de Riga, antes de Tukums, se ve una indicación a **Cinevilla** (Kinopilsēta Cinevilla; ☎6774 4647; www.cinevilla.lv; adultos/niños 3/1 €; ⊙10.00-19.00), un parque temático surgido de un escenario construido en el 2007 para la película de Aigars Grauba *Rīgas sargi* y que sigue siendo usado por otros realizadores. Con el tiempo, al falso dique de Riga completado por un barco se unió un falso pueblo y una falsa estación con un tren de vapor real. En el momento de redactar esta guía se estaba construyendo un puerto medieval. Los turistas pueden seguir circuitos guiados, jugar con el atrezo, probarse trajes e incluso rodar su propia película. El recinto alberga un restaurante.

Después de Tukums se ven las torres de ladrillo rojo del **castillo de Jaunmoku** (☎26187442; www.jaunmokupils.lv; museo adultos/estudiantes 2,50/1,50 €; ⊙9.00-17.00) a la derecha. Construido como palacio de caza por el inglés más querido de Letonia, el alcalde de Riga George Armitstead (p. 221), parece una fantasía acerca de la tierra natal de su padre, Yorkshire. El complejo incluye un pequeño pero interesante museo, un bonito parque y un hotel poco destacable.

Un poco más allá, la **fábrica de chocolate Pure** brinda una buena ocasión para preparar un pícnic en la costa de Kurzeme.

Entre nueve pequeñas colinas a 120 km de Riga, se ubica la preciosa localidad de **Talsi**, con poco que ofrecer. Sin embargo, alberga el elegante **Martinelli** (principales 10-20 €), una joya oculta apreciada por los enterados por su impresionante carta de vinos y sus platos europeos preparados con cariño y originalidad. Una casa de huéspedes muy limpia ofrece dos habitaciones en la planta de arriba.

Otra joya, pero natural, se encuentra a 30 km al oeste. El lago Usma es una gran masa de agua salpicada por siete islas y con frondosos bosques al fondo. Se puede pasar la noche a orillas del lago en el **Usma Spa Hotel & Camping** (☎6367 3710; www.usma.lv; Priežkalni; dc/d desde 9/58 €; ⊙may-oct), el refugio perfecto para quienes buscan paz. Se puede pescar, navegar a vela, nadar y disfrutar de una completa gama de tratamientos de *spa* en este lugar 1 km al sur de la A10, en la carretera que va al pueblo de Usma.

Aproximadamente 190 km separan Riga de Ventspils.

Ventspils

42 500 HAB.

Fabulosas cantidades de dinero del petróleo y la navegación la han convertido en una de las localidades más bellas y dinámicas del país. Atesora un aire fresco y limpio y cuidados edificios pintados en una variedad de alegres colores, hasta la imponente maquinaria industrial. Sin embargo, el puerto más activo y grande de Letonia no siempre fue todo sonrisas y colorido. Dada su estratégica ubicación a salvo de los hielos, Ventspils fue la bestia de carga industrial y naval para el asentamiento original curonio en el s. XII, la Orden de Livonia en el s. XIII, la Liga Hanseática en el s. XVI y la Unión Soviética en época reciente. Aunque los lugareños paladean sus cervezas Užavas afirmando que no hay mucho que hacer, los viajeros pueden disfrutar de un fin de semana de diversión con estupendas playas, museos interactivos y sinuosas calles del casco viejo salpicadas con algún que otro café y *boutiques*.

Puntos de interés y actividades

El río Venta separa el casco antiguo del colorido puerto en la orilla de enfrente. Al llegar al centro se ven los **Siete Meteoritos Mentales** de Feldberg y el **monumento a Krišjānis Valdemārs**, el escritor y docente letón que formó a miles de campesinos letones al crear la primera escuela naval. Entre el centro y la playa se puede pasear por el barrio de **Ostgals** para recordar tiempos más humildes, cuando la ciudad era un sencillo pueblo de pescadores salpicado de casas de madera. Los visitantes encontrarán en todo Ventspils esculturas de vacas. Vestigio de la fiebre mundial olvidada hace ya algún tiempo y bautizada como Cow Parade, las vacas de Ventspils eran demasiado surrealistas, divertidas y artísticas como para retirarlas.

Playa de Ventspils PLAYA

Para Ventspils, la amplia franja de arena de un blanco radiante al sur del río Venta significa lo que el Louvre para París: su mayor tesoro. Durante los meses más cálidos acuden los amantes de la playa, desde nudistas hasta aficionados al *kitesurf*. Protegida por un cinturón de dunas y un frondoso y coqueto parque, esta playa con bandera azul está impoluta y tan bien cuidada como puede estarlo una playa urbana.

En su extremo norte, la playa limita con la zona de almacenes que pasa a ser el **Muelle Sur**, el más moderno paseo de la ciudad, con una torre de vigilancia desde la que se puede ver el puerto y fotografiar cruceros de línea a su paso frente a la costa.

Museo al Aire Libre de la Costa MUSEO
(Ventspils jūras zvejniecības brīvdabas muzejs; ☎6322 4467; Riņķu iela 2; adultos/niños 1,40/0,60 €; ⏲10.00-18.00 may-oct) Durante siglos, la vida en Kurzeme giraba en torno al mar y la pesca. Ocupando un gran parque, este museo presenta una colección de artes de pesca, anclas y cabañas tradicionales llevadas desde pueblos costeros al norte y al sur de Ventspils. Un atractivo añadido es un tren de vía estrecha construido por los ocupantes alemanes en 1916. El recorrido actual que atraviesa el parque marítimo de la ciudad supone solo una pequeña parte de la red hoy desaparecida que conectaba pueblos de la costa.

Pero aún funcionan dos locomotoras originales alemanas. La estación, junto a las ventanillas del museo, es una copia de la de la localidad de Mazirbe, al norte de Ventspils.

Castillo de la Orden de Livonia CASTILLO, MUSEO
(Livonijas ordeņa pils; ☎6362 2031; www.ventspilsmuzejs.lv; Jāņa iela 17; adultos/niños 2,10/1,10 €; ⏲10.00-18.00 ma-do) Este edificio macizo no parece un castillo a primera vista; el interior del s. XIII acoge un vanguardista museo de historia y arte local. Durante la era soviética el castillo se usó como cárcel y una exposición en las caballerizas repasa los horrores de ese período (solo en letón). Un jardín de piedras zen adyacente proporciona alivio espiritual a la salida.

Casa de la Artesanía MUSEO
(Amatu māja; ☎6362 0174; Skolas iela 3; entrada 0,90 €; ⏲10.00-18.00 ma-vi, hasta 15.00 sa) Los visitantes pueden aprender sobre la artesanía de Kurzeme y ver a artesanos locales tejer prendas que luego se pueden comprar.

Ocupa una construcción de madera levantada en tiempos del Ducado de Curlandia y utilizada como escuela masculina en época soviética. Hay que llamar con antelación si se desean ver demostraciones de cerámica o una explicación guiada sobre la historia de la localidad y el edificio, que conserva un aula intacta con sus pupitres y pizarras de tiza.

Barco 'Hecogs Jēkabs' CIRCUITO EN BARCO
(☎26353344; Ostas iela esq. Tirgus iela; adultos/niños 1,40/0,60 €) Entre abril y noviembre recorre la desembocadura del río Venta. Las excursiones (45 min, 6 diarias) salen desde el muelle 18.

Iglesias
Sobre el conjunto de primorosa arquitectura en madera descuellan dos templos: la **iglesia ortodoxa rusa de San Nicolás** (Sv Nivolaja pareizticīgo baznīca; Plosu iela 10), con sus cúpulas bulbiformes, erigida en 1901 junto al moderno muelle de ferris; y la **iglesia luterana evangélica de Nicolás** (Nikolaja luterāņu baznīca; Tirgus iela 2), levantada en 1835 en la señorial Rātslaukums. Nótese que esta última no se llama de "San Nicolás" porque tomó el nombre del zar Nicolás II cuando este donó una fortuna a los luteranos del lugar.

Dónde dormir

Piejūras Kempings CAMPING €
(☎6362 7925; Vasarnīcu iela 56; parcelas por persona 5 €, casita para 4 personas desde 40 €; @)

YO, ESPÍA

Los soviéticos diseñaron un radiotelescopio de 32 m de diámetro en Irbene para espiar a los satélites de comunicaciones occidentales durante la Guerra Fría. Hoy se usa para observar las estrellas, la Luna y el Sol.

Escondida en el bosque 24 km al norte de Ventspils, esta potentísima antena fue una de las tres utilizadas para espiar al mundo por el Ejército soviético en el Centro de Comunicaciones Espaciales de la URSS. Cuando salieron las últimas tropas rusas en 1994, se llevaron una pero dejaron las otras dos, demasiado grandes para transportarlas.

En la década de 1980, la URSS construyó el R-32, un plato de radar de 600 toneladas montado sobre una base de hormigón de 25 m de altura, la octava antena parabólica más grande del mundo. Desde 1994, la antigua instalación militar ha pertenecido al **Centro Internacional de Radioastronomía de Ventspils** (Ventspils Starptautiskais Radioastronomijas Centrs; ☎29230818; http://virac.venta.lv), parte de la Academia de las Ciencias de Letonia. La reconstrucción de una antena impedía las visitas guiadas en el momento de redactar esta guía, pero estaba previsto que se reanudaran en primavera del 2016.

Ventspils

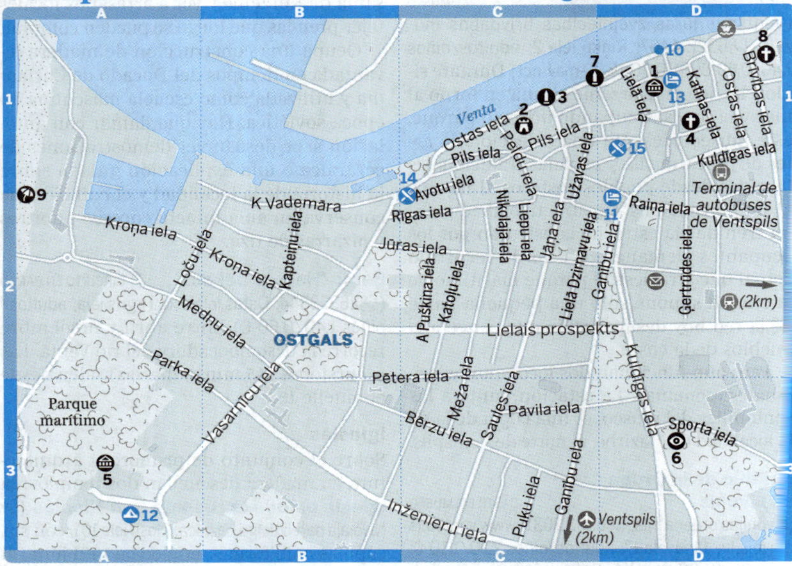

Ventspils

Puntos de interés

1 Casa de la Artesanía D1
2 Castillo de la Orden de Livonia C1
3 Monumento a Krišjānis Valdemārs C1
4 Iglesia luterana evangélica de Nicolás D1
5 Museo al Aire Libre de la Costa A3
6 Jardín Reņka D3
7 Siete Meteoritos Mentales C1
8 Iglesia ortodoxa rusa de San Nicolás D1
9 Playa de Ventspils A2

Actividades, cursos y circuitos

10 Barco *Hecogs Jēkabs* D1

Dónde dormir

11 Kupfernams D2
12 Piejūras Kempings A3
13 Viesu Nams Zītari D1

Dónde comer

Krogs Zītari .... (véase 13)
14 Ostas 23 .... C2
15 Skroderkrogs D1

Encantador, con terrenos de césped para las tiendas y las casitas de pino, además de completos servicios, como lavandería, alquiler de bicicletas y canchas de baloncesto, voleibol y tenis.

Kupfernams B&B €€
(☎6362 6999; www.hotelkupfernams.lv; Kārļa iela 5; i/d 39/59 €; 📶) Perfecta para pasar la noche, esta encantadora casa de madera en el centro del casco antiguo dispone de alegres habitaciones abuhardilladas en la planta superior que dan a un salón común. Abajo acoge un café y una peluquería que también sirve de recepción.

Viesu Nams Zītari PENSIÓN €€
(☎28160018; www.facebook.com/KrogsZitari; Tirgus iela 11; d desde 50 €) Si no se tiene miedo de los animales disecados del salón, se puede dormir en las habitaciones bien equipadas de la cervecería de madera al aire libre de Zītari. Goza de una céntrica ubicación en la plaza del mercado. Las habitaciones luce suelos y muebles de madera, pero un diseño moderno.

Dónde comer y beber

Krogs Zītari EUROPEA DEL ESTE €€
(☎25708337; www.facebook.com/KrogsZitari; Tirgus iela 11; principales 7-12 €; ⏲11.00-24.00) Oculta en el patio de una bonita casa alemana de madera, esta cervecería al aire libre sirve grandes raciones de comida letona tradicio-

nal (o no tan tradicional). Todos los platos, tanto los arenques adobados con queso fresco y patatas cocidas como las más exóticas verduras al horno con queso suluguni georgiano, están pensados como acompañamiento ideal de la excelente cerveza letona.

Skroderkrogs LETONA €€

(☎6362 7634; Skroderu iela 6; principales 6-13 €; ⏲11.00-22.00) El establecimiento ideal para probar grandes raciones de comida casera letona en un entorno agradable (velas y flores en mesas creadas a partir de máquinas de coser antiguas).

Ostas 23 EUROPEA MODERNA €€

(☎22015754; http://ostas23.lv; Ostas iela 23; principales 7-10 €) Quienes prefieran limitarse a los platos internacionales antes que aventurarse en las profundidades de la cocina letona tradicional, no se sentirán defraudados en cuanto a calidad y servicio en este impecable local moderno junto al castillo.

Información

Oficina de correos (Platā iela)

Centro de información turística (☎6362 2263; www.visitventspils.com; Dārzu iela 6; ⏲8.00-18.00 lu-sa, 10.00-16.00 do) En la terminal de ferris.

Biblioteca de Ventspils (☎6362 4333; Akmeņu iela 2; ⏲10.00-19.00 lu-vi, hasta 16.00 sa; 📶) Internet y wifi gratis.

Cómo llegar y salir

Desde la **terminal de autobuses** de Ventspils (☎6362 4262; Kuldīgas iela 5) salen autobuses a/desde Riga (7,50 €, 2¾-4 h, cada hora), Kuldīga (3 €, 1¼ h, 5 diarios) y Liepāja (5,20 €, 2¼-3 h, 7 diarios) vía Jūrkalne (2,50 €, 1 h) y Pāvilosta (3,25 €, 1¼ h).

FUERA DE RUTA

APROXIMACIÓN A LA CULTURA SUITI

Quien se pierda en el triángulo Ventspils-Kuldīga-Liepāja debe buscar el centro. Se trata de un lugar especial en muchos sentidos. Una isla católica en un territorio luterano como Kurzeme, habitada por los suiti, que hablan un dialecto propio y viven mucho más apegados a sus tradiciones que la mayoría de los letones. Es el último rincón de Letonia en el que al menos algunos lugareños asisten a la misa del domingo con sus trajes tradicionales, que en el caso de las mujeres incluye una especie de poncho a cuadros por encima de un vestido escarlata.

Pero su verdadera identidad profunda consiste en cantar. Lo que los expertos llaman "polifonía con nota pedal", a diferencia de la música coral tradicional del Cáucaso (solo cantan las mujeres), se interrumpe con algo parecido a un *rap* en que el solista satiriza a la audiencia por parecer desaliñados, ausentes o perezosos. Cantan un texto totalmente improvisado.

En la capital de los suiti, la pintoresca **Alsunga**, se halla un pequeño castillo livonio y la agradable pensión **Spēlmaņu Krogs** (☎26179298; www.spelmanukrogs.lv; Pils iela 7; h desde 25 €), donde se puede dormir y comer deliciosos platos locales, como *sklandraušis* (bizcochos dulces con zanahorias y patatas). Los fines de semana los propietarios organizan una fiesta, se cocina en una hoguera y actúa Suitu Sievas, el famoso grupo de ancianas de Alsunga que situó el país de los suiti en el mapa cultural de Letonia.

Alsunga queda a 14 km de la carretera Ventspils-Liepāja. Se sale en otra localidad suiti, **Jūrkalne**, famosa por sus acantilados de arenisca que dominan una hermosa playa desolada. Existen un par de acogedoras pensiones en la zona, como **Pilsberģi Krogs** (☎27436888; www.pilsbergi.lv; h desde 50 €).

Los suiti no son católicos por una razón política, sino por una totalmente romántica. Durante la Reforma se convirtieron al luteranismo, como todos en Kurzeme. Pero en 1623 el señor de los dominios de Alsunga, Johan Ulrich von Schwerin, se enamoró de una bella polaca. Para que el rey de Polonia aprobara su matrimonio, se tuvo que convertir al catolicismo, junto con todos sus súbditos. La consecuencia fue el aislamiento durante siglos, que debió de resultar duro para los lugareños, pero gracias al cual ha subsistido una cultura única, reconocida oficialmente por la Unesco como Patrimonio Cultural Inmaterial que precisa protección urgente.

Scandlines (www.scandlines.com) opera ferris a Nynashamn, Suecia (21 €, 12 h, 5 semanales) y Travemünde, Alemania (21 €, 25 h, 2 semanales).

Pāvilosta

Este apacible núcleo de playa, a medio camino entre Ventspils y Liepāja, goza de un tranquilo aire surfista. El verano resulta ideal para dedicarse al *windsurf, kitesurf,* surf y vela entre siestecitas y cervezas en la playa. Informan por dónde empezar en la oficina de turismo, cuyo amable personal puede proporcionar también equipo de pesca y paseos en barcos tradicionales y, con suerte, instrucciones para el ahumado del pescado. Se necesita la colaboración climatológica; con mal tiempo no hay nada que hacer.

Dónde dormir y comer

Vēju Paradize PENSIÓN €€

(☎26446644; www.veju-paradize.lv; Smilšu iela 14; d/tr/c desde 49/61/73 €) El "Paraíso del Viento" es el mayor alojamiento de Pāvilosta, con 17 habitaciones de aire playero sencillas y cuidadas. Los áloes resultan muy agradables, sobre todo después de pasar demasiadas horas en el mar. Su restaurante especializado en platos ligeros internacionales abre en verano de 9.00 a 22.00.

El establecimiento cuenta con una flota de barcos de madera tradicionales que se pueden alquilar.

Das Crocodill HOTEL-BOUTIQUE €€

(☎26151333; www.crocodill.lv; Kalna iela 6; h temporada alta/baja desde 80/40 €;) Rezuma carácter por cada tesela de mosaico y cada lámpara. La deliciosa decoración mezcla estilos del mundo, desde el aborigen australiano hasta el tribal africano y el toque polinesio. Hay que darse el lujo de una suite trasera con vistas a la tentadora piscina azul.

Alquila equipos para practicar deportes acuáticos y bicicletas.

Āķagals LETONA €

(Dzintaru iela; principales 5-8 €; ⏱12.00-19.00) Aunque no se pernocte en Pāvilosta, supone una estupenda escala para partir el viaje entre Liepāja, Kuldīga y Ventspils mientras se disfruta de un amplio surtido de deliciosa comida letona en mesas de merendero confeccionadas con gruesos troncos barnizados. Hay un gran columpio, dunas batidas por el viento y una oxidada torre de observación detrás para entretenerse mientras llega la comida.

Snack Bīčbārs CAFÉ

(Illy; ⏱jun-ago) En el sendero de tierra que va a la playa, esta modificada cabaña de falso estilo polinesio ofrece cócteles y café. Uno se puede llevar la bebida o sentarse tranquilamente en los muebles de mimbre a tomársela ojeando un manoseado ejemplar de la última revista de moda. El bar cambia de nombre cada verano, según qué institución riguesa tome el mando en los meses más cálidos.

Información

Al lado de la oficina de turismo se halla un cajero automático 24 h.

Oficina de correos (Tirgus iela 1; ⏱9.00-17.00 lu-vi)

Oficina de turismo (www.pavilosta.lv; Dzintaru iela 2; ⏱7.30-21.00 jun-ago, hasta 19.30 sep-may) El amable personal concierta alojamiento y actividades. Se encuentra en la calle principal que va a los muelles, cerca de la parada de autobuses.

Cómo llegar y salir

Los autobuses Intercity conectan Pāvilosta con Liepāja (2,65 €, 70 min, 5 diarios), Kuldīga (2,70 €, 65 min, diario con servicio hasta Riga) y Ventspils (3,25 €, 1¼ h, 4 diarios). Paran frente a la oficina de turismo.

Liepāja

83 400 HAB.

Esta atípica población se trata de una ciudad portuaria con rudos almacenes de ladrillo rojo, torpederos amarrados y una vieja cárcel como mayor atractivo, aunque también cuenta con una de las playas más hermosas del país y ha sido cuna de un desproporcionado número de grandes músicos letones. Su atmósfera agresiva se traduce en una escena musical dura, pero en realidad su búsqueda de una identidad propia no ha hecho más que empezar.

Fundada por la Orden de Livonia en el s. XIII, la tercera localidad más grande de Letonia cobró importancia a finales del s. XIX bajo el zar Alejandro III, que hizo más profundo el puerto y construyó otro puerto militar gigantesco. Durante años la industrial Liepāja fue conocida como sede de la primera flota de submarinos rusos del Báltico. Tras la II Guerra Mundial, los soviéticos ocuparon

Liepāja

Liepāja

Puntos de interés

1 Casa de Artesanos D2
2 Museo de Historia y Arte de Liepāja ... B1
3 Museo de Liepāja bajo la Ocupación D3
4 Mercado de Pedro C3

Dónde dormir

5 Fontaine Royal C1
6 Hotel Fontaine C1
7 Promenade Hotel D1
8 Roze B3

Dónde comer

9 Boulangerie C3
10 Darbnīca D1
Fontaine Delisnack .... (véase 12)
11 Pastnieka Māja C2

Dónde beber y vida nocturna

12 Fontaine Palace D1
Prison Bar .... (véase 5)

la bombardeada ciudad y la convirtieron en base militar estratégica.

Puntos de interés

Dada la escasez de puntos de interés, lo mejor es dirigirse a la playa. Un estrecho cinturón verde llamado parque de Jūrmala sirve de barrera entre las suaves dunas y el estropeado centro urbano.

Karosta

Esta antigua base naval rusa 4 km al norte del centro abarca un tercio de los límites de la localidad; el acceso estaba prohibido durante la época soviética. Aún muestra huellas de la ocupación, desde anticuados barracones militares hasta feos bloques de viviendas soviéticas, muchas de ellas abandonadas. Como los puntos de interés están bastante dispersos, se recomienda explorar Karosta en bici o en automóvil. Hay una playa bonita, así que si hace calor conviene llevar traje de baño.

Prisión de Karosta EDIFICIO HISTÓRICO

(Karostas cietums; ☎26369470; www.karostascietums.lv; Invalīdu iela 4; adultos/niños 4,50/3 €; ⏲9.00-19.00 diario jun-ago, 10.00-18.00 diario may y sep, 12.00-15.00 sa y do oct-abr) Los aficionados a los castigos recibirán su merecido en esta vieja y siniestra prisión, que funcionó hasta 1997. Construida en 1900 como enfermería, pronto se convirtió en una cárcel militar, incluso antes de que se terminara el edificio. Las visitas comienzan a las horas en punto y en ellas se explica la historia de la prisión, usada para castigar a soldados indisciplinados. También se ofrecen experiencias más extremas para grupos de 10 personas o más (imprescindible reservar).

Quien quiera recibir un duro castigo o presumir de haber pasado una noche en una cárcel soviética, puede apuntarse a ser prisionero por una noche (17 € por persona). Se verá sujeto a frecuentes inspecciones de cama y a insultos de guardias vestidos de época y tendrá que aliviarse en unas de las letrinas más repugnantes del mundo. No se molestará a quien reserve la noche en la celda 26 (de incomunicación), pero la oscuridad total resultará desquiciante.

Para quienes busquen una dosis de masoquismo sin tener que pasar la noche, se organizan 'experiencias reales' de 1 h (adultos/niños 6/4,50 €). También se ofrecen circuitos por los fuertes septentrionales en su día prohibidos, donde se puede participar en el juego de espías *Fuga de la URSS*.

★ Catedral marítima de San Nicolás — IGLESIA

(www.morskoj-sobor.lv; Katedrāles iela 7; ⌚8.00-17.00 y durante los servicios vespertinos) La catedral, con sus cúpulas bulbosas, brilla como una piedra preciosa entre el cemento gris de los decrépitos bloques de apartamentos soviéticos que la rodean. Se construyó en 1901 en estilo historicista ruso. Durante la I Guerra Mundial se arrancaron las decoraciones interiores y, tras años de utilizarse como cine y complejo deportivo, la catedral se restauró en los años noventa. Como en todas las iglesias rusas, no se permiten pantalones cortos ni ropa de playa y las mujeres deben cubrirse la cabeza con un pañuelo.

Centro de la ciudad

El centro de Liepāja cuenta con algunos puntos de interés que visitar.

Mercado de Pedro — MERCADO

(Kuršu laukums) En este lugar se han reunido vendedores ambulantes desde mediados del s. XVII. En 1919 el mercado se amplió con la construcción de un pabellón adyacente a la plaza. Hoy, dentro y fuera de este bullicioso complejo, los puestos venden de todo, desde ropa de segunda mano hasta DVD piratas o fruta y verdura frescas.

Casa de Artesanos — MUSEO

(www.saivaart.com; Dārza iela 4/8; ⌚10.00-17.00 lu-vi) GRATIS Se puede ver la obra de arte en ámbar más grande del mundo (un enorme tapiz oscilante), además de las ancianitas tejiendo bufandas, mitones y mantas que ponen a la venta. El joyero de la 2ª planta crea pendientes y collares originales y muy bonitos.

Museo de Historia y Arte de Liepāja — MUSEO

(Liepājas vēstures un mākslas muzejs; ☎29605223; Kūrmājas prospekts 16/18; ⌚10.00-18.00) GRATIS Ofrece diversas exposiciones impresionantes, como utensilios de la Edad de Piedra y de Bronce procedentes de excavaciones arqueológicas de la zona y una interesante colección de joyas antiguas, armas y objetos de la época de las dos guerras mundiales.

Museo de Liepāja bajo la Ocupación — MUSEO

(K Ukstiņa iela 79; ⌚10.00-18.00 mi-do) GRATIS Muestra la sangrienta historia de las ocupaciones soviética y nazi de Letonia, con particular énfasis en Liepāja. Las explicaciones se hallan en letón, pero no hacen falta palabras para explicar las poderosas imágenes de las deportaciones a Siberia de 1939-1940 (unos 2000 habitantes de Liepāja fueron deportados), el genocidio cometido contra los judíos letones (más de 5000 fueron masacrados en la ciudad y alrededores) y la lucha por la independencia de 1991.

Dónde dormir

Hotel Fontaine — ALBERGUE €

(☎6342 0956; www.fontaine.lv; Jūras iela 2-; d con/sin baño 45/25 €; @) En una encantadora casa de madera del s. XVIII con molduras verde limón, este establecimiento provoca adoración u odio. Todo el lugar respira un aire de tienda de segunda mano, desde la tienda de adornitos *kitsch* que sirve de recepción hasta la veintena de habitaciones atestadas de objetos relacionados con el *rock,* polvorientos tapetes orientales, llamativos mosaicos, propaganda soviética y todo lo que sea poco convencional. El sótano alberga una cocina común y una sala de estar. Algunas habitaciones se encuentran en una segunda casa de madera en la parte de atrás.

Fontaine Royal — HOTEL €€

(☎6348 9777; www.fontaineroyal.lv; Stūrmaņu iela 1; i/d 35/45 €, i/tw sin baño 20/25 €;) Aparte de los toscos techos de cemento, todo es sofisticado y dorado en este hotel barato y original. Abundan los objetos y esculturas extraños y la omnipresente pintura dorada brillante deslumbra; uno cree estar durmiendo en un cuadro renacentista enmarcado.

Roze PENSIÓN €€

(☎6342 1155; www.parkhotel-roze.lv; Rožu iela 37; i/d desde 49/59 €;) Estilosa y confortable, esta casa de madera azul pálido cercana al mar fue antaño casa de verano de la élite y aún conserva cierto aire *art nouveau*. Las amplias habitaciones, decoradas con papel pintado antiguo y cortinajes, disponen de TV por cable. Cuenta con sauna y un jardín con cenador.

Promenade Hotel HOTEL DE LUJO €€€

(☎6348 8288; www.promenadehotel.lv; Vecā Ostmala 40; h desde 89 €; P@) El alojamiento más elegante de Kurzeme ocupa un enorme depósito del puerto donde antaño se almacenaba cereal.

Dónde comer

Los locales para beber y de ocio sirven también platos letones e internacionales.

Fontaine Delisnack COMIDA RÁPIDA €

(www.delisnack.lv; Dzirnavu iela 4; principales 3-5 €; 24 h) Adjunto al Fontaine Palace, el local más barato donde comer en Liepāja se diseñó para bebedores; las hamburguesas a la americana resultan ideales para absorber los chupitos de vodka ingeridos antes. El servicio es famoso por su lentitud.

Boulangerie PANADERÍA €

(www.boulangerie.lv; Kuršu ielā 2; bollería 4 €; 10.00-19.00 lu-sa, hasta 17.00 do) Por la mañana se puede ver a los adictos al café y los cruasanes esperando en la puerta a que abra el local. Inevitablemente se forma una cola mientras el personal despacha bollos, *éclairs* y *macarons* recién hechos. Los bollos son relativamente caros, aunque 3,50 € por una tortilla con ensalada resulta un buen precio para un desayuno. Los días cálidos se recomienda sentarse en la terraza de la azotea, en la que muchos no reparan.

Darbnīca INTERNACIONAL €

(www.darbnicacafe.lv; Lielā iela 8; principales 3-4 €; 8.30-21.00 lu-ju, 8.30-2.00 vi, 10.00-2.00 sa, 10.00-20.00 do) Una referencia para los modernos locales, este bar cafetería sirve hamburguesas, platos de fideos asiáticos y un *tom yum* no muy auténtico, pero perfectamente comestible. Por la noche se transforma en un bar que ofrece una gran selección de cervezas letonas de barril y buena música.

Pastnieka Māja LETONA €€

(☎6340 7521; www.pastniekamaja.lv; Brīvzemnieka iela 53; principales 7-15 €; 11.00-23.00) Superestiloso para Liepāja, este restaurante en dos niveles ocupa la antigua oficina de correos, como su nombre ("casa de correos") indica. Ofrece los clásicos platos tradicionales letones y algunas sugerencias exóticas; pídanse las "pelotas de toro" con una Līvu Alus, la cerveza de Liepāja.

Dónde beber y vida nocturna

Liepāja es conocida en toda Letonia como centro de la movida *rock* del país, y asistir a un concierto supone todo un placer. Aunque no se entienda la letra, el hecho de formar parte de la masa que aúlla y vibra brinda una experiencia cultural inolvidable. Está previsto que una nueva sala de conciertos de color ámbar, en su fase final de construcción en el momento de redactar esta guía, se convierta en uno de los recintos musicales más interesantes del país.

Fontaine Palace BAR

(www.fontainepalace.lv; Dzirnavu iela 4; 24 h) Un antiguo almacén, ahora bar de *rock* sin hora de cierre, programa numerosos conciertos.

Prison Bar BAR

(Stūrmaņu iela 1; 16.00-5.00 vi y sa) En la 1ª planta del Fontaine Royal, este local rebosa de pertrechos cutres de tema carcelario. El barman sirve las bebidas detrás de unos barrotes.

Información

Para obtener información abundante, detallada y actualizada sobre casi todo lo que pasa en Liepāja, se debe consultar la web turística oficial, www.liepaja.travel. Los bancos con cajeros automáticos se hallan en Lielā iela y Kungu iela. Casi todos los restaurantes y cafés ofrecen acceso a wifi, basta pedir la contraseña.

Centro de información turística (☎6348 0808; www.liepaja.travel; Rožu laukums 5; 9.00-19.00 lu-sa, 10.00-15.00 do may-sep, 9.00-17.00 lu-vi ene-mar, 9.00-17.00 lu-vi, 10.00-15.00 sa abr y oct-dic)

Cómo llegar y desplazarse

La **estación de autobuses de Liepāja** (☎6342 7552; Rīgas iela) está conectada por el tranvía 1 con Lielā iela, en el centro. Circulan prácticos servicios de autobuses diarios a/desde Riga (9 €, 3½-4½ h, dos o tres cada hora), Kuldīga (4 €, 1¾-3 h, 7 diarios) y Ventspils (5-6 €, 2¼- 3h, 7 diarios) vía Pāvilosta (2,85 €, 70 min) y Jūrkalne (3,40 €, 1½ h).

Stena Line opera desde la terminal de ferris de Liepāja a Travemünde, en Alemania (4 semanales, 28 h, desde 36 €) y Nynäshamn, en Suecia (uno semanal, 11 h, desde 21 €).

Hasta que abra de nuevo el aeropuerto internacional de Liepāja (en principio en el 2016), visitantes y nativos usan el aeropuerto lituano de Palanga (a 65 km) para volar a las capitales escandinavas y a Moscú.

Valle del río Abava

Cuando los glaciares retrocedieron al final de la última Edad del Hielo surgió el valle del Abava, en forma de luna creciente. Robles retorcidos y aldeas idílicas salpican la pujante corriente, y atraen a los urbanitas que buscan calma por un día. La mayoría de los visitantes acuden para ver la joya de Kurzeme, Kuldīga, pero merece la pena detenerse al menos un rato en las otras dos ciudades del camino. Esta zona se recorre mejor con un vehículo privado. Otra opción es descender el Abava en piragua.

Kandava

Esta bucólica localidad, pegada a la carretera de Riga a Ventspils camino de Kuldīga, consiste en una encantadora colección de casas de piedra y madera, una iglesia con una alta aguja y restos de un imperio caído en forma de **ruinas de castillos** de la Orden de Livonia. Desde el montículo del castillo se goza de excelentes vistas de un **puente de piedra** (1875) sobre el río Abava, uno de los más antiguos del país.

La **oficina de turismo** (☎63181150; www.kandava.lv; Kūrortu iela 1b; ⌚9.00-18.00 lu-vi, 10.00-17.00 sa) se encuentra directamente en la carretera que conecta Riga y Kuldīga. El amable personal puede ayudar con el alquiler de bicicletas.

Plosti (☎26130303; www.plosti.lv; Rēdnieki), siguiendo el río Abava hacia Sabile, ofrece alquiler de bicicletas y piraguas, paseos a caballo y descensos guiados del Abava, además de alojamiento. Otra casa de huéspedes cercana, **Plostkrogs**, resulta ideal para almorzar junto al río.

Dónde dormir

Kukšu Muiža HOTEL HISTÓRICO €€€
(☎29205188, 25980910; www.kuksumuiza.lv; i/d desde 145/160 €) El propietario se ha empleado a fondo para convertir esta propiedad olvidada en una de las mejores posadas rurales de Letonia. Las habitaciones y salones están repletos de doradas reliquias aristocráticas y brillantes candelabros, pero la verdadera joya es la carta de cenas a medida, que satisface los caprichos de cualquier huésped y solo incluye productos biológicos de producción local.

La historia del edificio se remonta a 1530, pero la mansión de color melocotón que hoy se ve junto al lago es sobre todo producto de una reconstrucción del s. XIX. Se encuentra cerca de la localidad de Kukšas, 10 km al sur de Kandava.

Rumene Manor HOTEL HISTÓRICO €€€
(☎6777 0966; www.rumene.lv; Rumene; ste desde 250 €; @☜) Esta suntuosa casa parroquial se construyó originalmente en el s. XVIII, pero había quedado abandonada hasta que los propietarios del Hotel Bergs de Riga restauraron la propiedad con muy buen gusto para que recuperara su grandeza. Luce algunos elementos nuevos (como el techo de cristal de la cocina) añadidos por un célebre arquitecto local y una imponente decoración de interiores, con sillones de oreja de pata de gallo y mesas de ajedrez de marfil. Si alguien planea casarse en Letonia, este hotel brinda el entorno ideal.

Sabile

No se trataría más que de otro tranquilo pueblo letón de calles empedradas si sus excéntricos habitantes no estuvieran decididos a convertirlo en un lugar único. Mantienen el que se considera el viñedo al aire libre más septentrional, llenan sus plazas de muñecos de paja y organizan un desfile de carnaval que incluye instalaciones cinéticas hilarantes por absurdas. También existe un fascinante espacio artístico al aire libre. No existe razón para quedarse mucho tiempo, pero aquí se pueden pasar unas horas muy divertidas, sobre todo si se llega durante el Festival del Vino a finales de julio.

Puntos de interés

Museo de Arte al Aire Libre de Pedvāle MUSEO
(Pedvāles brīvdabas mākslas muzejs; ☎6325 2249; www.pedvale.lv; adultos/niños 3/2,50 €; ⌚10.00-

LAS RARAS VACAS AZULES DE LETONIA

Suena a cuento: vacas azules traídas del mar por sirenas. Pero parte de esta leyenda livonia resulta verdadera, pues en Letonia existen vacas azules, para ser exactos un centenar de ejemplares, por lo que se trata de la raza de vacas más rara del mundo.

Estos curiosos rumiantes proceden de la región letona de Kurzeme. Las primeras aparecieron en los albores del s. XX. No se sabe por qué ni cómo aparecieron, de ahí que lo de las sirenas no se descarte del todo, pero su protagonismo creció cuando mostraron su resistencia al frío, la lluvia y el viento, tres aspectos que abundan en Letonia.

Su población se redujo a menos de 50 en la época soviética, pero empezó a recuperarse en la década de 1990 cuando los genetistas descubrieron el valor de cruzar razas con estos resistentes rumiantes.

Según los archivos, históricamente solo se hallaban vacas azules en hogares livonios y nunca en los letones. Hoy se las puede ver pastando frente al mar en la localidad de Mērsrags, en la carretera entre Jūrmala y Kolka.

18.00 may-med oct, hasta 16.00 med oct-abr) Tras atravesar el río desde Sabile, la carretera asciende hasta el imprescindible Museo de Arte al Aire Libre de Pedvāle, situado aproximadamente 1,5 km al sur de la oficina de turismo. Fundado en 1991 por el escultor letón Ojars Feldbergs, muestra más de un centenar de impresionantes instalaciones en 100 Ha de ondulantes colinas. Muchas de las esculturas son obra del mismo Feldbergs, que a menudo colabora con artistas de todo el mundo. Cada año la disposición de las piezas cambia en función de un tema distinto, como la meditación sobre los elementos primarios de la Tierra y sobre el tiempo en años pasados. Entre las obras más destacadas se cuentan *Muna Muna,* fluctuante esfera de piezas de TV; *Chair,* enorme asiento creado con bidones azules de gasolina; y la emblemática *Petriflora Pedvalensis,* un ramo de flores cuyos pétalos son espirales de piedra. El práctico folleto naranja *Pedvāle Walk* sitúa todas las esculturas en un detallado plano, con el nombre de los artistas. En la antigua sinagoga de Sabile, transformada por Feldbergs en un espacio de arte contemporáneo, se muestran piezas adicionales.

Jardín de muñecos
PUNTO DE INTERÉS

La respuesta letona al Ejército de Terracota chino apenas sirve para asustar a un cuervo, ya que está formado por civiles rellenos de paja y desarmados. Una anciana del lugar, Daina Kučera, llenó un pequeño jardín junto a la carretera con más de 200 muñecos de paja de escala casi real vestidos con ropa contemporánea correspondiente a todas las edades y oficios, desde escolares a policías y ladrones. La autora está presente la mayor parte del tiempo protegiendo su obra de los vándalos y recogiendo donativos que emplea en diseñar nuevos muñecos.

El jardín se encuentra en la carretera cerca de la plaza principal, así que resulta difícil no verlo.

Museo de Juguetes de Madera
MUSEO

(☎26542227; Kuldīgas iela 1; ⏲11.00-17.00 vi-do may-oct) Esta colección de juguetes es mucho mejor que cualquier otra en el mundo. El propietario, el profesor de dibujo Andris Millers, realiza esculturas de madera alucinantes, que incluyen vehículos que desfilan cada año durante el Festival del Vino de Sabile. Con su absurdo sentido del humor, Millers y sus creaciones recuerdan a un espectáculo de Monty Python preparado por aficionados, pero quien no hable letón o ruso necesitará un traductor.

Algunas obras son pura diversión, como un dispositivo que sirve de circuito de carreras para caracoles voladores, otras abrigan contenido político, como ridiculizar los trucos publicitarios del presidente ruso Vladimir Putin.

Vīnakalns
VIÑEDO

Situada en un pequeño montículo a solo 200 m de la oficina de turismo, Vīnakalns (la Colina del Vino), empezó a funcionar en el s. XIII y fue recuperada en el s. XVII por el duque Jacobo de Curlandia. El viñedo del duque nunca resultó muy productivo y cayó en desuso. Aunque retomó actividad en 1936, se centra más la obtención de híbridos resistentes que en la producción de vinos de calidad.

La única ocasión de probar el vino local (no se puede comprar) la brinda el Festival del Vino de Sabile, que se celebra el último fin de semana de julio.

Sinagoga de Sabile CENTRO DE ARTE

(Strauta iela 4) La antigua y modesta sinagoga, en la que no se han oficiado ceremonias desde que la población judía desapareció en el Holocausto, merece una visita, ya que suele acoger exposiciones temporales de arte moderno comisariadas por el Museo de Arte al Aire Libre de Pedvāle.

Dónde dormir y comer

Firkspedvāle Muiža HOTEL HISTÓRICO €

(☎6325 2248; h por persona 20 €) La casa de huéspedes del Museo de Arte al Aire Libre de Pedvāle dispone de algunas habitaciones con sencillos muebles de madera y vigas rústicas. Un café contiguo sirve platos satisfactorios, desde sencillas ensaladas a sustanciosos platos de trucha recién pescada. En verano disponen mesas en la terraza de madera.

Para una experiencia realmente única, se puede acampar (parcelas 2,15 €/persona, may-oct) en cualquier parte dentro del recinto. Basta desenrollar el saco de dormir y ver bailar las sombras nocturnas entre las esculturas a gran escala; no cabe imaginar mejor sitio para plantar la tienda en Letonia.

Cómo llegar y salir

Sabile es una parada en la ruta que conecta Kuldīga (2 €, 40 min, cada hora) con Riga y Liepāja.

Kuldīga

27 000 HAB.

Esta adorable y antigua población merecería la pena incluso si no albergara sus propias cataratas del Niágara, con salmones saltarines incluidos. Sede de lo que los letones llaman "la cascada más ancha de Europa", Kuldīga es también el lugar en el que la inmersión en la época de la caballería no se verá alterada por excursionistas armados con cámaras de fotos; sencillamente, queda demasiado lejos de Riga.

En su apogeo, Kuldīga (o Goldingen, como la bautizaron sus fundadores alemanes) fue capital del Ducado de Curlandia (1596-1616), pero quedó muy dañada por la Gran Guerra del Norte y nunca logró recuperar su antiguo lustre. Hoy esta reliquia del pasado sirve habitualmente como escenario para rodar películas de época letonas.

Puntos de interés y actividades

Casco antiguo

Comprende tres plazas; la medieval, la del ayuntamiento y la "nueva". La más atractiva, la del ayuntamiento, llamada **Rātslaukums**, resulta un buen lugar para empezar la visita. El nuevo **ayuntamiento** (Rātslaukums 5), construido en 1860 en estilo renacentista italiano, se alza en el extremo sur de la plaza, y la **más antigua casa de madera** de Kurzeme –construida en 1670, reconstruida en 1742 y renovada en 1982– se halla en la esquina norte de Pasta iela. Siguiendo Baznīcas iela, se llega a una casa de madera alemana que recibe el nombre de **Farmacia del Duque Jacobo**, hoy en día un edificio residencial. Liepājas iela es la principal vía comercial y lleva a la ciudad nueva, limitada por **'Teleports'**, la impactante escultura de Gleb Pantelejev, que describe físicamente el paso de la Kuldīga medieval al s. XXI.

Castillo de la Orden de Livonia RUINAS

Tras cruzar el pequeño barranco de Alekšupīte se llega a este castillo, construido entre 1242 y 1245, pero derruido durante la Gran Guerra del Norte. La **Casa del Centinela del Castillo** (Pils iela 4) se construyó en 1735 para proteger las ruinas. Según la leyenda, la casa fue escenario de ejecuciones y decapitaciones, y el arroyo a sus espaldas estaba teñido de rojo por la sangre de las víctimas. Hoy alrededor de las escuálidas ruinas se extiende un **jardín de esculturas.**

Desde el solar del antiguo castillo se goza de una gran vista sobre Ventas Rumba (la cascada de Kuldīga). Dentro del jardín, el **cine al aire libre del Caballero de Goldingen** proyecta películas y documentales las noches de los viernes y los sábados en verano. Consúltese la programación en www.kuldigasmuzejs.lv.

Museo Histórico de Kuldīga MUSEO

(Kuldīgas novada muzejs; www.kuldigasmuzejs.lv; Pils iela; adultos/niños 1/0,70 €; ⏲12.00-18.00 ma, 10.00-18.00 mi-do) Fundado por un director de escuela alemán local, el recién restaurado museo ocupa lo que, según la leyenda, es un pabellón ruso de la Exposición Universal de 1900 en París. La 2ª planta se ha diseñado como el apartamento de una familia rica de comienzos del s. XX, con una colección internacional de barajas en el dormitorio principal. En la explanada frontal se ve un conjunto de cañones del duque Jacobo.

Ventas Rumba (cascada de Kuldīga) CASCADA

En un país donde abunda lo horizontal y escasea lo vertical, los elementos del paisaje parecen claramente bidimensionales, incluso las cascadas. Con una anchura de 240 m, Ventas Rumba se considera la más ancha de Europa, pero como es apenas más alta que un jugador de baloncesto, otras candidatas podrían considerarla como un simple salto en el supuesto de que participara en un concurso internacional de cascadas. Una vez dicho esto, es un bonito Niágara en miniatura cuando se observa desde la colina del castillo de Kuldīga.

Los arcos abovedados del viejo puente de ladrillo rojo hacen la vista algo más impresionante. Durante muchas semanas de primavera alberga enormes bancos de peces *vimba*. Para procrear río arriba, los peces saltan la cascada en un espectáculo que atrae a multitud de visitantes a Kuldīga. En los meses cálidos se puede jugar a imitar a los *vimba* o simplemente bañarse en las cascadas. Al otro lado del puente, la **zona de recreo de Mārtiņsala** es la playa con bandera azul oficial de la ciudad, con cabinas para cambiarse e instalaciones deportivas.

Edificios religiosos

La luterana **iglesia de Santa Caterina** (Baznīcas iela) brinda un lugar de oración para la mayor comunidad religiosa de la ciudad. Katrina (Santa Caterina) es la patrona protectora de Kuldīga (incluso aparece en el escudo de la ciudad). La primera iglesia se construyó aquí en el s. XIII y la actual data de la época del duque Jacobo, a mediados del s. XVII.

Quedan otros edificios religiosos de los tiempos en los que, como muchas otras ciudades letonas, Kuldīga gozaba de más diversidad cultural, con importantes comunidades alemanas, judías y rusas. La profusamente decorada **iglesia de la Sagrada Trinidad**, también construida por orden del duque Jacobo, acoge a una pequeña congregación católica. La recientemente restaurada **sinagoga de Kuldīga**, construida en 1875, alberga ahora la biblioteca y el centro de arte local. La comunidad judía de Kuldīga fue aniquilada en el Holocausto. La imponente **iglesia del Sudario de la Virgen** ortodoxa rusa sirve a una pequeña comunidad y solo abre ocasionalmente.

Alrededor de la ciudad

Por los densos bosques aledaños serpentean varias bonitas **rutas ciclistas**, una de ellas llega hasta las cuevas. En el centro de información se puede alquilar una bicicleta (7 €/24 h) y elegir uno de los seis folletos que detallan las rutas.

Colina del castillo viejo RUINAS

En la orilla oeste del Venta y 2,5 km al norte de Kuldīga, la gran colina del castillo viejo *(pilskalns)* son las ruinas casi irreconocibles de la fortaleza del curonio Lamekins, que gobernó gran parte de Kurzeme antes de la invasión germana del s. XIII. Cuenta la leyenda que el castillo era tan bello, con refulgentes colgantes de cobre pendiendo del tejado, que los invasores se resistían a saquearlo. Para llegar, se sigue Ventspils iela y luego Virkas iela hacia el norte desde el centro y se gira a la derecha en la bifurcación de la carretera.

Túneles de arena de Riežupe TÚNELES

(Smilšu alas; ☎6332 6236; circuito por persona 6 €; ⊙11.00-17.00 may-oct) A 5 km de Kuldīga por la Krasta iela sin pavimentar, este dédalo de 460 m de túneles se visita a la luz de las velas; llévese un buen jersey, pues la temperatura es de 8°C. Se puede acceder a los túneles en automóvil; el personal de la oficina de turismo facilita indicaciones para llegar. Como suele ocurrir en la Letonia rural, el vehículo privado resulta indispensable si no se quiere esperar 5 h o más por un autobús.

Dónde dormir

Jēkaba Sēta PENSIÓN €

(☎28631122; www.jekabaseta.lv; Liepājas iela 36; i/d desde 35/40 €; P wifi) Típica pensión letona, complementada con un *pub*, con habitaciones corrientes y muebles de madera. Se halla en la vía principal en el límite del casco antiguo, con mucho sitio para aparcar, lo cual resulta mucho más difícil en el centro.

Metropole HOTEL €€

(☎6335 0588; www.hotel-metropole.lv; Baznīcas iela 11; i/d desde 47/63 €; P aire acondicionado wifi) Algo ajado y falto de personalidad, dispone de habitaciones limpias y espaciosas, sobre todo las de dos plantas que dominan la peatonal Liepājas iela y Rātslaukums. Luce viejas fotos de Kuldīga en blanco y negro por todas partes.

★2 Baloži PENSIÓN €€

(☎29152888; www.facebook.com/2balozi; Pasta iela 5; h desde 45 €) Colgada sobre la corriente del

Kuldīga

Kuldīga

Puntos de interés
1 Casa del Centinela del Castillo D1
2 Museo Histórico de Kuldīga............... D2
3 Castillo de la Orden de Livonia D2
4 Casa de madera más antigua............ C2
5 Jardín de esculturas C1
6 Iglesia de Santa Catalina.................... C1
7 Ayuntamiento C2

Actividades, cursos y circuitos
8 Ventas Rumba (cascada de Kuldīga) D2

Dónde dormir
9 2 Baloži C2
10 Jēkaba Sēta A2
11 Metropole C2

Dónde comer
Bangert's .... (véase 1)
12 Goldingen Room.............................. C2
13 Makkabi B2
14 Pagrabiņš C2
15 Stenders... B2

Alekšupīte, esta vieja casa de madera ofrece habitaciones recién renovadas con un diseño escandinavo austero y mucha madera vieja que crea una agradable atmósfera nostálgica. El restaurante Goldingen Room (véase dcha.), al otro lado de la plaza, sirve como recepción.

Dónde comer

Los hoteles de Kuldīga ofrecen buenos sitios para comer. Varios restaurantes locales sirven *rupjmaizes kārojums/kārtojums*, que se traduce como "mezcla de pan negro". Este popular postre cuenta con más de 1000 años; los vikingos mezclaban migas de pan con nata y miel para darse un capricho de sobremesa.

Stenders LETONA €
(Liepājas iela 3; principales 5 €; almuerzo y cena) Con aspecto de morada de bruja de los bosques, este café-bar popular, situado en la 2ª planta de un almacén del s. XVIII, está especializado en bollos de patata calientes y pintas de Užavas frescas. Su terraza de madera brinda, sin duda, el mejor lugar de la ciudad para tomar algo al aire libre en un día cálido.

Makkabi CAFÉ €
(www.facebook.com/cafemakkabi; Liepājas iela 9; principales 4-5 €; 9.00-23.00) Al menos en su nombre, este pequeño y original café recuerda los tiempos en que la zona que rodea la sinagoga era un próspero barrio judío. Atrae a la clientela principalmente con sus estupendos pasteles y *pavlovas* de fresas, aunque también sirve platos baratos y la inevitable sopa fría de remolacha.

★ **Pagrabiņš** INTERNACIONAL €€
(Baznīcas iela 5; principales 5-15 €; 11.00-23.00 do-ju, hasta 3.00 vi y sa;) Ocupa un sótano que un día fue la cárcel de la ciudad. Hoy sirve una mezcla de platos letones y asiáticos en hornacinas bajas hechas de ladrillos de color miel. Cuando el tiempo acompaña, se puede comer en la veranda, oyendo el borboteo de la corriente del Alekšupīte.

Goldingen Room ITALIANA €€
(6332 0721; www.facebook.com/goldingenroom; principales 6-12 €; 11.00-20.00 do-ju, hasta 22.00

vi y sa) Este restaurante de bonito diseño –madera nórdica con una pizca de nostalgia soviética– resulta un buen lugar para saborear *pizzas* hechas con esmero y deliciosos aperitivos. Eso sí, el servicio es mejorable.

Bangert's EUROPEA €€
(☎29125228; www.bangerts.lv; Pils iela 1; principales 8-10 €) Situada en un alto sobre la cascada de Kuldīga, este lujoso restaurante con una inclinación hacia lo exótico ofrece propuestas como la hamburguesa de reno o el filete de avestruz. Pero quien elija una sencilla trucha frita no quedará decepcionado.

Información

Oficina de correos (Liepājas iela 34) Cerca de Pilsētas laukums.

Centro de información turística (☎6332 2259; www.visit.kuldiga.lv; Baznīcas iela 17)

Cómo llegar y salir

Desde la **estación de autobuses** (☎6332 2061; Stacijas iela 2) salen autobuses a/desde Riga (6,40 €, 2½-3½ h, cada dos horas), Liepāja (3,85-4,70 €, 1¾ h, 7 diarios), Ventspils (3 €, 1¼ h, 7 diarios) y Alsunga (1,60 €, 35 min, 7 diarios).

Cabo de Kolka (Kolkasrags)

Una excursión a este lugar de inquietante y desolada belleza parece un viaje al fin del mundo. Durante el período soviético toda la península era una base militar de alta seguridad con acceso terminantemente prohibido a civiles. En consecuencia, el desarrollo de la zona se detuvo y hoy los pueblos de su costa destilan un aire anacrónico, como salidos de una cápsula del tiempo.

El **Parque Nacional de Altere** (☎6329 1066; www.slitere.gov.lv) protege los últimos 25 km del cabo, ahí donde el Dijera (el Gran Mar, el Báltico) se topa con el Majara (el Pequeño Mar, el golfo de Riga) en medio de un furioso oleaje. Las oficinas administrativas del parque se encuentran en la cercana **Dundaga** (supuesto lugar de nacimiento del hombre que inspiró la película *Cocodrilo Dundee*), pero también se puede obtener información en el faro de Slītere. Este vigila la accidentada extensión del parque, con algunos tramos de tundra, donde viven ciervos, alces, águilas y castores. A mediados de abril, época de la migración primaveral, en la península de Kolka resuena el reclamo de unas 70 000 aves. En verano los rigueses acomodados acuden a sus refugios estivales y duplican la exigua población humana del parque.

Carretera costera del Golfo

Por la carretera del interior que atraviesa Talsi y Dundaga se llega más rápido al cabo, pero si se dispone de tiempo puede tomarse la carretera costera, más pintoresca, que pasa por decenas de apacibles pueblos de pescadores a orillas del golfo de Riga.

Camino del cabo se puede hacer escala en el **Parque Natural del Lago Engure** (www.eedp.lv), en el istmo que separa este lago del mar. Los amantes de las aves podrán avistar más de 180 especies, y los visitantes afortunados, quizá algún caballo salvaje o la singular vaca azul (p. 247).

Roja, 36 km más al norte, es un refugio de pescadores y la última localidad importante, por así decir, antes de llegar a Kolka. Si se desea pasar la noche en el lugar, el **Roja Hotel** (☎6323 2227; Jūras iela 6; h desde 33 €), justo al pasar el muelle, resulta un sitio confortable amueblado sencillamente.

Kolka

El pueblo en sí no tiene nada de especial, pero el paisaje lunar batido por el viento del extremo declinante del cabo (a 1 km) puede hacer soñar despierto durante días. Se trata del espectacular punto de encuentro del golfo de Riga y el Báltico. En el invierno del 2005 una pavorosa tempestad arrancó decenas de árboles de cuajo y los lanzó cual palillos a la arena de la playa, donde siguen sepultados con las raíces al aire, reforzando la impresión de extrema desolación del lugar.

Un **monumento** a las víctimas de las traicioneras aguas del cabo marca la entrada a la playa junto a un pequeño **centro de información** (☎29149105) de horario variable. La conmovedora placa de piedra que evoca una silueta humana se erigió en el 2002 tras ahogarse tres suecos en sus someras pero turbulentas aguas. "Por el pueblo, las naves y la tierra de Livonia", se lee en un lado y, en el otro: "Por aquellos que el mar se llevó". Los lugareños afirman que ningún otro punto del Báltico acumula tantos restos de naufragios. Por razones obvias, se recomienda apreciar la belleza del lugar desde la seguridad de la arena.

Siglos atrás se encendían hogueras en la punta del cabo para ayudar a los navegantes a superar la lengua de arena. Hoy los guía el **faro de Kolka,** alimentado por energía solar. La reluciente torre escarlata, erigida en 1884, se yergue sobre una isla artificial a 6 km de la costa.

Cerca del centro de información, una cocina abierta solo en verano prepara sin cesar toneladas de sabrosa comida letona. No hay carta, así que el almuerzo depende en gran medida de la voluntad del cocinero. Los dueños también regentan el alojamiento **Laimes Mājas** (☎20347286; www.laimesmajas.lv; h 45 €), casas en forma de barril en lo alto de la duna frente al mar. Resultan encantadoras pero caras, teniendo en cuenta que el baño se halla en el exterior y las duchas se comparten.

En la localidad de Kolka, **Ūši** (☎29475692; www.kolka.info; i/d 26/35 €, parcelas por persona/automóvil 3,50/1,50 €; 🐾) ofrece habitaciones sencillas, pero limpias, y un sitio para montar la tienda en el jardín. Esta pensión de ladrillo se halla frente a la iglesia ortodoxa de cúpula bulbiforme junto a la parada de autobús "Ūši". Alquilan bicicletas.

No se debe abandonar Kolka sin detenerse en uno de los puestos que venden pescado ahumado. Con un poco de mano izquierda, tiempo y paciencia se puede incluso participar en el proceso de ahumado.

Carretera costera del Báltico

El camino que va hacia el sur desde Kolka a Ventspils era una pista de aterrizaje secreta de la aviación soviética. Hoy se trata de la carretera más ancha de Letonia y une un rosario de tranquilos pueblos de una sola calle. El tiempo discurre con particular lentitud en este lugar y hace décadas que nada ha cambiado. Aquí y allá surgen en el paisaje algunos restos soviéticos, pero más parecen instalaciones de arte abstracto que testimonios de tiempos más duros. La orientación oeste de las playas regala memorables puestas de sol sobre el tempestuoso mar y el arenoso terreno.

Cuernos de alce cuelgan de una señal en **Vaide,** 10 km al suroeste de Kolka, donde hay poco que ver o hacer aparte de contemplar las sencillas casas de madera. Si la cornamenta ha despertado curiosidad, el **Museo de los Cuernos** (Ragu kolekcija; ☎6324 4217; ⏲9.00-20.00 may-oct) alberga 518 más. La colección, imaginativamente dispuesta en un desván, muestra el fruto del trabajo de toda la vida de un guarda forestal; ninguna pieza es un trofeo de caza.

Los edificios de madera del s. XVIII llenan las calles de arena de la agradable **Košrags,** 6 km más allá. Se puede pasar la noche en **Pitagi** (☎29372728; www.pitagi.lv; i/d 22/29 €), una pintoresca casa de huéspedes con habitaciones bellamente amuebladas, una sauna y sabrosos desayunos. Si se alquila una bicicleta se puede pedalear hasta la punta de cabo.

La preciosa playa con dunas al fondo en la vecina **Mazirbe**, otros 4 km más allá siguiendo la costa, alberga la **Casa del Pueblo Livonio** (*Livlist rovkuoda* en livonio), que reúne a descendientes de livonios y muestra una exposición sobre su cultura. Puede verse un **cementerio de barcos de pesca** en la playa barrida por el viento. Se remonta a los tiempos en que los guardias fronterizos soviéticos prohibieron a los nativos usar sus barcos de pesca, porque pensaban que los usarían para huir a Suecia. También prohibieron quemar los barcos durante la celebración del solsticio de verano en junio, o al menos eso dice la leyenda.

Otros 5 km al sur de Mazirbe aparece la indicación para el **faro de Slītere** (Slīteres bāka; ☎6329 1066; www.slitere.gov.lv; ⏲10.00-18.00 mado jun-ago), a 1,4 km por una pista bacheada. Erigido en 1849, ahora funciona como puesto de información y torre de vigía del parque. Si

EL ÚLTIMO LIVONIO

Kurzeme alberga algunos de los últimos livonios, un pueblo ugrofinés que emigró al norte de Letonia 5000 años atrás. Aunque muchos letones descienden de esta tribu pescadora, quedan menos de 200 livonios en Letonia, concentrados en 14 aldeas de pescadores de la costa báltica, al sur del cabo de Kolka. Hungría, Finlandia y Estonia también cuentan con pequeñas comunidades, que consideran esta zona su patria y regresan cada agosto para el **Festival Livonio** de Mazirbe, 18 km al suroeste de Kolka.

Aunque la lengua livonia se enseña en las escuelas de primaria de la zona y en la Universidad de Tartu de Estonia, quedan menos de 20 hablantes nativos. Se puede conocer mejor este pueblo en el **Centro Livonio** (☎2327 7267; ⏲9.00-18.00 lu-vi), detrás de la biblioteca en la calle principal de Kolka, y en algunas localidades de Kurzeme.

el faro está cerrado, puede darse un paseo por el vecino sendero de naturaleza.

Cómo llegar y desplazarse

Aunque el vehículo privado supone el medio más fácil de ir al cabo de Kolka, también llegan autobuses. Para alcanzar el pueblo de Kolka, estos siguen la carretera costera del golfo que pasa por Roja o la ruta del interior que atraviesa Talsi y Dundaga. En todo caso, circulan cinco autobuses diarios entre Riga y Kolka entre las 4.30 y las 17.15 (6,25 €, 3½ -4¾ h). Si se viaja a/desde Kuldīga, Ventspils o Liepāja se ha de cambiar de autobús en Talsi.

SUR DE LETONIA (ZEMGALE)

Esta larga y sinuosa franja de tierra se extiende entre Riga y la frontera lituana; se la conoce como la "panera" de Letonia por su plétora de tierras de labranza y bosques míticos. Esta región, Zemgale (Semigalia en español) debe su nombre al valiente pueblo rebelde báltico de los semigalios (o zemgales) que habitaron en ella antes de la conquista germánica a finales del s. XI y que resistieron a los cruzados más tiempo que ningún otro pueblo. Antes de emprender la retirada a Lituania, prefirieron incendiar todos sus fuertes a entregárselos a los invasores.

Entre los ss. XVI y XVIII, la región (junto con Kurzeme) formaba parte del Ducado de Curlandia, semiindependiente, cuyos gobernantes se construyeron dos palacios impresionantes en la localidad de Jelgava (o Mitau) y en Rundāle, al salir de Bauska. Hoy, el palacio de verano de Rundāle supone el reclamo estelar de Zemgale, de visita obligada para los aficionados al arte y la arquitectura.

Bauska

27 000 HAB.

Antaño un importante enclave en el Ducado de Curlandia, esta localidad es conocida hoy en día por servir de punto de partida para ir al espléndido palacio de Rundāle. Pero antes merece la pena admirar el bonito **castillo de Bauska** (Bauskas pils; www.bauskaspils.lv; Pilskalns; gratis, museo adultos/estudiantes 5/2,5 € may-oct, 4/2 € nov-abr; ⏲9.00-19.00 may-sep, hasta 18.00 oct, hasta 17.00 nov-abr). Se halla ubicado en una pintoresca loma entre dos ríos, el Mūsa y el Mēmele, que fluyen en paralelo. En realidad se trata de dos castillos, uno de tiempos de la Orden de Livonia, en ruinas, y otro construido por el duque de Curlandia y totalmente intacto. Este último acoge una exposición histórica local.

Si uno se fija en los bloques grises de la fachada del castillo nuevo –parece que sobresalgan del muro pero se trata de una ilusión óptica– constatará que el canto inferior izquierdo de cada ladrillo se ha raspado con un cincel para crear la ilusión de una sombra.

Durante el s. XVIII, el italiano Magno Cavala se trasladó a Bauska para embarcarse en una nueva aventura comercial. Tenía algo de casanova (y de estafador) y empezó a recoger agua en la confluencia de los dos ríos próximos al castillo para venderla como infalible poción amorosa, y se enriqueció a costa de los pobres.

Para llegar desde la estación de autobuses, se debe enfilar por Zaļā iela rumbo a la rotonda central y después torcer a la izquierda pasados 800 m. El único centro comercial de Bauska se encuentra en la rotonda junto a la carretera A7 e incluye un supermercado Rimi y un par de buenos establecimientos de comida para llevar. La **oficina de turismo** (☎6392 3797; www.bauska.lv; Rātslaukums 1; ⏲9.00-18.00 lu-vi, hasta 15.00 sa) se halla en la plaza principal.

Cómo llegar y salir

La **estación de autobuses** (Slimnīcas iela 11) cuenta con 2-3 autobuses por hora entre las 6.10 y las 22.40 a/desde Riga (3 €, 70 min-2 h).

Palacio de Rundāle

Construido para el barón Ernst Johann Biron (1690-1772), duque de Curlandia y Semigallia, el **palacio de Rundāle** (Rundāles pils; ☎6396 2197; www.rundale.net; complejo entero/circuito corto de la casa/jardín/circuito corto de la casa y jardín 7,20/5/2,85/5,70 €; ⏲10.00-17.00) se trata de un monumento a la ostentación de la aristocracia del s. XVIII y la primera cima de la arquitectura rural letona.

Ernst Johann inició su carrera como mozo de cuadra y amante de la rusa Anna Ioanovna, duquesa de Curlandia. Al convertirse en emperatriz, Anna le dio el ducado, pero él decidió permanecer con ella en San Petersburgo para convertirse en la figura política más poderosa del Imperio. En 1736 encargó al arquitecto italiano Bartolomeo Rastrelli, famoso por el Palacio de Invierno de San Pe-

Sur de Letonia (Zemgale)

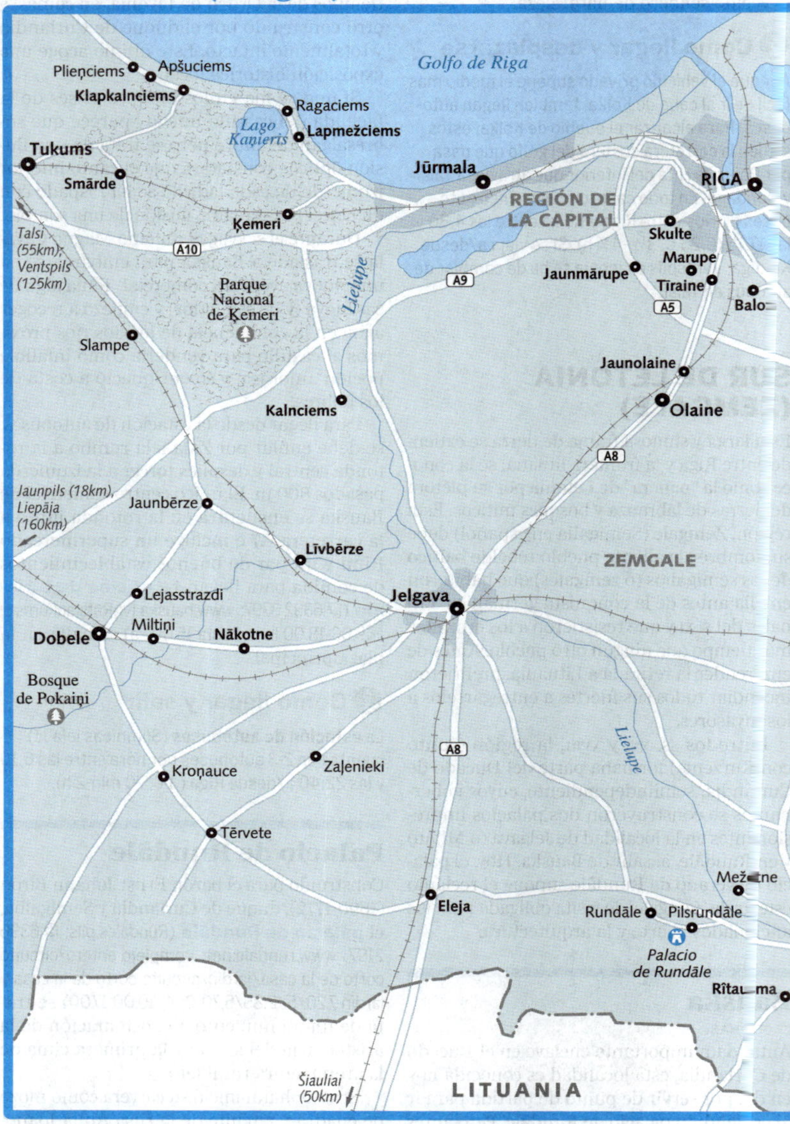

tersburgo, que construyera su residencia de verano cerca de Bauska.

Autores rusos acusaron más tarde a Biron de dar inicio a una era de terror, pero muchos historiadores creen que su papel en la persecución de la nobleza se ha exagerado.

En su lecho de muerte, la emperatriz designó a Biron regente de Rusia, pero dos meses después sus detractores lo arrestaron y lo condenaron a muerte por desmembramiento. La sentencia se conmutó por el exilio. El palacio inacabado quedó como un armazón

vacío otros 22 años, hasta que, perdonado por Catalina II, Ernst Johann volvió a casa. Rastrelli reanudó la construcción y en 1768 se terminó el palacio. Ernst Johann murió cuatro años más tarde, a los 82 años. Varios nobles rusos habitaron y alteraron el palacio una vez que el Ducado de Curlandia se incorporó al Imperio ruso en 1795.

El palacio se halla dividido en dos mitades: el **ala este** estaba dedicada a ocasiones formales, mientras que la residencia real privada ocupaba el **ala oeste**. Los **jardines reales**, inspirados en los de Versalles, también se usaban para asuntos públicos. Como el castillo solo se utilizaba en verano, bastaban 80 estufas de porcelana (solo quedan seis de las auténticas) para calentar las estancias.

El palacio sufrió graves daños en las dos guerras mundiales, y lo que se ve hoy es resultado de una meticulosa restauración iniciada por expertos de Leningrado en 1972 y terminada oficialmente en el 2015. Merece la pena pagar 2 € más y elegir el circuito largo al comprar la entrada. A diferencia del circuito corto, incluye las habitaciones privadas del duque y la duquesa, una ocasión para penetrar en la vida diaria de los aristócratas del s. XVIII y admirar el opulento interior. Incluso se exhibe el orinal del duque, decorado con hermosas imágenes de salmones.

Como cualquier buen castillo que se precie, Rundāle atesora infinidad de espeluznantes historias de fantasmas, pero el espectro más famoso que ronda los jardines del palacio es el de la Dama Blanca. En el s. XIX, la joven hija del médico real era cortejada por muchos hombres, pero al cumplir los 18 años se murió repentinamente. Obsesionado con su prematura desaparición, el médico conservó su cuerpo en su laboratorio para estudiarlo y descubrir la causa de su muerte. Según la leyenda, incapaz de descansar eternamente, el espíritu de la hija empezó a merodear por el castillo y a reír a carcajada limpia en plena noche. Durante la restauración de Rundāle, algunos historiadores de arte y albañiles escucharon su risa perversa y llevaron a un sacerdote para exorcizar los jardines.

Dónde dormir y comer

Balta Māja B&B €

(☎6396 2140; www.kalpumaja.lv; desde 22 €) La "Casa Blanca" es un pintoresco B&B y café situado en las estancias estilo Tudor de los sirvientes del palacio, cerca de la entrada del recinto. En la cocina se elaboran ensaladas y platos de carne, y los dormitorios están equipados con mantas de lana y antigüedades rurales.

★ **Mežotne pils** — HOTEL HISTÓRICO €€€

(☎6396 0711; www.mezotnespils.lv; Mežotne; i/d desde 72/80 €) Para vivir como el duque Ernst Johann hay que alojarse en este palacio, a 2 km de Rundāle. Se construyó en estilo clásico entre 1797 y 1802 para Charlotte von Lieven, la institutriz de los nietos de la emperatriz rusa Catalina II. Tras muchos años de abandono, se restauró en el 2001 y se convirtió en hotel y restaurante. Por un importe irrisorio se pueden visitar algunas dependencias, pero merece la pena pernoctar en él o comer en su popular restaurante. En las estancias abundan los objetos aristocráticos: camas con armazón de hierro colado, arañas de luces y antigüedades minuciosamente seleccionadas.

Restaurante del palacio de Rundāle — CAFETERÍA €

(principales 3-7 €) Situado en la planta baja del palacio, prepara comida esencialmente letona y resulta un sitio cómodo para tomar algo rápido.

ℹ Cómo llegar y salir

Desde Bauska (12 km) parten autobuses cada hora al palacio de Rundāle (0,90-1,75 €) entre las 6.00 y las 19.30. Hay que bajar en Pilsrundāle, el pueblo anterior a Rundāle.

Dobele y alrededores

27 000 HAB.

Esta provinciana localidad, en el extremo occidental de Zemgale, sirve de puerta de entrada a un gran universo de bosques míticos y serpenteantes ríos. La población gira en torno a las impresionantes **ruinas del castillo de la Orden de Livonia**, que datan de la década de 1330. Este bastión de ladrillo se construyó sobre un temprano fuerte semigalio. En 1289, los semigalios, en su retirada a Lituania, prefirieron incendiar su castillo que cederlo a los cruzados invasores. En la localidad un monumento recuerda dicha huida.

Los vastos jardines del **Instituto Letón de Fruticultura** (www.lvai.lv; Graudu St 1; adultos/estudiantes 2/1,50 €; ⏲9.00-19.00 lu-vi) brindan otro atractivo para multitud de visitantes en primavera. Sus huertos de albaricoques, cerezos y ciruelos, así como la mayor colección del país de lilas, son el legado de Pēteris Upītis, extraordinario jardinero que fundó en este lugar una granja experimental en 1945. El jardín incluye un museo que cuenta su vida.

Tērvete

Incluso en pleno centro, esta ciudad parece estar formada por unos pocos edificios en torno a un terreno boscoso. En los últimos años se ha convertido en reclamo para vacaciones familiares y excursiones escolares. Su principal atractivo, el **Bosque Encantado**, está poblado de extravagantes figuras de madera que parecen cobrar vida a la sombra de los viejos abetos. Existen dos conjuntos principales: uno está dedicado a los personajes de los cuentos letones y el otro, la Ciudad de los Enanos, se trata de toda una ciudad de juguete con casas de madera y un molino en la que los niños pueden jugar a ser enanos (y los adultos, su Blancanieves).

En verano vive una bruja en el parque, que entretiene a los pequeños con juegos y pociones. Si el tiempo lo permite, también es posible bañarse en el lago, al otro lado del bosque. La zona puede recorrerse a pie, en el tren del parque (0,75 € una parada) o en bicicleta, que se puede alquilar a la entrada. El **festival Zemgallian**, con una feria de artesanía y otras muchas atracciones, se celebra la segunda semana de agosto.

La puerta de entrada al Bosque Encantado sirve también de centro de información de la sociedad matriz, el **Parque Natural de Tērvete** (☎6372 6212; www.latvia.travel/en/sight/tervete-nature-park; adultos/niños 1,50/2,50 €; ⏲9.00-19.00). Este protege tres antiguas colinas, entre ellas la impresionante **colina del castillo de Tērvete** abandonada por los semigalios tras varias batallas contra la Orden de Livonia. El cercano **Klosterhill** estuvo habitado hace más de 3000 años por los antepasados de los semigalios y la **colina Sueca** fue levantada por la Orden de Livonia en el s. XIII.

Alrededor de siete autobuses diarios parten desde la estación de autobuses de Dobele a Tērvete (1,15 €, 30 min).

Bosque de Pokaiņi

Situada 16 km al suroeste de Dobele, camino de Īle, la **Reserva Forestal de Pokaiņi** (www.mammadaba.lv; adultos/niños 2/1,7 €; ⏲taquilla 10.00-19.00) se trata de uno de los mayores misterios sin resolver de Letonia. A mediados de la década de 1990 un historiador local descubrió imperceptibles mojones de piedra repartidos por todo el parque y se percató de que las rocas habían sido llevadas desde rincones remotos. Los expertos creen que

Pokaiņi fue un antiguo lugar de culto utilizado en ritos protopaganos hace más de 2000 años. Los voluntarios han colaborado en el trazado de senderos por la reserva, frecuentados por curanderos e iluminados *new age*. Pregúntese en la taquilla si hay guías disponibles.

Para llegar al Bosque de Pokaiņi resulta ideal el automóvil o la bicicleta. Dos autobuses diarios van de la estación de autobuses de Dobele (0,8 €, 20 min) a Īle, y paran en la salida al centro de visitantes. Los horarios solo permiten pasar poco más de 1 h en el bosque.

Jaunpils

El pequeño, pero perfectamente medieval, **castillo de Jaunpils** (☎6310 7082; www.jaunpilspils.lv; ⌚museo 11.00-18.00 lu-ju, 10.00-20.00 vi-do) es único, ya que ha mantenido en gran medida su aspecto original desde 1301, fecha de su fundación por el maestro Gotfried von Roga, de la Orden de Livonia. También ofrece una ocasión única de cenar y dormir en las habitaciones que ocuparon reyes y caballeros hace varias generaciones.

Durante cuatro siglos, hasta la caída del Imperio ruso en 1917, albergó a la familia de barones alemanes von der Recke. Sus paredes recuerdan un duelo a espada entre Mathias von der Recke y el rey sueco Carlos IX. Aparentemente amistoso, porque el rey recompensó al barón con un casco de plata y una espada.

El hotel del castillo de Jaunpils (☎29442539; www.jaunpilspils.lv; Jaunpils Pils; h 125 €) dispone de cuatro habitaciones con paredes de ladrillo, camas con baldaquino y chimeneas auténticas. Suelen estar reservadas para bodas los fines de semana, así que hay más posibilidades de conseguir una de lunes a viernes. La taberna medieval del castillo sirve comida letona de calidad.

Jaunpils queda a 20 km de Dobele y a 8 km de la carretera Riga-Liepāja, por lo que resulta fácil llegar en automóvil desde cualquiera de estas tres localidades. Un único autobús diario sale de Dobele a Jaunpils (1,70 €) a las 16.40 (compruébese el horario en www.autoosta.lv). No existe autobús directo a Riga.

Cómo llegar y salir

Resulta sencillo desplazarse entre Riga y Dobele en autobús (3,25 €, 1½ h, mínimo uno cada hora).

NORESTE DE LETONIA (VIDZEME)

Cuando el ajetreo urbano de Riga ceda el paso al canturreo de los grillos, se habrá entrado en el noreste de Letonia. Conocida como Vidzeme (o "la Tierra Media" por los lugareños), la mayor región del país brinda un ejemplo excelente de lo que Letonia puede ofrecer. Los amantes del bosque pueden caminar, ir en bicicleta o remar por el tupido territorio del Parque Nacional de Gauja, los esquiadores enfrentarse a las pronunciadas pistas de las tierras altas y los aficionados a la historia saciarse con sus innumerables castillos.

Costa de Vidzeme

Los viajeros que circulan en automóvil o autobús por la Vía Báltica (ctra. A1) de camino a Riga o Tallin suelen ver esta pedregosa costa desde la ventanilla. Quienes paren para observarla más de cerca descubrirán acantilados escarpados y playas de guijarros erosionados por los incesantes lametones de las olas.

De Riga parten autobuses hacia el norte rumbo a Pärnu y Tallin por la carretera costera de Vidzeme y suelen parar en Ainaži antes de llegar a la frontera.

Saulkrasti

Esta localidad a solo 44 km de la capital constituye un secreto celosamente guardado por los letones. Mientras los turistas y la alta sociedad rusa van directamente a la lujosa Jūrmala, la población local sigue la costa sigilosamente en la otra dirección para pasar el día. La recompensa llega en forma de impactante playa de arena blanca y un mar que, a diferencia de Jūrmala, resulta lo bastante profundo como para nadar y no llegar a Suecia caminando. La escasez de instalaciones turísticas refresca tanto como la brisa marina; hay que darse prisa antes de que se enteren otros viajeros.

Al igual que Jūrmala, Saulkrasti consta en realidad de varios pueblos de veraneo diseminados a lo largo de la vía del tren. La mejor parte de la playa se encuentra al bajar en la estación de Pabaži. La palabra "Saulkrasti" significa "costa del Sol", y lo es aunque en versión nórdica.

Noreste de Letonia (Vidzeme)

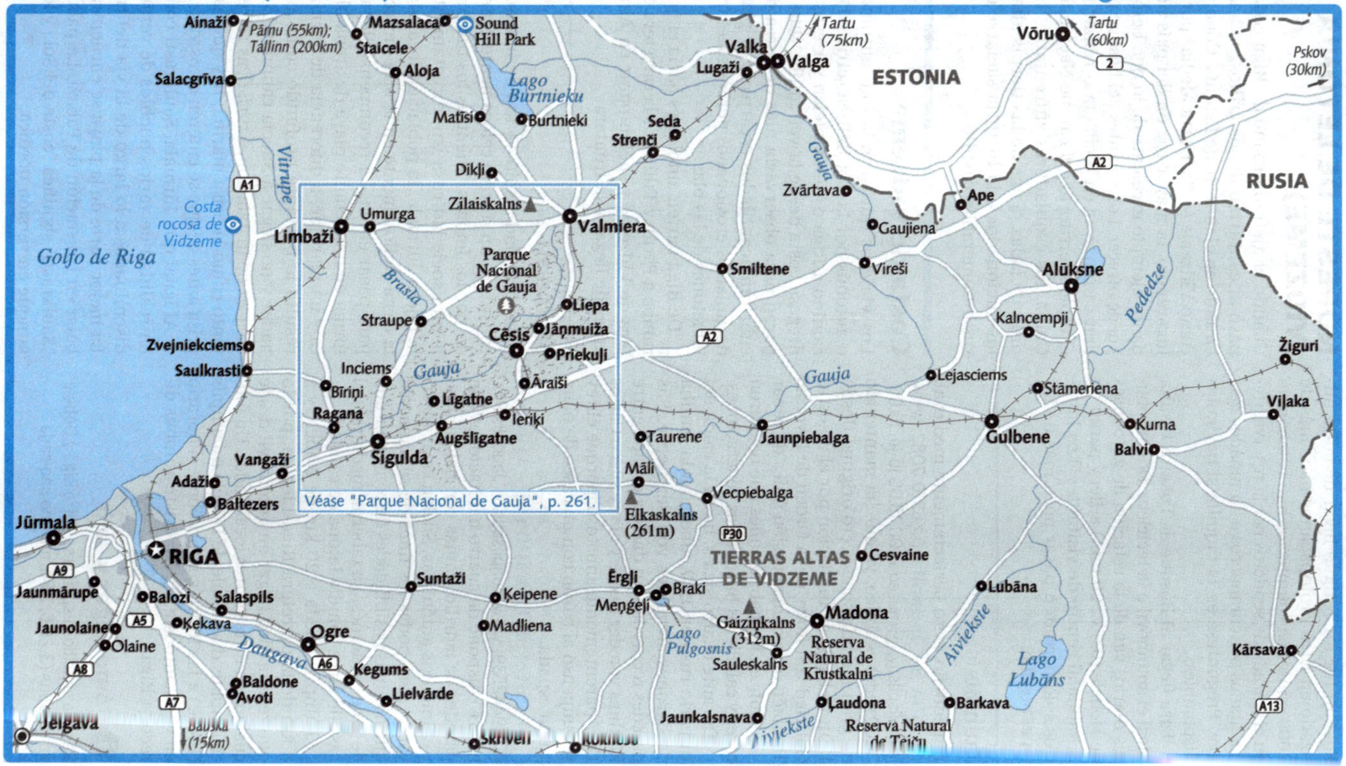

Puntos de interés

Baltā Kapā MIRADOR

(duna blanca) La impactante colina cubierta de pinos se eleva sobre una prístina playa de arena blanca dividida por una brillante corriente. Se trata de uno de los lugares más encantadores de la costa letona, y es sabido que impresionó a la emperatriz rusa Catalina II, que una vez se bañó en este lugar. Una ruta de 3 km lleva hacia el norte y atraviesa el pinar siguiendo la cresta de la duna. Baltā Kapā se halla a 700 m de la estación de Inčupe y a 2 km de la de Pabaži.

Museo de la Bicicleta MUSEO

(www.velomuseum.lv; Rīgas iela 44a; 10.00-18.00) Quien esté cansado de tanto sol y aburrido de la playa, puede visitar esta preciosa colección de bicicletas antiguas, que incluye un modelo de 130 años fabricado en Letonia. Se alquilan bicicletas modernas (10 €/24 h).

Dónde dormir y comer

La mejor estrategia para visitar Saulkrasti es realizar una excursión de un día desde Riga y disfrutar de un pícnic. En ese caso, conviene pararse en el puesto de comida al final de Stacias ilea, que va de la estación de Pabaži a la playa. Allí, unas ancianas venden un delicioso pollo asado y moras o fresas salvajes, según la estación. Por desgracia, los sitios en los que merece la pena sentarse a comer quedan a kilómetros de la mejor parte de la playa.

Porto Resort CENTRO VACACIONAL €

(22722258; www.portoresort.lv; Medzābaki-2, Lilaste, Carnikava novads; h con/sin baño desde 35/25 €) Se puede elegir entre caminar 1 km hasta el mar o zambullirse en el lago junto al porche de este adorable complejo rústico en la localidad de Lilaste, situado en un pintoresco istmo entre un lago y el mar 6 km al sur del mismo Saulkrasti. El excelente restaurante del complejo resulta perfecto para probar la lamprea local.

La desventaja es que está situado junto a la carretera.

Jūras Priede CAMPING €

(27008353; www.juraspriede.lv; Ūpes iela 56a, Zvejniekciems; parcela para tienda por persona 5 €, aparcamiento para caravana 15 €, cabaña de madera desde 30 €) Se puede plantar la tienda, aparcar la caravana o alquilar una cabaña en la misma playa en Zvejniekciems, en el límite norte de Saulkrasti. El complejo cuenta con un café. Se halla cerca de la carretera, pero la estación de tren de Zvejniekciems queda a 5 km.

Cómo llegar y salir

Saulkrasti se extiende a lo largo de la línea de ferrocarril de Skulte. Al salir de Riga, la primera estación es Inčupe, seguida por Pabaži (práctica para ir a la playa), Saulkrasti y Zvejniekciems en el extremo norte. Circulan trenes a/desde Riga como mínimo cada hora (2,20 €, 1 h). Si se va en automóvil, hay que tomar la autopista a Tallin (E67) y buscar la salida a Saulkrasti.

De Saulkrasti a la frontera estonia

Después de Saulkrasti, la costa de Vidzeme es un tramo silente de dunas azotadas por el viento con alguna que otra pensión solitaria. En el bucólico **Vidzeme Rocky Seashore** (29464686), a medio camino entre Saulkrasti y Salacgrīva, se pueden estirar las piernas. Los 14 km de parque protegido presentan tramos de arena ondulante entre diminutos cabos y cavernas. El aliciente del parque son los **acantilados rojos de Veczemju,** un afloramiento de arenisca arrebujado y horadado por grutas irregulares. Todo el risco presenta una tonalidad carmesí.

La localidad de mayor peso, **Salacgrīva,** se encuentra situada en un puerto de la desembocadura del río Salaca. En verano, se celebra entre pinares uno de los mayores festivales de música, el **Positivus** (www.positivusfestival.lv). El desvío solo merece la pena desviarse si se quiere almorzar de camino a Estonia. La acogedora marisquería **Žejnieku Sēta** (29624153; Rīgas iela 1; principales 7-12 €; 11.00-23.00) destila un agradable ambiente náutico añejo, con suelos de madera crujientes, un barco de pesca atracado fuera y redes tendidas en la terraza.

En Salacgrīva también se hallan las oficinas de la **Reserva de la Biosfera del Norte de Vidzeme** (6407 1408; Rīgas iela 10a; 8.30-17.00), 4500 km² intactos que ocupan aproximadamente el 6% del territorio de Letonia y está inscrito en el programa de la Unesco "El hombre y la biosfera". La enorme reserva se explora mejor en piragua o bicicleta. Todos los años, en otoño, los visitantes pueden pescar lampreas desde un puentecito. Las crecidas del río por el deshielo de primavera lo arrastran cada año pero se reconstruye todos los veranos. Conviene detenerse en la **oficina de turismo** (6404 1254; Rīgas iela 10a; 10.00-

18.00 lu-vi, 10.00-16.00 sa) y pedir al amable personal datos sobre proveedores locales.

La antigua localidad de astilleros de **Ainaži** (que proviene de la palabra livonia *annagi,* "solitario") queda 1 km al sur de Estonia. Su único atractivo, la vieja academia naval, alberga ahora la sede del **Museo de la Escuela Naval** (☎6404 3349; Valdemāra iela 45; adultos/estudiantes 1,14/0,57 €; ⊙11.00-17.00 mi-do). Este museo relativamente interesante muestra la historia de la academia naval y la historia de los astilleros de la costa de Vidzeme.

Parque Nacional de Gauja

Este **parque nacional** (www.gnp.gov.lv), una impresionante extensión de pinos vírgenes, se expande desde Sigulda, repleta de castillos, a la tranquila Valmiera, pasando por la industrial Līgatne y la fotogénica Cēsis. Fundado en 1973, el primer parque nacional de Letonia protege un interior muy boscoso ideal para ir de excursión, en bicicleta, de acampada o en piragua, y para practicar infinidad de deportes extremos y poco convencionales. La entrada es gratuita.

Sigulda

17 800 HAB.

Con un nombre más propio de una mítica mujer ogro, no sorprende que la entrada al Gauja resulte un lugar con duende y con una sorpresa oculta detrás de cada árbol. Los lugareños la llaman con orgullo la "Suiza letona", pero si se espera la majestad de un reino montañoso con las cumbres nevadas, se quedará bastante decepcionado. Sigulda combina senderos pintorescos, deportes extremos y castillos de 800 años saturados de leyendas.

Puntos de interés

Sigulda se extiende entre tres castillos, y la acción se concentra en la orilla este del río Gauja, cerca del Nuevo Castillo de Sigulda. Se puede improvisar una ruta a pie para contemplar una versión abreviada de lo mejor de Sigulda, sin olvidar subir al **teleférico** (☎29212731; Poruka iela 14; ida adultos/niños 5/4 €; ⊙10.00-18.30 jun-ago, hasta 16.00 sep-may) que cruza el valle y brinda una increíble perspectiva aérea.

★Reserva del Museo de Turaida — CASTILLO, MUSEO

(Turaidas muzejrezervāts; ☎6797 1402; www.turaida-muzejs.lv; Turaidas iela 10; adultos/niños 5/1,14 €; ⊙9.00-20.00 may-sep, hasta 19.00 oct, 10.00-17.00 nov-abr) Turaida significa "jardín de Dios" en livonio antiguo, y esta loma verde coronada por un castillo de cuento resulta ciertamente un lugar divino. El castillo de ladrillo rojo, con su alta torre cilíndrica, se construyó en 1214 sobre una fortaleza livonia. El **museo** ocupa el granero del s. xv del castillo y ofrece una visión bastante interesante del Estado de Livonia entre 1319 y 1561; se pueden ver exposiciones complementarias en la **torre Donjon** y en las torres oeste y sur del castillo.

En el resto de la reserva existen muchas casas con pequeñas galerías y exposiciones. Se recomienda la **casa del Herrero,** donde se puede practicar con la forja. No muy lejos siempre se encuentra un herrero auténtico que alquila el espacio; vende sus artesanías y sus invitados pueden hacer añicos símbolos paganos livonios hasta convertirlos en pequeños pedazos de hierro.

El atrio de la hermosa iglesia de madera (1750) alberga la tumba de Maija Roze (p. 263), una belleza maldita llamada la Rosa de Turaida y protagonista de una romántica historia popular. Hay que buscar la lápida de ónice con la inscripción "Turaidas Roze 1601-1620".

El vecino **jardín de la colina de las Dainas** está salpicado de esculturas dedicadas a héroes letones épicos inmortalizados en las *dainas,* canciones populares que constituyen una gran tradición letona.

Nuevo Castillo de Sigulda — CASTILLO

(Siguldas jaunā pils; Pils iela 16) Esta casa señorial neogótica fue construida en 1878 como hogar del príncipe ruso Dimitri Kropotkin, principal responsable de la transformación de Sigulda en un destino turístico. Ahora acoge el ayuntamiento del distrito de Sigulda y no está abierta al público, pero se puede visitar la finca.

Cueva Gūtmaņa — CUEVA

La mayor cueva del Báltico, provocada por la erosión, debe su gran fama al papel que desempeñó en la trágica leyenda de la Rosa de Turaida. La mayoría de los viajeros la visitan para examinar sus paredes tapizadas de grafitis –algunos del s. xvi– y, al parecer, los más despiertos han encontrado los escudos de armas de cazadores pretéritos. Se dice que el agua del riachuelo que mana de la cueva posee una mágica combinación de minerales que elimina las arrugas de la cara.

Parque Nacional de Gauja

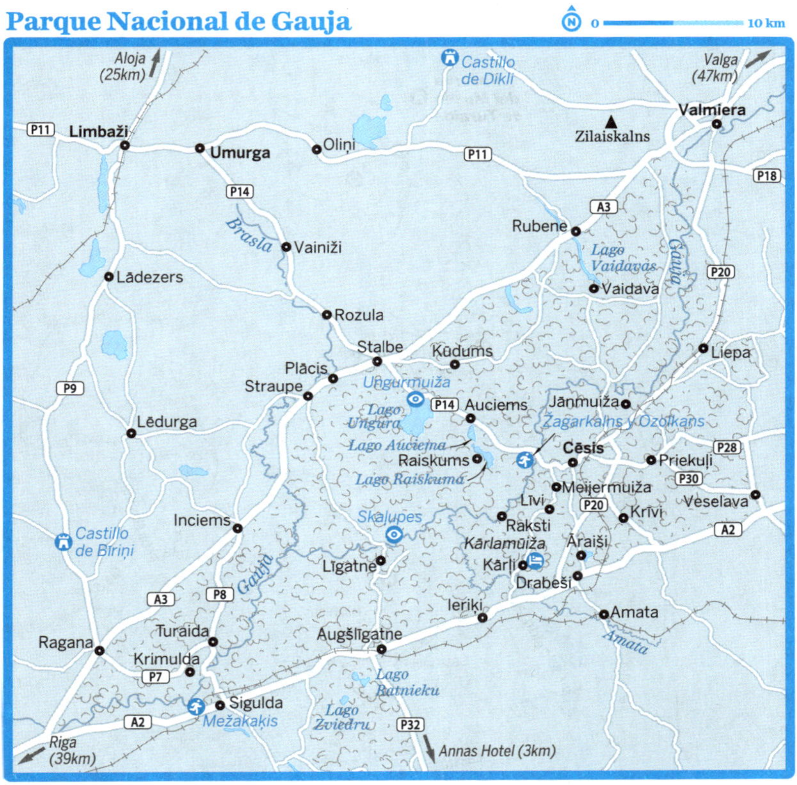

Actividades

Se trata del lugar adecuado para probar actividades que hagan subir la adrenalina. La ruta en *bobsleigh* resulta apta solo para valientes. Quienes busquen algo más suave disfrutarán recorriendo a pie o en bici el parque nacional a la sombra de los pinos o bajando en piragua el perezoso río Gauja.

Deportes de aventura

Circuito en trineo DEPORTES DE AVENTURAS

(Bob trase; ☎6797 3813; www.bobtrase.lv; Šveices iela 13; ⏲12.00-17.00 sa y do) El circuito de *bobsleigh* de 1200 m de Sigulda se construyó para el equipo soviético. En invierno se pueden bajar las 16 curvas a 80 km/h en un **'bobsleigh' blando** (de tela) Vučko (10 €/persona, oct-med mar) o reservar la experiencia olímpica auténtica en el espeluznante **'bobsleigh' taxi** (15 €/persona, nov-med mar). Los fanáticos de la velocidad pueden montar en un **'bobsleigh' de verano** con ruedas (15 €/persona, may-sep).

Aerodium DEPORTES DE AVENTURAS

(☎28384400; www.aerodium.lv; 2 min entre semana/fin de semana 33/37 €) Este *aerodium,* único en su género, consiste en un gigantesco túnel de aire que impulsa a los participantes hacia el cielo como si estuvieran volando. Los monitores pueden alcanzar hasta los 15 m de altura; los primerizos acostumbran a llegar a los 3 m. Búsquese la indicación en la autopista A2, 4 km al oeste de Sigulda.

Aunque solo se permanece en el aire un par de minutos, se imparte un curso de iniciación, así que hay que dedicar 1 h; resérvese con antelación.

'Puenting' desde el teleférico DEPORTES DE AVENTURAS

(☎28383333; www.bungee.lv; Poruka iela 14; *puenting* desde 40 €; ⏲18.30, 20.00 y 21.30 mi-do

Sigulda

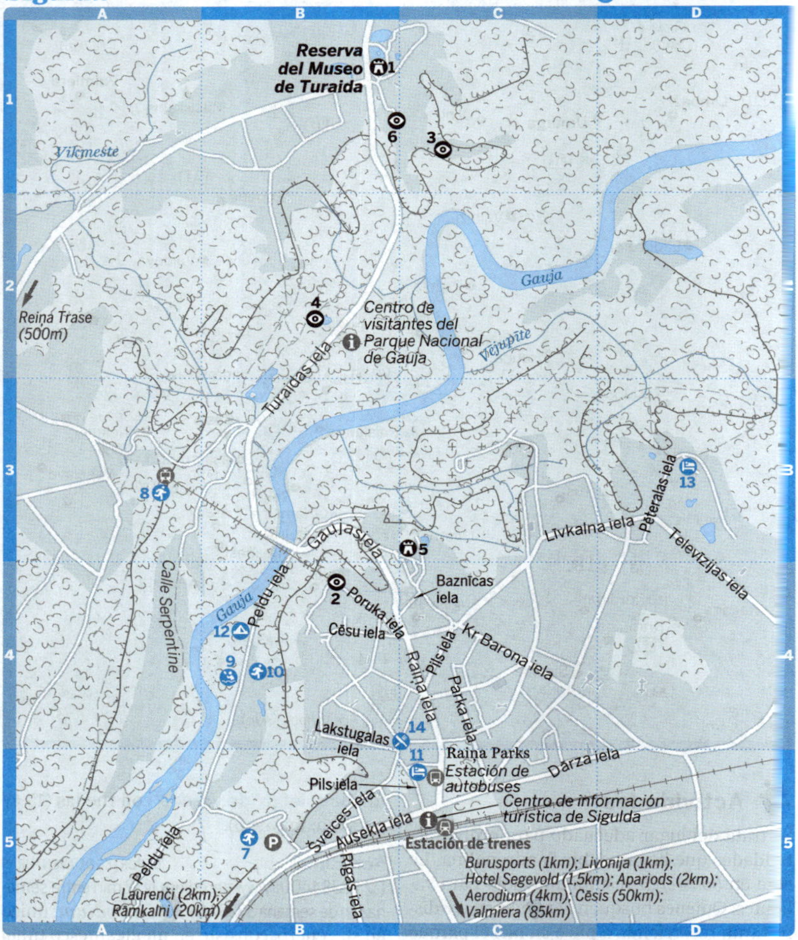

abr-oct) Para rebasar los propios límites, se puede optar por este salto de *puenting* de 43 m desde el teleférico naranja que planea sobre el río Gauja. Para más emoción, se puede saltar desnudo.

Parque de Aventuras Tarzāns DEPORTES DE AVENTURAS
(Piedzīvojumu Parks Tarzāns; ☎27001187; www.tarzans.lv; Peldu iela 1; adultos/niños combo 32/22 €, tobogán 3/1,50 €, circuito de cuerdas 17/10 €; ⏲10.00-20.00 may-oct) Es posible deslizarse por un tobogán o saltar de cuerda en cuerda como Tarzán. También ofrece un telesilla (1 €), tubos para deslizarse (1 €), *puenting* inverso (6 €), un columpio gigante (6 €), un muro de escalada (1,50 €) y tiro con arco (2 €).

Mežakaķis DEPORTES DE AVENTURAS
(☎6797 6886; www.kakiskalns.lv; Senču iela 1; adultos/niños 17/9,50 €; ⏲11.00-22.00 diario jul y ago, ma-do may, jun y sep, sa y do abr) Este pequeño parque de aventuras dispone de un circuito de cuerdas con 77 obstáculos dividido en 6 rutas por dificultad, apto para todos, desde niños a profesionales. En invierno, también hay pistas de esquí.

Sigulda

Principales puntos de interés

1 Reserva del Museo de Turaida B1

Puntos de interés

2 Teleférico B4
3 Jardín de la colonia de las Dainas C1
4 Cueva Gūtmaņa B2
5 Nuevo Castillo de Sigulda C3
6 Lápida de la Rosa de Turaida B1

Actividades, cursos y circuitos

7 Circuito de trineo B5
8 *Puenting* desde el teleférico A3
9 Consejo de turismo de Makars B4
10 Parque de Aventuras Tarzāns B4

Dónde dormir

11 Hotel Sigulda C5
12 Kempings Siguldas Pludmale B4
13 Līvkalni D3

Dónde comer

14 Kaķu Māja C4

Senderismo y ciclismo

Se recomienda llevar buen calzado para caminar porque Sigulda ofrece un territorio de senderismo de primera. Para empezar se podría abordar una ruta popular (y sencilla) de 40 min de paseo desde el castillo de Krimulda hasta la Reserva del Museo de Turaida pasando por la cueva Gūtmaņa y la cueva Viktors. O también se puede enfilar hacia el sur desde Krimulda y bajar hasta la **cueva del Pequeño Diablo** y la **cueva del Gran Diablo,** cruzar el río por un puente y regresar a Sigulda (2 h). Las paredes negras de la cueva del Gran Diablo se deben, al parecer, al aliento abrasador de un demonio viajero que se refugió en este lugar para evitar la luz del sol.

Al este de Sigulda, se recomienda tomar la ruta circular (1½ h) que comunica la **cueva de Pedro,** el **montículo del castillo de Satezele** y la **colina de los Artistas;** muy bien indicada, sale de detrás del hotel Līvkalni. Desde la colina de los Artistas, las vistas del castillo de Turaida y del valle del río Gauja resultan espectaculares.

Muchos negocios en Sigulda alquilan bicicletas y bicicletas de montaña por un precio de unos 15 €/día. Por ejemplo **Burusports** (6797 2051; www.burusports.lv; Mazā Gāles iela 1; 12.00-20.00 lu, 10.00-20.00 ma-sa), **Reiņa Trase** (29272255; www.reinatrase.lv; Krimulda pagasts; 14.00-24.00 lu-ju, hasta 1.00 vi, 10.00-1.00 sa, 9.00-23.00 do), **Rāmkalni** (6797 7277; www.ramkalni.lv; nčukalna pagasts; 9.00-22.00) o el consejo de turismo de Makars (p. 263). En la oficina de turismo se proporcionan folletos con rutas de senderismo y ciclismo.

Piragüismo y barcas de remo

Navegar por el apacible río Gauja supone una forma ideal de contemplar esta zona intacta y vivir algún que otro encuentro con la fauna local (si hay suerte). Existen zonas de acampada por todo el río desde Sigulda a Cēsis. Es posible apuntarse en una de las empresas del parque que organizan rutas en barco por el Gauja, o simplemente remontar el río y dejarse llevar por la corriente hasta la ciudad sobre una cámara de neumático hinchada.

A orillas del río, en Sigulda, el **consejo de turismo de Makars** (29244948; www.makars.lv; Peldu iela 2) organiza circuitos de uno a tres

LA ROSA DE TURAIDA

La belleza de Sigulda, Maija Roze (Rosa de Mayo), fue llevada al castillo de Turaida cuando la hallaron entre los heridos de una batalla a principios de la década de 1600. Creció hasta convertirse en una hermosa doncella, cortejada por caballeros de todas partes. Pero su corazón pertenecía a Viktors, un jardinero del vecino castillo de Sigulda, con quien se veía en la cueva de Gūtmaņa, a medio camino de los dos castillos.

Un día, uno de sus pretendientes, un soldado preso de la desesperación, la atrajo hasta la cueva con una carta que imitaba la letra de Viktors. Cuando Maija Roze llegó, el soldado se dispuso a secuestrarla. Maija Roze suplicó al soldado y le ofreció el pañuelo que llevaba alrededor del cuello a cambio de su libertad. Afirmaba que tenía poderes mágicos y, para demostrarlo, le retó a que intentara herirla con su espada. No está claro si se trataba de una treta o realmente creía en los poderes de la prenda pero, en cualquier caso, el soldado cumplió con su petición y mató a la doncella.

El soldado fue apresado, juzgado y ahorcado. Se han descubierto los documentos del juicio, que han demostrado la veracidad de la historia. Un pequeño monumento de piedra recuerda a la pobre Maija Roze, la Rosa de Turaida.

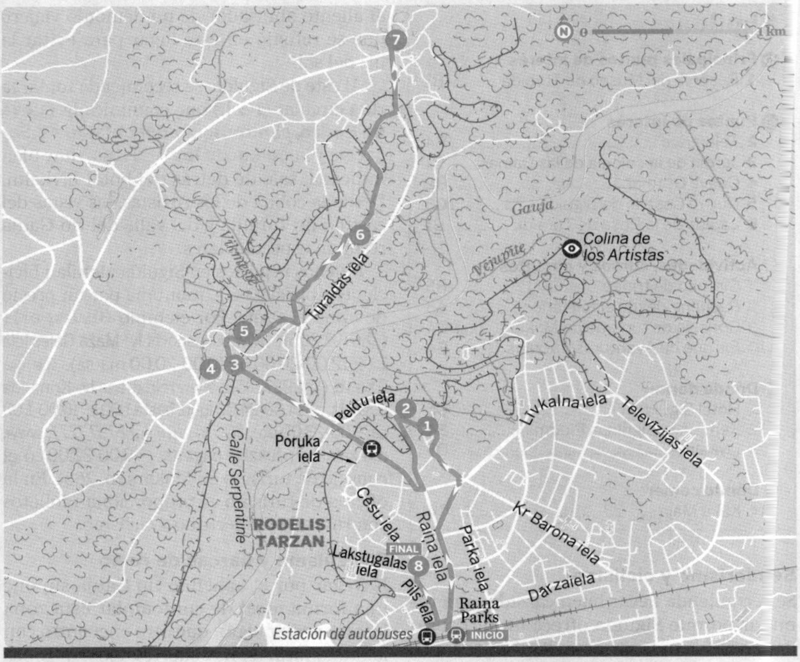

Circuito a pie
Excursión a los castillos

INICIO ESTACIÓN DE TREN DE SIGULDA
FINAL KAĶU MĀJA
DISTANCIA 6,6 KM; 5½ H

Si se va mal de tiempo o se va a pasar el día a Sigulda, en una sola tarde se pueden abordar los tres principales castillos de la localidad y una cueva legendaria.

Desde la estación de tren, se baja por Raiņa iela y Pils iela hasta llegar al 1 **Nuevo Castillo de Sigulda** (p. 260), construido por el príncipe ruso Dimitri Kropotkin, quien desarrolló Sigulda como localidad turística. Fue asesinado por un terrorista revolucionario en 1879, cuando comenzó la construcción. Se visitan las ruinas del 2 **Castillo Medieval de Sigulda**, erigido en 1207 por la Orden de los Hermanos Livonios de la Espada; quedó muy dañado en el s. XVIII durante la Gran Guerra del Norte. Se sigue por Poruka iela hacia el precipicio rocoso y se toma el 3 **teleférico** (p. 260) sobre el valle del río hasta la elegante 4 **mansión de Krimulda**, actualmente una clínica de rehabilitación.

Se contemplan las desmoronadas ruinas del vecino 5 **Castillo Medieval de Krimulda** y se sigue por la calle Serpentine hasta la 6 **Cueva de Gūtmaņa** (p. 260), la mayor cueva por erosión del Báltico. Inmortalizada por la leyenda de la Rosa de Turaida, presenta numerosas inscripciones grabadas en las paredes. Después se va a la 7 **Reserva del Museo de Turaida** (p. 260). El castillo medieval se levantó en el s. XIII para el arzobispo de Riga sobre el emplazamiento de una antigua fortaleza livonia.

Se admiran las vistas al Parque Nacional de Gauja desde la torre y luego se explora la zona, llena de esculturas de personajes de cuentos letones. A continuación, se toma el autobús nº 12 para volver a la estación de autobuses de Sigulda. Desde allí, se sigue Pils iela hasta 8 **Kaķu Māja** (p. 266), donde se disfruta de una cena letona o de un café con bollería casera recién hecha.

días por el río en barcas para dos a cuatro personas desde Sigulda, Līgatne, Cēsis y Valmiera, de 3 a 85 km de recorrido. Cuestan 30-180 € por barca e incluyen el equipo, el transporte entre Sigulda y el punto de partida del circuito y el precio de la parcela de *camping* para hasta cuatro personas. Las tiendas, los sacos de dormir y los chalecos salvavidas se alquilan aparte por un importe mínimo. Rāmkalni (p. 263) también alquila equipos de navegación.

Fiestas y celebraciones

Festival de Ópera de Sigulda MÚSICA
(www.opersvetki.lv) Las románticas ruinas del castillo de Sigulda sirven de escenario para el mejor festival de ópera del país.

Dónde dormir

Si todos los hoteles están completos, se puede preguntar en la oficina de turismo por habitaciones en casas particulares o alquilar un apartamento. También se puede consultar la página web oficial de Sigulda, www.tourism.sigulda.lv.

Kempings Siguldas Pludmale CAMPING €
(29244948; www.makars.lv; Peldu iela 2; parcelas por persona/tienda/automóvil/caravana 5/3/3/6 €; med may-med sep) Se puede acampar en la zona verde que se extiende junto a la playa de arena del Gauja. Goza de una gran ubicación, pero solo cuenta con un baño para hombres y otro para mujeres, y hay muchos campistas. Se alquilan tiendas para dos personas por 4,50 €/día. Río arriba, en Līgatne, existe un segundo *camping* gestionado por Makars. Allí se puede preguntar por los lugares de interés de la zona.

Aparjods HOTEL €€
(6797 2230; www.aparjods.lv; Ventas iela 1; i/d desde 43/57 €;) Oculto tras las brillantes luces de Hesburger en la carretera principal, este encantador complejo de estructuras con aspecto de granero luce puertas de madera y tejados de juncos y tablillas. Aunque las habitaciones no resulten tan carismáticas, se trata de una de las opciones más acogedoras del lugar. Queda 1,5 km al suroeste del pueblo.

Hotel Segevold HOTEL €€
(6797 4848; www.hotelsegevold.lv; Mālpils iela 4b; d 50 €;) Al entrar en el ostentoso vestíbulo, enseguida se olvida que el hotel se halla en medio de un parque industrial. La iluminación futurista y los gigantescos relieves tipo tentáculos contrastan con los sucios tractores soviéticos que se ven al salir al exterior. En la parte de arriba, se hallan las habitaciones, no muy glamurosas, pero en perfectas condiciones y limpísimas.

Līvkalni B&B €€
(22825739; livkalnisigulda@gmail.com; Pēteralas iela 2; h desde 45 €;) No existe lugar más románticamente rústico que este idílico refugio cerca de un estanque al límite del bosque. Las habitaciones huelen

INDISPENSABLE

'PIRTS'

Merece la pena permitirse disfrutar de la tradición letona por antonomasia, la *pirts*, la versión letona de la sauna. Aunque similar a la sauna finlandesa, cuenta con muchos elementos que la convierten en una experiencia única. La dirige una señora de la sauna, que cuida de sus clientes golpeándolos con unas ramas en una coreografía propia de un chamán. Sí, se ha leído bien, mientras se está tumbado desnudo, la señora de la sauna agita en el aire las ramas para extender la humedad y después golpea suavemente con un ramillete de flores y ramas la espalda y el pecho del cliente. En las *pirts* suele haber más calor y humedad que en sus sosias finlandesas. Una sesión suele durar 15 min, después se sale de la sauna y se salta a la masa de agua más cercana (lago, estanque o mar). El aroma de la sauna también resulta muy importante; las señoras de la sauna se encargan de crear una mezcla de hierbas y especias para aromatizar el aire. En general, una sesión de tarde en una *pirts* implica múltiples sesiones para sudar intercaladas con zambullidas en agua fría, además de cervezas, infusiones y tentempiés.

Todas las saunas tradicionales se encuentran en el campo, casi todas en casas particulares. Si se está interesado en probar, se puede ir al Hotel Sigulda o al Hotel Ezeri (p. 266), que ofrecen sesiones privadas en una elegante *pirts* local. Un poco de sudor vespertino (unas 3 h) con abundante té y tentempiés cuesta 100 € para dos personas.

a pino fresco y están rodeadas de adorables casas con techos de paja.

Hotel Sigulda HOTEL €€
(☎6797 2263; www.hotelsigulda.lv; Pils iela 6; d desde 50 €; @📶) El hotel más antiguo del pueblo, en pleno centro, lo construyó un barón ruso que soñaba en convertir la pequeña aldea en un destino turístico. Aunque la vieja fachada de piedra y ladrillo resulte bastante encantadora, las habitaciones no dejan de ser estándar y sencillas. La simpática familia que gestiona el hotel también se hace cargo del más lujoso **Hotel Ezeri** (☎6797 3009; www.hotelezeri.com; d desde 75 €), a varios kilómetros de Sigulda. Pregúntese por su sauna, una experiencia inolvidable.

✖ Dónde comer y beber

Casi todos los hoteles y pensiones de Sigulda disponen de un pequeño restaurante. Sorprendentemente, las opciones son deplorables si se tiene en cuenta que se trata de uno de los destinos más populares de Letonia después de Riga.

Kaķu Māja LETONA
(www.cathouse.lv; Pils iela 8; principales uno 3 €; ⏲8.00-23.00) Una referencia para comer algo barato, la "Casa del Gato" prepara platos al baño maría al gusto y cuenta con una panadería anexa con pasteles, tartas y bizcochos. Los viernes y sábados por la noche, el restaurante de la parte trasera saca la bola de espejos y se transforma en un club nocturno hasta las 2.00.

Aparjods INTERNACIONAL €
(Ventas iela 1; principales 10-28 €; ⏲12.00-22.00) El elegante restaurante del Aparjods merece especial atención por su exquisito surtido gastronómico que se sirve entre multitud de reliquias de la casa y asientos con adornos dorados. En invierno una chimenea calienta el comedor de madera oscura y en verano

INDISPENSABLE

LAS 'MUIŽAS' DEL GAUJA

Además de las cuatro localidades principales del parque, existe una infinidad de joyas ocultas en la región del Gauja. Merece la pena conocer dichas maravillas, sobre todo las *muižas* o casas solariegas de la zona.

Ungurmuiža (☎29424757; www.ungurmuiza.lv; adultos/niños 3/2 €; ⏲10.00-18.00 ma-do med may-oct) Se trata de una de las casas señoriales mejor conservadas de Letonia. La hermosa mansión roja fue creada por el barón Von Campenhousen, que sirvió a las órdenes del rey sueco y el zar ruso. Sus descendientes la habitaron hasta la II Guerra Mundial, cuando el Gobierno se la agenció. Se conservó milagrosamente en perfectas condiciones y actualmente las delicadas pinturas murales y las puertas originales permiten revivir esa época aristocrática. Pueden concertarse circuitos (35 € por grupo).

Castillo de Bīriņi (Bīriņu pils; ☎6402 4033; www.birinupils.lv; entrada 4 €) Como un gran pastel rosa en un prado verde, el castillo domina una pintoresca finca frente a un lago tranquilo. Situada en los lindes noroccidentales del Gauja hacia Saulkrasti, esta mansión se ha convertido en un opulento hotel cuyo estilo renacentista se aprecia alrededor de la escalera del vestíbulo. Se puede realizar un circuito guiado (15 €) o disfrutar del bonito paisaje con un pícnic o un paseo en barca. Los horarios de apertura suelen resultar un poco imprevisibles (sobre todo en verano, cuando hay una boda cada semana). Para evitar contratiempos, llámese para reservar.

Castillo de Dikli (Diķu pils; ☎6402 7480; www.diklupils.lv; d desde 60 €) En 1864 un sacerdote organizó el primer Festival de la Canción de Letonia en este castillo, lo que le otorga un lugar importante en la historia del país. Esta morada aristocrática se ha transformado en un hotel de lujo con servicios de *spa*. Se puede caminar por el parque de 20 Ha y pasear en barca; en las visitas guiadas se narra la historia del castillo y su restauración.

Annas Hotel (☎6418 0700; www.annashotel.com; apt desde 115 €; 📶) Construido originalmente a mediados del s. XVIII como Annas Muiža, se trata de un establecimiento moderno que combina encanto histórico y decoración moderna. La propiedad brinda pocas opciones aparte de relajarse, y eso es precisamente lo que propone el hotel, con sesiones de *spa* y bonitos jardines con árboles y estanques.

las mesas se reparten por el patio. Este marco de categoría suele atraer a una clientela de cierta edad.

Información

Centro de información turística de Sigulda (☎6797 1335; www.tourism.sigulda.lv; Ausekļa iela 6; ⏲9.00-18.00; 📶) Ubicado en la estación de tren, este centro extremadamente eficiente facilita mucha información sobre actividades y alojamiento.

Centro de visitantes del Parque Nacional de Gauja (☎26657661; www.gnp.lv; Turaida iela 2a; ⏲9.00-19.00) Vende planos del parque, de la ciudad y de las rutas cercanas para cicloturismo.

Cómo llegar y salir

Varios autobuses recorren los 50 km entre la estación de autobuses de Sigulda y Riga (2,15 €, 1 h, cada media hora, 8.00-22.30).

Cada hora un tren (6.00- 21.00) cubre la línea Riga-Sigulda-Cēsis-Valmiera. Los destinos desde Sigulda incluyen Riga (2,35 €, 1-1¼ h), Līgatne (70 €, 10 min) y Cēsis (2 €, 40 min).

Cómo desplazarse

Sigulda cuenta con atracciones bastante desperdigadas y, tras un largo día de paseos, se agradece que exista el autobús nº 12. Cubre la ruta a/desde el castillo Nuevo de Sigulda, el castillo de Turaida y la casa señorial de Krimulda cada hora durante el horario de visitas (más frecuente en fin de semana).

Līgatne

En pleno Parque Nacional de Gauja, esta pequeña localidad es una zona crepuscular de extremos. Unas espantosas reliquias industriales resaltan en un paraje de pintorescos bosques de pinos y fríos arroyos azules. Sus dos principales atractivos destacan su confusa dualidad.

Puntos de interés

Circuitos naturales de Līgatne RESERVA NATURAL
(☎6415 3313; www.gnp.lv; adultos/niños 3,60/2,10 €; ⏲9.00-18.00) En esta mezcla de parque natural y zoo, alces, castores, ciervos, bisontes, linces y jabalíes deambulan por grandes cercados (parece un zoo al aire libre). Un circuito a motor de 5,1 km y una red de pasarelas comunican varios puntos de observación, y la torre mirador de 22 m brinda bonitas vistas. Los senderos señalizados incluyen una senda forestal de 5,5 km que permite contemplar animales salvajes, un camino botánico de 1,1 km y otro por la naturaleza agreste de 1,3 km.

Pension SITIO HISTÓRICO
(☎26467747, 6416 1915; www.bunkurs.lv; Skaļupes; circuitos guiados 11,50 € 12.00, 14.00, 16.00 sa y do; ⏲circuitos 12.00, 14.00, 16.00 sa y do; 15.00 lu-vi) Pese a su aspecto de gris centro de rehabilitación, en realidad se trata de un búnker soviético secreto, conocido por su nombre en clave, la Pensión. Cuando Letonia pertenecía a la Unión Soviética, constituía una de las guaridas estratégicas más importantes ante una posible amenaza nuclear. De hecho, la ubicación del búnker era tan secreta que siguió siendo información clasificada hasta el 2003. Casi todos sus 2000 m² se conservan como estaban cuando funcionaba. Como dato interesante, el búnker solo alberga una cama, aunque estuviera diseñado para un destacamento de 250 personas; los trabajadores tenían que dormir en sus puestos. Se ofrecen circuitos de 1½ h en letón, en inglés y en alemán. Los fines de semana, las visitan incluyen un almuerzo al estilo soviético (sorprendentemente exquisito) en la cafetería del búnker. Obsérvense las flores de plástico en la mesa (llevan en el comedor desde 1982).

Parque Vienkoču ESCULTURA
(☎29329065; www.vienkoci.lv; adultos/niños 3/2 €; ⏲10.00-18.00) Rihards, un tallista de la zona, ha llenado 10 Ha del parque con sus creaciones únicas. Pequeños senderos serpentean entre atrevidas instalaciones de arte moderno, un jardín de trazado clásico, relojes de arena y un conjunto de instrumentos de tortura. Se puede alquilar la cabaña rústica que se halla dentro del parque (25 LVL) y que, iluminada por velas de noche, ofrece una experiencia de "regreso a la naturaleza".

El parque se encuentra cerca de la carretera principal entre Riga y Cēsis, justo tras la salida a Ligatne.

Dónde dormir

Lāču Miga PENSIÓN
(☎6415 3481; www.lacumiga.lv; Gaujas iela 22; d con/sin desayuno 43/37 €) En un gran chalé de madera, la "Guarida de los Osos" hace honor a su nombre con un enorme oso de peluche en la entrada. Otros muchos reciben a los huéspedes en sus habitaciones,

incluso hay almohadas osunas que parecen peluches que se hubieran tragado un cubo de Rubik gigante.

Cómo llegar y salir

Circulan autobuses cada hora a Cēsis (1,40 €, 30 min) y frecuentes a Riga (3,20 €, 1 h 20 min). Los trenes paran en la estación de Ligatne al ir o al volver a Riga (2,65 €, 1 h 20 min) y Cēsis (1,55 €, 30 min).

Cēsis

19 500 HAB.

Con su impactante castillo medieval, sus calles empedradas, colinas verdes y cuidados jardines, resulta sencillamente la ciudad más bonita de toda Letonia. También atesora mucha historia. Nació hace ocho siglos como fortaleza de la Orden de Livonia en tierras de rebeldes paganos y asistió a terribles batallas entre los muros del castillo. Se puede considerar una excursión de un día desde Riga, pero merece la pena quedarse más tiempo, sobre todo para explorar el Parque Nacional de Gauja.

Puntos de interés

★ Castillo de Cēsis CASTILLO

(Cēsu pils; www.cesupils.lv; ambos castillos adultos/estudiantes 5/2,50 €, excursiones desde 33 €; ⏲10.00-18.00 diario may-sep, 10.00-17.00 ma-do oct-abr) En realidad se trata de dos castillos en uno. El primero lo forman las tristes torres de piedra oscura del viejo castillo de Wenden. Fundado por los Caballeros Livonios en 1214, fue saqueado por el zar ruso Iván el Terrible en 1577, pero antes sus 300 defensores se hicieron explotar con pólvora. El otro, la más alegre mansión con aires de castillo del s. XVIII, la habitó en el pasado la dinastía de condes alemanes Von Sievers. Acoge un museo con interiores fin de siglo originales.

Tras visitar los castillos, se puede pasear por el cuidado **parque del castillo** con un estanque ocupado por un encantador barquito de vapor en el que se puede subir por 2,20 €. Igual de encantadora resulta la **iglesia ortodoxa rusa de la Transfiguración**, construida en lo alto de una colina por los Von Sievers como cementerio familiar (como muchos alemanes al servicio de Rusia, se habían convertido en ortodoxos).

Iglesia de San Juan CRISTIANA

(Svētā Jāņa baznīca; http://cesujana.lelb.lv; ⏲11.00-17.00) Se puede dejar volar la imaginación en esta iglesia del s. XIII en la que caballeros livonios con armadura rezaron y enterraron a sus muertos en lo que entonces era una isla cristiana en tierras paganas. Hoy sede de la comunidad luterana de la ciudad, la iglesia contiene las tumbas de los grandes maestres de la orden y de obispos.

Actividades

En invierno, esquiadores y aficionados al *snowboard* se deslizan por las suaves pendientes y pistas a campo a través de **Žagarkalns** (☎26266266; www.zagarkalns.lv) y **Ozolkalns** (☎26400200; www.ozolkalns.lv; forfait 3 h 7 €), las dos grandes zonas de esquí de Vidzeme. En verano se alquilan bicicletas y piraguas, y Ozolkalns dispone de un circuito de cuerdas. Si no se puede esquiar, siempre se puede alquilar una bicicleta en la oficina de turismo.

Fiestas y celebraciones

En verano se celebran conciertos y fiestas casi todos los fines de semana.

De mediados de julio a mediados de agosto, Cēsis cobra vida los fines de semana con actuaciones de todo tipo, desde sinfonías a cuentacuentos, en diferentes escenarios de la localidad como parte del **Mākslas Festivāls** (http://cesufestivals.lv).

Dónde dormir

Cēsis cuenta con muchos alojamientos correctos a varios kilómetros del centro urbano. Consúltese www.tourism.cesis.lv para más información y fotografías.

Glūdas Grava MOTEL €

(☎27036862; www.gludasgrava.lv; Glūdas iela 3a; h 40 €) Atípico. Se ha transformado un garaje en cinco estudios con paredes frontales acristaladas y entrada individual. Cada estudio está equipado con cocina y alberga hasta cuatro personas. No hay recepción; se debe efectuar la reserva en su web o en www.booking.com y se recibirán indicaciones para obtener las llaves.

Province B&B €€

(☎26407008; www.province.lv; Niniera iela 6; i/d 50/60 €; Ⓟ📶) Esta bonita casa de huéspedes de color verde apio destaca entre los grises edificios soviéticos que la rodean. Ofrece 11 habitaciones sencillas e impecables y acoge un café en la planta baja. Los idiomas no son su fuerte.

Cēsis

Cēsis

Principales puntos de interés

Puntos de interés

Dónde dormir

Dónde comer

★ **Kārlamūiža** HOTEL PATRIMONIO €€
(☎26165298; www.karlamuiza.lv; d 45-115 €) En la localidad de Kārļi, a unos 12 km de su base en el castillo de Cēsis, la mansión servía de segunda residencia para los barones Von Sievers, quienes la compraron en 1777. El edificio de dos plantas con un techo inclinado y muros de piedra está rodeado por un pomar. Las habitaciones rústicas varían mucho en cuanto a precio y calidad.

La cena de tres platos, servida en el jardín, resulta una delicia y merece los 18 € que cuesta.

Kolonna Hotel Cēsis HOTEL €€
(☎6412 0122; www.hotelkolonna.com; Vienības laukums 1; i/d 44/59 €; @☎) El exterior recuerda vagamente el estilo neoclásico, aunque el interior presenta habitaciones estándar de categoría. El restaurante de la casa sirve cocina letona y europea de primera línea en un entorno formal o al fresco, en un jardín impecable.

Dónde comer

Casi todos los alojamientos de Cēsis cuentan con restaurantes de calidad adjuntos. Aparte de estos, no existen muchas otras opciones que merezcan la pena. En el supermercado Maxima (Livu laukums; h9.00-22.00) se pueden comprar provisiones para un disfrutar de pícnic junto a las escaleras de piedra que median entre las ruinas del castillo y el lago.

Mākslas telpa Mala CAFÉ €
(www.facebook.com/telpamala; Lielā Skolas iela 4; principales 3-4 €; ⏲12.00-21.00) Este local realmente acogedor ocupa una vieja casa de madera con una anticuada estufa de leña. Propone almuerzos baratos con cerveza artesanal, sidra letona y vino de frutas. También se agradece el *rock* clásico letón (distinto a lo que se suele oír en los bares) como banda sonora. Cuenta con una pequeña tienda de ropa y recuerdos.

Vinetas un Allas Kārumlādes CAFÉ €
(Rīgas iela 12; tentempiés 3-5 €; ⏲9.00-19.00) Denota cierta nostalgia de los setenta, reforzada por el empapelado fotográfico y los personajes de cómic de chocolate a la venta. Esta tienda de dulces se centra en las abuelas locales, pero cualquiera puede disfrutar con su *pavlova* de arándanos, sus tartas y sus magdalenas.

ĀRAIŠI

Fortaleza del lago **Āraiši** (Āraišu ezerpils; ☎6419 7288; adultos/estudiantes/niños 3/1,50/1 €; ⏲9.00-19.00 diario abr-oct, 9.00-16.00 mi-do nov-mar) Ubicada en una isla en medio del lago Āraiši, unos 10 km al sur de Cēsis, esta fortaleza se trata de una reconstrucción de un asentamiento ocupado por los latgalianos, una antigua tribu que habitada en la región en los siglos IX-X. Una pasarela de madera cruza el lago hasta la singular aldea, descubierta por los arqueólogos en 1965.

Al otro lado del lago se divisan las ruinas del **castillo de piedra de Āraiši** (Āraišu mūra pils), construido por los livonios en el s. XIV y destruido por las tropas de Iván IV en 1577. Desde allí un sendero lleva hacia un asentamiento reconstruido de la Edad de Piedra, con un par de viviendas de carrizo y hornos de tierra para asar carne y pescado. El fuerte y el castillo, junto con el emblemático **molino de Āraiši** (Āraišu vējdzirnavas), del s. XVIII, están señalizados en un camino de tierra que sale de la carretera principal y forman el **Parque Museo de Āraiši** (Āraišu muzejparks).

2 Locals CAFÉ €€
(Rīgas iela 24a; principales 7-10 €; ⏲9.00-24.00 do-ju, hasta 2.00 vi y sa) En un noble y hábil intento de proponer alimentos de origen local, 2 Locals ofrece un apreciable surtido de platos de carne y pescado. Se recomiendan los deliciosos postres caseros.

★**Izsalkušais Jānis** EUROPEA MODERNA €€
(☎29262001; www.izsalkusaisjanis.lv; Valmieras iela 1; principales 6-17 €; ⏲12.00-23.00) El antiguo cuartel de bomberos de la ciudad ha cambiado de oficio y ahora contribuye a extinguir el hambre y la sed con una carta compacta y potente que lleva a Cēsis a un nivel de sofisticación culinaria digno de una capital. Se recomienda encarecidamente la ensalada caliente de trucha. Elaboran un pan delicioso.

ℹ Información

Existen dos bancos con cajero automático en Raunas iela, entre las estaciones de autobuses y de trenes y la plaza principal (Vienības laukums).

Centro de información turística de Cēsis (☎6412 1815; www.tourism.cesis.lv; Pils laukums 9; ⏲10.00-17.00 diario may-sep, ma-do oct-abr) Dentro del castillo.

ℹ Cómo llegar y salir

Las estaciones de trenes y de autobuses se hallan en el mismo sitio, en la rotonda que conecta Raunas iela a Raiņa iela. Hasta cinco trenes diarios, entre 6.35 y 21.00, comunican Cēsis con Riga (3,50 €, 2 h). Se pueden subir las bicicletas. Dos o tres autobuses por hora, entre 6.15 y 22.20, recorren la ruta entre Cēsis y Riga, con paradas en Līgatne y Sigulda. También circulan trenes a Valmiera (1,55 €, 30 min).

Valmiera

Esta agradable, aunque discreta, ciudad universitaria es punto habitual de llegada o de salida de rutas en barco por el río Gauja. Si se pasa por esta localidad, se puede visitar la **iglesia de San Simón** (Svētā Sīmaņa Baznīca; Bruņinieku iela 2), que data de 1283 y atesora un bonito órgano del s. XIX. Se puede subir a la torre previo donativo. En la misma calle se hallan las ruinas del **castillo de Valmiera** (Bruņinieku iela 2), fundado por la Orden de Livonia en el s. XIII.

La fama de la ciudad se debe a la cerveza, que se habrá probado con total seguridad antes de llegar a Valmiera. La fábrica **Valmiermuiža** (☎20264296; www.valmiermuiza.lv; Dzirnavu iela 2; entrada 6 €; ⏲abierto cada día con cita previa), permite a los visitantes ver cómo opera la magia en sus animadas visitas, dirigidas por afables guías y completadas con degustaciones. Valmiermuiža se encuentra al norte del centro, después de Viestura laukums.

Si se desea alquilar una piragua, una balsa o una bicicleta para recorrer el Parque Nacional de Gauja, se puede acudir a **E**[…] (☎6420 7263; www.ezi.lv; Valdemāra iela; ⏲9.00-19.00 lu-sa, hasta 13.00 do), uno de los mejores especialistas en deportes de aventura de la zona.

Valmiera se halla en la misma línea de tren que Cēsis y Sigulda, con al menos cuatro trenes diarios desde Riga (4,20 €, 2½-3 h).

SURESTE DE LETONIA (LATGALE)

Evidentemente Letonia se trata de un país marítimo, pero cabe preguntarse qué alberga el interior. La respuesta es "más agua". El sureste de Letonia, llamado Latgale, se encuentra dividido por el poderoso Daugava y salpicado de pintorescos lagos ocultos en las profundidades de densos bosques. Si se sueña con pasar las vacaciones en una cabaña sin automóviles ni gente a la vista, esta zona constituye el destino ideal. Los caballeros alemanes no pudieron tomar Latgale al inicio de la historia de Letonia, lo que provocó que la región tomara un rumbo histórico bastante diferente al resto del país. La influencia rusa, polaca y judía resulta mucho más fuerte, y los nativos letones hablan un dialecto distinto, que muchos consideran otra lengua. A medida que llega el dinero de la UE, la dos principales ciudades de Latgale, Daugavpils y Rēzekne, se van deshaciendo poco a poco de sus ropajes soviéticos para adoptar un aspecto más moderno.

Valle del río Daugava

El zigzagueante río Daugava, conocido como "río del Destino", se abre paso por Latgale, Zemgale y Vidzeme antes de pasar por Riga y vaciar sus aguas en el golfo de Riga. Durante siglos constituyó la vía de transporte y de comercio más importante de Letonia para los clanes y reinos del extremo oriental. Hoy un ferrocarril recorre su orilla norte hasta Daugavpils, la segunda ciudad de Letonia.

Al salir de Riga hacia el este, se puede optar por carretera E22 o la mucho más pintoresca carretera antigua (A6), que cruza pueblos ribereños y bordea casi todo el tiempo el Daugava. Las dos carreteras convergen tras Koknese, 95 km al sureste de Riga.

Se puede parar en Koknese para admirar las **ruinas de Kokenhausen**, un castillo de caballeros del s. XIII situado en la confluencia de los ríos Daugava y Perse. Construido por los cruzados alemanes en 1209 y rodeado por un hermoso parque, sus ruinas perdieron parte del encanto de su posición cimera cuando una presa hidroeléctrica elevó el nivel del río. Hoy en día, las ruinas casi tocan el río pero las vistas resultan únicas. El siguiente promontorio está ocupado por el jardín del Destino, un proyecto en curso del que los autores esperan que se convierta en un símbolo de Letonia, como la estatua de Milda en Riga. Diseñado por el aclamado paisajista y filósofo japonés Shunmyu Masuno, se espera que cobre forma en el 2018.

Poco después de Koknese y justo antes de la salida a Pļaviņas, se puede comprar pan y pasteles artesanales recién horneados en **Liepkalni Maiznīca**, un área de descanso con una espléndida ubicación a orillas del río. El recinto acoge un buen café y una tienda con productos de artesanos letones.

En Jēkabpils, a 140 km de Riga, la A6 se bifurca hacia el sur y sigue el valle del Daugava hacia Daugavpils y Bielorrusia. La E22 sigue hacia el este a Rēzekne y Rusia. Si se toma esta última, merece la pena detenerse en la **torre de observación de la Reserva Natural de Teiči** para admirar las vistas sobrecogedoras del mayor pantano musgoso del Báltico. La torre, bien visible con sus 27 m de alto, se halla después de la salida a Atašiene.

Daugavpils

102 500 HAB.

La segunda ciudad de Letonia resulta tan pequeña que se puede ver el campo desde cualquiera de sus muchos puntos elevados, además del río Daugava junto al cual se sitúa. Predominantemente de habla rusa, Daugavpils goza de una injusta reputación de triste ciudad soviética, sobre todo entre los letones que nunca la han visitado. En realidad atesora un centro histórico bastante bien conservado y una sólida fortaleza, recuerdo de los tiempos en que era una ciudad provinciana del Imperio ruso con una próspera comunidad judía. Incluso respira cierta atmósfera cosmopolita ahora que se está reinventando como un importante centro de estudios de lengua rusa en la UE. La mayor celebridad de la ciudad, Mark Rothko, cruzó el océano para convertirse en uno de los más notables artistas del s. XX en EE UU. El nuevo centro de arte contemporáneo, uno de los mejores del país, lleva su nombre.

Puntos de interés

El antiestético eje de la ciudad, el Park Hotel Latgola, ofrece una amplia vista de 360 grados desde el bar restaurante de su azotea, un buen lugar para empezar a explorar Daugavpils.

Sureste de Letonia (Latgale)

Fortaleza de Dinaburg FORTALEZA
(⏲24 h) GRATIS Despreciada durante mucho tiempo tras la independencia, la ciudadela junto al río ha sufrido recientemente una profunda renovación y acoge ahora el excelente Centro de Arte Mark Rothko. Construida por orden del zar Alejandro I en vísperas de las guerras napoleónicas, sirvió de fortaleza imperial durante dos insurrecciones polacas en el s. XIX y como segunda residencia de los zares que exploraban los confines occidentales de su reino.

A pesar de un estilo arquitectónico más bien práctico, se pueden ver motivos góticos y egipcios en la decoración de las cuatro puertas, todas con nombres de la realeza rusa. La fortaleza en sí sobrevivió casi intacta a dos siglos de guerras y revoluciones, pero la hermosa catedral jesuita del s. XVII que se alzaba en el centro quedó destruida por un bombardeo en la II Guerra Mundial y los soviéticos arrasaron sus ruinas para instalar feos y anodinos bloques de apartamentos para militares. Una placa en el exterior de la puerta principal indica que el poeta tártaro Musa Jalil estuvo encerrado en ese lugar entre septiembre y octubre de 1942, en lo que entonces era el campo

de concentración nazi Stalag 340. En el interior, se recuerda el lugar en el que el aristócrata local Leon Plater fue ejecutado por los soldados del zar por dirigir la revuelta rusa en la zona en 1863.

Centro de Arte Mark Rothko de Daugavpils CENTRO DE ARTE
(www.rothkocenter.com; Mihaila iela 3; adultos/estudiantes 8/4 €, mitad de precio para personas nacidas el 24 abr y el 25 sep; ⏲11.00-19.00 mi-sa, 11.00-17.00 ma y do) Los arquitectos imperiales rusos que construyeron el gran arsenal para almacenar armas en la fortaleza Dinaburg se quedarían sorprendidos si supieran que su creación se convertiría en una galería de arte bautizada en honor de un judío local emigrado a EE UU. Inaugurado en el 2011, este centro ultramoderno constituye un nuevo peso pesado de la escena artística letona, con numerosas exposiciones contemporáneos y artistas residentes.

La 1ª planta está dedicada a Mark Rothko, natural de Daugavpils, cuyas obras surrealistas y abstractas lo llevaron al estrellato en EE UU, donde emigró con 10 años. Una exposición interactiva multimedia que resume la biografía de Rothko y explica el contexto histórico de su infancia precede a una pequeña muestra de originales de Rothko que representan "multiformas", la serie creada al final de su vida. La 2ª planta acoge exposiciones de artistas letones contemporáneos.

Colina de la Iglesia CRISTIANA
Honrando la multiculturalidad de la ciudad, las iglesias de las cuatro principales congregaciones cristianas locales comparten una pequeña colina dividida por la 18 Novembra iela. Los luteranos locales acuden a la neogótica **catedral Martín Lutero**, de ladrillo rojo; los católicos se reúnen en la **catedral de la Santa Virgen**; los ortodoxos rusos en la **catedral de los príncipes Boris y Gleb** y los viejos creyentes en la **iglesia de la Resurrección, la Santa Virgen y San Nicolás Novostroyensky**.

Todas excepto la última, frecuentada por disidentes rusos que siempre han sido algo así como una sociedad secreta, están abiertas al público. Muchas oportunidades de redención en una sola visita.

Fábrica de munición de plomo de Daugavpils SITIO HISTÓRICO
(☎27766655; www.dsr.lv; Varšavas ielā 28) Las armas y las balas no gustan a todos, pero la tecnología antigua casi extinguida de este extraño lugar merece una visita. Todo gira en torno a la gravedad. El plomo fundido se vierte desde la cima de una vieja torre de ladrillo. Cuando las gotas llegan abajo, se solidifican en perfectas bolas redondas que se separan por tamaños, se mezclan con grafito y se empaquetan en cajas. No se ve el proceso real, que resulta peligroso e insalubre, pero se ponen en marcha máquinas centenarias para el visitante, que puede subir a la torre y, si lo desea, disparar a latas de cerveza con una pistola de aire comprimido.

UN SUPERVIVIENTE SOLITARIO

Un censo elaborado en 1897, seis años antes de que Mark Rothko naciera en la familia de un farmacéutico judío, indicaba que el 46% de los habitantes de Daugavpils (entonces llamada Dvinsk) eran judíos, lo que la convertía en la mayor comunidad y la más poderosa. La ciudad se hallaba repleta de negocios e instituciones culturales, religiosas y políticas judías. En la calle se hablaba más el yidis que el ruso, el polaco o el letón.

Ahora solo quedan unos centenares de judíos. Pocos o ninguno de ellos descienden de los habitantes judíos originales. Cuando los nazis tomaron Daugavpils en 1941, llevaron a 13 000 judíos locales a un gueto situado en un puesto fronterizo de la Ciudadela de Riga, al otro lado del río. Poco a poco, fueron ejecutados o murieron de hambre o extenuación. Solo un centenar sobrevivió hasta que el ejército soviético reconquistó la ciudad.

Por tanto, Mark Rothko, que abandonó Daugavpils a los 10 años, es también un superviviente que habría tenido pocas oportunidades si su familia no hubiera emigrado a EE UU.

Zarpó de Liepāja en 1913, vivió una vida feliz primero en Portland (Oregón), después en el campus de Yale y finalmente en Nueva York, donde se descubrió como un artista que durante décadas osciló entre el surrealismo figurativo y las formas geométricas simples de colores brillantes, como las que se ven en el Centro de Arte Mark Rothko de Daugavpils (p. 273). Murió en 1970, consciente de haber escrito más de una página en la historia del arte de EE UU.

La sinagoga de Daugavpils acoge un pequeño museo de la historia judía de la ciudad. Puede concertarse una visita si se contacta con el guía turístico asociado Josifs Ročko a través de rochko@inbox.lv.

Dónde dormir

Biplan Guest House Aleksandria PENSIÓN €

(☎27014143; www.biplan.lv/en/guest-house-aleksandria; Stacijas iela 65/67; h desde 35 €) Cerca de la estación de tren, esta pensión ofrece amplios estudios, algunos equipados con una minicocina y lavadora. No se sirven desayunos, pero todas las habitaciones disponen de nevera y microondas. El mayor paseo peatonal de la ciudad empieza al doblar la esquina.

Residencias del Centro de Arte Mark Rothko PENSIÓN €€

(☎6543 0278; www.rothkocenter.com; Mihaila iela 3; i/d 30/40 €) Brinda la oportunidad de pasar una noche en el museo. Pero como el museo se trata del Centro de Arte Mark Rothko, las criaturas que pueden cobrar vida cuando el reloj marque las 24.00 no tendrán forma, aunque sí brillantes colores. El alojamiento está pensado para artistas residentes, pero las modestas habitaciones se ofrecen a menudo en www.booking.com.

Park Hotel Latgola HOTEL €

(☎6540 4900; www.hotellatgola.lv; Ģimnāzijas iel 46; i/d desde 50/60 €; @📶) Esta monstruc sidad soviética constituye la pieza centra urbana y el edificio más grande de la ciu dad; tras su renovada fachada se esconde habitaciones modernas (pero caras). Brind vistas desde el bar y restaurante del últim piso.

Villa Ksenija PENSIÓN €€

(☎20388008; www.villaks.lv; Varšavas iela 1 i/d desde 58/84 €; P📶) Ocupando una im ponente mansión construida en 1876, est hotel ofrece una opción lujosa, aunque n muy céntrica, para dormir en Daugavpil El estilo clásico imita el de la cadena Be Western, con habitaciones confortables per corrientes. En el agradable jardín arbolad se puede desayunar en los días cálidos.

Dónde comer y beber

Gubernators RUSA

(☎6542 2455; www.gubernators.lv; Lāčplēša ie 10; principales 5-8 €; ⏰11.00-24.00) Con un decoración rústica y algo de nostalgia sc viética, esta bodega restaurante sirve cin tipos de *pelmeņi* ruso y otros muchos clásicos del este de Europa, además de su propia marca de cerveza.

LUNA Café EUROPEA €
(www.luna.menu; Mihoelsa iela 68-1a; principales 2,50-4 €; ⌚8.00-22.00) Este alegre y brillante café y pizzería ofrece desayunos y almuerzos baratos y sabrosos, además de un café servido con profesionalidad.

★ **Artilērijas Pagrabi** BAR
(www.facebook.com/ArtilerijasPagrabi; Rīgas iela 22; ⌚desde 18.00 mi-do) El ultimo bar en el límite del universo, es decir, del universo de la UE. Este local relajado se ve como un bastión cultural letón en el este, alimentado por la gran cerveza local y conciertos de grupos letones y de más allá de la frontera. Posiblemente el mejor bar fuera de Riga.

Información

Oficina de turismo (www.visitdaugavpils.lv; Rīgas iela 22a; ⌚10.00-15.00 lu, hasta 18.00 ma-vi, hasta 17.00 sa, hasta 16.00 do) Bien abastecida de folletos con detalles de actividades en Latgale.

Cómo llegar y salir

Cuatro trenes diarios salen de la **estación de trenes** de Laugavpils(☎6548 7261; Stacijas iela) hacia Riga (3-4 h, 7 €). Cubre otros destinos, como San Petersburgo, en Rusia (49 €, diario, 10 h) y Minsk, en Bielorrusia (43 €, 3 semanales, 9 h).

Desde la **estación de autobuses** (☎6542 3000; www.buspark.lv; Viestura iela 10) circulan autobuses a/desde Riga (9 €, 3¾ h, cada hora) y Rēzekne (4 €, 1½-2 h, 7 diarios), así como Vilna, en Lituania (12 €, 3½ h, 2 diarios) y Braslav, en Bielorrusia (3-6 €, 2¼ h, 4 diarios).

Alrededores de Daugavpils

Sventes Muiža

Sventes Muiža CASA SEÑORIAL €€
(☎6542 7822; www.sventehotel.lv; Alejas iela 7, Svente; d desde 45 €; iW) El conde Michael Plater-Ziberg, vástago de la familia aristocrática más prominente de Latgale, solo pudo disfrutar de esta sólida propiedad que encargó 17 km al este de Daugavpils dos años antes de que estallara la II Guerra Mundial. Convertida en hotel campestre con buena presencia, pero asequible, acoge un famoso restaurante y un museo de vehículos de la II Guerra Mundial algo incongruente en el recinto.

Slutišķi

A orillas del Daugava, esta pintoresca aldea poblada por viejos creyentes rusos ha servido como improbable catalizador de la tercera Atmoda (despertar nacional letón), que llevó a recuperar la independencia en 1991. Un artículo de prensa que criticaba el plan del Gobierno soviético de construir una central hidroeléctrica e inundar Slutišķi generó protestas que transformaron al autor, Dainis Īvans, en un héroe. Pronto se convirtió en dirigente del Frente Popular Letón, un movimiento que dio lugar a la liberación. Una de las granjas acoge hoy un adorable **museo etnográfico** dedicado a los viejos creyentes. En el momento de redactar esta guía estaba siendo reformado. Slutišķi está rodeada por el **Parque Natural de Daugavas Loki**, que protege una franja especialmente hermosa del sinuoso y bello Daugava. Existe una zona de pícnic en la orilla, con barbacoas, columpios para niños y unos pocos senderos para caminar. Slutišķi queda cerca de la localidad de Markova, a 35 km de Daugavpils en la carretera a Krāslava. La salida está bien señalizada. Si se va en autobús hay que bajar en Židino, 2,5 km antes.

Krāslava

Solo 6 km al norte de Bielorrusia, esta tranquila ciudad pintoresca alberga casas de madera entre colinas verdes regadas por el Daugava. Antiguo dominio de la familia polaca Plater, Krāslava siempre ha conformado un misterioso crisol cultural. Su escudo contiene cinco remos que simbolizan las cinco comunidades locales: polacos, letones, bielorrusos, rusos y judíos. Estos últimos constituían el grupo más numeroso, pero casi todos murieron en el Holocausto.

Situado en un alto estratégico, el **castillo de los Plater** se halla lamentablemente cerrado al público, pero el recinto incluye el pequeño **Museo de Krāslava** y un excelente **centro de información turística**, además de una tienda de productos locales, que vende *kvass,* una bebida a base de pan de centeno. Si se está interesado, se puede preguntar por los talleres locales de artesanía o dirigirse al **taller de cerámica** (☎29128695; valdispaulins@inbox.lv; Dūmu iela 8; ⌚9.00-19.30) de Valdis Paulins para un curso acelerado de alfarería tradicional letona.

En la cima de otra colina se alza la encalada **iglesia católica de San Luis**, que acoge los restos de San Donato, la reliquia más venerada de la ciudad.

Para practicar la equitación, se puede ir a los **Establos Klajumi** (☎29472638; www.klajumi.lv; circuitos 2/4/7 días 105/270/515 €, paseo 1 h 1/2 personas 25/30 €), 11 km al suroeste de Krāslava, cerca de Kaplava. Ilze, la propietaria, desciende de un largo linaje de cuidadores de caballos y ofrece varias actividades, desde excursiones nocturnas a caballo hasta sencillos paseos campestres por las tardes. La adorable casa de invitados (desde 50 €) dispone de una sauna (que también sirve de ducha), una minicocina y un dormitorio abuhardillado con televisión por satélite. El lavabo se halla en un edificio anejo cercano.

Krāslava se encuentra en la carretera que va de Daugavpils a Vitsebsk, en Bielorrusia. Circulan autobuses a Daugavpils cada dos horas (2,35 €, 1¼ h). Tres autobuses diarios viajan a Aglona (2-4 €, 1 h).

Lago Dridži

Cada lago merece un superlativo en Letonia; este se trata sencillamente del más profundo, el Baikal letón, por así decir. Unos 25 km al noreste de Krāslava, el estilizado y bello lago cuenta con un bonito complejo turístico. Hay que tomar la carretera P161 a Dagda para llegar a **Dridži** (☎29441221; www.dridzi.lv; tienda 7 €, aparcamiento caravana 10 €, d 30 €, casita para 6 80 €), lugar ideal para familias. Ofrece redes de voleibol, remolcadores, balsas y una bonita pradera con glorietas de madera. Las casitas disponen de una cocina totalmente equipada. Abre todo el año.

Aglona

Esta diminuta población, situada en un istmo entre dos grandes y apacibles lagos, es sorprendentemente una de las localidades más visitadas de Letonia. Pero solo se nota unos pocos días en torno al 15 de agosto, cuando cientos de miles de católicos acuden a celebrar la Asunción de la Virgen en la basílica de Aglona.

La peregrinación comenzó hace más de 300 años, cuando un grupo de monjes errantes dominicos descubrieron una fuente con poderes curativos oculta entre un grupo de píceas (*aglona* significa "pícea" en dialecto antiguo). Aunque la fuente sulfurosa perdió su aparente poder un siglo más tarde, el agua del manantial aún se considera un producto de la intervención divina y se usa en rituales.

La basílica actual es una catedral encalada con dos torres, situada en un amplio prado, creado con ocasión de la visita del papa Juan Pablo II en 1993 para otorgar el título de *Basilica Minoris* (pequeña basílica). Uno de los 10 altares de la basílica atesora un milagroso icono de la Virgen María quien, al parecer, impidió que Aglona sufriera la peste de 1708. Las misas se ofician los días laborables a las 7.00 y 19.00, y los domingos a las 10.00, 12.00 y 19.00. El rosario se reza a las 12.00 de lunes a sábados y a las 9.30 los domingos.

Merece también la pena visitar el **Museo del Pan** (Aglonas maizes muzejs; ☎29287044; Daugavpils iela 7; ⌚9.00-18.00 lu-sa) para saber más sobre la historia y las tradiciones en torno al pan de centeno letón, alimento básico local. Como apenas se habla inglés, se recomienda llamar con tiempo para que puedan localizar a algún traductor que ayude en la presentación de 1 h. Si no se dispone de ese tiempo, pásese a probar su pan recién hecho. A través de la ventanita de la cocina se verá a los panaderos con las manos en la masa.

Puede encontrase una pequeña **casa de huéspedes** (☎29287044; Daugavpils iela 7) encima del Museo del Pan, con varios alegres dormitorios comunes en tonos pastel. **Aglonas Cakuli** (☎6537 5465; http://aglonascakuli.lv; Ezera iela 4; d con/sin baño desde 36/24 €), otra buena opción para dormir, está a una manzana siguiendo el lago Cirišs. Solo 1 km al sur de la basílica, **Aglonas Alpi** (☎29194362; aglonasalpi.lv; i/d 23/42 €) dispone de casitas de madera reunidas en un promontorio verde con fascinantes vistas al embalse de Ciriša. Todas las casas de huéspedes sirven comidas, y en raciones increíblemente abundantes.

Unos 10 km al sur de Aglona se halla el **Čertoks ezers** (lago del Diablo). Durante siglos, los lugareños han transmitido de generación en generación la leyenda de un diablo malintencionado que reside en el fondo de esta serena laguna. Curiosamente, las brújulas nunca funcionan cuando se activan en las inmediaciones del lago lo que ha llevado a los científicos a pensar que un meteorito magnético yace bajo la cristalina superficie del lago. Para llegar al lago del Diablo hay que tomar la carretera P62 a Krāslava; la salida al lago no está indicada (para evitar un aluvión de turistas), así que se debe preguntar al amable personal de la **oficina de turismo de Aglona** (☎29118597; www.en.aglona.travel; Daugavpils iela 1; ⏲8.30-17.00 lu-vi). Para consultar el correo electrónico, se puede ir a la **biblioteca** (Daugavpils iela 37; ⏲10.00-18.00 lu-vi, hasta 15.00 sa; 📶) del pueblo, que ofrece internet y wifi gratis.

ℹ Cómo llegar y desplazarse

Aglona se encuentra a 9 km de la carretera principal entre Daugavpils y Rēzekne (A13). Circulan dos autobuses diarios a/desde Daugavpils (3 €, 1½ h) y tres a Krāslava (2-4 €, 1 h). Para Rēzekne y Riga, hay que hacer transbordo en Preiļi (1,50 €, 30 min, 6 diarios).

Rēzekne

34 500 HAB.

Esta localidad asoma furtivamente la cabeza entre una gigantesca maraña de fábricas abandonadas y bloques de pisos convencionales. La localidad fue duramente fustigada en la II Guerra Mundial, cuando gran parte de su centro histórico quedó pulverizado por el fuego de artillería. Hoy en día, escasean reclamos turísticos. Sin embargo, la frecuencia de trenes y autobuses la convierten en un práctico punto de partida para ir a las tranquilas tierras lacustres más meridionales.

La calle principal, Atbrīvošanas alejā, va desde la estación de trenes Rēzekne II (norte) a la estación de autobuses (sur) y atraviesa la plaza central. En el centro de dicha plaza se erige **'Māra',** una estatua dos veces destrozada por los oficiales soviéticos en la década de 1940 y que no fue recuperada hasta 1992. Su inscripción "Vienoti Latvijai" significa "Letonia unida".

Al seguir la carretera se encuentra una pequeña loma con los poco destacados restos del **castillo de Rēzekne** y el gran centro de información turística adyacente, que ofrece escasa información sobre los lagos de Latgale que rodean la ciudad.

Tras cruzar Atbrīvošanas alejā, se ve la nueva y elegante incorporación al perfil de la ciudad, el **Gors** (http://latgalesgors.lv; Pi s iela 4). Este gran centro cultural, que se define a sí mismo como "la embajada de Latgale", acoge casi todos los días alguna actividad, ya sean conciertos, películas o lecturas poéticas.

FUERA DE RUTA

EN SUELO PATRIO

Los letones se sienten más unidos a su tierra que la mayoría de los europeos. Y no a cualquier tierra, sino a la propiedad concreta ocupada por sus antepasados. Un enorme número de urbanitas siguen teniendo familiares que cuidan una granja, muchas veces con árboles frutales, un pedazo de bosque y un lago. Los veranos en el campo con los abuelos, tíos y tías forman parte de la biografía de casi cualquier letón.

Esto se debe a que, durante siglos, las ciudades y los pueblos estaban dirigidos por los conquistadores –alemanes, rusos o suecos–, mientras que la emigración masiva de letones a las zonas urbanizadas no se produjo hasta el s. XIX.

Para saber más sobre la vida rural tradicional, se puede ir al **Museo de la Granja de Andrupene** (laukuseta@inbox.lv; Skolas 5, Andrupene), que ocupa una granja de los años veinte, cuando muchos letones recibieron grandes parcelas de tierra durante la reforma agraria. Consta de seis edificios de madera, entre ellos la casa de los propietarios, un granero, una herrería y un baño de vapor. Contáctese con antelación para reservar una cena tradicional de Latgale, con delicioso pan recién horneado.

La localidad de Andrupene se encuentra 30 km al este de Aglona, cerca de Dadga. Se necesita ir en automóvil o bicicleta, aunque dos o tres autobuses paran cada día en la ruta entre Rēzekne (2,40 €, 1 h) y Dagda (1 €, 20 min).

El Museo de la Granja de Andrupene forma parte del proyecto Patrimonio Culinario de Latgale. En www.kulinaraismantojums.lv se ofrece una lista de las granjas que conservan antiguas recetas y reciben visitantes. Las oficinas de información turística de Krāslava y Aglona también proporcionan información.

Se puede seguir por Atbrīvošanas alejā y después bajar por **Latgales iela,** la calle más antigua de Rēzekne, bordeada por decenas de encantadoras fachadas de ladrillo construidas en su día por acaudalados mercaderes judíos.

Dónde dormir y comer

Kolonna HOTEL €€

(☎6460 7820; www.hotelkolonna.com; Brīvības iela 2; h desde 60 €) Si se quiere pasar la noche en Rēzekne, este hotel perteneciente a una cadena dispone de habitaciones confortables, aunque algo sosas, en un imponente edificio *art déco* en pleno centro. El restaurante anejo Rozalija prepara platos europeos y especialidades de Latgale.

Pub Art Salon Mōls LATGALE €

(Latgale iela 22/24; principales 5-8 €; ⏲10.00-22.00) Compartiendo espacio con una galería de arte, este pequeño local rústico sirve contundentes platos regionales de carne. El servicio puede resultar algo lento, pero unos tragos del licor típico de Latgale, *šmakouvka*, hacen la espera más llevadera.

Ausmeņa Kebabs DE ORIENTE MEDIO €

(www.ausmena.lv; Rancāna iela 41; principales 2,50-4 €; ⏲11.00-22.00) Resulta difícil explicar cómo un local de kebab puede haberse convertido en una institución local con aroma nacionalista y en un refugio para bebedores bohemios, pero es así. Los kebabs al estilo turco se sirven para llevar en pan de *pita* o en plato con patatas fritas.

Cómo llegar y salir

La **estación de autobuses** (Latgales iela 17) ofrece servicios a/desde Daugavpils (4 €, 1¾-2¼ h, 4 diarios), Ludza (1,70 €, 30 min-1 h, 3-5 diarios) y Riga (10 €, 4-4½ h, 7 diarios), entre otros destinos.

La **estación de trenes Rēzekne II** (Stacijas iela) cuenta con un tren diario de ida y otro de vuelta entre Riga y San Petersburgo y entre Riga y Moscú. En total, circulan seis trenes diarios a/desde Riga (7 €, 3-3¾ h).

Alrededores de Rēzekne

Zona del lago Rāzna

A poca distancia de Rēzekne, el lago Rāzna (el mayor de Letonia por volumen) resume la belleza tranquila. A su alrededor, se extiende el **Parque Nacional de Rāzna,** una reserva de alrededor de 600 km² que incluye los lagos de Latgale. Los pueblos pesqueros que lo pueblan fueron fundados por los viejos creyentes rusos, que los bautizaron con nombres eslavos. El **centro de información** del parque se encuentra en Lipuški, en la orilla sur.

La bahía de Čornaja, en la orilla norte del lago, a 15 km de Rēzekne, es la base de **Buruguru** (☎29833890; http://buruguru.lv; Dukstigala bay, Čornaja; circuitos de navegación hasta 12 personas 300 €, pernoctación 100 €/noche), nombre que el capitán Andris Strutskis ha dado a la operación en la que participan él y su barco de navegación oceánica. A menos que se viaje en grupos grandes, se recomienda preguntar con antelación si es posible compartir el precio del circuito en barco con otros turistas. El barco también funciona como romántico hotel flotante, mucho más barato que navegar.

En la entrada de la bahía se halla **Ezerkrasti** (☎26411207; www.raznasezerkrasti.lv; Dukstigals, Čornajas pagasts; h 30 €), un complejo en una suntuosa finca rural salpicada de casitas de madera que ofrece voleibol, barcas de remos, un lago para nadar, una piscina cubierta y sauna.

En la otra orilla del lago, siguiendo la carretera P56, se encuentra **Rāznas Gulbis** (☎29994444; www.razna.lv; d desde 70 €), un amplio complejo con barcos de remos, un restaurante y un pequeño acuario de peces cercados en el lago. También genera mucho entusiasmo **Būrviga Rāzna** (☎2787601[illegible]; Škrabi, Mākoņkalna pagasts; h desde 25 €), con habitaciones que parecen decoradas por una abuela a la antigua usanza, pero en caravanas.

Lago Lubāns

El lago más grande de Letonia es poco profundo, los juncos cubren sus orillas y está rodeado por bosques de abetos tan oscuros y salvajes que se podrían rodar películas ambientadas en Siberia. Anidan unas 18[illegible] especies de aves, como cisnes y águilas, y cuenta con seis torres de observación para disfrute de los ornitólogos.

Para más información, hay que ir a **Bāka** (faro; baka.rezeknesnovads.lv), una antigua estación de bombeo de agua transformada en centro de deportes acuáticos con equipos de *windsurf* y barcos de remo y de motor en alquiler. Para quien desee pasar la noche en total soledad en un mar de juncos, se ofrece una habitación para dos personas (30 €/noche) y otra para cuatro (40 €/noche).

Al lado, en el pueblo de pescadores de Īdeņa, **Zvejnieki** (☎29165392, 28301143; www.zvejnieki.lv; Īdeņa, Nagļi pagasts; dc desde 8 €) dispone de camas en casas de madera distribuidas por su territorio y se puede negociar el alquiler de una casa entera para ocho personas. También se ofrece comida de Latgale y actividades variadas, como la pesca o la observación de aves, pero hay que solicitarlo con antelación.

Ludza

15 000 HAB.

Esta pequeña población, a un paso de la frontera rusa, se fundó en 1177 y se trata de la localidad más antigua de toda Letonia. Situada en la confluencia de dos lagos (el gran lago Ludza y el pequeño lago Ludza), la pequeña aldea y eje comercial prosperó alrededor del **castillo de Ludza,** construido por los cruzados germánicos en 1399 para proteger el frente oriental de la Orden de Livonia. El castillo lleva en ruinas desde 1775, y hoy la combinación de desmenuzados ladrillos carmesí y piedras grises resulta bella y cautivadora. Brinda un lugar fabuloso para un pícnic con vistas a las agujas de las iglesias y a los riachuelos que bañan los pies de la colina.

Una excelente selección de artesanía local se expone en el **Centro de Artesanos de Ludza** (☎29467925; www.ludzasamatnieki.lv; Tālavijas iela 27a; ⏲9.00-17.00 ma-sa). Cuenta con tres talleres colindantes donde los artesanos ejercen sus habilidades. Si se avisa con antelación, se puede practicar con los métodos tradicionales de hilado de lana, confección de cerámica y cosido. Se puede examinar una colección de viejas herramientas y probarse un tradicional traje latgale para la foto de rigor.

ℹ Cómo llegar y desplazarse

Ludza se halla 26 km al este de Rēzekne por la carretera A12 que enfila hacia Rusia. Circulan entre tres y cinco autobuses diarios a Ludza y Rēzekne (1,70 €, 30 min), dos de ellos llegan hasta Daugavpils (5 €, 3 h).

COMPRENDER LETONIA

Letonia hoy

Las personas nacidas después de que el monumento a Lenin fuera destruido en la calle principal de Riga están ahora en mitad de la veintena. Para ellos y para buena parte de la población el pasado soviético parece tan lejano que resulta casi irrelevante. Desde la independencia, hace un cuarto de siglo, Letonia se ha distanciado mucho de sus vecinos del este, tanto mental como políticamente. Miembro de la UE y de la OTAN, se trata ahora de una democracia funcional con unos estándares impensables en Rusia o Bielorrusia.

El nivel de vida es igual de alto, a pesar de que Letonia no cuenta con los recursos naturales o la industria de Rusia. Solo el número de restaurantes, cafés, tiendas y empresas que ofrecen todos los servicios imaginables sitúan a Letonia en otra liga. El pulso cultural del país también es firme, y en Riga se encuentra una cantidad sorprendente de personas dedicadas profesionalmente al arte, el diseño o la filosofía. Aun más sorprendente resulta el nivel de protección medioambiental, ya que todo el país parece un enorme parque nacional con bosques, playas y lagos intactos.

Pero Letonia sigue dividida en grupos étnicos. Tras la caída de la URSS, unos 700 000 residentes de origen ruso (un tercio de la población total) fueron privados de la ciudadanía. En su lugar, se les concedió el estatuto de no ciudadanos, con los mismos derechos excepto en lo que se refiere al voto. El número de no ciudadanos se ha reducido al 12,5% tras un proceso de naturalización a menudo complicado, pero la misma política rige con los partidos letones que forman el Gobierno y el partido ruso, siempre en la oposición.

La dos comunidades viven vidas separadas, pero las tensiones nunca van más allá de la mera retórica. Riga, con un número equivalente de letones y de rusos, parece la ciudad más integrada. La mayor parte de su población es bilingüe y el alcalde, ruso; además, gracias a la vanguardia cultural de la sociedad, se logran superar las divisiones.

Historia

Orígenes

Los primeros vestigios del hombre en la región datan de la Edad de Piedra, aunque los letones descienden de pueblos de Bielorrusia que emigraron hacia el norte y se asentaron en el territorio de la actual Letonia en el año 2000 a.C. Estos pueblos habitaron las zonas costeras para pescar y sacar provecho de los ricos yacimientos de ámbar que, en muchos lugares, fue más valioso que el oro hasta la Edad Media.

Al final evolucionaron cuatro pueblos bálticos principales: los seles, los latgales, los semigalios (zemgales) y los kuros. De los tres últimos proceden los nombres de tres de las cuatro regiones principales de Letonia: Latgale, Zemgale y Kurzeme. La cuarta región, Vidzeme (Livonia), debe su nombre a los livonios, un pueblo ugrofinés que no guardaba relación con los bálticos.

Durante siglos sucesivos de gobierno extranjero, dichos pueblos se fusionaron en una sola identidad letona. Fueron paganos hasta el s. XIII, cuando los caballeros alemanes los convirtieron al cristianismo por la fuerza de la espada. Pero las tradiciones paganas resisten y el solsticio de verano se celebra como la fiesta nacional más importante.

Cristianismo

Los primeros misioneros cristianos llegaron a Letonia en 1190 para intentar convertir a la población pagana. Se trataba de una batalla perdida; tan pronto como se marchaban los misioneros, los recién convertidos saltaban al río para deshacer el bautismo. Los misioneros fueron llegando en años sucesivos, y más letones se someterían al cristianismo para después renegar de él.

En 1201, a instancias del Papa, los cruzados germánicos, liderados por el obispo Von Buxhoeveden de Bremen, conquistaron Letonia y fundaron Riga. Von Buxhoeveden también constituyó la Orden de los Caballeros de la Espada y estableció su base en Riga para subyugar a Livonia. Llegaron los colonos del norte de Alemania y, durante el primer período de dominación germánica, Riga se convirtió en la ciudad alemana más importante del Báltico. Prosperó gracias al comercio entre Rusia y Occidente y se unió a la Liga Hanseática (un gremio medieval de mercaderes) en 1282. Entre los productos que se exportaban a Occidente desde Rusia vía Riga se contaban las pieles, el cuero, la miel y la cera. Los habitantes originales del Báltico fueron apartados de la política regional y de la urbanización.

Las luchas de poder entre la Iglesia, los caballeros y las autoridades locales protagonizaron la historia del país entre 1253 y

LOS CIELOS GRISES SE VAN A DESPEJAR...

Durante las dos últimas décadas, el medio ambiente de Letonia ha mejorado mucho, sobre todo gracias a las reformas impositivas y a una inyección de capital privado y de la UE. Cuando el país obtuvo la independencia, se repararon los daños al ecosistema provocados por los soviéticos. Desde 1990 la polución industrial ha disminuido un 46% y las aguas residuales, un 44%. Letonia cuenta con más de 1300 plantas de tratamiento de aguas residuales, que han mejorado la pureza de las aguas fluviales; los ríos Daugava y Lielupe se consideran "aguas óptimas para ciprínidos". Los pesticidas y productos químicos, muy utilizados en el campo durante la era soviética, se han controlado y su uso, reconducido. Más de 2750 Ha de tierras de cultivo (unas 200 granjas) no utilizan fertilizantes artificiales, lo que ha ayudado a reducir el número de pesticidas en el aire en un 1000%.

El saneamiento del agua y del alcantarillado de Letonia está recuperando el buen estado del mar Báltico y el golfo de Riga para poder bañarse. Las playas de Jūrmala, Ventspils y Liepāja han obtenido la bandera azul europea a la seguridad y pureza del agua.

En el 2002 se concibió la Estrategia para el Desarrollo Sostenible Letón, un vasto proyecto para unir estructuras medioambientales, sociales y económicas con el objetivo de aumentar la longevidad y viabilidad de la tierra letona.

Para más información sobre temas y proyectos medioambientales específicos, consúltese la web del Ministerio de Medio Ambiente de Letonia (www.vidm.gov.lv).

1420. El obispo de Riga, ascendido a arzobispo en 1252, se convirtió en el líder de la iglesia en las tierras germánicas conquistadas y gobernó directamente buena parte de Livonia y, a través de sus obispos, indirectamente otras zonas más lejanas de Livonia y Estonia. La Iglesia estaba en constante pugna con los caballeros, que controlaban buena parte de lo que quedaba de Livonia y Estonia, y con las autoridades municipales (dominadas por los mercaderes alemanes), que se lograron mantener un grado de independencia durante ese período.

Suecia, Polonia y Rusia

Los ss. xv, xvi y xvii estuvieron marcados por las batallas y las disputas sobre la repartición de lo que algún día sería Letonia. El territorio se hallaba en el cruce de caminos de varios imperios invasores y todos querían asegurarse su porción. En esa época Martín Lutero presentó sus tesis y sus ideales inundaron el este de la actual Letonia. Riga rápidamente se convirtió en un centro de la Reforma y las élites comerciantes adoptaron la doctrina. Los fervientes movimientos religiosos engendraron la aparición del letón escrito.

El oeste de Letonia pasó a ser más influyente y poderoso bajo el gobierno del Ducado de Curlandia, un reino semiautónomo gobernado por el competente duque Kettler, que fundó remotas colonias en Gambia y Tobago. En esa época, Polonia se apoderó del sureste de Letonia, y Suecia, de Riga y del noreste. Los rusos se sumaron a la refriega a finales de la década de 1620 y engulleron todo durante la Gran Guerra del Norte (1700-1721).

Despertar nacional

La idea de una identidad nacional unida empezó a gestarse en el s. xvii, cuando los campesinos descendientes de los primeros pueblos empezaron a unirse bajo el nombre de "Letonia". A mediados del s. xix, el sentimiento se fue consolidando cuando los primeros periódicos publicaron en idioma letón y se celebró el primer Festival de la Canción y la Danza. Los granjeros se concentraron en la ciudad para pedir igualdad de derechos y aparecieron los partidos políticos para organizar las huelgas de los trabajadores y derrocar a la aristocracia alemana que aún quedaba en la zona. Más tarde, los líderes democráticos llamarían "Revolución letona" a esta pugna por la libertad.

Sabor a libertad

El 18 de noviembre de 1918 se declaró el Estado Independiente Letón, nacido de la confusión y el desasosiego de la I Guerra Mundial. Ya en la década de 1930, Letonia había conseguido uno de los niveles de vida más altos de toda Europa. En 1934 un golpe de Estado sin derramamiento de sangre, orquestado por Kārlis Ulmanis, el primer presidente de Letonia, acabó con el poder del Parlamento.

Los soviéticos fueron los primeros en reconocer la independencia de Letonia pero la luna de miel no duraría mucho. La ocupación soviética empezó en 1939 con el Pacto Molotov-Ribbentrop, al que siguieron la nacionalización, las matanzas y las deportaciones masivas a Siberia. Los nazis alemanes ocuparon parcial o totalmente Letonia de 1941 a 1945, cuando se calcula que 175 000 letones, judíos en su mayoría, fueron asesinados o deportados.

Gobierno soviético

Cuando terminó la II Guerra Mundial, los soviéticos marcharon sobre Letonia con la excusa de 'salvarla' de los nazis. Empezaron de nuevo las deportaciones y se obligó al país a adoptar la ideología comunista. Rápidamente se levantaron fábricas, verdaderas colmenas de abejas a las que iba a trabajar todo el mundo. Se erradicó cualquier idea de individualidad y se 'nacionalizaron' las bonitas casas de campo y los cosmopolitas edificios oficiales, obligando a la ciudadanía a hacinarse en grises bloques de pisos.

La primera protesta pública en contra de la ocupación soviética tuvo lugar el 14 de junio de 1987, cuando 5000 personas se concentraron en el monumento a la Libertad de Riga en memoria a las deportaciones a Siberia de 1941. En verano de 1988 nacieron nuevas organizaciones políticas y el Frente Popular de Letonia (PLF) ocupó rápidamente el primer plano de la escena política. Menos de dos meses después, el 23 de agosto de 1989, dos millones de letones, lituanos y estonios formaron una cadena humana de 650 km desde Vilna hasta Tallin, pasando por Riga, en el 50º aniversario del Pacto Molotov-Ribbentrop.

Mirando a la actualidad

Cuando las fuerzas democráticas rusas dirigidas por Borís Yeltsin salieron victoriosas del denominado golpe de agosto, Letonia fue por fin libre de seguir su camino. El país proclamó la independencia el 21 de agosto de 1991 y, el 17 de septiembre de 1991, Letonia, junto a Estonia y Lituania, ingresó en la ONU y empezó a trabajar para consolidar su soberanía recién estrenada. En 1993 se celebraron unas elecciones democráticas y el nuevo gobierno, encabezado por Guntis Ulmanis (un granjero y descendiente de Kārlis Ulmanis), dio bandazos de una a otra crisis; tras la devastadora quiebra del mayor banco comercial del país, el relevo de primeros ministros fue continuo.

En 1999 Vaira Vīķe-Freiberga, letona de nacimiento pero residente en Canadá buena parte de su vida, ganó las elecciones presidenciales con la promesa de integrar a Letonia en la UE. No suponía una tarea fácil debido a la herencia soviética, pero el 1 de mayo del 2004 la UE abrió sus puertas al país. Letonia, durante mucho tiempo el rezagado báltico (y el país más pobre de la UE), registró el mayor crecimiento económico en la UE en los años 2004, 2005, 2006 y 2007, pese a que miles de letones emigraran a Irlanda y otros lugares para trabajar.

Sin embargo resultó que gran parte del desarrollo económico de Letonia se sostenía como un castillo de naipes; el gasto excesivo y la deuda dañaron la economía nacional durante la crisis económica mundial de finales del 2008 y principios del 2009. Los años siguientes se emplearon en superar los efectos del derrumbe de la economía. La crisis de Ucrania modificó las pautas de voto, beneficiando a los nacionalistas letones y haciendo perder escaños a Saskana en las elecciones parlamentarias de otoño del 2014.

En el 2015 el Parlamento eligió a Raimonds Vējonis como nuevo presidente de Letonia. De padre letón, oficial del ejército soviético, y madre rusa, representa al Partido Verde y se declara "pagano" como opción religiosa en Facebook. Se le considera una figura de compromiso y satisface a todo el espectro político.

La sociedad letona

Los letones, aunque no suelan saludar a desconocidos por la calle, resultan simpáticos y hospitalarios. Pueden parecer reservados, pero dicha cautela, que responde a siglos de ocupación extranjera, ha ayudado a conservar su idioma y cultura en épocas de cambios. A medida que Letonia se abre al mundo, esta sutil xenofobia se va esfumando. Los ciudadanos cada vez se sienten más seguros de la libertad de su país y las generaciones más jóvenes tienen acceso a una cultura más cosmopolita (sobre todo porque los jóvenes son casi siempre trilingües y hablan letón, ruso e inglés).

Las mujeres letonas se encargaban tradicionalmente de transmitir las canciones, las recetas, las leyendas y los cuentos populares, manteniendo así el hogar y la familia. Los hombres, de acuerdo con estas costumbres celosamente guardadas, debían proteger la tierra. Hoy, las mujeres conservan una presencia fuerte en el hogar, pero también ocupan posiciones destacadas en la política y las empresas, aunque la igualdad aún es un reto pendiente. Más del 41% de las empresas del país está dirigido por mujeres, y la presidenta más recordada de Letonia es Vaira Vīķe-Freiberga.

Los letones suelen adorar la naturaleza y siguen incorporando sus antiguas tradiciones y costumbres paganas a la vida diaria, pese a formar parte de la iglesia luterana (los rusos étnicos son sobre todo ortodoxos o viejos creyentes). Las supersticiones, bastante comunes, suelen estar vinculadas a la fauna y flora que comparten la tierra. En muchos pueblos de Letonia, las familias colocan altos maderos en su jardín para atraer a las cigüeñas, de las que se cree que traen niños. A los letones les encantan las flores; si se asiste a alguna fiesta de cumpleaños o se va como invitado a casa de alguien, siempre hay que llevar un ramo (con flores impares, ya que las pares se reservan para los funerales).

Arte

Cine

Zvejnieka dēls (El hijo del pescador; 1940) marcó tanto el comienzo como el final de una era en la industria cinematográfica letona. Supuso el primer largometraje sonoro del país, pero también una de las últimas cintas importantes antes de la II Guerra Mundial y los años posteriores de opresión. Al principio de la era soviética, el estatal Estudio de Películas Documentales de Riga editó numerosos filmes, la mayoría propagandísticos. Tras la muerte de Stalin en 1953, los directores ganaron más libertad y en la década de 1980 surgieron infinidad de parodias e imitaciones. Casi todas las películas producidas hasta entonces adaptaban famosas leyendas y novelas modernas letonas.

El director Jānis Streičs ha rodado bastantes películas sobre el pasado turbulento del país. *Limuzīns Jāņu nakts krāsā* (Limusina en el color de la noche del solsticio de verano; 1981) y *Cilvēka bērns* (El hijo del hombre; 1991) siguen gozando de popularidad gracias a la mezcla de ironía y comedia. La última, que trata de un joven que crece y se enamora durante la época de la ocupación soviética, ganó el premio nacional a la mejor película del año y fue presentada por Letonia al Oscar a la mejor película extranjera, aunque no obtuvo la nominación. Su más reciente *Vecās pagastmājas mistērija* (El misterio de la vieja iglesia parroquial; 2000) versa sobre el espinoso tema del colaboracionismo local con los ocupantes nazis y soviéticos durante la II Guerra Mundial.

Al final de la era soviética, el largo documental *Vai viegli būt jaunam?* (¿Es fácil ser joven?), de Juris Podnieks, se convirtió en uno de los iconos culturales del período de la perestroika y batió registros de taquilla en toda la URSS. Se centraba en temas tabú, como las subculturas juveniles o la delincuencia. Podnieks siguió documentando los acontecimientos más conmovedores de la historia soviética final, como el terremoto de Spitak en Armenia o Chernóbil.

En el 2010 Antra Celińska rodó una película con los personajes de *Vai viegli būt jaunam?* (¿Es fácil ser joven?), entonces cuarentones, en la que resumía dos decenios de sus vidas tras la caída de la URSS.

Otra figura de los documentales letones, Herz Frank, se trasladó a vivir a Israel. Pero su obra *Par desmit minutem vecaks* (10 minutos más viejo; 1978) supone un ejemplo típico de la cinematografía letona, independientemente de la nacionalidad de su autor.

También merece la pena nombrar a Laila Pakalnina, cuya película de 1998 *Kurpe* (El zapato), sobre la Letonia ocupada, fue seleccionada para la sección oficial del Festival de Cannes en 1998. *Pasts* (El correo; 1996), también de Pakalnina, muestra el aislamiento del país, simbolizado por el solitario reparto del correo matinal.

Fusionando el folclore con el surrealismo y la sátira, los animadores letones han producido grandes películas antes y después de la independencia. Nils Skapāns obtuvo el único premio letón en la Berlinale con su corto *Lidojam?! (¿Volemos?!)* en 1995.

Las películas de época se suelen rodar en pueblos como Kuldīga, pero algunos realizadores prefieren utilizar la localidad artificial de Cinevilla (p. 237), ahora una importante atracción turística.

La web oficial del Centro de Cinematografía Nacional de Letonia, www.latfilma.lv, ofrece información exhaustiva sobre directores, festivales, productoras y demás.

Canción y danza

Las canciones folclóricas siempre han formado parte de la cultura letona, aunque no se reconocieron como arte hasta mediados del s. XIX. En 1869 Jānis Cimze empezó a catalogar estas canciones, algunas milenarias, hasta lograr unas 20 000 melodías que se convirtieron en la base del primer Festival de la Canción de Letonia, donde miles de cantores se reunieron en enormes coros para rendir homenaje a la música

FESTIVAL EZERA SKAŅAS

Toda ópera clásica requiere un escenario romántico. Algunos de los mejores artistas del mundo se dedican a dibujar hermosos amaneceres y atardeceres, costas y castillos, mares y montañas, para acompañar la belleza de las obras cantadas. Otra opción consistiría en sacar la ópera de la ciudad y trasladarla a un bonito escenario natural, como hace precisamente el Festival Ezera Skaņas (Sonidos del Lago).

Cada mes de agosto, los espectadores viajan a un remoto y bello lago en medio del cual se representa una obra que el público escucha desde barcas de remos. Para causar un mayor efecto, las obras se interpretan al amanecer.

En julio ya se ofrece información sobre el recinto y las entradas en www.ezeraskanas.lv y en la página de Facebook del festival.

tradicional. Durante la ocupación soviética, los festivales de canto fueron cruciales para forjar un fuerte sentimiento de identidad y orgullo nacional, y pasaron a formar parte del grito de guerra que unió a los letones en su lucha por la independencia. El Festival de la Canción y la Danza se celebra cada cinco años (el próximo, en el 2018) y sigue convocando cientos de voces en una demostración apabullante de patriotismo.

La fiesta del solsticio de verano, Ligo, resulta el mejor momento para ver a los letones reunirse y cantar sus canciones favoritas. Se debe saber que los turistas también tienen que cantar.

La Ópera Nacional alberga el Ballet de Riga, del que surgieron Mijaíl Barýshnikov y Aleksandr Godunov en la era soviética. Como teatro de ópera se considera uno de los mejores de Europa, muy respetado en el país, y dispone de localidades económicas para todos los públicos.

Letonia se engrandeció cuando Prāta Vētra, también conocida como Brainstorm, quedó en tercer lugar en el Festival de Eurovisión del 2000. El minúsculo país triunfó en el 2002, cuando Marie N (Marija Naumova) se llevó el primer premio.

CÓCTELES CON BLACK BALZĀM

Una caneca de Black Balzām supone el recuerdo ideal para llevar a casa. La esbelta botella luce un bonito diseño antiguo y su contenido –una combinación secreta de hierbas y bayas– resulta delicioso. Se puede ofrecer a la familia y amigos el sabor de Riga en alguno de los siguientes cócteles populares con Black Balzām.

Mojito negro Se mezcla una parte de Black Balzām y cuatro de soda lima-limón, el zumo de media lima y unas gotas de jarabe de frutas. Se sirve sobre hielo picado.

Innocent Balzām Se mezcla una parte de Black Balzām, media de licor de melocotón, tres de zumo de melocotón, tres de helado de vainilla y un melocotón en conserva.

Lazybones Se añade un chupito de Black Balzām a una copa fría de cola.

Artes plásticas y arquitectura

De toda la paleta de artes plásticas de Letonia, sin duda deslumbra la enorme cantidad de edificios *art nouveau* de Riga (p. 212). La capital alberga más edificios de este estilo que cualquier otra ciudad europea y la cifra actual de 750 va en aumento debido a las continuas restauraciones que se están llevando a cabo.

Jānis Rozentāls, el principal pintor letón vivió en el barrio *art nouveau* de Riga y su antigua casa se ha convertido en museo. Mark Rothko, nacido en Daugavpils, se trata indudablemente del artista letón más importante del mundo. Aunque creciera en EE UU, el reciente interés por el artista y su obra han motivado la construcción de un nuevo espacio de arte moderno, que espera estimular el turismo en la tranquila región de Latgale.

Para conocer otros pintores letones, se puede repasar la colección del Museo Nacional de Arte de Letonia, que incluye los fascinantes y extraños paisajes de nieve y hielo de su primer director Vilhelms Purvits y exuberantes obras expresionistas de Ludolfs Liberts. También cabe destacar las obras de Miervaldis Polls, artista inconformista y alternativo de referencia en la era soviética, y que últimamente se ha ganado una reputación de "pintor de corte" al retratar a los dirigentes letones posteriores a la independencia.

Para conocer lo último en arte contemporáneo letón, hay que ir al festival Survival Kit de Riga en septiembre, que muestra a los mejores artistas locales y a pujantes estrellas internacionales.

Comida y bebida

Los amantes de la buena mesa deberán de vez en cuando prepararse un sándwich para evitar el reventón de una arteria, pues la comida tradicional letona resulta muy contundente. Durante siglos, comer ha supuesto simplemente una tarea utilitaria en lugar de un arte y un placer y, aunque esta consideración haya cambiado en Riga, en las muy calóricas cartas dominan el cerdo y las patatas.

Productos típicos y especialidades

Si se pasea por un mercado letón (como el mercado central de Riga), enseguida se

A PEDIR DE BOCA

Actualmente casi todos los restaurantes ofrecen cartas en inglés, pero se puede impresionar al camarero y pedir ternilla de cerdo en letón. A continuación se proponen algunas frases útiles.

Frases útiles

Una mesa para... personas, por favor.	*Lūdzu galdu... personām.*
¿Tienen carta?	*Vai jums ir ēdienkarte?*
Soy vegetariano.	*Es esmu veģetārietis/te. (m/f)*
¿Qué recomienda?	*Ko jūs iesakat?*
Me gustaría...	*Es vēlos...*
La cuenta, por favor.	*Lūdzu rēķinu.*

Glosario gastronómico

filete con cebolla frita	*sīpolu sitenis*
sopa de remolacha (parecida al borsch)	*biešu zupa*
ensalada de hortalizas troceadas con crema agria y mayonesa	*dārzeņu salāti*
pasta rellena	*pelmeņi*
sopa de pescado	*zivju zupa*
col fresca rallada	*kāpostu salāti*
salmón frito con patatas y verduras frescas y encurtidos	*cepts lasis ar piedevām*
chuleta de cerdo frita con patatas y verduras frescas y encurtidos	*karbonāde ar piedevām*
guisantes grises con grasa de cerdo y cebollas	*pelēkie zirņi ar speķi*
salchichas del cazador (cerdo)	*mednieku desiņas*
albóndigas	*kotletes*
arenque en escabeche con crema agria, huevo y remolacha	*siļķe kažokā*
salmón con salsa de nata	*lasis krējuma mērcē*
salmón con salsa de champiñones y eneldo	*lasis sēņu un diļļu mērcē*
salchicha (generalmente, ahumada)	*desa*

verá en qué se basa la gastronomía local, donde abundan las carnes asadas (con un sinfín de salchichas), el pescado ahumado (arenque, lucio, trucha o salmón), las patatas fritas, las verduras hervidas y la grasa de cerdo. Los productos lácteos también gustan mucho y el *biezpiens* (requesón), el *siers* (queso) y la *rūgušpiens* (cuajada) enriquecen muchos platos. De hecho, durante la época soviética los productos lácteos letones se consideraban una exquisitez en toda la URSS.

En verano, el deporte nacional consiste en salir a buscar bayas. En otoño, las setas, los arándanos y los frutos secos recién recolectados sustituyen a las fresas y frambuesas en los pequeños tenderetes. La miel supone otra exquisitez popular; los letones son intrépidos apicultores y muchas granjas cuentan con colmenas e instalaciones para producir miel.

Los golosos no quedarán decepcionados, pues se preparan deliciosos pasteles y tartas de frutas *(kūka)* con bayas. En el oeste de

PRECIOS EN RESTAURANTES

Los siguientes indicadores de precios se refieren a un plato principal estándar.

€ menos de 7 €

€€ entre 7 y 14 €

€€€ más de 14 €

Letonia aún se pueden encontrar antiguas recetas vikingas de postres elaborados con nata dulce y pan negro. Cabe destacar el delicioso *rupjmaizes kārojums/kārtojums*.

Resaca al gusto del cliente

Nadie puede irse del país sin probar el famoso Black Balzām de Letonia, al que Goethe llamaba "el elixir de la vida". En el s. XVIII, Abraham Kunze, farmacéutico de Riga, creó este engañoso brebaje negro. La piel de naranja, la corteza de roble, el ajenjo y la flor de tilo se cuentan entre los 14 ingredientes conocidos de la pócima. Un chupito al día ayuda a mantenerse sano, o eso asegura la mayoría de los jubilados letones. Su nombre proviene de *balsamon*, una palabra antigua griega para designar un fuerte bálsamo o ungüento medicinal de aroma dulce. Su opaca botella de cerámica, que luce la etiqueta del horizonte de Riga en negro y dorado, recuerda a los antiguos tarros de arcilla en los que se guardaba la potente pócima en los s. XVIII y XIX para protegerlo de la luz solar.

La *alus* (cerveza) es una de las bebidas favoritas tradicionales y, para tratarse de un país tan pequeño, sorprende la gran cifra de cervecerías. Una jarra cuesta 2 €. Pruébense las marcas Valmiermuižas Alus, Aldaris Alus o Cēsu Alus, y las especiales Bauskas, Piebalgas, Tērvetes y Užavas.

Los restaurantes y bares suelen ofrecer una carta de vinos, con una selección de los típicos vinos de los famosos países vitivinicultores pero también otros de regiones menos conocidas como el Cáucaso.

Dónde comer y beber

Los *restorāns* (restaurantes) locales se tratan de establecimientos donde se come sentado y con calma, mientras que los *kafejnīca* (cafés) son espacios polivalentes para disfrutar de un café, una comida más rápida o una copa por la noche. Los bares, sobre todo en Riga y en otras ciudades importantes, suelen servir todo tipo de comidas. Para opciones rápidas y autoabastecimiento se recomiendan las tiendas de *pelmeņi* (pasta rellena) y tortitas, establecimientos tipo cafetería, como algunos restaurantes de la cadena LIDO, y los supermercados, como Rimi, que venden tentempiés y comida para llevar. En las poblaciones pequeñas existen restaurantes de cocina letona que suelen ofrecer el anecdótico plato internacional (normalmente *pizza*).

El típico *brokastis* (desayuno) letón, que se sirve desde el amanecer hasta las 11.00, consiste en pan con queso, fiambres y pescado ahumado. El *pusidienās* (almuerzo) y la *vakariņas* (cena) resultan comidas más sustanciosas. Los restaurantes sirven el almuerzo al mediodía y la luz del día suele marcar los horarios de la cena, que puede variar de las 17.00 a las 24.00.

GUÍA PRÁCTICA

Datos prácticos A-Z

ACCESO A INTERNET

Prácticamente todos los alojamientos de Riga ofrecen algún tipo de conexión a internet. Los hoteles de localidades más pequeñas se esfuerzan por hacer lo propio. Los cibercafés casi han desaparecido, pero casi todos los restaurantes, cafés y bares ofrecen conexión wifi; basta con pedir la contraseña.

Lattelecom (Lattelekom; www.lattelecom.lv), el principal proveedor de servicios de internet del país, ha instalado torres de wifi en todos los teléfonos públicos de la ciudad. Los usuarios pueden acceder a internet en un radio de 100 m de dichas cabinas telefónicas. Para registrarse y obtener una contraseña y un nombre de usuario en Lattelecom, llámese al ☎9000 4111, o mándese un SMS con la palabra "WiFi" a ☎1188.

Las bibliotecas públicas de todo el país ofrecen wifi gratis.

ACTIVIDADES

En verano, las extensiones boscosas del país brindan opciones ideales para practicar el senderismo, el cicloturismo, la acampada, la observación de aves, la recolección de bayas o setas y el piragüismo. La costa letona consiste en una sucesión casi ininterrumpida de anchos arenales protegidos por dunas cubiertas de pinos. Existen centros de deportes acuáticos en el golfo de Riga y en la costa de Kurzeme. En invierno, el esquí y las salidas en raqueta de nieve se cuentan entre las actividades que el país ofrece a los visitantes más activos.

ADUANAS

La Agencia Letona para el Desarrollo del Turismo (www.latviatourism.lv) informa en su web sobre la normativa aduanera vigente.

No existen controles de aduanas en las fronteras con otros países de la UE. Cuando se viaja dentro del Espacio Schengen, los turistas (mayores de 18 años) solo pueden cruzar la frontera con 800 cigarrillos, 200 puros o 1 kg de tabaco. En cuanto al alcohol, el máximo son 110 l de cerveza, 90 l de vino (no más de 60 l de vino espumoso) y 10 l de otras bebidas alcohólicas. Cuando se rebasan las fronteras de la UE, las cantidades de cigarrillos y alcohol se reducen a 200 cigarrillos, 50 puros, 250 g de tabaco de fumar y 1 l de bebidas destiladas.

Se necesita permiso para exportar documentos o copias del archivo estatal; véase www.mantojums.lv.

ALOJAMIENTO

Se recomienda encarecidamente reservar el alojamiento con antelación en temporada alta (verano). Las tarifas bajan considerablemente en los meses fríos.

La mayor parte de las habitaciones cuentan con baño privado. Normalmente está prohibido fumar en las habitaciones.

Para más información sobre alojamientos, véase www.hotels.lv; para zonas de acampada, www.camping.lv.

CORREOS

El portal oficial del servicio postal (www.post.lv) de Letonia responde a cualquier pregunta que se formule relacionada con correos, incluidos los precios de envíos y sellos. Se ofrece un servicio fiable; el correo a Europa tarda una semana y a EE UU, 10 días.

DINERO

Letonia abandonó su divisa nacional, el lats, y adoptó el euro en enero del 2014.

EMBAJADAS Y CONSULADOS

La mayor parte de las embajadas se encuentran en Riga.

Embajada de Bielorrusia (☎6732 5321; www.latvia.mfa.gov.by; Jēzusbaznīcas 12)

Consulado honorario de Colombia (☎6732 5623; www.colombia.lv; Marupes iela 4)

Consulado honorario de Ecuador (☎6706 9604; Antonijas iela 1)

Embajada de España (☎6732 0281; www.exteriores.gob.es/embajadas/riga; Elizabetes iela 11)

Embajada de Estonia (☎6781 2020; www.estemb.lv; Skolas iela 13)

Embajada de EE UU (☎6710 7000 (urgencias); http://riga.usembassy.gov; Samnera Velsa iela 1)

Consulado honorario de Guatemala (☎2920 9996; Ievu iela 1)

Embajada de Lituania (☎6732 1519; www.lv.mfa.lt; Rūpniecības iela 24)

Consulado honorario de México (☎6750 5000; Pulkveža Brieža 8-1)

Consulado honorario de Perú (☎2651 0864; Balasta dambis 36)

Consulado de Rusia (☎6721 2579; www.latvia.med.ru; Dzirnavu iela 57)

Embajada de Suecia (☎6768 6600; www.swedenabroad.com/riga; Pumpura iela 8)

Consulado honorario de Uruguay (☎6762 2746;Ulmana gatve 2)

FIESTAS OFICIALES

El Instituto Letonia ofrece a través de la web www.latvia.eu información sobre los días conmemorativos especiales letones.

Año Nuevo 1 de enero

Semana Santa Marzo/abril

Día del Trabajo 1 de mayo

Restauración de la Independencia de la República de Letonia 4 de mayo

Día de la Madre Segundo domingo de mayo

Domingo de Pentecostés Mayo o junio

Vigilia de Līgo (fiesta del solsticio de verano) 23 de junio

Jāņi (Día de San Juan y solsticio de verano) 24 de junio

Día Nacional Aniversario de la proclamación de la República de Letonia, el 18 de noviembre de 1918

Navidad (Ziemsvētki) 25 de diciembre

PRECIOS DE ALOJAMIENTOS

Los siguientes indicadores de precios se refieren a una habitación doble con baño.

€ menos de 40 €

€€ entre 40 y 80 €

€€€ más de 80 €

VIVIR COMO UN RIGUÉS

Si se va a pasar una temporada en la ciudad, **Rent In Riga** (www.rentinriga.lv) ofrece una lista detallada de apartamentos disponibles (¡y papeleo gratis!). Se debe clicar "Vecrīga" o "Centrs" si se busca un piso en el centro de Riga.

San Esteban 26 de diciembre

Nochevieja 31 de diciembre

FIESTAS Y CELEBRACIONES

Los letones encuentran siempre una excusa para organizar una fiesta y los grandes municipios se aseguran de que sus visitantes se diviertan en todo momento, especialmente los fines de semana. Se pueden consultar las webs locales pertinentes para más información.

INFORMACIÓN TURÍSTICA

En los últimos años, la **Agencia Letona para el Desarrollo del Turismo** (6722 9945; www.latvia.travel) ha modernizado la información turística en todo el país. Pruébese en www.tourism.city name.lv o en www.city name.lv para portales oficiales de ciudades. Cada ciudad y pueblo letón destacables cuentan con una oficina de turismo que abre como mínimo con el horario comercial normal, en verano suelen estar abiertas más tiempo. Casi todas las oficinas de turismo facilitan folletos, planos y mapas.

Se puede consultar la web del **Instituto Letonia** (www.li.lv) para información adicional sobre el país.

MAPAS

Jāņa sēta (6724 0894; Elizabetes iela 83-85; 10.00-19.00 lu-sa, hasta 17.00 do), con sede en Riga, facilita mapas y planos del campo, las ciudades y los principales pueblos del país. Su serie de planos urbanos incluye cualquier localidad letona; los mapas están a escala 1:15 000 o 1:20 000 y cuestan 3-5 €.

La **Agencia Letona para el Desarrollo del Turismo** (www.latvia.travel) dispone de un mapa muy detallado de las cuatro regiones de Letonia.

TELÉFONO

En Letonia los números de teléfono tienen ocho dígitos; los de líneas terrestres empiezan por "6" y los de teléfonos móviles por "2". Para hacer cualquier llamada nacional, basta con marcar los ocho dígitos del número. Para llamar a un número de teléfono letón desde el extranjero, hay que marcar el prefijo de acceso internacional (00 desde España), después el de Letonia (371) seguido del número del abonado.

Las tarifas telefónicas figuran en la web de Lattelecom (www.lattelecom.lv), empresa con participación estatal que disfruta del monopolio de las comunicaciones nacionales de telefonía fija.

En casi todos los centros comerciales de Riga y de otras ciudades importantes venden teléfonos móviles. Si el móvil del viajero es compatible con GSM900/1800, podrá comprar un paquete con tarjeta SIM de prepago y recargarla en cualquier supermercado Narvesen o tienda de alimentación Rimi.

Para llamar desde teléfonos públicos, se pueden utilizar tarjetas telefónicas *(telekarte)* de varios precios que se venden en estafetas de correos, quioscos de prensa y supermercados pequeños.

WEBS

El nuevo y mejor amigo del viajero intrépido es **www.1188.lv.** El principal buscador de Letonia se asemeja a un genio que concede tres deseos... y después 1000 más, pues responde a cualquier pregunta sobre transporte en autobús/tren, servicios postales, lista de negocios, informes de tráfico y taxis. Incluso se puede mandar un SMS al servicio de la web para recibir listados en el teléfono móvil.

La Agencia Letona para el Desarrollo del Turismo (www.latvia.travel) y el Instituto Letonia (www.li.lv) cuentan con fabulosas webs con información enfocada a los visitantes extranjeros.

Cómo llegar y salir

AVIÓN

En el **aeropuerto internacional de Riga** (Starptautiskā Lidosta Rīga; 1817; www.riga-airport.com; Mārupe; 22), unos 13 km al suroeste del centro, opera la aerolínea nacional **airBaltic** (9000 1100; www.airbaltic.com), que ofrece vuelos directos a más de 50 destinos europeos, entre ellos Tallin y Vilna.

POR TIERRA

En el 2007 Letonia accedió al Espacio Schengen y se suprimieron todas las fronteras entre el país y Estonia y Lituania. Se recomienda llevar la documentación encima en todo momento, ya que se efectúan controles fronterizos al azar.

Autobús

Ecolines (6721 4512; www.ecolines.net) ofrece las rutas Riga-Pärnu-Tallin (17 €, 4-4¾ h, 7 diarios), Riga-Tartu (7 €, 4 h, 2 diarios), Riga-Vilna (17 €, 4 h, 7 diarios), Riga-Vilna-

Minsk (24 €, 8 h, diario) y Riga-Moscú (60 €, 14 h, diario).

Hansabuss Business Line (www.businessline.ee) Cuatro autobuses diarios entre Riga y Tallin, tres de los cuales paran en Pärnu.

Lux Express y **Simple Express** (☎6778 1350; www.luxexpress.eu) operan las rutas Riga-Pärnu-Tallin (desde 13 €, 4½ h, 11 diarios), Riga-Tartu-San Petersburgo (desde 23 €, 12 h, 4 diarios), Riga-Vilna (desde 11 €, 4 h, 10 diarios) y Rīga-Kaliningrado (20 €, 8 h, diario).

Automóvil y motocicleta

Los vehículos de alquiler pueden viajar por todo el Báltico sin costes adicionales, pero se recomienda notificarlo a la agencia cuando se retire el vehículo.

Tren

Viajar en tren resulta cómodo para unos pocos destinos, sobre todo Jūrmala, el Parque Nacional de Gauja y Daugavpils.

BARCO

Los ferris desde Riga, Liepāja y Ventspils conectan Letonia con puertos suecos y alemanes.

Cómo desplazarse

AUTOBÚS

Los autobuses resultan mucho más prácticos que los trenes para ir más allá de las líneas suburbanas que rodean a las capitales. Consúltense los horarios actualizados en www.autoosta.lv y www.1188.lv.

AUTOMÓVIL Y MOTOCICLETA

Se conduce por la derecha y hay que llevar siempre los faros encendidos. Si se busca una gasolinera, se debe preguntar por "*benzene*".

Existen las compañías habituales de alquiler de vehículos; sin embargo, Riga cuenta con empresas pequeñas con opciones más económicas a las de las compañías internacionales del aeropuerto. Solo se acepta metálico y se ofrece entrega gratis en cualquier lugar de la capital. Los alquileres oscilan entre 30 y 60 € diarios, según el tipo de vehículo y la época del año. En Letonia escasean los automóviles automáticos. Normalmente las compañías permiten viajar por los tres países bálticos, pero no más allá.

AddCar Rental (☎26589674; www.addcarrental.com)

Auto (☎29580448; www.carsrent.lv)

EgiCarRent (☎29531044; www.egi.lv)

TREN

La mayoría de los letones vive en el gran anillo periférico de Riga, y la red de trenes de cercanías de la ciudad facilita las excursiones de un día a los viajeros. Los otros puntos de interés de Letonia se exploran mejor en autobús. Todos los horarios de trenes figuran en www.pv.lv y en www.1188.lv.

Lituania

370 / 3 550 000 HAB.

Incluye »

Los mejores restaurantes

- Hotel Restaurant Labanoras (p. 333)
- Balzac (p. 313)
- Senoji Kibininė (p. 327)
- Lokys (p. 314)
- Sweetroot (p. 315)

Los mejores alojamientos

- Miškiniškės (p. 331)
- Bernardinu B&B (p. 311)
- Miško Namas (p. 377)
- Litinterp (p. 365)
- Domus Maria (p. 311)

Por qué ir

La orgullosa e independiente Lituania (Lietuva), una tierra de agua y bosques, se está evidenciando como una de las joyas de Europa. La república báltica más meridional ofrece un paraíso para los amantes de la naturaleza, a la vez que encanto urbano.

Su principal atractivo es la impresionante costa del Báltico, en especial el singular istmo de Curlandia. Los solitarios humedales de la costa atraen a decenas de miles de aves migratorias y los frondosos bosques del interior custodian lagos resplandecientes.

Los ajados patios, calles adoquinadas e iglesias barrocas de Vilna, capital del país y encantador enclave de artistas, gozan de una animada y optimista cultura actual.

Restos de la era soviética –una base de misiles nucleares convertida en museo sobre la Guerra Fría y un parque de esculturas– recuerdan un oscuro pasado reciente, mientras que la colina de las Cruces y el jardín de Orvydas testimonian la fe inquebrantable de este país.

Cuándo ir

- Lituania luce su mejor versión en verano (jun-ago), con días largos, noches cortas y aguas más cálidas (o al menos aptas para el baño) en el Báltico. Además se trata del punto álgido de la temporada de festivales, entre los que destaca el Festival del Mar de Klaipėda.
- La fresca primavera (abr y may) resulta perfecta para practicar barranquismo en las aguas del deshielo que nutren los ríos del país.
- El otoño (sep-nov) puede brindar una época maravillosa, con días soleados y noches frías. La cultura va *in crescendo* al compás de los festivales de música clásica, además del anual Mama Jazz de Vilna.

VILNA

☎5 / 546 700 HAB.

La joya barroca del Báltico se trata de una ciudad de enorme belleza. Atrae a los visitantes con su sencillo encanto y su cálido y dorado resplandor que hacen anhelar las largas noches de verano durante todo el año.

Vilna queda muy al norte y al este, pero en esencia es europea, y atesora el casco antiguo barroco más grande de Europa. Si se observa desde un globo aerostático, las incontables agujas de sus iglesias ortodoxas y católicas recuerdan a la cama gigante de un faquir. A esta embriagadora mezcla se añade una combinación de callejuelas empedradas, rincones decadentes, majestuosos miradores y talleres tradicionales de artistas, todo ello en tan poco espacio que en ocasiones se tiene la sensación de estar en un pueblo.

Sin embargo, Vilna no siempre ha sido un lugar tan feliz y también conserva recordatorios del dolor y la pérdida, desde las celdas de tortura de la KGB hasta los guetos donde los judíos fueron recluidos antes de ser asesinados por los nazis. Aun así han prevalecido el espíritu de libertad y la resistencia, y la ciudad se está forjando una nueva identidad, conjugando el pasado con un presente y un futuro halagüeño aderezado con una cocina internacional, una vibrante vida nocturna y flamantes rascacielos.

Historia

Según la leyenda, Vilna se fundó en la década de 1320, cuando el gran duque Gediminas soñó con un lobo de hierro que aullaba con el alarido de cien lobos, señal inequívoca de la fundación de una ciudad tan poderosa como su aullido. En realidad el asentamiento llevaba 1000 años poblado.

Un foso, una muralla y una torre sobre la colina de Gediminas protegieron a Vilna de los ataques teutónicos en los ss. XIV y XV. Las embestidas de los tártaros llevaron a sus habitantes a levantar un muro defensivo de 2,4 km de largo (1503-1522), y para finales del s. XVI, la ciudad se contaba entre las más grandes del este de Europa. Tres siglos más tarde llegó la industrialización; se extendieron líneas férreas y Vilna se convirtió en un importante centro judío. Durante la I Guerra Mundial fue ocupada por Alemania y posteriormente pasó a manos polacas. La II Guerra Mundial propició una nueva ocupación alemana que vino unida al exterminio de su población judía. Tras la contienda, el horizonte de Vilna fue alterado con la construcción de barrios periféricos habitados por lituanos llegados de otros puntos del país, así como inmigrantes rusos y bielorrusos. A finales de los años ochenta, la capital ejerció de adalid en el empeño nacional por lograr la independencia de la Unión Soviética.

Vilna no ha tardado en convertirse en una ciudad europea más. En 1994, su casco antiguo fue declarado Patrimonio Mundial por la Unesco y 15 años más tarde compartió el título de Capital Europea de la Cultura con la austríaca Linz. Gran parte del casco antiguo ha sido acertadamente restaurado.

Puntos de interés

Al tratarse de una ciudad compacta, sus principales lugares de interés se pueden visitar a pie. Quienes le dediquen un par de días no tendrán necesidad de salir del casco antiguo, donde puestos de recuerdos, talleres de artesanos y *boutiques* de diseño comparten un marco repleto de joyas arquitectónicas. Con dos días más se puede explorar la ciudad nueva, con sus museos, comercios y actividad ribereña.

Se puede empezar a explorar la ciudad en la céntrica plaza de la Catedral, con la colina de Gediminas alzándose por detrás. Al sur se halla el adoquinado casco antiguo, atravesado por Pilies gatvė. En dirección oeste, Gedimino prospektas discurre a través del corazón de la ciudad nueva hasta el parlamento y alberga varios puntos de interés.

Colina de Gediminas

Vilna se fundó en esta colina de 48 m de altura, coronada desde el s. XIII por una torre de ladrillo rojo. Para llegar a la cima, hay que subir los escalones de piedra que hay detrás del lado suroriental de la catedral o tomar el funicular.

Castillo y Museo de Gediminas MUSEO

(Gedimino Pilis ir Muziejus; plano p. 300; ☎5-261 7453; www.lnm.lt; Arsenalo gatvė 5; adultos/niños 2/1 €; ⏲10.00-19.00 diario abr-sep, 10.00-17.00 ma-do oct-mar) Ubicado por encima de la confluencia de los ríos Neris y Vilnia, este castillo de ladrillo supone el último de una serie de asentamientos y edificios fortificados que han ocupado este lugar desde el Neolítico. Construido por el gran duque Vitautas a principios del s. XV, ofrece vistas de 360 grados de Vilna y una exposición sobre la historia del castillo complementada con maquetas a escala.

Imprescindible

1 Perderse por las calles barrocas de la preciosa **Vilna** (p. 291) en busca de la taberna perfecta.

2 Dirigirse al **istmo de Curlandia** (p. 371) para practicar ciclismo, bañarse en el Báltico o explorar los pueblos de esta estrecha lengua de arena y píceas.

3 Perderse entre susurrantes juncos, innumerables aves y una perfecta tranquilidad en el **delta del Nemunas** (p. 3[illegible]0).

4 Visitar un silo de misiles nucleares abandonado antes de disfrutar de un paseo por los

bosques del **Parque Nacional de Žemaitija** (p. 388).

5 Pescar, navegar, bañarse o recolectar bayas en el **Parque Nacional de Aukštaitija** (p. 339), en la región de los lagos.

6 Disfrutar de las aguas de **Druskininkai** (p. 335), la principal localidad-balneario del país.

7 Pasear por el **jardín de Orvydas** (p. 388), un lugar salpicado de rocas y estatuas que destila un toque místico y grandes dosis de sosiego.

La torre original era algo más alta que la estructura de 20 m actual. Sus muros quedaron destruidos durante la ocupación rusa (1655-1661), aunque se restauraron en 1930 para albergar el **Museo del Castillo Alto**, donde se muestran brillantes armaduras de los ss. XVI-XVIII y maquetas del castillo en épocas anteriores. Goza además de vistas panorámicas de la ciudad.

Funicular de la colina de Gediminas FUNICULAR
(plano p. 300; ☎5-261 7453; www.lnm.lt; Arsenalo gatvė 5; adultos/estudiantes 1,50/1 €; ⌚10.00-19.00 may-sep, hasta 17.00 oct-abr) La forma más rápida y sencilla de llegar a la cima de la colina de Gediminas brinda geniales vistas. Sale desde detrás del lado nororiental de la catedral, de un pequeño patio en la parte de atrás del Museo de Artes Aplicadas.

Plaza de la Catedral

Katedros aikštė rebosa de vida. En el s. XIX acogía mercados y ferias, y un foso recorría el actual perímetro de la plaza, de modo que los barcos podían atracar a la puerta de la catedral. En la parte interior se alzaban murallas y torres; solo se conserva un **campanario**, de 57 m, próximo al costado oriental de la catedral.

Frente a la entrada al Palacio Real, en el extremo oriental de la plaza, reposa una **estatua ecuestre de Gediminas** (plano p. 300), levantada sobre un antiguo emplazamiento pagano.

Por detrás de ella, **Bernardinų sodas** conduce hasta la **colina de las Tres Cruces** y el **parque Kalnų**.

★Palacio de los Grandes Duques de Lituania MUSEO
(Valdovų rumai; plano p. 300; ☎5-212 7476; www.valdovurumai.lt; Katedros aikštė 4; adultos/estudiantes 2,90/1,45 €, circuitos 20,27 €; ⌚museo 10.00-18.00 ma-ju y sa, hasta 20.00 vi, hasta 16.00 do) En un emplazamiento habitado como mínimo desde el s. IV d.C. se alza el último de una serie de palacios fortificados reiteradamente remodelados, ampliados, destruidos y reconstruidos. La versión actual supone una minuciosa restauración de su última y majestuosa manifestación, el palacio barroco construido para los grandes duques en el s. XVII. Alberga fascinantes restos históricos y simboliza la revitalizada Lituania independiente.

Bajo el patio central empieza una fantástica exposición a través de dos milenios de historia lituana. Mediante un circuito guiado a través de los diferentes estratos de los cimientos del palacio, se pueden ver los restos de los sucesivos episodios de la historia del edificio y del país. Un segundo circuito explora las reconstruidas salas ceremoniales del Gran Ducado. Futuros circuitos explorarán la cultura material lituana y europea de la época de los grandes duques.

Catedral de Vilna CATEDRAL
(Vilniaus Arkikatedra; plano p. 300; ☎5-261 0731; www.katedra.lt; Katedros aikštė 1; ⌚7.00-19.00) Conocida como la catedral de San Estanislao y San Ladislao, este símbolo nacional ocupa un lugar antaño usado para adorar a Perkūnas, el dios del trueno lituano. Destaca la **capilla de San Casimiro,** del s. XVII, con una cúpula barroca, mármol de colores y frescos sobre la vida del santo, mientras que en las **criptas** (adultos/niños 4,50/2,50 €; ⌚10.00-16.00 lu-sa) yacen enterrados muchos lituanos prominentes, incluido Vitautas el Grande (1350-1430). Para información sobre las misas, véase su web.

La primera catedral de madera se construyó entre 1387 y 1388. Tras varios episodios de destrucción y reconstrucción, el actual edificio clásico se construyó a finales del s. XVIII siguiendo el plano gótico original con la adición de la capilla de San Casimiro y la capilla de la familia Valavičius. A partir de 1950 los soviéticos la usaron como almacén, galería y sala de conciertos hasta su reconsagración en 1989.

Campanario de la catedral EDIFICIO HISTÓRICO
(plano p. 300; ☎8-600 12080; www.bpmuziejus.lt; Katedros aikštė; adultos/estudiantes 4,50/2,50 €; ⌚10.00-19.00 ma-sa may-sep, hasta 18.00 oct-abr) Antaño parte de las defensas del s. XIII, el campanario frente a la catedral se alza, con sus 57 m, como una de las torres más altas de la ciudad. Acoge una pequeña exposición de campanas históricas y, tras subir sus escre-

IDIOMA

Hola	*Sveiki*
Hola (informal)	*Labas*
¿Cómo estás?	*Kaip gyvuojate?*
Adiós	*Sudie*
Gracias	*Dėkoju*
Me he perdido (f/m)	*Aš paklyd (usi/ęs)*

chas escaleras, brinda impagables vistas de la ciudad y la colina de Gediminas.

Museo Nacional de Lituania MUSEO

(Lietuvos Nacionalinis Muziejus; plano p. 300; ☎5-262 7774; www.lnm.lt; Arsenalo gatvė 1; adultos/niños 2/1 €; ⏲10.00-18.00 ma-do) Centrado en las colecciones reunidas por el Museo de Antigüedades desde 1855, exhibe objetos de la vida lituana desde el Neolítico hasta el s. xx. Alberga colecciones dedicadas a las tradiciones populares lituanas, la numismática (incluidas algunas de las primeras monedas lituanas) y los objetos funerarios. Una estatua de Mindaugas, el único rey de Lituania, custodia la entrada.

Museo de Artes Aplicadas MUSEO

(Taikomosios Dailės Muziejus; plano p. 300; ☎5-262 8080; www.ldm.lt; Arsenalo gatvė 3a; adultos/estudiantes 1,74/0,86 €; ⏲11.00-18.00 ma-sa, 11.00-16.00 do) El antiguo arsenal, construido en el s. XVI y restaurado en la década de 1980, alberga exposiciones temporales y una colección permanente de arte sacro lituano de los ss. XV-XIX. Muchas piezas fueron descubiertas en 1985 en la catedral tras haber sido escondidas en el interior de los muros por los soldados rusos en 1655. Las obras, de gran valor, permanecieron guardadas en secreto hasta 1998 por miedo a que fueran confiscadas por los soviéticos.

Casco antiguo

El mayor casco antiguo del este de Europa merece su condición de Patrimonio Mundial. Se extiende 1,5 km al sur desde Katedros aikštė y fue dispuesto en los ss. XV y XVI. Sus angostos y serpenteantes callejones, patios escondidos y viejas iglesias retienen un ambiente de tiempos pasados. Perderse sin rumbo fijo por las calles secundarias del casco antiguo de esta ciudad supone un experiencia placentera. El eje principal lo conforman Pilies, Didžioji y Aušros Vartų gatvė. Su linde aproximado, comenzando en Katedros aikštė, lo configuran las calles Stuokos-Gucevičiaus, Liejyklos, Vilniaus, Trakų, Pylimo, Bazilijonų, Šv. Dvasios, Bokšto, Maironio, Radvilaitės y Šventaragio, que abarcan casi 1 km^2.

Pilies gatvė

La empedrada Pilies gatvė (calle del Castillo), núcleo de la actividad turística y entrada principal al casco antiguo desde Katedros aikštė, bulle al son de músicos callejeros, puestos de recuerdos y algún que otro mendigo. Hasta el s. XIX, la calle estuvo separada de la plaza por la muralla inferior del castillo, que discurría por su extremo norte, mientras que ambas secciones estaban comunicadas por una única puerta. Destaca el enladrillado de los ss. XV-XVII de los nº 4, 12 y 16 de la calle.

DE UN VISTAZO

Moneda
Euro (€)

Idioma
Lituano

Capital
Vilna

Superficie
65 200 km^2

Casa de los Signatarios MUSEO

(Signatarų Namai; plano p. 300; ☎5-231 4437; www.lnm.lt; Pilies gatvė 26; entrada 0,58 €; ⏲10.00-17.00 ma-sa) Fue escenario de la firma de la Declaración de Independencia de Lituania el 16 de febrero de 1918. Ahora las 14 salas de esta casa del s. XVIII albergan una exposición de materiales relacionados con el Movimiento Nacional. La independencia no duró mucho; en 1920 los polacos habían reconquistado Vilna y la ciudad no fue devuelta a Lituania hasta 1939 como un 'regalo' de Stalin.

Universidad de Vilna

★**Universidad de Vilna** EDIFICIO HISTÓRICO

(Vilniaus Universitetas; plano p. 300; ☎5-268 7298; www.vu.lt; Universiteto gatvė 3; entrada al conjunto arquitectónico adultos/niños 1,50/0,50 €; ⏲9.00-18.00 lu-vi mar-oct, 9.30-17.30 lu-sa nov-abr) Fundada en 1579 durante la Contrarreforma, la dirigieron los jesuitas durante dos siglos y se convirtió en uno de los grandes centros de cultura polaca. Produjo un número notable de eruditos, pero los rusos la clausuraron en 1832 y no reabrió hasta 1919. Actualmente cuenta con 23 000 estudiantes y con la biblioteca más antigua de Lituania, que alberga cinco millones de obras, incluido uno de los dos originales de *El Catecismo* de Martynas Mažvydas, el primer libro publicado en lituano.

El espectacular "conjunto arquitectónico" del campus se compone de 13 patios rodeados de edificios del s. XV, frescos con 300 años de antigüedad y la iglesia de los Santos Juanes.

Vilna

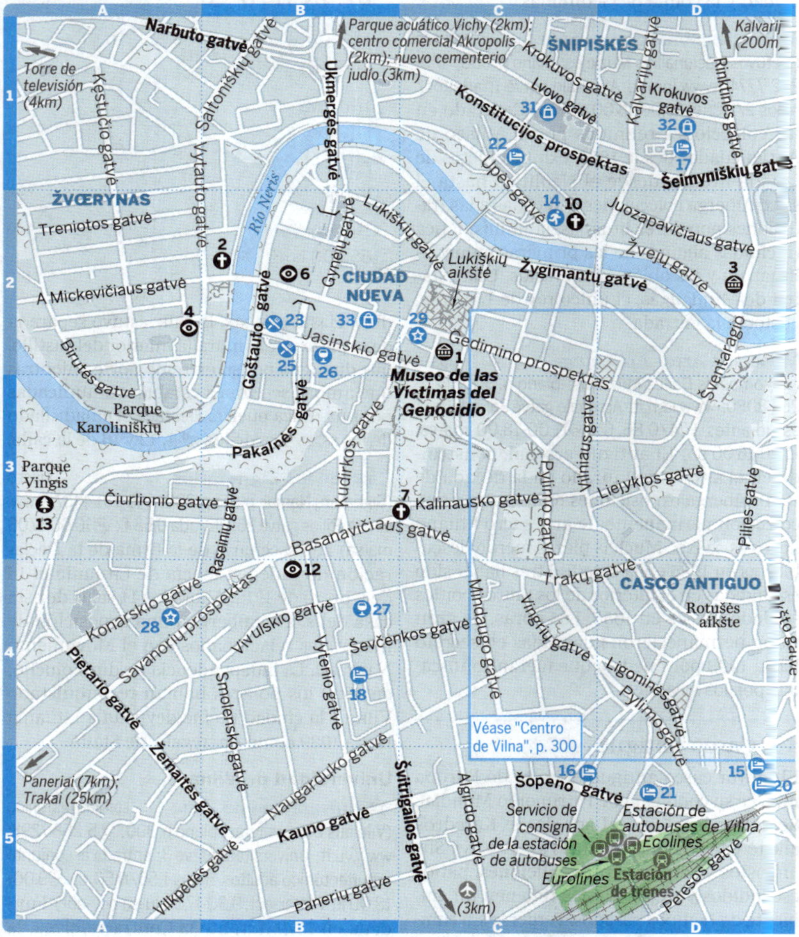

Iglesia de los Santos Juanes

IGLESIA

(Šv. Jonų bažnyčia; plano p. 300; www.jonai.lt; Šv. Jono gatvė 12; campanario 2,50 €; ⌚10.00-17.00) Su nombre completo es iglesia de San Juan Bautista y de San Juan Apóstol y Evangelista. Fundada en 1387, antecede a la universidad del s. XVI en la que se ubica, aunque su estructura actual del barroco tardío se construyó tras un incendio del s. XVIII. Su campanario exento se trata de la estructura más alta del casco antiguo y alberga un péndulo de Foucault que demuestra la rotación de la Tierra.

Patio Mayor

UNIVERSIDAD

(plano p. 300; Šv. Jono gatvė 12; adultos/niños 1,50/0,50 €; ⌚9.00-18.00 lu-vi mar-oct, 9.30-17.30 lu-sa nov-abr) En la galería del patio, el más grande de los 13 que componen el "conjunto arquitectónico" de la Universidad de Vilna, se ven placas en conmemoración de los fundadores, los mecenas y los notarios de la universidad.

Patio del Observatorio

OBSERVATORIO

(plano p. 300; Universiteto gatvė) Construido sobre un jardín preexistente, alberga un observatorio del s. XVIII pintado con los signos del zodiaco.

Centro del casco antiguo

El casco antiguo queda partido por Pilies gatvė, que más al sur se convierte en Didžioji gatvė. Esta calle se ensancha para formar Rotušės aikštė, el emplazamiento del antiguo ayuntamiento y el auténtico corazón del casco antiguo. A ambos lados de este eje se alinean museos e iglesias.

Iglesia de Santa Ana — IGLESIA

(Šv. Onos Bažnyčia; plano p. 300; ☎8-698 17731; www.onosbaznycia.lt; Maironio gatvė 8-1; ⏲11.00-19.00 jun-ago, desde 17.00 sep-may, misa 18.00 lu-sa, 9.00 y 11.00 do) Esta fabulosa iglesia gótica de finales del s. XV es una pequeña construcción de ladrillo rojo, cristal y arcos que queda empequeñecida por la iglesia bernardina, frente a la que se alza. Combina 33 tipos diferentes de ladrillo y muchos la consideran el edificio más bonito de Vilna; se dice que Napoleón quiso llevársela a París.

Iglesia y monasterio bernardinos — IGLESIA

(Šv. Pranciškaus Asyžiečio parapija; plano p. 300; ☎5-262 6004; www.bernardinuansamblis.lt; Maironio gatvė 10; ⏲7.00-19.00 lu-vi, 8.00-19.00 sa y do; horario misas en la web) Esta iglesia con enormes contrafuertes y altos muros, una de las más impresionantes de Vilna, tenía un uso tanto defensivo como de culto. Tras sucesivas ampliaciones y mejoras en los ss. XVII y XIX, terminó como almacén para los soviéticos. Los bernardinos se hicieron cargo del edificio tras la independencia y lo restauraron recuperando el esplendor de antaño y añadiendo senderos por el complejo.

Bernardinų sodas — JARDÍN

(Bernadine Jardines; plano p. 300; ☎5-261 1037; Maironio gatvė; ⏲amanecer-atardecer) En un recodo del río Vilnia entre la colina de Gediminas y la iglesia bernardina, este encantador jardín resulta ideal para dar un paseo en una calurosa tarde. Antaño conocido como parque Sereikiškės, ofrece una armoniosa mezcla de márgenes del río inclinadas, ordenados senderos y una profusión de árboles y parterres de flores.

Palacio presidencial — PALACIO

(plano p. 300; ☎5-266 4011; www.president.lt; S. Daukanto gatvė 3; ⏲circuitos 16.30 vi, 9.00-14.30 sa) GRATIS Este edificio clásico, el palacio de los obispos de Vilna en el s. XVI y actual residencia del presidente lituano, fue utilizado tanto por Napoleón (durante su avance hacia Moscú) como por su adversario ruso, el general Mijaíl Kutúzov (mientras lo perseguía de vuelta a París). Su aspecto actual, de estilo imperial ruso, data de principios del s. XIX. Se puede presenciar el cambio de guardia cada día a las 18.00 y el izado de bandera los domingos a las 12.00. Las visitas con circuito guiado (en lituano, y en inglés en verano) deben reservarse con antelación.

Santuario de la Divina Misericordia — IGLESIA

(Dievo Gailestingumo šventovė; plano p. 300; www.gailestingumas.lt; Dominikonų gatvė 12; ⏲24 h) Construida en estilo gótico en el s. XV y reconstruida tras un incendio en el s. XVIII, esta

Vilna

Principales puntos de interés

1 Museo de las Víctimas del Genocidio....C2

Puntos de interés

2 Iglesia de la Aparición de la Santísima Virgen....B2
3 Museo de la Energía y la Tecnología....D2
Torre Europa....(véase 31)
4 Kenessa....A2
5 Cementerio militar....E5
6 Parlamento....B2
7 Iglesia Romanov....C3
8 Nuevo cementerio judío....F2
9 Iglesia de San Pedro y San Pablo....F2
10 Iglesia de San Rafael....C2
11 Las Tres Cruces....E3
12 Mercado de flores de Vilna....B4
13 Parque Vingis....A3

Actividades, cursos y circuitos

14 Oreivystės Centras....C2

Dónde dormir

15 Center Stay Hostel....D5
16 Come to Vilnius....C5
17 Ecotel....D1
18 eLoftHotel....B4
19 Filaretai Hostel....F3
20 Old Town Hostel....D5
21 Panorama Hotel....D5
22 Radisson Blu Hotel Lietuva....C1

Dónde comer

23 Iki....B2
24 Kmyninė....E3
25 Pietausim....B2

Dónde beber y vida nocturna

26 Exit....B
Sky Bar....(véase 22
27 Soho....B

Ocio

28 Forum Cinemas Vingis....A4
29 Academia de Música y Teatro de Lituania....C2
30 Teatro Arena....2

De compras

31 Europa....D1
32 Lino Kopos....D1
33 Vaga....B2

iglesia de una sola nave alberga una imagen de la aparición de Jesús a santa Faustina Kowalska. Originalmente dedicada a la Santísima Trinidad, fue reconsagrada y dedicada a la Divina Misericordia en el 2004 tras el abandono sufrido durante la era soviética.

Apartamento y Museo Conmemorativo de Mickiewicz — MUSEO

(Mickevičiaus memorialinis butas-muziejus; plano p. 300; 5-279 1879; www.mb.vu.lt; Bernardinų gatvė 11; adultos/niños 1,16/0,58 €; 10.00-17.00 ma-vi, hasta 14.00 sa y do) La epopeya nacional polaca *Pan Tadeusz* empieza con los versos "Lituania, patria mía...". Su autor polaco, Adam Mickiewicz (1798-1855), que sirvió de inspiración a los nacionalistas polacos en el s. XIX, creció cerca de Vilna y estudió en su universidad antes de ser exiliado por actividades antirrusas en 1824. Actualmente, las habitaciones donde escribió el poema *Grażyna* (nombre polaco de mujer derivado del adjetivo lituano *gražus*, que significa "bella") contienen cartas del poeta.

Museo-Galería del Ámbar — MUSEO

(Gintaro Muziejus-Galerija; plano p. 300; 5-262 3092; www.ambergallery.lt; Šv. Mykolo gatvė 8; 10.00-19.00) GRATIS Dedicado al oro del Báltico y a los bonitos objetos que se crean con él, este pequeño museo ocupa una casa barroca del s. XVII. En la planta superior muestra baratijas y joyas, y en el sótano enormes piezas de ámbar de muchas tonalidades, hornos y otros hallazgos arqueológicos. La bajada al sótano permite contemplar diferentes estratos de la historia de Vilna.

Galería de Pintura de Vilna — MUSEO

(Vilniaus Galerija Paveikslų; plano p. 300; 5-212 0841; www.ldm.lt; Didžioji gatvė 4; adultos/niños 1,73/0,87 €; 11.00-18.00 ma-sa, 12.00-17.00 do) De principios del s. XVII con importantes adiciones del s. XIX, el palacio Chodkeviciai ahora alberga una exposición permanente de arte lituano de los ss. XVI-XIX. Las exposiciones temporales tratan sobre movimientos, técnicas y artistas lituanos.

Museo Kazys Varnelis — MUSEO

(plano p. 300; 5-279 1644; www.lnm.lt; Didžioji gatvė 26; 10.00-16.00 ma-sa) Durante sus 50 años en EE UU, Kazys Varnelis se hizo rico y famoso con sus cuadros de arte óptico y tridimensional. Este museo exhibe su colección personal de cuadros, muebles, esculturas, mapas y libros, incluidas obras de Durero, Goya y Matteo di Giovanni. Se visita solo previa cita.

Casa de M. K. Čiurlionis — EDIFICIO HISTÓRICO

(plano p. 300; 5-262 2451; www.mkcnamai.lt; Savičiaus gatvė 11; 10.00-16.00 lu-vi) GRATIS El interior del antiguo hogar del artista y compositor M. K. Čiurlionis atesora algunas reproducciones que merecen la visita si no se puede ir al Museo Nacional de Arte Čiurlionis, en Kaunas.

Iglesia de San Casimiro IGLESIA
(Šv. Kazimiero Bažnyčia; plano p. 300; ☎5-212 1715; www.kazimiero.lt; Didžioji gatvė 34; ⏱9.00-18.30 lu-vi, 8.00-13.30 do) Esta impresionante iglesia se trata del lugar de culto barroco más antiguo de Vilna. Su cúpula y su planta de cruz implantaron un nuevo estilo para las iglesias del s. XVII cuando los jesuitas la levantaron entre 1604 y 1615. A lo largo de los siglos fue destruida y reconstruida en varias ocasiones, y en los últimos tiempos ha sido sometida a otra restauración.

Iglesia de San Miguel Arcángel IGLESIA
(plano p. 300; ☎5-269 7803; www.bpmuziejus.lt; Šv. Mykolo gatvė 9; adultos/niños 4,50/2,50 €; ⏱11.00-18.00 ma-sa) Esta imponente iglesia de principios del s. XVII, construida por la familia Sapiega, alberga ahora un maravilloso museo de arte sacro. El edificio, de una sola nave, con un altar de mármol de colores y estatuas de alabastro, supone un raro ejemplo de arquitectura renacentista tardía en Vilna. La exposición incluye arte religioso, cálices y manuscritos raros, además de una preciosa custodia y relicarios de la catedral de Vilna. Las entradas combinadas para el museo, el campanario y las criptas de la catedral cuestan 10/5 €.

Catedral de Theotokos CATEDRAL
(plano p. 300; ☎5-215 3747; Maironio gatvė 14) En este lugar ha existido una iglesia ortodoxa desde finales de la época pagana en el s. XIV. A lo largo de los siglos se ha incendiado y ha sido abandonada, reconstruida, transferida a la Iglesia católica e incluso usada como sala de conferencias por la Universidad de Vilna. Durante la campaña de rusificación del s. XIX volvió a convertirse en una iglesia ortodoxa y ahora se trata del principal lugar de culto ortodoxo de Lituania.

Aušros Vartų gatvė

La calle más antigua de Vilna, repleta de iglesias y tiendas de recuerdos, avanza hacia el sur, atraviesa Didžioji gatvė y llega a la puerta del Alba.

Puerta del Alba EDIFICIO HISTÓRICO
(Aušros Vartai; plano p. 300; ☎5-212 3513; www.ausrosvartai.lt; Aušros Vartų gatvė 12; ⏱6.00-19.00) GRATIS En el extremo sur del casco antiguo se halla la última puerta que queda de las cinco que se construyeron en las murallas de la ciudad. Esta majestuosa entrada da acceso a una de las secciones mejor conservadas del casco antiguo y también alberga la capilla de la Madre de la Misericordia de la Puerta del Alba y la *Virgen de Vilna,* una pintura que se dice que obra milagros.

Capilla de la puerta del Alba CAPILLA
(plano p. 300; Aušros Vartų gatvė 12; ⏱6.00-19.00, misa en lituano 9.00 lu-sa, 9.30 do, en polaco 10.00 lu-sa) Sobre la puerta del Alba se halla esta capilla del s. XVIII, también conocida como capilla de la Madre de la Misericordia de la Puerta del Alba. Atesora una venerada pintura de la Virgen María conocida como la *Virgen de la Puerta del Alba,* que se cree que data de principios del s. XVII. Reverenciada por las fes católica, ortodoxa y uniata, se ha convertido

VILNA EN...

Dos días

El primer día se dedica al casco antiguo, con la **catedral, Pilies gatvė,** la **puerta del Alba** y los **13 patios de la Universidad,** y se almuerza en una terraza. Se asciende (o se toma el funicular) a la **colina de Gediminas** para ver la puesta de sol. El segundo día se pasea por la **Constitución de la República de Užupis,** se visita el **Museo de las Víctimas del Genocidio** y se acaba la jornada con un aperitivo con vistas desde la torre de televisión.

Cuatro días

Dependiendo del interés del viajero, se puede explorar la **Vilna judía,** visitar las joyas religiosas del **Museo de Artes Aplicadas,** o contemplar las colecciones de cualquier otro museo. Se termina el día con algunas **compras;** se debe buscar mantelería, ropa de cama, ámbar y moda lituana. También se puede realizar una excursión en tren a **Trakai** y disfrutar de unas horas junto al lago.

Centro de Vilna

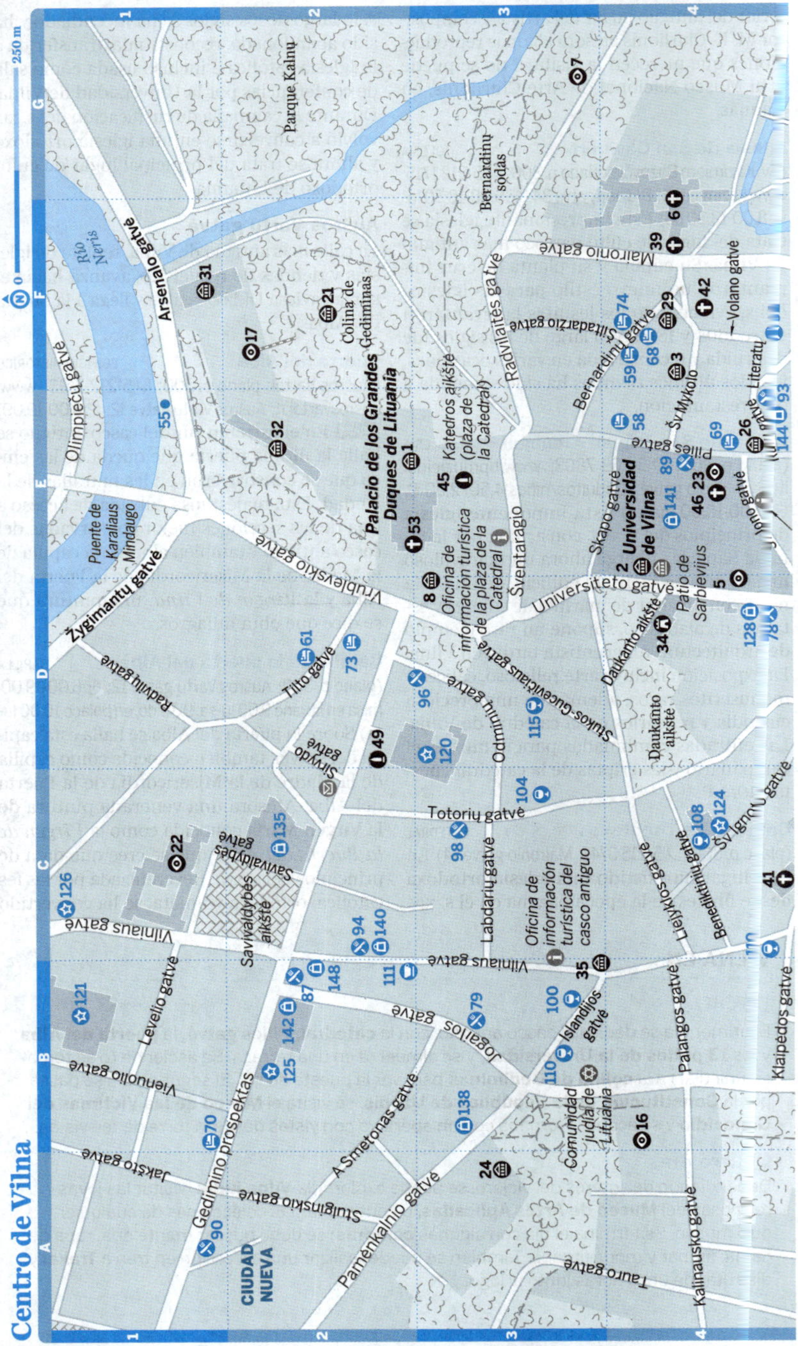

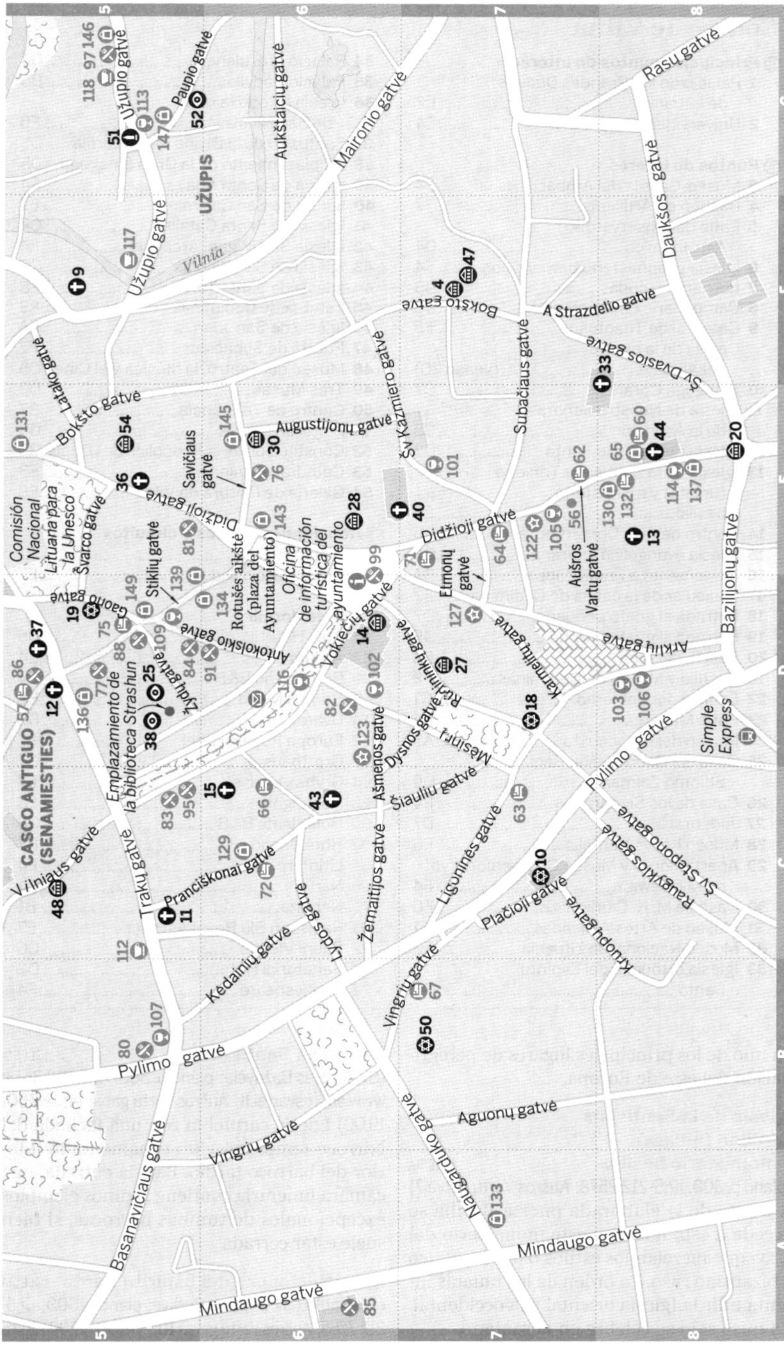

CASCO ANTIGUO (SENAMIESTIS)
UŽUPIS
Vilnia
Užupio gatvė
Paupio gatvė
Aukštaičių gatvė
Maironio gatvė
Rasų gatvė
Daukšos gatvė
Bokšto gatvė
A Strazdelio gatvė
Šv Dvasios gatvė
Subačiaus gatvė
Šv Kazimiero gatvė
Augustijonų gatvė
Latako gatvė
Savičiaus gatvė
Didžioji gatvė
Comisión Nacional Lituana para la Unesco
Švarco gatvė
Stiklių gatvė
Gaono gatvė
Rotušės aikštė (plaza del Ayuntamiento)
Oficina de información turística del ayuntamiento
Vokiečių gatvė
Antokolskio gatvė
Žydų gatvė
Emplazamiento de la biblioteca Strashun
Etmonų gatvė
Aušros Vartų gatvė
Arklių gatvė
Bazilijonų gatvė
Karmelitų gatvė
Rūdninkų gatvė
Dysnos gatvė
Mėsinių
Ašmenos gatvė
Šiaulių gatvė
Simple Express
Pylimo gatvė
Vilniaus gatvė
Trakų gatvė
Pranciškonai gatvė
Žemaitijos gatvė
Lydos gatvė
Kėdainių gatvė
Ligoninės gatvė
Plačioji gatvė
Šv Stepono gatvė
Raugyklos gatvė
Krupų gatvė
Vingrių gatvė
Aguonų gatvė
Naugarduko gatvė
Basanavičiaus gatvė
Mindaugo gatvė

LITUANIA

Centro de Vilna

Principales puntos de interés
1 Palacio de los Grandes Duques de Lituania ... E2
2 Universidad de Vilna ... E4

Puntos de interés
3 Museo-Galería del Ámbar ... F4
4 Bastión de Artillería ... F7
5 Patio del Observatorio Astronómico ... D4
6 Iglesia y monasterio bernardinos ... F4
7 Bernardinų sodas ... G3
8 Campanario de la catedral ... D3
9 Catedral de Theotokos ... F5
Capilla de la puerta del Alba ... (véase 20)
10 Sinagoga Coral ... C7
11 Iglesia de Nuestra Señora de la Asunción ... C5
12 Iglesia del Espíritu Santo ... D5
13 Iglesia de la Santísima Trinidad (uniata) y monasterio basilio ... E8
14 Centro de Arte Contemporáneo ... D6
15 Iglesia evangélica luterana ... C6
16 Monumento a Frank Zappa ... B4
17 Funicular de la colina de Gediminas ... F2
18 Entrada al gueto pequeño ... D7
19 Entrada al gueto grande ... D5
20 Puerta del Alba ... E8
21 Castillo y Museo de Gediminas ... F2
22 Edificio del Gobierno ... C1
23 Patio Mayor ... E4
24 Museo del Holocausto ... A3
25 Casa del Gaón Elijahu Ben Shlomo Zalman ... D5
26 Casa de los Signatarios ... E4
27 Judenrat ... D7
28 Museo Kazys Varnelis ... E6
29 Apartamento y Museo Conmemorativo de Mickiewicz ... F4
30 Casa de M. K. Čiurlionis ... E6
31 Museo de Artes Aplicadas ... F1
32 Museo Nacional de Lituania ... E2
33 Iglesia ortodoxa del Espíritu Santo ... F8
34 Palacio presidencial ... D4
35 Palacio Radvilos ... B3
36 Iglesia ortodoxa rusa de San Nicolás ... E5
37 Santuario de la Divina Misericordia ... D5
38 Emplazamiento de la Gran Sinagoga ... D5
39 Iglesia de Santa Ana ... F4
40 Iglesia de San Casimiro ... E7
41 Iglesia de Santa Catalina ... C4
42 Iglesia San Miguel Arcángel ... F4
43 Iglesia de San Nicolás ... C6
44 Iglesia de Santa Teresa ... E8
45 Estatua de Gediminas ... E3
46 Iglesia de San Juan ... E4
47 Puerta de Subačiaus ... F7
48 Museo del Teatro, la Música y el Cine ... C5
49 Tres Musas ... D2
50 Centro de Tolerancia ... B7
51 Ángel de Užupis ... G5
52 Constitución de la República de Užupis ... G5
53 Catedral de Vilna ... E3
54 Galería de Pintura de Vilna ... E5

Actividades, cursos y circuitos
55 Ryga ... E
56 Senamiesčio Gidas ... E

Dónde dormir
57 Apia Hotel ... D
58 Atrium ... E
59 Bernardinu B&B ... F
60 Domus Maria ... E
61 Dvaras ... D
62 Europa Royale Hotel ... E
63 Grotthaus ... C
64 Grybas House ... E
65 Hostelgate ... B
66 Hostelgate B&B ... G
67 Hotel Rinno ... E7
68 Litinterp ... F4
69 Narutis ... E4
70 Neringa ... 1
71 Radisson Blu Royal Astorija ... 7
72 Šauni Vietelė ... C6
73 Senatoriai Hotel ... 2
74 Shakespeare ... 4

en uno de los principales lugares de peregrinación del este de Europa.

Iglesia de la Santísima Trinidad (uniata) y monasterio basilio IGLESIA

(plano p. 300; ☎5-212 2578; Aušros Vartų gatvė 7) A través de la elaborada puerta Basilia se accede a esta iglesia y este monasterio del s. XVI que mezclan los estilos barroco, gótico y bizantino ruso. La orden de los uniatas intenta unir la Iglesia oriental y la occidental. La misa solo se celebra en ucraniano.

Iglesia de Santa Teresa IGLESIA

(Šv. Teresės Bažnyčia; plano p. 300; ☎5-212 [illegible]513; www.ausrosvartai.lt; Aušros Vartų gatvė 14; ⏲[illegible].00-19.00) Iglesia carmelita con una fachada del barroco temprano y un ornamentado interior del barroco tardío. Bajo la entrada, una cámara funeraria contiene algunos ejemplos excepcionales de tumbas barrocas, si bien suele estar cerrada.

Iglesia ortodoxa del Espíritu Santo IGLESIA

(Stačiatikių Šv. Dvasios Cerkvė; plano p. 300; ☎5-212 7765; Aušros Vartų gatvė 10; ⏲10.00-17.00) Esta

75 Stikliai ... D5

Dónde comer
76 Balzac ... E6
77 Bistro 18 ... D5
78 Fiorentino ... D4
79 Iki Express ... B3
80 Jurgis ir Drakonas ... B5
81 Kitchen ... E5
82 Kukumuku ... D6
83 La Provence ... C5
Lokys ... (véase 134)
84 Markus ir Ko ... D5
85 Maxima ... A6
86 Meat Lovers' Pub ... D5
87 Mini Maxima ... B2
88 Naked Bite of Contemporary Cuisine ... D5
89 Pilies kepyklėlė ... E4
90 Radharanė ... A1
91 René ... D6
92 Saint Germain ... F4
93 Senamiesčio Krautuvė ... E4
94 Senoji Kibininė ... C2
95 St. Hubertus ... C5
96 Sue's Indian Raja ... D3
97 Sweetroot ... G5
98 Vegafe ... C3
99 Žuvinė ... D6

Dónde beber y vida nocturna
100 Alchemikas ... B3
101 Artistai ... E7
102 Brodvėjus ... D6
103 Bukowski ... D8
104 Būsi Trečias ... C3
105 In Vino/Portobello ... E7
106 Jamaika ... D8
107 King & Mouse ... B5
108 La Bohemé ... C4
109 Notre Vie ... D5
110 Opium ... B3
111 Pinavija ... B2
112 Skonis ir Kvapas ... C5
113 Špunka ... G5
114 Sweet and Sour ... E8
115 Tappo D'Oro ... D3
116 Tappo D'Oro ... D6
117 Užupio kavinė ... F5
118 Vaisinė ... G5
119 Vasaros Terasa ... C4

Ocio
120 Teatro Dramático Nacional de Lituania ... D3
121 Teatro Nacional de Ópera y Ballet de Lituania ... B1
122 Filarmónica Nacional de Lituania ... E7
123 Teatro Oskaras Koršunovas ... D6
124 Pasaka ... C4
125 Teatro Pequeño de Vilna ... B2
126 Sala de Conciertos y Congresos de Vilna ... C1
127 Teatro Joven ... D7

De compras
128 Akademinė Knyga ... D4
129 Amatų Gildija ... C6
130 Museo del Ámbar ... E8
131 Aukso Avis ... E5
132 Aušros Vartų Meno Galerija ... E8
133 Centro de Cerámica Negra ... A7
134 Dom Bow Ties ... D6
135 Gedimino 9 ... C2
136 Humanitas ... D5
137 Jonas Bugailiškis ... E8
138 Juozas Statkevičius ... B3
139 Lino ir Gintaro Studija ... D5
140 Lino Namai ... C2
141 Littera ... E4
142 Marks & Spencer ... B2
143 Ramunė Piekautaitė ... E6
144 Sauluva ... E4
145 Senųjų Amatų Dirbtuvės ... E6
146 Museo-Galería del Herrero de Užupis ... G5
147 Vilniaus Puodžių Cechas ... G5
148 Vinny's ... B2
Vitražo manufaktūra ... (véase 134)
149 Zoraza ... D5

estructura con cúpulas rosas, del s. XVII, es la principal iglesia ortodoxa rusa de Lituania. En una cámara a los pies de unas escaleras frente al altar reposan los restos de tres mártires del s. XIV: san Antonio, san Iván y san Eustaquio. Se halla contigua a un monasterio y a un convento ortodoxos, los únicos de Lituania.

Bastión de Artillería MUSEO
(Artilerijos bastėja; plano p. 300; ☎5-261 2149; www.lnm.lt; Bokšto gatvė 20/18; entrada 1 €; ⏲10.00-18.00 mi-do) Esta fortificación del s. XVII alberga una colección de armas y armaduras antiguas.

Puerta de Subačiaus EDIFICIO HISTÓRICO
(plano p. 300; Subačiaus gatvė/Bokšto gatvė) Esta sección restaurada de las murallas de la ciudad permite imaginar su aspecto original.

Vokiečių gatvė y alrededores

El amplio bulevar que discurre hacia el noroeste desde Rotušės aikštė goza de restaurantes instalados en el verde paseo central.

PEDIR UN DESEO A...

En el caso de Vilna, a una baldosa con la palabra "stebuklas" (milagro), que marca el lugar en la plaza de la Catedral donde terminaba la cadena humana formada en 1989, desde Tallin hasta Vilna, por dos millones de lituanos, letones y estonios como protesta contra la ocupación soviética. Hay que dar un giro de 360 grados sobre la baldosa. La superstición no permite revelar su ubicación exacta, lo que significa que el viajero tendrá que hallarlo por su cuenta. Una pista: se halla en alguna parte de la plaza.

Iglesia de San Nicolás IGLESIA
(Šv. Mikalojaus bažnyčia; plano p. 300; ☎5-262 3069; www.mikalojus.lt; Šv. Mikalojaus gatvė 4; ⏲13.00-18.30 lu-vi, 7.30-15.00 do) Esta iglesia gótica de ladrillo rojo, la más antigua de Lituania, fue construida por los cristianos alemanes alrededor de 1320, cuando la región todavía era pagana. Entre 1901 y 1939 se trataba de la única iglesia de Vilna donde se celebraba misa en lituano. Aparte de la adición de algunos elementos barrocos, la iglesia se halla muy bien conservada y merece una visita.

Centro de Arte Contemporáneo MUSEO
(Šiuolaikinio Meno Centras, SMC; plano p. 300; ☎5-212 1945; www.cac.lt; Vokiečių gatvė 2; adultos/niños 2,32/1,16 €; ⏲12.00-22.00 ma-do) Con 2400 m² de espacio para fotografía, vídeo, instalaciones y otras exposiciones, además de un programa de conferencias, música en directo y proyecciones de películas, se trata del centro de arte contemporáneo más grande del Báltico. Los miércoles la entrada es gratis; el precio de la entrada para eventos especiales varía.

Iglesia ortodoxa rusa de San Nicolás IGLESIA
(plano p. 300; ☎5-261 8559; Didžioji gatvė 12) Construida en estilo gótico a principios del s. XVI, se restauró en estilo barroco 300 años más tarde y se redecoró en estilo ruso bizantino durante la rusificación del s. XIX. La información está en ruso y no se permiten las fotografías.

Iglesia evangélica luterana IGLESIA
(Evangelikų liuteronų bažnyčia; plano p. 300; www.augustana.lt; Vokiečių gatvė 20; ⏲11.00-14.00 lu-vi) Oculta en un patio, congrega a la diminuta comunidad protestante de Vilna. Data de 1555, pero presenta una mezcla de elementos góticos, barrocos y rococó. Durante la época soviética, un suelo de hormigón dividía la iglesia en un taller y una cancha de baloncesto.

Vilniaus gatvė y alrededores

En la confluencia de Vokiečių gatvė, Vilniaus gatvė y Dominikonų gatvė se erigen varios complejos de iglesias y monasterios de dimensiones considerables, de los ss. XVII y XVIII.

Iglesia del Espíritu Santo IGLESIA
(Šv. Dvasios bažnyčia; plano p. 300; Dominikonų gatvė 8; ⏲15.00-19.00) Esta ornamentada iglesia del barroco tardío data de la época del gran duque Vitautas, principios del s. XV. Su interior, con lujosos detalles rococó y un órgano del s. XVIII, ejerce de imán para bodas y amantes del *kitsch* religioso.

Iglesia de Santa Catalina IGLESIA
(plano p. 300; ☎5-262 0421; Vilniaus gatvė 30) Esta iglesia del s. XVIII con dos torres gemelas, llena de detalles barrocos y rococó, formaba parte de un monasterio benedictino. Dañada durante la II Guerra Mundial y usada como almacén por los soviéticos, ahora acoge conciertos de música clásica.

Iglesia de Nuestra Señora de la Asunción IGLESIA
(plano p. 300; Trakų gatvė 9/1) Apodada la "iglesia de las arenas" en honor al barrio en el que se sitúa, este templo franciscano del s. XV atesora una curiosa historia. Sirvió de hospital para el Ejército francés en 1812 y albergó los archivos reales de 1864 a 1934 y de 1949 a 1989. Fue devuelta a los franciscanos en 1998 y durante años ha sido minuciosamente restaurada.

Museo del Teatro, la Música y el Cine MUSEO
(Teatro, muzikos ir kino muziejus; plano p. 300; www.ltmkm.lt; Vilniaus gatvė 41; adultos/estudiantes 2,03/1,45 €; ⏲11.00-18.00 ma-vi, 11.00-16.00 sa) Muestra objetos relacionados con la canción, los escenarios y el cine lituanos. Ofrece un viaje a lo largo de tres siglos de destacados instrumentos, incluidos un *pūslinė* (un primitivo instrumento de cuerda báltico hecho con vejigas de animales) y varios *kanklės* (instrumentos de cuerda pulsada con traste), junto con curiosidades de películas lituanas y soviéticas, y una gran colección que documenta el teatro lituano.

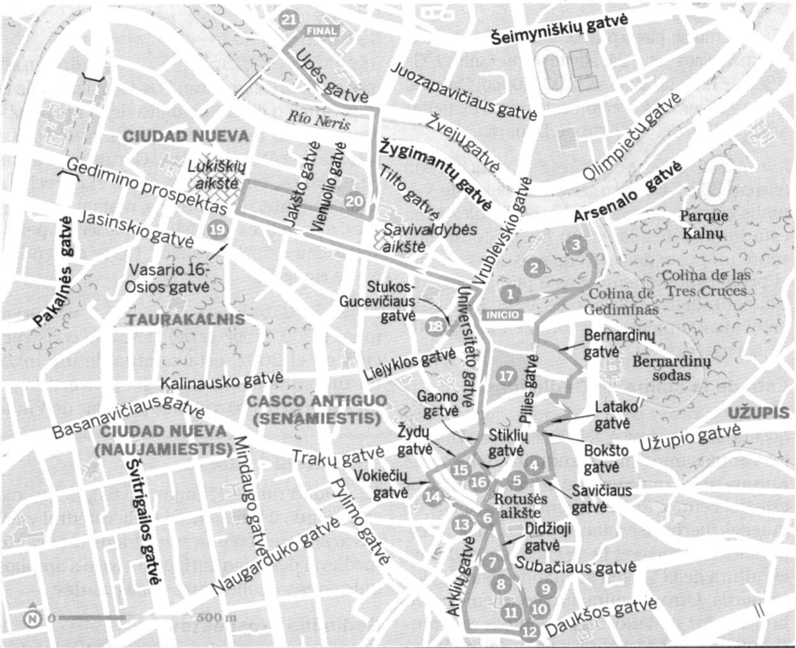

Circuito a pie
Lo mejor de Vilna

INICIO PLAZA DE LA CATEDRAL
FINAL SKY BAR
DISTANCIA 4,9 KM; 3 H

El casco antiguo más grande de Europa del Este resulta ideal para callejear.

Se empieza en la plaza de la Catedral, con su "baldosa mágica", la 1 **catedral** (p. 294) y el 2 **palacio de los Grandes Duques** (p. 294), antes de subir hasta el 3 **castillo** (p. 291). Se contempla la ciudad y se baja por Pilies gatvė. Para imaginarse la Vilna de antaño, se gira a la izquierda por Bernardinų gatvė y se sigue por Volano gatvė, Literatu gatvė, Rusu gatvė y Latako gatvė hasta Bokšto gatvė. Se gira a la derecha por Savičiaus gatvė para disfrutar de la artesanía de 4 **Senųjų Amatų Dirbtuvės** (p. 321) y saber más sobre el mejor artista lituano en la 5 **Casa de M. K. Čiurlionis** (p. 298). Savičiaus lleva a Didžioji gatvė, se gira a la izquierda y se pasa el 6 **antiguo ayuntamiento.** Se va por Aušros Vartų, se ve la 7 **Filarmónica Nacional** (p. 318), la 8 **puerta Basilia**, la 9 **iglesia ortodoxa del Espíritu Santo** (p. 302), la 10 **iglesia de Santa Teresa** (p. 302) y varios 11 **talleres de artesanos** antes de parar en la 12 **puerta del Alba** (p. 299).

Se cruza y se gira por Bazilijonų gatvė antes de ir por Arklių gatvė hasta Rotušes aikštė, donde se halla el 13 **Centro de Arte Contemporáneo** (p. 304). Se descansa en un café o restaurante de 14 **Vokiečių gatvė** y luego se va a Žydų gatvė para hacerse una idea de la Vilna judía. Se ojean las 15 **tiendas** de Žydų gatvė, se visita 16 **Zoraza** (p. 319) y otras tiendas de diseñadores en Stiklių gatvė y se sigue hacia el norte por Gaono gatvė hasta la 17 **Universidad de Vilna** (p. 295).

Se vuelve a la plaza de la Catedral y se baja por Stuokos-Gucevičiaus gatvė hasta el 18 **Tappo D'Oro** (p. 317). Se va por Gedimino prospektas al 19 **Museo de las Víctimas del Genocidio** (p. 306), se pasa por Lukiškių aikštė y luego por el 20 **Teatro Nacional de Ópera y Ballet de Lituania** (p. 318). Se cruza el puente hasta Šnipiškės y el 21 **Sky Bar** (p. 317), para gozar de las vistas.

Palacio Radvilos MUSEO

(Radvilų rūmai; plano p. 300; ☎5-212 1477; www.ldm.lt; Vilniaus gatvė 24; adultos/estudiantes 1,73/0,87 €; ⊙11.00-18.00 ma-sa, 12.00-17.00 do) Data del s. XVII y alberga la sección extranjera de bellas artes del Museo de Arte de Lituania.

Monumento a Frank Zappa MONUMENTO

(plano p. 300; Kalinausko gatvė 1) Al oeste de Vilniaus gatvė, la leyenda del *rock* Frank Zappa está inmortalizada en un busto de bronce sobre un poste de acero de más de 4 m. Fue el primer monumento a este pionero artista estadounidense fallecido en 1993. Búsquese en el aparcamiento, así como en los grafitis de las paredes.

Este de la colina de Gediminas

★Cementerio de Antakalnis CEMENTERIO

(junto a Karių kapų gatvė; ⊙9.00-atardecer) Uno de los camposantos más tranquilos del este de Europa se extiende en este arbolado barrio al este del centro. En él descansan los restos de quienes fueron asesinados por las fuerzas especiales soviéticas el 13 de enero de 1991; una escultura de la Virgen acunando a su hijo les recuerda. Otro monumento conmemorativo honra a los soldados napoleónicos que murieron de hambre y por las penurias en Vilna mientras escapaban del Ejército ruso. En el año 2002 se hallaron los restos de 2000 de ellos. Asimismo, cientos de tumbas de soldados polacos, muchos de ellos desconocidos, se encuentran aquí, y son objeto de homenajes el Día de Todos los Santos (1 de noviembre). En una ladera de una zona nueva del cementerio se halla, algo abandonada, la tumba del expresidente lituano Algirdas Brazauskas.

Las Tres Cruces MONUMENTO

(Trys kryžiai; plano p. 296) Se erigieron en el s. XVII en memoria de unos monjes martirizados por paganos tres siglos antes. Las actuales sustituyen a las tres demolidas por los soviéticos; sus restos se ven por debajo del monumento actual. Se puede subir la colina a pie desde T. Kosciuskos gatvė y disfrutar de las fabulosas vistas.

Iglesia de San Pedro y San Pablo IGLESIA

(Šv. Apaštalų Petro ir Povilo Bažnycla; plano p. 296; ☎5-234 0229; Antakalnio gatvė 1; ⊙6.00-18.30) Su monótona fachada esconde un interior barroco, con más de 2000 estucos creados por escultores italianos entre 1675 y 1704. Fue fundada por el aristócrata lituano Mykolas Kazimieras Paca, cuya tumba se halla a la derecha del porche.

Užupis

Constitución de la República de Užupis PUNTO DE INTERÉS

(plano p. 300; Paupio gatvė) Los 41 artículos de la Constitución de la República de Užupis están grabados en inglés, francés, lituano y otros idiomas en Paupio gatvė. Garantizan a sus ciudadanos, entre otras cosas, el derecho al agua caliente, a ser únicos, a amar, a ser libres, a ser felices (o infelices) y a ser un perro. Terminan así: "No venzas. No te defiendas. No te rindas".

Ángel de Užupis MONUMENTO

(plano p. 300; Užupio gatvė) Desde su construcción en el 2002, esta estatua de un ángel tocando una trompeta se ha convertido en un símbolo del barrio más peculiar de Vilna.

Ciudad nueva

La ciudad nueva (Naujamiestis), del s. XIX, se extiende 2 km al oeste de la catedral y del casco antiguo, en una zona donde el encanto medieval del casco antiguo da paso a amplios bulevares y exuberantes zonas verdes.

Gedimino prospektas

Entre la espectacular silueta de la catedral católica romana y las cúpulas plateadas de la **iglesia ortodoxa rusa de la Aparición de la Santísima Virgen** (Znamenskaya Tserkov; plano p. 296; A. Mickevičiaus gatvė 1), se extiende la calle principal de la Vilna moderna. Los 1,75 km de la popular Gedimino presentan tiendas, un teatro, bancos, hoteles, restaurantes, oficinas, algunas plazas ajardinadas y las sedes de varios organismos oficiales, incluido el **Gobierno** (plano p. 300; www.lrv.lt; Gedimino prospektas 11) y el Parlamento lituano. Diseñada en 1852, ha cambiado de nombre 11 veces; se llamó San Jorge en la época zarista, Mickiewicz con los polacos, y primero Stalin y luego Lenin con los soviéticos.

Tiempo atrás se alzaba una estatua de Lenin en **Lukiskių aikštė** (una plaza que llevaba el nombre del líder comunista), hoy expuesta en el parque Grūtas de Druskininkai.

★Museo de las Víctimas del Genocidio MUSEO

(Genocido Aukų Muziejus; plano p. 296; ☎5-249 8156; www.genocid.lt/muziejus; Aukų gatvė 2; adultos/reducida 2/1 €; ⊙10.00-18.00 mi-sa, hasta 17.00 do) La antigua sede de la KGB (y con anterioridad de la Gestapo, los invasores polacos y la magistratura zarista) alberga un museo dedicado a los miles de lituanos asesinados,

PATRIMONIO JUDÍO

El casco antiguo de Vilna albergó una importante comunidad judía mundialmente famosa por su piedad y fortaleza de fe.

Con la invasión alemana de la Unión Soviética en 1941, Vilna cayó en cuestión de días. En los tres meses siguientes, los nazis, con la ayuda de muchos lituanos, asesinaron a unos 35 000 judíos, prácticamente la mitad de los que había en la ciudad, en el bosque de Paneriai. Se crearon dos guetos para recluir a los restantes, la mayor parte de los cuales también fueron asesinados. Solo unos 6000 judíos de Vilna consiguieron escapar.

Hoy la comunidad judía asciende a unos 5000 miembros, de los que el 80% vive en Vilna. Desde la independencia se ha producido una serie de acontecimientos en torno a esta pequeña comunidad. En el 2001 se creó el **Vilnius Yiddish Institute** (www.judaicvilnius.com) en la facultad de Historia de la Universidad de Vilna.

Los principales puntos de interés judíos y relacionados con el Holocausto de Vilna los gestiona el **Museo Estatal Judío Gaón de Vilna** (www.jmuseum.lt).

Museo del Holocausto (Holokausto Muziejus; plano p. 300; ☎5-262 0730; www.jmuseum.lt; Pamėnkalnio gatvė 12; adultos/niños 2,40/1,20 €; ⏲9.00-17.00 lu-ju, 9.00-16.00 vi, 10.00-16.00 do) En la llamada "Casa Verde", ilustra la historia de la aniquilación de la comunidad judía de Lituania, los litvaks, a través de una colección de fotografías, documentos y testimonios personales. Sus exposiciones carecen de toques modernos interactivos, lo que las hace aún más conmovedoras. Muchos de los objetos expuestos fueron donados por familias de víctimas y supervivientes.

Centro de Tolerancia (plano p. 300; ☎5-262 9666; www.jmuseum.lt; Naugarduko gatvė 10/2; adultos/reducida 3/1,10 €; ⏲10.00-18.00 lu-ju, hasta 16.00 vi y do) Se trata de una de las tres principales sucursales del Museo Estatal Judío Gaón de Vilna. El edificio, antaño comedor social, sala de conciertos y teatro, exhibe arte y colecciones culturales e históricas de los litvaks. Complementa al Museo del Holocausto; sus exposiciones se centran menos en el Holocausto y más en la historia y la cultura judías a lo largo de los siglos hasta la II Guerra Mundial.

Los extensos paneles explicativos en inglés de la 2ª planta resultan muy informativos y de gran ayuda. Acoge además una exposición permanente sobre la vanguardia judía en la Vilna de entreguerras.

Sinagoga Coral (Choralinė Sinagoga; plano p. 300; ☎5-261 2523; Pylimo gatvė 39; con donativo; ⏲10.00-14.00 do-vi) El único lugar de culto judío de la ciudad que sobrevivió intacto a la II Guerra Mundial (los nazis lo usaron como almacén médico) data de 1903. Alberga rezos de la tradición *misnagdim* (opositores al movimiento jasídico).

Entrada al gueto pequeño (plano p. 300; www.jewishcenter.lt; Stiklių gatvė 12) Antaño daba acceso al principal barrio judío, que se extendía al oeste de Didžioji gatvė. Hoy solo los nombres de las calles, como Žydų (Judíos) y Gaono (Gaón), recuerdan aquellos días. Una pequeña placa señala la ubicación de la entrada al gueto, liquidado en 1941.

Entrada al gueto grande (plano p. 300; Rūdninkų gatvė 18) Una placa y un plano en el nº 18 señalan la entrada al gueto grande, donde 29 000 litvaks fueron recluidos por los nazis entre 1941 y 1943.

Emplazamiento de la Gran Sinagoga (plano p. 300; Žydų gatvė 1-2) La Gran Sinagoga, construida en la década de 1630 en el emplazamiento de una anterior, fue destruida por los soviéticos en la década de 1950 después de que los nazis lo intentaran en la II Guerra Mundial. Actualmente hay un monumento del Gaón de Vilna y se planea un monumento conmemorativo para el 2018.

Casa del Gaón Elijahu Ben Shlomo Zalman (plano p. 300; Žydų gatvė 5) Una placa señala la antigua casa del famoso erudito talmúdico del s. XVIII.

Emplazamiento del nuevo cementerio judío (plano p. 296) Un monumento señala el cementerio judío de Vilna del s. XIX, destruido por los soviéticos en la década de 1960.

Judenrat (plano p. 300; Rudninku gatvė 8) Sede del consejo del gueto judío durante la II Guerra Mundial.

encarcelados o deportados por la Unión Soviética desde la II Guerra Mundial hasta la década de 1960. En la fachada del edificio hay grabados los nombres de muchos de los que murieron. En el interior las exposiciones ilustran la cruda realidad de la ocupación soviética e incluyen testimonios personales de lituanos deportados a Siberia.

El horror alcanza su punto álgido en el sótano, con las celdas de los presos y una sala de ejecuciones donde, entre 1944 y la década de 1960, más de 1000 prisioneros fueron asesinados de un disparo o una puñalada en la cabeza.

Parlamento EDIFICIO GUBERNAMENTAL
(Seimas; plano p. 296; ☎5-239 6060; www.seimas.lt; Gedimino prospektas 53) Este achaparrado y feo 'palacio' construido por los soviéticos, sede del Seimas (Parlamento) lituano, presenció un suceso histórico. El 13 de enero de 1991 se levantaron barricadas para impedir que el ejército soviético acabara con el Parlamento que había aprobado la Declaración del Restablecimiento del Estado de Lituania el año anterior. En los disturbios murieron 14 personas. Al final, el ejército cedió ante la voluntad popular y abandonó Vilna en diciembre de ese año.

'Tres musas' ESTATUA
(plano p. 300; Gedimino prospektas 4) En esta estatua ubicada sobre el Teatro Dramático Nacional de Lituania, tres inusuales figuras ataviadas de negro con máscaras doradas representan el drama, la comedia y la tragedia.

Sur de Gedimino prospektas

Parque Vingis PARQUE
(plano p. 296; www.vilniausparkai.lt; M. K. Čiurlionio gatvė 100) En el extremo occidental de Čiurlionio gatvė se halla el arbolado parque Vingis, que el río Neris bordea por tres de sus lados. Un gran anfiteatro al aire libre acoge en julio el Festival de la Canción y la Danza de Lituania. Para llegar, hay que tomar el trolebús nº 7 desde la estación de trenes o el nº 3 desde la parada de Gedimino (en Vilniaus gatvė) hasta la parada de Kęstučio (la segunda tras cruzar el puente sobre el río) y a continuación cruzar la pasarela peatonal desde el extremo de Treniotos gatvė.

Iglesia Romanov IGLESIA
(plano p. 296; Jono Basanavičiaus gatvė 27) Conocida como iglesia ortodoxa de San Miguel y San Constantino, luce protuberantes cúpulas bulbosas y un ornamentado interior. Se construyó para celebrar el 300º aniversario de la dinastía Romanov, que llegaría a su fin cuatro años después.

Mercado de flores de Vilna MERCADO
(plano p. 296; Basanavičiaus gatvė 42; ⌚24 h) Esta institución de Vilna permanentemente abierta resulta ideal para comprar flores. Hay que regatear.

Kenessa CASA
(plano p. 296; Liubarto gatvė 6) Al oeste de Jasinskio gatvė, tras cruzar el Neris, se halla esta *kenessa*, una casa tradicional de oración caraíta de 1911.

Šnipiškės

Este barrio en la orilla norte del Neris ha sufrido una gran transformación. Los ajados edificios de hormigón soviéticos han sido sustituidos por rascacielos, como la **Torre Europa** (plano p. 296; Konstitucijos Prospektas 7) en el **centro comercial y de negocios Europa,** que, con 129 m, se trata del rascacielos más alto del Báltico.

Este nuevo distrito de negocios, apodado "Valle del Amanecer", sigue creciendo rápidamente, con rascacielos y nuevas obras entre

REBELDES CON CAUSA: LA REPÚBLICA DE UŽUPIS

La ola de rebelión que invade Lituania florece en el corazón bohemio de Vilna, donde artistas, soñadores, borrachos y *okupas* de Užupis han declarado un estado independiente.

La República de Užupis nació oficialmente, en sentido no oficial, en 1998. Cuenta con sus propios presidente, himno y constitución, con 41 artículos.

El Día de los Inocentes (celebrado en abril), los ciudadanos de esta república festejan el carácter no oficial de su estado. Guardias de fronteras, ataviados con ropa cómica, sellan pasaportes en el puente principal y el presidente da discursos en la plazoleta del barrio, en la intersección entre Užupio, Maluno y Paupio gatvės, donde se erige el símbolo de la república, el **Ángel de Užupis** (p. 306). Cada vez más de moda, el barrio sigue llenándose de galerías, restaurantes y talleres de artesanos.

reliquias de arquitectura soviética. Dentro de este proyecto de reurbanización se han construido dos puentes que conectan la Torre Europa con el centro, y el **ayuntamiento** (Konstitucijos prospektas 3) ha sido trasladado a esta zona.

Museo de la Energía y la Tecnología MUSEO
(plano p. 296; ☎5-278 2085; www.emuziejus.lt; Rinktinės gatvė 2; adultos/niños 3/1,50 €; ⊙10.00-17.00 ma, mi, vi y sa, hasta 19.00 ju) La primera central eléctrica de Vilna, en uso entre 1903 y el 2003, alberga ahora exposiciones sobre energía, tecnología y su desarrollo histórico. Se conserva su impresionante maquinaria original.

Iglesia de San Rafael IGLESIA
(Šv. Rapolo bažnyčia; plano p. 296; ☎5-272 4164; Šnipiškių gatvė 1; ⊙6.30-9.00 y 17.00-22.00 do-vi) Los jesuitas construyeron esta atractiva iglesia del barroco tardío y su monasterio contiguo.

Fuera del centro

Torre de televisión TORRE
(Televizijos Bokštas; ☎5-252 5333; www.telecentras.lt; Sausio 13-osios gatvė 10; adultos/niños 6/2,6 €; ⊙plataforma de observación 11.00-23.00 ma-sa, 11.00-21.00 do y lu; 🚎1, 3, 7, 16) Resulta difícil no ver esta torre de televisión de 326 m de altura en el horizonte occidental de la ciudad. Simboliza la fortaleza de espíritu de Lituania; el 13 de enero de 1991 el ejército soviético asesinó aquí a 12 insumisos proindependentistas mientras la televisión lituana seguía retransmitiendo hasta que el ejército tiró abajo la puerta de la torre. Cerca se hallan monumentos en conmemoración de los asesinados. A 165 m de altura ofrece una plataforma de observación y un restaurante (La Vía Láctea) giratorios.

Actividades

Más allá de pasear y montar en bicicleta, Vilna no destaca por su gran oferta de actividades al aire libre, si bien presume de sus vuelos en globo aerostático.

Oreivystės Centras VUELOS EN GLOBO
(plano p. 296; ☎5-273 2703; www.ballooning.lt; Upės gatvė 5; 89-179 €/persona) Dedicado a promocionar y desarrollar los vuelos en globo aerostático en Lituania, este centro también ofrece vuelos sobre Vilna, Trakai, Kaunas y otras partes del país. Se pueden realizar vuelos de 1 h a primera hora de la mañana o por la noche, siempre que el tiempo acompañe.

'Ryga' CIRCUITOS EN BARCO
(plano p. 300; ☎8-685 01000; www.barta.lt; circuitos 1 h adultos/niños 8/4 €; ⊙11.00-21.00) En verano (may-sep), el barco *Ryga* efectúa salidas durante todo el día desde un pequeño puerto en el lado sur del puente de Karaliaus Mindaugo (mín. 10 personas; menores de 5 años gratis).

Circuitos

Las oficinas de información turística (p. 320) ofrecen circuitos a pie de 2 h por el casco antiguo en inglés (10 €, 11.00 lu, mi, vi y do med may-med sep). También proporcionan audioguías (10 €) para realizar circuitos autoguiados y disponen de folletos gratuitos con propuestas de circuitos temáticos a pie, como la Vilna judía, la Vilna de la música o los castillos y palacios de Vilna.

Senamiesčio Gidas CIRCUITOS EN AUTOBÚS
(plano p. 300; ☎5-261 5558; www.vilniuscitytour.com; Aušros Vartų gatvė 7; adultos/niños un viaje 12/6 €; ⊙5 autobuses 10.00-15.00) Circuitos de medio día en microbús por Vilna y la Vilna judía, circuitos para que el viajero descubra sus raíces familiares y excursiones de un día a Trakai y Kernavė, al parque Grūtas (de esculturas soviéticas) y al centro geográfico de Europa. Las tarifas dependen del número de participantes; para más información, visítese su web.

Fiestas y celebraciones

Vilna acoge fiestas durante todo el año, muchas de las cuales aparecen en www.vilniusevents.lt o www.vilnius-tourism.lt. Entre las citas más importantes se cuentan:

Užgavėnės CARNAVAL
Tiene lugar el martes de carnaval, por lo general en febrero.

Feria de Artesanía de Kaziukas CULTURAL
(www.kaziukomuge.lt) Esta feria cultural y de artesanía que data del s. XVII toma el casco antiguo el 4 de marzo, día de san Casimiro.

Festival Internacional de Cine de Vilna CINE
(www.kinopavasaris.lt) También conocido como Kino Pavasaris ("Primavera de Cine"), se celebra en marzo.

Pavasario Lygiadienis CULTURAL
Este carnaval pagano que celebra el equinoccio de primavera tiene lugar en marzo.

VILNA PARA NIÑOS

Esta acogedora y relativamente pequeña ciudad, un destino genial para los niños, les ofrece circuitos en barco, paseos en globo, castillos y *pizza*. Si hace frío, el centro comercial Akropolis (p. 320) cuenta con un cine, una pista de patinaje sobre hielo y un parque de bolas para menores de 12 años.

A los niños les encantará el **parque acuático Vichy** (Vandens Parkas; ☎8-700 55118; www.vandensparkas.lt; Ozo gatvė 14c; adultos/niños día completo 22/10 €; ⌚12.00-22.00 lu-vi, hasta 22.00 sa y do), de temática polinesia. Pueden quemar su energía en las emocionantes atracciones de agua y la piscina de olas, mientras que los padres pueden relajarse en los *jacuzzis*, los baños de vapor y el salón de masajes.

La **pista de patinaje sobre hielo del Akropolis** (☎5-249 2878; www.akropolis.lt; Ozo gatvė 25, Akropolio aikštė I-152; 2-3 €/45 min; ⌚8.00-23.00) es ideal para los días de lluvia.

Festival de Nueva Danza Báltica DANZA
(www.dance.lt) Festival de danza contemporánea, a principios de mayo.

Festival de Vilna MÚSICA
(www.vilniusfestivals.lt) Conciertos de música clásica, *jazz* y folk en los patios del casco antiguo en junio.

Noche de la Cultura CULTURAL
(Kulturos Naktis; www.kulturosnaktis.lt) Vilna cobra todavía más vida durante este maravilloso festival de una sola noche en junio o julio. Las plazas y recovecos de la ciudad acogen escenarios donde cantantes, bailarines, músicos, actores y artistas lituanos y extranjeros entretienen al público durante toda la noche.

Festival de la Canción y la Danza de Lituania CULTURAL
(www.dainusvente.lt) Este enorme festival de la canción, la danza y el folclore de Lituania, celebrado de diferentes maneras desde 1923, llega a Vilna en julio.

Festival de Verano de Cristóbal MÚSICA
(www.kristupofestivaliai.lt) Festival de música celebrado en julio y agosto.

Días de la Capital ARTES ESCÉNICAS
Música y artes escénicas en septiembre.

Sirenos TEATRO
(www.okt.lt) Festival internacional de teatro, desde mediados de septiembre hasta mediados de octubre.

Gaida MÚSICA
(www.vilniusfestivals.lt/EN/gaida) El festival de música contemporánea más grande e importante del Báltico se celebra a finales de octubre.

Scanorama CINE
(www.scanorama.lt) Cada noviembre este festival, centrado en el cine de Europa del norte, llega a Vilna y luego se desplaza a Kaunas y Klaipėda.

Mama Jazz JAZZ
(www.vilniusmamajazz.lt) Se celebra a mediados de noviembre y cuenta con la presencia de grandes nombres internacionales.

Dónde dormir

Para ser tan pequeña, Vilna cuenta con muchas opciones de alojamiento. Casi todos los hoteles y pensiones ofrecen habitaciones con baño.

Filaretai Hostel ALBERGUE €
(plano p. 296; ☎5-215 4627; www.filaretaihostel.com; Filaretų gatvė 17; dc/i/d/tr por persona sin baño 10/21/15/12 €; P@) Afiliado a la Asociación de Albergues de Lituania, ocupa una pintoresca villa antigua a 15 min a pie cuesta arriba del casco antiguo. Dispone de dormitorios de entre cinco y ocho camas, proporciona ropa de cama, las toallas se pagan aparte y ofrece cocina y lavadora comunitarias. Hay que tomar el autobús nº 34 desde la estación de autobuses y bajar en la séptima parada.

Hostelgate B&B B&B €
(plano p. 300; ☎8-689 60292; www.hostelgate.lt; Šv. Mikalojaus gatvė 3; d/f 38/58 €; @) Esta base genial para explorar el casco antiguo cuenta con una excelente ubicación junto a Vokiečių gatvė, wifi, una alegre decoración, un personal amable, una cocina bien equipada y algunas habitaciones con baño o balcón. También gestionan un albergue en **Aušros Vartų gatvė** (plano p. 300; ☎8-638 32818; Aušros Vartų gatvė 7-1; d/tr 11/39 €; ⌚24 h).

Come to Vilnius ALBERGUE €
(plano p. 296; ☎8-6202 9390; www.cometovilnius.eu; Šv. Stepano gatvė 15; dc/d/tr 16/35/44 € @) Este albergue alternativo cerca del transpor-

te público, con alegres colores, muebles de madera y tortitas, bebidas calientes, toallas y wifi gratis, ofrece precios más baratos en temporada baja.

Litinterp B&B €

(plano p. 296; ☎5-212 3850; www.litinterp.lt; Bernardinų gatvė 7-2; i/d/tr 25/40/51 €; ⊙oficina 8.30-21.00 lu-vi, 9.00-15.00 sa;) Establecimiento luminoso, limpio y agradable, con un buen número de extras, en pleno corazón del casco antiguo. Las habitaciones con baño compartido resultan un poco estrechas, pero las que incluyen baño son muy grandes. Los huéspedes pueden registrarse fuera del horario de recepción si avisan con antelación. Dispone de minicocinas y consigna. El desayuno cuesta 3 €.

Old Town Hostel ALBERGUE €

(plano p. 296; ☎5-262 5357; www.oldtownhostel.lt; Aušros Vartų gatvė 20-10; dc/d/tr 11/32/42 €; @) Pequeño albergue escondido en un patio privado cerca tanto del casco antiguo como de las estaciones de autobuses y trenes. Ofrece habitaciones básicas pero confortables. Cuenta con una cocina bien equipada, un salón común y wifi.

Center Stay Hostel ALBERGUE €

(plano p. 296; ☎5-212 0140; www.centerstayhostel.com; Aušros Vartų gatvė 16; dc 8 €;) Bien gestionado y bien situado frente a la puerta del Alba, este albergue con wifi, cocina y salón ofrece una excelente relación calidad-precio.

★ **Bernardinu B&B** PENSIÓN €€

(plano p. 300; ☎5-261 5134; www.bernardinuhouse.com; Bernardinų gatvė 5; d/tr desde 60/85 €; P) Esta encantadora pensión familiar en una de las calles más pintorescas del casco antiguo ocupa una casa del s. XVIII muy bien renovada. Se han conservado los suelos y los techos de madera, así como algunos trozos de pared de ladrillo visto. El desayuno (4 €) se deja en la puerta de las habitaciones en una bandeja.

Domus Maria PENSIÓN €€

(plano p. 300; ☎5-264 4880; www.domusmaria.lt; Aušros Vartų gatvė 12; i/d 50/65 €; P@) La pensión de la archidiócesis de Vilna ocupa un antiguo monasterio del s. XVII y rezuma encanto. Las habitaciones se ubican en las celdas de los monjes, que han sufrido una profunda y elegante renovación. Las habitaciones nº 207 y 307 brindan vistas de la puerta del Alba y suelen estar reservadas con mucha antelación. El desayuno se sirve en el refectorio abovedado.

Ecotel HOTEL DE NEGOCIOS €€

(plano p. 296; ☎5-210 2700; www.ecotel.lt; Slucko gatvė 8; i/d/tr 58/66/81 €; P@) Este elegante y recién renovado hotel de cuatro plantas ofrece habitaciones limpias y asequibles bien equipadas. Cuenta con algunas habitaciones diseñadas para viajeros con discapacidades y para gente muy alta, con camas que miden 2,1 m de largo.

Panorama Hotel HOTEL €€

(plano p. 296; ☎5-233 8822; www.hotelpanorama.lt; Sodų gatvė 14; i/d desde 50/55 €; P@) Tras su fachada *kitsch,* este hotel de la era soviética ofrece habitaciones bien cuidadas y con una buena relación calidad-precio, además de fabulosas vistas del casco antiguo y las colinas circundantes. En su web ofrece descuentos y paquetes especiales.

Grybas House HOTEL €€

(plano p. 300; ☎5-264 7474; www.grybashouse.com; Aušros Vartų gatvė 3a; i/d/ste 67/87/98 €; P) El primer hotel familiar que abrió tras la independencia está gestionado con elegancia, encanto y muchas sonrisas. Las habitaciones de este remanso de paz en pleno centro del casco antiguo resultan anticuadas pero muy confortables; algunas asoman al patio privado.

Šauni Vietelė PENSIÓN €€

(plano p. 300; ☎5-212 4110; www.mtr.lt; Pranciškonai gatvė 3/6; h 27 €) Esta pensión con tres habitaciones y una excelente relación calidad-precio ocupa una antigua abadía franciscana. A pesar de verse anticuadas, sus habitaciones resultan espaciosas y lucen muebles encantadores. El desayuno no está incluido, pero su café ofrece tortitas y demás. Su popular bar del patio, el Seven Fridays, programa música en directo, lo que puede suponer un problema si se tiene el sueño ligero.

eLoftHotel HOTEL €€

(plano p. 296; ☎5-266 0730; www.elofthotel.lt; Ševčenkos gatvė 16; d/ste 61/84 €; P@) Este agradable hotel con "materiales ecológicos" brinda una buena opción para los que busquen mayor tranquilidad fuera del casco antiguo (a 15 min a pie). El precio incluye un desayuno continental y wifi. También dispone de cocina y sauna comunitarias.

Atrium HOTEL €€

(plano p. 300; ☎5-210 7777; www.atrium.lt; Pilies gatvė 10; d/ste 85/125 €; P@) Hotel con una buena ubicación en el casco antiguo, con servicios de lavandería y recogida en el aeropuerto, además de lujosas habitaciones (decoración individual, mobiliario de piel, gruesos colchones, iluminación cálida). En una casa del s. XVI, está adaptado para viajeros con discapacidades.

Senatoriai Hotel HOTEL €€
(plano p. 300; ☎5-212 6491; www.senatoriai.lt; Tilto gatvė 2a; i/d 78/87 €; P@📶) Este pequeño hotel acogedor muy próximo a la catedral cuenta con habitaciones en general espaciosas, con mobiliario de piel, camas aceptables y wifi gratis. También ofrece cocina lituana en su restaurante, servicio de lavandería y descuentos por internet en temporada baja.

Hotel Rinno HOTEL €€
(plano p. 300; ☎5-262 2828; www.rinno.lt; Vingrių gatvė 25; h estándar/de lujo 68/88 €; P❄@📶) Pequeño y carismático hotel independiente que combina habitaciones encantadoras (más un cuatro estrellas que un tres estrellas) con una práctica ubicación (entre el casco antiguo y las estaciones de autobuses y trenes) a buen precio. El desayuno se sirve en el patio trasero.

★ **Narutis** HOTEL HISTÓRICO €€€
(plano p. 300; ☎5-212 2894; www.narutis.com; Pilies gatvė 24; i/d 125/145 €; P❄@📶) Esta casa de ladrillo rojo de 1581 alberga un hotel desde el s. XVI. El desayuno y la cena se sirven en el sótano gótico abovedado, dispone de wifi y en recepción ofrecen manzanas gratis. Descuentos importantes si se reserva por internet.

Neringa HOTEL €€€
(plano p. 300; ☎5-212 2288; www.neringahotel.com; Gedimino prospektas 23; h/ste i/superior 94/109/124 €; P@📶🏊) Muchas partes de este famoso hotel son patrimonio histórico y los amantes del lujo de la era soviética no deberían perdérselas. Destacan la escalera y los rellanos, con una decoración no figurativa de madera tallada, y el restaurante, con mosaicos y una fuente muy *kitsch*. Las habitaciones han sido renovadas, hasta donde se ha permitido, con TV de pantalla plana, suelos radiantes y camas aceptables.

Stikliai HOTEL €€€
(plano p. 300; ☎5-264 9595; www.stikliaihotel.lt; Gaono gatvė 7; i/d/ste 160/190/230 €; P@📶🏊) Este hotel-*boutique*, la flor y nata de los alojamientos de Vilna, está gestionado por la cadena Relais & Chateaux. Escondido en una calle adoquinada digna de postal del antiguo barrio judío, ofrece lujosas habitaciones en un edificio del s. XVII con mucho encanto.

Shakespeare HOTEL-BOUTIQUE €€
(plano p. 300; ☎5-266 5885; www.shakespeare.lt; Bernardinų gatvė 8/8; i/d 105/174 €; P❄@📶) Esta antigua imprenta alberga uno de los hoteles de precio alto más carismáticos de la ciudad. Más parecido a un hotel-*boutique* que a un cinco estrellas internacional, presenta una elegante y ecléctica decoración, habitaciones con nombres de grandes figuras de la literatura y la cultura, y un personal muy entendido. Cabe destacar las antigüedades, los libros y el mobiliario de las habitaciones.

Apia Hotel HOTEL HISTÓRICO €€€
(plano p. 300; ☎5-212 3426; www.apia.lt; Sv Ignoto gatvė 12; d/ste/tr 100/115/134 €; P@📶) Elegante, fresco y agradable hotel en un edificio fantástico en pleno corazón del casco antiguo. Se puede elegir entre 12 habitaciones con vistas a un patio o a una calle empedrada; solo las nº 3 y 4 disponen de balcón.

Dvaras HOTEL-BOUTIQUE €€€
(plano p. 300; ☎5-210 7370; www.dvaras.lt; Tilto gatvė 3-1; d/ste 104/143 €; P❄@📶) A finales del s. XVIII la mansión Dvaras, declarada patrimonio histórico, ya ofrecía cinco habitaciones para huéspedes y contaba con una tienda de cerveza. Ahora brinda ocho lujosas habitaciones con wifi, televisión por satélite, minibar y cómodas camas. Queda cerca de la catedral, el castillo y el casco antiguo.

Europa Royale Hotel HOTEL €€€
(plano p. 300; ☎5-266 0770; www.groupeuropa.com; Aušros Vartų gatvė 6; d/ste 109/239 €) Este hotel de cuatro estrellas con una encantadora ubicación ofrece lujosas y coloridas habitaciones, y todo tipo de comodidades. Las que dan a la calle disfrutan de vistas del edificio de la Filarmónica Nacional.

Grotthaus HOTEL €€€
(plano p. 300; ☎5-266 0322; www.grotthusshotel.com; Ligoninės gatvė 7; d/ste 122/207 €; P@📶) Este hotel-*boutique* de color amarillo con una marquesina roja luce bañeras Villeroy & Boch, accesorios del s. XIX al estilo de *Titanic*, muebles italianos y cortinas confeccionadas con las mismas telas que usa la reina de Inglaterra. Goza de una excelente ubicación en el casco antiguo y los fines de semana ofrece importantes descuentos.

Radisson Blu Royal Astorija HOTEL €€€
(plano p. 300; ☎5-212 0110; www.radissonblu.com; Didžioji gatvė 35/2; i/d/ste 180/210/300 €; P⊖@📶🏊) En un edificio de principios del s. XX con mucha personalidad, este excelente

hotel forma parte de una cadena de lujo. Su céntrica ubicación le brinda vistas a la iglesia de San Casimiro. Los domingos de invierno ofrece un *brunch* muy popular. Todas las habitaciones gozan de comodidades modernas, como plancha para pantalones y cajas fuertes; las de clase superior se renovaron en el 2014.

Radisson Blu Hotel Lietuva HOTEL DE NEGOCIOS €€€
(plano p. 296; ☎5-272 6272; www.radissonblu.com; Konstitucijos prospektas 20; h/ste desde 159/209 €; P❄@📶) Un ejemplo de hotel internacional elegante pero sin nada extraordinario. No obstante, se trata del más lujoso de Šnipiškės y ofrece fabulosas vistas de Vilna, sobre todo desde su Sky Bar de la planta superior.

Dónde comer

Tanto si se quieren probar los *cepelinai* (saquitos de puré de patata) como el *kepta duona* (pan de centeno frito con ajo), resultará fácil en Vilna. Sin embargo, la ciudad ya se ha acostumbrado a la cocina internacional y cada vez más restaurantes sirven comida de fuera de las fronteras de Lituania. La mayoría de los restaurantes se concentran en el casco antiguo; cenar pasada la medianoche resulta complicado. En verano se debe reservar para asegurarse una mesa al fresco.

Radharanė VEGETARIANA €
(plano p. 300; ☎5-240 4720; www.radharane.lt; Gediminio prospektas 32; principales 4 €; ⏰11.00-21.00; 🌿) Su comida india con un toque lituano supone una bendición en una ciudad en la que no abunda la comida vegetariana ligera y sabrosa. Se aconsejan las *kofta*, el *paneer* con berenjena y el *channa dahl*, todos con arroz y ensalada.

Senoji Kibininė LITUANA €
(plano p. 300; www.kibinas.lt; Vilniaus gatvė; principales 3,50 €; ⏰9.00-21.00 lu-vi, 10.00-21.00 sa, 10.00-20.00 do) Sirve *cepelinai* y tortitas de patata, pero destacan los *kibinai*, deliciosas empanadillas tradicionales de la minoría caraíta túrquica de Lituania. Ya sean de cordero, pollo y setas, o espinacas y requesón, estos sabrosos saquitos de pasta quebrada resultan ideales tras unas copas en el casco antiguo.

Pietausim LITUANA €
(plano p. 296; ☎8-615 18454; www.pietausim.lt; J. Jasinskio gatvė 16; principales 4 €; ⏰11.00-14.30) Como una cantina de la era soviética pero con una decoración elegante y una animada clientela joven, sirve almuerzos de comida lituana con una excelente relación calidad-precio, como pescado al horno, *šaltibarščiai* (sopa fría de remolacha) y ensaladas.

Pilies kepyklėlė PANADERÍA €
(plano p. 300; ☎5-260 8992; Pilies gatvė 19; principales 3-6 €; ⏰9.00-23.00) Esta atractiva panadería-crepería con bóvedas de ladrillo destaca entre el resto de locales de la calle turística más concurrida de Vilna por su mezcla de encanto antiguo y su animado y alegre ambiente. Destacan su tortilla de las 9.00 y sus crepes saladas de espinacas o jamón y queso con crema agria por encima. Se dice que su tarta de semillas de amapola es de las mejores del lugar.

★ Balzac FRANCESA €€
(plano p. 300; ☎8-614 89223; www.balzac.lt; Savičiaus gatvė 7; principales 12-15 €; ⏰12.00-23.00 lu-ju, hasta 24.00 vi y sa, hasta 21.00 do) Este clásico bistró francés sirve la mejor comida francesa de Vilna. Ofrece típicos platos de bistró, como *turnedó* de buey y confit de pato, así como una genial selección de pescados y mariscos, muchos de ellos llevados desde Francia. Aunque cuenta con una terraza de verano, su comedor es pequeño, por lo que hay que reservar.

Sue's Indian Raja INDIA €€
(plano p. 300; ☎5-286 1888; www.suesindianraja.lt; Odminių gatvė 3; principales 10 €; 🌿) En Lituania no se encontrará la mejor cocina mogol, pero si apetece un curri, en este establecimiento lo preparan muy bien. Su carta no difiere mucho de la de los típicos restaurantes indios internacionales, y sus precios reflejan su excelente ubicación, pero sus técnicas culinarias y sus ingredientes son genuinamente indios.

Meat Lovers' Pub COMIDA DE PUB €€
(plano p. 300; ☎8-652 51233; www.meatloverspub.lt; Šv. Ignoto gatvė 14; principales 11 €; ⏰11.30-24.00; 📶) Ofrece buena carne y buena bebida, con una mezcla de cervezas de barril lituanas, alemanas y europeas para acompañar enormes chuletas, salchichas ahumadas alemanas y excelentes hamburguesas (la opción más económica por unos 6 €). También sirve sidra y platos más ligeros, como ensaladas y sopas.

Vegafe VEGANA €€
(plano p. 300; ☎8-659 77411; www.jogosmityba.lt; Totorių gatvę 3; principales 8 €; ⏰11.00-22.00 lu-vi, desde 12.00 sa y do; 🌿) Sigue los principios veganos y ayurvédicos (no usa ajo ni cebolla), y se sitúa en el extremo más elegante del espec-

tro de locales de alimentación consciente. Ofrece un espacio con un diseño sencillo y relajantes tonos pastel. Prepara platos, como verduras de primavera o *momos* (bolas de masa cocida tibetanas), tan deliciosos como virtuosos.

Jurgis ir Drakonas PIZZERÍA €€

(plano p. 300; ☎8-600 77977; www.jurgisirdrakonas.lt; Pylimo gatvė 22d; principales 6 €; ⌚11.00-22.00 lu-vi, 12.00-22.00 sa y do) En Vilna abundan los locales de *pizza,* pero pocos son tan fieles a sus orígenes napolitanos como el "Jorge y el Dragón". Abierto por el marido de la chef televisiva lituana Beata Čičkauskaitė-Nicholson, los tomates, el queso, los embutidos e incluso la harina y el marisco se transportan en avión desde Italia.

Fiorentino ITALIANA €€

(plano p. 300; ☎5-212 0925; www.fiorentino.lt; Universiteto gatvė 4; principales 10 €; ⌚11.00-23.00; 📶) Con una excelente ubicación cerca del palacio presidencial, deliciosa comida italiana, un servicio profesional y un ambiente agradable, en los meses más cálidos su patio de "estilo renacentista" resulta genial para disfrutar de platos toscanos como *tagliata* (tiras de ternera poco hecha con parmesano y rúcula) o pasta rellena de jamón y queso fontina con mantequilla y salvia.

Kukumuku CAFÉ €€

(plano p. 300; ☎5-261 0630; www.kukumuku.lt; Vokiečių gatvė 6; principales 9-11 €; ⌚12.00-21.00 lu-vi, desde 10.00 sa y do; 📶👪) Esta opción genial si se viaja con niños ocupa dos plantas, cuenta con una decoración alegre, múltiples zonas de juegos, un pequeño escenario e incluso una sala de Lego. Su carta, donde los adultos encontrarán hamburguesas, ternera *strogonoff* y otra comida de cafetería, está pensada para niños y personas con alergias.

Kitchen INTERNACIONAL €€

(plano p. 300; ☎8-688 80558; www.inthekitchen.lt; Didžioji gatvė 11; principales 7-12 €; ⌚11.30-24.00) Elegante y minimalista, ofrece creativa comida contemporánea centrada en ingredientes de temporada, ya sea una sopa fría de yogur con pepino o un sabroso plato elaborado con espárragos en primavera. En verano la cocina tiene un horario más reducido. Se accede por una entrada de carruajes desde Didžioji gatvė.

René INTERNACIONAL €€

(plano p. 300; ☎5-212 6858; www.restoranasrene.lt; Antokolskio gatvė 13; principales 9 €; ⌚11.00-23.00; 📶) René Magritte dirige este restaurante con surrealistas paredes de ladrillos torcidos a la vista y *cuisine à la bière*. El personal lleva bombines y a los comensales se les anima a dibujar en los manteles de papel mientras disfrutan de mejillones a la marinera y salchichas asadas con cerveza.

★ **Lokys** LITUANA €€

(plano p. 300; ☎5-262 9046; www.lokys.lt; Stiklių gatvė 8; principales 14-16 €; ⌚12.00-24.00) Hay que buscar un gran oso de madera para encontrar este restaurante, toda una institución en Vilna que ocupa desde 1972 el sótano abovedado del s. XVI de la antigua casa de un comerciante. En su carta abunda la caza, con platos como jabalí y venado asados, salchichas de carne de caza, codorniz con pera y arándanos rojos e incluso castor guisado con setas. En verano programa música folk en directo.

Markus ir Ko CARNE €€€

(plano p. 300; ☎5-262 3185; www.markusirko.lt; Antokolskio gatvė 11; principales 27 €) No es barato, pero sirve la mejor carne de Lituania. Se puede escoger entre mantequilla *maître d'hotel,* salsa bearnesa o salsa de pimienta para acompañar el bistec o el solomillo, u optar por platos alternativos como el pato con miel de jengibre o la ternera con rebozuelos. Búsquese el letrero de un fornido antebrazo con el pulgar levantado en un callejón del antiguo barrio judío.

Bistro 18 INTERNACIONAL €€

(plano p. 300; ☎8-677 72091; www.bistro18.lt; Stiklių gatvė 18; principales 11-17 €; ⌚11.30-22.00 ma-ju, hasta 23.00 vi, 13.00-23.00 sa) Bocanada de aire fresco en la escena gastronómica de Vilna, con un servicio agradable y atento, decoración minimalista, buen vino blanco y sabrosos platos imaginativos de inspiración internacional.

Saint Germain MEDITERRÁNEA €€

(plano p. 300; ☎5-262 1210; www.saintgermain.lt; Literatų gatvė 9; principales 18-22 €; ⌚11.00-23.00) Elegante bar de vinos-bistró escondido en una de las calles adoquinadas más bonitas del casco antiguo y centrado en comida italiana y francesa que marida bien con el vino, como *zander* al estilo de Liguria (lucioperca asado en papel de aluminio con tomates, aceitunas, patatas y piñones). Para comer en la terraza de verano se debe reservar.

Žuvinė PESCADO €€€

(plano p. 300; ☎8-682 19172; www.zuvine.lt; Didžioji gatvė 31; principales 13-18 €; ⌚11.00-24.00 lu-sa, hasta 22.00 do) Sirve fantástico pescado lituano de mar y de río, incluidos *zander*, vieiras, eperlano y otros exquisitos pescados. Goza de una ubicación, al abrigo del ayuntamiento, ideal para cenar al aire libre.

Sweetroot LITUANA €€€
(plano p. 300; ☎8-685 60767; www.sweetroot.lt; Užupio gatvė 22; principales 14 €; ⏲16.00-23.00 ma-sa) La prueba viviente de que la tendencia internacional del locavorismo ha llegado a la alta gastronomía en Vilna. En su moderno y elegante comedor con cocina abierta y chefs tatuados se puede disfrutar de platos modernos con ingredientes locales como acedera, menta de gato, caracoles, hojas de remolacha y pescado de agua dulce.

Naked Bite of Contemporary Cuisine EUROPEA MODERNA €€€
(plano p. 300; ☎8-623 13455; Stiklių gatvė 12/Žydų gatvė 2; principales 14-16 €; ⏲11.00-24.00) Este acogedor restaurante en el antiguo barrio judío aporta un toque de nueva cocina nórdica a Vilna. Ofrece un servicio elegante y atento, y una comida fabulosa, como ternera con remolacha y chalotas o rodaballo con cebada perlada y vieiras. Los menús del día ofrecen una excelente relación calidad-precio, con almuerzos de dos o tres platos (7 u 8 €) y cenas de cinco platos (23 €).

St. Hubertus EUROPEA MODERNA €€€
(plano p. 300; ☎8-615 69777; www.st-hubertus.lt; Vokiečių gatvė 24; principales 23 €; ⏲12.00-24.00) Con el nombre del santo patrón de los cazadores, este local no atrae a muchos veganos. Sin embargo, además de filetes de 350 g, jabalí o venado, también ofrece comida más fácil de digerir, como *velouté* de coliflor con langostinos o róbalo con espinacas, lentejas y tinta de sepia, e incluso cuenta con una o dos opciones vegetarianas.

La Provence MEDITERRÁNEA €€€
(plano p. 300; ☎8-686 04708; www.laprovence.lt; Vokiečių gatvė 22; principales 26 €; ⏲18.00-24.00 ma-sa) Su carta no es estrictamente francesa, ya que también sirve platos italianos y españoles. Ofrece manteles almidonados, reluciente vajilla, paredes decoradas con tapices, servicio a la inglesa, una excelente carta de vinos y platos como carpachio, bullabesa, pasta, carne de caza y gallo al vino.

Compra de alimentos

Las calles secundarias están surtidas de numerosos supermercados.

★ Senamiesčio Krautuvė LITUANA €
(plano p. 300; ☎5-231 2836; www.senamiesciokrautuve.lt; Literatų gatvė 5; ⏲10.00-22.00 lu-sa, 11.00-17.00 do) Esta maravillosa y tranquila tienda que parece la casa de un *hobbit* vende los mejores comestibles lituanos, como embutidos, salchichas frescas, quesos, frutas y verduras frescas, miel, mermeladas, pan y dulces.

Kmyninė PANADERÍA €
(plano p. 296; ☎8-674 47224; Užupio gatvė 38; pan o galletas 3,50-7 €/kg; ⏲7.30-20.00 lu-vi, desde 8.00 sa; 📶) Esta pequeña y encantadora panadería llamada "Alcaravea", una especia muy apreciada en Europa central y oriental, resulta genial para comprar pan de centeno, galletas lituanas y *sakotis,* un pastel tradicional que parece un árbol de Navidad.

Maxima SUPERMERCADO €
(plano p. 300; www.maxima.lt; Mindaugo gatvė 11; ⏲24 h) El único supermercado abierto 24 h cuenta con sucursales más pequeñas por toda la ciudad.

Iki SUPERMERCADO €
(plano p. 296; www.iki.lt; J. Jasinskio gatvė 16; ⏲8.00-22.00) Uno de los supermercados más grandes de la ciudad dispone de numerosas sucursales, una de ellas en la estación de autobuses.

Mini Maxima SUPERMERCADO €
(plano p. 300; www.maxima.lt; Gedimino prospektas 64; ⏲7.00-22.00 lu-vi, 8.00-22.00 sa y do) Pequeña sucursal de una cadena de supermercados.

Iki Express SUPERMERCADO €
(plano p. 300; www.iki.lt; Jogailos gatvė 12; ⏲7.30-23.00) Pequeño supermercado muy práctico para emergencias.

LAS CINCO MEJORES VISTAS DE VILNA

Para disfrutar de unas vistas increíbles, se aconseja visitar:

El **castillo de Gediminas** (p. 291) mientras se hace turismo.

La **puerta de Subačiaus** (p. 303), con vistas al Vilnia.

El **Oreivystės Centras** (p. 309), para sobrevolar la capital mundial del globo aerostático.

El **Sky Bar** (p. 317) con un buen aperitivo.

La **torre de televisión** (p. 309) a la puesta de sol.

Dónde beber y vida nocturna

Los locales no suelen animarse hasta tarde y muchos también funcionan como restaurantes. Vokiečių gatvė, bordeada de terrazas entarimadas en verano, es un buen punto de partida; a medida que avanza la noche, Totorių gatvė o Vilniaus gatvė, con un número cada vez mayor de bares, son una buena opción.

Vilna cuenta con una reducida pero animada escena de discotecas y de vez en cuando se abre algún nuevo local. Las discotecas no suelen ponerse en marcha hasta alrededor de medianoche y están más animadas en invierno, ya que en verano mucha gente se va de fiesta a la costa.

Bukowski BAR

(plano p. 300; ☎8-640 58855; Visų Šventų gatvė 7; ⏲11.00-2.00 lu-mi, hasta 5.00 ju-do) El patrón espiritual de este carismático y bohemio bar en una zona no demasiado transitada del casco antiguo es el epónimo poeta estadounidense. Tiene una terraza en la parte de atrás para cuando hace buen tiempo, excelentes cervezas de barril, un programa completo de poesía, música y otros eventos, y un ambiente agradable y sin pretensiones. Es uno de los mejores bares de Vilna.

Vasaros Terasa BAR AL AIRE LIBRE

(plano p. 300; ☎8-633 94995; Vilnius gatvė 39; ⏲11.00-4.00 may-sep) En un gran y ruidoso patio, abre solo en los meses más cálidos y se trata de uno de los mejores sitios de Vilna para ver música en directo. Presidido por dos vacas de cerámica, cuenta con puestos de comida, mercadillos, espectáculos de *capoeira* y otras distracciones durante el día. Resulta tan acogedor como bohemio.

Sweet and Sour COCTELERÍA

(plano p. 300; ☎8-682 27774; Aušros Vartų gatvė 19; ⏲16.00-24.00 ma y mi, hasta 2.00 ju-sa) Íntimo local en Aušros Vartų gatvė con un excelente servicio y cócteles clásicos de antes de la Ley Seca. Elegante y panelado en madera, en invierno enciende la chimenea.

Jamaika BAR

(plano p. 300; ☎8-688 76766; Visų Šventųjų gatvė 9; ⏲18.00-6.00) El extravagante y ligeramente desaliñado bar de la parte delantera del albergue Jamaika es uno de los más agradables de Vilna.

Alchemikas COCTELERÍA

(plano p. 300; ☎8-612 99800; Islandijos gatvė 1; ⏲19.00-2.00 lu-ju, hasta 4.00 vi y sa) Con excelentes cócteles, el "Alquimista" convierte ingredientes básicos en noches doradas para muchos *hipsters* de Vilna. Pequeño y muy popular, algunas noches se llena rápidamente.

Soho LOCAL DE AMBIENTE

(plano p. 296; ☎8-699 39567; www.sohoclub.lt; Švitrigailos gatvė 7/16; entrada 23.00-1.00 3 €, 1.00-4.00 6 €; ⏲22.00-7.00 vi y sa) Espléndido, agradable y festivo, el Soho se autocalifica como el club LGBT "más popular" de Lituania. Los DJ ponen *house* y pop, y en las noches especiales hay artistas en directo.

Exit DISCOTECA

(plano p. 296; ☎8-698 59116; J. Jasinskio gatvė 16a; entrada desde 3 €; ⏲23.00-4.00 vi y sa) La discoteca más grande de Lituania. Su equipo de sonido, su hedonística clientela y su ambiente atraen a grandes DJ internacionales, así como a DJ locales.

Špunka BAR

(plano p. 300; ☎8-652 32361; Užupio gatvė 9; ⏲15.00-22.00 ma-do, desde 17.00 lu) Pequeño y carismático bar con una excelente selección de cervezas artesanas lituanas y extranjeras. También ofrece quesos y embutidos locales para acompañar la bebida y la conversación.

Būsi Trečias CERVECERÍA ARTESANAL

(plano p. 300; ☎5-231 2698; www.busitrecias.lt; Totorių gatvė 18; ⏲11.00-23.00 do-vi, 11.00-3.00 sa) Este *pub*-cervecería artesanal resulta genial para un nutritivo y barato almuerzo lituano (principales 3,20 €). También ofrece una bonita decoración en madera, 12 variedades de cerveza (algunas con sabor a lima, frambuesa y caramelo) y mesas en el patio durante los meses más cálidos.

Opium CLUB

(plano p. 300; ☎8-691 41205; www.opiumclub.lt; Islandijos gatvė 4; entrada 3-5 €; ⏲22.00-6.00 vi, 23.00-5.00 sa) Este compacto local que sirve comida durante el día se dirige a auténticos amantes de la fiesta. Acoge a los mejores DJ de Vilna y a algunos DJ internacionales, que pinchan *electro*, *techno* y *house*.

King & Mouse BAR

(plano p. 300; ☎5-203 2552; www.kingandmouse.lt; Trakų gatvė 2; ⏲17.00-1.00) Aunque destaca por su selección de más de 300 *whiskies* de todo el mundo, también sirve comida y cócteles excelentes. Su entendido personal y su agradable ambiente lo convierten en uno de los locales más encantadores del casco antiguo.

Artistai PUB
(plano p. 300; ☎5-212 1268; www.artistai.lt; Šv. Kazimiero gatvė 3; ⏲12.00-24.00 lu-ju, hasta 4.00 vi-do) Este carismático *pub* programa música en directo, cuenta con una terraza de verano y exhibe los trabajos de fotógrafos locales.

Brodvéjus CLUB
(plano p. 300; www.brodvejus.lt; Vokiečių gatvė 4/ Mėsinių gatvė 4; ⏲20.00-5.00 ma-do) Música en directo, karaoke, DJ y animadas noches que se alargan hasta la madrugada convierten a este local en toda una institución.

Užupio kavinė CAFÉ
(plano p. 300; ☎5-212 2138; www.uzupiokavine.lt; Užupio gatvė 2; ⏲10.00-23.00; 📶) Goza de una excelente ubicación a orillas del Vilnia junto al puente principal que conduce a Užupis. En verano dispone une terraza entarimada que da al río, ideal para ver pasar a los turistas y los bohemios. En invierno, su acogedor interior, a veces con actuaciones en directo, resulta igual de divertido.

Sky Bar BAR
(plano p. 296; ☎5-231 4823; Konstitucijos prospektas 20; ⏲17.00-1.00 do-ju, hasta 2.30 vi y sa) Las vistas desde este bar azul celeste, en la 22ª planta del Radisson Blu Hotel Lietuva, no tienen parangón. Los viernes y sábados está amenizado por DJ.

Pinavija CAFÉ
(plano p. 300; ☎8-676 44422; www.pinavija.lt; Vilniaus gatvė 21; café 1,50 €, bollería 2 €; ⏲9.00-20.00; 📶) Con toldos a rayas, muchas flores, buen café y una impresionante variedad de dulces y pasteles, este nuevo y elegante café-panadería brinda un rincón encantador para recargar energías. Ofrece una zona con juguetes para niños y relajante música *jazz* para los adultos. Se aconsejan las galletas lituanas con requesón y nueces o el chocolate con nuez moscada.

Vaisinė CAFÉ
(plano p. 300; ☎8-699 28332; Užupio gatvė 20; café 2 €; ⏲8.00-22.00) Con su elegante interior de madera y su refinado ambiente, supone un claro ejemplo del aburguesamiento de Užupis. Prepara elaborados zumos, café y saludables tentempiés.

Skonis ir Kvapas CAFÉ
(plano p. 300; ☎5-212 2803; www.skonis-kvapas.lt; Trakų gatvė 8; ⏲10.00-22.00 lu-sa, 11.00-20.00 do) Dedicado al té y al café, el "Gusto y Olfato" atesora un talento especial para las infusiones. Este elegante café con patio ofrece bebidas calientes especiadas en invierno, té helado en la terraza, cafés de ori-

DÓNDE IR A TOMAR UN VINO

En Vilna no solo hay *alus* (cerveza); muchos lugares se dedican a los placeres de la uva.

In Vino/Portobello (plano p. 300; ☎5-212 1210; www.invino.lt; Aušros Vartų gatvė 7; ⏲16.00-2.00 do-ju, hasta 4.00 vi y sa) Este popular local del casco antiguo se divide entre el glamuroso bar de vinos In Vino y el *pub* de estilo inglés Portobello. Un lado del patio alberga mesas iluminadas con velas y una fantástica selección de vinos por copas; el otro, pintas de cerveza artesana, cabinas telefónicas rojas y Minis cortados por la mitad.

La Bohemé (plano p. 300; ☎5-212 1087; www.laboheme.lt; Šv. Ignoto gatvė 4/3; ⏲12.00-24.00 do-mi, hasta 2.00 ju-sa) Se puede elegir entre las mesas de madera bajo techos abovedados y arañas de luces o los cómodos sofás al fondo. Luce más en invierno, cuando su fuego abierto le dota de mayor calidez.

Notre Vie (plano p. 300; ☎8-614 24521; www.notrevie.lt; Stikliū gatvė 10; ⏲15.00-24.00; 📶) Este pequeño y carismático local en uno de los principales cruces del casco antiguo, ofrece vinos de Europa y del Nuevo Mundo por copas. Sirve queso, embutidos, quesadillas y otros tentempiés que casan bien con el vino.

Tappo D'Oro (plano p. 300; ☎8-686 16866; Stuokos-Gucevičiaus gatvė 7; ⏲11.00-23.00; 📶) Con una extensa carta centrada en varietales italianos, una frondosa terraza, un ambiente tranquilo y muchos tentempiés, resulta genial para descansar cerca de la catedral. También cuenta con una sucursal nocturna en **Vokiečių gatvė** (plano p. 300; ☎8-616 74754; Vokiečių gatvė 8; ⏲19.00-4.00).

VILNA DE AMBIENTE

La escena gay y lesbiana es discreta y clandestina. Para información general, chats y guías, contáctese con la **Liga Gay de Lituania** (☎5-233 3031; www.gay.lt), que publica una completa guía del ocio en inglés.

Pocos clubes en Vilna se orientan exclusiva o principalmente a una clientela gay. El más popular es el Soho (p. 316).

gen único, especias, tabaco, dulces, regalos y tentempiés.

☆ Ocio

La oficina de turismo y el *Baltic Times* publican un listado con la programación de la ciudad en clave de ocio.

Cines

Consúltese la cartelera en www.cinema.lt (solo en lituano).

Forum Cinemas Vingis CINE
(plano p. 296; ☎1567; www.forumcinemas.lt; Savanorių prospektas 7; ⊙10.30-22.00) Cine con 12 salas que proyecta películas de Hollywood en inglés con subtítulos en lituano.

Pasaka CINE
(plano p. 300; ☎5-261 1516; www.kinopasaka.lt; Šv. Ignoto gatvė 4/3) Ofrece cine alternativo y de autor, normalmente en su idioma original.

Forum Cinemas Akropolis CINE
(☎1567; www.forumcinemas.lt; Ozo gatvė 25) Fuera del centro, estos multicines en el centro comercial Akropolis proyectan películas en inglés.

Teatro y música clásica

En varias salas se representa teatro comercial lituano y extranjero, pero casi todas cierran en verano. Las entradas se compran en las taquillas de los teatros.

Teatro Pequeño de Vilna TEATRO
(Vilniaus Mažasis Teatras; plano p. 300; ☎5-249 9869; www.vmt.lt; Gedimino prospektas 22) Fundado en marzo de 1990, justo antes de que Lituania obtuviera la independencia, ocupa su sede actual desde el 2005. Creado por el director de teatro Rimas Tuminas, presenta producciones de obras clásicas (Chéjov, Beckett), obras de dramaturgos lituanos y obras del repertorio de Tuminas.

Teatro Arena TEATRO
(plano p. 296; ☎8-683 77357; www.teatroarena.lt; Olimpiečių gatvė 3) Este moderno teatro acoge desde a maestros de la guitarra como Steve Vai hasta congresos de negocios. También es la sede del **Teatro Oskaras Koršunovas** (OKT, Oskaro Koršuno Teatro; plano p. 300; ☎5-212 2099; www.okt.lt; Ašmenos gatvė 8), la compañía más innovadora de Lituania.

Teatro Dramático Nacional de Lituania TEATRO
(Lietuvos Nacionalinis Dramos Teatras; plano p. 300; ☎5-262 1593; www.teatras.lt; Gedimino prospektas 4; ⊙taquilla 10.00-19.00 lu-vi, 11.00-19.00 sa y do, almuerzo 14.00-15.00) Este teatro, en su ubicación actual desde 1951, acoge producciones nacionales e internacionales en lituano.

Teatro Nacional de Ópera y Ballet de Lituania ÓPERA
(Lietuvos Nacionalinis Operos ir Baleto Teatras; plano p. 300; ☎8-615 51000; www.opera.lt; Vienuolio gatvė 1; ⊙taquilla 10.00-19.00 lu-vi, hasta 18.30 sa, hasta 15.00 do) Este impresionante edificio de la era soviética, con sus enormes lámparas de araña y sus impresionantes dimensiones, alberga las compañías nacionales de ópera y *ballet*. Se pueden ver representaciones de talla internacional por tan solo 4 € (pero también por hasta 200 €).

Teatro Joven TEATRO
(Jaunimo Teatras; plano p. 300; ☎5-261 6126; www.jaunimoteatras.lt; Arklių gatvė 5; ⊙taquilla 11.00-14.00 y 14.30-18.00 ma-do) En un atractivo edificio clásico, acoge todo tipo de obras, desde clásicas hasta experimentales. Cierra de mediados de julio a mediados de agosto.

Sala de Conciertos y Congresos de Vilna SALA DE CONCIERTOS
(plano p. 300; ☎5-262 8127; www.lvso.lt; Vilniaus gatvė 6/16; ⊙taquilla 12.00-19.00 lu-vi, 11.00-1[illegible].00 sa) Este edificio geométrico cerca del Neris, sede de la Orquesta Sinfónica Nacional de Lituania, propone música sinfónica, música de cámara, ópera y mucho más. Suelen actuar destacados artistas lituanos e internacionales.

Filarmónica Nacional de Lituania MÚSICA CLÁSICA
(Lietuvos Nacionalinė Filharmonija; plano p. [illegible]00; ☎5-266 5233; www.filharmonija.lt; Aušros Vartų gatvė 5; ⊙taquilla 10.00-19.00 ma-sa, hasta [illegible].00 do) A pesar de tratarse de sala principal de música sacra, orquestal y de cámara de Li-

tuania, también actúan destacados grupos internacionales de *jazz*.

Academia de Música y Teatro de Lituania MÚSICA CLÁSICA
(Lietuvos muzikos akademija; plano p. 296; ☎5-261 2691; www.lmta.lt; Gedimino prospektas 42) Ofrece formación a los jóvenes talentos lituanos de la música, la danza y el teatro, y cada año y acoge cientos de representaciones gratis. Ocupa cuatro edificios, pero esta es la sede principal.

De compras

La vía principal del casco antiguo, que discurre desde Pilies gatvė hasta Aušros Vartų gatvė, parece un ajetreado mercado de artesanía o una trampa para turistas, según se mire. Sus puestos rebosan de baratijas de ámbar, prendas de vestir y pequeños recuerdos; hay pintores que venden sus obras y en la zona se hallan incontables tiendas textiles y de ámbar.

El principal mercadillo de Vilna, el a menudo decepcionante **Gariūnai,** queda al oeste, junto a la carretera a Kaunas. Los microbuses con el letrero "Gariūnai" o "Gariūnų Turgus" van cada mañana desde la carretera a la estación de trenes hasta el mercado. En automóvil hay que recorrer 11 km por Savanorių prospektas desde el centro de Vilna. Más cerca de la ciudad queda el mercado de **Kalvarijų** (☎8-272 2225; www.kalvariju-turgus.lt; Kalvarijų gatvė 61; ⏲amanecer-12.00 ma-do), más orientado a la alimentación. Ambos abren de martes a domingo, desde el amanecer hasta el mediodía.

Casco antiguo

Museo del Ámbar JOYAS
(plano p. 300; ☎5-212 1988; www.ambergift.lt; Aušros Vartų gatvė 9; ⏲10.00-18.00 lu-vi, hasta 15.00 sa) Exhibe las joyas elaboradas por los mejores joyeros que trabajan con oro del Báltico en una sala decorada con más de 500 kg de ámbar.

Lino ir Gintaro Studija MENAJE
(plano p. 300; ☎5-261 0213; www.lgstudija.lt; Stiklių gatvė 3; ⏲10.00-19.00, hasta 17.00 do) El Taller de Lino y Ámbar, que también tiene sucursales en el nº 7 de Pilies gatvė y el nº 10 y 11 de Didžioji gatvė, vende encantadores regalos y recuerdos creados con lino, ámbar y metales preciosos.

Aušros Vartų Meno Galerija ARTESANÍA
(plano p. 300; ☎5-240 5007; www.avmenogalerija.lt; Aušros Vartų gatvė 12; ⏲9.00-21.00) Muy recomendable para adquirir recuerdos locales como cuadros, artículos de encaje, arte y artesanías.

Amatų Gildija CERÁMICA
(plano p. 300; ☎5-212 0520; www.amatugildija.lt; Pranciškonų gatvė 4; ⏲ma-sa) Dedicado a conservar y enseñar técnicas tradicionales de cerámica, este taller abierto, galería comercial y espacio de enseñanza siempre bulle de actividad. Aunque se especializa en cerámica, también ofrece formación y exhibe artículos de carpintería, tejeduría y otras artesanías.

Dom Bow Ties ROPA
(plano p. 300; ☎8-627 33328; www.ietuviskospeteliskes.lt; Stiklių gatvė 6; ⏲11.00-19.00 ma-do) Para llegar a la única tienda de Lituania dedicada a las pajaritas confeccionadas a mano, hay que cruzar el arco que del nº 6 y tomar las escaleras bajo el letrero de una pajarita gigante. También crean pajaritas a medida.

Ramunė Piekautaitė MODA
(plano p. 300; ☎5-231 2270; www.ramunepiekautaite.com; Didžioji gatvė 20; ⏲11.00-19.30 lu-vi, hasta 18.00 sa, hasta 16.00 do) Elegante *boutique* con ropa de trabajo, de calle y vestidos de novia de diseño local.

Zoraza MODA
(plano p. 300; ☎8-640 33588; www.zoraza.com; Stiklių gatvė 9/Gaono gatvė 10; ⏲11.00-19.00 lu-sa) Daiva Urbonavičiūtė está al frente de su divertida y singular tienda de moda aderezada con un estallido de colores y texturas de inspiración urbana y *vintage*.

Aukso Avis MODA
(plano p. 300; ☎5-261 0421; www.auksoavis.lt; Pilies gatvė 38; ⏲11.00-20.00 lu-vi, hasta 19.00 sa, hasta 17.00 do) Esta galería, creada por la diseñadora de Vilna Julija Žilėniene, vende camisetas, fotomurales, joyas (collares de fieltro o lana) y bolsos elaborados con una amplia gama de materiales.

Gedimino 9 CENTRO COMERCIAL
(plano p. 300; www.gedimino9.lt; Gedimino prospektas 9; ⏲10.00-19.00 lu-sa) En un imponente edificio de mediados de la época victoriana que ha albergado oficinas gubernamentales, editoriales de periódicos y discotecas, este sofisticado centro comercial cuenta con tiendas de marcas internacionales como H&M y The Body Shop. Sus precios están fuera del alcance de muchos habitantes de Vilna, por lo que no suele haber mucha gente.

Marks & Spencer GRANDES ALMACENES
(plano p. 300; www.marks-and-spencer.lt; Gedimino prospektas 20/1; ⏲10.00-21.00 lu-sa, hasta 18.00 do) Estos populares grandes almacenes británicos ofrecen de todo, incluidos alimentos importados difíciles de encontrar y artículos de primera necesidad lituanos.

Vinny's VINO
(plano p. 300; ☎5-269 0013; www.vinnys.lt; Vilniaus gatvė 15; ⏲10.00-20.00 lu-ju, 10.00-21.00 vi, 12.00-20.00 sa y do) Tienda de vinos muy bien surtida que, además de vinos y licores de toda Europa, ofrece especialidades lituanas como hidromiel, Samanė (una marca legal de vodka casero con un 50% de volumen de alcohol) y Zalgiris (un licor de hidromiel con un 75% de volumen de alcohol).

Akademinė Knyga LIBROS
(plano p. 300; ☎5-266 1680; www.humanitas.lt; Universiteto gatvė 4; ⏲10.00-18.00 lu-vi, hasta 15.00 sa) Tienda de libros científicos y académicos que también vende obras de ficción, incluidos algunos títulos en inglés.

Humanitas LIBROS
(plano p. 300; ☎5-262 1153; www.humanitas.lt; Dominikonų gatvė 5; ⏲10.00-18.00 lu-vi, hasta 16.00 sa) Tienda muy bien surtida con libros de arte, diseño y arquitectura, y libros para regalar.

Littera LIBROS
(plano p. 300; ☎5-212 1988; Universiteto gatvė 3; ⏲9.00-18.00 lu-vi, 10.00-15.00 sa) La tienda de libros de la universidad, que también vende recuerdos; se halla en el patio de M. K. Sarbievijus.

Vaga LIBROS
(plano p. 296; ☎5-249 8392; www.vaga.lt; Gedimino prospektas 9; ⏲10.00-19.00 lu-vi, hasta 16.00 sa) Excelente selección de mapas y buen café.

Ciudad nueva

Juozas Statkevičius MODA
(plano p. 300; www.statkevicius.com; Pamėnkalnio gatvė 2-1) "Josef Statkus" es una gran estrella local de la moda y el diseño de vestuario, con representación en París, Nueva York y Moscú.

Lino Kopos MODA
(plano p. 296; www.linokopos.com; Krokuvos gatvė 6; ⏲10.00-19.00 lu-vi, hasta 16.00 sa) El maestro local del lino Giedrius Šarkauskas se inspira en el ciclo natural de la vida para crear colecciones tejidas exclusivamente con lino. Ofrece accesorios de ámbar, madera y piel.

Lino Namai MENAJE
(plano p. 300; ☎5-212 2322; www.siulas.lt; Vilniaus gatvė 12; ⏲10.00-19.00 lu-vi, hasta 18.00 sa, 11.00-17.00 do) Vende artículos de lino de Siūlas, la fábrica de lino más antigua del país, famosa por su excelente mantelería y ropa de cama. También ofrece accesorios y algunas prendas de vestir. Cuenta con otra sucursal en Pilies gatvė 38.

Europa CENTRO COMERCIAL
(plano p. 296; www.pceuropa.lt; Konstitucijos prospektas 7a; ⏲7.00-24.00; 📶) Gran centro comercial, situado al otro lado del río Neris desde el casco antiguo, con tres plantas llenas de comercios y algunos restaurantes y cafés.

Akropolis CENTRO COMERCIAL
(☎5-238 7711; www.akropolis.lt; Ozo gatvė 25; ⏲10.00-22.00; 📶) Descomunal complejo comercial y de ocio, con cientos de tiendas y restaurantes, un multicine, una pista de patinaje sobre hielo y una zona infantil.

Información

Las oficinas de turismo disponen de planos gratuitos del centro de Vilna. También venden, al igual que las librerías, y algunos hoteles y supermercados, planos de la capital publicados por **Briedis** (www.briedis.lt; Parodų gatvė 4) y **Jāņa sēta** (www.kartes.lv). *Vilnius* (1:25 000; 3,50 €), de Jāņa sēta, abarca toda la ciudad e incluye una ampliación del centro, a escala 1:10 000.

ACCESO A INTERNET

Muchos cafés, restaurantes y hoteles ofrecen wifi gratis.

Collegium (Pilies gatvė 22-1; 2 €/h; ⏲10.00-18.00 lu-vi) Acceso a internet y llamadas por internet. Buena ubicación y precios caros.

INFORMACIÓN EN LA RED

Vilnius (www.vilnius.lt) Web oficial del Ayuntamiento; muy informativa.

Agencia sobre Restauraciones del Casco Antiguo de Vilna (www.vsaa.lt) Con información al día de las últimas restauraciones del casco antiguo.

Consejo de Turismo de Vilna (www.vilnius-tourism.lt) Web del Consejo de Turismo de Vilna, con una guía de la ciudad actualizada regularmente.

LAVANDERÍAS

Algunos hoteles de la capital cuentan con lavadora a disposición de los huéspedes, mientras que unos cuantos hoteles de precio alto ofrecen servicio de lavandería.

Skalbiu sau (☎5-264 8160; www.skalbiusau.lt; Savanorių prospektas 176; ⏰9.00-22.00 lu-vi, 10.00-19.00 sa y do) Servicio de lavandería o autoservicio.

CONSIGNA

Servicio de consigna de la estación de autobuses (plano p. 296; ⏰5,25-21.00 lu-vi, 7.00-20.45 sa y do) Se puede dejar el equipaje en el *bagažinė* desde 0,87 € por bulto.

Estación de trenes (Geležinkelio gatvė, sótano del vestíbulo central; ⏰24 h) Existen taquillas para dejar el equipaje (desde 2 €/24 h).

BIBLIOTECAS

American Centre (www.vilnius.usembassy.gov; Akmenų gatvė 7; ⏰10.00-14.00 lu y mi-vi, hasta 19.00 ma) En la embajada de EE UU.

Centre Culturel Français (www.institutfrancais-lituanie.com; Didžioji gatvė 1; ⏰9.00-19.00 lu-vi, 10.00-15.00 sa)

MEDIOS DE COMUNICACIÓN

Vilnius in Your Pocket (www.inyourpocket.com) Estupenda guía de la ciudad, publicada cada dos meses, descargable en PDF o de venta en librerías, oficinas de turismo y quioscos de prensa (0,58 €).

ASISTENCIA MÉDICA

Clínica médica y quirúrgica báltico-americana (☎5-234 2020; www.bak.lt; Nemenčinės gatvė 54a; ⏰24 h) Asistencia médica en inglés en el hospital Antakalnis de la Universidad de Vilna.

Gintarine vaistinė (Geležinkelio gatvė 16; ⏰7.00-21.00 lu-vi, 9.00-18.00 sa y do) Farmacia del vestíbulo central de la estación de trenes.

Hospital universitario de urgencias (☎5-216 9069; www.rvul.lt; Šiltnamių gatvė 29; ⏰24 h) Atiende casos graves y de urgencias.

DINERO

Los lugares indicados a continuación disponen de cajeros automáticos que aceptan tarjetas

EL MEJOR ARTE POPULAR DE VILNA

El arte popular lituano está vivo y goza de buena salud, como muestran los talleres de artistas que salpican el casco antiguo.

Senųjų Amatų Dirbtuvės (Antiguo taller de artesanía; plano p. 300; ☎8-613 81889; www.seniejiamatai.lt; Savičiaus gatvė 10; ⏰11.00-19.00 ma-do) Pequeña y fantástica tienda con exposiciones sobre herramientas, materiales, procesos y productos acabados de diferentes artesanías tradicionales, como tejeduría, fabricación de papel, encuadernado de libros, marroquinería o metalurgia. Forma parte de la Asociación de Artesanías de Vilna y resulta fabuloso para aprender estas artes antiguas o comprar bonitos recuerdos.

Centro de Cerámica Negra (plano p. 300; ☎8-6994 2456; www.ceramics.w3.lt; Naugarduko gatvė 20) Este edificio alberga tanto el taller como la tienda del Centro de Cerámica Negra, dedicado a preservar y enseñar la antigua artesanía de la cerámica negra.

Jonas Bugailiškis (plano p. 300; ☎8-6523 6613; www.bugailiskis.com; Aušros Vartų gatvė 17-10; ⏰con cita previa) Este artista lituano fabrica todo tipo de bonitos y curiosos objetos en su taller: esculturas, ornamentadas cruces e incluso instrumentos musicales.

Sauluva (plano p. 300; ☎8-686 43906; www.sauluva.lt Literatų gatvė 3; ⏰10.00-19.00) Vende artesanías de ámbar, metal, cerámica, tejidos y otros materiales. Genial para comprar juguetes educativos poco corrientes. Cuenta con sucursales en Pilies gatvė 21 y 36, y en Šv. Jono gatvė 12.

Museo-Galería del Herrero de Užupis (Užupio kalvystės muziejus galerija; plano p. 300; ☎5-215 3757; www.vilniauskalviai.lt; Užupio gatvė 26; ⏰10.00-19.00 ma-vi, hasta 17.00 sa) Sobre el forjado del hierro, con herreros en acción y venta de artículos. Ofrece demostraciones los martes por la tarde o con cita previa.

Vilniaus Puodžių Cechas (Gremio de ceramista de Vlna; plano p. 300; ☎8-659 99040; Paupio gatvė 2-20; ⏰11.00-19.00 ma-vi, 12.00-18.00 sa) Se fabrican y exhiben productos de cerámica tradicional.

Vitražo manufaktūra (plano p. 300; ☎5-212 1202; www.stainedglass.lt; Stiklių gatvė 6-8; ⏰11.00-20.00 lu-vi, hasta 18.00 sa, hasta 17.00 do) Exquisitas esculturas, murales y móviles para techo de cristales de colores. Demostraciones diarias (12.00-16.00).

Visa y MasterCard. Existen cajeros automáticos por toda la ciudad.

Citadele Bankas (☎5-213 5454; www.keitykla.lt; Gedimino prospektas 26; ⏰8.00-17.00 lu-vi) El representante de American Express en Lituania ofrece cambio de moneda.

SEB Vilniaus Bankas (www.seb.lt; Vokiečių gatvė 9; ⏰9.00-17.30 lu-vi) También con una sucursal en Gedimino (www.seb.lt; Gedimino prospektas 12; ⏰8.00-17.00 lu-vi).

Swedbank (www.swedbank.lt; Gedimino prospektas 56; ⏰9.00-17.30 lu-ju, hasta 4.30 vi) Canjea cheques de viaje de Thomas Cook y American Express.

CORREOS

Oficina de correos (plano p. 300; www.post.lt; Vokiečių gatvė 7-13; ⏰10.00-18.00 lu-vi) Muy práctica, en el casco antiguo.

Oficina central de correos (Centrinis Paštas; plano p. 300; www.post.lt; Gedimino prospektas 7; ⏰8.30-19.00 lu-vi, 9.00-14.00 sa) Ofrece un horario más amplio.

INFORMACIÓN TURÍSTICA

Oficina de información turística del aeropuerto (☎5-230 6841; www.vilnius-tourism.lt; Rodūnios kelias 2-1; ⏰9.00-21.00) No ofrece información tan exhaustiva como la oficina central, pero resulta muy práctica.

Oficina de información turística de la plaza de la Catedral (plano p. 300; ☎5-262 9660; www.vilnius-tourism.lt; Šventaragio gatvė 2; ⏰9.00-13.15 y 14.00-18.00) Quiosco de información en el centro del casco antiguo.

Oficina de información turística del casco antiguo (plano p. 300; ☎5-262 9660; www.vilnius-tourism.lt; Vilniaus gatvė 22, LT-01119; ⏰9.00-18.00) La oficina central facilita folletos, consejos y reserva de alojamiento.

Oficina de información turística del Ayuntamiento (plano p. 300; ☎5-262 6470; www.vilnius-tourism.lt; Didžioji gatvė 31; ⏰9.00-12.30 y 13.15-18.00) Mapas, folletos, alquiler de bicicletas, reserva de alojamiento, consejos y mucho más.

AGENCIAS DE VIAJES

Baltic Travel Service (☎5-212 0220; www.bts.lt; Subačiaus gatvė 2; ⏰8.00-18.00 lu-vi, 10.00-14.00 sa) Reserva billetes de autobús y estancias en hoteles y granjas.

West Express (☎5-255 3265; www.westexpress.lt; A. Stulginskio gatvė 5; ⏰8.00-19.00 lu-ju, hasta 18.00 vi) Importante agencia de viajes a nivel nacional.

Zigzag (☎25-39 7397; www.zigzag.lt; J. Basanavičiaus gatvė 30; ⏰9.00-18.00 lu-vi) Tarifas económicas para titulares del Carné de Estudiante Internacional.

Cómo llegar y salir

AVIÓN

No se puede volar entre destinos lituanos sin hacer escala en la capital de otro país báltico. Estonian Air y airBaltic conectan Vilna con Tallin hasta cinco veces diarias y con Riga hasta siete veces diarias.

Oficinas de las principales aerolíneas en el aeropuerto de Vilna:

AirBaltic (☎5-235 6010; www.airbaltic.com) Vuelos entre los países bálticos.

Lufthansa (☎5-232 9290; www.lufthansa.com) Abre 2 h antes de los vuelos de Lufthansa y cierra 30 min después de los vuelos.

AUTOBÚS

La **estación de autobuses** (Autobusų Stotis; plano p. 296; ☎información 1661; www.autobusustotis.lt; Sodų gatvė 22) se halla al sur del casco antiguo. En la sala de venta de billetes venden billetes para rutas nacionales de 6.00 a 19.30 y ofrecen información. Los horarios de los diferentes trayectos se indican en un tablón y en la web www.autobusubilietai.lt. Varias empresas ofrecen servicios a destinos internacionales.

Ecolines (plano p. 296; ☎5-213 3300; www.ecolines.net; Geležinkelio gatvė 15; ⏰8.00-19.00 lu-vi, 9.00-17.30 sa y do) Opera servicios a grandes ciudades de Europa.

Eurolines (plano p. 296; ☎5-233 5277; www.eurolines.lt; Sodų gatvė 22; ⏰6.30-21.30) Fiable compañía de autobuses de larga distancia.

Simple Express (plano p. 300; ☎5-233 66[illegible]; www.simpleexpress.eu; Sodų gatvė 20b1; ⏰8.00-19.00 lu-vi, desde 9.00 sa y do) Junto con su empresa hermana, Lux Express, ofrece los precios más bajos en rutas entre Lituania y otros países bálticos, incluidos autobuses diarios de Vilna a Riga (11 €) y a Tallin (23 €).

Circulan autobuses a un buen número de destinos, incluidos los siguientes:

Druskininkai (10 €, 2 h, 15 diarios)

Ignalina (6 €, 1¾ h, hasta 10 diarios)

Kaunas (6 €, 1¾ h, servicios regulares de [illegible].45 a 23.00)

Klaipėda (18 €, 4-5½ h, 17 diarios)

Molėtai (5 €, 1¼-2 h, 17 diarios)

Palanga (18 €, 4¼-6 h, 14 diarios)

Panevėžys (10 €, 1¾-3 h, servicios regulares de 6.00 a 22.00)

Riga (18 €, 5 h, 9 diarios)

Šiauliai (13 €, 3-4½ h, 15 diarios)

Tallin (32 €, 10½ h, 5 diarios)

Visaginas (8 €, 2½ h, 12 diarios)

AUTOMÓVIL Y MOTOCICLETA

Existen muchas gasolineras abiertas todo el día. Si se alquila un automóvil y se tiene previsto cruzar la frontera, hay que comprobar si el seguro es válido para viajes entre países bálticos.

Autobanga (☎5-212 7777; www.autobanga.lt; Rodūnios kelias 2-1) Alquiler desde 25 €.

Avis (☎5-232 9316; www.avis.com; Rodūnios kelias 2; ⏲6.00-1.15) También cuenta con una sucursal en la ciudad (☎5-250 7500; B. Radvilaites gatvė 5a; ⏲8.00-17.00 lu-vi, 9.00-16.00 sa y do) y en la estación de trenes (☎5-230 6820; Geležinkelio gatvė 16; ⏲8.00-17.00 lu-vi, hasta 16.00 sa y do).

Europcar (☎5-250 3425; www.europcar.com; Rodūnios kelias 2; ⏲9.00-24.00) También tiene una sucursal en la ciudad (☎5-250 3420; Slucko gatvė 3; ⏲9.00-19.00 lu-vi, desde 8.00 sa).

Sixt (☎5-239 5636; www.sixt.lt; Rodūnios kelias 2; ⏲8.00-24.00 lu-vi, 10.00-17.00 sa y do) Otra importante agencia de alquiler en el aeropuerto.

TREN

La **estación de trenes** (Geležinkelio Stotis; ☎información 5-233 0088; www.litrail.lt; Geležinkelio gatvė 16) se halla frente a la estación de autobuses. Ofrece cajeros automáticos, un supermercado y mostradores de información.

No existe una ruta directa en ferrocarril entre Vilna y Riga, ni tampoco entre Vilna y Tallin. A continuación, los servicios directos diarios de Vilna a otros puntos del país:

Ignalina (4 €, 1¾ h, 8 diarios)
Kaunas (6 €, 1½ h, 14 diarios)
Klaipėda (16 €, 4 h, 3 diarios)
Trakai (1,70 €, 40 min, hasta 10 diarios)

ℹ Cómo desplazarse

A/DESDE EL AEROPUERTO

El **aeropuerto internacional de Vilna** (Tarptautinis Vilniaus Oro Uostas; ☎6124 4442; www.vno.lt; Rodūnios kelias 10a; 📶; 🚌1, 2) queda 5 km al sur del centro. El autobús nº 1 opera entre el aeropuerto y la estación de trenes; el nº 2 viaja entre el aeropuerto y el barrio periférico de Šeškinė (al noroeste de la ciudad), pasando por el puente de Žaliasis sobre el Neris y continuando hasta Lukiskių aikštė. Los billetes (1 €) se compran al conductor, aunque hay que disponer de cambio.

Circulan trenes hasta la estación central cada 30 mins entre 6.00 y 23.30. Los billetes comprados en el tren cuestan 0,72 € y el trayecto solo dura 10 min.

El precio de un taxi varía según si se toma frente a la sala de llegadas (15 € aprox.) o si se llama con antelación a una empresa reputada (10 € aprox.).

BICICLETA

Vilna cada vez es más apta para ir en bicicleta, aunque fuera del casco antiguo y de las orillas del río Neris los carriles bici escasean. Por toda la ciudad se ven estaciones de bicicletas naranjas de Cyclocity. La oficina de turismo ofrece mapas gratis de rutas ciclistas y BaltiCCycle (www.balticcycle.lt) proporciona ideas e información.

Cyclocity (☎8-800 22008; www.cyclocity.lt; ⏲24 h abr-oct) En Vilna existen 37 estaciones naranjas para alquilar y devolver bicicletas. Se pueden alquilar con la tarjeta de crédito o con las tarjetas Cyclocity (previa subscripción). Un bono de tres días cuesta 2,90 €.

Velo-City (☎ 8-674 12123; www.velovilnius.lt; Palangos gatvė 1; 1 h/24 h 4/12 €; ⏲10.00-21.00 abr-sep, con cita previa oct-mar) Esta consolidada tienda en el extremo del casco antiguo alquila bicicletas bien mantenidas.

AUTOMÓVIL Y MOTOCICLETA

En general resulta fácil moverse en automóvil por Vilna y no hay mucho tráfico, aunque cada año aumenta la cifra de vehículos. Aparcar en la calle por el centro suele ser complicado y caro, con tarifas (8.00-20.00) que llegan a los 2 €/h. Un código de colores identifica las diferentes tarifas aplicables (el azul es el más caro). Hay que sacar los tiques en los parquímetros y colocarlos en el salpicadero.

Se recomienda no estacionar de noche en calles poco iluminadas, pues a veces se producen robos. No se permite acceder en automóvil a ciertas partes del casco antiguo.

TRANSPORTE PÚBLICO

La ciudad cuenta con una red eficiente de autobuses y trolebuses que operan de 5.30 o 6.00 a 24.00, con servicios menos frecuentes los domingos. Los billetes sencillos cuestan 1 € si se compran in situ, 0,64 € si se dispone de un Vilniečio Kortelė (un billete electrónico que se vende en los quioscos; más detalles en www.vilniusticket.lt) o nada si se cuenta con una Vilnius City Card con transporte público incluido (de venta en los centros de información turística). Viajar sin billete se castiga con una pequeña multa.

Los microbuses, más rápidos, recorren la mayoría de las rutas. Recogen y dejan pasajeros en cualquier punto de la ruta (no solo en las paradas designadas). Los billetes se compran al conductor y cuestan 1 €.

La mayoría de las calles del casco antiguo están cerradas al tráfico, lo que se traduce en que pocos autobuses y trolebuses cubren esta parte de la ciudad, por lo que generalmente habrá que moverse a pie.

Para información detallada sobre las rutas, visítese www.vilniustransport.lt u obténgase un plano de la red de transportes en una oficina de turismo.

TAXI

Las tarifas varían; los taxis suelen resultar más baratos si se piden con antelación por teléfono que si se paran en la calle o se toman en una parada. La recepción de los hoteles y el personal de los restaurantes pueden solicitar taxis. Compañías fiables:

Ekipažas (☎1446; www.ekipazastaksi.lt) Una de las empresas de taxis más grandes de Vilna.

Martono Taksi (☎240 0004) Taxis de Vilna.

Mersera (☎278 8888) Los distintivos taxis amarillos.

ALREDEDORES DE VILNA

El centro de Europa, un castillo de cuento de hadas y montículos de antiguos castillos esperan al viajero a un breve trayecto de la capital. Otra opción recomendable es una excursión a Paneriai.

Paneriai

Este emplazamiento, 10 km al suroeste del centro de Vilna, fue testigo del brutal asesinato de unas 100 000 personas por parte de los nazis, entre julio de 1941 y julio de 1944. En torno a la mitad de su población judía (unas 35 000 personas) habían sido masacradas aquí a finales de los tres primeros meses de ocupación alemana (jun-sep de 1941) a manos del Einsatzkommando 9 (una unidad de exterminio de las SS) y sus cómplices lituanos.

Los nazis posteriormente quemaron los cuerpos exhumados para ocultar cualquier evidencia de sus crímenes. En una de las mayores fosas, según reza el cartel, enterraron finalmente a aquellos que fueron obligados a desenterrar los cuerpos para pulverizar los huesos.

La entrada al bosque está marcada por un monumento conmemorativo, el **Panerių memorialas.** El texto en ruso, de la época soviética, rinde homenaje a los 100 000 "ciudadanos soviéticos" asesinados aquí. Las placas conmemorativas en lituano y hebreo, erigidas más tarde, honran a las muchas víctimas judías.

Más de 20 trenes diarios (algunos con final en Trakai o Kaunas) van de Vilna a Paneriai (0,58 €, 11 min). Una vez en Paneriai, hay que girar a la derecha al salir de la estación, y seguir Agrastų gatvė 1 km en dirección suroeste.

Puntos de interés

Museo de Paneriai MUSEO
(☎circuitos 8-6808 1278; www.jmuseum.lt; Agrastų gatvė 15; ⊙9.00-17.00 ma-do may-sep, con cita previa oct-abr) GRATIS Ilustra parte de la estremecedora historia de Paneriai. Acoge un monumento judío (marcado con la estrella de David) y otro soviético (un obelisco coronado por una estrella soviética). Varios senderos conducen a las fosas cubiertas de hierba donde fueron enterradas hasta 100000 personas que fueron asesinadas a partir de julio de 1941.

Los nazis alineaban a sus víctimas de 10 en 10 y les disparaban en la parte posterior de la cabeza, haciendo que los cadáveres cayeran en las fosas. Así llegaron a matar a varios centenares de personas al día. Acto seguido, los cuerpos se cubrían de arena a la espera de nuevas víctimas.

Trakai

☎528 / 5400 HAB.

Con su castillo de ladrillo rojo que parece sacado de un cuento de hadas, su cultura caraíta, sus pintorescas casas de madera y su bonita ubicación a orillas de un lago, esta población supone una visita imprescindible a solo 28 km de la capital.

La mayor parte del pueblo se halla en una lengua de tierra de 2 km de largo que se extiende hacia el norte entre el lago Luka (al este) y el lago Totoriškių (al oeste). El lago Galvė se descubre desde el extremo norte de la península y cuenta con 21 islas.

Gediminas hizo de Trakai su capital en la década de 1320 y Kęstutis instaló aquí su corte en el s. XIV. Protegido por el **Parque Nacional Histórico de Trakai** (☎52 -55 776; www.seniejitrakai.lt), de 82 km², se trata de un pueblo tranquilo excepto los fines de semana de verano.

Trakai

Trakai

Principales puntos de interés

1 Castillo de Trakai B1

Puntos de interés

2 Iglesia de la Visitación de la Santísima Virgen María B3
3 Museo Etnográfico Caraíta B2
4 Kenessa A2
5 Iglesia ortodoxa de la Natividad B3
6 Castillo de la península B2
7 Exposición de Arte Sacro B2

Actividades, cursos y circuitos

8 Paseos en barca B2

Dónde dormir

9 Apvalaus Stalo Klubas A2
10 Karamių 13 .... B2
11 Salos B3

Dónde comer

Bona Pizzeria .... (véase 9)
12 Iki B4
13 Kiubėtė B3
14 Kybynlar B2
15 Markizas B2
16 Senoji Kibininė A1

Puntos de interés

★ Castillo de Trakai CASTILLO

(Trakų Pilis; www.trakaimuziejus.lt; adultos/jubilados/estudiantes y niños 6/4/3 €; 10.00-19.00 may-sep, hasta 18.00 mar, abr y oct, hasta 17.00 nov-feb;) Sito en una isla del lago Galvė, este castillo gótico de ladrillo rojo meticulosamente restaurado data de alrededor de 1400, cuando el gran duque Vitautas necesitaba unas defensas más fuertes que las que ofrecía el castillo de la península. Cierra los lunes de octubre a marzo, y hay que pagar 1,16 € por hacer fotografías en sus terrenos.

Un puente peatonal lo une con la orilla, y un foso separa el patio triangular exterior de la torre principal con el patio central y una serie de galerías, vestíbulos y salas. Algunas de estas estancias albergan el Museo de Historia de Trakai, que ilustra la historia del castillo. Su colección de arte religioso refleja la importancia del castillo como lugar sagrado. En verano, en su patio tienen lugar conciertos y funciones.

Iglesia de la Visitación de la Santísima Virgen María IGLESIA

(Birutės gatvė 5) Fundada también por el gran duque Vitautas alrededor de la misma época que el castillo, esta imponente iglesia parroquial del s. XV alberga una gran colección de arte eclesiástico, incluida la Madre de Dios de Trakai, una venerada imagen que se cree que fue donada por el propio Vitautas.

Castillo de la península RUINAS

Las apacibles ruinas del **castillo de la península** de Trakai, construido entre 1362 y 1382 por Kęstutis, y destruido en el s. XVII, se sitúan ligeramente al sur del castillo de la isla. La península está salpicada de antiguas casas de madera, muchas de ellas construidas por los caraítas, y ofrece geniales vistas del castillo, el pueblo y los lagos.

Exposición de Arte Sacro MUSEO

(Sacralineo Meno Muziejus; 528-53 945; www.trakaimuziejus.lt; Kestučio gatvė 4; adultos/estudiantes 1 16/0,58 €; 10.00-17.00 mi-do) Este pequeño espacio de exposición en una antigua capilla dominica exhibe objetos religiosos y sacros, incluidos retablos, cruces, custodias y cálices.

Museo Etnográfico Caraíta MUSEO
(Karaimų etnografinė paroda; ☎528-55 286; www.trakaimuziejus.lt; Karaimų gatvė 22; adultos/niños 1,16/0,58 €; ⏲10.00-18.00 mi-do) Ilustra el origen de los caraítas, una minoría túrquica y secta judía que se originó en Bagdad y que se rige por la ley de Moisés. Sus descendientes –unas 380 familias– fueron llevados a Trakai desde Crimea alrededor del 1400 para trabajar como guardaespaldas. En Trakai solo quedan 12 familias (60 personas) y su número total en Lituania (280 personas) está disminuyendo rápidamente.

Kenessa SITIO RELIGIOSO
(Karaimų gatvė 30; entrada con donativo) Esta casa de oración de madera bien preservada, con una cúpula interior, supone uno de los pocos ejemplos de arquitectura caraíta. El Museo Etnográfico Caraíta organiza visitas.

Iglesia ortodoxa de la Natividad IGLESIA
(Maironio gatvė 4) Iglesia ortodoxa del s. XIX parcialmente financiada por la zarina María Aleksándrovna.

Actividades

La oficina de información turística ofrece información sobre muchas actividades, incluidos paseos en barca, paseos a caballo, vuelos en globo y navegación a vela. También alquila bicicletas (h/día 3/14 €) y facilita mapas de una ruta ciclista de 14 km por los principales puntos de interés. En invierno hay trineos tirados por caballos, esquí y pesca en el hielo.

Paseos en barca PASEOS EN BARCA
(☎8-609 51305) Cerca del puente peatonal que conduce al castillo de la isla alquilan patines (6 €/h) y barcas de remos (5 €/h). En verano está abierto durante las horas de luz.

Pista Cognitiva de Varnikai PASEO A PIE
Esta reserva botánico-zoológica, 4 km al este del pueblo, brinda un encantador paseo por las afueras de Trakai. Para llegar, hay que seguir los letreros que rezan "Varnikų Gamtos Takas", dejando atrás dos puentes sobre sendos lagos.

Dónde dormir

Trakai se puede visitar perfectamente en una excursión de un día desde Vilna, si bien merece la pena pernoctar para disfrutar del lugar, preferiblemente sin las hordas de turistas de los fines de semana.

Kempingas Slėnyje CAMPING €
(☎528-53 380; www.camptrakai.lt; Slėnio gatvė 1; parcela adultos/automóvil/tienda 6/5/5 €, casa de verano para 4 personas 35 €) Unos 5 km a las afueras de Trakai en Slėnje, en el lado norte del lago Galvė junto a la carretera a Vievis, este *camping* ofrece alojamiento para todos los bolsillos. Cuenta con una sauna y un baño de vapor, barbacoas, bicicletas y barcas de alquiler, noches de folclore y una playa de arena.

Salos HOTEL €
(☎528-53 990; www.salos.lt; Kranto gatvė 5b; i/d/tr 35/47/64 €; P@) Moderno hotel en la orilla del lago Totoriškių, a poca distancia a pie del centro y del castillo de la isla. Los huéspedes de sus 10 habitaciones bien equipadas pueden usar la sauna finlandesa y la piscina. El desayuno cuesta 3 €.

Apvalaus Stalo Klubas HOTEL €€
(☎528-55 595; www.asklubas.lt; Karaimų gatvė 53a; i/d desde 73/90 €; ⏲12.00-23.00; P@) Con una fabulosa ubicación a orillas del lago, ofrece unas vistas inigualables del castillo y resulta perfecto para un fin de semana romántico. Se puede elegir entre las habitaciones de la elegante casa Ežeras, de estilo provincial francés, con sofás grandes y confortables y paredes en tonos vivos, o las estancias más banales y modernas (y algo más baratas) de la casa Karaimai. También acoge un excelente restaurante.

Karamių 13 PENSIÓN €€
(☎528-51 911; www.karaimai.lt; Karaimų gatvė 13; d 60 €; P@) Sencilla casa de madera caraíta renovada siguiendo el auténtico estilo arquitectónico caraíta. Su café sirve comida caraíta. Todas sus habitaciones se ciñen a un estilo llano pero ofrecen comodidades modernas y acceso a internet.

Dónde comer

Iki SUPERMERCADO €
(Vytauto gatvė 56; ⏲8.00-22.00) En este básico supermercado se pueden comprar provisiones para un pícnic a orillas del lago.

Bona Pizzeria PIZZERÍA €€
(☎528-55 595; www.bona.lt; Karaimų gatvė 53a; *pizzas* 6-8 €; ⏲11.00-23.00) Junto al lago, sus mesas gozan de las mejores vistas del castillo de todo el pueblo. Además de *pizzas,* ensaladas y pastas, también prepara algunos platos lituanos, como *cepelinai* y *kibinai.*

Senoji Kibininė CARAÍTA €€
(☎528-55 865; www.kibinas.lt; Karaimų gatvė 65; principales 4,50-6 €; ⏲10.00-24.00) Esta casa tradicional caraíta se llena los fines de semana a la hora de las comidas. Si el tiempo lo permite, merece la pena sentarse a una de sus mesas al aire libre y disfrutar de sus excelentes empanadillas caraítas rellenas de cerdo y servidas con un cuenco de caldo de pollo.

Markizas LITUANA €€
(☎528-55 859; www.markizas.lt; Karaimų gatvė 25a; principales 6,50-8,50 €; ⏲11.00-23.00) Con un acogedor interior y una encantadora terraza junto al lago en verano, resulta ideal para disfrutar de pescado con salsa de almendras, ligeras ensaladas de verano o carne a la parrilla. También ofrece un menú infantil y a veces actuaciones en directo.

Kybynlar CARAÍTA €€
(☎8-698 06320; www.kybynlar.lt; Karaimų gatvė 29; principales 7-11 €; ⏲12.00-21.00) El mejor local de Trakai para disfrutar de cocina tradicional caraíta, como *kibinai* (empanadillas rellenas de cerdo, pollo y otros ingredientes), estofado de ternera o pastel de pescado, ofrece un bonito interior y mesas en una terraza junto al lago.

Kiubėtė LITUANA €€
(☎528-59 160; www.kiubete.lt; Trakų gatvė 2; principales 6-8 €; ⏲10.30-23.00) Con una encantadora ubicación frente al lago Totoriškių, en el lado más tranquilo de la península de Trakai, prepara comida lituana y caraíta.

Žejų Namai PESCADO €€
(☎528-26 008; www.zvejunamai.lt; principales 13 €; ⏲11.00-22.00) Si se tiene vehículo propio y ganas de comer pescado fresco, este local queda 16 km al norte de Trakai en la carretera a Vievis. Sus estanques están llenos de truchas y esturiones vivos, y las cañas, el cebo y los cubos son gratis. Luego, el personal pesa, filetea y cocina el pescado (trucha 16,50 €/kg; esturión 19,50 €/kg).

Información

Centro de información turística (☎528-51 934; www.trakai-visit.lt; Karaimų gatvė 41; ⏲9.00-18.00) Pequeña oficina junto al lago con muchos folletos, una tienda de artesanía contigua y personal que habla inglés y que puede reservar desde paseos en barca hasta alojamiento. Cierra los fines de semana de octubre a abril.

Policía (☎528-32 230; Vytauto gatvė 57) En el centro de Trakai.

Cómo llegar y salir

Hasta 10 trenes diarios (1,48 €, 30 min) circulan entre la **estación de trenes de Trakai** (☎51 055; Vilniaus gatvė 5) y Vilna.

Centro de Europa

En 1989 el Instituto Geográfico Nacional de Francia declaró que esta ubicación –latitud 54° 54', longitud 25° 19'– era el centro geográfico de Europa. Está señalizado con una roca grabada con los puntos cardinales y el texto "Geografinis Europos Centras". También hay 27 banderas de la UE, un entarimado y un obelisco de granito blanco con una corona de estrellas doradas.

Puntos de interés y actividades

Parque de esculturas Europos Parkas PARQUE
(☎5-237 7077; www.europosparkas.lt; Europos Parkas gatvė; adultos/niños 8/4 €; ⏲10.00-atardecer) Se halla unos 30 min al norte de Vilna, junto a la carretera a Utena. Escultores contemporáneos punteros, como Sol LeWitt o Dennis Oppenheim, exhiben sus obras en zonas verdes arboladas (llévese repelente de mosquitos en verano). Entre las obras expuestas se incluye la escultura más grande del mundo, realizada con más de 3000 televisores; también hay un laberinto que conduce a una estatua caída de Lenin.

El parque fue creado por el escultor lituano Gintaras Karosas inspirándose en la designación de esta zona como "Centro de Europa". Cada año se celebran talleres que atraen a artistas de todo el mundo.

Club de golf del Centro de Europa GOLF
(☎8-6162 6366; www.golfclub.lt; palos 23 €, 18 hoyos 44 €; ⏲9.00-21.00 verano) Campo de 18 hoyos bien cuidado y apto para golfistas de todos los niveles. También cuenta con un campo de prácticas y un restaurante.

Cómo llegar y salir

Al viajar rumbo norte por la carretera entre Vilna y Molėtai, el centro de Europa queda a mano izquierda, indicado por un letrero que reza "Europos Centras". Para llegar en transporte público, hay que cambiar dos veces de autobús y tener paciencia; las oficinas de turismo de Vilna disponen de más información.

Desde Vilna, el autobús nº 146 (con el letrero de "Skirgiskes") sale como mínimo tres ve-

CIGÜEÑAS

El este de Lituania es estupendo para observar cigüeñas. En el país habitan unas 13 000 parejas, que lo convierten en el lugar con mayor densidad de cigüeñas de Europa.

Con 90 cm de altura, estas preciosas criaturas lucen verdaderamente espectaculares cuando despliegan sus alas al volar. Igualmente fascinantes son sus movimientos cuando se pavonean entre la vegetación en busca de ranas. Duermen sobre una sola pata.

La llegada de las cigüeñas marca el inicio de la primavera. Los lituanos veneran a este protector de los hogares el Día de la Cigüeña (25 de marzo), día en que los labradores remueven las semillas para obtener una mayor y mejor cosecha.

A su regreso, las aves se instalan en el mismo nido que han utilizado durante años. Grandes y llanos, los nidos se sostienen sobre un árbol, una chimenea en desuso o un poste de teléfono. Algunas se acomodan en ruedas de carros de madera, colocadas sobre postes por granjeros en busca de la buena suerte asociada a las cigüeñas.

ces diarias desde la parada de autobuses en Kalvarijų gatvė hacia el Europos Parkas (1 €, 30 min). En automóvil hay que dirigirse hacia el norte por Kalvarijų gatvė hasta llegar a la rotonda de Santasriskių, y a continuación girar a la derecha por Žalieji ežerai y seguir las señales al "Europos parkas".

Kernavė

Esta tranquila población alberga uno de los yacimientos históricos más importantes de Lituania. Desde Vilna hay que tomar la carretera a través de Dūkštos desde Maisiagala, en la carretera principal en dirección norte hacia Ukmergė, o tomar un microbús.

Puntos de interés y actividades

Reserva Cultural de Kernavė YACIMIENTO ARQUEOLÓGICO

(Kernavės kultūrinio rezervato; ☎382-47 385; www.kernave.org; Kerniaus gatvė) GRATIS Considerado por la Unesco un "testimonio excepcional de asentamientos humanos en esta región a lo largo de 10 000 años", por lo que fue designado Patrimonio Mundial en el 2004, supone una visita imprescindible. Consta de cuatro antiguos montículos fortificados y los restos de una ciudad medieval, y se cree que fue donde Mindaugas (responsable de unificar Lituania por primera vez) fue coronado en 1253.

La extensa reserva se halla en el extremo sur de la población, frente al río Neris, y ofrece una clara idea de por qué se eligió este sitio para construir tantos asentamientos. Aunque el museo y los circuitos guiados resultan muy recomendables, se puede pasear libremente por los montículos.

Museo Arqueológico e Histórico MUSEO

(Archeologijos ir Istorijos Muziejus; ☎382-47 38[illegible]; www.kernave.org; Kerniaus gatvė 4a; entrada 2 €, circuitos para hasta 30 personas 20 €; ⌚10.00-18.00 ma-do sep, oct, abr y may, mi-do jun-ago, hasta 16.00 nov-mar) Ilustra la historia de la zona desde el 9000 a.C. hasta los ss. XIII-XIV con una amplia gama de objetos, como cerámica, herramientas de la Edad del Hierro o intrincados sellos hechos con cuernos. Cabe destacar las diademas doradas, las joyas de plata de Rusia y las conchas de cauri del océano Índico que demuestran lo lejos que había llegado el comercio durante la época dorada de Kernavė.

Fiestas y celebraciones

Fiesta de Rasos CULTURAL

Se celebra el 23 de junio y ofrece diversión y atracciones medievales, como lanzamiento de hachas o elaboración de hidromiel.

Festival Internacional de Arqueología Experimental CULTURAL

(☎382-47 438) Este festival de tres días, celebrado en julio, resulta muy divertido.

ESTE Y SUR DE LITUANIA

Los profundos bosques de los rincones oriental y meridional de Lituania suponen un paraíso para cualquier aficionado a la silvicultura. Estos parajes naturales atesoran algunos de los paisajes más espectaculares del país, con una región lacustre que se extiende hasta Bielorrusia y Letonia.

El Parque Nacional de Aukštaitija es el más antiguo de Lituania, abrazado por los 900 km² del bosque de Labanoras-Pabradė. Los amantes de las actividades al aire libre podrán practicar kayak, senderismo, *windsurf,* vela, observación de aves y, en invierno, pesca sobre hielo e incluso esquí.

Dzūkija, en el extremo sur, es el mayor parque nacional del país, rodeado por los 1500 km² del bosque de Druskininkai-Varėna. Ambos parques ofrecen abundantes bayas a comienzos del verano, mientras que setas de todo tipo brotan copiosamente desde principios de primavera hasta finales de otoño.

A un paso del Parque Nacional de Dzūkija se encuentra la localidad balneario de Druskininkai, donde ricos lituanos se miman en invierno con masajes con miel tibia. El adyacente parque escultórico de Grūtas cuenta con bustos de Lenin, Stalin y compañía.

Hay infinidad de mosquitos, por lo que se recomienda llevar repelente. Solo se deben recoger setas en compañía de un guía local, teniendo presente que estos, al estar acostumbrados desde la infancia, son mucho más tolerantes a ciertas especies que los viajeros.

Parque Nacional de Aukštaitija

☎386

Entre el paraíso natural que conforman los frondosos bosques susurrantes y los lagos hechizados del Parque Nacional de Aukštaitija, se descubrirá el origen del inmenso amor por la naturaleza que profesan los lituanos.

En torno al 70% del parque está compuesto por pinos, abetos y bosques caducifolios habitados por alces, ciervos y jabalíes. Cabe destacar sus 126 lagos, de los cuales el **lago Tauragnas** es el más profundo (60 m). Un sendero conduce a la cima de la **colina del Hielo** (Ledakalnis; 155 m), desde donde se contempla un paisaje repleto de lagos. De especial belleza es el **lago Baluošas,** atrapado por bosques y salpicado de islas. Pigargos europeos y águilas reales cazan aquí, y, además, abundan las cigüeñas. La

Este de Lituania

Parque Nacional de Aukštaitija

Reserva Natural de Trainiškis y la **Reserva Forestal de Ažvinčiai,** donde crecen pinos de entre 150 y 200 años, solo se pueden visitar con un guía.

La principal base para acceder al parque es la somnolienta localidad de **Ignalina,** con un supermercado, oficina de correos, hotel/restaurante, y uno de los dos centros de información dedicados al parque. A 3 km de Ignalina, a orillas del lago Lūšiai, aparece **Palūšė,** donde se hallan las oficinas del parque y el centro principal de información.

Existen unos 100 asentamientos dentro del parque; **Šuminai, Salos II, Vaišnoriškės, Varniškės II** y **Strazdai** se tratan de centros etnográficos protegidos.

El parque cuenta con varios antiguos *piliakalnis* (montículos defensivos) como el **montículo de Taurapilio,** en la orilla meridional del lago Tauragnas, y algunos ejemplos de arquitectura de madera, incluidos una **iglesia** y **un campanario** en Palūšė. Alrededor del lago Lūšiai, un **sendero de esculturas de madera** representa el folclore lituano.

Puntos de interés y actividades

Los paseos en barca y el senderismo constituyen las principales actividades en el parque. La recogida de setas y bayas solo se permite en zonas designadas. La oficina del parque nacional y el centro de información turística suponen las mejores fuentes de información.

Molino de agua de Ginučiai EDIFICIO HISTÓRICO
(386-47 478; adultos/estudiantes 1,20/0,60 €; 10.00-18.00 ma-sa may-sep) Este molino del s. XIX en Ginučiai, accesible solo mediante circuito guiado, conserva su maquinaria original.

Museo de Apicultura Antigua MUSEO
(Senorinės Bitininkystės Muziejus; 8-686 12105; Stripeikių kaimas; 10.00-18.00 mi-do may-med oct) En Stripeikiai, ilustra la historia de la apicultura a través de una colección de colmenas y estatuas de madera tallada.

Palūšė valtinė PASEOS EN BARCA
(8-650 58515; www.valtine.lt; 8.00-20.00 may-oct) Una barca de fibra de vidrio para cuatro personas cuesta 4 €/h o 15 €/día.

Dónde dormir

En la oficina del parque nacional de Palūšė y en la oficina de turismo de Ignalina cuentan con listados de alojamiento en casas particulares.

Žuvėdra HOTEL €
(8-686 09069; www.zuvedra.com; Mokyklos gatvė 11, Ignalina; i/d/c 26/47/72 €; P) A orillas del lago Paplovinis, supone una estupenda elección en el propio pueblo, a un breve paseo a pie de la oficina de turismo de Ignalina. Su servicial personal puede organizar actividades, incluido el alquiler de bicicletas y barcas. Cuenta con el mejor restaurante de comida lituana (principales 6-8 €) del pueblo.

Tiki Inn PENSIÓN €
(8-652 72444; Pašakarvio gatvė 2; d 40 €) Este extravagante trozo de Polinesia en el encantador pueblo de Palūšė resulta una opción genial. Situado a orillas del lago y muy acogedor, dispone de cocina, zona común y una bonita terraza para ver la puesta de sol. Alquila kayaks y tablas de surf de remo. Los precios pueden aumentar según la temporada y la demanda.

Molino de agua de Ginučiai PENSIÓN €
(8-616 29366; www.anp.lt; Ginučių 22; d 35 €; P) Este molino de agua del s. XIX ofrece sencillas habitaciones con interiores de madera y una tranquilidad casi perfecta. Los huéspedes deben llevar su propia comida (pueden usar la cocina) y pueden acabar el día relajándose junto a la chimenea o en la sauna. Abre de abril a octubre y se puede reservar a través de la oficina del parque nacional.

★ **Miškiniškės** CABAÑAS €€
(8-616 00692; www.miskiniskes.lt; d/apt 55/140 €; P) Permite pasar el día explorando la zona a pie y en canoa entre pinos y píceas, comer copiosamente y luego dormir profundamente en una cabaña de troncos. A pesar de su ubicación en el bosque, está muy bien equipado. Ofrece habitaciones atractivas y acogedoras, con wifi, una sauna e incluso un gimnasio. Se necesita vehículo propio.

Centro de Deportes de Invierno de Lituania HOTEL €€
(Lietuvos žiemos sporto centras; 386-54 193; www.lzsc.lt; Sporto gatvė 3, Ignalina; d 57 €; P) El alojamiento (aceptables casitas con vistas al propio lago del centro) juega un papel secundario en este centro deportivo de la era soviética. En invierno se pueden alquilar esquís, montar en el telearrastre y explorar cuatro sencillas pistas. En verano se puede pasear en barca o practicar patinaje en línea por una pista de 7,5 km. Para llegar desde el centro de Ignalina, se cruza la vía del tren y se sigue 2 km por Budrių gatvė.

Información

Oficina del Parque Nacional de Aukštaitija (Aukštaitijos Nacionalinis Parkas; 386-53 135; www.anp.lt; Lūšių gatvė 16; 9.00-17.00 lu-vi) Se halla en Palūšė cuesta arriba desde la carretera principal frente al lago Lūšiai y facilita información general y mapas del parque. El personal puede organizar caminatas y viajes en barca, proporcionar guías que hablen inglés (12 €/h para grupos de hasta 20 personas) e incluso organizar viajes de esquí y pesca, paseos a caballo y en trineo.

Centro de información turística (386-52 597; www.ignalinatic.lt; Ateites gatvė 23; 8.00-17.00 lu-vi todo el año, y 10.00-15.00 sa jun-ago) En la plaza principal de Ignalina, este centro vende mapas y ofrece información sobre las actividades y los alojamientos del parque.

Cómo llegar y salir

Existen autobuses (6 €, 1¾ h, 10 diarios) y trenes (4 €, 1¾ h, 8 diarios) de Vilna a Ignalina; también circula como mínimo un autobús diario a/desde Kaunas (7 €, 4 h) vía Utena (2 €, 1 h). Varios autobuses cubren a diario el trayecto entre Ignalina y Palūšė (1 €).

Visaginas y antigua central nuclear de Ignalina

386 / 28 160 HAB.

La localidad de Visaginas es lo más soviético que se podrá ver fuera de las fronteras de Rusia. Construida en 1975 para albergar a los empleados de la cercana antigua central nuclear de Ignalina, está repleta de bloques de viviendas idénticos bordeados por bosques y una carretera de circunvalación. No resulta atractiva, pero sí muy peculiar y fascinante.

En su época de auge, unos 5000 trabajadores por turnos eran trasladados a diario desde Visaginas hasta la central, situada 3 km al este del centro. Un medidor Geiger registraba la radiación cada día y el ruso era la *lingua franca* en la calle.

Hoy, tras el cierre de la central a finales del 2009 (condición aceptada por Lituania para ingresar en la UE), el futuro de Visaginas sigue siendo bastante incierto. Y pese a que se rumorea sobre la posibilidad de construir una nueva planta, esto no se produciría como mínimo hasta el 2018. Entre tanto, los lugareños confían en que el crecimiento del turismo suponga el espaldarazo definitivo a su economía.

A mediados de agosto Visaginas acoge a gran multitud de vaqueros, con botas, sombrero y toda la parafernalia, que acuden desde toda Europa para asistir al **Visagino Country** (www.visaginocountry.lt), un festival internacional de *country* de dos días.

Se puede ir de Vilna a Visaginas en tren (5,40 €, 2¼ h, 6 diarios) o autobús (8 €, 2½ h, 12 diarios).

Dónde dormir

Hotel Aukštaitija HOTEL €

(386-74 858; www.hotel-aukstaitija.lt; Veteranų gatvė 9; i/d/ste 26/38/70 €; P) Se puede vivir una experiencia soviética en este hotel, un alto edificio de ladrillo rojo al más puro estilo soviético. Sus habitaciones no resultan tan sombrías como su exterior, y algunas incluso han sido remodeladas con gusto.

Spa-Hotel Gabriella HOTEL €

(386-70 171; www.gabriella.lt; Jaunystės gatvė 21; i/d 40/53 €; P@) Ofrece masajes y *spa*, y cuenta con un restaurante aceptable, posiblemente el mejor del lugar.

EL CIERRE DE IGNALINA

En su día, la central nuclear de Ignalina, próxima a Visaginas, fue una de las maravillas tecnológicas del mundo. Cuando los soviéticos la construyeron en los años ochenta, sus dos reactores RBMK 1500 eran los más potentes que existían y cada uno podía generar unos 1500 Mw de electricidad. Pero su diseño era similar al de los reactores utilizados en la central ucraniana de Chernóbil, uno de los cuales sufrió una catastrófica fusión en 1986. Y aunque el segundo reactor de Ignalina se instaló tras el desastre de Chernóbil, desde el principio se sabía que tenía los días contados.

Cuando Lituania ingresó en la UE (en el 2004), el país fue instado a cerrar los dos reactores. La UE no estaba dispuesta a encontrarse con una situación similar a la de Chernóbil, y Lituania finalmente accedió. Desconectó el primer reactor en el 2004 y el segundo a finales del 2009.

Pese a que la planta dejó de producir energía, sigue siendo objeto de controversia. En primer lugar se halla la cuestión sobre quién sufragará los costes de su cierre, incluidos los millones de euros necesarios para limpiar el emplazamiento del reactor y deshacerse del material radiactivo. La comunidad internacional aportará el 95% de los fondos pero, mientras el Gobierno lituano encuentra la manera de conseguir el resto, su cierre definitivo se retrasa. Para más información, visítese www.iae.lt.

A esto cabe añadir que se estudia construir una nueva central nuclear más moderna, de diseño occidental. En el 2006, Lituania invitó a Polonia, Letonia y Estonia a participar en la construcción de un nuevo reactor, e inversores estratégicos como la japonesa Hitachi Corp se sumaron. A pesar del duro golpe a nivel de la opinión pública que supuso el desastre nuclear de Fukushima en Japón en el 2011, el proyecto será realidad en el 2020. La web www.vae.lt ofrece información actualizada.

Parque Regional de Labanoras

Al suroeste de Aukštaitija se extienden 528 km² de bonitas zonas verdes salpicadas de 285 lagos. En su centro se halla la encantadora aldea tradicional de Labanoras. Se puede practicar piragüismo, sobre todo por el río Lakaja, en la sección sur del parque. Existen también fabulosas opciones de ciclismo, pero en el parque no alquilan bicicletas. En temporada, el centro del parque nacional (p. 331) de Palūšė puede ofrecer ayuda.

El alojamiento en el parque se reduce a algunos hospedajes en familias y un hotel restaurante en el pueblo de Labanoras.

Dónde dormir y comer

★Hotel Restaurant Labanoras HOTEL-BOUTIQUE €
(☎8-655 70918; www.hotellabanoras.lt; i/d 30/45 €; P) Este encantador establecimiento lleva al viajero al corazón de la Lituania rural. Las acogedoras casa de madera y cabañas circundantes están llenas de objetos curiosos, y en sus jardines tranquilos se pueden ver abundantes cigüeñas en temporada. El restaurante, que sirve productos del campo y el bosque, también resulta encantador (principales 7-9 €).

Información

Centro de información del parque regional (☎387-47 142; www.labanoroparkas.lt; Seniūnijos gatvė 19; ⌚8.00-17.00 lu-vi todo el año, y 9.00-17.00 sa verano) Una mina de información sobre la flora, la fauna y la geografía de Labanoras. Ofrece consejos a excursionistas, ciclistas, piragüistas y recolectores. También puede ayudar a encontrar piraguas y kayaks para alquilar (aprox. 15 €/día).

Molėtai

☎383 / 6970 HAB.

Este pequeño pueblo 30 km al suroeste del Parque Nacional de Aukštaitija goza de un bonito entorno lacustre.

Desde Vilna llega un autobús cada hora (5 €, 1¼-2 h) que suele continuar hasta Utena (3 €, 35 min). Para visitar el observatorio y el museo, se debe tomar un autobús de Molėtai a Utena y pedir al conductor que pare junto a la salida hacia el "etnokosmologijos muziejus" (señalizado, 10 km al norte del pueblo) y, posteriormente, seguir la carretera 4 km.

Puntos de interés

Observatorio Astronómico de Molėtai OBSERVATORIO
(Molėtų astronomijos observatorija; ☎383-45 444; www.astro.lt/mao) En la colina Kaldiniai (193 m), este observatorio con el telescopio más grande de Europa del norte ofrece espectaculares vistas del paisaje salpicado de lagos de Molėtai y de las estrellas. Las visitas deben reservarse por teléfono o internet.

Museo de Etnocosmología de Lituania MUSEO
(Lietuvos etnokosmologijos muziejus; ☎383-45 424; www.etnokosmomuziejus.lt; Žvaigždžių gatvė; adultos/niños 1,40/0,80 €; ⌚8.00-16.30 lu-vi) Este inusual museo explora la conexión del cosmos con las ideas culturales de cielo, infierno y tierra en su centro de exposiciones en forma de burbuja, que queda empequeñecido por dos torres de observación con telescopios que ofrecen excelentes vistas del paisaje lacustre circundante. Se pueden reservar circuitos nocturnos (2 h después de la puesta de sol) con guías que hablan inglés (adultos/niños 1,70/1 €); entre octubre y abril el calendario de circuitos es más reducido.

Información

Centro de información turística (☎383-51 187; www.infomoletai.lt; Inturkės gatvė 4; ⌚8.00-18.00 lu-ju, hasta 16.45 vi, 9.00-13.00 sa) Informa sobre Molėtai y la región circundante. Cierra los sábados, y entre septiembre y junio tiene un horario más reducido.

Utena

☎389 / 32 480 HAB.

Esta apacible localidad, 34 km al norte de Molėtai, ocupa el corazón de la región de los lagos del noreste de Lituania.

La **estación de autobuses** (☎389-61 735; www.utenosap.lt; A. Baranauskas gatvė 7) cuenta con un autobús diario a/desde Ignalina (3,50 €, 1 h); autobuses cada hora a/desde Vilna (6 €, 1½-2 h), algunos de ellos vía Molėtai (3 €, 35 min) y siete autobuses diarios a/desde Kaunas (8 €, 2½ h).

Dónde dormir y comer

Alaušynė ESTANCIA EN GRANJA
(☎389-34 317; www.abuva.lt; d/tr 42/68 €; P) Ofrece cabañas de troncos y chalés más modernos en la aldea rural de Sudeikiai, 12 km al noreste de Utena. Dispone de sauna y piscina, alquila barcas y *quads* y organiza

excursiones de pesca. Prepara una excelente sopa con seis tipos diferentes de pescado, incluidas anguila y carpa, que se sirve en una hogaza de pan integral.

Čili Pica PIZZERÍA €

(☎8-616 11070; www.cili.lt; Aušros gatvė 21; principales 4 €; ⏲10.00-23.00) Utena no ofrece atractivas opciones para comer, pero si se está cerca de la estación de autobuses y se tiene hambre se puede ir a esta sucursal de una cadena nacional de *pizza*.

Información

Centro de información turística (☎389-54 346; www.utenainfo.lt; Stoties gatvė 39; ⏲9.00-18.00 lu-ju, hasta 17.00 vi, hasta 15.00 sa) En la antigua casa de postas, proporciona información sobre actividades y alojamiento en Utena y alrededores.

Alrededores de Utena

Unos 34 km al noreste de Utena se encuentra **Dusetos,** un pueblo famoso por su **carrera de caballos** (www.zarasai.lt), celebrada el primer sábado de febrero y cuyos orígenes se remontan a 1865. Suele tener lugar en el lago Sartai, pero se traslada al cercano hipódromo cuando la capa de hielo es demasiado fina.

Dónde dormir y comer

Bikėnų Uzeiga PENSIÓN €

(☎8-685 44450; www.degesa.lt; d/tr desde 15/25 €; P) Este lugar ameno para alojarse y divertirse en Bikėnai, en la orilla oriental del lago Antalieptės, ofrece habitaciones en una casa y cabañas de troncos. Su bar alquila barcas de remos, kayaks, tablas de *windsurf* y bicicletas. También se puede alquilar una lancha motora para 10 personas o realizar una salida de dos días en piragua por el río Šventoji.

Paukščių Sala PENSIÓN €

(☎8-685 44450; www.degesa.lt; i/d desde 20/40 €; P) Queda 1 km al este de Salakas junto al lago Luodis. Sus habitaciones con baño, más bien pequeñas, están limpias y ofrecen una buena relación calidad-precio. El restaurante cocina lo que uno haya pescado en el cercano estanque de peces (15 €/kg). Alquila bicicletas y piraguas, y también ofrece navegación a vela, *windsurf* y, en invierno, pesca en el hielo.

Užeiga Prie Bravoro LITUAN

(☎385-56 653; Dusetų; principales 5-7 €; ⏲10.00-22.00 ma-do may-ago) Merece la pena pararse en esta fábrica de cerveza y restaurante familiar para disfrutar de una comida y una o dos cervezas. Cuatro generaciones han elaborado

Sur de Lituania

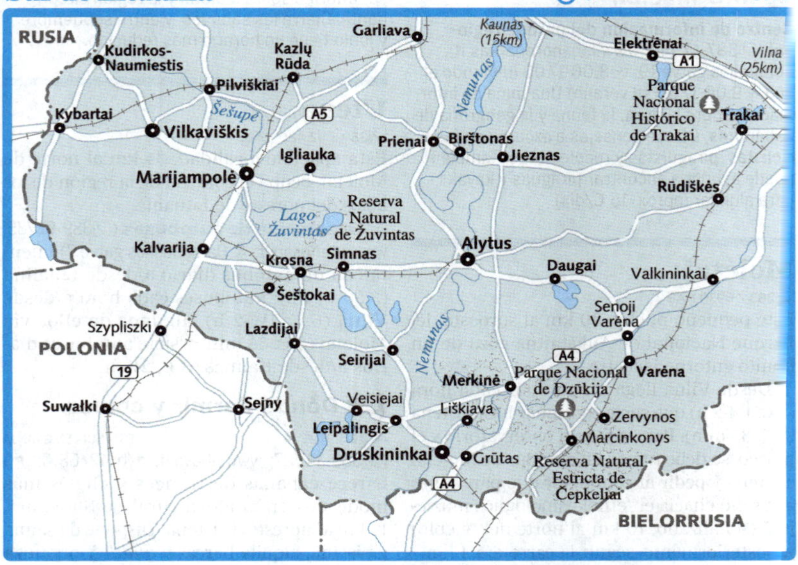

LOS MEJORES BALNEARIOS DE DRUSKININKAI

Druskininkai está repleta de balnearios, pero no todos son el paradigma de la elegancia. Estas reseñas permiten no equivocarse:

Aqua Park (☎313-52 338; www.akvapark.lt; Vilniaus gatvė 13-2; ocio acuático 2 h adultos/niños 9/4,50 €; ⏲12.00-22.00 lu-ju, 12.00-23.00 vi, 10.00-23.00 sa, 10.00-21.00 do) Este fabuloso parque acuático ofrece seis toboganes de agua (el más largo de más de 200 m), tratamientos de balneario, saunas, piscina de olas, zonas de juego infantiles y mucho más. Los precios suben en verano, fin de semana y festivos.

Grand Spa Lietuva (☎313-51 200; www.grandspa.lt; V. Kudirkos gatvė 43; ⏲9.00-16.00 lu-vi, hasta 20.00 sa y do) En el hotel Druskininkai, este exclusivo balneario ofrece todo tipo de baños (desde 6 € por 15 min) y una increíble gama de masajes y tratamientos. Un masaje relajante básico cuesta 30 € por hora, pero las opciones más exóticas, como los masajes con miel caliente o piedras volcánicas, rondan los 50 €.

SpaVilnius (☎313-53 811; www.spa-vilnius.lt; K. Dineikos gatvė 1; ⏲8.00-22.00) En un hotel de ocho plantas, la sucursal en Druskininkai del SpaVilnius queda un poco apartada y goza de ambiente aún más relajante. Sus tratamientos incluyen baños de ámbar, hidroterapia, masajes e incluso cirugía estética. Las habitaciones dobles cuestan desde 88 €.

Druskininkai Spa (Druskininkų gydykla; ☎313-60 508; www.akvapark.lt; Vilniaus alėja 11; tratamientos desde 13 €; ⏲8.00-20.00, hasta 19.00 do) Este balneario muy bien cuidado de la era soviética ofrece drenajes linfáticos, masajes con piedras calientes y diferentes baños (de hidromasaje, herbales, minerales, de barro e incluso verticales). Ofrece tratamientos para problemas cardiovasculares, cutáneos o endocrinos.

la ligera *alus* (cerveza) Čižo, ideal para quitar la sed; se aconseja su maravillosa cerveza sin filtrar. La fábrica se halla en el nº 178 de la carretera a Obeliai, al salir del pueblo de Dusetos en dirección norte.

Druskininkai

☎313 / 16 450 HAB.

Situada a orillas del río Nemunas, la localidad balneario más antigua y elegante de Lituania, fundada en el s. XIX, atrae muchas inversiones, así como a jóvenes lituanos ricos y a la última en busca de una rápida desintoxicación de la vida urbana. También llegan turistas, sobre todo por sus muchos excelentes balnearios.

En los tiempos de la Unión Soviética, los ancianos achacosos acudían a este famoso centro balneario para someterse a toda clase de curas milagrosas. Y pese a que aún existen algunos de estos viejos sanatorios, Druskininkai se apresura en renovar y restaurar buena parte del encanto perdido en esos días.

Puntos de interés

Para ver la Druskininkai del pasado y del presente se aconseja pasear por la localidad empezando por Laisvės aikštė.

★ Parque Grūtas PARQUE DE ESTATUAS

(Grūto Parkas; ☎313-55 511; www.grutoparkas.lt; Grūtas; adultos/niños 6/3 €; ⏲9.00-22.00 verano, hasta 17.00 resto del año; 👪) Entretenido y educativo, este parque con mucho humor negro, también conocido como "El mundo de Stalin", ha sido un rotundo éxito desde su apertura en el 2001. Sus extensos terrenos, diseñados para parecer un campo de concentración con altavoces por los que suenan himnos soviéticos, albergan estatuas de estilo realista socialista de Lenin, Stalin y celebridades lituanas, y exposiciones sobre la historia soviética centradas en la opresión de Lituania. Hay que tomar el autobús nº 2 desde Druskininkai vía Viečiūnai o conducir 8 km hacia el este hasta la aldea de Grūtas.

El parque fue ideado por Viliumas Malinauskas, el antiguo responsable de una granja colectiva que se hizo rico envasando setas y que luego consiguió que el Ministerio de Cultura le prestara todos esos odiados objetos. El parque incluye un minizoo en el que osos de aspecto triste rinden un irónico homenaje a los gulags, un parque infantil de aventura, una biblioteca atendida por espeluznantes maniquíes y un restaurante que recuerda a una cantina soviética donde los visitantes comen con cubertería soviética espadines y cebollas regados con vodka.

Museo Conmemorativo de M. K. Čiurlionis MUSEO
(313-52 755; M. K. Čiurlionio gatvė 41; adultos/niños 1,16/0,58 €; 11.00-17.00 ma-do) M. K. Čiurlionis, el pintor-músico más talentoso que ha dado Lituania, pasó su infancia en esta casa que ahora alberga algunas de sus pertenencias.

Museo de la Resistencia Armada MUSEO
(Vilniaus alėja 24; 13.00-17.00 ma-do) GRATIS Sito en la planta superior del Centro Cultural, repasa el movimiento partisano y la resistencia cultural al control soviético. Alberga conciertos de música clásica con motivo del festival Verano con Čiurlionis, que se celebra entre junio y septiembre.

Iglesia de la Alegría de Todos los Afligidos IGLESIA
(Laisvės aikštė) Las múltiples cúpulas de esta impresionante iglesia ortodoxa rusa de madera, pintada de azul cielo, blanco y dorado, dominan Laisvės aikštė.

Mineralinio Vandens Biuvetė FUENTE
(0,10 €/vaso; 11.00-14.00 y 15.00-19.00) Las propiedades mágicas del agua mineral local se pueden comprobar en la fuente de Dzūkija, en el interior del Mineralinio Vandens Biuvetė, un edificio circular de color verde con suelos con mosaicos y vidrieras de colores, situado junto al sendero a lo largo del río Nemunas. Destaca una imagen de la década de 1960 de Eglė, la reina de las Serpientes.

Museo de Druskininkai MUSEO
(313-51 024; www.druskininkumuziejus.lt; M. K. Čiurlionio gatvė 59; adultos/niños 2/0,85 €; 11.00-18.00 lu-sa) Dedicado a la historia de la localidad y del distrito circundante, este museo junto al lago exhibe obras de arte, viejos mapas y documentos, y objetos cotidianos.

Girios Aidas MUSEO
(313-53 901; M. K. Čiurlionio gatvė 116; adultos/niños 2/1 €; 10.00-18.00 ma-do) Unos 2 km al este de Druskininkai, Girios Aidas ha albergado un museo y una colección de tallas de madera de temática pagana y relacionadas con la naturaleza desde 1972.

Actividades

Para desplazarse se recomiendan la bicicleta y los *buggies* de dos o cuatro plazas. La oficina de turismo ofrece mapas de tres rutas ciclistas locales: la **ruta del Sol** (Saulės takas; 24 km) discurre junto al río hacia el sur hasta el museo del molino de viento, la **Órbita de las Estrellas** (Žvaigzdžių orbita; 24 km) serpentea hacia el sur por el valle de Raigardas, y la boscosa **ruta de Žilnas** (Žilvino takas; 20 km) discurre hacia el este conectando Druskininkai con el parque Grūtas (8 km al este). El río y el lago también ofrecen mucha diversión.

Alquiler de bicicletas ALQUILER DE BICICLETAS
(8-686 87022; Laisvės alėja 10; bicicletas h/días 2/9 €, *buggies* 30/60min 5/8 €; 8.00-21.00) Entre mayo y octubre se pueden alquilar bicicletas y *buggies* en Vilniaus alėja 10, en la esquina de Vilniaus alėja con Laisvės alėja, o frente a la oficina de turismo en M. K. Čiurlionio gatvė 52.

Alquiler de barcas PASEOS EN BARCA
(barcas/patines 1 h 5/6 €; 9.00-21.00 abr-oct) En el lago Druskonis se pueden alquilar barcas de remos y patines.

Barco de vapor 'Druskininkai' CRUCERO
(8-612 26982; www.gelme-druskininkai.lt; taquilla M. K. Čiurlionio gatvė 51; adultos/niños 11/5,50 €; 14.30 ma-do may-oct) Cruceros de 3 h hacia el monasterio de Liškiava desde el muelle de Druskininkai.

Snow Arena ESQUÍ
(313-59 299; www.snowarena.lt; Nemuno Kelias ; día completo lu-vi 14 €, fines de semana y festivos 20 €; 12.00-19.00 lu-ju, hasta 22.00 vi, 10.00-22.00 sa, hasta 18.00 do) Se puede esquiar en la llana y boscosa Lituania, incluso en pleno verano en este complejo de deportes de invierno. La pista cubierta cuenta con un remonte, una cinta y un telesilla, y también hay un *snowpark* y una pista al aire libre de nivel avanzado. El equipo se alquila in situ; la tarjeta de fidelización ofrece importantes descuentos.

Teleférico DEPORTES DE NIEVE
(Vilniaus alėja 13-2) Este nuevo y reluciente teleférico pronto conectará el Aqua Park con el Snow Arena.

Dónde dormir

Las tarifas aumentan los fines de semana y los meses de julio y agosto.

Dalija PENSIÓN €
(313-51 814; www.dalijahotel.lt; Laisvės aikštė 21; d/tr 40/50 €;) Esta encantadora e impoluta casa de madera con una excelente relación calidad-precio, en el centro de Druskininkai, dispone de habitaciones con televisión por satélite, minicocina y wifi. Ofrece descuen-

Druskininkai

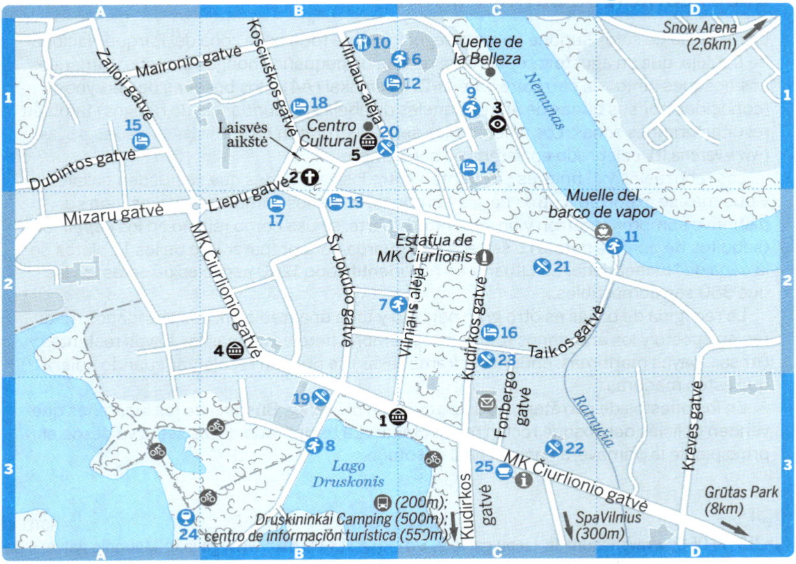

Druskininkai

Puntos de interés
1 Museo de Druskininkai C3
2 Iglesia de la Alegría de Todos los Afligidos .. B1
3 Mineralinio Vandens Biuvetė C1
4 Museo Conmemorativo de M. K. Čiurlionis B2
5 Museo de la Resistencia Armada B1

Actividades, cursos y circuitos
6 Aqua Park C1
7 Alquiler de bicicletas C2
8 Alquiler de barcas B3
9 Druskininkai Spa C1
10 Teleférico B1
Grand Spa Lietuva .... (véase 16)
11 Barco de vapor *Druskininkai* D2

Dónde dormir
12 Aqua Hotel B1
13 Dalija B2
14 Europa Royale C1
15 Galia A1
16 Hotel Druskininkai C2
17 Medūna B2
18 Regina B1

Dónde comer
19 Forto Dvaras B3
20 Izumi B1
21 Kolonada C2
22 Mini-Maxima C3
23 Sicilija C2

Dónde beber y vida nocturna
24 Bar de playa A3
25 Boulangerie C3

tos de hasta el 15% para estancias de más de una noche.

Druskininkai Camping CAMPING €
(☎313-60 800; camping@druskininkai.lt; Gardino gatvė 3a; parcelas para 2 adultos/tipis/cabañas 18/15/40 €; ⊙may-sep; P@) Gran *camping* muy bien organizado con tipis y cabañas para dos personas cerca de la oficina de turismo y la estación de autobuses.

Hotel Druskininkai HOTEL €€
(☎313-51 200; www.grandspa.lt; V. Kudirkos gatvė 43; i/d/ste desde 66/92/147 €; P@) Su llamativa fachada de madera y cristal encierra habitaciones modernas de iluminación tenue, un baño turco, un *jacuzzi* con agua mineral de Druskininkai, y un gimnasio. Excelente ubicación, a un paso del centro, del río y de los *spas*.

RECOLECCIÓN DE SETAS Y BAYAS

La recogida de setas supone un gran negocio, sobre todo en la zona del Parque Nacional de Dzūkija, que en agosto y septiembre rebosa de pequeños hongos blancos y amarillos. Los bosques junto a la carretera Varėna-Druskininkai (A4) y los bosques de Zervynos (conocidos por sus dunas de arena, paneles de abejas y abundancia de hongos) también resultan grandes zonas. Los adictos a las setas disfrutarán en el **festival de las setas** (www.varena.lt), celebrado en Varėna en septiembre.

Los rebozuelos y el boletus se cuentan entre las variedades que se pueden hallar y que más se exportan a otros países europeos. El menos común *baravykas*, con su distintivo sombrero marrón y un sabor más fuerte, se usa como relleno en los *cepelinai* (saquitos de puré de patata) o se seca y se guarda para preparar uno de los 12 platos de la cena de Nochebuena. En Lituania se han identificado 1200 especies de setas, de las que 380 son comestibles.

La recogida de bayas es otro gran negocio y toda una tradición. Los arándanos maduran en agosto y los arándanos rojos en septiembre, pero casi todas las bayas restantes (fresas, bayas marítimas, endrinas y frambuesas) se pueden recolectar cuando quiera que estén maduras.

En los puestos de carretera las setas cuestan 5-7 €/kg. Búsquense los lugareños que venden delicias del bosque recién recolectadas. La temporada de las setas va desde el principio de la primavera hasta el final del otoño.

Medūna HOTEL €€
(☎313-59 060; www.meduna.lt; Liepų gatvė 2; i/d 50/65 €; P Wi-Fi) Con el nombre de una diosa lituana de incomparable belleza, este pequeño y agradable hotel en una esquina de la arbolada Laisvės aikštė cuenta con habitaciones confortables, limpias y con una acogedora decoración, además de un restaurante con una excelente bodega de vinos. Ofrece descuentos para atracciones cercanas.

Aqua Hotel HOTEL €€
(☎313-59 195; www.aquapark.lt; Vilniaus alėja 13-1; i/d/apt desde 54/66/174 €; P Wi-Fi piscina) Si se está en Druskininkai para divertirse con la familia en el Aqua Park, este es el mejor sitio para alojarse. Ofrece habitaciones muy bien amuebladas, el desayuno y el bufé de cena se incluyen en el precio, está rodeado de diversiones (bolera, *spas*, el propio parque acuático) y oferta excelentes paquetes por internet. Los precios aumentan los viernes y sábados, y en vacaciones.

Europa Royale HOTEL €€
(☎313-42 221; www.groupeuropa.com; Vilniaus alėja 7; d/tr 75/100 €; Wi-Fi) En un balneario del s. XIX en el centro de la población, la hospitalidad en este hotel es tan profesional como se podría esperar de una cadena internacional. También cuenta con algunos detalles distintivos, como una sala de juegos para niños, y ofrece acceso al balneario de la era soviética Druskininkai.

Galia HOTEL €€
(☎313-60 510; www.galia.lt; Maironio gatvė 3, Dabintos gatvė 3 y 4; i/d 34/58 €; P) Esta sorpresa multicolor ocupa tres edificios en muy buen estado. Conviene reconfirmar antes de registrarse, ya que las tarifas varían de un edificio a otro.

Regina HOTEL €
(☎313-51 243; www.regina.lt; Kosciuškos gatvė; i/d/tr 56/73/91 €; P @ Wi-Fi) El hotel al que iba la gente importante que visitaba Druskininkai en su época dorada ahora se trata de una buena opción de precio medio.

Dónde comer y beber

Mini-Maxima SUPERMERCADO €
(www.maxima.lt; M. K. Čiurlionio gatvė 50; ⏲8.00-22.00) Para preparar un pícnic junto al lago.

Kolonada LITUANA €€
(☎313-53 409; www.sventejums.lt/kolonada; Kudirkos gatvė 22; principales 6-8 €; ⏲11.00-23.00 do-ju, hasta 1.00 vi y sa) Este encantador restaurante con terraza en una de las mejores ubicaciones de Druskininkai ofrece una de sus mejores cocinas. Con buen tiempo se puede saborear un plato de cuello de cerdo con setas recogidas en el Parque Nacional de Dzūkija mientras se disfruta de las vistas a los jardines.

Sicilija ITALIANA €€
(☎313-51 865; www.sicilia.lt; Taikos gatvė 9; principales 5-7 €; ⏲9.00-23.00 do-ju, hasta 24.00 vi y

sa) Uno de los restaurantes más populares de Druskininkai debe su fama a sus excelentes *pizzas* y platos italo-lituanos. La terraza invita a relajarse en los meses más cálidos. Cuenta con una sucursal en M. K. Čiurlionio gatvė 56.

Forto Dvaras LITUANA €€
(M. K. Čiurlionio gatvė 55; principales 4-8 €; ⌚10.00-23.00 lu-ju, hasta 24.00 vi y sa, hasta 22.00 do) La sucursal local de esta cadena de restaurantes rústicos, al lado del lago, sirve muy buena comida tradicional lituana.

Izumi JAPONESA €€
(☎313-51 220; Vilniaus alėja 22-2; principales 5-7 €; ⌚12.00-24.00; 📶) Si se desea comer *sushi, yakitori o gyozas*, este es el único restaurante japonés de Druskininkai.

Bar de playa BAR
(☎8-620 88679; Vijūnėlės tvenkinys; *pizzas* 3 €; ⌚13.00-21.00 do-ju, hasta 24.00 vi y sa) Abierto de mayo a mediados de septiembre, este chiringuito junto a la playa artificial resulta ideal para tomarse una cerveza después de un baño.

Boulangerie CAFÉ
(☎8-633 35555; www.kepyklele.lt; M. K. Čiurlionio gatvė 63; ⌚9.00-19.00) Café y panadería de estilo francés junto a la oficina de información turística con un café aceptable, helados y galletas y pasteles lituanos.

Información

Oficina de correos (V. Kudirkos gatvė 39; ⌚8.00-18.00 lu-vi, hasta 13.00 sa) La única en el centro de Druskininkai.

SEB Bankas (M. K. Čiurlionio gatvė 40; ⌚8.30-17.00 lu-vi) Cambio de moneda y cajero automático.

Centro de información turística (☎313-51 777; www.info.druskininkai.lt; M. K. Čiurlionio gatvė 65; ⌚10.00-13.00 y 13.45-18.45 lu-sa, 10.00-17.00 do) Folletos, alquiler de bicicletas, reserva de alojamiento y consejos.

Centro de información turística (☎313-60 800; www.info.druskininkai.lt; Gardino gatvė 3; ⌚8.30-12.15 y 13.00-17.15 lu-vi) Cerca de la estación de autobuses.

Cómo llegar y salir

La **estación de autobuses** (☎313 51 333; Gardino gatvė 1; ⌚5.15-6.50) cuenta con servicios a/desde Vilna (10 €, 2 h, 15 diarios), Kaunas (10 €, 2-3 h, cada hora), Panevėžys (17 €, 4¼ h, 6 diarios) y Šiauliai (19 €, 5¼ h, 7 diarios).

Parque Nacional de Dzūkija

☎310

Con 555 km² de extensión, se trata del mayor parque nacional de Lituania y de un auténtico paraíso para los amantes de la naturaleza. Cuatro quintas partes están cubiertas de pinares y alberga 48 lagos. Los ríos Ūla y Grūda, ideales para disfrutar de un día de piragüismo, surcan el parque, y una abundancia de setas y bayas surge con la llegada de la temporada.

El ciclismo resulta una opción genial para explorar el parque. En temporada se pueden alquilar bicicletas en Druskininkai y su centro de información turística ofrece excelentes mapas gratis para ciclistas. Hay un centro de visitantes en Marcinkonys y otro en Merkinė.

Además de reservas naturales, el parque alberga reservas culturales y etnográficas, y aldeas protegidas como **Zervynos** y **Liškiava**. **Merkinė**, situada a 10 km del cauce del río Nemunas, marca el punto de inicio de los 12 km de la **ruta de los Alfareros Negros**, que pasa junto a talleres donde se elaboran vasijas negras a partir de arcilla roja. Su color se debe a la resina de pino de la vasija, que se cuece en un horno al aire libre.

Tras cruzar la linde del parque, 22 km al noreste de Marcinkonys y 58 km al noreste de Druskininkai, se halla **Varėna** (www.varena.lt). Fundado en el s. XV, cuando el gran duque Vitautas construyó un pabellón de caza, se trata del lugar de nacimiento del pintor y compositor lituano M. K. Čiurlionis. La carretera principal (A4), entre Varėna y Druskininkai, está alineada por tótems y tallas erigidos en 1975 en conmemoración del 100º aniversario de su nacimiento.

Puntos de interés

Reserva Natural Estricta de Čepkeliai PARQUE NACIONAL
(www.cepkeliai-dzukija.lt) Los 112 km² de esta reserva, el área de naturaleza virgen más grande de Lituania, conforman una fabulosa zona húmeda de ciénagas, pantanos de alisos, bosques de tipo *Cladinoso-callunosa* y lagos, y albergan más de 4000 especies de animales y plantas, incluidos linces y lobos. Las visitas están limitadas; hay que hacer la solicitud y pagar las tasas en el centro de visitantes de Marcinkonys.

Museo Etnográfico MUSEO

(Marcinkonių etnografijos muziejus; ☎310-39 169; Miškininkų gatvė 6; adultos/niños 1/0,50 €; ⏲8.00-17.00 lu-vi, hasta 15.45 sa) En una granja de principios del s. xx, explora la vida cotidiana, las tradiciones y la cultura material de los habitantes de Dzūkija. Ofrece, entre otros, excelentes ejemplos de tejeduría, tallado de madera, cestería y apicultura.

Monasterio de Liškiava MONASTERIO

(Liškiava) Dominando un verde recodo del río Nemunas, 10 km al norte de Druskininkai, este antiguo monasterio dominico debe su fama a sus siete altares de estilo rococó y su cripta con ataúdes de cristal.

Dónde dormir

Centro de visitantes de Marcinkonys PENSIÓN €

(☎310-44 466; www.dzukijosparkas.lt; Šilagėlių gatvė 11; i/d desayuno incl. 30/45 €; ⏲8.00-17.00 lu-vi, hasta 15.45 sa; P@) El centro de visitantes de Marcinkonys dispone de su propia pensión con sencillas habitaciones con baño, además de un listado de alojamientos en casas particulares (aprox.25 €/persona), pero no efectúa reservas. Solo se permite acampar en las zonas designadas. Cierra de 12.00 a 12.45.

Información

Centro de visitantes de Merkinė (☎310-57 245; www.dzukijosparkas.lt; Vilniaus gatvė 3; ⏲8.00-17.00 lu-vi, hasta 15.45 sa) Ofrece mucha información sobre el entorno circundante, así como sobre paseos, alojamiento, ciclismo y piragüismo. Proporciona guías que hablan inglés para ir a recoger setas o bayas (15 €/h o 60 €/día). Cierra de 12.00 a 12.45.

Centro de visitantes de Marcinkonys (☎310-44 466; www.dzukijosparkas.lt; Miškininkų gatvė 61; ⏲8.00-17.00 lu-vi, 8.00-15.45 sa) Ofrece consejos sobre excursionismo, ciclismo y piragüismo, y supone el punto de partida de la ruta turística de Zackagiris (Zackagirio Takas), de 14 km, así como de otras dos rutas más cortas (7 km y 10,5 km). También gestiona el acceso a la Reserva Natural Estricta de Čepkeliai. Se solicita una aportación voluntaria de 1 €.

Cómo llegar y salir

En verano, un barco de vapor (p. 336) navega entre Druskininkai y Liškiava.

Los autobuses entre Druskininkai y Vilna paran en el cruce de Merkinė (Merkinės kryžkelė; 2 €, 25 min), 2 km al este del centro de Merkinė.

Circulan tres trenes diarios a/desde Vilna con parada en Zervynos (4 €, 2 h) y Marcinkonys (4,30 €, 2 h).

CENTRO DE LITUANIA

El grueso de los viajeros no dedica a esta región más que un rápido vistazo, generalmente desde el asiento del autobús o del tren al desplazarse de la capital a la costa. Esta tierra llana entre las grandes atracciones del país, a menudo es tachada de anodina, pero cuenta con uno de los reclamos más estrambóticos de Lituania, además de ciudades que destilan consistencia y esplendor bucólico.

La orgullosa Kaunas, que ostentó la capitalidad de Lituania entre el período de entreguerras y es la perpetua "segunda ciudad del país", se asienta en pleno corazón del país. Su casco antiguo resulta tan fascinante como su conjunto de museos y galerías de arte, y no existe mejor lugar para realizar incursiones al centro del país. A un breve trayecto desde Kaunas se encuentra Birštonas, una diminuta localidad balnearia donde se toman muy en serio el *jazz* y los tratamientos de lodo.

Aún en proceso de reinvención se halla Šiauliai, que albergaba la mayor base militar de la Unión Soviética fuera de Rusia. La mayoría de los turistas acuden para ver la colina de las Cruces, bendecida por el papa y situada 10 km al norte, y se marchan sorprendidos por la fortaleza y la devoción del pueblo lituano.

Kaunas

☎37 / 353 000 HAB.

Esta extensa ciudad, 100 km al oeste de Vilna en la confluencia de los ríos Nemunas y Neris, atesora un compacto casco antiguo, muchos museos artísticos y educativos, y una fascinante historia. Su numerosa población universitaria le brinda una gran animación.

Historia

Cuenta la leyenda que Kaunas fue fundada por el hijo de una pareja de amantes protagonistas de una trágica historia. La bella doncella Milda dejó que la llama eterna sagrada se apagara por cuidar de su amado Daugerutis, a raíz de lo cual ambos fueron sentenciados a muerte por dioses vengativos, y tuvieron que huir a una cueva para que Milda pudiera dar a luz su hijo Kaunas.

Centro de Lituania

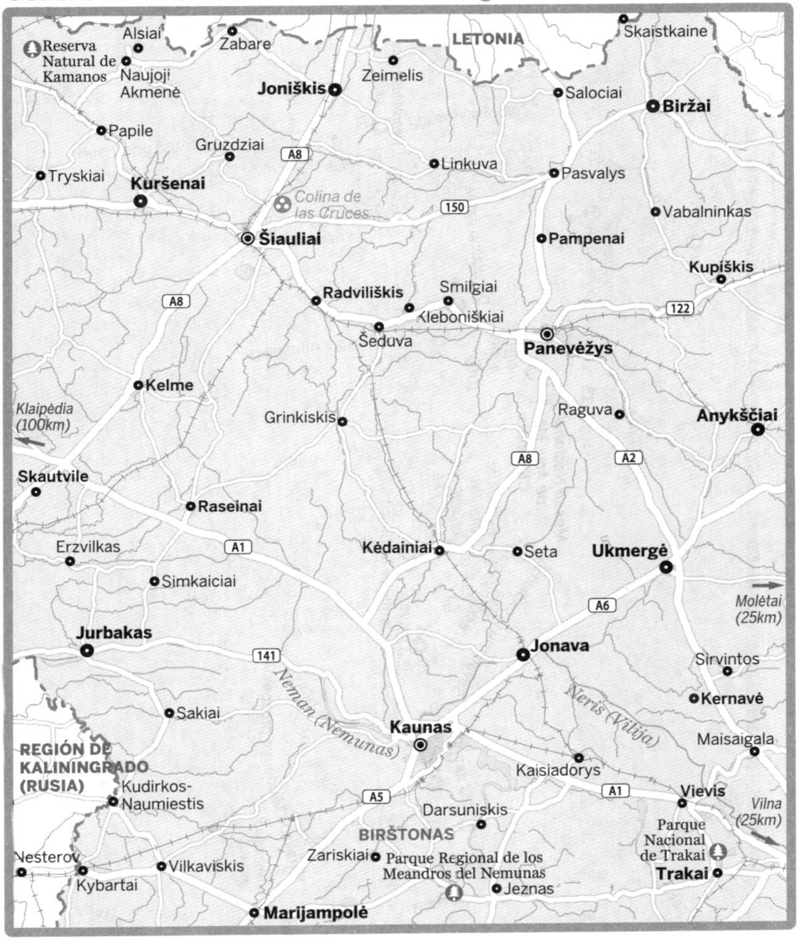

Los arqueólogos sostienen que la ciudad data del s. XIII, y que hasta el s. XV estuvo en primera línea contra la Orden Teutónica en el oeste de Lituania. Kaunas se convirtió en un floreciente puerto fluvial en los ss. XV-XVI. Los mercaderes alemanes ejercieron gran influencia e incluso contaba con una oficina de la Liga Hanseática. Durante el período de entreguerras fue nombrada capital de Lituana, puesto que Vilna había caído en manos polacas. Su posición estratégica explica que fuera destruida 13 veces antes de la II Guerra Mundial, cuando, una vez más, sufrió el azote de la guerra.

Puntos de interés

Rotušės aikštė, la plaza aprisionada entre los ríos Nemunas y Neris, es su corazón histórico. Desde aquí, la peatonal Vilniaus gatvė avanza hacia el este al encuentro del principal eje de la ciudad, la también peatonal Laisvės alėja.

Casco antiguo

Rotušės aikštė y alrededores

Esta enorme plaza abierta en el centro del casco antiguo está alineada por casas de mercaderes alemanes de los ss. XV y XVI, y acoge el antiguo ayuntamiento del s. XVII. En la es-

Kaunas

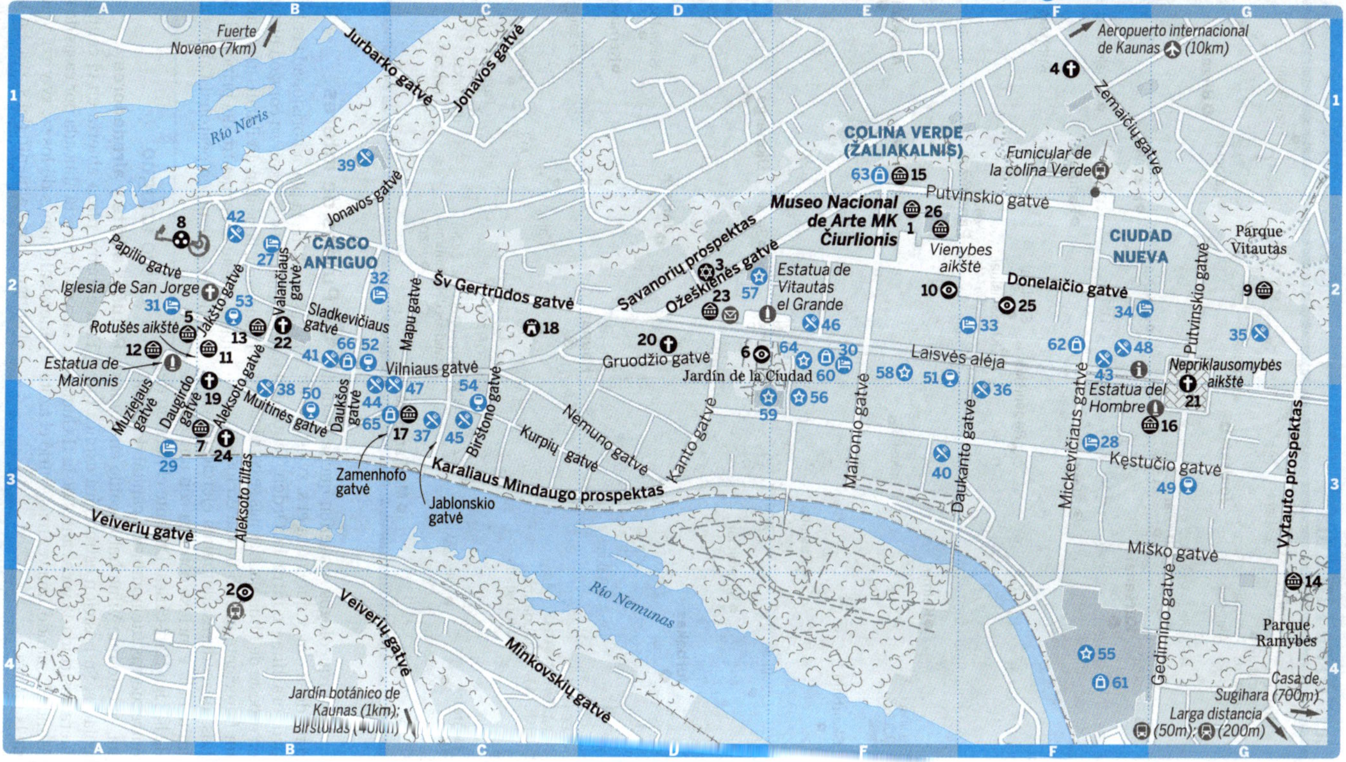
0
500 m
Fuerte Noveno (7km)
Aeropuerto internacional de Kaunas (10km)
Río Neris
Río Nemunas
Jurbarko gatvė
Jonavos gatvė
Papilio gatvė
Iglesia de San Jorge
Rotušės aikštė
Estatua de Maironis
Jakšto gatvė
Valančiaus gatvė
Sladkevičiaus gatvė
CASCO ANTIGUO
Mapu gatvė
Šv Gertrūdos gatvė
Savanorių prospektas
Ožeškienės gatvė
COLINA VERDE (ŽALIAKALNIS)
Museo Nacional de Arte MK Čiurlionis
Putvinskio gatvė
Funicular de la colina Verde
Žemaičių gatvė
Estatua de Vitautas el Grande
Vienybes aikštė
Donelaičio gatvė
CIUDAD NUEVA
Parque Vitautas
Laisvės alėja
Nepriklausomybės aikštė
Estatua del Hombre
Gruodžio gatvė
Jardín de la Ciudad
Vilniaus gatvė
Daukšos gatvė
Muitinės gatvė
Aleksoto gatvė
Daugirdo gatvė
Muziejaus gatvė
Birštono gatvė
Kurpių gatvė
Nemuno gatvė
Kanto gatvė
Maironio gatvė
Daukanto gatvė
Mickevičiaus gatvė
Kęstučio gatvė
Miško gatvė
Gedimino gatvė
Vytauto prospektas
Parque Ramybės
Casa de Sugihara (700m)
Larga distancia (50m); (200m)
Karaliaus Mindaugo prospektas
Zamenhofo gatvė
Jablonskio gatvė
Aleksoto tiltas
Veiverių gatvė
Minkovskių gatvė
Jardín botánico de Kaunas (1km);
A
B
C
D
E
F
G
1
2
3
4

quina suroccidental de la plaza se alza una estatua del poeta y patriota Maironis.

Ayuntamiento de Kaunas EDIFICIO HISTÓRICO
(Kauno rotušė; ☎37-203 572; www.kaunas.lt; Rotušės aikštė 15) Usado como teatro, sede de una revista, cárcel y palacio, el ayuntamiento de Kaunas, del s. XVII, ahora se emplea sobre todo para actos oficiales. Las primeras dos plantas también sirven como salones de bodas y el sótano acoge un pequeño museo de cerámica.

Monasterio e iglesia de San Francisco Javier IGLESIA
(☎8-640 52621; www.jesuit.lt; Rotušės aikštė 7-9; torre 1,50 €; ⏲16.00-18.00 diario, y 9.00-13.00 do) Este complejo jesuita domina el lado sur de Rotušės aikštė. Construido entre 1666 y 1720, está formado por un monasterio, un colegio

Kaunas

y la iglesia con dos torres de San Francisco Javier. Desde lo alto de la torre se disfruta de las mejores vistas de Kaunas.

Casa de Perkūnas EDIFICIO HISTÓRICO

(Perkūno namas; ☎8-641 44614; www.perkunonamas.lt; Aleksoto gatvė 6; adultos/niños 1,5/0,80 €; ⌚14.00-17.00 ju y vi) Esta casa gótica del s. xv, construida por comerciantes de la Liga Hanseática, lleva el nombre del dios lituano del trueno debido a que se encontró una imagen suya en una cavidad de la pared. Ahora es propiedad de los jesuitas, que se encargan de mantener los sótanos, la sala de conciertos y la exposición sobre la vida y obras del poeta del s. xix Adomas Mickevičius.

Iglesia de Vitautas IGLESIA

(Vytauto bažnyčia; ☎37-203 854; www.vytautine.lcn.lt; Aleksoto gatvė 5; ⌚14.00-19.00) Esta iglesia de ladrillo rojo, cuyo nombre completo es iglesia de la Ascensión de la Santísima Virgen María de Vitautas el Grande, se trata de una de las más antiguas de Kaunas. Construida por los franciscanos a principios del s. xv, fue usada por la Iglesia ortodoxa, y luego por Napoleón como almacén de municiones, antes de ser devuelta a la Iglesia católica en 1990.

Iglesia de la Santísima Trinidad IGLESIA

(Rotušės aikštė 22) Esta iglesia del Renacimiento tardío (1624-1634) con tejas de terracota ocupa el lado occidental de Rotušės aikštė.

Museo de Historia de la Medicina y la Farmacia MUSEO

(Medicinios ir farmacijos istorijos muziejus; ☎37-201 569; Rotušės aikštė 28; adultos/niños 1,16/0,58 €; ⌚10.00-17.00 ma-sa) Data de la década de 1930 e ilustra los avances de las ciencias médicas en Lituania a lo largo de los siglos. También acoge exposiciones sobre medicina tradicional lituana y siberiana, y una reconstrucción de una farmacia del s. xix.

Museo Maironis de Literatura Lituana MUSEO

(Maironio Lietuvos literatūros muziejus; ☎37-207 477; www.maironiomuziejus.lt; Rotušės aikštė 13; adultos/niños 1,45/0,58 €; ⌚9.00-18.00 ma-sa) Esta mansión del s. xviii fue, entre 1910 y 1932, el hogar de Jonas Mačiulis (Maironis), el sacerdote-poeta de Kaunas que avivó la conciencia nacional de Lituania a finales del s. xix y principios del s. xx. Se ha convertido en un museo dedicado a su vida y obras, y a la literatura lituana.

Museo de Cerámica MUSEO

(Keramikos muziejus; ☎37-203 572; Rotušės aikštė 15; adultos/niños 1,16/0,58 €; ⌚11.00-17.00 ma-do, hasta 19.00 ju) Exhibe cerámica y porcelana lituanas del s. xx y de épocas anteriores, y acoge exposiciones temporales.

Museo del Desarrollo de las Comunicaciones MUSEO

(Ryšių istorijos muziejus; ☎37-424 920; www.teo.lt/en/node/1449; Rotušės aikštė 19; adultos/niños 1,40/0,80 €; ⌚10.00-18.00 mi-do) Los aficionados a los teléfonos antiguos y a la vieja tecnología analógica disfrutarán en este museo instalado en una antigua estafeta de correos. Enfrente se ve un monumento dedicado al pionero director de cine y titiritero Vladislovas Starevičius, que consiste en dos gigantes insectos (una hormiga y un saltamontes con sombrero de copa) viendo una de sus películas.

Castillo de Kaunas RUINA

(☎37-300 672; www.kaunomuziejus.lt; Papilio gatvė; adultos/niños 2,32/1,74 €; ⌚10.00-18.00 ma-sa, hasta 16.00 do) Una torre reconstruida, algunas secciones de las murallas y una parte del foso es todo lo que queda de este castillo del s. xiv, un importante bastión contra los ataques teutónicos alrededor del cual creció la ciudad original. Acoge una exposición sobre la historia del castillo y una mazmorra reconstruida.

Funicular de Aleksotas FUNICULAR

(Aleksoto funikulierius; ☎37-391 086; Amerikos Lietuvių 6; entradas 0,58 €; ⌚7.00-12.00 y 13.00-16.00 lu-vi, desde 10.00 sa) Este histórico funicular, en el extremo sur del Aleksoto Tiltas (puente de Aleksoto) data de 1935 y brinda sensacionales vistas del casco antiguo.

Vilniaus gatvė y alrededores

Vilniaus gatvė es la encantadora arteria principal del casco antiguo.

Palacio presidencial de Lituania PALACIO

(Istorinė Lietuvos Prezidentūra; www.istorineprezidentura.lt; Vilniaus gatvė 33; adultos/estudiantes 1,16/0,58 €; ⌚11.00-17.00 ma-do, hasta 19.00 ju, jardines 8.00-21.00 diario) Este atractivo edificio del s. xix acogió la sede del Gobierno de la República de Lituania en el período de entreguerras. Restaurado para recuperar su esplendor original, ahora alberga una exposición sobre la Lituania independiente, incluidos regalos hechos a antiguos presidentes, fotografías históricas y condecoraciones presidenciales. El jardín luce estatuas de expresidentes.

Museo Povilas Stulga de Instrumentos de Música Folk Lituana
MUSEO

(Lietuvos tautinės muzikos muziejus; www.kaunomuziejus.lt; Zamenhofo gatvė 12; adultos/niños 1,74/1,16 €; ⌚9.00-17.00 ma-vi, hasta 16.00 sa) Demuestra que casi cualquier materia prima puede transformarse en un instrumento musical. En una casa gótica del s. XVI, su maravillosa colección de 7000 piezas incluye flautas de madera y hueso, inusuales flautas de junco, violonchelos de tres cuerdas y *kanklės* (cítaras).

Catedral de San Pedro y San Pablo
CATEDRAL

(Šventų Apaštalų Petro ir Povilo Arkekatedra Bazilika; ☎37-324 093; www.kaunoarkikatedra.lt; Vilniaus gatvė 1; ⌚7.00-18.30) Con una única torre, su aspecto actual se debe a una reconstrucción barroca, aunque todavía conserva la forma gótica original de sus ventanas del s. XV. Esta iglesia, el edificio gótico más grande de Lituania, probablemente fue fundada por Vitautas alrededor de 1410 y actualmente atesora nueve altares. La **tumba de Maironis** se encuentra fuera del muro sur.

Ciudad nueva

Kaunas se expandió hacia el este del casco antiguo en el s. XIX dando lugar al centro moderno y a su impresionante calle peatonal de 1,7 km, **Laisvės alėja** (avenida de la Libertad).

El primer parlamento de la Lituania independiente se reunió por primera vez en 1920 en el **Teatro Musical Estatal de Kaunas**, el antiguo Palacio Estatal del Teatro, que da a la **Ciudad Jardín** (Miestos Sodas), en el extremo occidental de Laisvės alėja, creada en 1892.

Museo de Zoología Tadas Ivanauskas
MUSEO

(Tado Ivanausko zoologijos muziejus; ☎37-200 292; www.zoomuziejus.lt; Laisvės alėja 106; adultos/niños 2,32/1,45 €; ⌚11.00-19.00 ma-do) Con más de 250 000 especímenes, incluidos 13 000 ejemplares de taxidermia, abarca en profundidad el reino animal. Fue fundado en 1919 por el epónimo Tadas, un famoso naturalista lituano.

Iglesia de San Miguel Arcángel
IGLESIA

(Šv. Archangelo Mykolo Rektoratas; ☎37-226 676; Nepriklausomybės aikštė 14; ⌚9.00-18.00) Los soviéticos convirtieron esta iglesia neobizantina azul, que se alza de forma espectacular en el extremo oriental de Laisvės alėja, en un museo de vidrieras. Construida por la Iglesia ortodoxa rusa en 1893, se reabrió al culto católico en 1991.

Iglesia de Santa Gertrudis
IGLESIA

(☎37-229 965; Laisvės alėja 101a; ⌚10.00-19.00 lu-vi, hasta 12.00 sa, 9.00-12.00 do) Esta joya gótica de finales del s. XV está escondida en un patio junto a Laisvės alėja. Su cripta de ladrillo rojo está siempre abarrotada de velas encendidas, lo que ha hecho que se instale un santuario de velas separado frente a la entrada a la cripta.

Campo del Sacrificio
MONUMENTO

(Miesto Sodas) Este monumento conmemorativo (un nombre grabado en las losas frente al jardín municipal) rinde tributo a Romas Kalanta, el joven héroe de Kaunas que en 1972 se prendió fuego como protesta por la ocupación soviética.

Sinagoga Coral
SINAGOGA

(Kauno Choralinė Sinagoga; ☎8-614 03100; www.kaunasjews.lt; Ožeškienės gatvė 13; ⌚servicio 10.00 sa) En esta sinagoga en funcionamiento, uno de los pocos vestigios que quedan de la antaño importante comunidad judía de Kaunas, destaca una *bimah* (plataforma elevada desde donde se lee la Torá) de madera oscura y oro. Fuera se ve un monumento en conmemoración de los 1600 niños asesinados en el Fuerte Noveno. El gueto judío durante la II Guerra Mundial se hallaba en la margen occidental del Neris, en la zona delimitada por las calles Jurbarko, Panerių y Demokratų.

Galería de Arte Mykolas Žilinskas
MUSEO

(Mykolo Žilinsko dailės galerija; ☎37-322788; www.ciurlionis.lt/m-zilinskas-art-gallery; Nepriklausomybės aikštė 12; adultos/niños 1,74/0,87 €; ⌚11.00-17.00 ma-do, hasta 19.00 ju) Este museo repartido en tres plantas se basa en la colección privada de Mykolas Žilinskas, en la actualidad gestionada por el Museo Nacional de Arte Čiurlionis. Predomina el arte europeo de los ss. XVII-XX y presume de contar con el único Rubens del país.

Vienybės Aikštė y alrededores

Vienybės Aikštė (plaza de la Unidad) alberga la **Universidad Tecnológica de Kaunas** (Kauno technologijos universitetas; ☎37-300 000; www.ktu.edu; K. Donelaičio gatvė 73) y la más pequeña **Universidad Vytautas Magnus** (Vytauto didžiojo universitetas; ☎37-222 739; www.

KAUNAS, CIUDAD DE HÉROES

Los adorados pilotos lituanos Steponas Darius y Stanislovas Girėnas murieron el 15 de julio de 1933, a solo 650 km de completar el vuelo transatlántico ininterrumpido más largo de la historia. Dos días después de que partieran de Nueva York, 25 000 personas se congregaron en el aeropuerto de Kaunas para recibirles. Nunca llegaron. Su avioneta *Lituanica* se estrelló en Alemania; los restos se hallan en el Museo de la Guerra Vitautas el Grande (p. 346). Tras ser embalsamados, y posteriormente escondidos durante la ocupación soviética, los cuerpos fueron finalmente enterrados en el **cementerio Aukštieji Šančiai** (Ašmenos 1-oji gatvė 1) en 1964.

Por otro lado, el diplomático japonés, destinado a Kaunas, Chiune Sugihara (1900-1986) salvó, con la ayuda del diplomático holandés Jan Zwartendijk, a más de 6000 judíos entre 1939 y 1940 al entregar visados de tránsito a judíos polacos que se encontraban varados ante el avance del terror nazi. Cuando los soviéticos se anexionaron Lituania y ordenaron el cierre de todos los consulados, Sugihara solicitó una prórroga. Apodado el "Schindler japonés", desobedeció órdenes desde Tokio durante 29 días firmando 300 visados diarios, y entregó el sello oficial a un refugiado judío cuando finalmente se marchó. La **Casa de Sugihara** (Sugiharos Namas; ☎37-332 881; www.sugiharahouse.com; Vaižganto gatvė 30; adultos/niños 3/1,50 €; ⏲10.00-17.00 lu-vi, 11.00-16.00 sa y do), con imágenes de vídeo e historias de aquellos a los que consiguió salvar, ilustra su vida.

El pequeño **Museo de la Deportación y la Resistencia** (Rezistencijos ir tremties muziejus; ☎37-323 179; Vytauto prospektas 46; adultos/niños 1,74/1,16 €; ⏲9.00-17.00 ma-vi, hasta 16.00 sa) documenta el espíritu de resistencia encarnado por los Hermanos del Bosque, que lucharon contra la ocupación soviética entre 1944 y 1953. Liderados por Jonas Žemaitis-Vytautas (1909-1954), entre 50 000 y 100 000 hombres y mujeres se adentraron en los bosques lituanos para enfrentarse al régimen. Se calcula que un tercio fue abatido y el resto capturados y deportados (en total, 150 000 lituanos fueron enviados a territorio soviético en esos años).

Finalmente, una de las acciones antisoviéticas más desesperadas fue el suicidio del estudiante de Kaunas Romas Kalanta, quien se inmoló el 14 de mayo de 1972 en protesta contra el régimen comunista. Dejó una nota de despedida.

vdu.lt; K. Donelaičio gatvė 58), fundada en 1922 y refundada en 1989 por un expatriado lituano.

★Museo Nacional de Arte M. K. Čiurlionis GALERÍA DE ARTE
(M. K. Čiurlionio Valstybinis Dailės Muziejus; ☎37-229 475; www.ciurlionis.lt; Putvinskio gatvė 55; adultos/niños 2/1 €; ⏲11.00-17.00 ma, mi y vi-do, hasta 19.00 ju) Exhibe una amplia colección de pinturas románticas de Mikalojus Konstantinas Čiurlionis (1875-1911), uno de los mejores artistas y compositores lituanos, así como arte popular lituano y artes aplicadas europeas de los ss. XVI-XX.

Museo de los Diablos MUSEO
(Velnių Muziejus; ☎37-221 587; www.ciurlionis.lt; Putvinskio gatvė 64; adultos/niños 1,74/0,87 €; ⏲11.00-17.00 ma, mi y vi-do, hasta 19.00 ju; 👪) Alberga una colección de unos 3000 diablos, reunida por el paisajista Antanas Žmuidzinavičius (1876-1966). Aunque los comentarios, en los que se vincula a los demonios con el folclore lituano, tienen un toque pseudointelectual, sus espeluznantes máscaras e historias resultan divertidas. Estupendo para ir con niños.

Museo de la Guerra Vitautas el Grande MUSEO
(Vytauto Didžiojo Karo Muziejus; ☎37-320 76 ; www.kariuomene.kam.lt/lt/karo_muziejus.html; Donelaičio gatvė 64; adultos/niños 1,16/0,58 €; ⏲11.00-17.00 ma-do) Gestionado por el ejército lituano, este museo alberga exposiciones sobre la historia de las armas, la historia militar lituana, el período del Gran Ducado y mucho más. Destacan los restos del *Lituanica*, en el que murieron Steponas Darius y Stanislovas Girėnas mientras intentaban volar sin escalas de Nueva York a Kaunas en 1933.

Galería de Pintura de Kaunas MUSEO
(Kauno paveikslų galerija; ☎37-221 779; www.ciurlionis.lt/kaunas-art-gallery; Donelaičio gatvė 6; adultos/estudiantes 1,74/0,87 €; ⏲11.00-18.00 ma, mi y vi-do, hasta 19.00 ju) Esta subestimada joya, otra sucursal de las muchas del museo Čiurlionis, exhibe obras de artistas lituanos

de finales del s. XX, con una sala dedicada a Jurgis Mačiūnas, el padre del movimiento vanguardista Fluxus.

Basílica de la Resurrección de Cristo IGLESIA
(Kauno paminklinė Kristhaus Prisikėlimo bašničia; www.prisikelimas.lt; Zemaicių gatvė 316; 9.30-19.00) Esta monumental catedral, con un cierto parecido con una central eléctrica de la era soviética, tardó 70 años en construirse. Se usó como almacén de papel por los nazis y como fábrica de radios por los soviéticos antes de ser consagrada en el 2004.

Alrededores del centro

Kaunas es una ciudad sorprendentemente verde, rodeada de numerosos parques. El **parque Vitautas** ocupa la pendiente desde el extremo de Laisvės alėja hasta el estadio, detrás del cual se extiende buena parte del encantador **parque Ažuolynas.** Hacia el sur por Vytauto prospektas se encuentra el **parque Ramybės,** hogar del cementerio del casco antiguo hasta que los soviéticos desmantelaron todas las tumbas en la década de 1960.

Museo del Fuerte Noveno MUSEO
(IX Forto Muziejus; 37-377 750; www.9fortomuziejus.lt; Žemaičių plentas 73; adultos/niños 2,30/1,40 €, catacumbas con guía 6 €; 10.00-18.00 mi-lu abr-oct, hasta 16.00 nov-mar) Este excelente museo, 7 km al norte de Kaunas, que ofrece un conmovedor homenaje a las decenas de miles de personas, principalmente judías, que fueron asesinadas por los nazis, consta de un antiguo fuerte de la I Guerra Mundial y de una iglesia tipo búnker que usaban los condenados. Acoge exposiciones sobre las deportaciones de lituanos por parte de los soviéticos y exposiciones fotográficas sobre la aniquilación de la comunidad judía de Kaunas. Hay que tomar el autobús nº 23 desde Jonavos gatvė hasta la parada de 9-ojo Forto Muziejus y luego cruzar la autopista por debajo.

Jardín botánico de Kaunas JARDINES
(Kauno botanikos sodas; 37-295 300; www.botanika.vdu.lt; Ž. E. Žilibero gatvė 6; adultos/niños 2,32/1,16 €; 9.00-19.00 abr-oct) Los jardineros de la Universidad Vytautas Magnus cuidan las 65 Ha de este jardín de maravillosas y raras plantas. Sito unos 2 km al sur del casco antiguo; se puede llegar con el autobús nº 20 o 35.

Monasterio de Pažaislis MONASTERIO
(37-458 868; www.pazaislis.org; Masiulio gatvė 31; adultos/niños 4/2 €; 10.00-17.00 ma-vi, hasta 16.00 sa) Construido por monjes camaldulenses en el s. XVII, este impresionante monasterio barroco se halla 9 km al este del centro de Kaunas, en un promontorio que se adentra en el mar de Kaunas (Kauno marios). Donado a la orden ortodoxa rusa por el zar Alejandro en 1831, presenta una construcción suntuosa aunque un poco ajada con una cúpula de 50 m de altura y un lujoso interior veneciano de mármol polaco rosa y negro. Alberga un pequeño museo dedicado a su historia.

El monasterio se usó como hospital psiquiátrico en la era soviética antes de volver a sus orígenes católicos en 1990. Se recomienda visitarlo durante el Festival Musical de Pažaislis, entre junio y agosto. Desde el centro de Kaunas hay que tomar el trolebús nº 9 o 12 hasta la última parada en Masiulio gatvė, unos cientos de metros antes del monasterio.

Museo al Aire Libre de Lituania MUSEO
(Lietuvių liaudies buities muziejus; 34-647 392; www.llbm.lt; L. Lekavičiaus gatvė 2; adultos/niños 2,90/1,45 €; exposiciones interiores 10.00-18.00 may-oct) Consta de recreaciones de aldeas de los ss. XVIII y XIX que representan las principales regiones de Lituania (Dzūkija, Aukštaitija, Suvalkija, Žemaitija y Lituania Menor). Alfareros, tejedores y carpinteros demuestran sus habilidades en el taller del museo y, aunque las exposiciones interiores están cerradas durante los meses más fríos, se pueden reservar circuitos por el parque durante todo el año. El museo se halla en Rumšiškės, 25 km al este de Kaunas, a 2 km de la carretera entre Kaunas y Vilna. También es accesible en autobús desde Kaunas (30 min, 5 diarios).

Fiestas y celebraciones

Los festivales musicales representan gran parte de los mejores eventos sociales de Kaunas.

Festival de Jazz de Kaunas JAZZ
(37-750 146; www.kaunasjazz.lt; Rotušės aikštė 29) Inaugurado tras la salida de los soviéticos, este animado festival lleva a Kaunas a músicos de *jazz* de talla mundial en abril, antes de que enfilen la carretera hacia Vilna.

Opereta en el castillo de Kaunas MÚSICA
(37-203 661; www.operetta.lt; L. Zamenhofo gatvė 5a) Este festival de ópera al aire libre que se celebra de mayo a septiembre recala varias

noches en las ruinas del castillo de Kaunas antes de realizar otras paradas.

Festival Musical de Pažaislis MÚSICA
(☎37-203 547; www.pazaislis.lt; T. Masiulio gatvė 31) Este ecléctico festival celebrado de mayo a agosto saca provecho de los espléndidos terrenos del monasterio del s. XVII a orillas del mar de Kaunas. Suele programar música sinfónica y de cámara, obras corales y grupos folk.

Dónde dormir

Otro de los encantos de Kaunas es su gran número de alojamientos económicos.

Kauno Arkivyskupijos Svečių Namai PENSIÓN €
(☎37-322 597; www.kaunas.lcn.lt/sveciunamai; Rotušės aikštė 21; i/d/tr desde 15/25/32 €; P❄@) 🍃 Esta pensión de la archidiócesis católica goza de una gran ubicación entre venerables iglesias y con vistas a la plaza del casco antiguo. Ofrece habitaciones espartanas pero espaciosas, y el desayuno no está incluido. Hay que reservar con mucha antelación.

Apple Economy Hotel HOTEL €
(☎37-321 404; www.applehotel.lt; Valančiaus gatvė 19; i/d desde 36/45 €; P(cross icon)@📶) Este sencillo hotel en un tranquilo patio en el extremo del casco antiguo resulta una opción sin florituras muy recomendable. Dispone de habitaciones pequeñas pero luminosas y alegres, con camas muy cómodas.

Metropolis HOTEL €
(☎37-205 992; www.metropolishotel.lt; S. Daukanto gatvė 21; d/tr 42/56 €; 📶) El Metropolis ("Lietuva" en la época soviética), que todavía evoca tiempos gloriosos de antaño, ofrece una buena relación calidad-precio en una tranquila calle bordeada de árboles junto a Laisvės alėja. Cuenta con habitaciones bien equipadas y sus elementos deteriorados por el paso del tiempo, como los balcones de piedra esculpida y la maciza puerta giratoria de madera que conduce al vestíbulo con techos con molduras, aumentan su encanto.

Daugirdas HOTEL-BOUTIQUE €€
(☎37-301 561; www.daugirdas.lt; T. Daugirdo gatvė 4; i/d/tr 56/63/80 €; ❄📶) Este elegante hotel-*boutique* entre el centro del casco antiguo y el Nemunas se trata de uno de los más carismáticos de Kaunas. Las habitaciones dobles estándar cuentan con buenas camas y baños con suelo radiante. Dispone de una suite gótica, con techos de madera, una cama enorme y *jacuzzi*.

Kaunas Hotel HOTEL DE NEGOCIOS €€
(☎37-750 850; www.kaunashotel.lt; Laisvės alėja 79; i/d/ste desde 43/60/64 €; ❄@📶(fax icon)) Este elegante hotel de 1892 renovado en el 2014 gusta mucho a los clientes de negocios. La habitación nº 512, en la planta superior con fachada de cristal, brinda un baño con paredes de cristal y vistas a Laisvės alėja. También ofrece dos salas de conferencias y un gimnasio (gratis para las habitaciones de lujo; si no, hay que pagar 10 €).

Daniela HOTEL €€
(☎37-321 505; www.danielahotel.lt; Mickevičiaus gatvė 28; i/d/ste desde 55/65/120 €; P@📶) Perteneciente al mítico jugador de baloncesto Arvydas Sabonis, este elegante hotel *retro* resulta un lugar divertido y atrevido, con habitaciones estándar por encima de lo habitual y un personal muy atento. Hace un 20% de descuento si se reserva en línea.

Kunigaikščių Menė PENSIÓN €
(☎37-320 800; M. Daukšos gatvė 28; i/d desde 53/75 €; P@📶) Esta pensión familiar con carácter, en un magnífico emplazamiento en el casco antiguo. ofrece pequeñas habitaciones, algunas con suelos de madera. Acoge un restaurante aceptable en su sótano del s. XVI.

Park Inn by Radisson HOTEL €€
(☎37-306 100; www.parkinn.com/hotel-kaunas; K. Donelaičio gatvė 27; i/d desde 77/92 €; P(cross icon)(fax icon)📶) Este elegante hotel de negocios ocupa ocho plantas de un renovado edificio en la ciudad nueva. El servicio es profesional y las habitaciones previsibles, con algunos extras como los suelos con calefacción del baño o el café y té gratuito. Cuenta con restaurante, bar y centro de conferencias.

Dónde comer

Aunque en Kaunas escasean los restaurantes excelentes, las opciones han mejorado mucho en los últimos años.

Raw Inn VEGETARIANA €
(☎8-652 00360; www.rawinn.lt; Vilniaus gatvė 30-1; principales 4-6 €; ⏱10.00-21.00 lu-vi, desde 11.00 sa, 13.00-20.00 do; 🖉) Sirve dos tipos de comida saludable: cruda y vegana. Si tras un plato de *cepelinai* uno no se ve con fuerzas de pedir algo demasiado sustancioso, sus ensaladas, *falafel* y sopas están muy bien.

Radharanė VEGETARIANA €
(☎37-362 941; www.radharane.lt; Laisvės alėja 40; principales 4-6 €; ⏱9.00-21.00) Sito en la ciudad nueva, la sucursal de Kaunas de este restau-

rante con influencias indias dirigido por los Hare Krishna, sirve curris, enormes *samosas,* sopas y ensaladas, todo muy bueno.

Žalias Ratas LITUANA €

(☎37-200 050; Laisvės alėja 36b; principales 6 €; ⏲11.00-24.00) Escondido detrás de la oficina de turismo, el "Círculo Verde" es una de esas tabernas pseudorrústicas donde el personal lleva trajes tradicionales y sirve comida lituana a impacientes comensales. Resulta una excelente opción en verano, con una terraza muy animada.

Buon Giorno TABERNA €

(☎8-620 63777; www.buongiorno.lt; Vilniaus gatvė 34; principales 5-7 €; ⏲9.00-23.00) Fantástico para desayunar, sirve café y comida excelentes. Por la noche se transforma en un tranquilo bistró, con buena comida italiana y una música genial. Se aconsejan sus pastas caseras o la *pizza* con jamón de Parma y rúcula. Sus propietarios han abierto una *trattoria* y una tienda de comestibles (p. 351).

Buon Giorno TRATTORIA €

(☎8-610 63777; www.buongiorno.lt; Daukanto gatvė 14; principales 5-7 €; ⏲9.00-23.00) Esta sucursal más nueva del local original que hay en el casco antiguo es un restaurante en toda regla. Muy vinculado con la tienda de comestibles Buon Giorno, permite disfrutar de auténticos productos italianos y de pasta, ensaladas y platos principales de excelente calidad.

Motiejaus Kepyklėlė PANADERÍA €

(☎8-616 15599; Vilniaus gatvė 7; ⏲8.00-22.00 lu-sa, 9.00-18.00 do) La mejor panadería de Kaunas ocupa unas nuevas y elegantes instalaciones de ladrillo rojo en el corazón de Vilniaus gatvė. Además de pastas y galletas lituanas elabora excelentes dulces internacionales, como *canelés, cupcakes, macarons* y cruasanes. También sirve buen café.

Rocknrolla AMERICANA €€

(☎8-620 81118; Vasario 16-osios gatvė 1; principales 5-8 €; ⏲12.00-23.00 do-ju, hasta 3.00 vi y sa) Con paredes de ladrillo, cervezas artesanas y comida de estilo estadounidense, este local atrae a una clientela joven y moderna. Su cocina cumple las expectativas y hay pocos lugares mejores en la ciudad para comer hamburguesas, pollo frito, nachos o costillas. Sirve buenos cócteles y algunas noches proyecta películas.

Casa della Pasta ITALIANA €€

(☎8-606 74114; www.italurestoranas.lt; Muitinės gatvė 1-2; principales 5-9 €; ⏲11.00-23.00 lu-sa, 12.00-22.00 do) Este pequeño restaurante encalado en una tranquila plaza del casco antiguo sirve excelente pasta casera. Destacan las pastas rellenas, ya sean raviolis con ternera estofada o *panzerotti* con gorgonzola, *ricotta* y nueces.

Bernelių Užeiga LITUANA €€

(☎37-208 802; www.berneliuuzeiga.lt; Donelaičio gatvė 11; principales 5-8 €; ⏲11.00-22.00 do-ju, hasta 1.00 vi y sa; 📖) Ofrece manteles de lino blanco, un ambiente rústico y buena comida tradicional lituana. Su personal orienta a lo largo de su extensa carta.

Capo PIZZERÍA €€

(☎8-693 99932; Palangos gatvė 9; principales 7 €; ⏲12.00-24.00 mi-sa, hasta 22.00 do-ma) Este local muy por encima del resto de *picerijos* de Kaunas, cuenta con chefs italianos que preparan *pizzas* amasadas a mano con buenos ingredientes, junto con pasta, ensaladas, filetes y pescado. Luce un elegante diseño, con leños apilados y obras de arte en las paredes. Dispone de una terraza entre edificios de ladrillo del casco antiguo.

Senieji Rūsiai EUROPEA €€

(☎37-202 806; www.seniejirusiai.lt; Vilniaus gatvė 34; principales 9-15 €; ⏲11.00-24.00 lu-vi, 12.00-1.00 sa, hasta 23.00 do; 📶) Lleno de frescos e iluminado con velas, el "Viejo Sótano", llamado así por su sótano abovedado del s. XVII, resulta uno de los lugares más evocadores de Kaunas para comer sustanciosos platos europeos. Junto con ancas de rana, trucha y otras exquisiteces locales, también prepara platos más caros, como el filete con fuagrás o el filete a la parrilla preparado en la mesa frente al comensal.

Real Texas Grill BARBACOA €€

(☎8-696 00030; www.realtexasgrill.lt; Vilniaus gatvė 48; principales 7 €; ⏲12.00-24.00 do-mi, hasta 6.00 ju-sa) En este nuevo local de moda en el casco antiguo preparan todo tipo de carne especiada y a la barbacoa: hamburguesas, cerdo desmenuzado, falda de res, alitas de pollo, etc. Una enorme y llameante barbacoa, cráneos de ganado de cuernos largos y siluetas de pistoleros en las ventanas conforman su decoración.

Pilies Sodas BARBACOA €€

(☎8-655 55162; www.piliessodas.lt; Pilies gatvė 12; principales 8-10 €; ⏲11.00-1.00 do-ju, hasta 3.00 vi y sa) Aprovechando su excelente ubicación, el "Jardines del Castillo" combina un ambiente animado con cerveza artesana y todo tipo de comida a la parrilla: hamburguesas, pescado, costillas de cerdo y mucho más. A veces ofrece música en directo.

Avilys LITUANA €€
(☎8-655 02626; www.avilys.lt; Vilniaus gatvė 34; principales 8-11 €; ⏲12.00-24.00 do-ju, hasta 2.00 vi y sa) Este retoño de la galardonada fábrica de cerveza de Vilna sirve cervezas poco comunes junto con platos tradicionales lituanos y platos internacionales a una entusiasta clientela, ya sea a nivel de calle o en su sótano de ladrillo.

Compra de alimentos

Maxima SUPERMERCADO €
(Kęstučio gatvė 55; ⏲8.00-22.00 lu-vi, desde 9.00 sa y do) Gran supermercado entre el casco antiguo y la ciudad nueva.

Iki SUPERMERCADO €
(Jonavos gatvė 3; ⏲8.00-22.00) Pequeño supermercado muy práctico para comprar alimentos en el casco antiguo.

Dónde beber y vida nocturna

W1640 BAR
(☎37-203 984; www.viskiobaras.lt; Kurpių gatvė 29; ⏲17.00-1.00 ma-ju, hasta 5.00 vi y sa; 📶) Escondido en una destartalada calle lateral, supone un auténtico hallazgo. Ofrece 150 tipos de *whisky* (sobre todo escocés, pero también alguno más raro japonés) y su personal es el más amable de la ciudad. También sirve algunos tipos de cerveza.

Skliautas BAR
(☎37-206 843; www.skliautas.com; Rotušės aikštė 26; ⏲11.00-24.00 lu-ju, hasta 2.00 vi y sa, hasta 23.00 do) Con comida lituana barata y un ambiente muy animado, este bar rebosa energía durante la mayor parte del día y de la noche, y en verano su clientela ocupa el callejón contiguo. Interesante también para tomar un café y una tarta.

Shamrock PUB IRLANDÉS
(☎8-641 54100; Vilniaus gatvė 13; ⏲10.00-24.00) Aunque su nombre puede que sea lo más irlandés que tenga, resulta un *pub* aceptable y muy acogedor. Sirve cervezas irlandesas y británicas (Guinness, Murphy's, Newcastle Brown), y sus mesas al aire libre son geniales para contemplar Vilniaus gatvė. También prepara *pizzas* baratas.

Alaus Sapnas PUB
(☎8-698 36724; Gedimino gatvė 30; ⏲12.00-22.00 do-mi, hasta 24.00 ju-sa) El "Sueño Cervecero" rebosa de encanto cutre y sus muchas cervezas de barril hacen aumentar el ambiente de cordialidad entre su clientela.

BO BAR
(☎37-206 542; www.blueorange.lt; Muitinės gatvė 9; ⏲18.00-2.00 do-vi, hasta 3.00 sa) Este tranquilo bar atrae a una clientela formada por estudiantes y gente alternativa, los fines de semana se llena y cuenta con más de 20 cervezas de barril. Su nombre es el acrónimo de "Blue Orange" ("Naranja Azul").

Džem Pub BAR
(☎8-657 45003; www.dzempub.lt; Laisvės alėja 59, 5º piso; entrada 5 €; ⏲17.00-3.00 ma-ju, hasta 4.00 vi y sa) Con excelentes vistas desde su terraza de la 5ª planta, una amplia gama de cervezas y una cambiante programación de DJ y música en directo, satisfará a los amantes de la música.

☆ Ocio

Para conocer la programación completa, consúltese el diario *Kauno diena* (www.kaunodiena.lt, en lituano).

Cines

Forum Cinemas CINE
(☎1567; www.forumcinemas.lt; Karaliaus Mindaugo prospektas 49; ⏲taquilla 10.00-22.00) En la 3ª planta del centro comercial Akropolis, proyecta películas en versión original con subtítulos en lituano.

Teatro y música clásica

En Kaunas abundan los locales de artes escénicas y compañías asociadas.

Teatro Dramático Estatal de Kaunas TEATRO
(Nacionlinis Kauno Dramos Teatras; ☎37-224 064; www.dramosteatras.lt; Laisvės alėja 71; ⏲taquilla 10.30-19.00) El principal teatro dramático de Kaunas, y uno de los más antiguos de Lituania, cierra del 15 de junio al 15 de agosto.

Teatro de Cámara de Kaunas TEATRO
(Jaunimo kamerinis teatras; ☎37-228 226; www.kamerinisteatras.lt; Kęstučio gatvė 74a; ⏲14.00-18.00 ma-vi, 11.00-17.00 sa) Conocido originalmente como Estudio Musical Juvenil de Kaunas y ahora un consolidado miembro de la escena teatral de la ciudad, todavía acoge algunas producciones para niños en lituano.

Teatro Estatal de Marionetas de Kaunas TEATRO
(Kauno valstybinis lėlių teatras; ☎37-221 6[illegible]; www.kaunoleles.lt; Laisvės alėja 87a; ⏲taquilla 11.[illegible]0-17.00

ju y vi, 10.00-14.00 sa y do;) Esta institución de Kaunas deleita a jóvenes y adultos desde 1958, y lleva sus producciones por toda Europa e incluso a Sudamérica. A finales de agosto se inaugura la nueva temporada y el teatro y la zona circundante se convierten en una maravillosa ciudad de cuento de hadas. Los niños pueden aprender a crear su propio teatro de marionetas en el museo que hay in situ.

Teatro Musical Estatal de Kaunas TEATRO
(Muzikinis teatras; 37-200 933; www.muzikinisteatras.lt; Laisvės alėja 91; taquilla 11.00-14.00 y 15.00-18.00 ma-sa) Este atractivo edificio de finales del s. XIX acoge óperas, operetas y otros tipos de teatro musical entre septiembre y junio.

Filarmónica de Kaunas SALA DE CONCIERTOS
(Kauno filharmonija; 37-222 558; www.kaunofilharmonija.lt; L. Sapiegos gatvė 5; taquilla 14.00-18.00 ma-do) En el antiguo Palacio de Justicia, se trata de la principal sala de conciertos de música clásica de la ciudad.

De compras

Akropolis CENTRO COMERCIAL
(8-659 38287; www.akropolis.lt; Karaliaus Mindaugo prospektas 49; 8.00-21.00) Con una práctica ubicación en la ciudad nueva cerca de la estación de autobuses y la de trenes, este moderno centro comercial alberga muchas tiendas de ropa, un supermercado, una zona de restauración, una bolera y un cine.

Centrinis Knygynas LIBROS
(37-229 572; www.knygynai.lt/knygynai/Centrinis-knygynas; Laisvės alėja 81; 10.00-18.00 lu-vi, hasta 17.00 sa) Planos/mapas y diarios y revistas en varios idiomas.

Egidijaus Rudinsko Grafikos Galerija ARTE
(8-688 24486; L. Zamenhofo gatvė 13-2; 12.00-18.00 lu-vi, hasta 16.00 sa) Un lugar genial para comprar bonitas litografías y grabados del epónimo Egidijaus.

Humanitas LIBROS
(37-221 530; www.humanitas.lt; Vilniaus gatvė 11; 9.00-18.00 lu-vi, 11.00-16.00 sa) Libros en varios idiomas.

Brome VINO
(8-615 35162; www.brome.lt; A. Mickevičiaus gatvė 23; 10.00-20.00 lu-vi, hasta 16.00 sa) Pequeña y elegante tienda de vinos con una excelente selección de vinos europeos y del Nuevo Mundo. Organiza catas y seminarios (10 €).

Buon Giorno COMIDA
(8-616 59005; www.buongiorno.lt; V. Putvinskio gatvė 72; 10.00-22.00) Esta pequeña tienda de comestibles se trata del mejor lugar de la ciudad para aprovisionarse de quesos, pasta seca, conservas, carnes y otros productos italianos.

Información

DNB Nord (Laisvės alėja 86; 8.00-5.30 lu-ju, hasta 17.00 vi) Cambio de moneda y cajero automático.

Kaunas (www.kaunas.lt) Web oficial de la ciudad.

Kaunas in Your Pocket (www.inyourpocket.com) Guía anual de la ciudad que se vende en hoteles, galerías de arte y quioscos de prensa por 1 €; también se puede descargar en PDF desde su web.

Kauno Medicinos Universiteto Klinikos (urgencias 37-326 089; www.kaunoklinikos.lt; Eivenių gatvė 2; 24 h) Clínica médica universitaria para urgencias, 2,5 km al norte de la ciudad nueva; tómese el trolebús nº 1 desde el casco antiguo o la ciudad nueva.

Oficina principal de correos (8-700 55400; www.post.lt; Laisvės alėja 102; 8.00-19.00 lu-vi, 9.00-15.00 sa) La oficina principal de correos de Kaunas.

SEB Bankas (www.seb.lt; Laisvės alėja 82; 8.30-17.00 lu-vi) Banco y cajero.

Oficina de turismo (37-323 436; www.visit.kaunas.lt; Laisvės alėja 36; 9.00-19.00 lu-vi, 10.00-15.00 sa y do) Reserva alojamiento, vende mapas y guías, y puede organizar el alquiler de bicicletas y circuitos guiados por el casco antiguo.

Cómo llegar y salir

AVIÓN

El **aeropuerto internacional de Kaunas** (8-612 44442; www.kaunas-airport.lt; Vilniaus gatvė, Karmėlava; 9.00-24.00; 29, 29E) se halla 10 km al norte del centro. **Ryanair** (37-750 195; www.ryanair.com) aglutina el grueso del tráfico aéreo, con vuelos a/desde Birmingham, Bruselas, Dublín, Fráncfort, Liverpool, Londres, Oslo, París y Estocolmo. El autobús nº 29 o el microbús nº 120 van hasta el centro; un taxi debería costar unos 18 €.

AUTOBÚS

Desde la **estación de autobuses de larga distancia** (Autobusų Stotis; 37-409 060; www.autobusubilietai.lt; Vytauto prospektas 24; taquilla 5.45-21.30) salen autobuses a destinos lituanos y extranjeros. Hay horarios en la pared y una ventanilla de información de gran ayuda (7.00-20.00).

Para viajes por Lituania se aconseja **Kautra** (☎37-342 440; www.kautra.lt), una filial de Eurolines. Los billetes se adquieren en la terminal principal de autobuses o a través de la web de la empresa.

Varias empresas ofrecen servicios internacionales, incluidas **Eurolines** (www.eurolines.lt) y su filial **Lux Express** (www.luxexpress.lt). Los billetes se pueden comprar en el vestíbulo principal. **Ecolines** (☎37-202 022; www.ecolines.net; Vytauto prospektas 27; ⏲9.00-18.00 lu-vi, hasta 15.00 sa), al otro lado de la calle, también vende billetes para destinos internacionales. **Simple Express** (☎5-233 6666; www.simpleexpress.eu) ofrece servicios económicos por los países bálticos, pero no cuenta con una oficina local, por lo que hay que comprar los billetes por internet.

Algunos de los servicios diarios a destinos dentro de Lituania y la región báltica:

Birštonas (3 €, 50 min, cada hora)
Druskininkai (8 €, 2-3 h, cada hora)
Klaipėda (14 €, 2¾-4 h, 20 diarios)
Palanga (17 €, 3½ h, 9 diarios)
Panevėžys (8 €, 2¼ h, 30 diarios)
Riga (19 €, 4½ h, 3 diarios)
Šiauliai (10 €, 2¾ h, 20 diarios)
Tallin (38 €, 10 h, 3 diarios)
Vilna (6 €, 1¾ h, como mínimo cada 30 min)

AUTOMÓVIL

Autobanga (☎5-212 7777; www.autobanga.lt; Oro uosto gatvė 4) alquila automóviles en el aeropuerto.

TREN

La **estación de trenes** (Geležinkelio Stotis; ☎7005 5111; www.litrail.lt; M. K. Čiurlionio gatvė 16; ⏲taquilla 4.10-9.20) ofrece 14 servicios diarios a/desde Vilna (5 €, 1¼-1¾ h).

Cómo desplazarse

Los autobuses y trolebuses circulan de 5.00 a 23.00 y los billetes cuestan 0,70 € si se compran al conductor. Si no, se puede adquirir una Kauno Miesto Kortelė (tarjeta de la ciudad de Kaunas) en un quiosco Kauno Spauda o Narvesen por 1,74 €, recargarla y pagar solo 0,58 € cada vez que se pase por el lector de tarjetas del transporte público. Aunque con esta tarjeta los viajes salen más baratos, solo merece la pena si se pasan varios días en Kaunas.

Los microbuses siguen las mismas rutas que los autobuses regulares y circulan hasta más tarde; los conductores venden los billetes por 0,87 € y pueden parar donde uno desee. Para información más detallada, visítese la web de la **Red de Transportes Públicos de Kaunas** (www.kvt.lt).

Para viajar al aeropuerto, tómese el microbús nº 120 en la estación de autobuses de Šv. Gertrūdos gatvė o el autobús nº 29 en la parada de Vytauto prospektas. Hay servicios como mínimo cada hora entre 7.00 y 21.30.

Los trolebuses nº 1, 5 y 7 van primero hacia el norte (desde la estación de trenes) por Vytauto prospektas, después hacia el este por Kęstučio gatvė y Nemuno gatvė, y continúan hacia el norte por Birštono gatvė. De regreso se dirigen al este por Šv. Gertrūdos gatvė, Ožeškienės gatvė y Donelaičio gatvė, y luego hacia el sur por Vytauto prospektas hasta la estación de autobuses y la de trenes.

De jueves a sábado también circulan tres autobuses nocturnos (13N, 14N y 37N).

Varias compañías de taxis operan en Kaunas. Se recomienda solicitar un taxi por teléfono. Se aconseja **Einesa** (☎37-331 533; www.eines.lt) o **Žaibiškas** (☎37-333 111; www.zaibiskasgreitis.lt).

Moverse en automóvil por la parte nueva de Kaunas resulta bastante sencillo, con mucho aparcamiento y pocas calles de sentido único. Sin embargo, el casco antiguo alberga un laberinto de callejones adoquinados y poco aparcamiento.

Birštonas

☎319 / 3100 HAB.

Situada 40 km al sur de Kaunas, junto a un bonito meandro del río Nemunas, esta famosa localidad balneario alberga cada mes de marzo, en años impares, el **Birštonas Jazz**, posiblemente el mejor festival en su género de todo el país.

Puntos de interés y actividades

Entre los lituanos Birštonas es famosa por sus tratamientos de balneario, basados en el barro y los manantiales de agua mineral de la región. Se consideran auténticos tratamientos medicinales y se usan para tratar problemas circulatorios, cardíacos, estomacales y pulmonares. El Parque Regional de los Meandros del Nemunas, que abarca gran parte del paisaje circundante, ofrece opciones de piragüismo, ciclismo y excursionismo.

La oficina de turismo proporciona información para todos los puntos de interés y actividades.

Eglė Sanitorija BALNEARIO
(☎319-42 142; www.birstonas.sanatorija.lt; Algirdo gatvė 14; ⊙8.00-17.00 lu-vi) Este consolidado balneario en el centro de Birštonas, no demasiado lejos del ancho Nemunas, ofrece un *spa,* baños de barro, tratamientos de una semana de duración, y cama y desayuno desde 48 € por noche. Ofrece una excelente relación calidad-precio, con masajes de 60 min por 29 € o un baño de aguas minerales por 7 €.

Bicycles Birštonas ALQUILER DE BICICLETAS
(Dviračiai Birštone; ☎8-677 77472; Pušyno St 75; ⊙9.00-22.00) Entre mayo y septiembre alquila bicicletas (2 €/h o 10 €/día).

Piragüismo PIRAGÜISMO
El río Verknė, con rápidas corrientes en primavera, cuando lleva mucha agua ofrece excelentes opciones de piragüismo. A través de la oficina de turismo se pueden organizar viajes de medio día, un día y dos días. Las piraguas (h/día 4/15 €) pueden alquilarse en el **Centro Deportivo de Birštonas** (☎319-65 640; www.birstonosportas.lt; B. Sruogos gatvė 18; ⊙9.00-18.00).

Alquiler de barcas PASEOS EN BARCA
(☎8-640 26638; Birutės gatvė 17; barcas de remos 6 €/h) En el embarcadero cerca de Birutės gatvė alquilan patines y lanchas motoras.

Birštono Nemunas CIRCUITO EN BARCO
(☎319-56 360; www.birstononemunas.lt; Prienų gatvė 21; ⊙con cita previa) Este club deportivo organiza circuitos por el Nemunas en tres tipos de barcos vikingos de remos: el barco real de 9 plazas, el barco vikingo finlandés de 15 plazas o el barco dragón vikingo de 20 plazas. Los precios dependen del barco alquilado y el número y la edad de los pasajeros.

'Vytenis' CRUCERO
(Pušyno gatvė; adultos/niños 10/5 €; ⊙15.00 do) Con salida desde el muelle en Pušyno gatvė, esta embarcación de recreo de dos pisos con capacidad para 50 personas ofrece cruceros de 1 h por el río Verknė.

Dónde dormir

Audenis PENSIÓN €
(☎319-61 300; www.audenis.lt; Lelijų gatvė 3; i/d 35/47 €; P@) Esta agradable pensión con un amable personal y sencillas habitaciones en tonos pastel puede organizar excursiones en kayak y bicicleta, paseos en globo y otras actividades. Su café con terraza es un buen sitio para un almuerzo ligero.

Sofijos Rezidencija HOTEL €€
(☎319-45 200; www.sofijosrezidencija.lt; Jaunimo gatvė 6; d/ste 75/105 €; P@) Sus habitaciones temáticas sobre grandes personajes de la historia de Lituania rozan lo *kitsch,* pero pueden resultar convincentes con su esplendor pseudorrenacentista, sus camas con dosel, sus cómodos sofás y sus comodidades modernas. Dispone de un pequeño gimnasio.

Nemuno Slėnis HOTEL €€€
(☎8-699 64028; www.nemunoslenis.lt; Kampiškių gatvė 8; h 58-144 €; P@) A orillas del Nemunas, lejos del centro del pueblo y rodeado de bosque, este hotel ofrece aislamiento y confort. Su espléndido interior acoge habitaciones decoradas con lujosos muebles antiguos y cortinas de tonos cálidos. Dispone de un *spa,* un restaurante y un gimnasio. Los precios aumentan mucho de jueves a domingo.

Información

Oficina de turismo (☎319-65 740; www.visitbirstonas.lt; B. Sruogos St 4; ⊙9.00-18.00 lu-vi, 10.00-18.00 sa, hasta 16.00 do) Aunque parte de la información impresa no está disponible en inglés, el amable personal ofrece consejos sobre balnearios, actividades por el río, excursionismo, alojamiento y mucho más.

Centro de visitantes del Parque Regional de los Meandros del Nemunas (Nemuno kilpų regioninio parko; ☎319-65 610; www.nemunokilpos.lt; Tylioji gatvė 1; ⊙8.00-17.00 lu-ju, hasta 15.45 vi, 10.00-16.00 sa may-oct) Ofrece información sobre excursiones, acampada, ciclismo y observación de la naturaleza en los 250 km^2 de serpenteantes vías navegables, bosques y suaves colinas de este fabuloso parque. También proporciona guías (22 €/h).

Cómo llegar y salir

Circulan autobuses entre la estación de autobuses de Kaunas y Birštonas (3 €, 50 min, aprox. cada hora).

Šiauliai

☎41 / 128 400 HAB.

La cuarta mayor ciudad de Lituania no merece una visita expresa, pero su ubicación céntrica la convierte en un lugar de parada socorrido al viajar en cualquier dirección. Su principal reclamo, al menos en la época soviética, era la descomunal base aérea militar a las afueras. Aún se respira cierto aire comunista.

EL ARTE DE FABRICAR CRUCES

Las cruces simbolizaban antaño el fervor religioso –pagano o católico– y la identidad nacional. La fabricación de cruces encarna el contrasentido lituano.

Para esta tradición, se utilizaba madera de roble, el árbol pagano sagrado. Se tallaban como ofrendas a los dioses, y se las llenaba de comida, pañuelos de colores (para una boda) o delantales (para la fertilidad). Una vez consagradas por sacerdotes, se las asoció con las ceremonias cristianas, de significado inequívocamente sagrado. Las cruces entonces se convirtieron en símbolos de resistencia contra la ocupación.

Cuando se trata de explicar el origen de la colina de las Cruces, los mitos igualan a las cruces. Algunos sostienen que se creó en tres días y tres noches por las familias de guerreros caídos en una gran batalla. Otros, que fue obra de un padre que, en un intento desesperado por lograr la cura de su hija enferma, colocó una cruz sobre una colina. La tradición pagana habla de fuegos sagrados que encendían y cuidaban vírgenes celestiales.

Las primeras cruces aparecieron en el s. XIV y se multiplicaron tras los sangrientos levantamientos antizaristas como símbolo de sufrimiento y esperanza.

Durante la etapa soviética, colocar una cruz era motivo de arresto, pero los peregrinos seguían acudiendo para conmemorar a los miles de asesinados y deportados. La colina fue derribada al menos en tres ocasiones. En 1961, el Ejército Rojo destruyó las más de 2000 cruces del montículo, cerró los senderos que conducían a la colina y cavó trincheras junto a la base. Aun así, al día siguiente aparecieron más cruces. En 1972 fueron destruidas tras la inmolación de un estudiante de Kaunas en protesta por la ocupación soviética. Pero en 1990 la colina contaba con la asombrosa cifra de 40 000 cruces en 4600 m^2. Desde la independencia, el número se ha multiplicado por diez y no para de crecer. En 1993, el papa Juan Pablo II ofició aquí una misa y, al año siguiente, adornó la colina con una cruz papal, con un mensaje propio en el que se leía: "Gracias, lituanos, por la colina de las Cruces, que da testimonio a las naciones de Europa y del mundo entero de la fe del pueblo de esta tierra".

Se puede pasear por su vía principal, Vilniaus gatvė, flanqueada por el habitual repertorio de cafés y bares. Su principal atracción turística, la colina de las Cruces se encuentra 10 km al norte. Varios museos poco convencionales mantendrán entretenido al viajero unas horas.

Puntos de interés

Šiauliai alberga algunos de los museos más peculiares de Lituania, todos ellos situados en la avenida principal o en sus inmediaciones.

Colina de las Cruces

En lo alto de una pequeña colina, unos 10 km al norte de Šiauliai, surge un inusual monumento consistente en miles de cruces plantadas por un sinfín de peregrinos y, los sábados, una pareja de recién casados tras otra.

Grandes y pequeñas, caras y baratas, de madera o metal, las cruces son algo devocional, para acompañar las oraciones, o sencillamente obras de arte popular industriosamente talladas. Otras son conmemorativas acompañadas de flores, una fotografía u otros recordatorios del fallecido, o con un mensaje inscrito bello o sagrado. Los tradicionales *koplytstulpis* (esculturas de madera de una figura coronadas por un pequeño tejado) lituanos intercalan las cruces, al igual que las espléndidas esculturas del Cristo Doliente (Rūpintojėlis). Para añadir una, solo hay que comprarla a los vendedores de recuerdos del aparcamiento.

El interior de la capilla del moderno monasterio de ladrillo ofrece una vista alternativa de la colina. Habitado en la actualidad por 12 monjes franciscanos, se construyó detrás de la colina entre 1997 y el 2000 tras una propuesta del difunto papa Juan Pablo II, quien dijo tras una visita en 1993 que le gustaría ver un lugar de oración en la zona. El telón de fondo que se observa a través del ventanal del altar de la iglesia, diseñado por el arquitecto italiano Angelo Polesello, resulta conmovedor.

La colina de las Cruces (Kryžių kalnas) queda 10 km al norte de Šiauliai, 2 km al este de la carretera de Joniškis a Riga, en el pueblo de Jurgaičiai. Para llegar, hay que tomar uno de los ocho autobuses diarios

Šiauliai

Šiauliai

Puntos de interés

1 Museo de la Bicicleta C3
2 Museo de la Fotografía B2
3 Museo de la Radio y la Televisión A1
4 Catedral de San Pedro y San Pablo C1
5 Reloj de sol D2

Dónde dormir

6 Šaulys B3
7 Šiauliai C3
8 Albergue Juvenil del Inst. de Šiauliai C1

Dónde comer

9 Arkos B2
10 Cask 215 .... B2
11 ČinČin A1
12 Ikiukas C3
13 Kapitonas Morganas B2

Ocio

14 Teatro Dramático B2
15 Saulė B3

desde la estación de autobuses de Šiauliai hasta Joniškis y bajar en Domantai, desde donde hay que recorrer 2 km a pie hasta la colina. Búsquese el letrero que reza "Kryžių kalnas 2". El trayecto de ida y vuelta en taxi cuesta 18 €, con una parada de 30 min en la colina (1 h, 22 €); conviene pedir un taxi a través de la oficina de turismo de Šiauliai o del alojamiento.

El trayecto de ida y vuelta en bicicleta hasta la colina requiere 3 h, mayormente por carriles bici pavimentados junto a la carretera principal. La oficina de turismo alquila bicicletas (1,50 €/h) y puede ofrecer indicaciones sobre la ruta (prácticamente en línea recta junto a la carretera principal en dirección a Riga y luego a la derecha en el letrero para los últimos 2 km).

Centro urbano

Museo de la Bicicleta MUSEO

(Dviračių muziejus; ☎41-524 395; www.ausrosmuziejus.lt; Vilniaus gatvė 139; adultos/niños 2/1 €; ⌚10.00-18.00 ma, ju y vi, hasta 19.00 mi, 11.00-17.00 sa) Sus varias salas albergan fabulosos velocípedos y bicicletas con ruedas de madera. También ofrece exposiciones dedicadas a pioneros ciclistas lituanos y sus increíbles hazañas, como un viaje desde Lituania hasta Vladivostok completado en seis meses, que se cobró la vida de un ciclista.

Museo de la Fotografía MUSEO

(☎41-524 396; www.ausrosmuziejus.lt; Vilniaus gatvė 140; adultos/niños 2/1 €; ⌚10.00-18.00 ma, ju y vi, hasta 19.00 mi, 11.00-17.00 sa y do) Acoge una colección permanente de fotografía lituana de mediados del s. xx y un interesante programa de exposiciones especiales.

Museo de los Gatos MUSEO

(Katinų muziejus; ☎8-683 69844; Žuvininkų gatvė 18, Jaunųjų gamtininkų centras; adultos/niños 1,16/0,58 €; ⏲10.00-17.00 ma-vi, 9.00-16.00 sa) Los amantes de los gatos disfrutarán en este museo al sureste del centro con una singular colección de recuerdos gatunos, incluidas muestras de gatos de porcelana y fotos de ejemplares fotogénicos. Un par de gatos incluso siguen al viajero por varias salas. El minizoológico de la sala del fondo hará las delicias de los niños.

Museo de la Radio y la Televisión MUSEO

(Radijo ir televizijos muziejus; ☎41-524 399; www.ausrosmuziejus.lt; Vilniaus gatvė 174; adultos/niños 0,50/0,25 €; ⏲10.00-17.00 mi-vi, desde 11.00 sa) Šiauliai contaba en la década de 1920 con algunas de las primeras emisoras de radio *amateur* de Lituania, lo que la convierte en el escenario ideal para acoger esta ecléctica colección de radios, aparatos de TV y fonógrafos. Cabe destacar los grandes aparatos de radio antiguos y los TV de la época soviética fabricados en factorías cercanas.

Villa Frenkelis MUSEO

(Ch. Frenkelio vila; ☎41-524 389; www.ausrosmuziejus.lt; Vilniaus gatvė 74; adultos/niños 3/1,50 €; ⏲10.00-18.00 ma, ju y vi, hasta 19.00 mi, 11.00-17.00 sa y do) Al este del centro se erige esta casa construida en estilo *art nouveau,* en 1908, para el entonces barón de Šiauliai. No sufrió daños durante la II Guerra Mundial y los soviéticos la utilizaron como hospital militar de 1944 a 1993. Su exterior ha sido adecentado, y su interior, restaurado para recuperar su antiguo esplendor.

Catedral de San Pedro y San Pablo IGLESIA

(Šv. Petro ir Povilo bažnyčia; ☎41-528 077; www.siauliukatedra.lt; Aušros takas 3) Elevándose por encima de Priskėlimo aikštė, esta catedral luce una torre de 75 m de altura, la segunda más alta de Lituania. Se construyó entre 1595 y 1625 gracias a los beneficios obtenidos de la venta de varios toros donados por ganaderos locales. Según la leyenda, la loma sobre la que se alza está compuesta de la arena y el polvo que sepultaron el cadáver de un buey que deambulaba por Šiauliai; se tumbó a descansar y murió.

Reloj de sol MONUMENTO

(☎41-528 077; Salkauskjo gatvė esq. Ežero gatvė) Coronado por una estatua de bronce de un arquero, este reloj de arena se ha convertido en uno de los iconos de la ciudad. Se construyó en 1986 para conmemorar el 750º aniversario de la batalla de Saulė (1236), en la que los samogitios vencieron a los Caballeros de la Espada y fundaron la ciudad.

Iglesia de San Jorge IGLESIA

(Šv. Jurgio bažnyčia; Kražių gatvė 17) Esta atractiva iglesia católica luce una insólita cúpula bulbosa, recordatorio de sus orígenes rusos.

Dónde dormir

La oficina de turismo posee información sobre hospedajes en familias en la zona de Šiauliai.

Albergue Juvenil del Instituto de Šiauliai ALBERGUE €

(Šiaulių Kolegijos Jaunimo Navynės Namai; ☎41-523 764; www.jnn.svako.lt; Tilžės gatvė 159; d/tr 18/22 €; ⏲recepción 7.00-23.00; P) Este antiguo instituto ha sido reformado con fondos de la UE a fin de crear un impecable y reluciente albergue juvenil con cocina y sala de TV.

Šiauliai HOTEL €€

(☎41-437 333; www.hotelsiauliai.lt; Draugystės prospektas 25; i/d/ste 28/48/77 €; P@wifi) Este viejo hotel soviético de 14 plantas recién renovado ofrece agradables habitaciones en tonos marrón y amarillo pálido. Ofrece fabulosas vistas, pero el bufé de desayuno decepciona.

Šaulys HOTEL €€

(☎41-520 812; www.saulys.lt; Vasario 16-osios gatvė 40; i/d/tr 60/80/110 €; P@wifi) Con cuatro estrellas, se trata de la propuesta más ostentosa del lugar. Su fachada rojo intenso oculta lujosas habitaciones y su personal puede organizar saltos en parapente o en paracaídas y vuelos en biplanos.

Dónde comer

La mayoría de los restaurantes se concentran a lo largo de la céntrica Vilniaus gatvė.

ČinČin CAFÉ €

(☎8-640 27701; Aušros alėja 25; principales 4-6 €; ⏲11.00-22.00 lu-vi, 12.00-24.00 sa) Este pequeño y carismático local mezcla de café tienda de comestibles y delicatesen, ofrece buen café, cerveza, sencillos platos y cojines para recostarse.

Cask 215 COMIDA DE PUB €
(☎8-686 67006; Vilniaus gatvė 215; principales 5-7 €; ⏲11.00-23.00) Sirve principalmente comida estadounidense, como hamburguesas, costillas y cerdo desmenuzado.

Ikiukas SUPERMERCADO €
(Trakų gatvė 43; ⏲7.30-23.00) Pequeño y práctico supermercado en el centro de Šiauliai.

Arkos LITUANA €€
(☎41-520 205; www.arkos.lt; Vilniaus gatvė 213; principales 6-8 €; ⏲10.00-24.00) El mejor de los varios restaurantes de la principal calle peatonal cuenta con un agradable y acogedor sótano abovedado de ladrillo rojo que atrae a oficinistas a la hora del almuerzo, y a todo tipo de clientes a la hora de la cena. Ofrece platos del día con una buena relación calidad-precio y una amplia carta de platos lituanos e internacionales.

Kapitonas Morganas INTERNACIONAL €€
(☎41-526 477; www.kapitonasmorganas.lt; Vilniaus gatvė 183; principales 7-9 €; ⏲11.00-23.00 do-mi, 12.00-24.00 ju-sa) El barco pirata del capitán Morgan resulta genial para tomar unas copas en su terraza. Su carta internacional, con platos como gambas con nata y ajo o cerdo con verduras a la plancha, ofrece opciones para todos los gustos.

☆ Ocio

Teatro Dramático TEATRO
(☎41-523 209; www.sdt.lt; Tilžės gatvė 155) Acoge producciones en lituano.

Saulė SALA DE CONCIERTOS
(☎41-424 424; www.saule.lt; Tilžės gatvė 140) La principal sala de conciertos de Šiauliai.

Información

Oficina de correos (☎8-700 55400; Aušros alėja 42; ⏲7.30-19.00 lu-vi, 8.00-15.00 sa) La oficina principal de correos.

Šiauliai Bankas (☎8-700 55055; www.sb.lt; Vilniaus gatvė 167; ⏲8.00-18.00 lu-vi) Sucursal de un importante banco con una céntrica ubicación.

Centro de información turística (☎41-523 110; www.siauliai.lt/tic; Vilniaus gatvė 213; ⏲9.00-13.00 y 14.00-18.00 lu-vi, 10.00-16.00 sa, hasta 15.00 do) Vende mapas y guías, alquila bicicletas (1,50 €/h) y reserva alojamiento. En su web ofrece información detallada sobre transporte para ir a la colina de las Cruces.

Cómo llegar y salir

AUTOBÚS

Servicios a/desde la **estación de autobuses** (☎41-525 058; Tilzes gatvė 109):

Kaunas (10 €, 2¾ h, 20 diarios)
Klaipėda (11 €, 3 h, 8 diarios)
Palanga (11 €, 3 h, 8 diarios)
Panevėžys (6 €, 1½ h, 18 diarios)
Riga (9 €, 2½ h, 4 diarios)
Vilna (15 €, 3¾ h, 6 diarios)

TREN

Entre los servicios a/desde la **estación de trenes** (☎41-203 445; Dubijos gatvė 44) se incluyen Klaipėda (8 €, 2-3 h, 5 diarios), Panevėžys (4 €, 1½ h, 3 diarios) y Vilna (10 €, 2½-3 h, 5 diarios).

Radviliškis y alrededores

La sombría **Radviliškis** (19 700 hab.), 22 km al sureste de Šiauliai, es reseñable solo por tratarse del centro de la red ferroviaria, aunque en el tramo de la A9 que va hacia Panevėžys hay varios sitios interesantes donde parar.

El extenso pueblo de **Šeduva** (3200 hab.), 15 km al este de Radviliškis, luce una iglesia barroca amarilla y blanca, algo apagada y rodeada de calles adoquinadas. El **Šeduvos Malūnas** (☎42-256 300; www.seduvosmalunas.lt; Vytauto gatvė 89a; principales 6-8 €), un restaurante *kitsch* pero muy divertido, ocupa un molino de viento de 1905 que conserva su mecanismo original de ruedas dentadas, en el extremo oeste de Šeduva. Sirve cocina tradicional lituana en sus cuatro plantas y sus propietarios también dirigen el agradable hotel en el edificio moderno contiguo (d 41 €).

En **Kleboniškiai,** señalizada en la A9 entre Radviliškis y Panevėžys, se halla un molino de viento (1884). A 1 km por un camino de tierra se encuentra la **Exposición sobre Vida Rural de Kleboniškiai** (Kleboniškių kaimo buities ekspozicija; ☎42-242 005; adultos/estudiantes 1,74/0,87 €; ⏲9.00-17.00 ma-do abr-oct). Esta bonita granja, con edificios del s. XIX y principios del s. XX, ofrece una pintoresca visión de la Lituania rural a través de artículos de coleccionista, como trineos de madera, herramientas agrícolas y un tractor de 1926. La exposición forma parte de la **Reserva del Museo de Historia Cultural de Daugyvenė** (Daugyvenės kultūros istorijos muziejus-draustinis), que comprende cementerios, túmulos funerarios y otros puntos de interés local.

Panevėžys

☎45 / 114 600 HAB.

La quinta ciudad del país dista mucho de ser un lugar turístico, y la mayoría de los viajeros que se aventuran hasta aquí lo hacen durante el trayecto en autobús de Vilna a Riga. Si se dispone de tiempo, Panevėžys posee varios puntos de interés.

El centro neurálgico es Laisvės aikštė, flanqueada en su extremo norte por Elektros gatvė, que va de este a oeste, y al sur por Vilniaus gatvė. Basanavičiaus gatvė se dirige al norte hasta la carretera de Riga y al sur hasta Kaunas y Vilna. La estación de trenes queda 2 km al noroeste del centro y la de autobuses se halla en Savanorių aikštė.

Puntos de interés y actividades

Laisvės aikštė conforma una céntrica zona peatonal arbolada, de forma triangular, agradable durante los dos meses de verano y tranquila el resto del año. Está rodeada por varios cafés, tiendas poco estimulantes y el Teatro Dramático Juozas Miltinio, operativo desde 1940. Junto al río, un **puente pequeño** y varias **estatuas** garantizan un grato paseo.

Museo Regional MUSEO
(Kraštotyros muziejus; ☎45-462 331; www.paneveziomuziejus.lt; Vasario 16-osios gatvė 23; adultos/niños 1,16/0,58 €; ⌚9.00-17.00 ma-vi, 11.00-16.00 sa) Centrado en la etnografía, también acoge exposiciones temporales.

Dónde dormir y comer

Hotel Panevėžys HOTEL €€
(☎8-678 24640; www.panevezyshotel.lt; Laisvės aikštė 26; i/d 30/60 €; P 📶) En el 5º piso de un alto edificio de estilo soviético (el resto está ocupado por oficinas), este moderno hotel ofrece una opción aceptable si se necesita pernoctar en el centro de Panevėžys. Se accede a recepción por detrás del edificio, junto al aparcamiento.

Hotel Romantic HOTEL €€€
(☎45-848 60; www.romantic.lt; Kranto gatvė 24; i/d/ste 105/175/200 €; P @ 📶 ≋) En una antigua fábrica reformada, este hotel ofrece lujosas habitaciones con unos precios acordes. La terraza de su restaurante con vistas al parque, sin duda el mejor lugar para comer de la ciudad, resulta encantadora (principales 11-16 €).

Panevėžys

Panevėžys

Puntos de interés
1 Museo Regional ... A2

Dónde dormir
2 Hotel Panevėžys ... B2
3 Hotel Romantic ... B1

Dónde comer
4 Galerija XX ... B3
5 Iki ... B3
Taverna ... (véase 4)

Ocio
6 Teatro-Carro de Marionetas ... A2

Taverna ITALIANA €
(☎8-683 72255; Laisvės aikštė 6; principales 4-6 €; ⌚18.00-1.00 ju-do, hasta 24.00 lu-mi) Con una ubicación ideal en Laisvės aikštė, en este restaurante informal italiano se puede tomar una copa de vino, un *panino*, pasta con pesto o carnes a la parrilla.

Galerija XX LITUANA €
(☎45-438 701; www.galerijaxx.lt; Laisvės aikštė 7; principales 4-6 €; ⌚10.00-23.00) Con una terraza en la plaza principal, este café-galería ofrece cocina lituana con una buena relación calidad-precio.

SABOREAR LA CERVEZA DEL NORTE

El norte de Lituania es la tierra de la cerveza de cebada y malta, y sus fabricantes siguen fieles a las ancestrales recetas y rituales practicados por sus antepasados hace 1000 años. Según los lugareños, cada habitante consume 160 l de cerveza al año. Los checos, los mayores bebedores del mundo, consumen más o menos la misma cantidad.

Entre las más famosas se cuentan la **Horn**, elaborada en Kaunas desde 1853; la **Gubernija** (www.gubernija.lt), de Šiauliai, y la **Kalnapilis**, de Panevėžys.

La localidad de Biržai, 65 km al norte de Panevėžys y auténtico corazón de la región cervecera lituana, organiza cada agosto el **Festival de Biržai**, en la que las cervecerías sacan sus productos a la calle. En esta alocada fiesta se consumen litros y litros de cerveza y el comportamiento está acorde con el grado de embriaguez. Se puede visitar la **cervecería Rinkuškiai** (☎45-035 293; www.rinkuskiai.lt; Alyvų gatvė 8), que vende sus cervezas, desde suaves *lagers* hasta robustas *stouts*. Menos conocida, pero muy interesante es la dulce **Butautų alaus bravoras**, una *ale* embotellada en cristal marrón con un tapón de cerámica y metal; se elabora desde 1750 en Butautų.

Iki SUPERMERCADO €
(Ukmerges gatvė 18; ⏲8.00-22.00) Cerca de la estación de autobuses, aquí se pueden comprar tentempiés.

☆ Ocio

Teatro-Carro de Marionetas TEATRO
(Pasakų traukinukas; ☎45-511 236; www.leliuvezimo teatras.lt; Respublikos gatvė 30; ⏲8.00-17.00 lu-vi) Panevėžys cuenta con el único teatro-carro móvil de Lituania, aunque la mayor parte del verano está viajando. Las representaciones de marionetas en este viejo vagón de tren de vía estrecha resultan encantadoras.

ℹ Información

E-kopija (☎8-652 89145; Laisvės aikštė 16; acceso ainternet 0,70 €/h; ⏲8.30-18.30 lu-vi, 10.00-15.00 sa)

SEB Bankas (☎1528; www.seb.lt; Ukmergės gatvė 20; ⏲8.30-17.00 lu-ju, hasta 16.00 vi) Práctica sucursal bancaria cerca de la estación de autobuses.

Centro de información turística (☎45-508 080; www.panevezysinfo.lt; Laisvės aikštė 11; ⏲9.00-18.00 lu-vi, 9.00-14.00 sa abr-sep, reducido resto del año)

ℹ Cómo llegar y salir

AUTOBÚS

Entre los servicios a/desde la **estación de autobuses** (☎463 333; Savanorių aikštė 5) figuran los siguientes:

Kaunas (8 €, 2¼ h, 30 diarios)

Riga (11 €, 2½-3 h, 6 diarios)

Šiauliai (6 €, 1½ h, 18 diarios)

Vilna (10 €, 1¾-3 h, regulares de 6.00 a 22.00)

TREN

El limitado servicio de la **estación de trenes** (☎45-463 615; Kerbedžio gatvė 9) incluye Šiauliai (4 €, 1½ h, 2 diarios), desde donde se puede conectar hacia otros destinos.

Biržai

☎ 450 / 15 000 HAB.

Esta tranquila población, la más septentrional y una de las más antiguas de Lituania, goza de una bonita ubicación junto a un lago y de varios puntos de interés. Para llegar hay que seguir la A10 hacia el norte desde Panevėžys y luego tomar la ctra. 125 hacia el este en Raubonys. También hay autobuses a/desde Panevėžys (5 €, 1¼ h, 14 diarios), Vilna (10 €, 2 h, cada hora) y otras poblaciones importantes.

👁 Puntos de interés

Castillo de Biržai CASTILLO
(☎450-33 390; www.birzumuziejus.lt; adultos/niños 2/1 €; ⏲10.00-18.30 mi-sa, hasta 17.30 ma y do) Este castillo, con sus enormes bastiones encalados que se elevan hacia el cielo desde el lago artificial Širvėna, se restauró en la década de 1980 tras haber sido destruido dos veces. Construido por el duque Kristupas Radvila a finales del s. XVI, fue la sede de los duques de Biržai y acabó en primera línea de fuego en dos guerras con Suecia. El castillo principal y el arsenal albergan exposiciones sobre etnografía local, historia militar e historia del ducado y de la familia Radvila.

Mansión de Astravas EDIFICIO HISTÓRICO
Esta otrora imponente mansión romántica, construida por el conde Mykolas Tiškevičius

en 1862, disfruta de una bella ubicación en la orilla norte del lago Širvėna. Se usó como vaquería, fábrica de arpillera y almacén de lino, pero la restauración de sus edificios y el acondicionamiento de sus jardines clásicos en las décadas de 1950 y 1960 le devolvieron parte de su esplendor original. Oficialmente no abre al público, pero se puede cruzar el puente peatonal de 525 m (el más largo de Lituania), contemplar las vistas y posiblemente echar un vistazo a su interior.

Parque Regional de Biržai PARQUE NACIONAL
(☎450-35 805; www.birzuparkas.lt; Rotušės gatvė 10) La región alrededor de Biržai es famosa por sus sumideros kársticos, formados cuando las aguas subterráneas erosionan el aljez sobre el que se asienta el suelo. En esta zona, sobre todo en los 146 km² del parque regional, se pueden encontrar más de 9000 de estos agujeros, incluida la "cueva de la Vaca" (llamada así por una infeliz vaca que fue engullida por el sumidero cuando se formó hace 200 años), de 12,6 m de profundidad. La oficina del parque facilita información sobre la topografía, así como sobre paseos, circuitos y otras actividades.

Iglesia de San Juan Bautista IGLESIA
(www.birzuparapija.lt; Radvilos gatvė 5) Esta iglesia de paredes blancas, construida en los estilos neoclásico y barroco en el s. XIX, se trata del segundo edificio más imponente de Biržai después del castillo.

Dónde dormir y comer

Helveda PENSIÓN €
(☎450-31 150; J. Janonio gatvė 7; d 29 €) Con una práctica ubicación cerca de la estación de autobuses y los principales puntos de interés, esta pensión carece de encanto pero resulta muy funcional.

Pilies Skliautai LITUANA €
(☎450-33 032; J. Radvilos gatvė 3; principales 6 €; ⌚12.00-21.00 ma-do) Con probablemente la mejor comida de Biržai, destaca por su ambiente. Ocupa los sótanos abovedados del castillo y sirve una típica combinación lituana de sopas, carnes a la parrilla, empanadillas y pescado.

Información

Centro de información turística (☎450-33 496; www.visitbirzai.lt; J. Janonio gatvė 2; ⌚8.00-17.00 lu-vi todo el año, y 10.00-15.00 sa y do med jun-ago) Con muchos folletos y buenos consejos, este pequeño y agradable centro puede ayudar a reservar alojamiento y a organizar circuitos locales, excursiones a pie y en bicicleta, y otras actividades.

Anykščiai

☎ 381 / 12 000 HAB.

Esta sugestiva población, 60 km al sureste de Panevėžys, se sitúa en la confluencia de los ríos Šentoji y Anykšta. Al este se extienden 76 lagos; el mayor, el **lago Rubikiai** (9,68 km² y 16 m de profundidad) contiene 16 islas. La localidad cuenta con varios puntos de interés y en invierno se transforma en una estación de esquí. En verano, el **Festival Musical Devilstone** (www.devilstone.net) lleva el *hard rock* al valle de Dainuva en Anykščiai.

Puntos de interés y actividades

La opción de montar en un vagón y dar un paseo en una vieja locomotora de vía estrecha suponga quizá su mayor aliciente, y un buen reclamo para los más pequeños.

Museo del Ferrocarril de Vía Estrecha MUSEO
(Siaurojo geležinkelis istorijos ekspozicija; ☎381-54 597; www.baranauskas.lt; Viltis gatvė 2; adultos/niños 2/1,60 €; ⌚10.00-17.00 may-oct) Ocupa la antigua estación de Anykščiai y permite montar en vagonetas manuales y, los fines de semana de mayo a octubre, viajar por la línea de vía estrecha hasta Troškūnai o Rubikiai. Los trenes salen a las 11.00 y vuelven sobre las 15.00; los billetes cuestan 5,80 €. Más información en www.siaurukas.eu o en la oficina de turismo.

Museo del Caballo MUSEO
(Arklio muziejus; ☎381-6237 0629; www.arklio muziejus.lt; adultos/niños 3/2 €; ⌚9.00-18.00 may-ago, 8.00-16.00 sep-abr) A los niños y a los amantes de los caballos les encantará el único museo del caballo de Lituania, 6 km al norte en la aldea de Niūronys. Dispuesto como una granja tradicional, exhibe fotografías en blanco y negro de transporte tirado por caballo en Vilna junto con una excelente colección de carros de bomberos, carruajes y taxis tirados por caballos. Ofrece paseos a caballo y en carro (adultos/niños 1,50/1 €) y cuenta con un parque infantil. Dos autobuses diarios conectan Niūronys con Anykščiai (0,70 €, 20 min).

Roca de Puntukas PUNTO DE INTERÉS
Un pinar 10 km al sur de Anykščiai alberga la roca de Puntakas (Puntuko akmuo), de 5,7 m de alto, 6,7 m de ancho y 6,9 m de largo,

que según la leyenda colocó aquí el diablo. Al intentar destruir la iglesia de **San Mateo** (1899-1909), con dos campanarios, cantó un gallo y el diablo, al huir apresuradamente al infierno, provocó su caída desde el cielo.

Kalitos Kalnas DEPORTES DE NIEVE
(☎381-78 144; www.kalitoskalnas.lt; Kalno gatvė 25; ⊙11.00-18.00 lu-vi, 10.00-19.00 sa y do) En invierno Anykščiai se transforma en una de las escasas estaciones de esquí del país. Durante la temporada (dic-mar) opera dos remontes, alquila equipo e imparte clases. El resto del año la "Montaña Rusa Alpina" (un trineo montado sobre vías) satisface el deseo de descender a toda velocidad por una colina.

Dónde dormir

La oficina de turismo recomienda casas particulares y casas rurales, los alojamientos más comunes de la localidad.

Nykščio Namai HOTEL €
(☎8-655 43379; www.nykscionamai.lt; Liudiškių gatvė 18; i/d 29/52 €;) Moderno hotel cuyas habitaciones sencillas pero confortables ofrecen una excelente relación calidad-precio. También cuenta con gimnasio, pista de tenis y piscina.

Información

Oficina de información turística (☎381-59 177; www.antour.lt; Gegužės gatvė 1; ⊙8.00-17.00 lu-sa todo el año, y 9.00-16.00 do may-sep) Esta útil oficina debería ser la primera parada en Anykščiai. Su entusiasta personal ayuda a reservar alojamiento en casas particulares y ofrece información sobre los puntos de interés y consejos de viaje.

Cómo llegar y salir

Con la línea férrea de Anykščiai convertida en reclamo turístico, solo queda el autobús. La **estación de autobuses** (☎381-51 333; A. Vienuolio gatvė 1; ⊙6.00-19.00), frente a la oficina de turismo, cuenta con servicios a/desde Panevėžys (5 €, 1¼ h, 2 diarios), Vilna (8 €, 2½ h, 14 diarios), Kaunas (7 €, 2¼ h, 15 diarios) y Utena (7 €, 1 h, 6 diarios).

OESTE DE LITUANIA

El litoral báltico de Lituania constituye uno de los principales atractivos turísticos del país. A pesar de lo breve de la temporada (med may-med sep, con solo jul y ago aptos para el baño), lugareños y visitantes acuden en masa para disfrutar de sus casi 100 km de resplandeciente mar, playas de arena blanca y vibrante energía veraniega.

Alberga una auténtica joya: el istmo de Curlandia (Kursių Nerija), una angosta lengua de arena que se adentra en territorio ruso. Resulta tan bella y extraordinaria esta franja entre el implacable mar Báltico y la laguna de Curlandia que la Unesco la declaró Patrimonio Mundial en el 2000. Sus históricos pueblos de pescadores y un pasado entroncado con Prusia Oriental constituyen un fascinante telón de fondo para su verdadero aliciente: las gigantescas dunas y los densos pinares.

Klaipėda, tercera ciudad del país y único puerto de importancia, supone su puerta de entrada. Esta animada localidad posee un minúsculo casco antiguo y un constante tráfico de ferris. Al norte se halla la localidad fiestera de Palanga, donde encontrar alojamiento en verano supone todo un reto.

Al sur de Klaipėda, el Parque Regional del Delta del Nemunas brinda un oasis para aves y ornitólogos. Tierra adentro, el Parque Nacional de Žemaitija albergó antaño una base nuclear secreta soviética, convertida en el Museo de la Guerra Fría y visita obligada para los aficionados a la historia.

Klaipėda

☎46 / 161 300 HAB.

La tercera ciudad de Lituania fusiona lo antiguo y lo moderno. Esta antigua capital prusiana (llamada Memel) ha preservado un característico sabor alemán en la arquitectura de su adoquinado casco antiguo y la torre que se conserva de su castillo de ladrillo rojo. Se trata, además, del único puerto donde hacen escala los grandes cruceros, y de un enlace marítimo vital para ferris de carga y de pasajeros entre Lituania, Escandinavia y otros países.

El río Danė discurre en dirección oeste, dividiendo la ciudad en dos partes bien diferenciadas y adentrándose en la laguna de Curlandia, a 4 km del mar Báltico. Al norte se alza la ciudad nueva, más moderna, donde se sitúan algunos hoteles, las estaciones de trenes y autobuses y la universidad. Su eje principal, Manto gatvė, va de norte a sur. Al sur se extiende el casco antiguo, en proceso de aburguesamiento, donde se hallan la oficina de turismo, tiendas, bares, restaurantes

Oeste de Lituania

y varios hoteles; sus arterias principales son Tiltų gatvė y Taikos prospektas.

Un tercer distrito, Smiltynė, se sitúa frente a la laguna de Curlandia, en el extremo norte del istmo. Cuenta con varios puntos de interés y solo es accesible en ferri.

Historia

Conocida como Memel hasta 1925, Klaipėda fue fundada en 1252 por la Orden Teutónica, que erigió el primer castillo. Puerto comercial clave entre el s. xv y 1629, año en el que el ejército sueco la destruyó tras las guerras napoleónicas de comienzos del s. xix, pasó a ser territorio prusiano hasta la I Guerra Mundial. Por aquel entonces contaba con una población alemana y lituana a partes iguales.

Con el Tratado de Versalles, Memel, la mitad norte del istmo de Curlandia, una extensión de tierra de 150 km de largo y 20 de ancho del este de la laguna, y la ribera norte del río Nemunas se desmembraron de Alemania, creando un "territorio internacional". Permaneció así hasta que en 1923 el ejército lituano lo invadió y anexionó, y cambió su nombre por el de Klaipėda.

Alemania la recuperó en la II Guerra Mundial y la ciudad sirvió de base nazi de submarinos; su valor estratégico provocó su práctica destrucción durante la contienda. Tras exhaustivas labores de reconstrucción y repoblación, ha ganado importancia gracias a las industrias naval y pesquera. En 1991 abrió su universidad y en el 2003 se inauguró una nueva terminal de cruceros. Recientemente ha empezado a apostar por el turismo, con la construcción de nuevos y elegantes hoteles y restaurantes.

Puntos de interés

Casco antiguo

Poco queda de la antigua ciudad alemana, aunque existen varias calles restauradas en su parte más antigua, encajadas entre el río y Turgaus aikštė. La bonita **Teatro aikštė** (plaza del Teatro) marca el centro del casco antiguo.

Frente al teatro se ve una **fuente** dedicada a Simon Dach, poeta alemán (1605-1659) natural de Klaipėda y figura central de un círculo de escritores y músicos de Königsberg. Sobre un pedestal en medio del agua se alza **Ännchen von Tharau** (1912), una estatua de Ann de Tharau esculpida por el artista berlinés Alfred Kune (una réplica, ya que el original se destruyó durante la II Guerra Mundial) e inspirada en una famosa canción nupcial y amorosa alemana compuesta en el dialecto prusiano oriental.

Teatro Dramático de Klaipėda EDIFICIO HISTÓRICO

(☎46-314 453; www.kldteatras.lt; Teatro aikštė 2; ⌚12.00-18.00 ma-sa) Este exquisito teatro neoclásico, construido en 1857, acoge producciones en lituano. Hitler proclamó la *Anschluss* (anexión) de Memel a Alemania desde su balcón.

Castillo RUINAS

Construido por la Orden Teutónica en el s. XIII y prácticamente en ruinas a finales del s. XIX tras siglos de abandono, el castillo de Klaipėda se está erigiendo de nuevo. Por encima del foso y de los terraplenes de tierra que todavía se conservan se ha iniciado un enorme proyecto de reconstrucción para recuperar el punto focal de la ciudad. Se espera que la primera fase se complete en el 2016.

Švyturys FÁBRICA DE CERVEZA

(☎46-484 000; www.svyturys.lt; Kūlių Vartų gatvė 7) Klaipėda acoge la fábrica de cerveza en funcionamiento más antigua del país. Elabora su cerveza más famosa, Švyturys, desde 1784. La oficina de turismo organiza circuitos por la fábrica (1½-2 h, 10 €/persona incl. catas, 10.00-16.00 lu-vi).

Museo de Historia de Lituania Menor MUSEO

(Mažosios Lietuvos Istorijos Muziejus; ☎46-410 524; www.mlimuziejus.lt; Didžioji Vandens gatvė 6; adultos/niños 1,45/0,72 €; ⌚10.00-18.00 ma-sa) Ilustra los orígenes de Lituania Menor (Kleinlitauen), nombre con el que se conoció durante varios siglos esta región costera como parte de Prusia Oriental. Exhibe mapas prusianos, monedas, objetos de la Orden Teutónica, máquinas de tejer tradicionales y artesanía tradicional.

Museo del Herrero MUSEO

(Kalvystės muziejus; ☎46-410 526; www.mlimuziejus.lt; Šaltkalvių gatvė 2; adultos/niños 1,45/0,72 €; ⌚10.00-18.00 ma-sa) Una de las cuatro sucursales del Museo de Historia de Lituania Menor, exhibe ornamentados objetos de hierro forjado, como elaboradas cruces del antiguo cementerio de la ciudad (actualmente el parque de esculturas Martynas Mažvydas).

Iglesia de María Reina de la Paz IGLESIA

(Švč. Mergelės Marijos Taikos Karalienės bažnyčia; ☎46-410 120; Rumpiškės gatvė 6a; ⌚8.00-18.00) La mayor rareza de todas: una iglesia católica construida durante la era soviética (de hecho, es única en los países bálticos). Su torre de 46,5 m supone uno de los puntos más elevados de la ciudad. La oficina de turismo reserva visitas.

Galería Baroti GALERÍA DE ARTE

(Baroti galerija; ☎46-313 580; www.barotigalerija.lt; Aukštoji gatvė 1; ⌚11.00-18.00 ma-vi, hasta 16.00 sa) GRATIS Parcialmente ubicada en un almacén de pescado reformado de 1819, ofrece un vibrante programa de exposiciones itinerantes.

Ciudad nueva

Un **parque ribereño** bordea la orilla norte del Danė; algo más al norte, Liepų gatvė (llamada Adolf-Hitler-Strasse durante un breve período) posee varios puntos de interés.

Museo del Reloj MUSEO

(Laikrodžių muziejus; ☎46-410 414; Liepų gatvė 12; adultos/niños 1,74/0,86 €; ⌚12.00-18.00 ma-sa, hasta 17.00 do) Se divide en dos secciones; la primera explora los principios de la cronología desde el principio de los tiempos y la

Klaipėda

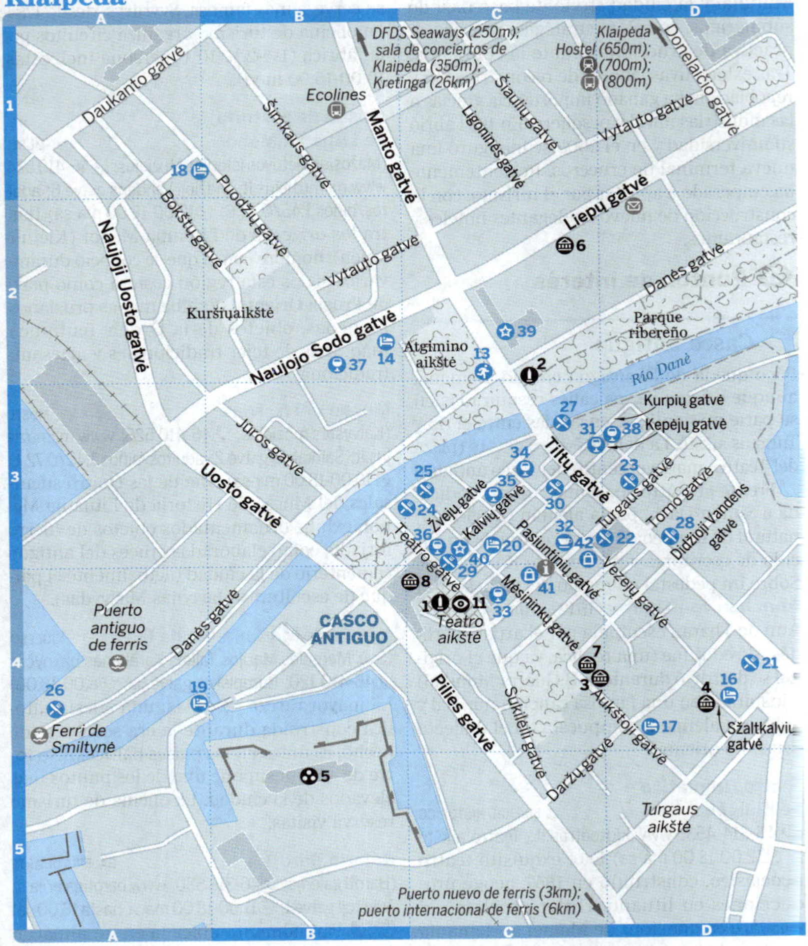

segunda se centra en la evolución del diseño y la forma de los relojes durante los últimos cuatro siglos. En los días soleados merece la pena pagar la entrada solo por ver el jardín de relojes de sol.

Galería Pranas Domšaitis MUSEO
(☎46-410 416; www.ldm.lt; Liepų gatvė 33; adultos/niños 1,73/0,87 €; ⏲12.00-18.00 ma-sa, hasta 17.00 do) Esta sucursal del Museo de Arte de Lituania exhibe obras del pintor expresionista germano-lituano Pranas Domšaitis (1880-1965) y de antiguos artistas lituanos en el exilio.

Actividades

En **Melnragė,** 1 km al norte de Klaipėda, hay un embarcadero y una playa que sus habitantes visitan durante la puesta de sol; la **playa Giruliai** queda 1 km más al norte. Los autobuses nº 6 y 4, respectivamente, comunican Manto gatvė con ambas. **Karklė,** 1 km más al norte, se conoce por las partículas de ámbar que llegan a su inusualmente pedregosa playa tras las tormentas de otoño y por el resguardado **Sombrero Holandés,** un risco marino de 24 m.

La oficina de turismo de Klaipėda puede organizar viajes en barco, navegación a vela (durante el Festival del Mar en julio) y pesca en el hielo en invierno.

Fiestas y celebraciones

Festival del Mar CULTURAL
(Juros Svente; ☎46-400 300; www.jurossvente.lt) Klaipėda celebra su rica herencia náutica a finales de julio con este llamativo festival de tres días con música, talleres, ferias y embarcaciones.

Dónde dormir

En verano conviene reservar por adelantado, sobre todo durante el Festival del Mar. La oficina de turismo puede ayudar a reservar habitación en casas particulares y alojamientos rurales.

Litinterp PENSIÓN €
(☎46-410 644; www.litinterp.lt; Puodžių gatvė 17; i/d/tr desde 25/34/51 €; P Wi-Fi) Un edificio comercial desde el s. XVIII, esta pensión conserva las escaleras de madera, los arcos de ladrillo y otros encantadores toques antiguos originales. Sus 19 habitaciones impolutas lucen muebles claros de pino. El desayuno (2,90 €) es espartano, pero en conjunto ofrece muy buena relación calidad-precio.

Klaipėda Hostel ALBERGUE €
(☎46-211 879; www.klaipedahostel.com; Butkų Juzės gatvė 7/4; dc/d 12/32 €; P @ Wi-Fi) Desde fuera este albergue próximo a la estación de autobuses no resulta atractivo, pero goza de un interior muy hogareño y agradable. Sus dos pequeños dormitorios colectivos contienen un total de 12 camas, y hay una habitación doble, cocina y té y café gratis. No se aceptan tarjetas de crédito.

Pajūrio Kempingas CAMPING €
(☎8-677 73227; www.campingklaipeda.lt; Šlaito gatvė 3, Giruliai; parcelas por persona/tienda 4,34/4,34 €; P) Este tranquilo *camping* se halla unos 8 km al norte del casco antiguo de Klaipėda, cerca de la localidad de Giruliai. Goza de una práctica ubicación cerca del mar y de la estación de trenes, con servicios regulares a/desde Klaipėda.

★ **Hotel Euterpė** HOTEL €€
(☎46-474 703; www.euterpe.lt; Daržų gatvė 9; i/d 73/93 €; P ⊖ @ Wi-Fi) Este lujoso hotel, entre antiguas casas de comerciantes alemanes en el casco antiguo, es el mejor hotel pequeño de Klaipėda. En la recepción ofrecen una calurosa bienvenida y disponen de acogedoras habitaciones en tonos tierra y con un diseño minimalista. Acoge un excelente restaurante en la planta baja y en su pequeña terraza se puede disfrutar del café matutino.

Preliudija PENSIÓN €€
(☎46-310 077; www.preliudija.com; Kepėjų gatvė 7; i/d 58/70 €; @ Wi-Fi) Esta atractiva pensión de mediados del s. XIX se halla en el corazón del casco antiguo. A pesar de su antigüedad, las habitaciones son minimalistas y modernas y

Klaipėda

Puntos de interés

1 Estatua de Ännchen von Tharau ... C4
2 *Arka* ... C2
3 Galería Baroti ... C4
4 Museo del Herrero ... D4
5 Castillo ... B5
6 Museo del Reloj ... C2
7 Museo de Historia de Lituania Menor ... C4
8 Teatro Dramático de Klaipėda ... C4
9 Iglesia de María Reina de la Paz ... F5
10 Galería Pranas Domšaitis ... E1
11 Fuente dedicada a Simon Dach ... C4
12 Švyturys ... E4

Actividades, cursos y circuitos

13 Baltic Cycle ... C2

Dónde dormir

14 Amberton Klaipėda ... B2
15 Aribė ... F3
16 Friedricho ... D4
17 Hotel Euterpė ... D4
18 Pensión Litinterp ... A1
19 Old Mill Hotel ... A4
20 Pensión Preliudija ... C3

Dónde comer

21 Friedricho Pasazas ... D4
22 Ikiukas ... D3
23 Jing Bin Lou ... D3
24 Katpėdėlė ... C3
Keltininko Namas ... (véase 19)
25 La Terrasse ... C3
26 Meat Lovers ... A4
27 Meridianas ... C3
28 Rene ... D3
29 Senoji Hansa ... C3
30 Stora Antis ... C3

Dónde beber y vida nocturna

31 Herkus Kantas ... C3
32 Max Coffee ... C3
33 Nesė Pramogų Bankas ... C4
34 Senoji Vyninė ... C3
35 Seven ... C3
36 Storas Katinas ... C3
37 Viva Lavita ... B2
38 Žvejų Baras ... D3

Ocio

39 Teatro Musical Estatal de Klaipėda ... C2
40 Kurpiai ... C3

De compras

41 Parko ... C4
42 Pėda ... C3

todas lucen un jarrón con una flor fresca y un reluciente baño.

Old Mill Hotel HOTEL €€
(☎46-219 215; www.oldmillhotel.lt; Žvejų gatvė 22; d 70 €;) Ocupa dos antiguos edificios mercantiles con una privilegiada ubicación a ambos lados del puente giratorio del muelle de Klaipėda y queda cerca del castillo, del casco antiguo y de los ferris al istmo de Curlandia. Las habitaciones con moquetas de color burdeos son amplias y luminosas, con buenas camas y relucientes baños. Los restaurantes Old Port y Ferryman House forman parte del hotel.

Friedricho PENSIÓN €€
(☎46-391 020; www.pasazas.lt; Šaltkalvių gatvė 3; i/d 60/70 €;) Esta pensión con seis habitaciones está regentada por los directores de los restaurantes de Friedricho Pasažas. Las habitaciones (o más bien pequeños apartamentos), con cocina americana y sala de estar, resultan ideales para familias. Goza de una gran ubicación en el casco antiguo.

Aribė HOTEL €€
(☎46-490 940; www.aribe.lt; Bangų gatvė 17a; i/d 41/58 €;) Este hotel de tres estrellas tras una modesta fachada queda a 10 min a pie del casco antiguo. Sus tranquilas y agradables habitaciones lucen tonos vivos y luminosos.

Amberton Klaipėda HOTEL €€€
(☎46-404 372; www.ambertonhotel.com; Naujoji Sodo gatvė 1; h/ste desde 94/350 €, h antigua desde 54 €;) En uno de los mejores barrios de la ciudad, este hotel de cuatro estrellas ocupa el singular bloque de ladrillo rojo y el Edificio K situados al norte del río. Ofrece una gran variedad de alojamientos, desde habitaciones individuales básicas y dobles en el ala más antigua a precios razonables, hasta suites de lujo con varias habitaciones en el más moderno Edificio K con *jacuzzi* y vistas marinas. Todos los huéspedes disponen de acceso al *spa*, pistas de tenis y casino.

Dónde comer

Katpėdėlė LITUANO €
(☎8-618 28343; www.katpedele.lt; Žvejų gatvė 2; principales 4-6 €; ⏲10.00-1.00 do-mi, hasta 2.00 ju, hasta 3.00 vi y sa;) Aunque se trata de una franquicia, ofrece muy buenos platos lituanos y saca el máximo provecho de un edificio

mercantil de ladrillo con una excelente ubicación junto al Danė. Se aconseja el cuello de cerdo a la parrilla con salsa de *whisky* y tomillo o el salmón con cacahuetes.

Ikiukas SUPERMERCADO €
(Turgaus gatvė 16; 7.30-23.30) Pequeño supermercado con una práctica ubicación en el casco antiguo.

Friedricho Pasazas INTERNACIONAL €€
(46-391 020; www.pasazas.lt; Tiltų gatvė 26a; principales 5-10 €; 11.00-1.00 lu-sa, 12.00-24.00 do;) Este complejo de restaurantes bordea un agradable pasaje en el lado sur del casco antiguo. El mejor de todos es el Friedricho Restoranas, con creativos platos mediterráneos y vinos a la misma altura. Le siguen a poca distancia una pizzería, un asador y una taberna lituana.

Meat Lovers COMIDA DE PUB €€
(8-652 21998; Danės gatvė 1; principales 5-11 €; 9.00-22.00 lu-vi, desde 10.00 sa y do) Ideal para comer algo (si no se es vegetariano) mientras se espera el ferri a Smiltynė. Sobre el edificio de la terminal, puede servir una hamburguesa y una cerveza en un abrir y cerrar de ojos acompañadas de vistas de la parte superior de la laguna de Curlandia.

Keltininko Namas LITUANA €€
(8-616 23551; www.oldporthotel.lt; Žvejų gatvė 20; principales 7-10 €; 11.00-22.00;) El restaurante del Old Port Hotel goza de una encantadora ubicación en el puerto con vistas al Danė. Sus chefs incorporan el máximo número de ingredientes locales frescos, incluidos abundantes platos de pescado. La mantelería de lino y la vajilla de plata le dan un toque sofisticado, pero los precios son muy razonables.

Rene BELGA €€
(46-215 068; www.restoranasrene.lt; Tiltų gatvė 13; principales 7 €; 11.00-23.00 lu-sa, hasta 21.00 do;) Elegante y excéntrico restaurante que sirve *cuisine à la bière:* mejillones, ternera y otros platos cocinados con cerveza, principalmente belga.

La Terrasse ITALIANA €€
(8-620 46685; Žvejų gatvė 10; principales 5-8 €; 11.00-24.00 do-ju, hasta 2.00 vi y sa;) Popular local a orillas del río Danė centrado en platos italianos bien preparados, como *pizzas,* pastas, ensaladas y pescados. Luce una sencilla decoración contemporánea y, si el tiempo acompaña, se puede comer al aire libre junto al río.

Jing Bin Lou CHINA €€
(46-257 937; Turgaus gatvė 23; principales 5-9 €; 11.00-22.00 lu-sa, desde 12.00 do) En el casco antiguo no existen muchas alternativas a la comida lituana e italiana, pero el Jing Bin Lou ofrece aceptable comida china occidentalizada e incluso se atreve con unos cuantos platos de Sichuan y Xinjiang.

Senoji Hansa LITUANA €€
(46-300 171; www.senojihansa.lt; Kurpių gatvė 1; principales 6-10 €; 10.00-22.00 lu-sa, hasta 18.00 do;) Este bar, restaurante y café con vistas a Teatro aikštė es muy popular por sus platos de carne, sus tortitas y sus *cepelinai.* Su terraza cubierta abre todo el año y las noches de los fines de semana atrae a una animada clientela.

★ **Stora Antis** LITUANA €€€
(46-493 910; www.storaantis.lt; Tiltų gatvė 6; principales 15-18 €; 17.00-24.00 ma-vi, desde 12.00 sa) Sacando el máximo provecho de un impresionante sótano del s. XIX (en 1856 ya albergaba un restaurante), este encantador establecimiento lleno de curiosidades se trata de uno de los mejores del casco antiguo.

Meridianas EUROPEA €€€
(46-411 660; www.pasazas.lt/restoranas-meridianas; dique del Danė, cerca de Tiltų gatvė; principales 19-20 €, degustación 7 platos con vino 84 €; 12.00-1.00 lu-sa, hasta 22.00 do) Este bergantín construido por los finlandeses para la URSS como parte de las reparaciones de guerra impuestas, ha sido restaurado para recuperar su antiguo esplendor y se ha convertido en un restaurante flotante atracado en un prominente lugar en el Danė. A bordo se hallarán relucientes accesorios, manteles almidonados, carne de *wagyu,* fuagrás, vieiras y buen vino.

Dónde beber y vida nocturna

En Klaipėda abundan los locales para beber, con muchas nuevas adiciones durante los últimos años.

Žvejų Baras BAR
(46-412 060; www.zvejubaras.lt; Kurpių gatvė 8; 17.00-24.00 do-mi, hasta 2.00 ju-sa) El "Bar del Pescador" es un *pub* junto al puerto con un bonito interior de madera con ventanas emplomadas y uno de los mejores sitios de Klaipėda para escuchar música en directo o tomar interesantes cervezas.

Herkus Kantas PUB
(8-685 87338; www.herkuskantas.lt; Kepėjų gatvė 17; 17.00-1.00 ma-sa) De los varios *pubs*

LAS ESCULTURAS DE KLAIPĖDA

Fiel al más puro estilo lituano, Klaipėda está jalonada de grandes esculturas, como las 120 piezas de finales de los años setenta del **Parque de Esculturas Martynas Mažvydas** (Liepų gatvė), el principal cementerio de la ciudad hasta 1977. No muy lejos, en Lietuvninkų aikštė, se alza una escultura de granito de 3,5 m del epónimo Martynas Mažvydas, autor del primer libro publicado en lituano en 1547.

El pilar de granito rojo que sustenta un enorme arco gris roto en el extremo sur de Manto gatvė es la mayor escultura de granito del país. Con la inscripción "Somos una nación, una tierra, una Lituania", del poeta local Ieva Simonaitytė (1897-1978), la escultura **'Arka'** (Arco) recuerda la anexión de Klaipėda a Lituania en 1923.

Junto a la estación de trenes se levanta **'Despedida'** (2002), una conmovedora estatua de una madre con un pañuelo en la cabeza, una maleta en una mano y un niño con un oso de peluche en la otra. Regalo de Alemania, recuerda a los alemanes que abandonaron su tierra natal cuando la localidad pasó a formar parte de Lituania en 1923.

En el casco antiguo de Klaipėda se ven esculturas de un perro, un gato, un ratón, una araña y un dragón rojo, y en las afueras hay una manzana, una hilera de descomunales sillas amarillas y un chico con un perro que despide a los ferris. Se descubrirán mientras se pasea.

a orillas del río, este, frente al emblemático bergantín *Meridianas,* se trata del mejor ubicado. Dispone muchas mesas al aire libre para cuando hace buen tiempo y su acogedor sótano alberga geniales cervezas de barril, incluida una cerveza invitada que cambia cada semana.

Seven PUB
(☎8-653 27777; Žvejų gatvė 7; ⏲12.00-23.00) Tal como podría esperarse de un local dirigido a una clientela joven, este flamante *pub* junto al río ofrece un diseño sencillo, hamburguesas y cervezas artesanas.

Senoji Vyninė BAR DE VINOS
(☎8-610 41204; Žvejų gatvė 5; ⏲12.00-23.00 lu-vi, desde 13.00 sa) Muy bien situado a orillas del río, con mantelería blanca, una barra de madera y un ambiente relajado, permite saborear tranquilamente una copa o dos.

Storas Katinas BAR
(☎46-416 173; www.nationalhotel.lt/new/en/bar; Žvejų gatvė 21; ⏲8.00-24.00 lu-ju, hasta 2.00 vi y sa, hasta 23.00 do) El "Gato Gordo", más en línea con otros espacios abovedados de ladrillo de la Klaipėda germánica, goza de un encanto poco corriente para tratarse de un bar de hotel. Con madera oscura, sillas de cuero y bombillas de cálida luz amarilla, ofrece un menú del día de comida lituana y una buena selección de vino y cerveza.

Viva Lavita COCTELERÍA
(☎46-228 800; www.ambertonhotels.com; Naujojo Sodo gatvė 1; ⏲12.00-1.00 do-ju, hasta 3.00 vi y sa) En la 20ª planta del edificio K del hotel Amberton y contigua al restaurante del mismo nombre, esta coctelería brinda espectaculares vistas del puerto de Klaipėda, la punta norte del istmo y el mar Báltico. Hacia el este se puede ver como Lituania se extiende hasta donde alcanza la vista.

Nesė Pramogų Bankas CLUB
(☎8-870 055555; www.nesepb.lt; Turgaus gatvė 1; ⏲24 h; 📶) Centro de ocio con un *pub* irlandés, un bar de *whiskies,* un casino y un *lounge* bar. Sus cuatro plantas están llenas de opciones, algunas de ellas abiertas las 24 h.

Max Coffee CAFÉ
(☎8-657 30557; www.maxcoffee.lt; Turgaus gatvė 1; ⏲7.30-22.00 lu-vi, desde 9.00 sa, 10.00-21.00 do; 📶) En Klaipėda no existe una gran cultura de cafés, por lo que destaca este aceptable local con pasteles, magdalenas y wifi.

☆ Ocio

Sala de conciertos de Klaipėda SALA DE CONCIERTOS
(☎46-410 561; www.koncertusale.lt; Šaulių gatvė 36) Este atractivo edificio del s. XIX programa música orquestal, coral y de cámara.

Kurpiai JAZZ
(☎46-410 555; Kurpių gatvė 1; entrada fines de semana 5 €; ⏲19.00-1.00 mi, hasta 2.00 ju, hasta 4.30 vi y sa) Este club del casco antiguo es toda una leyenda desde hace muchos años, ya que fue uno de los que abrió el camino antes de que proliferara la escena de bares tras la

independencia. Su terraza adoquinada y su oscuro interior de antaño resultan geniales para escuchar *jazz* en directo.

Teatro Musical Estatal de Klaipėda TEATRO
(Muzikinis teatras; ☎46-397 404; www.muzikinis-teatras.lt; Danės gatvė 19; ⏲11.00-14.00 y 15.30-18.30 ma-sa, 12.00-17.00 do) Este teatro fundado en 1987, toda una institución, acoge todo tipo de obras musicales y se lleva de gira algunas producciones. También alberga la Filarmónica de Klaipėda.

De compras

Klaipėda es célebre por su ámbar (Teatro aikštė cuenta con muchos puestos de recuerdos), pero también destacan su ropa de cama y obras de arte.

Parko ARTE
(☎8-652 11112; Turgaus gatvė 9; ⏲11.00-17.30 lu-vi, hasta 15.00 sa) Un lugar genial para comprar cuadros, esculturas o grabados contemporáneos.

Pėda ARTE
(☎46-410 710; www.karciauskas.com; Turgaus gatvė 10; ⏲11.00-18.00 lu-vi) Impresionantes esculturas y diseños del artista contemporáneo Karčiauskas Vytautas.

Pegasas LIBROS
(☎46-469 196; www.pegasas.lt; Taikos prospektas 61; ⏲10.00-22.00) La mejor librería de Klaipėda se halla al sur del casco antiguo, en el centro comercial Akropolis.

Información

El plano *Klaipėda Neringa*, de Jāņa sēta, incluye los barrios del norte junto a la playa, Smiltynė y el istmo de Curlandia, además del centro (escala 1:10 000). Se vende en las librerías (2,50 € aprox.).

Balt Tours (☎46-212 929; www.balttours.lt; Kepėjų gatvė 11a; ⏲10.00-18.00 lu-vi) Organiza viajes a la laguna de Curlandia, el delta del Nemunas y otros países bálticos. También reserva alojamiento, circuitos culturales y mucho más.

Klaipėda in Your Pocket (www.inyourpocket.com) Guía anual de la ciudad que se publica localmente y se vende en hoteles y quioscos de periódicos por 1 €. También se puede descargar en PDF desde su web.

Krantas Travel (☎46-395 215; www.krantas.lt; Teatro gatvė 5; ⏲8.00-18.00 lu-vi, 9.00-15.00 sa) Vende billetes de ferri a Sassnitz, Kiel y Karlshamn.

Oficina de correos (☎8-700 55400; www.post.lt; Liepų gatvė 16; ⏲8.00-19.00 lu-vi, 9.00-16.00 sa) La oficina principal se halla en un encantador edificio neogótico de ladrillo rojo de finales del s. XIX.

Oficina de turismo (☎46-412 186; www.klaipedainfo.lt; Turgaus gatvė 7; ⏲9.00-19.00 lu-vi, 10.00-16.00 sa y do) Vende mapas y guías de publicación local y reserva alojamiento, circuitos y mucho más. Fuera de temporada alta presenta un horario más reducido y cierra los domingos.

Cómo llegar y salir

BARCO

Desde el **puerto internacional de ferris** (☎46-395 051; www.dfdsseaways.lt; Perkėlos gatvė 10), **DFDS Seaways** (☎46-395 000; www.dfdsseaways.lt; Šaulių gatvė 19) opera grandes ferris de pasajeros y automóviles a Kiel y Sassnitz (en Alemania) y a Karlshamn (en Suecia).

Smiltynės Perkėla (☎46-311 117; www.keltas.lt; Nemuno gatvė 8; adultos/niños mayores de 7 años 12/8,40 €) ofrece servicios rápidos de ferri entre el puerto viejo de ferris de Klaipėda y Nida, con escala de 10 min en Juodkrantė (2 diarios fin may-ago, 1 diario sa y do resto del año). El trayecto dura unas 2 h y los menores de 7 años viajan gratis.

AUTOBÚS

Ecolines (☎46-310 103; www.ecolines.net; Mažvydo alėja 1; ⏲9.00-18.00 lu-vi, 9.00-15.00 sa) vende billetes para destinos internacionales.

En la ventanilla de información de la **estación de autobuses** (Autobusų Stotis; ☎46-411 547; www.klap.lt; Butkų Juzės 9; ⏲taquilla 3.30-19.30) facilitan los horarios. Casi todos los autobuses a/desde Juodkrantė y Nida zarpan de la terminal de ferris de Smiltynė, en el istmo de Curlandia.

Entre los servicios de la estación de autobuses de Klaipėda destacan los siguientes:

Kaliningrado (11 €, 3½ h, 1 diario)
Kaunas (14 €, 2¾-4 h, 20 diarios)
Kretinga (1,70 €, 30-50 min, cada 30 min de 6.25 a 21.30)
Liepāja (5,40 €, 1¾ h, 1 diario)
Nida (3,40 €, 1½ h, 7 diarios desde Smiltynė)
Palanga (1,80 €, 30 min, 22 diarios)
Pärnu (35 €, 8¾ h, 3 diarios vía Riga)
Riga (19 €, 5 h, 8 diarios)
Šiauliai (11 €, 3 h, 8 diarios)
Tallin (41 €, 10 h, 3 diarios vía Riga)
Vilna (18 €, 4-5½ h, 17 diarios)

TREN

La **estación de trenes** (☎8-700 55111; www.litrail.lt; Priestočio gatvė 1; ⏱taquilla 6.10.00-19.00), a 150 m de la estación de autobuses, luce una inusual torre del reloj terminada en un chapitel que parece un casco y una emotiva escultura enfrente.

Entre los servicios diarios se incluyen tres trenes a/desde Vilna (18 €, 4 h) y cinco a/desde Šiauliai (7 €, 2-3 h) y Kretinga (1,70 €, 30 min).

Cómo desplazarse

BICICLETA

Baltic Cycle (☎8-615 91773; www.bicycle.lt; Naujoji Uosto gatvė 3; 12 €/día; ⏱9.00-19.00 may-sep, previa reserva oct-abr) Muy práctico para alquilar una bicicleta y visitar Klaipėda o el istmo de Curlandia.

BARCO

Toda la información (horarios, tarifas, noticias de última hora) sobre **Smiltynės Perkėla** (www.keltas.lt) aparece en su web.

Los ferris de pasajeros a Smiltynė (principal punto de acceso al istmo de Curlandia) salen desde el **puerto viejo de ferris** (Senoji perkėla; ☎46-311 117; www.keltas.lt; Danės gatvė 1; por pasajero/bicicleta 0,90 €/gratis); hay que seguir los letreros hacia "Neringa". Atracan en el lado este de Smiltynė, al inicio de la carretera de Nida y parten al menos cada media hora entre 6.30 y 24.00 de junio a agosto (al menos cada hora hasta las 23.00 el resto del año). El trayecto dura 5 min (ida y vuelta 0,80 €/persona; bicicletas y menores de 7 años gratis).

Durante todo el año los vehículos pueden embarcarse desde el **puerto nuevo de ferris** (Naujoji perkėla; ☎46-311 117; www.keltas.lt; Nemuno gatvė 8; por pasajero/automóvil 0,80/11,50 €, bicicletas gratis), unos 2 km al sur de la desembocadura del río Danė. Hay que seguir los letreros hacia "Neringa". Los ferris zarpan cada 30 min entre 5.40 y 1.10, y atracan en el istmo de Curlandia 2,5 km al sur del embarcadero de ferris en Smiltynė. El autobús nº 1 conecta el centro de Klaipėda con el puerto nuevo de ferris.

AUTOBÚS

Los billetes de autobuses locales cuestan 0,64 € en los quioscos de periódicos o 0,70 € si se compran al conductor. El nº 8 (atención a los carteristas) enlaza la estación de trenes con Manto gatvė, el centro de la ciudad y la parada de Turgaus, en Taikos prospektas. El autobús nº 11 conecta la estación de autobuses con Manto gatvė. Los microbuses siguen las mismas rutas que los autobuses y cuestan 0,70 € (o 1 € antes de las 6.00 y después de las 23.00); se pueden parar en cualquier punto de su recorrido.

DUNAS DELICADAS

Según la leyenda, la giganta marina Neringa creó el istmo para formar un puerto protegido para sus pescadores con montones de arena que transportaba en su regazo. La realidad es igual de sugerente. Hace 5000 o 6000 años, las olas y los vientos de mar Báltico dejaron que la arena se acumulara en sus aguas poco profundas junto a la costa, creando una belleza única en el mundo.

En el s. XVI, la deforestación masiva inició el movimiento de la arena, y con la tala de los árboles las arenas se desplazaron sin obstáculos al capricho de los fuertes vientos costeros. A un ritmo de 20 m al año, se tragaron 14 pueblos en el espacio de tres siglos.

El "Sáhara de Lituania", llamado así por su condición desértica, exigía una acción drástica. En 1768 una comisión internacional acometió la reforestación de la zona, todavía una prioridad de las autoridades del parque. El 20% del parque está cubierto de bosques de hoja caduca, principalmente abedules; otro 53% lo componen bosques de coníferas, sobre todo pinos y pinos negros, y los alisos representan el 3% (2,6 km²). Entramados de ramas y estacas de madera han logrado inmovilizar la arena.

No obstante, el movimiento no cesa, a un ritmo de al menos 1 m por año. Lentamente, el istmo se está adentrando en el mar Báltico. Cada turista que sube y corre por la duna Parnidis, la única que aún conserva su movimiento natural, hace caer varias toneladas de arena. Con 1,5 millones de visitantes al año, la amenaza que comporta no respetar los senderos señalizados es muy alta.

Las dunas también se encogen. El viento, las olas y el hombre las han reducido 20 m en 40 años, y su belleza única podría perderse para siempre.

Parque Nacional del Istmo de Curlandia

☎469 / 3100 HAB.

Este parque nacional (Kuršių Nerijos Nacionalinis Parkas) se fundó en 1991 con el objetivo de proteger los singulares ecosistemas del istmo, como las dunas, la laguna y el litoral circundante. Ocupa la mayor parte de la sección lituana de la lengua, desde Smiltynė, al norte, hasta Nida, 50 km al sur.

Agreste y sin urbanizar, el 70% de su superficie lo forman pinares, hábitat natural de ciervos, alces y jabalíes; las dunas representan el 25%. Solo una pequeña fracción es urbana, concretamente cuatro pueblos (Nida, Juodkrantė, Pervalka y Preila), conocidos colectivamente en mapas y carteles como Neringa. El turismo, su actividad principal, se concentra en torno a Nida y Juodkrantė.

Hasta las primeras décadas del s. XX, gran parte del istmo era territorio alemán. La zona atraía a los exiliados alemanes y todavía hoy acuden numerosos turistas de ese país.

Actualmente Lituania comparte el istmo –recorrido por una carretera en toda su longitud– con la región rusa de Kaliningrado. De hecho, si el viajero realiza los trámites pertinentes, puede complementar su visita con una breve excursión a Rusia.

Fiestas y celebraciones

Durante la temporada de verano (jun-ago) no escasean los festivales.

Festival Folk Internacional MÚSICA

Se celebra un fin de semana a finales de junio e inunda a Nida de visitantes. Hay que reservar el alojamiento con antelación.

Maratón de Jazz de Nida JAZZ

(www.nidajazz.lt) Celebrado durante tres días a finales de julio o principios de agosto, culmina cada noche con una *jam session*.

Información

Kopos (www.kopos.lt) Listas de búsqueda de alojamiento en Nida, Juodkrantė y Preila.

Visit Neringa (www.visitneringa.com) Web bien actualizada que abarca la mayor parte de las atracciones y servicios de Neringa.

Cómo llegar y desplazarse

Al istmo de Curlandia se accede solo en barco o ferri (no existen puentes que lo unan al territorio continental). Desde Klaipėda, circulan dos ferris regularmente: el de pasajeros (el “viejo ferri”) va a Smiltynė y el de vehículos (el “nuevo ferri”) conecta con un punto del istmo unos 2 km al sur de Smiltynė. El nuevo ferri zarpa de un puerto situado 2 km al sur del casco antiguo de Klaipėda.

Salen autobuses regulares hasta los pueblos del istmo, incluidos Nida (3,40 €) y Juodkrantė (1,40 €), desde **Smiltynė** (Smiltynės gatvė); primero hay que llegar hasta allí con el ferri de pasajeros.

Si hace buen tiempo, se puede explorar el istmo en bicicleta. Un camino bien señalizado recorre todo el istmo, desde Smiltynė a Nida, pasando por Juodkrantė (unos 50 km). En Klaipėda se puede alquilar una bicicleta y transportarla gratis a la otra orilla de la laguna en el ferri de pasajeros.

También se puede alcanzar Kaliningrado (al sur), en territorio ruso. El puesto fronterizo se halla 3 km al sur de Nida, por la carretera principal; se necesita el visado ruso y la documentación correspondiente.

Smiltynė

☎46 / 50 HAB.

Este pequeño pueblo queda a 5 min en ferri a través del fino estrecho que separa Klaipėda del istmo de Curlandia. Este idílico tramo, muy frecuentado los fines de semana de verano por vecinos de Klaipėda, ofrece bonitas playas, dunas y pinares con agradables fragancias.

Puntos de interés y actividades

Se aconseja llevar el bañador y tomar un sendero por el pinar a través de la punta de 1 km de ancho del istmo hasta una playa de arena blanca. Desde el embarcadero del ferro hay que cruzar el aparcamiento y girar a la izquierda en dirección a Nida; a la derecha un gran cartel indica el suave camino que, cruzando un pinar, llega a una playa de mujeres (Moterų pliažas; 1 km), una mixta (Bendras pliažas; 700 m) y otra masculina (Vyrų pliažas; 900 m). El nudismo y el *topless* son prácticas habituales en las playas no mixtas.

Museo del Mar de Lituania ACUARIO

(Lietuvos Jūrų Muziejus; ☎46-490 740; www.juru.muziejus.lt; Smiltynės gatvė 3; adultos/estudiantes 9/6 €; ⌚10.30-18.30 ma-do jun-ago; 👪) Ocupa un fuerte del s. XIX y exhibe fascinantes animales marinos disecados, acuarios y espectáculos de focas, leones marinos y delfines. La en-

Parque Nacional del Istmo de Curlandia

trada es más barata entre septiembre y abril (7/4 €), pero el horario también se reduce.

Exposición del Parque Nacional del Istmo de Curlandia MUSEO

(Kursių nerijos nacionalinis parkas gamtos muziejus ekspozicija; ☎46-402 256; www.nerija.lt; Smiltynės gatvė 11; adultos/niños 1,16/0,58 €; ⏲11.00-18.00 mi-do may-sep) Dedicado a la flora y la fauna del parque, ocupa tres casas de madera. Además de ejemplares disecados de jabalíes, tejones, castores y alces, cuenta con una gran colección de insectos e información sobre la protección de las dunas.

Granja Etnográfica de Pescadores Marinos MUSEO

(Smiltynės gatvė; ⏲amanecer-atardecer) GRATIS
Esta granja, con su colección de edificios tradicionales del s. XIX (granero, vivienda, bodega, establo, etc.), ofrece una visión de la vida pesquera tradicional de Curlandia. En el exterior se pueden explorar viejas embarcaciones de pesca, incluidos tres barcos pesqueros de arrastre del mar Báltico construidos a finales de la década de 1940 y una *kurėnas* (una barca tradicional de pesca de Curlandia con el fondo plano) de 1935.

Información

Centro de visitantes del Parque Nacional del Istmo de Curlandia (Smiltynė) (☎46-402 256; www.nerija.lt; Smiltynės gatvė 11, Smiltynė; ⏲9.00-17.00 do-ju, hasta 18.00 vi y sa) Este centro de visitantes facilita mucha información sobre la ecología y las atracciones del parque, y organiza circuitos guiados de naturaleza (20-34 €, 2-8 personas). Cierra de 12.00 a 13.00 y los fines de semana de septiembre a abril.

Juodkrantė

☎469 / 720 HAB.

El largo y estrecho pueblo de Juodkrantė –“Orilla Negra” o Schwarzort para los alemanes– se encuentra 20 km al sur de Smiltynė y se extiende a lo largo de la laguna. Goza de un ritmo de vida lento incluso en pleno verano y domina el dulce aroma del pescado ahumado.

Puntos de interés

Su litoral alberga esculturas contemporánea de piedra y un paseo marítimo; la carretera principal (Liudviko Rėzos gatvė) está flan queada por casas de veraneo y pintorescas *žuvis* (pescaderías).

En su extremo norte, en torno a un puerto pesquero, una zona conocida como **bahía del Ámbar** (Gintaro įlanka) recuerda el ámbar extraído en el pueblo en tres enclaves separados (2250 toneladas en total) en 1854-1855 y en 1860. En este punto el istmo mide 1,5 km de ancho y su tramo de bosque (ideal para avistar alces a primera hora de la mañana y al atardecer) resulta uno de los más hermosos de la península.

★Colonia de cormoranes y garzas RESERVA DE AVES

Al sur de Juodkrantė se halla la mayor colonia de cormoranes y garzas reales de Lituania, presente en este lugar desde el s. XIX. Unos escalones de madera conducen desde la carretera hasta una plataforma de observación. El panorama de miles de nidos entre los pinos resulta impresionante, al igual que el ruido de los más de 6500 ejemplares de la colonia. Los pescadores culpan sobre todo a los cormoranes de la disminución de capturas, pero ambas especies están protegidas.

Los cormoranes llegan a principios de febrero, y las garzas un poco más tarde, para reconstruir sus nidos. En mayo las crías ya han nacido. También se pueden ver estorninos, tordos, parúlidos, pitos grises occidentales, picos picapinos y picamaderos negros.

Colina de las Brujas SENDERO DE ESCULTURAS

(Raganų Kalnas; 👪) Realizada por artistas locales y cada vez más numerosa desde 1979, esta colección de demonios, brujas y otras tallas fantásticas y grotescas de madera del folclore lituano flanquea un sendero boscoso. Su temática abarca desde los cuentos de hadas hasta las pesadillas y lo lúdico (un tobogán en forma de enorme lengua de un demonio). Se señaliza al sur de Liudviko Rėzos gatvė 46.

Galería de Veletas MUSEO

(Vetrungių Galerija; ☎8-698 27283; www.autentic.lt; L. Rėzos gatvė 13; ⏲9.00-19.00 may-sep, 10.00-17.00 abr y oct) Este museo, que vende auténticas joyas de ámbar y veletas de Curlandia, merece una visita.

Iglesia evangélica luterana IGLESIA

(Liudviko Rėzos gatvė 56) Iglesia alemana de ladrillo rojo de 1885 en el extremo sur de Juodkrantė.

Dónde dormir y comer

Muchos alojamientos cierran de octubre a abril, por lo que hay que reservar con antelación. A lo largo de Liudviko Rėzos gatvė venden pescado ahumado y la compra de alimentos se limita a una cara tienda (8.00-22.00) cerca del inicio del sendero de la colina de las Brujas.

Vila Flora PENSIÓN €€

(☎469-53 024; www.vilaflora.lt; Kalno gatvė 7a; d/tr 80/115 €; P) Encantadora villa de madera del s. XIX abierta todo el año en el centro de Juodkrantė. Ofrece 15 luminosas y elegantes habitaciones, algunas con balcones y terrazas interiores. El restaurante de la planta baja, que sirve cocina tradicional lituana con un toque moderno, es el mejor del pueblo. Los precios bajan en invierno, pero el restaurante está cerrado.

Kurėnas HOTEL €€

(☎8-698 02711; kurenas@gmail.com; Liudviko Rėzos gatvė 10; h desde 75 €; P wifi) Con el nombre de la barca tradicional de pesca de fondo plano de Curlandia, este animado y alegre café-bar con terraza ofrece grandes habitaciones con suelos de madera y paredes blancas. Hay que reservar una con balcón y vistas a la laguna (y pagar la mitad de precio entre septiembre y mayo).

Hotel Ažuolynas HOTEL €€

(☎469-53 310; www.hotelazuolynas.lt; Liudviko Rėzos gatvė 54; i/d 76/114 €; P piscina) A este moderno hotel le falta personalidad, pero cuenta con habitaciones aceptables y todos los servicios –pistas de tenis, mesa de billar, sauna, piscina– de los que carecen los alojamientos más pequeños. Abre todo el año y los precios en temporada baja (sep-may) son más baratos.

Pamario Takas LITUANA €€

(☎8-650 97491; L. Rėzos gatvė 42; principales 8 €; ⏲10.00-24.00) Este alegre restaurante familiar ocupa una pintoresca casa de madera con un jardín lleno de flores. Elabora su propio pan y comida muy buena.

Información

Oficina de correos (L. Rėzos gatvė 54; ⏲8.30-16.30 lu-vi) Cierra de 12.00 a 13.00.

Centro de información turística (☎469-53 490; juodkrante@visit neringa.lt; Liudviko Rėzos gatvė 8; ⏲10.00-20.00 lu-sa, hasta 15.00 do) Frente a la parada de autobuses, facilita información sobre alojamientos y activi-

NORMAS EN EL ISTMO

- Tarifa de entrada al municipio de Neringa: motocicletas/automóviles julio y agosto 5/10 €, de septiembre a junio 5/5 €.
- Límite de velocidad: 50 km/h en las zonas urbanas, 70 km/h en las carreteras.
- No se permite correr por las dunas, recoger flores o salirse de los senderos señalizados.
- Está prohibido dañar la flora y la fauna, tocar los nidos y encender hogueras.
- No se puede montar una tienda o pernoctar en una caravana en el parque.
- Está prohibido pescar sin permiso; este se adquiere en las oficinas de turismo.
- Hay que estar alerta con los alces y jabalíes que cruzan la carretera, y no se puede alimentarlos.
- Incumplir una de las normas supone el pago automático de una multa de hasta 150 €.
- En caso de incendio forestal, hay que llamar al ☎01 o al ☎112, o al ☎8-656 35025 en Smiltyne, al ☎8-656 34998 en Juodkrantė, al ☎8-687 27758 en Prėila y Pervalka, o al ☎8-656 34992 en Nida.

dades. Cierra de 13.00 a 14.00, y de septiembre a mayo tiene un horario más reducido y cierra los domingos.

Cómo llegar y salir

Los autobuses a/desde Nida (2,30 €, 45 min) y Smiltynė (1,40 €, 15-20 min) paran en Juodkrantė. Cerca de la oficina de turismo alquilan bicicletas (h/día 3/12 €).

De Juodkrantė a Nida

En dirección sur desde Juodkrantė la carretera se desplaza hacia el lado oeste del istmo. La **Reserva Natural Estricta de Naglių** (Naglių rezervatas), de 16,8 km², protege las dunas muertas o grises (llamadas así por la flora grisácea que las cubre), que se extienden 8 km al sur y miden 2 km de ancho; desde la carretera principal un sendero señalizado lleva a la reserva.

A mediados del s. XIX el desplazamiento de las dunas obligó a los lugareños a huir a **Pervalka** y **Preila**, en la costa este, accesibles por carreteras secundarias que parten de la principal. Situada entre pinos, la **duna Vecekrugas** (67,2 m), la más alta de la península, se alza al sur de Preila en un risco llamado colina del Antiguo Hostal, en memoria de una posada situada al pie de la duna antes de ser engullida por la arena: La duna se ve desde el sendero para ciclistas entre Juodkrantė y Nida.

Dónde dormir y comer

Los alojamientos y restaurantes son limitados y no existen cajeros automáticos.

Kuršmarių Vila HOTEL €€
(☎8-685 56317; kursmariuvila@gmail.com; Preilos gatvė 93; d 70 €; P) En el extremo sur de Preila se halla esta villa con techo de paja que ofrece cama y comida durante todo el año. La familia de pescadores que la dirige ahúma excelente pescado y puede enseñar a pescar en el hielo en invierno. El precio de una habitación doble cae hasta 30 € en temporada baja.

Karalienė Luizė LITUANA €
(☎8-6121 2111; Pervalkos gatvė 29e; principales 8-1… €) Junto a la laguna en Pervalka, este acogedor establecimiento que combina un aceptable restaurante (en verano) con habitaciones bien equipadas ofrece un lugar de descanso a los ciclistas que realizan la ruta entre Nida y Juodkrantė.

Nida

☎469 / 1650 HAB.

Esta localidad (Nidden en alemán) se trata de la mayor de la mitad lituana del istmo y el lugar turístico de moda. En sus cabañas de madera y su puerto lleno de embarcaciones se intuye su vida anterior como pueblo de pescadores, aunque hoy vive del turismo y de los autobuses de alemanes que exploran la histórica Prusia Oriental.

Las playas de arena blanca se encuentran a solo 2 km a través de brumosos pinares. Al sur se alza la duna Parnidis (Parnidžio kop…); unos escalones llegan hasta su cima (52 m), que brinda magníficas vistas de ondulantes dunas vírgenes adentrándose en territorio ruso.

A finales de s. XIX, una colonia de artistas halló inspiración en la región. Nida creció como centro turístico y en la década de 1930, cuando el escritor alemán Thomas Mann (1875-1955) se construyó una casa de verano, ya existían cinco hoteles. En 1965, el filósofo francés Jean Paul Sartre y su compañera Simone de Beauvoir obtuvieron un permiso especial de Jrushchov para pasar cinco días en las dunas, y el fotógrafo lituano Antanas Sutkus fotografió a la pareja en la arena.

Nida se halla a 48 km de Klaipėda y a 3 km de la frontera rusa.

Puntos de interés y actividades

Existe una gran oferta de actividades tanto en tierra como en el agua. Durante los temporales de primavera y otoño, se pueden hallar partículas de ámbar arrastradas a la orilla, y en pleno invierno se pueden pescar eperlanos y lotas en la laguna helada.

NORTE DEL PUERTO

El puerto goza de impresionantes vistas de la duna Parnidis; desde allí se extiende a lo largo de 1 km un agradable paseo junto a la laguna.

Museo de Historia de Neringa MUSEO

(Neringos Istorijos Muziejus; ☎469-52 372; www.neringosmuziejus.lt; Pamario gatvė 53; adultos/niños 0,58/0,29 €; ⏲10.00-18.00) Alberga exposiciones muy cuidadas que ilustran la historia de Nida desde la Edad de Piedra hasta 1939, con muchas fotografías en blanco y negro de tiempos más duros. Destacan las imágenes de cazadores locales matando cuervos de un mordisco en el cuello y tomando después un trago de vodka para matar el sabor. Entre los ss. XVII y XIX en el istmo era habitual comer huevos de cuervos y gaviotas, ya que el continuo avance de las dunas hacía inservibles las antiguas tierras de labranza.

Museo Conmemorativo de Thomas Mann MUSEO

(Tomo Mano memorialinis muziejus; ☎469-52 260; www.mann.lt; Skruzdynės gatvė 17; adultos/niños 1,74/0,87 €; ⏲10.00-18.00 diario jun-ago, 10.00-17.00 ma-sa sep-may) El escritor y premio Nobel alemán Thomas Mann habitó esta villa con una bonita ubicación ahora convertida en museo. Pasó con su mujer y sus hijos los veranos de 1930 a 1932 antes de huir de Alemania en 1933.

Museo Hermann Blode MUSEO

(☎469-52 219; Skruzdynės gatvė 2; adultos/niños 0,58/0,29 €; ⏲9.00-19.00 sep-mar) Ocupa un hotel de 1867 y conmemora a los famosos artistas que se alojaron aquí: Thomas Mann, Ludwig Passarge y Engelbert Humperdinck.

Iglesia evangélica luterana IGLESIA

(Pamario gatvė 43; ⏲10.00-18.00) Elegante iglesia de ladrillo rojo de 1888. Su apacible y boscoso cementerio está repleto de *krikstai,* cruces talladas en madera para ayudar a los difuntos a ascender al cielo.

Galería del Ámbar GALERÍA DE ARTE

(Gintaro Galerija; ☎469-52 573; www.ambergallery.lt; Pamario gatvė 20; adultos/niños 1,20/0,60 €; ⏲10.00-19.00 abr-oct) En una antigua cabaña de pescadores en el lado norte del pueblo, cuenta con un pequeño jardín de ámbar y excepcionales joyas de ámbar. Gestiona una segunda galería, Kurėnas, en una llamativa estructura de cristal cerca del puerto con una vieja barca de madera incrustada.

Circuitos por el delta del Nemunas CIRCUITOS EN BARCO

(www.visitneringa.com; puerto de Nida; circuitos 35 €) Si se tiene tiempo y con buena meteorología, se debe visitar el delta del Nemunas, con sus aves acuáticas, sus susurrantes juncos y sus relucientes nenúfares. Numerosos operadores junto al embarcadero del puerto de Nida ofrecen circuitos en barco por la laguna, con almuerzo en Mingė y una excursión hasta la estación ornitológica de Ventės Ragas. Los circuitos (6 h) salen sobre las 10.00.

Velo Nida ALQUILER DE BICICLETAS

(☎8-682 14798; Naglių gatvė 18e; 12 €/día; ⏲9.00-21.00 may-oct) Detrás de la estación de autobuses este establecimiento bien gestionado alquila bicicletas. Cuenta con una sucursal en Juodkrantė, donde las bicicletas pueden devolverse, cambiarse o repararse. Puede organizar el transporte del equipaje.

'Kuršis' NAVEGACIÓN A VELA

(☎8-686 65242; puerto de Nida; adultos/niños 1 h 8/5 €) Esta atractiva réplica de una *kurėnas,* una barca tradicional de pesca del s. XIX, ofrece circuitos por la laguna entre junio y septiembre.

OESTE DEL PUERTO

Todas las rutas hacia el oeste conducen a la playa. Si no, se puede girar hacia el norte de Taikos gatvė frente a la oficina de correos, seguir la calle según gira a la izquierda al cabo de 150 m y subir el sendero por la colina hasta el **faro de la colina de Urbas** (cerrado al público), de 29,3 m de altura. Si se con-

Nida

Puntos de interés
1 Galería del Ámbar D2
2 Museo Etnográfico del Pescador C5
3 Iglesia evangélica luterana C1
4 Museo Hermann Blode D1
5 Museo de Historia de Neringa D1

Actividades, cursos y circuitos
6 Kuršis D4
7 Circuitos por el delta del Nemunas D4
8 Sendero cognitivo de Parnidis B5
9 Velo Nida D3

Dónde dormir
10 Hotel Jūratė C3
11 Inkaro Kaimas D3
12 Miško Namas C2
13 Naglis C4
14 Poilsis Nidoje C4
15 Vila Banga C2

Dónde comer
16 Ešerinė C5
17 Grill House'as C4
18 Kuršis C3
19 Laumė D2
20 Nidos Seklyčia C5
21 Pastoge C2
22 Tik Pas Jona C4
23 Užeiga Sena Sodyba C4

Dónde beber y vida nocturna
24 Faksas A4
25 In Vino A4
26 Kolibris C4

Ocio
27 Centro Cultural Agila C3

De compras
Mercado .... (véase 13)
28 Tienda de pescado ahumado C4

tinúa 700 m por el sendero detrás del faro, se sale a otro camino recto que conduce de nuevo a la carretera principal y, 400 m más adelante, a la playa.

También se puede seguir Taikos gatvė hacia el oeste hasta que confluye con la carretera principal entre Smiltynė y Nida, y luego continuar en la misma dirección por un sendero asfaltado (señalizado) a través de un pinar hasta llegar a la playa.

SUR DEL PUERTO

Al sur de pueblo hay dos o tres calles de casas de pescadores con jardines llenos de flores.

Más allá de Lotmiškio gatvė un sendero conduce por la costa y a través de una zona boscosa hasta un prado, apodado el "valle del Silencio". Allí se puede tomar el **sendero cognitivo de Parnidis** (Parnidžio pažintinis takas), una senda de naturaleza de 1,8 km hasta la impresionante duna Parnidis.

Desde allí la frontera con Kaliningrado queda 3 km al sur. Si se siguen las pasarelas de madera no hay posibilidad de entrar en Rusia por error. Desde la duna, el sendero cognitivo de Parnidis pasa junto a un faro y cruza un pinar hasta Taikos gatvė.

★ Duna Parnidis PUNTO DE INTERÉS
(Parnidžio kopos) El panorama de la costa, los bosques y esta duna deforestada de arena dorada de 7 km que serpentea hacia el sur hasta Rusia resulta inolvidable. No hay que apartarse de las pasarelas de madera, ya que la duna es muy frágil. Al pie de sus 180 escalones se exponen dos fotografías de dunas, una de 1960 y otra del 2002. La diferencia en la altura de la duna (20 m en 40 años) sirve de advertencia a los aficionados a correr por la arena.

Las autoridades del parque han dejado intactos los restos de un **reloj de sol** de granito hecho añicos; se elevaba 12 m sobre la cima de una duna de 52 m de altura hasta que un huracán lo derribó en 1999 como expresión de "las fuerzas incontrolables de la naturaleza".

Museo Etnográfico del Pescador MUSEO
(Žvejo Etnografinė Sodyba; ☎469-52 372; Naglių gatvė 4; adultos/niños 0,58/0,29 €; ⏰10.00-18.00) Ilustra la Nida del s. XIX, con veletas originales en el jardín y salas decoradas como si el tiempo se hubiera detenido un par de siglos atrás. Cierra los domingos y los lunes entre septiembre y mayo.

Dónde dormir

Los precios en Nida varían mucho entre la temporada alta (jun-ago) y el resto del año. En la "temporada fría" los precios pueden reducirse hasta la mitad y algunos sitios incluso cierran (llámese antes).

Nidos Kempingas CAMPING €
(☎469-52 045; www.kempingas.lt; Taikos gatvė 45a; tienda/adultos/niños 5/6,50/3,50 €, d/apt 54/96 €; P) En un pinar al pie de un sendero que conduce a la duna Parnidis, estas cuidadas parcelas ofrecen alojamiento para

Nida

0 200 m

todos los bolsillos. Las dobles disponen de televisión vía satélite y nevera, y los apartamentos están totalmente equipados. Cuenta con alquiler de bicicletas y pistas de baloncesto y tenis.

Miško Namas PENSIÓN €€
(☎469-52 290; www.miskonamas.com; Pamario gatvė 11; d 75 €, apt 2/4 personas 95/100 €; P @) Pensión muy bien cuidada pintada con los típicos colores azul y blanco de Curlandia y llena de flores. Todas las habitaciones disponen de nevera, un lavabo y un hervidor, y algunas de cocinas completas y balcones. Ofrece cocina comunitaria, alquiler de bicicletas, una pequeña biblioteca y un relajante jardín.

Vila Banga PENSIÓN €€
(☎8-686 08073; www.nidosbanga.lt; Pamario gatvė 2; d/apt 95/115 €;) Esta pensión de madera con techo de paja y contraventanas de color azul vivo resulta una auténtica joya. Cuenta con siete confortables habitaciones en su interior revestido de madera de pino, una sauna y bicicletas para alquilar (9 €/día).

Naglis PENSIÓN €€
(☎8-699 33682; www.naglis.lt; Naglių gatvė 12; d/apt 75/100 €; P) En esta encantadora pensión

en una casa de madera cerca del puerto principal todo son sonrisas. Casi todas las habitaciones dan a un sombreado jardín con mesas. Dispone de un comedor y una cocina para uso de los huéspedes y una habitación tiene chimenea. Alquila bicicletas (h/día 2,40/9 €).

Inkaro Kaimas PENSIÓN €€
(☎469-52 123; www.inkarokaimas.lt; Naglių gatvė 26-1; d/apt 64/87 €; P) Pilares azules sostienen esta casa de madera roja de 1901 situada en plena orilla. Consta de apartamentos individuales, cada uno con entrada propia.

Poilsis Nidojė PENSIÓN €€
(☎8-686 31698; www.neringahotels.lt; Naglių gatvė 11; d/apt 80/108 €; P 📶) En una casa de madera con un interior rústico, ofrece habitaciones dobles espaciosas y acogedoras, y apartamentos con minicocinas. El desayuno opcional (8 €) se sirve en la cocina comunitaria y los huéspedes puede prepararse la cena en la barbacoa de su bonito jardín.

Audrone APARTAMENTO €€
(☎8-619 61943; Skruzdynės gatvė 14-4; apt 100 €; P) Junto al Museo Conmemorativo de Thomas Mann, este apartamento contiguo a una casa particular brinda enormes dormitorios e impresionantes vistas de la laguna. Resulta más barato fuera de julio y agosto.

Hotel Jūratė HOTEL €€
(☎469-52 300; www.hotel-jurate.lt; Pamario gatvė 3; i/d desde 47/67 €; P 📶) A pesar de su aspecto de sanatorio, su céntrica ubicación y asequibles habitaciones equilibran las cosas. A los amantes de la estética *kitsch* soviética les encantará saber que durante la reciente renovación del hotel no eliminaron el cemento brillante de las paredes de los pasillos.

Dónde comer

Los restaurantes suelen abrir a diario de 10.00 a 22.00 entre mediados de mayo y mediados de septiembre. En temporada baja quedan muy pocos abiertos.

★ **Tik Pas Jona** PESCADO €
(☎8-620 82084; Naglių gatvė 6-1; principales 3 €; ⏲10.00-22.00 diario abr-nov, sa y do solo dic-mar) Este sencillo local es el mejor de Neringa para comer el famoso pescado ahumado de la laguna. Se puede coger una brema del ahumadero, sentarse en la terraza con una cerveza, pan de centeno, limón y tomate fresco, ver cómo llegan los barcos al puerto y disfrutar.

Laumė EUROPEA €
(☎469-52 335; www.nidospastoge.com; Pamario gatvė 24-3a; principales 5-7 €; ⏲10.00-24.00 jun-ago) Pequeño local sin pretensiones con geniales vistas de la laguna desde su terraza rodeada de flores. Sirve platos típicos lituanos además de *pizzas*, pastas, ensaladas y platos parecidos. Cierra fuera de la temporada de verano.

Nidos Seklyčia EUROPEA €€
(☎469-50 000; www.neringaonline.lt; Lotmiškio gatvė 1; principales 12-17 €; ⏲10.00-23.00; 📶) Abierto todo el año y con una bonita ubicación al abrigo de la duna Parnidis, se trata de uno de los mejores restaurantes de Nida. Los precios pueden parecer un poco caros para el estándar de Lituania, pero su comida es muy buena, sobre todo el pescado.

Užeiga Sena Sodyba LITUANA €
(☎8-652 12345; www.senasodyba.lt; Naglių gatvė 6; principales 5-8 €; ⏲11.00-22.00 lu-vi) La selección de platos de pescado de esta deliciosa cabaña de madera impresiona, y las tortitas triunfan. Si se llega durante la temporada de los frutos del bosque, se vivirá un auténtico paraíso gastronómico.

Grill House'as EUROPEA €€
(☎8-614 15470; Naglių gatvė 14a; principales 5-10 €; ⏲10.00-24.00) Una buena opción para una hamburguesa, un filete, una ensalada o

VELETAS MARINERAS

Nada refleja las raíces marineras de Juodkrantė y Nida como los tejados de las casas de madera del s. XIX que jalonan estos pueblos del istmo. Una ley de 1844 obligó a usar veletas o gallos para identificar a los barcos de pesca. Originalmente de hojalata y luego de madera, las placas de 60 x 30 cm se sujetaban al mástil del barco para que los demás pescadores pudieran ver por dónde había faenado el *kurėnas* (velero pesquero típico de Neringa). Cada pueblo tenía su símbolo distintivo –un diseño geométrico en blanco y negro– que se incorporaba a la veleta y se embellecía con una ecléctica variedad de motivos mitológicos. Los distintos diseños se exponen en el Museo de Historia de Neringa.

una cerveza. También goza de una terraza con vistas al puerto.

Kuršis LITUANA €€
(☎8-612 18868; Naglių gatvė 29; principales 6-8 €; ⏰8.00-24.00; 📶) Sirve tortillas y huevos revueltos para desayunar, ensaladas y pescado para almorzar, y *cepelinai*, cerdo, pasta y otros platos más copiosos para cenar. Fuera del verano reduce su horario.

Ešerinė LITUANA €€
(☎469-52 757; www.eserine.lt; Naglių gatvė 2; principales 8-13 €; ⏰10.00-24.00) Su pabellón con techo de paja y su madera tallada le confieren un aspecto ligeramente polinesio. La enorme terraza junto a la laguna brindas vistas de la duna Parnidis. Uno se los locales más populares, sirve excelente pescado y comida lituana.

Pastoge LITUANA €€
(☎469-51 149; www.nidospastoge.com; G. D. Kuverto gatvė 2; principales 8-11 €; ⏰10.00-24.00) Esta casa de madera oscurecida por el tiempo en forma de A junto a la laguna ofrece el entorno ideal para un restaurante. Platos lituanos, como el fletán con patatas, comparten espacio con exquisiteces de lugares más lejanos, como el pollo *tabaka* georgiano (un pollo entero aplastado y frito). Solo abre en verano.

Dónde beber y vida nocturna

No se suele ir a Nida para salir de fiesta, pero aun así existen unas cuantas opciones.

Faksas BAR
(☎8-648 53665; Taikos gatvė 32a; ⏰15.00-4.00 verano) Esta cabaña de fiesta entre los pinos brinda uno de los pocos auténticos locales nocturnos de Nida. Se autodefine como un lugar "apto para roqueros, ciclistas y gente *freaky*". En verano programa música en directo, y la cerveza y los chupitos corren a raudales.

In Vino BAR
(☎8-655 77997; www.invino.lt; Taikos gatvė 32; ⏰10.00-24.00 may-sep) Este bar de vinos, encima de un bloque de pisos apartado de la carretera principal, es uno de los pocos establecimientos de Nida especializados en bebida. El acogedor interior se ilumina de día por luz natural a través de sus ventanales, mientras que la terraza de la azotea ofrece vistas de la duna Parnidis.

Kolibris BAR
(☎469-52 557; Naglių gatvė 14a; ⏰9.00-23.00) Fiable *kavinė-baras* (café-bar) cerca del puerto, ideal para tomar una cerveza en su terraza bajo una carpa tras un día en el agua o para comer cerdo a la parrilla, *šaltibarščiai* (sopa fría de remolacha), saquitos de puré de patata y otros clásicos lituanos.

Ocio

Centro Cultural Agila ACTUACIONES EN DIRECTO
(☎469-52 538; www.visitneringa.com; Taikos gatvė 4) Organiza festivales, eventos, actuaciones folk, noches de discoteca y mucho más.

De compras

Tienda de pescado ahumado COMIDA
(Rūkyta žuvis; Naglių gatvė 18; ⏰10.00-22.00 may-sep) Vende *ungurys* (anguila), *starkis* (lucioperca), *stinta* (eperlano), *ešerys* (perca) y *karšis* (brema).

Mercado MERCADO
(frente a Naglių gatvė 17; ⏰variable, normalmente 10.00-22.00) En temporada, este mercado con un solo puesto vende vasos de plástico con fresas silvestres, arándanos y otras bayas recién cogidas del bosque.

Información

Centro de visitantes del Parque Nacional del Istmo de Curlandia (Nida) (Lankytojų centras; ☎469-51 256; www.nerija.lt; Naglių gatvė 8; ⏰9.00-17.00 lu-mi, hasta 18.00 ju-do) Proporciona mucha información y organiza circuitos guiados de naturaleza (20-34 €, 2-8 personas). Cierra de 12.00 a 13.00 y los fines de semana de septiembre a abril.

Eurovaistinė (☎8-005 0005; www.eurovaistine.lt; Naglių gatvė 29a; ⏰9.00-19.00 lu-vi, 10.00-16.00 sa, hasta 15.00 do) Farmacia en el centro de Nida.

Policía (☎469-52 202; Taikos gatvė 5)

Oficina de correos (www.post.lt; Taikos gatvė 13; ⏰8.30-16.30 lu-vi) La oficina principal de Neringa. Cierra de 13.00 a 14.00.

Šiaulių Bankas (www.sb.lt; Naglių gatvė 18e; ⏰8.00-16.00 lu-vi) Cierra de 12.30 a 13.30.

Centro de información turística (☎469-52 345; www.visitneringa.com; Taikos gatvė 4; ⏰9.00-19.00 lu-sa, 10.00-17.00 do; 📶) Vende mapas, reserva alojamiento y facilita mucha información, incluidas fotografías, de habitaciones en casas particulares y pisos de alquiler. También ofrece consejo sobre los ferris a/desde el delta del Nemunas. De septiembre a mayo reduce su horario.

Cómo llegar y salir

La **estación de autobuses** (☎469-54 859; www.maretravel.lt; Naglių gatvė 18e; ⏰7.45-

DE NIDA A JUODKRANTĖ EN BICICLETA

Una de las mejores excursiones ciclistas de Lituania recorre el istmo de Curlandia de punta a punta, conectando al sur con un sendero que conduce a la región de Kaliningrado y al norte con otro que se desvía hasta Palanga y prosigue hacia Letonia. El sendero forma parte del "circuito del mar Báltico", la ruta ciclista nº 10 de Eurovelo, y los 30 km entre Nida y Juodkrantė quizá conformen la mejor etapa del recorrido.

Esta parte del sendero pasa por algunos de los mejores tesoros naturales del istmo, como la duna Vecekrugas y una auténtica casa de ahumado de pescado en Preila. Varios caminos parten del sendero ciclista a la Reserva de Karvaičiai, donde pueblos enteros fueron sepultados por la arena. El paseo brinda también la oportunidad ideal para avistar jabalíes y alces.

Para tomar el sendero en Nida hay que seguir un camino asfaltado rojizo que va al norte junto a la laguna, y tras pasar el Museo Thomas Mann, se va por la pista que gira a la izquierda en Puvynės gatvė. Ya en la carretera, se vira inmediatamente a la derecha y se recorren 3,5 km hasta una pista de tierra que gira a la izquierda y se adentra en un pinar. Un cartel señala el km 0,0 del sendero.

Al norte, en Pervalka, se puede atravesar o rodear el pueblo (la ruta más rápida); tras 4 km se llega a la entrada a la Reserva Natural Estricta de Naglių. Poco después, el sendero cruza la carretera principal y pasa al lado opuesto (occidental) del istmo durante los restantes 9 km hasta llegar a Juodkrantė.

Los primeros 5 km serpentean entre pinos junto a la carretera principal y los últimos 4 km bordean las dunas. Una vez fuera de la reserva, se aconseja bañarse en el mar antes del último tramo, constituido por una dura cuesta arriba entre dunas boscosas.

19.45, hasta 16.45 1 sep-14 jun) cuenta con servicios cada 1-2 h a y desde Smiltynė (3,40 €, 1 h, 6.00-20.00), con parada en Juodkrantė (2,30 €, 35 min). Desde Smiltynė se debe tomar el ferri de pasajeros a Klaipėda. También circulan dos autobuses diarios a Vilna (24 €, 5½ h) y Kaunas (19 € 4½ h), y uno a las 8.09 a Kaliningrado (7 €, 2 h).

Delta del Nemunas

☎441

El lado oriental de la laguna de Curlandia (Kursių marios) parece el fin del mundo, con ciénagas que salpican sus tierras bajas. El turismo prácticamente ha ignorado este remoto y aislado paisaje rural cuyos cielos de verano ofrecen espléndidas vistas de las blancas dunas del istmo al otro lado de la laguna. En invierno los pescadores se sientan en la laguna helada (hasta 12 km de ancho en varios puntos), esperando capturar algún eperlano.

La puerta de entrada al delta del Nemunas, donde el río epónimo concluye su viaje de 937 km desde su origen en la vecina Belarús, es **Šilutė** (21 000 hab.), una somnolienta localidad situada a varias horas en automóvil al sur de Klaipėda. La **isla de Rusnė,** la mayor del delta, ocupa 48 km² y cada año aumenta su tamaño entre 15 y 20 cm.

El barco supone el principal medio de transporte; desde marzo hasta mediados de mayo, cuando las inundaciones primaverales sumergen el 5% del parque, los aldeanos entran y salen del parque en un tractor anfibio.

Desde Nida barcos de temporada cruzan la laguna hasta **Mingė** (también denominado Minija por el río que forma la "calle" principal a través del pueblo). Esta localidad, conocida como la "Venecia de Lituania" no supera el centenar de habitantes, y solo un puñado de ellos hablan aún lietuvininkai, un dialecto étnico del lituano característico del delta. Las casas ribereñas del s. XIX, de madera y con tejado de juncos, son monumentos arquitectónicos protegidos.

Se puede explorar la zona en bicicleta; desde Mingė un sendero para ciclistas bordea el **lago Krokų Lanka,** con 4 km de largo y 3,3 km de ancho, el mayor del parque.

Puntos de interés y actividades

En el centro del delta del Nemunas se halla **Rusnė,** en la isla del mismo nombre, 8 km al suroeste de Šilutė, donde el cauce principal se bifurca. Aparte de disfrutar de un pícnic en las bonitas orillas del río y visitar dos pequeños museos, no hay mucho que hacer.

El parque está cubierto por pólderes protegidos por diques (tierra ganada al mar); el primero fue construido en 1840 para preservar Rusnė. Muchos de los pólderes más bajos todavía se inundan estacionalmente y sirven como zonas de desove para varias especies de peces (hay alrededor de 60 en el parque). Cerca, en las costas del lago Dumblė, se halla el punto más bajo de Lituania, 1,3 m por debajo del nivel del mar.

Ventės Ragas (Cuerno de Ventė) se trata de una zona escasamente poblada en el promontorio del delta que se extiende hacia el sur. Con su espectacular naturaleza y su edificante aislamiento, goza de una belleza salvaje. En la década de 1360, la Orden Teutónica construyó un castillo para proteger a sus barcos; dos siglos después se vendría abajo por los temporales que azotan este remoto enclave. La iglesia de la fortaleza se reconstruyó, y volvió a caer ante las tormentas en 1702. Sus piedras se utilizaron para construir una nueva iglesia en **Kintai**, 10 km al norte, en el límite noreste del parque.

Aparte de unas cuantas barcas de pescadores y el **faro** (1862), la principal atracción en esta zona es la estación ornitológica de Ventės Ragas, 66 km al sur de Klaipėda al final de la carretera entre Kintai y Ventė.

★ Parque Regional del Delta del Nemunas — PARQUE NACIONAL

(Nemuno Deltos Regioninis Parkas; www.nemunodelta.lt) Al desembocar en la laguna de Curlandia, el Nemunas, el río más grande de Lituania, se divide en cuatro afluentes: Skirvytė, Atmata, Pakalnė y Gilija. El resultado es un delta pantanoso de una belleza incomparable, lleno de aves y de juncos, nenúfares y pequeñas áreas de bosque. Si se está en Nida, Šilutė o cualquier otro lugar cercano, se debe visitar este increíble lugar. La oficina central del parque se halla en Rusnė, la isla más grande del delta.

Los 240 km² del delta están salpicados de islas, pantanos y praderas inundadas, creando el entorno perfecto para las 294 especies de aves que se han registrado. El delta se halla en una ruta migratoria que va desde el Ártico, pasando por Europa, hasta África oriental, por lo que muchas aves se detienen para reproducirse.

Estación ornitológica de Ventės Ragas — RESERVA DE AVES

(☎8-638 90619; www.vros.lt; adultos/niños 3/2 €; ⌚10.00-18.00 lu-vi, hasta 19.00 sa y do) La primera estación de anillado de aves se creó en 1929, pero las grandes trampas no se instalaron hasta 1959-1960. Actualmente, unas 100 000 aves pasan por la estación durante cada período migratorio. La estación acoge dos salas de exposiciones, que muestran la diversidad ornitológica del parque, y una plataforma de observación anima a avistar las aves directamente. La estación y la oficina de turismo pueden poner al viajero en contacto con guías de aves locales.

Museo Etnográfico Rural — MUSEO

(Etnografine Sodyba Muziejus; ☎441-58 169; Skirvytėlės gatvė; entrada con donativo; ⌚10.00-18.00 med may-med sep) Señalizado a 1,8 km de Rusnė, exhibe herramientas, mobiliario y tres edificios de una granja, ofreciendo una visión de las duras condiciones de la vida tradicional en el delta.

Museo del Pólder — MUSEO

(☎441-62 230; entrada con donativo; ⌚variable) Ocupa una antigua estación de bombeo de agua a orillas del Vilkinė e ilustra la tecnología básica con la que los agricultores del Nemunas han intentado mantener las aguas a raya. Se sitúa en la aldea de Uostadvaris, en Rusnė.

Dónde dormir y comer

Los campistas pueden instalar sus tiendas en las zonas designadas del parque (pregúntese en la oficina central del parque), pero deben llevar sus propias provisiones. En el delta existen maravillosos alojamientos en granjas que pueden reservarse a través de la oficina central del parque o la oficina de turismo en Šilutė; muchos también anuncian sus servicios. Una cama cuesta 20 € por noche y sirven comidas por un pequeño importe adicional.

Laimutės — HOTEL €€

(☎8-698 18402; Žemaičių Naumiestis; h 44 €; P ≋) Ofrece un paquete completo, con llamativas habitaciones, centro de belleza y salud y sauna, alquiler de bicicletas, excursiones en barco y a granjas, pesca en lagos en invierno y, a pesar de todo, paz y relajación. Su restaurante solo usa productos ecológicos de los canales y las granjas locales, y tanto el desayuno como la cena están incluidos. Se ubica en Žemaičių Naumiestis, unos 15 km al este de Šilutė.

Kintai — PENSIÓN €€

(☎441-69 501; www.kintai.lt; d 50 €, *camping* por persona/tienda 1,45/2,90 €; P) Este hotel, res-

OBSERVACIÓN DE AVES EN EL DELTA DEL NEMUNAS

Este humedal supone un paraíso para los amantes de las aves. Casi 300 de las 330 especies presentes en Lituania frecuentan el Parque Regional del Delta del Nemunas. Además, muchas aves poco comunes crían en los pantanos en torno a Rusnė, como la cigüeña negra, el águila de cola blanca, la aguja colinegra, el ánade rabudo, el correlimos común y la agachadiza real. La cigüeña blanca común cría en Ventė.

El sendero migratorio entre el Ártico, el este de Europa y el este de África cruza el parque, lo que lo convierte en lugar clave para las aves acuáticas migratorias. No se trata solo de una escala o un lugar para alimentarse, sino también de zona de cría para 170 especies, y varias, como el ánade rabudo, no lo hacen en ningún otro lugar del país.

El delta acoge las mayores colonias de especies acuáticas como la curruca, la gaviota de cabeza negra, el fumarel aliblanco y el somormujo lavanco. En otoño unas 200 000 aves (el 80% paros y pinzones) sobrevuelan a cualquier hora del día la estación ornitológica Ventės Ragas, y hasta 5000 son anilladas diariamente para estudiar sus patrones migratorios.

taurante y club náutico ofrece confort, aislamiento y muchas actividades náuticas. Todas las habitaciones cuentan con balcón y algunas están sobre la misma agua en una casa flotante. Organiza viajes de pesca y circuitos por el delta en barco. Se encuentra 6 km al este del pueblo de Kintai, en el río Minija.

Ventainė HOTEL, CAMPING **€€**
(☎441-68 525; www.ventaine.lt; Marių gatvė 7; d/apt 60/100 €, camping por adultos/automóvil/tienda 2,90/2,90/2,90 €; P@≋) Este complejo en la orilla de la laguna, a 20 min a pie de la estación de anillamiento, goza de vistas a las dunas del istmo. Las cómodas habitaciones de la villa cuentan con nevera y suelo radiante en el baño, y el *camping* dispone de cabañas de madera, parcelas y un bloque moderno de lavabos y duchas. Su restaurante sirve cocina lituana (principales 8-10 €), incluida una excelente sopa de pescado.

ℹ Información

La llegada de fondos gubernamentales y de la UE para fomentar el turismo está aportando una mayor accesibilidad a la región.

Oficina central del parque regional (☎441-75 050; www.nemunodelta.lt; Kuršmarių gatvė 13; ⊙8.00-17.00 lu-ju, hasta 15.45 vi) En la pequeña aldea de Rusnė, esta oficina facilita información sobre el delta, ayuda a organizar itinerarios e incluso alquila habitaciones y bicicletas. Cierra de 12.00 a 12.45.

Oficina de turismo de Šilutė (☎441-77 785; www.silute info.lt; Lietuvininkų gatvė 4; ⊙8.00-17.00 lu-ju, hasta 15.45 vi) Esta servicial oficina de la vía principal de Šilutė supone la primera opción para quienes deseen información sobre alojamiento, actividades y transporte. Entre otras cosas, facilita una práctica guía ciclista de la región y el periódico anual *Šilutės kraštas*, que cubre alojamiento y eventos culturales en el delta.

ℹ Cómo llegar y desplazarse

El acceso a la zona resulta bastante complicado sin vehículo propio. En verano Šilutė cuenta con 10 autobuses diarios a/desde Klaipėda (3,90 €, 1 h) y otros 10 a/desde Kaunas (12 €, 3½ h) y Vilna (22 €, 5¼ h).

El barco supone el mejor medio para explorar el delta (hay 8 km desde Pakalnė a Kintai, pero 45 km por carretera). Las principales rutas siguen los tres principales afluentes del delta: el Atmata (13 km), el Skirvytė (9 km) y el Pakalnė (9 km), que se abren hacia el oeste desde Rusnė.

En Kintai, Ventainė y Laimutės alquilan barcos con guía. La oficina de turismo de Šilutė sirve también de ayuda.

Palanga

☎460 / 17 600 HAB.

Este centro turístico costero brinda un apacible paraíso para jubilados en invierno y un vibrante lugar de fiesta en verano. Turistas de toda Lituania y del extranjero acuden atraídos por sus 10 km de idílica playa rodeada de dunas y aromáticos pinos.

A pesar de la muchedumbre y las luces de neón, Palanga rebosa encanto, con casas de madera y el sonido de los timbres de las bicicletas y los taxis a pedales resonando en el aire.

Historia

Supuso en ciertas épocas el único puerto de Lituania, antes de ser destruida por los suecos en 1710. En el s. xix se convirtió en centro vacacional, y más tarde, en la era soviética, fue lugar de moda. Después de 1991, las villas y casas de veraneo nacionalizadas por los soviéticos se devolvieron gradualmente a sus propietarios originales y se abrieron hoteles y restaurantes familiares. En el 2005 su principal calle peatonal vivió una remodelación digna de su brillante fama actual.

Puntos de interés y actividades

Casi todo el bullicio se concentra en Basanavičiaus gatvė, una larga avenida peatonal que discurre perpendicular a la costa y está flanqueada por restaurantes, cafés, bares y tiendas. Al sur se sitúan sus dos principales puntos de interés que no incluyen la playa: el Jardín Botánico y el Museo del Ámbar.

Un paseo por Basanavičiaus gatvė brinda todo un espectáculo, en el que participan la mayoría de los turistas durante las tardes. En su extremo este varios puestos venden ámbar y existen diversiones a lo largo de toda la avenida: toboganes hinchables, simuladores de *puenting,* tiovivos, autos de choque, retratistas, músicos y artistas de calle con monos, etc.

Al final de Basanavičiaus gatvė, un paseo entarimado atraviesa las dunas y llega hasta el **muelle.** De día, los vendedores callejeros ofrecen palomitas de maíz, *ledai* (helado), *dešrainiai* (perritos calientes), *alus* (cerveza) y *gira* (una bebida turbia sin alcohol elaborada con pan). A la caída del sol (alrededor de las 22.00 en julio), familias y parejas de novios se congregan en los bancos frente al mar.

Al final del muelle de Basanavičiaus, un sendero serpentea hacia el norte y el sur por los pinares. Otros estrechos caminos van al oeste hasta diversos puntos de la **playa.** Si se sigue por el sendero principal (Meilės alėja) unos 500 m al sur hasta Darius ir Girėno gatvė, se alcanza el Jardín Botánico, donde abundan los caminos para ciclistas y caminantes.

★ Museo del Ámbar — MUSEO

(Gintaro Muziejus; ☎460-51 319; www.pgm.lt; Vytauto gatvė 17; adultos/estudiantes 2,32/1,16 €; ⌚10.00-20.00 ma-sa, hasta 19.00 do) Exhibe supuestamente la sexta mayor colección de oro báltico a escala mundial, un total de más de 20 000 piezas. Ocupa un enorme palacio neoclásico construido por el conde Feliksas Tiskevicius en 1897. Se permite la entrada al museo hasta 1 h antes del cierre.

Parque botánico — PARQUE

(☎460-49 270; www.pgm.lt; 15 Vytauto gatvė) Este parque de 1 km² incluye un jardín de rosas, 18 km de senderos y la colina de Birutė (Birutės kalnas), antaño un santuario pagano. Según la leyenda, lo cuidaban vírgenes vestales, una de las cuales, Birutė, fue secuestrada y desposada por el gran duque Kęstutis. En la cima de la colina se alza una capilla del s. XIX. El maravilloso Museo del Ámbar se halla dentro del parque.

Galería del Procesamiento del Ámbar — GALERÍA DE ARTE

(Gintaro Dirbtuvės Galerija; ☎8-682 69139; Dariaus ir Girėno gatvė 27; ⌚10.00-18.00 ma-sa) GRATIS Se trata de la última de cerca de una docena de tiendas de ámbar que albergaba Palanga a finales del s. XIX, cuando se contaba entre los mayores centros de procesamiento del Báltico. Gestionada por el Gremio de Maestros del Ámbar de Palanga, la galería vende bonitas piezas de ámbar y permite al viajero diseñar sus propias joyas.

Casa Museo de Antanas Mončys — MUSEO

(Antano Mončio Namai-Muziejus; ☎460-49 366; www.antanasmoncys.com; Daukanto gatvė 16; adultos/estudiantes 1,16/0,58 €; ⌚11.00-17.00 mi-do) Exhibe grandes esculturas de madera, *collages* y máscaras del artista lituano emigrado Antanas Mončys (1921-1993).

Casa Conmemorativa del Dr. Jono Šliūpas — MUSEO

(Jono Šliūpo Memorialinė Sodyba; ☎460-54 559; Vytauto gatvė 23a; adultos/niños 1,16/0,58 €; ⌚11.00-18.00 ma-do) Esta casa, antigua residencia del primer alcalde de la localidad, está repleta de fotografías en blanco y negro de la Palanga antigua. Cierra los domingos de septiembre a mayo.

Museo del Exilio y la Resistencia — MUSEO

(☎460-484 72; J. Basanavičiaus gatvė 21; ⌚16.00-18.00 mi, sa y do) GRATIS Modesta exposición permanente que ilustra la resistencia frente a la ocupación extranjera (sobre todo la soviética) en la Lituania del s. XX.

Bike House — ALQUILER DE BICICLETAS

(☎8-696 10010; www.bikehouse.lt; S. Daukanto gatvė 10a; 12 €/día; ⌚9.00-20.00) Permite pedir las bicicletas por internet y puede entregarlas en el alojamiento del viajero.

Fiestas y celebraciones

Focas de Palanga — GASTRONOMÍA

(Palangos ruoniai) Las "focas" en cuestión son de hecho eperlanos, peces minúsculos pero muy apreciados que llegan a las costas de Palanga durante un breve período en febrero. En los tres días que dura el festival (med

Palanga

feb), se preparan por toda la localidad. Como aliciente extra, cientos de bañistas desafían las frías aguas del Báltico.

Festival de Verano de Palanga CULTURAL

El plato fuerte de la temporada de verano se celebra cada verano durante una semana diferente y culmina con un enorme desfile callejero, un festival de la canción y un concierto de pop.

Dónde dormir

En la temporada de verano los alojamientos se llenan rápidamente; en invierno los precios caen hasta un 50%. En temporada alta (jun-ago), el viajero puede regatear con los muchos lugareños que se concentran en el extremo este de Kretingos gatvė con carteles en los que se lee "Nuomojami kambariai" (se alquilan habitaciones). En muchas casas de Nėries gatvė y Birutės alėja puede verse el mismo cartel. Se suele pagar 15-30 € por noche, dependiendo de la calidad de la habitación y las instalaciones. También se puede acudir a la oficina de turismo o contactar con la agencia de alquiler de apartamentos **Palbiuras** (☎460-51 500; www.palbiuras.lt; Kretingos gatvė 12; ⏲9.00-18.00 lu-vi).

Palanga

Principales puntos de interés
1 Museo del Ámbar A5

Puntos de interés
2 Galería del Procesamiento del Ámbar . B4
3 Casa Museo de Antanas Mončys B3
4 Parque botánico B5
5 Casa Conmemorativa del Dr. Jono Šliūpas B4
6 Museo del Exilio y la Resistencia B2

Actividades, cursos y circuitos
7 Bike House B3

Dónde dormir
8 Corona Maris A3
9 Ema C2
10 Hotel Alanga B2
11 Laguna A2
12 Palanga Hotel A3
13 Palangos Vėtra B4
14 Pusų Paunksnėje B4
15 Seklytėlė B1
16 Vasaros Ambasada A3
17 Vila Mama Rosa C2
18 Vila Ramybė C4
19 Vila Žvaigždė B2

Dónde comer
20 1925 Baras C2
21 Armėniška Virtuvė B2
22 Čagino B2
23 City Chef C3
24 Lašas Steak House B2
25 Mini Maxima C2
26 Molinis ąsotis C2
27 Žuvinė A2

Dónde beber y vida nocturna
28 Bares de playa A2
29 Exit B2
30 Kablys: Jūra. Kultūra B3
31 Laukinių Vakarų Salūnas B2
32 Piano B2
33 Šachmatinė A2

Ocio
34 Kino Teatras Naglis C3
35 Sala de conciertos al aire libre B3

De compras
36 Baltijos Auskas C3

Laguna PENSIÓN €
(☎460-49 191; www.laguna-hotel.lt; Meiles alėja 12; d desde 40 €) Esta encantadora casa de madera de tres plantas se halla dividida en seis “apartamentos” con neveras, colchones ortopédicos, cajas fuertes y otras comodidades. Bajo la sombra de los pinos donde Palanga se encuentra con el mar, goza de una ubicación insuperable. Ofrece una excelente relación calidad-precio.

Seklytėlė APARTAMENTO €
(☎460-57 415; seklytele@gmail.com; Jūratės gatvė 18; desde 280 €/semana) Encima del restaurante del mismo nombre se ofrece un apartamento de un dormitorio bien equipado, ideal para una pareja que vaya a pasar más de un día o dos en Palanga.

Vila Mama Rosa PENSIÓN €
(☎460-48 581; Jūratės gatvė 28a; i/d desde 42 €; P@) Dispone de ocho encantadoras habitaciones acogedoramente decoradas al estilo inglés con chimeneas, suelo radiante en los baños y cabeceros de hierro forjado. Cuenta con un elegante salón y restaurante, saunas y *jacuzzis*.

Ema PENSIÓN €
(☎460-48 608; www.ema.lt; Jūratės gatvė 32; i/d 23/40 €; P) Esta básica pensión destaca por su amabilidad y por su vistosa decoración. Ofrece un aceptable café y una tienda de pesca.

Vasaros Ambasada HOTEL €
(☎8-698 08333; www.palangosambasada.lt; Meilės alėja 16; h desde 35 €; P) Este pequeño hotel goza de una excelente ubicación en plena costa, pero muy cerca del bullicio de Basanavičiaus gatvė. Las habitaciones están amuebladas con sencillez. Los precios se disparan en temporada alta (jun-sep).

Vila Ramybė HOTEL-BOUTIQUE €€
(☎460-54 124; www.vilaramybe.lt; Vytauto gatvė 54; i/d 55/70 €; @) Resulta complicado conseguir habitación en este elegante alojamiento sin pretensiones. Dispone de habitaciones con madera de pino y relajantes tonos azules y verdes pastel; siete de las 12 habitaciones gozan de terraza y casi todas de un pequeño salón. También ofrece apartamentos.

Hotel Alanga HOTEL €€
(☎460-49 215; www.alanga.lt; S. Nėries gatvė 14; d/ste/apt desde 41/47/73 €; P@) Muy apreciado por las familias, cuenta con un cuarto de juegos infantiles, servicio de niñera, sala de billar y gimnasio. La decoración resulta algo sombría, pero las dalias de rojo brillante alegran los balcones. Los precios varían mu-

cho durante el año y en temporada alta duplican con creces los que se mencionan aquí.

Palangos Vėtra HOTEL €€
(☎460-53 032; www.palangosvetra.lt; S. Daukanto gatvė 35; i/d desde 86/98 €; P@) En un bonito rincón de una tranquila zona del pueblo, este edificio de líneas sencillas y con mucho cristal respira un cierto aire escandinavo. Ofrece un *spa*, un centro de belleza y salud, un café y un muy buen restaurante.

Vila Žvaigždė PENSIÓN €€
(☎460-49 012; www.vilazvaigzde.lt; S. Daukanto gatvė 6; h desde 60 €; P) En funcionamiento desde 1932, parece hallarse a un mundo de distancia del ajetreo actual de Palanga. Sus grandes y acogedoras habitaciones lucen un toque romántico y su planta baja acoge un popular restaurante ucraniano.

★ **Palanga Hotel** HOTEL €€€
(☎460-41 414; www.palangahotel.lt; Birutės gatvė 60; d/ste desde 130/295 €, apt 1 habitación desde 225 €; P@) Rodeado de pinos, resulta toda una maravilla. Sus habitaciones con vistas del cielo azul y de los troncos de los árboles, las copas de los árboles o el mar, lucen un mobiliario sutil y lujoso, con predominio de tonos ámbar, crema y arena. Algunas disponen de su propia sauna o *jacuzzi*.

Pusų Paunksnėje PENSIÓN €€€
(☎460-49 080; www.pusupaunksneje.lt; Dariaus ir Girėno gatvė 2; apt desde 160 €; P@) Lujosa y rústica pensión propiedad de la antigua estrella lituana del baloncesto Arvydas Sabonis. Cuenta con piscina, un tranquilo patio y 14 apartamentos de lujo con chimenea.

Corona Maris APARTAMENTOS €€€
(☎8-620 31535; www.coronamaris.lt; Darius ir Girėno gatvė 5; d/c 130/215 €; P@) Entre los pinos y el mar, esta elegante pensión ofrece alojamiento en lujosos apartamentos para dos o cuatro personas. Todos disponen de cocina y salón con suelo radiante; los más grandes también de chimenea.

Dónde comer

La mayor parte de los restaurantes se localizan en Basanavičiaus gatvė.

City Chef COMIDA RÁPIDA €
(☎8-656 88926; Vytauto gatvė 39a; principales 4 €; ⏲16.00-2.00) Cuando hace buen tiempo nada supera a un perrito caliente de chorizo, unas patatas fritas y una cerveza en este camión de comida semipermanente. Dispone muchos bancos y mesas de caballete en la terraza y, en verano, ofrece proyección de películas, música en directo, clases gratis de baile y mucho más.

Mini Maxima SUPERMERCADO €
(Senojo Turgaus gatvė 1; ⏲8.00-23.30) Ideal para comprar comida.

1925 Baras LITUANA €€
(☎460-52 256; www.baras1925.lt; Basanavičiaus gatvė 4; principales 8-12 €; ⏲10.00-24.00) Esta atractiva taberna de madera brinda un respiro del ajetreo de la calle principal desde 1925. Ofrece cocina lituana buena y sencilla, y un jardín trasero encantador.

Molinis ąsotis EUROPEA €€
(☎460-40 208; www.molinisasotis.lt; Basanavičiaus gatvė 8; principales 8-12 €; ⏲11.00-24.00) Este atractivo restaurante de madera se distingue de sus muchos competidores en la calle principal por vender arte y joyas. Su carta de comida europea incluye también platos lituanos, como tortitas de patata rellenas de carne o codillo de cerdo con guisantes y chicharrones.

Čagino RUSA €€
(☎460-53 555; www.cagin.lt; Basanavičiaus gatvė 14a; principales 8-12 €; ⏲12.00-24.00) Este restaurante ofrece *pirozhki* (bollos rellenos) y *pelmeni* (bolas de masa rellenas de carne), venado estofado, ternera con cerezas y otros sustanciosos platos rusos. Los jueves por la noche los comensales cenan a oscuras, mientras que los viernes y sábados vuelven a encenderse las luces y a partir de las 20.00 hay música en directo.

Arméniška Virtuvė ARMENIA €
(☎8-652 87579; www.armeniskavirtuve.lt; Basanavičiaus gatvė 17; principales 5-9 €; ⏲11.00-22.00) Para salir de la cocina lituana, las *pizzas* y la comida típica de feria, merece la pena visitar este genuino restaurante armenio. Sirve sopas de ternera y cordero especiadas, pichón con salsa de leche agria, *shashliks* (brochetas) a la parrilla de carbón o verduras encurtidas para tomar con vodka en su terraza de verano o en su interior con TV de pantalla plana.

Lašas Steak House CARNE €€
(☎460-44 880; www.steakhousehotel.lt; Basanavičiaus gatvė 29; principales 8-14 €; ⏲10.00-24.00) Contiguo al hotel del mismo nombre, prepara buena carne de vacuno, cerdo, pato y venado a la parrilla bajo pedido. Su terraza invita a sentarse cuando el tiempo acompaña.

Žuvinė PESCADO €€€

(☎460-48 070; www.zuvine.lt; Basanavičiaus gatvė 37a; principales 12-16 €; ⏰11.00-24.00; 📶) En un viaje a la costa del Báltico se deben probar los pescados locales. El Žuvinė, aunque más caro que otros sitios de Palanga, es un buen lugar. Se aconseja el *zander* con crema de espinacas y remolacha o el rape con boletus.

Dónde beber y vida nocturna

Kablys: Jūra. Kultūra BAR

(☎8-610 34231; Dariaus ir Girėno gatvė 13; ⏰10.00-24.00; 📶) El Kablys ("Gancho"), el local más original y diferente de Palanga, se halla frente al parque botánico, lejos del ruido y la acción del centro. Es una mezcla de bar, café, galería, cine y espacio para eventos.

Bares de playa BAR

(frente marítimo de Palanga; ⏰24 h) Entre junio y septiembre aparecen en la playa carpas que albergan bares abiertos todo el día. Permiten ver ponerse el sol por detrás del Báltico o sentir el amanecer por la espalda. Cuando hay mucha gente los DJ pinchan música.

Piano CLUB

(☎460-64 188; Basanavičiaus gatvė 24a; ⏰11.00-5.00; 📶) Restaurante con terraza y barbacoa al aire libre por el día y coctelería y club por la noche. En verano en su cargado programa de eventos las fiestas temáticas se alternan con DJ y actuaciones en directo. Su nombre se refiere al piano blanco de cola de la parte delantera.

Laukinių Vakarų Salūnas BAR

(☎460-52 831; www.salunas.lt; Basanavičiaus gatvė 16; ⏰10.00-5.00) Con una temática del Salvaje Oeste, este "saloon" sirve almuerzos por el día y es un club por la noche, aprovechando en ambos casos su amplia parte delantera que da a la calle principal de Palanga. Puede resultar muy ruidoso y un poco chabacano, algo bastante habitual en Palanga.

Šachmatinė DISCOTECA

(☎8-604 58617; www.sachmatine.lt; Basanavičiaus gatvė 45; ⏰23.00-5.00 mi-do) Una de las discotecas más grandes y ruidosas de Palanga donde suena, sobre todo, *house* y música *dance* comercial.

Exit DISCOTECA

(☎8-698 59116; Neries gatvė 39; ⏰23.00-5.00 mi-do) Una de las mejores discotecas de Palanga; atrae a DJ internacionales.

Ocio

La oficina de turismo supone la principal fuente de información.

Kino Teatras Naglis CINE

(☎460-57 575; www.kinoteatrasnaglis.lt; Vytauto gatvė 82; ⏰14.00-22.00) Proyecta películas en versión original con subtítulos en lituano.

Sala de conciertos al aire libre SALA DE CONCIERTOS

(Vasaros Estrada; ☎460-52 210; Vytauto gatvė 43) El viejo quiosco de música fue reemplazado por un nuevo y despampanante auditorio con 2200 localidades inaugurado a finales del 2015.

De compras

Baltijos Auskas JOYAS

(☎460-51 386; Vytauto gatvė 66; ⏰10.00-14.00 y 15.00-18.00 lu-vi, 10.00-17.00 sa) El "Oro del Báltico" se trata de una de las mejores galerías de artesanía y joyas de ámbar de Palanga.

Información

El plano *Palanga*, de Jāņa sēta (escala 1:15 000), de Palanga y Šventoji cuesta 1,60 € y está disponible en la oficina de turismo.

Palangos vaistinė (Vytauto gatvė 33; ⏰9.00-20.00 lu-vi, hasta 18.00 sa, hasta 16.00 do) Farmacia alojada en la antigua oficina central de la KGB (1944-1951).

Comisaría de policía (☎460-53 837; Vytauto gatvė 4)

Oficina de correos (Vytauto gatvė 53; ⏰9.00-17.30 lu-vi, hasta 13.00 sa) La más céntrica y práctica.

Centro de información turística (☎460-48 811 www.palangatic.lt; Vytauto gatvė 94; ⏰9.00-19.00 lu-vi, 10.00-16.00 sa y do) Reserva alojamiento y vende mapas y guías. Fuera de julio y agosto reduce su horario.

Cómo llegar y salir

Se puede acceder a Palanga por carretera o aire; los servicios son mucho más frecuentes en verano.

AVIÓN

El **aeropuerto de Palanga** (Palangos Oro Uostas; ☎6124 4442; www.palanga-airport.lt; Liepaja plentas 1), 6 km al norte del centro, ofrece servicios de pasajeros a Copenhague y Oslo con SAS (www.flysas.com) y servicios intermitentes a Oslo con Norwegian Air Shuttle (www.norwegian.com) y a Riga con airBaltic (www.airbaltic.com).

AUTOBÚS

Desde la nueva **estación de autobuses** (☎460-53 333; www.naujapalangosautobusustotis.lt; Klaipėdos plentas 42; ⊙taquilla7.00-19.30) parten servicios a Kaunas (17 €, 3½ h, 9 diarios), Klaipėda (1,80 €, 30 min, 22 diarios), Šiauliai (11 €, 3 h, 8 diarios) y Vilna (18 €, 4¼-6 h, 14 diarios), entre otros.

Cómo desplazarse

El autobús nº 3 circula a/desde el aeropuerto cada hora entre 7.00 y 24.00. Los horarios están colgados en su parada de Vytauto gatvė, cerca de la estación de autobuses.

La principal parada de taxis está en Kretingos gatvė, frente a la estación de autobuses; un taxi del aeropuerto al centro cuesta 9-11 €.

Los taxis a pedales se concentran en el extremo oriental de Basanavičius gatvė. De mayo a septiembre hay puestos de alquiler de bicicletas por toda la localidad. Las bicicletas cuestan 9/12 € por hora/día; los cuatriciclos a pedales para dos personas, 12 €/día, y los cuatriciclos a pedales para niños, 12 €/día.

Alrededores de Palanga

El descarado Šventoji, 12 km al norte, carece del brío de Palanga pero, con su pez inflable que escupe niños, sus autos de choque y su carrusel de animadores de restaurante y divertidas atracciones de feria, garantiza una buena dosis de entretenimiento. Nemirseta, 2 km al sur de Palanga, se conoce por sus dunas y por tratarse del punto más oriental al que llegaron los prusianos. Cinco autobuses diarios van a Šventoji desde Palanga, pero para llegar a Nemirseta se necesita transporte propio.

Unos 10 km al este de Palanga, **Kretinga** está conectada con Palanga por frecuentes autobuses (1,16 €, 15 min).

Puntos de interés

Museo de Kretinga MUSEO

(Kretingos muziejus; ☎445-77 323; www.kretingosmuziejus.lt; Vilniaus gatvė 20; adultos/estudiantes 2,90/1,16 €; ⊙museo 10.00-18.00 mi-do, jardín de invierno 10.00-18.00 ma-do) Un deteriorado invernadero contiguo al museo alberga 850 especies de plantas exóticas. El museo ocupa una de las muchas casas de la familia de nobles polacos Tyszkiewicz y se halla al oeste del centro, en el parque municipal.

★ **Jardín de Orvydas** JARDINES

(☎613-28 624; Gargždelė; adultos/niños 2,32/1,16 €; ⊙10.00-19.00 ma-do) Lo crearon el cantero Kazys Orvydas (1905-1989) y su hijo mayor, Vilius (1952-1992), que se hizo monje franciscano. Las tallas, en un principio destinadas al cementerio del cercano Salantai, se trasladaron a la hacienda de los Orvydas coincidiendo con la ofensiva del líder soviético Jrushchov contra los objetos religiosos en la década de 1960. Más tarde, los soviéticos bloquearon el acceso al lugar para evitar que los visitantes llegaran a la perseguida familia Orvydas.

Se puede pasear por el encantador jardín y admirar cientos de estatuas, tallas, bustos y algunas rarezas. Tres autobuses diarios cubren el trayecto entre Kretinga y Skuodas y paran en Salantai y Mosėdis. Para llegar al jardín hay que bajar en la última parada antes de Salantai y caminar 1 km.

Parque Nacional de Žemaitija

☎448 / 3500 HAB.

Este parque nacional de 200 km², un mágico paisaje de lagos y bosques tan misterioso como bonito, genera comprensiblemente historias sobre demonios, fantasmas y tesoros enterrados.

Se puede nadar, pasear en barco y en bicicleta, así como visitar una de sus más recientes y singulares atracciones turísticas: un museo dedicado a la Guerra Fría, alojado en una antigua base de misiles nucleares soviética.

La localidad de **Plateliai,** en la orilla occidental del lago homónimo, resulta el mejor punto de acceso y alberga el centro de visitantes.

Unos 20 km al noreste se alza el **calvario Samogitia** (Žemaičių Kalvarija), construido sobre antiguos cementerios de los ss. IX-XII. Las dos primeras semanas de julio los peregrinos se reúnen para ascender las siete colinas con 20 capillas que componen un vía crucis de 7 km en conmemoración de la vida, muerte y resurrección de Cristo.

Puntos de interés

★ **Museo de la Guerra Fría** MUSEO

(Šaltojo Karo Muziejus; ☎8-677 86574; www.zemaitijosnp.lt; Plokštinė; adultos/niños 5/2,50 €; ⊙9.00-18.00 ma-vi, 10.00-17.00 sa y do) Ocupa una antigua base soviética de misiles nucleares en lo más profundo del Parque Nacional de Žemaitija. Cuenta con una pequeña exposición sobre la historia de la Guerra Fría, en especial sobre su final en los países bálticos, y sobre la construcción y papel de la base. Permite contemplar el interior de uno de los antiguos búnkeres de misiles.

Construida en secreto en la década de 1960, la base contaba con suficiente potencia de fuego como para arrasar la mayor parte de Europa y puede que tuviera un papel importante en la crisis de los misiles de Cuba. Se halla a unos 8 km de Plateliai; hay que seguir la carretera principal hasta Plokštinė y luego otros 5 km por un camino de grava señalizado a través de los pinos.

Complejo Museístico de la Mansión de Plateliai MUSEO

(☎8-659 07918; www.zemaitijosnp.lt; Didžioji gatvė 22; adultos/niños 2,50/1,50 €; ⏲10.00-17.00 ma-do) Ocupan los antiguos establos y granero de la mansión de Plateliai. El granero acoge una exposición dedicada a la naturaleza, historia y etnografía de la región, así como hallazgos arqueológicos de Sventrokalnis y las islas Pilies del lago. En el establo puede verse una muestra de disfraces de carnaval, con 250 máscaras terroríficas. El horario y el precio de la entrada se reducen en invierno.

Museo de Arte de Žemaitija MUSEO

(Žemaičių dailės muziejus; ☎448-52 492; www.oginski.lt; Parko gatvė 1; adultos/niños 1,16/0,58 €; ⏲10.00-21.00 ma-do) En la cercana localidad de Plungė, el Palacio Oginski, del s. XIX, exhibe una colección de arte moderno samogitia (tallas y obras en metal). Los terrenos ajardinados que rodean el palacio, salpicados de estanques aterrazados, suponen una atracción por sí mismos. En invierno el museo cierra a las 17.00 y todo el domingo.

Actividades

El grueso de las actividades se concentra en el **lago Plateliai** (Platelių ežeras), célebre por sus siete islotes y siete antiguas terrazas costeras. Se trata del accidente geográfico más asombroso del parque, escenario de las celebraciones del solsticio de verano los días 23 y 24 junio, cuando se encienden hogueras y se cantan canciones tradicionales. Según la leyenda, el lago fue elevado hasta el cielo por una tormenta antes de desplomarse en su actual ubicación mientras se pronunciaban las palabras mágicas "Ale plate lej" (la lluvia se desvía).

Si hace calor, se puede nadar en el lago. El **club náutico** (☎8-682 42062; Ežero gatvė 40) alquila embarcaciones.

Muchas fiestas tradicionales samogitias tienen lugar en la localidad de Plateliai, en la orilla occidental, como el llamativo **martes de carnaval.**

El centro de visitantes del parque ayuda a alquilar bicicletas y facilita mapas para ciclistas. Uno de los paseos más agradables y cómodos lleva al remoto Plokštinė (8 km), sede de la antigua base de misiles y hoy Museo de la Guerra Fría.

Dónde dormir y comer

El centro de visitantes de Plateliai cuenta con una lista de B&B (aprox. 20-25 €/persona) en fabulosas granjas y casas particulares del parque.

Entre las limitadas opciones para comer de Plateliai se incluye su **club náutico** (Platelių jachtklubas; ☎8-6152 7350; www.plateliuose.lt; Ežero gatvė 40; principales 5-8 €), a orillas del lago, con una carta breve pero impresionantes vistas del lago.

Audronės PENSIÓN €

(☎8-672 46572; www.poilsisplateliuose.lt; Ežero gatvė 37; d 40 €;) Esta encantadora pensión en una granja ocupa varios edificios centrados en torno a una casa de estilo sueco. Dispone de habitaciones confortables, bicicletas de alquiler, columpios y un estanque rodeado de hierba, además sus propietarios ofrecen una calurosa bienvenida. Hay que caminar cuesta arriba desde el centro del pueblo.

Mortos PENSIÓN €

(☎448-49 117; Ezero gatvė 33; 15 €/persona) Conjunto encantadoramente tranquilo de pequeñas y limpias cabañas de madera cerca del lago en Plateliai.

Julija y Bronius Staponkai PENSIÓN €

(☎8-617 03418; jb@zebra.lt; Ežero gatvė 38; h 25-40 €; P) Acogedores apartamentos de alquiler a un corto paseo del lago.

Hotel Linelis HOTEL €

(☎8-655 77666; www.linelis.lt; Paplatelės; i/d/tr 40/45/55 €; P) En el extremo oriental del lago, cuenta con un buen restaurante y un *spa*. El desayuno cuesta 5 €.

Información

Centro de visitantes del parque nacional

(☎448-49 231; www.zemaitijosnp.lt; Didžioji gatvė 8; ⏲8.00-17.00 lu-ju, hasta 15.45 vi, 10.00-17.00 sa jun-ago) Situado en Plateliai, expide permisos de pesca (1,40 €/2 días), proporciona guías (40 € aprox., hay que reservar con antelación) y facilita información sobre talleres de artesanos locales y alquiler de veleros, barcas y tablas de *windsurf*. También alberga una pequeña exposición sobre la flora y fauna del parque.

Cómo llegar y salir

La mejor forma de llegar a Plungė, la ciudad más cercana, es en tren desde Klaipėda (4 €, 1 h, 4 diarios) y desde Vilna (13 €, 4 h, 2 diarios). LLegan varios autobuses diarios desde Kaunas (13 €, 4 h) y Palanga (6,50 €, 1¼ h). Desde Plungė, pocos autobuses continúan hasta Plateliai.

COMPRENDER LITUANIA

Lituania hoy

El país se encuentra en su mejor momento desde la independencia. Económica y culturalmente avanza a grandes pasos. Se trata de un miembro de la UE cada vez más seguro de sí mismo, un número sin precedentes de emigrantes regresa al país y un cifra en aumento de turistas lo visitan. A todas luces se está modernizando, sin abandonar su arraigada e idiosincrásica cultura, que se refleja en sus canciones, su artesanía y su cocina.

La economía ha crecido mucho desde la independencia, pasando de una economía centralizada durante la era soviética a la economía de mercado actual. Con su entrada en la Organización Mundial del Comercio en el 2001 y en la UE en el 2004, el PIB creció un 77% entre el 2000 y el 2008, lo que despertó una gran admiración mundial por el "tigre báltico". Sin embargo, su economía se estancó con la crisis económica del 2008-2009 y hasta el 2015 el PIB no volvió a su nivel del 2009. Ahora vuelve a tratarse de una de las economías de la UE que más rápido crece.

Estos datos estadísticos se traducen, sobre todo en las calles de Vilna, en una mayor sensación de prosperidad y optimismo, ropa y automóviles más caros y una floreciente escena de bares y restaurantes. Sin embargo, cuenta con una tasa de desempleo todavía del 9% y la gente sin hogar es un problema visible en las calles.

Historia

Un poderoso Estado por derecho propio entre los ss. XIV y XVI, Lituania desapareció del mapa en el s. XVIII para reaparecer brevemente en el período de entreguerras y finalmente conseguir la independencia de los soviéticos en 1991. El Museo de la Guerra Vitautas el Grande en Kaunas y el Museo Nacional de Lituania en Vilna cubren toda la historia de Lituania.

Testosterona tribal

Los asentamientos humanos en la cuña de tierra que compone la Lituania actual se remontan, como mínimo, al 9000 a.C. El comercio del ámbar comenzó durante el Neolítico (hace 6000-4500 años), proporcionando a los baltos (antepasados de los modernos lituanos) una fuente natural de riqueza hacia el año 2000 a.C.

Dos milenios después, esta resina de pino fosilizada y las lejanas rutas por todo el planeta que su comercio había creado –muy bien explicado en el Museo del Ámbar de Palanga– hicieron que se mencionara a los recolectores de ámbar aesti de las orillas del Báltico en *Germania,* un libro romano del 98 d.C. sobre las tribus germánicas. En el año 1009 d.C. se cita Litae (Lituania en latín) por primera vez en fuentes escritas (los *Anales de Quedlinburg*) como el lugar donde los paganos golpearon en la cabeza al arzobispo Brunonius.

Hacia el s. XII, los pueblos de Lituania se habían dividido en dos grupos tribales: los samogitias (habitantes de las tierras bajas) al oeste y los aukštaitiai (de las tierras altas) al este y sureste. Según diversas fuentes, en esta época se construyó un castillo de madera en la cima de la colina de Gediminas, en Vilna.

Caos medieval

El líder aukštaitiai Mindaugas reunió a mediados del s. XIII a las tribus lituanas, creó el Gran Ducado de Lituania y fue coronado rey del mismo en Kernavė en 1253. Se convirtió al catolicismo en un intento por desactivar la amenaza de la Orden Teutónica, los cruzados germánicos que conquistaron varios territorios prusianos, como Memel (la actual Klaipėda). Desafortunadamente, ni la nueva fe ni la unidad duraron demasiado, pues Mindaugas fue asesinado en 1263 a manos de nobles deseosos de que Lituania siguiera siendo pagana.

Bajo el dominio del gran duque Gediminas (1316-1341), las fronteras de Lituania se extendieron al sur y este, adentrándose en las modernas Bielorrusia y Ucrania, y durante un tiempo llegaron a Kiev. A su muerte, dos de sus hijos se repartieron el reino: en Vilna, Algirdas llevó las fronteras del sur hasta más allá de Kiev, mientras Kęstutis, que eligió una bonita isla de un lago de Trakai como ubicación de su castillo, expulsó a la Orden Teutónica.

Jogaila, hijo de Algirdas, se hizo con el control del país en 1382, pero la creciente amenaza teutónica le obligó a tomar una decisión crucial en la historia de Europa. En 1386 su matrimonio con Jadwiga, princesa heredera de Polonia, lo convirtió en Ladislao II Jagiełło de Polonia, forjando una alianza lituano-polaca que duraría 400 años. Los aukštaitija fueron convertidos en 1387 y los samogitias en 1413, y Lituania se convirtió en el último país europeo en abrazar el cristianismo.

Días de gloria

Jogaila pasaba la mayor parte de su tiempo en Cracovia, pero los problemas se estaban fraguando en casa. En 1390 su primo Vitautas se rebeló, y Jogaila hubo de tomar la iniciativa. En 1392 nombró a Vitautas Gran Duque de Lituania a condición de que él y Jogaila compartieran una política común. La decisiva derrota en 1410 de la Orden Teutónica a manos de los ejércitos combinados en Grünwald (en la Polonia actual) dio paso a una época de prosperidad.

Vitautas (apodado "El Grande") amplió el control lituano más hacia el sur y este. Tras su muerte en 1430, Lituania se extendió más allá de Kursk por el este, casi alcanzando el mar Negro por el sur, y convirtiéndose en uno de los mayores imperios europeos. Ningún otro lugar refleja esa grandeza e influencia como la Vilna del s. XVI, una de las mayores ciudades del este de Europa, con una población de más de 25 000 habitantes. Se construyeron hermosos edificios gótico tardíos y renacentistas, y lituanos como Segismundo I y Segismundo II ocuparon el trono polaco-lituano en el Palacio Real.

Los jesuitas polacos fundaron la Universidad de Vilna en 1579 y la ciudad se convirtió en bastión de la Contrarreforma católica. Bajo la influencia jesuita también llegó la arquitectura barroca.

Dominio polaco y particiones

Poco a poco Lituania iba quedando arrinconada a la sombra de Polonia, proceso que culminó con la unificación formal de ambos estados en la Unión de Lublin de 1569, durante la guerra de Livonia con Moscovia.

La llamada Rzeczpospolita (mancomunidad) relegó a Lituania a un segundo plano por detrás de Polonia. Los nobles adoptaron la cultura y lengua polacas, los campesinos pasaron a ser siervos y Varsovia usurpó la capitalidad política y social a Vilna.

Un siglo después llegó el turno de Rusia en este duro juego. En 1654 invadió la Rzeczpospolita, arrebatándole temporalmente una parte importante del territorio. En 1772 la Rzeczpospolita estaba tan debilitada que

LAS MEJORES CINCO LECTURAS HISTÓRICAS

'The Last Girl' (La última chica, de Stephan Collishaw) Esta fascinante novela histórica ambientada en Vilna discurre entre la II Guerra Mundial y la década de 1990.

'Lithuania Awakening' (El despertar de Lituania, de Alfred Senn) Desde los "nuevos vientos" (el nacimiento del movimiento independentista en la década de 1980) hasta la "nueva era" (la independencia), la visión de Senn sobre cómo lograron la independencia los lituanos sigue siendo la mejor. Se puede leer gratis en http://ark.cdlib.org/ark:/13030/ft3x0nb2m8.

'And Kovno Wept' (Y Kovno lloró, de Waldemar Ginsburg) La vida en el gueto de Kovno se relata de forma muy realista por uno de sus supervivientes.

'Lithuania – Independent Again: The Autobiography of Vytautas Landsbergis' (Lituania, independiente de nuevo: La autobiografía de Vytautas Landsbergis) Las escenas acaecidas ante el parlamento el 13 de enero de 1991 se cuentan entre los momentos dramáticos que Landsbergis recrea vívidamente en su autobiografía.

'Forest of the Gods' (El bosque de los dioses, de Balys Sruoga) El sobrecogedor relato sobre el período que el autor pasó en el campo de concentración nazi de Stutthof a comienzos de la década de 1940 fue censurado, y no se publicó hasta 1957. En el 2005 Algimantas Puipa lo llevó a la gran pantalla.

Rusia, Austria y Prusia simplemente se repartieron el botín en las Particiones de Polonia (1772, 1793 y 1795). Rusia se adueñó de la mayor parte de Lituania, mientras que un pequeño territorio del suroeste fue anexionado por Prusia, para acabar pasando a manos rusas tras las guerras napoleónicas.

Dominio ruso y nacionalismo

Mientras las vecinas Estonia y Letonia eran gobernadas como provincias separadas por parte de los rusos, la postura frente a la rebelde Lituania fue distinta.

Vilna se había convertido en el refugio de una nobleza polaca y lituana desposeída por el nuevo gobierno ruso de la región, y también en centro del resurgimiento nacional polaco. Educado en Vilna, el poeta Adam Mickiewicz fue una destacada fuente de inspiración. Cuando los lituanos se unieron a una fallida rebelión polaca contra la dominación rusa en 1830, las autoridades zaristas optaron por una mayor dureza. Clausuraron la Universidad de Vilna y las iglesias y monasterios católicos, imponiendo la ortodoxia rusa. En 1840 se implantaron las leyes rusas y el idioma ruso en la enseñanza.

El nacionalismo adquirió cierto impulso en el s. XIX y comienzos del XX. Mientras la mayoría de los lituanos seguían viviendo en zonas rurales y pueblos, la rápida industrialización de Vilna y otras ciudades aportó más influencia al empuje nacionalista. Durante este período, la capital se convirtió en un importante centro judío, y a comienzos del s. XX, 75 000 de sus 160 000 habitantes eran judíos, lo que le valió el sobrenombre de "Jerusalén del Norte" (p. 394).

Independencia

Durante la Revolución rusa de 1905 ya sonaban voces de independencia y autonomía nacional báltica, aunque no fue hasta 1918 cuando se declaró el restablecimiento del Estado independiente de Lituania. Bajo ocupación alemana durante la I Guerra Mundial, un consejo nacional lituano, el Taryba, declaró la independencia del país en la casa de los Signatarios de Vilna el 16 de febrero de 1918. En noviembre, Alemania rubricaba un armisticio con los aliados occidentales y el mismo día se creaba un gobierno republicano lituano.

Con el resurgir de una Polonia independiente ávida por verse reunificada con Lituania o por recibir la cesión de la zona de Vilna, con mucha población de origen o influencia polaca, las cosas se torcieron. El 31 de diciembre de 1918 el gobierno lituano huyó a Kaunas, y pocos días después el Ejército Rojo estableció un gobierno comunista en Vilna. Durante los dos años siguientes los polacos y los bolcheviques mantuvieron la pugna por la ciudad, hasta que los polacos se anexionaron finalmente Vilna el 10 de octubre de 1920. En consecuencia, entre 1920 y 1939 Vilna y alrededores formaban un rincón polaco, mientras que el resto de Lituania era gobernada desde Kaunas bajo el férreo control del primer presidente de Lituania, Antanas Smetona (1874-1944).

En 1923 Lituania se anexionó Memel (Klaipėda), para disgusto de su antigua soberana, una debilitada Alemania.

Segunda Guerra Mundial y dominación soviética

Con la firma del pacto de no agresión entre nazis y soviéticos en 1939 y la invasión alemana de Polonia en septiembre de ese mismo año, Lituania cayó en manos soviéticas. La URSS insistió en firmar un "pacto de ayuda mutua" con Lituania en octubre y devolvió Vilna a la patria lituana como parte del incentivo. Sin embargo, este gesto no fue un gran consuelo, si se tiene en cuenta el terror que vivió Lituania como república de la URSS; las purgas soviéticas provocaron muchos miles de víctimas mortales y deportados.

Tras la ocupación alemana de la región en 1941, casi la totalidad de la población judía de Lituania (más del 90% de sus 200 000 judíos) fue exterminada; la mayoría de los judíos de Vilna murieron en su gueto o en el cercano bosque de Paneriai. Las personas de etnia lituana en comparación sufrieron menos, pero miles de ellos fueron asesinados, y entre 1944 y 1945 cerca de 80 000 huyeron a Occidente para escapar de la reconquista de los países bálticos por parte del Ejército Rojo.

La resistencia frente a la reocupación de Lituania por parte de la URSS, en forma del movimiento partisano Hermanos del Bosque, se inició en 1944. Museos de todo el país, incluido el Museo de la Deporta-

A LA IGLESIA CON RETRASO

Aunque hoy los lituanos son devotos católicos (un breve paseo por Vilna, con sus muchos campanarios, basta para comprobarlo), no siempre ha sido así. De hecho, Lituania se considera el último país pagano de Europa, y no abrazó totalmente la fe católica hasta 1413.

Muchos motivos lo explican, pero el principal fue la fuerte independencia de los lituanos, que dificultó los intentos por convertirlos. Su experiencia relativamente reciente (si se puede llamar reciente al s. xv) con el paganismo explica las abundantes raíces paganas presentes en su arte religioso, cultura y tradiciones nacionales.

Durante la era soviética, el catolicismo estuvo perseguido y acabó convirtiéndose en símbolo del fervor nacionalista. El Estado confiscó, clausuró y convirtió las iglesias en "museos del ateísmo" o les dio otros usos (como emisora de radio en el caso de la basílica de la Resurrección de Cristo de Kaunas, hoy lugar de culto otra vez).

Tras la independencia en 1991, la Iglesia católica empezó a readquirir los bienes eclesiásticos y a reconsagrar los lugares de culto.

Actualmente, un 80% de los lituanos se considera católico. Existen otros cultos y confesiones minoritarias, como los ortodoxos rusos (4%) y los protestantes (2%).

ción y la Resistencia en Kaunas, ilustran su historia.

Entre 1944 y 1952, bajo el dominio soviético, otros 250 000 lituanos fueron asesinados, arrestados o deportados en un salvaje intento de suprimir las ideas patrióticas. El Museo de las Víctimas del Genocidio, en el antiguo cuartel general de la KGB en Vilna, explica muy bien este oscuro período.

Libertad por fin

A mediados de la década de 1990 se despertaron de nuevo los anhelos de independencia, pero fue el rotundo éxito del Sąjūdis (que obtuvo 36 de los 42 escaños lituanos elegidos directamente) en las elecciones al Congreso de los Diputados del Pueblo de la URSS en marzo de 1989 lo que empujó a Lituania a liderar el pulso de los países bálticos por la independencia. Unos meses más tarde, la cadena humana panbáltica, formada para conmemorar el 50º aniversario del pacto de no agresión nazi-soviético, confirmó el deseo de independencia, y en diciembre de ese mismo año, el Partido Comunista Lituano se separó de su homónimo soviético.

En enero de 1990 se produjeron grandes concentraciones pro independencia durante la visita del entonces líder soviético Mijaíl Gorbachov a Vilna. En febrero, Sąjūdis obtuvo la mayoría en las elecciones al Sóviet Supremo de Lituania y esta asamblea declaró a Lituania república independiente el 11 de marzo. Moscú respondió llevando a cabo maniobras militares en los alrededores de Vilna e imponiendo un bloqueo económico al país que incluía el corte de suministro de combustible.

Los miembros de la línea dura soviética se impusieron en Moscú en el invierno de 1990-1991, y en enero de 1991 tropas soviéticas y policías paramilitares asaltaron y ocuparon la torre y el parlamento de la capital, con un balance de 14 víctimas mortales. Algunas de las barricadas levantadas en torno al parlamento siguen allí. A pesar de ello, el 6 de septiembre de 1991, la URSS reconoció la independencia de Lituania.

Hacia Europa

Los lituanos poseen un gran sentido de la ironía; tras liderar el pulso de los países bálticos por la independencia, en sus primeras elecciones democráticas al Parlamento de 1992, sorprendieron votando al ex comunista Partido Laborista Democrático Lituano (LDDP). En 1993, cuando el último soldado soviético abandonó el país, el antiguo primer secretario del Partido Comunista Algirdas Brazauskas venció con el 60% de los votos.

Fueron unos años dolorosos; los escándalos por corrupción le persiguieron todo su mandato y la inflación se desbocó y alcanzó el 1000%. Se perdieron miles de puestos de trabajo y el sistema bancario del país se hundió entre 1995 y 1996.

Las elecciones presidenciales de 1998 dieron paso a Valdas Adamkus (1926), emigrante lituano y ciudadano estadounidense que llegó a EE UU después de la II Guerra

Mundial, tras la huida de sus padres del avance soviético.

En 1999 Adamkus nombró primer ministro a Rolandas Paksas, de 43 años y miembro del Partido Conservador en el poder. El popular alcalde de Vilna y premiado piloto acrobático recibió apoyo inmediato como "el elegido por el pueblo", hasta el punto de arrebatarle la presidencia en las urnas a Adamkus en el 2003.

En 1997-1998 tuvo lugar una privatización a gran escala, pero el país cayó en una profunda recesión como consecuencia de la crisis económica rusa de 1998. No obstante, consiguió recuperar su senda y en el 2001 el FMI elogió su economía como una de las de crecimiento más rápido a escala mundial.

En el 2000 Lituania ingresó en la Organización Mundial del Comercio y en el 2002 –en una apuesta por reforzar la competitividad de sus exportaciones y mostrar su determinación a unirse a Europa– vinculó su moneda al euro en lugar de al dólar estadounidense. Lituania ingresó en la Eurozona en el 2015.

Fiel a su herencia lituana, Adamkus se batió con fuerza en la arena política y recuperó la presidencia en el 2004 tras la acusación de prevaricación contra Paksas por conceder la ciudadanía a un oscuro empresario ruso de quien recibió una importante contribución económica. Adamkus terminó su mandato de cinco años en el 2009 y fue sustituido por Dalia Grybauskaitė, que se convirtió en la primera mujer en presidir el país; fue reelegida en el 2014.

En el 2004 Lituania se sumó a la UE y la OTAN y es desde entonces un apoyo incondicional de ambas instituciones. En noviembre del 2004 fue el primer país miembro de la UE en ratificar la Constitución europea. La antigua base militar de la URSS, situada a las afueras de Šiauliai, acoge hoy cazas de combate F-16 de la OTAN que protegen el espacio aéreo de los tres países bálticos.

Sociedad

La población lituana es esencialmente urbana; dos tercios de los habitantes viven en áreas metropolitanas y las cinco mayores ciudades (Vilna, Kaunas, Klaipėda, Šiauliai y Panevėžys) concentran casi la mitad de la población.

Lituania posee la población más homogénea a nivel étnico de los tres países bálticos; los lituanos suman casi el 85% del total de habitantes, por lo que el multiculturalismo no resulta un asunto tan candente como en Letonia o Estonia. Los cerca de 250 000 polacos suponen el segundo mayor grupo étnico de Lituania y representan alrededor del 6% de la población. Los rusos suman alrededor del 5% de la población y los judíos solo el 0,1%.

VILNA: LA JERUSALÉN DEL NORTE

Una de las comunidades judías más destacadas de Europa prosperó en la Vilna (Vilne en yidis) de preguerra, pero la brutalidad nazi (y posteriormente soviética) acabó con ella.

Las raíces judías de la ciudad se remontan unos ocho siglos, cuando 3000 judíos se instalaron en Vilna invitados por el gran duque Gediminas (1316-1341). En el s. XIX era el centro del yidis, la lengua hebrea europea. Entre los célebres judíos de la comunidad de la ciudad destacan el erudito rabino Gaon Elijahu ben Shlomo Zalman (1720-1797), que lideró la oposición al jasidismo (un extendido movimiento místico judío) y el paisajista Isaak Levitan (1860-1900).

La población hebrea de Vilna alcanzó su apogeo en vísperas de la I Guerra Mundial con casi 100 000 de los 240 000 de todo el país. Sin embargo, asolada por la discriminación y la pobreza, decreció en el período de entreguerras, cuando Vilna era un puesto de avanzada de Polonia.

Aun así, Vilna se transformó en el eje cultural judío del este de Europa, y en 1925 fue elegida por delante de los otros centros yidis (Varsovia y Nueva York) como sede del Instituto de Investigación Científica del Yidis, situado en Vivulskio gatvė. En esos años florecieron escuelas judías, bibliotecas, la literatura y el teatro. Existían un centenar de sinagogas y casas de oración y seis periódicos judíos.

A finales de la II Guerra Mundial, la comunidad judía de Lituania quedó casi destruida y durante la perestroika se calcula que 6000 judíos se marcharon a Israel.

La comunidad étnica más reducida del país, los caraítas, cuenta con solo 280 miembros. En Trakai, una casa de oración de comienzos del s. XIX y un museo etnográfico permiten conocer la cultura y creencias de esta pequeña minoría de origen turcomano.

Oficialmente los gitanos lituanos se cifran en unos 2800. El **Human Rights Monitoring Institute** (www.hrmi.lt) de Vilna calcula que un 46% tiene menos de 20 años y muchos no hablan lituano, a diferencia de los más mayores con los que conviven.

La migración neta ha sido negativa durante los últimos años, con cientos de miles de lituanos que han emigrado a países en los que, incluso limpiando casas y trabajando como camareros, ganan el doble o el triple de dinero que en Lituania. Inicialmente, Irlanda y el Reino Unido fueron dos destinos muy populares, pero actualmente está ganando terreno Escandinavia.

Más de tres millones de lituanos viven en el extranjero, unos 800 000 solo en EE UU. También existen importantes comunidades en Canadá, Sudamérica y Australia.

Medio rural y medio urbano

El contraste entre la vida en Vilna y el resto del país es muy acusado. Los habitantes de la capital poseen un estilo de vida comparable al de Europa occidental; residen en agradables apartamentos, poseen empleos cualificados y a menudo vehículo propio. Muchos han adoptado una visión cosmopolita del mundo y el consumismo está muy extendido.

En las localidades de provincia y zonas rurales la pobreza aún resulta frecuente; los urbanitas cuentan con casi un tercio más de ingresos que los habitantes de zonas rurales y un tercio de las casas en comunidades agrícolas viven por debajo del umbral de la pobreza, comparado con el 20% en zonas urbanas.

La esperanza de vida de los varones es relativamente baja comparada con otros países europeos (unos 70 años en el 2013); la de las mujeres ronda los 80 años.

Hasta 1998 se podía cursar estudios universitarios en pocos lugares, pero han surgido varias decenas de universidades y escuelas universitarias. Casi el 90% de los lituanos finaliza los estudios secundarios y la mayoría alcanza algún tipo de enseñanza superior. Muchos trabajan a jornada completa durante sus estudios y viven en residencias universitarias o con amigos, en lugar de con sus padres.

PROTOCOLO

- Al visitar a un lituano hay que llevar un número impar de flores; los ramos pares se reservan para los funerales y los difuntos.
- No se deben estrechar las manos en el umbral; trae mala suerte.
- Siempre se debe mantener contacto visual al brindar con el anfitrión; si no es así, pensará que se oculta algo.

No obstante, los lazos familiares siguen siendo fuertes y muchas parejas casadas viven con sus padres ancianos que ya no pueden valerse por sí mismos. A pesar de la mejora de las perspectivas laborales, sobre todo en el caso de las mujeres, las lituanas suelen casarse bastante jóvenes (la mayoría entre los 20 y 24 años).

Baloncesto, el deporte nacional

Aunque Lituania destaca en muchos deportes, algo que prueban las recientes medallas olímpicas en modalidades tan dispares como lanzamiento de disco, pentatlón moderno y decatlón, solo un deporte les hace vibrar: el baloncesto.

Durante la era soviética, su éxito en la liga nacional soviética era una de las escasas vías a su alcance para reivindicar su identidad nacional. Desde la independencia, el baloncesto les ha situado en el mapa mundial. El admirado equipo nacional obtuvo el bronce en tres Juegos Olímpicos sucesivos (1992, 1996 y 2000) y en el 2004 y el 2008 lo perdió por poco. También conquistó el bronce en la Copa del Mundo de Baloncesto FIBA en Estambul en el 2010 y quedó cuarto en España en el 2014.

Potencia global desde los años treinta, Lituania vivió sus años de gloria a mediados de la década de 1990 con el incomparable éxito del Žalgiris Kaunas, el mejor equipo de la época. Liderado por el fenomenal pívot Arvydas Sabonis, el Žalgiris ganó el campeonato nacional soviético en tres años consecutivos (1985, 1986 y 1987), derrotando al temible CSKA de Moscú. Asimismo, los lituanos formaron la base del equipo

LAS MEJORES CINCO LECTURAS CONTEMPORÁNEAS

En internet, se aconseja visitar **Books from Lithuania** (www.booksfromlithuania.lt), exhaustivo centro de información literaria que revisa lo último en poesía y prosa, incluidas las traducciones al inglés.

'Lithuanian Literature' (Literatura lituana, editado por Vytautas Kubilius) Ofrece una idea global.

'El valle del Issa' (Czesław Miłosz) Relato semiautobiográfico de la vida *boyhood* en un valle al norte de Kaunas.

'Tūla' (Jurgis Kunčinas) Fascinante historia de dos amantes atrapados en el sistema soviético, y que luchan constantemente contra él.

'Bohin Manor' (Tadeusz Konwicki) Ambientada tras la revuelta de 1863, esta novela de un destacado escritor polaco moderno nacido en la zona de Vilna utiliza el pasado para glosar acontecimientos actuales y evoca tensiones entre los lugareños, los gobernantes rusos y un forastero judío, así como la premonitoria naturaleza misteriosa de los bosques lituanos.

'Raw Amber' (Ámbar en bruto, editado por Laima Sruoginis) Antología de poesía contemporánea.

soviético que se alzó con el oro olímpico en Seúl en 1988.

El éxito de los lituanos no solo demostró su dominio en la pista, sino que desempeñó un papel importante en el resurgimiento nacional que condujo a la independencia en 1991.

En el 2011 Lituania organizó el Eurobasket 2011, el torneo más prestigioso de Europa, por primera vez desde 1939. Pese a no resultar vencedor, el evento supuso un gran éxito para Vilna y Kaunas, las ciudades anfitrionas.

Arte

Como centro del *jazz* contemporáneo, el teatro y las vanguardias en el Báltico, Lituania goza de un ambiente artístico joven, fresco y dinámico.

Artesanía contemporánea

Lituania avanza con paso firme hacia su nuevo destino europeo, pero las viejas tradiciones no han desaparecido. La artesanía tradicional resurge con fuerza, con gran parte de la nueva generación interesada en técnicas de hace siglos.

Una de las artesanías más visibles, la talla de madera, adorna muchos jardines o senderos forestales con tótems elaboradamente trabajados que parecen reliquias vivientes del pasado pagano del país. En realidad, presentan tanto motivos cristianos como paganos, temas ambos muy recurrentes entre los artesanos tradicionales *dievdirbiai*. Antaño cubierta de densos bosques ahora protegidos por sus muchos parques nacionales, Lituania siente una veneración especial por la madera. Tradicionalmente, los árboles solo podían talarse cuando estaban "dormidos", en invierno, y en la época pagana algunas arboledas se consideraban sagradas.

La abundancia de ámbar en la costa del Báltico también dio lugar a una larga tradición artesana y muchos destacados joyeros lituanos todavía aprecian mucho esta resina. La cerámica negra, una técnica neolítica en la que la resina de pino, y a veces el estiércol, le dan a los productos acabados su característico tono negro, es otra milenaria artesanía que ha resurgido en los últimos años. Si a esto le añadimos la técnica de tejer, la fabricación de papel, la decoración de *margučiai* (huevos de Pascua) y muchas otras artesanías tradicionales, Lituania cuenta con muchos medios para mantener vivo su pasado.

Literatura

El Renacimiento significó la publicación en 1547 del primer libro en lituano (un catecismo de Martynas Mažvydas, cuya estatua se alza en Klaipėda) y la fundación de la Universidad de Vilna en 1579. Sin embargo, pasarían dos siglos más hasta que surgiera la auténtica literatura lituana.

La tierra supuso el eje de los primeros relatos de ficción. *Metai* (Las estaciones), de Kristijonas Donelaitis, describía poéticamente la vida de los siervos en el s. XVIII. Un siglo más tarde, el poema de Antanas Baranauskas *Anykščių šilelis* (El pinar de Anykščiai; 1860-1861) convertía el oscuro y profundo bosque en torno a Anykščiai en un símbolo nacional, un lamento ante la destrucción causada por los terratenientes extranjeros. Célebre por su expresivo idioma, Baranauskas lo escribió, al menos en parte, para demostrar que el lituano no era una lengua de uso exclusivamente popular.

Desde 1864 hasta 1904, la insistencia rusa en que se publicara en alfabeto cirílico entorpeció el desarrollo de la literatura nacional e inspiró al poeta Jonas Mačiulis (1862-1932) a impulsar su resurgimiento. Una estatua de este sacerdote de Kaunas, cuyo seudónimo era Maironis, se alza en el casco antiguo de esa localidad. El Museo Maironis de Literatura Lituana, alojado en su antigua residencia, ilustra su vida. Su obra romántica *Pavasario balsai* (Voces de primavera; 1895) representa para muchos el inicio de la poesía lituana moderna.

Destacados escritores polacos crecieron en Lituania y se consideran en parte lituanos, sobre todo Adam Mickiewicz (1798-1855), fuente de inspiración para los nacionalistas del s. XIX, cuyo excelente poema *Pan Tadeusz* comienza "Lituania, mi patria..." . Las habitaciones del casco antiguo de Vilna, donde se alojaba durante su época universitaria, albergan un museo.

El ganador del Premio Nobel de 1980, Czesław Miłosz (1911-2004), nació en Šeteniai, en el centro del país. Conocido sobre todo en el extranjero por su obra de no ficción *El pensamiento cautivo* (1953), sobre los efectos del estalinismo en la mente de los intelectuales polacos, era un apasionado de sus raíces lituanas y escribió conmovedoras obras sobre su infancia, como *El valle del Issa* (1955) y su libro de memorias *Native Realm* (Reino nativo; 1959).

Entre otros novelistas lituanos contemporáneos de primera línea, figura Antanas Škėma (1910-1961). Su novela semiautobiográfica *Balta drobule* (La mortaja blanca; 1954) narra su infancia en Kaunas y la posterior emigración a Alemania y Nueva York. Pionero del monólogo interior en la literatura lituana, el novelista realista y autor de cuentos Ričardas Gavelis (1950-2002) conmocionó al mundo literario con *Vilnius Poker* (1989) y *Vilnius Jazz* (1993), una crítica abierta al sistema y la mentalidad soviéticos ya extintos. Igualmente polémica fue la historia amorosa entre un sacerdote y una mujer relatada en *Ragana ir lietus* (La bruja y la lluvia), de Jurga Ivanauskaitė (1961-2007). El Ayuntamiento de Vilna se opuso a su publicación en 1992, lo que limitó su distribución inicial. Su novela posterior *Gone with Dreams* (Lo que se llevaron los sueños; 2000) abordó nuevos temas, como la religión, los viajes y las percepciones de otras religiones y culturas, algo vetado en la literatura lituana hasta después de 1989 y la caída del comunismo en toda Europa del Este.

Herkus Kunčius (n. 1965) ha cobrado fama por sus escandalosas novelas, que atentan contra las normas culturales; *Gaidžių milžinkapis* (2004) introdujo escenas gais y lesbianas en la literatura lituana. Por su parte, Marius Ivaškevičius (n. 1973), se distingue por su moderna mirada a temas históricos; *Žali* (Los verdes; 2002), que describe el movimiento partisano tras la II Guerra Mundial, es su obra más vendida hasta la fecha.

Cine y televisión

Lituania cuenta con una larga historia cinematográfica. Los primeros cortometrajes se rodaron en 1909, pero no fue hasta finales de la década de 1980 cuando empezó a florecer el cine independiente y actualmente las películas lituanas representan cerca del 25% de la taquilla local.

La sombría realidad postsoviética es el leitmotiv del lúcido director Šarūnas Bartas (n. 1964), cuya película muda en blanco y

SABROSAS LECTURAS

Quien desee preparar sus propios *cepelinai*, asar un conejo o cocinar un estofado de ave con mantequilla debería conseguir el excelente libro *Lithuanian Traditional Foods* (Comidas tradicionales lituanas), recopilado por Birutė Imbrasienė, o *The Art of Lithuanian Cooking* (El arte de la cocina lituana), de Maria Gieysztor de Gorgey.

negro *Koridorius* (El pasillo; 1994), ambientada en un ruinoso bloque de apartamentos de la periferia de Vilna, recibió el reconocimiento internacional. Bartas abrió el primer estudio de cine independiente de Lituania en 1987.

Los 11 documentales y el cortometraje realizados por Audrius Stonys han sido aclamados en toda Europa; *Skrydis per Lietuvą arba 510 sekundžių tylos* (El vuelo sobre Lituania o 510 segundos de silencio; 2000) muestra el vuelo de un ángel por el casco antiguo de Vilna, los lagos del Parque Nacional de Aukštaitija y Neringa; se puede ver en www.stonys.lt.

Stonys codirigió *Baltijos Kelias* (El camino báltico; 1990), mejor documental europeo en 1992, con el director-productor y miembro de la Academia de Cine Europeo Arūnas Matelis (n. 1961). Este último obtuvo el reconocimiento de la crítica y numerosos galardones por *Prieš parskrendant į žemę* (Antes de volar de vuelta a la Tierra; 2005), un documental sobre niños afectados de leucemia. Se puede conocer al director y a su equipo en www.nominum.lt.

Algimantas Puipa destacó con *Vilko dantu karoliai* (El collar de colmillos de lobo; 1998) y *Elze es Gilijos* (Elsie de Gilija; 1999) y saltó de nuevo a los titulares con *El bosque de los dioses* (2005) y *Nuodėmės užkalbėjimas* (Susurro de pecado; 2007).

La abanderada de las jóvenes directoras lituanas es Kristina Buožytė, cuya *Aurora* (2012) narra la historia de un científico que intenta conectar con el subconsciente de una mujer joven en estado de coma.

Lituania ha sido escenario de varias series de TV de elevado presupuesto, debido a su fama como plató económico. Entre ellas figuran *The New Adventures of Robin Hood* (Las nuevas aventuras de Robin Hood; 1995-1996) y *Elizabeth I*, filmada en el 2005 y protagonizada por Jeremy Irons y Helen Mirren.

Los **Lithuanian Film Studios** (www.lfs.lt), fundados en Kaunas en 1948 y actualmente situados en Vilna, han participado en las principales producciones extranjeras rodadas en Lituania.

El Museo del Teatro, la Música y el Cine de Vilna ofrece más información sobre el patrimonio televisivo y cinematográfico de Lituania.

Música

Las *dainos* (canciones en lituano) forman la base de la música popular. Sus letras tratan todos los aspectos de la vida, desde el nacimiento a la muerte, y las cantan mujeres, solas o en un grupo. Entre los instrumentos destaca el *kanklė* (versión báltica de la cítara), así como una gran variedad de flautas e instrumentos de lengüeta. El Museo de la Música y los Instrumentos Folclóricos de Kaunas dispone de una excelente colección.

El romántico Mikalojus Konstantinas Čiurlionis (1875-1911), con influencias folclóricas, fue el principal compositor del período clásico. Destacan sus poemas sinfónicos *Miske* (En el bosque) y *Jūra* (El mar; 1900-1907), aunque también compuso numerosas piezas para piano.

Bronius Kutavičius (n. 1932) está considerado el precursor del minimalismo en la música lituana y Rytis Mažulis (n. 1961) abandera una nueva generación de compositores con su postura neovanguardista patente en sus piezas vocales minimalistas. El icono del *country* Virgis Stakėnas es la fuerza inconmensurable que alienta un festival de culto, el Visagino Country, en la localidad oriental de Visaginas.

Lituania, el gigante *jazzístico* de los países bálticos, cuenta con dos grandes figuras: el pianista Gintautas Abarius y el saxofonista Petras Vysniauskas. El también célebre Ganelin Trio sorprendió a Occidente en la década de 1980 con su *jazz* vanguardista. En el club Kurpiai de Klaipėda y en los festivales de Birštonas y Kaunas se puede escuchar el mejor *jazz* lituano.

El país aún no ha acabado de despegar en la escena pop y *rock* internacional, aunque posee sus ídolos propios. Andrius Mamontovas es una figura nacional desde hace casi dos décadas; Amberlife, Mango y Auguestė dominan los grupos femeninos y masculinos y Skamp mezcla *hip-hop*, *rock* y *funk*. Entre las mejores bandas que han irrumpido con fuerza en los últimos años se cuentan Inculto, grupo ecléctico cuya producción denota diversas influencias internacionales, y Gravel, banda de cuatro músicos con talento y actitud herencia del *brit-pop*.

Music Export Lithuania (www.mxl.lt) ofrece información útil sobre los distintos estilos musicales de Lituania.

Artes plásticas

El pintor y músico más reconocido del país es Mikalojus Konstantinas Čiurlionis, natural de Varėna y fallecido a los 35 años; la casa donde pasó su infancia en Druskininkai alberga hoy un museo. Produjo obras maestras románticas de suaves tonos líricos, decorados de teatro y exquisitas vidrieras. La mejor colección se halla en el Museo Nacional de Arte Čiurlionis, en Kaunas.

Lituania goza de un próspero panorama artístico contemporáneo. Diversos artistas de la capital crearon la irónica República de Užupis (p. 308), un estado 'disidente' que acoge festivales de arte alternativo, espectáculos de moda y exposiciones. El escultor Gintaras Karosas dirige el parque escultórico Europos parkas, 19 km al norte.

De Lenin a las leyendas del *rock*, Konstantinas Bogdanas se hizo célebre por esculpir en bronce a los héroes comunistas (algunos pueden verse en el parque Grūtas de Druskininkai) y por un busto del músico y compositor norteamericano Frank Zappa.

La fotografía también ha logrado reconocimiento internacional. Vytautas Stanionis (1917-1966) fue la principal figura de la posguerra y el artista Antanas Sutkus (n. 1939) impactó con las legendarias fotografías del filósofo francés Jean-Paul Sartre y la novelista Simone de Beauvoir retozando en la arena del istmo de Curlandia. La famosa serie *Tales of the Sea* (Cuentos del mar) de Vitalijus Butyrinas (1947) emplea el expresionismo abstracto para crear poderosas imágenes. Para más información sobre estos y otros artistas, visítse la web de la **Unión de Fotógrafos Artísticos Lituanos** (www.photography.lt).

Teatro

El teatro lituano es muy pujante a nivel internacional, y varios de sus jóvenes directores experimentales mantienen expectante al resto de Europa.

La superestrella de los directores teatrales lituanos, Eimuntas Nekrošius, ha cosechado numerosos premios internacionales. Otra conocida figura, Oskaras Koršunovas (n. 1969), residente en Vilna, ha recorrido el circuito de teatros europeos con *Old Woman, Shopping and Fucking, PS Files OK* y su adaptación de *Romeo y Julieta* del 2003. En 1998 fundó en Vilna el Oskaras Koršunovas Theatre (OKT), su propia compañía teatral.

Otros grandes nombres son Gintaras Varnas (n. 1961), director artístico del Teatro Dramático Académico de Kaunas, mejor director del año en cinco ocasiones, y Rimas Tuminas (n. 1952), que dirige el Pequeño Teatro de Vilna.

Para más información sobre el teatro lituano, véase www.theatre.lt.

Comida y bebida

La dieta lituana se basa en abundantes patatas, carne y productos lácteos debido a los largos y crudos inviernos. La cocina no presenta grandes variaciones a lo largo del país, aunque se perciben ciertos rasgos según las regiones. Setas, frutos del bosque y platos de caza dominan en las boscosas regiones del este y del sur; la cerveza ayuda a bajar los cocidos del norte; y el pescado reina en la costa y las regiones lacustres como Trakai. El pan, normalmente de centeno y a veces bastante dulce, es excelente.

Productos típicos y especialidades

El símbolo de la comida lituana son los formidables *cepelinai*, empanadillas de espesa masa de patata con un relleno de queso, *mesa* (carne) o *grybai* (setas). Suelen llevar por encima una rica salsa de cebolla, mantequilla, nata agria y trozos de bacón.

Otro plato muy apreciado son los *kugelis* importados de la cocina alemana y consistentes en patatas y zanahorias ralladas asadas al horno y con nata agria por encima. Los *koldūnai* son suculentos raviolis rellenos de carne o setas y los *virtiniai*, una especie de pesadas empanadillas.

La *liežuvis* (lengua de vaca) y la *alionių skilandis* (carne picada ahumada embutida en vejiga de cerdo) se consideran manjares, así como la *vėdarai* (tripa frita de cerdo). La mezcla conocida como *šiupinys* consiste en morro, rabo y pies de cerdo estofados con guisantes y judías. Orejas, pies y rabo de cerdo ahumados suponen populares tentempiés para acompañar la cerveza, al igual que los *kepta duona*, trozos de pan negro con mucho ajo y fritos en abundante aceite; se sirven con o sin queso cremoso.

En el Parque Nacional de Aukštaitija abundan los platos de jabalí, conejo y venado. En el s. XVIII se cazaban aves y ani-

LOS 12 PLATOS DE NAVIDAD

La Navidad es la principal fiesta culinaria del año. La noche del 24 de diciembre las familias se sientan en torno a una mesa cubierta de heno a la luz de las velas y con un mantel de lino blanco. El heno anticipa el nacimiento de Jesús y sirve de lugar de reposo para los difuntos de la familia. A los fallecidos ese año se les reserva un sitio en la mesa.

La cena de Nochebuena comprende 12 platos, uno por cada mes del futuro año para asegurar felicidad y abundancia. Basados en el pescado y las verduras, a veces incluyen las festivas *kūčiukai*, pequeñas galletas de semilla de amapola con forma de cubo servidas en un cuenco de leche de semilla de amapola; otros, como arenques, lucio, setas y varias sopas, no son necesariamente de temporada.

La *šakotis* es una gran tarta de huevo con forma de árbol cubierta con largas púas, elaboradas con una mezcla bastante seca y esponjosa de harina, margarina, azúcar, nata agria y docenas y docenas de huevos, que se sirve en bodas y demás ocasiones especiales.

males y se freían en un recipiente de arcilla o en un asador sobre una hoguera. En los ss. XVII-XIX, cuando el movimiento perpetuo de las arenas del istmo de Curlandia no permitía cultivar la tierra en la zona, los lugareños optaron por cazar y comer cuervos migradores en invierno; se mataba al ave de un mordisco en el cuello, se tomaba un generoso trago de vodka y entonces su carne se comía fresca, ahumada o salada.

Las clásicas *blyneliai* (crepes), dulces o saladas, se toman a cualquier hora del día. Los *varskečiai* llevan crema dulce y los *bulviniai blyneliai* se elaboran con patata rallada y se rellenan de carne, *varske* (requesón) o fruta y chocolate.

Sopa rosa fría y otros entrantes

A los lituanos les encanta la sopa y a ningún chef que se precie se le ocurriría preparar una comida sin ella, pero sobresale la *šaltibarsčiai* (quizá por su llamativo color rosa, o simplemente porque resulta deliciosa). Se trata de una sopa fría de remolacha, muy popular en verano, servida con patatas hervidas aliñadas con eneldo y nata agria.

También destacan las de ortiga, acedera, repollo y pan, además de la sopa de sangre (con sangre de oca, pato y pollo). La sopa de anguila se come en el istmo de Curlandia, donde este animal es plato principal. En Aukštaitija triunfa la sopa de pescado, servida con una barra de pan integral.

Entre los entrantes más populares destacan el *silkė* (arenque), los *sprotai* (espadines) y las ensaladas. La *lietuviškos salotos* (ensalada lituana) combina pepinillos cortados en dados, zanahorias hervidas, carne y cualquier otro alimento, todo cubierto de mayonesa.

Las setas son muy comunes, sobre todo en agosto y septiembre, cuando en los bosques surgen decenas de diferentes variedades. Abundan sobre todo en los parques nacionales de Aukštaitija y Dzūkija. En primavera y comienzos de verano, esos mismos bosques se llenan de recolectores de bayas; los lugareños se sitúan al borde de las carreteras y ofrecen tarros de mermelada de fresas silvestres, arándanos y moras, entre otras.

Cerveza y otras bebidas

La *alus* (cerveza) se trata de la bebida más extendida, con marcas locales como Švyturys, Utenos, y Kalnapilis. Existe más tradición en el norte, donde cervecerías familiares miman los afortunados paladares con cerveza natural sin conservantes.

El *midus* (aguamiel) es miel hervida con agua, frutos del bosque y especias que se deja fermentar con lúpulo hasta que se convierte en una bebida alcohólica con una graduación del 10-15%. Se trata de la bebida más antigua y noble de Lituania y fue muy popular hasta el declive de la apicultura en el s. XVIII; no obstante, reapareció en 1959 cuando **Lietuviškas midus** (www.midus.lt), de Stakliškės, en el centro del país, comenzó a fabricarlo según la receta auténtica; hoy producen diversas variedades.

El *vynas* (vino) ha ido calando en los hábitos de consumo de los habitantes de

Vilna, pero la Lituania más provinciana aún sigue indecisa. El *degtinė* (vodka) se consume mucho y se disfruta mejor solo, frío y en compañía.

El licor de miel *stakliskes* o *starka* se elabora a base de hojas de manzano y peral. Las infusiones de hierbas y frutas con tila, tomillo, alcaravea, jengibre, menta, ruibarbo y un sinfín de otros ingredientes dulces son antiquísimas; Skonis ir Kvapas (p. 317), en Vilna, brinda una oportunidad única para saborear algunas.

La *gira,* una bebida turbia sin alcohol hecha de pan, se encuentra en todo el país.

Dónde comer y beber

En Lituania el abanico gastronómico abarca desde una comida de tres platos en un café tipo autoservicio de una localidad de provincias (7 €) a un mínimo de 35 € en un elegante restaurante de la capital.

En Vilna, se da una amplia variedad gastronómica y de precios. Los restaurantes suelen disponer de carta en inglés (al igual que en la costa); en el resto del país la oferta resulta más limitada y las cartas no siempre se traducen. El servicio es mejor en la capital que en el resto de Lituania.

Hábitos y costumbres

Una dosis de hospitalidad tradicional implica aflojarse un poco el cinturón y no desayunar al día siguiente. En los largos y copiosos festejos se producen numerosos *Išgeriam!* (¡Bebamos!) e *Iki dugno!* (¡Salud!). Los generosos entrantes pueden llegar a confundirse con los platos principales. Rechazar alguna ración puede

A PEDIR DE BOCA

Estas frases pueden resultar útiles a la hora de pedir en un restaurante.

Frases útiles

Una mesa para..., por favor.	*Stalą ..., prašau.*
¿Podría ver la carta por favor?	*Ar galėčiau gauti meniu, prašau?*
¿Tiene la carta en inglés?	*Ar jūs turite meniu angliškai?*
Me gustaría probar esto.	*Aš norėčau išbandyti to.*
No como...	*Aš nevalgau ...*
carne	*mėsiško*

Glosario gastronómico

ternera	*jautiena*
cerveza	*alus*
saquitos de puré de patata rellenos de carne	*cepelinai*
chuleta de cerdo empanada	*karbonadas*
mantequilla	*sviestas*
queso	*sūris*
pollo	*vištiena*
café	*kava*
sopa fría de remolacha	*šaltibarščiai*
huevos	*kiaušiniai*
raviolis lituanos	*koldūnai*
leche	*pienas*
setas	*grybai*
tortitas	*blyneliai*
cerdo	*kiauliena*
té	*arbata*

> **PRECIOS EN RESTAURANTES**
>
> Los siguientes indicadores de precios se refieren a un plato principal estándar.
>
> **€** menos de 7 €
>
> **€€** entre 7 y 14 €
>
> **€€€** más de 14 €

considerarse una ofensa y dar a entender que al visitante no le gusta la comida o la hospitalidad.

La comida familiar supone un acto muy ceremonial que se toma muy en serio, aunque en la frenética sociedad urbana está cada vez más vinculada a los días festivos, cumpleaños y otras ocasiones especiales. Cada miembro de la familia ocupa un lugar asignado en la mesa; el padre, un extremo y la madre, el contrario. Si al llegar a la casa ya están sentados, hay que decir *skanaus* (buen provecho).

GUÍA PRÁCTICA

Datos prácticos A-Z

ACCESO A INTERNET

En Lituania el uso de internet se ha desarrollado a un ritmo vertiginoso (al menos en los grandes centros urbanos), superando a gran parte de la Europa occidental. Con la introducción de la tecnología inalámbrica y ordenadores y portátiles más asequibles, los lituanos están adquiriendo cada más destreza en el uso de internet. Este hecho ha motivado un descenso en el número de cibercafés y un aumento de zonas wifi. Casi todas las grandes ciudades aún cuentan con un cibercafé (1,50 €/h).

Casi todos los hoteles, incluidos la mayor parte de los económicos, ofrecen a sus clientes acceso a internet en sus habitaciones, generalmente wifi; en algunos, sin embargo, aún se utilizan conexiones LAN, con cables ethernet que prestan en recepción. Lógicamente, el viajero necesitará un portátil o un *smartphone* con wifi para acceder a estos servicios. La calidad de la conexión puede variar mucho en función de la distancia entre la habitación y el *router*. Si se precisa una conexión fiable, se debe comentar en recepción y solicitar una habitación con una señal potente.

Muchos alojamientos económicos y de precio medio disponen de un ordenador en el vestíbulo, desde donde se puede navegar gratis.

ACTIVIDADES

Los lituanos aman la naturaleza; hasta hace seis siglos escasos sus habitantes aún adoraban a los vetustos robles del país, y hoy en su tiempo libre realizan peregrinajes masivos hasta los numerosos y seductores lagos y bosques y su larga costa de arena. Pasear en barca, recolectar bayas y setas, observar aves y realizar excursiones en globo suponen algunas de las actividades más tonificantes. Se puede, además, recorrer los espacios naturales a pie y en bicicleta, sudar en las tradicionales saunas junto a los lagos y pescar en el hielo en invierno.

ADUANAS

El Departamento de Adunas de Lituania (www.cust.lt), en Vilna, dispone de actualizaciones en línea.

Si se llega desde fuera de la UE, se puede introducir en Lituania 1 l de licor, 2 l de vino o champán y 200 cigarrillos o 250 g de tabaco libres de impuestos. No se puede entrar en el país con carne o productos lácteos en el equipaje de mano. A la llegada hay que declarar la moneda extranjera en metálico superior a 10 000 €, y la misma cantidad al salir.

Si se viaja dentro de la UE, no hay restricciones en lo que se puede llevar al entrar y salir del país, siempre que sea para uso personal.

En Lituania se limita la exportación de ámbar, pero varios recuerdos no representan ningún problema si su valor no excede los 1000 €. Para exportar obras de arte con más de medio siglo de antigüedad, se precisa un permiso del Ministerio de Cultura y el pago de una tasa del 10-20% de su valor; para más información, contáctese con el Comité del Patrimonio Cultural (www.kpd.lt).

ALOJAMIENTO

Lituania posee una amplia oferta de alojamiento para casi todos los bolsillos, entre hoteles, pensiones, casas rurales, albergues y *campings*. Aunque los precios han subido en los últimos años, suelen resultar más bajos que en Europa occidental.

Entre las opciones económicas se incluyen albergues, pensiones baratas, alojamientos en granjas y *campings*. En el precio medio se sitúan casi todos los hoteles y las mejores pensiones. El precio alto lo copan hoteles de cadenas internacionales, hoteles de lujo y hoteles-*boutique*.

- Los complejos vacacionales de la costa del Báltico durante la temporada de verano son los sitios más caros para alojarse, seguidos de Vilna y Kaunas.
- Existen importantes fluctuaciones de precios; los centros turísticos veraniegos, sobre todo en la costa báltica, ofrecen tarifas mucho más altas en temporada alta (jun-ago). Durante la "temporada fría" (oct-may) los precios caen hasta en un 50%, y muchos centros turísticos cierran en invierno.
- El desayuno no siempre se incluye en el precio, sobre todo en el caso de las pensiones, que cargan 4-7 € por este concepto.
- El aparcamiento también suele cobrarse aparte (4-7 €/noche).

Hoteles

El *viešbutis* (hotel) es el tipo de alojamiento más común. El término engloba una gran variedad de establecimientos nuevos y antiguos, desde muy básicos a muy lujosos.

En la franja alta se sitúan las cadenas hoteleras internacionales, que ofrecen alojamiento de calidad a clientes en viaje de negocios, con tarifas que corren a cargo de las empresas. Por debajo hay muchos más hoteles pequeños enfocados al mercado del precio medio, con precios que oscilan entre 45 € por una habitación individual y un mínimo de 60 € por una doble.

Pensiones

Las *svečių namai* (pensiones) son omnipresentes, sobre todo en las grandes ciudades. Existen desde habitaciones sencillas en casas particulares hasta otras casi de lujo; además, suelen ofrecer mejor relación calidad-precio que los hoteles y resultan más pintorescas. Los precios varían según su ubicación y nivel de confort, pero una individual/doble ronda los 35/50 €, normalmente sin desayuno.

Casas particulares y casas rurales

Alojarse en una granja o casa rural *(sodyba)* supone una forma popular y muy recomendable de conocer el país. Resultan habituales en zonas rurales y pequeñas ciudades. En el centro y las regiones del este, sobre todo en localidades como Utena o Anykščiai o en torno a los parques nacionales, pueden tratarse de la única opción.

Las oficinas de turismo disponen de una relación de casas rurales. La práctica web de la Asociación de Turismo Rural de Lituania (www.countryside.lt) posee un listado de propiedades divididas por región y facilita información sobre instalaciones y servicios.

PRECIOS DE ALOJAMIENTOS

Los siguientes indicadores de precios se refieren a una habitación doble con baño.

€ menos de 50 €

€€ entre 50 y 100 €

€€€ más de 100 €

Los precios varían mucho según los servicios y la temporada, pero una habitación cuesta unos 40 € en temporada alta (jun-ago) y la mitad en la baja, desayuno aparte.

Albergues

No existe una infraestructura de albergues muy desarrollada y los que hay suelen ser antiguos, a menudo en un dormitorio de escuela o un hotel deportivo básico. Casi todos se sitúan en las grandes ciudades; en el resto del país resultan más recomendables las pensiones o casas rurales.

La Asociación de Albergues de Lituania (www.lha.lt) facilita un listado, con enlaces a albergues concretos.

El precio oscila entre 9 y 11 € por cama en dormitorios colectivos, según el albergue, la ubicación y la época del año.

'Campings'

Se hallan por todo el país, algunos en zonas muy pintorescas, como la costa báltica, o en puntos de los parques nacionales. Casi todos aceptan tiendas y caravanas y algunos también ofrecen alojamiento básico en bungalós o similar.

La práctica web de la Asociación de Campings de Lituania (www.camping.lt) facilita un listado, así como información de contacto y fotografías. Además, publica el interesante folleto *Kempingai Lietuvoje* (*Campings* de Lituania), disponible en oficinas de turismo o descargable desde la web.

Los precios rondan los 5 € por persona y otros 5 € por la parcela. El aparcamiento del vehículo y la toma de corriente se pagan aparte. Algunos *campings* operan solo en temporada alta (may-sep); contáctese con antelación para informarse.

CORREOS

El sistema postal de Lituania (www.post.lt) es rápido y barato. Enviar cartas o postales dentro de Lituania cuesta 0,39 €; a otros países de la UE, 0,75 €, y fuera de la UE, 0,84 €. El correo a EE UU tarda unos 10 días y a Europa llega más o menos en una semana. La empresa estatal EMS, con sucursal en la oficina central de correos de Vilna, ofrece el servicio postal expreso más económico.

DINERO

Lituania cambió la litas por el euro en enero del 2015 al ingresar en la Eurozona.

Los cajeros automáticos son omnipresentes en las grandes ciudades, e incluso en la aldea más pequeña suele haber al menos uno; casi todos aceptan Visa y MasterCard. Aunque se puede cambiar divisa en los bancos, resulta más cómodo retirar efectivo con la tarjeta de crédito en un cajero automático.

Visa y MasterCard se aceptan ampliamente para compras y servicios, aunque en el caso de tiendas pequeñas o en compras de poco valor puede haber algún problema. Las tarjetas American Express suelen aceptarse solo en hoteles y restaurantes más grandes.

EMBAJADAS Y CONSULADOS

La web www.embassy-finder.com ofrece una lista actualizada de consulados y embajadas en todo el mundo. Las embajadas se hallan en Vilna; para embajadas lituanas en el extranjero, véase la web del **Ministerio de Asuntos Exteriores** (www.urm.lt).

Embajada de Bielorrusia (☎5-266 2200; www.lithuania.mfa.gov.by; Mindaugo gatvė 13; ⌚8.30-12.00 y 13.00-17.30 lu-vi)

Embajada de España (☎5-231 3961; Algirdo gatvė 4; ⌚8.30-16.30 lu-ju y 8.30-14-00 vi)

Embajada de EE UU (☎5-214 0560; www.vilnius.usembassy.gov; Akmenų gatvė 6; ⌚9.00-21.00 lu-vi)

Embajada de Estonia (☎5-278 0200; www.estemb.lt; Mickevičiaus gatvė 4a; ⌚8.30-17.00 lu-vi)

Embajada de Letonia (☎5-213 1260; www.latvia.lt; Čiurlionio iela 76; ⌚8.30-17.00 lu-vi)

Embajada de Polonia (☎5-219 7400; www.wilno.msz.gov.pl/en; Smėlio gatvė 20a)

Consulado de República Dominicana (☎5-262 4418; T. Vrublevskio gatvė 6)

Embajada de Rusia (☎5-272 3893; www.lithuania.med.ru; Latvių gatvė 53; ⌚8.00-12.00 y 13.30-16.00 lu-vi)

FIESTAS OFICIALES

Día de Año Nuevo 1 de enero

Día de la Independencia (Nepriklausomybės diena) 16 de febrero; aniversario de la declaración de independencia de 1918

Día de la Restauración de la Independencia 11 de marzo

Domingo de Resurrección Marzo/abril

Lunes de Pascua Marzo/abril

Día Internacional del Trabajo 1 de mayo

Día de la Madre Primer domingo de mayo

Día del Padre Primer domingo de junio

San Juan (Fiesta del solsticio de verano) 24 de junio

Día del Estado 6 de julio; conmemoración de la coronación del gran duque Mindaugas en el s. XIII

Asunción de la Santísima Virgen 15 de agosto

Día de Todos los Santos 1 de noviembre

Navidad (Kalėdos) 25 y 26 diciembre

En Lituania también se celebra el Día de la Bandera Lituana (1 de enero), Día de San Casimiro (4 de marzo), Día de la Tierra (20 de marzo), Día de los Partisanos (cuarto domingo de mayo), Día de la Cinta Negra (23 de agosto) y Día del Genocidio de los Judíos Lituanos (23 de septiembre). No se trata de días festivos, pero la bandera nacional ondea en casi todos los edificios públicos y viviendas.

INFORMACIÓN TURÍSTICA

Casi todas las ciudades cuentan con una oficina de turismo cuyo personal habla al menos un poco de inglés; aun así, su grado de utilidad y atención al viajero es muy variable. Todas dependen del Departamento de Estado para el Turismo (www.tourism.lt), con sede en Vilna. Las oficinas de turismo suelen ayudar a encontrar alojamiento. Con sus abundantes y prácticos folletos, las de Vilna, Kaunas, Klaipėda y Trakai se cuentan entre las mejores.

Para más información sobre los lugares Patrimonio Mundial –Neringa, casco antiguo de Vilna, Kernavė y Arco Geodésico de Struve–, se puede visitar la **Comisión Nacional Lituana para la Unesco** (plano p. 300; ☎5-210 7340; www.unesco.lt; Šv. Jono gatvė 11), con sede en Vilna.

MAPAS

En el caso de Lituania, nada mejor que los mapas interactivos y direccionables de todo el país de www.maps.lt.

En cuanto a los impresos, se recomienda el mapa de carreteras *Lietuva* (1:300 000), publicado por Briedis (p. 320), una editorial con sede en Vilna que lo vende por internet. Se puede adquirir en librerías, oficinas de turismo y supermercados por 4,50 €. El mapa *Lietuva* (1:500 000), de Jāņa sēta y con un precio similar, también resulta aconsejable.

CONSEJOS SOBRE PROPINAS

- En los restaurantes, una propina del 10% recompensa un buen servicio; suele dejarse en la bolsa donde entregan la cuenta o se ofrece directamente al camarero.
- Los peluqueros y demás servicios personales reciben un 10% del total.
- Los taxistas no esperan propina, pero se pueden dejar 2-4 € por un buen servicio.
- En los hoteles, la propina se limita a los de precio alto, en concreto para los mozos y el servicio de habitaciones.

Para orientarse en las ciudades, se puede recurrir a los *miesto planas* (planos urbanos), de Jāņa sēta, de Vilna, Kaunas y Klaipėda (escala 1:25 000, con un recuadro del centro a escala 1:10 000), Palanga (escala 1:15 000), Šiauliai y Panevėžys (escala 1:20.000). Están disponibles en librerías y varias oficinas de turismo (1,70-3,50 €).

La mayoría de los sistemas internacionales SatNav y GPS (como TomTom y Garmin) ofrecen mapas de Lituania entre sus descargas de Europa. Si se prevé alquilar un vehículo, se puede llevar el GPS propio.

TELÉFONO

La red digitalizada de teléfono, gestionada por TEO (www.teo.lt), es rápida y eficiente, aunque el sistema de prefijos resulte confuso.

Para llamar a otras ciudades desde una línea fija hay que marcar el ☎8, esperar el tono y entonces marcar el prefijo de zona y el número del abonado.

Para realizar una llamada internacional desde Lituania hay que marcar el ☎00, seguido del prefijo del país.

Para llamar a Lituania desde el extranjero se debe marcar el prefijo nacional (☎370), el prefijo de zona y a continuación el número del abonado.

Por otra parte, están los teléfonos móviles. No se verá a ningún lituano que se precie sin un móvil cosido a la oreja; de hecho, muchos hoteles y restaurantes, sobre todo en las zonas más rurales, lo usan como número principal. Constan de un código de tres dígitos y un número de cinco.

Para llamar a un móvil en Lituania, hay que marcar el ☎8, seguido de los ocho dígitos del número. Para llamar a un móvil desde el extranjero se marca el ☎370, seguido de los ocho dígitos del número.

Las empresas Bitė (www.bite.lt), Omnitel (www.omnitel.lt) y Tele 2 (www.tele2.lt) venden tarjetas SIM de prepago. Tele2 ofrece servicio gratuito de itinerancia con sus tarjetas prepago, por lo que resulta la mejor opción para quienes vayan a viajar también por Estonia, Letonia y Polonia. Además, dispone de las tarifas más económicas.

Los teléfonos públicos –cada vez más escasos debido a la proliferación de los móviles– son de color azul y solo aceptan tarjetas telefónicas, que se pueden adquirir en los quioscos.

ℹ Cómo llegar y salir

AVIÓN

AirBaltic (☎+371 6700 6006; www.airbaltic.com) Vuela a Vilna desde Riga varias veces al día y desde Tallin casi todos los días. También ofrece vuelos programados, aunque esporádicos, de Riga a Palanga. Estos vuelos son más comunes en verano (may-sep).

Estonian Air (☎5-232 9300; www.estonian-air.com) Vuela entre Tallin y Vilna dos veces al día los días laborables.

AUTOBÚS

Simple Express (☎5-233 6666; www.simpleexpress.eu) Ofrece los precios más bajos en rutas a Lituania desde otros países del Báltico, incluidos autobuses diarios a Vilna desde Riga y Tallin, y a Kaunas desde Riga.

AUTOMÓVIL Y MOTOCICLETA

Los tres países bálticos forman parte del Espacio Schengen, por lo que no existen controles fronterizos al pasar de Lituania a Letonia. A la hora de cruzar la frontera en un vehículo de alquiler no suele haber problemas, aunque conviene informar a la empresa en el momento de su contratación.

TREN

Ya no hay trenes directos de Vilna a Riga. Circula un tren diario a Riga, pero hay que hacer transbordo y esperar 6 h en la estación de Rēzekne

2 en Letonia. El autobús supone una alternativa mucho mejor.

El servicio en tren desde Vilna a Tallin resulta muy poco práctico. La ruta, increíblemente larga, comporta dos transbordos y unas 36 h de viaje. De nuevo, el autobús brinda una opción mejor.

Cómo desplazarse

BICICLETA, AUTOMÓVIL Y MOTOCICLETA

Las carreteras suele ser muy buenas y la conducción resulta fácil. Vilna, Kaunas y Klaipėda se comunican por autopistas de cuatro carriles y el trayecto entre Vilna y la costa báltica (330 km) se suele recorrer en 3-4 h.

A los ciclistas Lituania les parecerá agradablemente llana. En las zonas rurales, algunas vías están sin asfaltar, pero por lo general en buen estado. El invierno plantea problemas específicos a los conductores no habituados al hielo y la nieve. En las principales ciudades se alquilan automóviles y bicicletas.

AUTOBÚS

La amplia red nacional de autobuses conecta las ciudades principales entre sí y las más pequeñas con sus núcleos regionales. La mayoría de los servicios están detallados en la práctica web Bus Tickets (www.autobusubilietai.lt).

TREN

Lithuanian Rail (www.litrail.lt), con centros regionales en Vilna, Kaunas y Klaipėda, opera los servicios locales. Su web, muy fácil de utilizar, contiene rutas, horarios y precios en inglés. La elección entre el autobús o el tren depende en gran parte de la ruta; en los trayectos más comunes (p. ej., de Vilna a Kaunas o a Klaipėda), el tren suele resultar más cómodo y ofrecer mejor relación calidad-precio que el autobús.

Excursión a Kaliningrado

☎4012 / 423 000 HAB.

Incluye »

Los mejores restaurantes

- Dolce Vita (p. 411)
- Borsch and Salo (p. 411)
- Zarya (p. 411)

Los mejores alojamientos

- Chaika (p. 411)
- Skipper Hotel (p. 411)
- Amigos Hostel (p. 410)

Por qué ir

Kaliningrado, un lugar fascinante y desconocido, es uno de los grandes destinos olvidados de Europa. Tras fundarse, madurar e incluso envejecer como la impresionante ciudad alemana de Königsberg, actualmente es la capital de un enclave ruso rodeado de países de la UE que lleva el nombre de un importante comunista de la época de Stalin.

Sin embargo, el legado dejado por los alemanes, expulsados de Prusia Oriental (como se conoció la región durante siglos) al final de la II Guerra Mundial, brilla a través de la arquitectura brutalista soviética y afecta de forma curiosa a los rusos locales, que han desarrollado una peculiar identidad occidentalizada al vivir aislados del resto de Rusia.

El visado de tres días, todavía vigente cuando se escribió esta guía, permite explorar esta fascinante región de ruinas medievales alemanas, amplias playas arenosas y dunas llenas de ámbar, así como hacerse una idea de Rusia en otro delicado momento de su historia.

Cuándo ir

- El 9 de mayo el ejército y los tanques desfilan para conmemorar la victoria soviética en la II Guerra Mundial. A mediados de mayo se celebra la noche de los museos.
- A principios de la cuarta semana de julio el Día de la Armada Rusa permite visitar el vecino puerto militar de Baltiysk, cuyo acceso está normalmente prohibido a los turistas a menos que vayan en circuitos organizados.
- El Festival de Jazz de Kaliningrado se celebra anualmente en agosto y los principales espectáculos tienen lugar en el Parque Central.

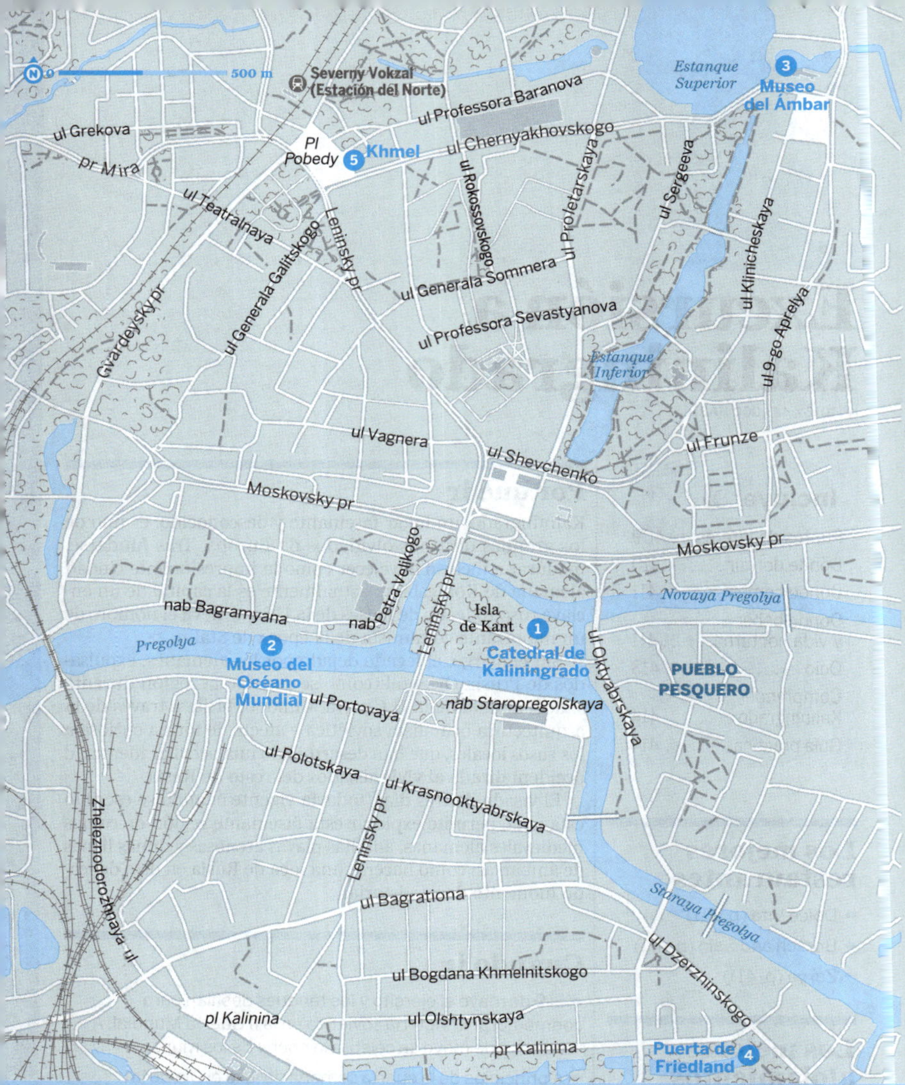

Imprescindible

1 Visitar la tumba del filósofo Immanuel Kant y oír un concierto de órgano en la **catedral de Kaliningrado** (p. 409).

2 Conocer la historia naval rusa en el fascinante **Museo del Océano Mundial** (p. 409).

3 Admirar las bellas piezas de joyería y arte creadas con resina petrificada en el **Museo del Ámbar** (p. 409).

4 Viajar a la antigua Königsberg en la **puerta de Friedland** (p. 409).

5 Ir al **Khmel** (p. 412), donde la cultura cervecera de Europa central se mezcla con el exotismo culinario de Siberia.

Puntos de interés

Isla de Kant y alrededores

La reconstruida catedral gótica domina esta isla antaño muy poblada y hoy zona verde salpicada de esculturas. Dan una pálida idea del aspecto de esta zona ribereña antes de la II Guerra Mundial unos pocos edificios cercanos, como la **antigua Bolsa** de la década de 1879 (hoy sede de varios clubes de la comunidad) y la hilera neotradicional de tiendas, restaurantes y hoteles llamada **Pueblo Pesquero.**

Catedral de Kaliningrado IGLESIA

(Кафедральный собор Кёнигсберга; ☎4012-631 705; www.sobor-kaliningrad.ru; isla de Kant; adultos/estudiantes 150/130 RUB, fotos 50 RUB, conciertos 250-300 RUB; ⏲10.00-17.00) Las fotografías expuestas en esta catedral de 1333, declarada sitio de Patrimonio Mundial, atestiguan su deteriorado aspecto hasta principios de la década de 1990. Su alto interior está dominado por un ornamentado órgano que se usa para **conciertos.** En la planta de arriba, la **biblioteca Wallenrodt,** de madera tallada, acoge interesantes exposiciones sobre la antigua Königsberg. La planta superior está dedicada al filósofo Immanuel Kant e incluye su máscara mortuoria. La **tumba de Kant** (Могила Канта) se halla en el exterior del lado norte.

Museo del Océano Mundial MUSEO

(Музей Мирового океана; www.world-ocean.ru; nab. Petra Velikogo 1; adultos/estudiantes 300/200 RUB, barcos individualmente 100/80 RUB; ⏲10.00-18.00 mi-do) Situado a lo largo de la ribera del río Pregolya. lo conforman varios barcos, un submarino, maquinaria naval y una par de salas de exposiciones. Destaca el antiguo buque oceanográfico *Vityaz,* atracado junto al *Viktor Patsaev,* que alberga exposiciones sobre la investigación espacial; solo puede visitarse mediante circuito guiado (incluido en el precio de la entrada; cada 45 min). El submarino B-413, anterior a la propulsión nuclear, ofrece una visión de cómo vivían sus 300 tripulantes.

Fortificaciones y puertas de la ciudad

Diseminados por la ciudad se ven los restos de las fortificaciones, bastiones y puertas de ladrillo rojo de Königsberg, construidas por fases en los ss. XVII-XIX. Algunas de estas ruinas se han restaurado y convertido en museos.

Museo del Ámbar MUSEO

(Музей янтаря; www.ambermuseum.ru; pl. Marshala Vasilevskogo 1; adultos/estudiantes 190/130 RUB; ⏲10.00-18.00 ma-do) Ocupa la torre Dohna (Башня Дона) y cuenta con más de 6000 objetos de ámbar, incluidos varios ejemplares de plantas e insectos prehistóricos fosilizados en resina, maravillosas obras de arte y un enorme trozo de ámbar de 4,28 kg. Se pueden comprar joyas de ámbar en el museo o en los puestos ambulantes del exterior. Contigua al museo, la **puerta de Rossgarten** (Росгартенские Ворота) alberga el restaurante **Piedra Solar** (Солнечный камень; principales 280-2000 RUB; ⏲12.00-2.00).

Puerta de Friedland MUSEO

(Ворота Фридланд; www.fvmuseum.ru; pr. Kalinina 6; adultos/niños 20/10 RUB, espectáculo multimedia 30 RUB; ⏲10.00-19.00 may-ago, hasta 18.00 sep-abr, cerrado 1er vi del mes) El **espectáculo multimedia** de 40 min que se ofrece en las salas de este museo, en una de las 13 puertas originales de la ciudad, muestra el Königsberg anterior a la II Guerra Mundial. Consta de la proyección de fotos tomadas en la ciudad entre 1908 y 1913 y de secuencias filmadas en 1937 en los alrededores del castillo.

Puerta del Rey MUSEO

(Королевские ворота; ul. Frunze 112; adultos/estudiantes 60/30 RUB; ⏲11.00-19.00 mi-do) Centrada en la Gran Embajada de Pedro el Grande en la ciudad en 1697, esta puerta restaurada

KALININGRADO EN...

Un día

Se debe visitar la **catedral**, el **Museo del Océano Mundial** y el **Museo del Ámbar,** y pasear por los frondosos **parques** de Kaliningrado. Se termina el día comiendo en el **Fish Club.**

Dos días

Con más tiempo, se puede ver arte soviético en la **Galería de Arte de Kaliningrado** y pasear por los antiguos barrios alemanes de **Amalienau** y **Maraunenhof.** El **Stoned Pony** brinda una idea de la escena local de bares.

DE UN VISTAZO

Superficie 15 100 km² (región)

Tasa de salida Ninguna

Moneda Rublo; 1 € = 41,40 RUB; 1 US$ = 29,1 RUB

Idioma oficial Ruso

Visado Se precisa visado ruso para entrar en Kaliningrado. Los ciudadanos del Espacio Schengen pueden entrar con un visado de turista de 72 h sin demora, que debe tramitarse a través de agencias de viajes privadas locales.

acoge también maquetas de Königsberg y exposiciones sobre personalidades históricas de la región. Un poco más al sur, donde Moskovsky pr. confluye con Litovsky val., se ve la **puerta de Sackheim** (Закхаймские ворота), flanqueada por dos torres.

Otros puntos de interés

Amalienau y Maraunenhof BARRIO
(Амалиенау и Мараунехоф) Un paseo por los arbolados barrios con olor a tilo de Amalienau (al oeste por pr. Mira) y Maraunenhof (en el extremo norte del Estanque Superior) ofrece una visión de la sofisticada Königsberg anterior a la II Guerra Mundial. Amalienau presenta una ecléctica gama de villas en ul. Kutuzova, la calle que conecta pr. Pobedy y pr. Mira. Maraunenhof alberga pequeños hoteles y el **consulado de Alemania** (ul. Telmana 14), que puede expedir visados.

Museo de Historia y Arte MUSEO
(Калининградский областной историко-художественный музей; ☎4012-453 844; www.westrussia.org; ul. Klinicheskaya 21; adultos/estudiantes 80/70 RUB; ⏲10.00-18.00 ma-do) En un reconstruido auditorio de 1912 a orillas del bonito Estanque Inferior (Нижний пруд), se centra en acontecimientos desde que la región pasó a manos de Rusia, aunque también hay referencias al pasado alemán de Kaliningrado.

Museo del Búnker MUSEO
(Музей "Бункер"; ul. Universitetskaya 3; adultos/estudiantes 100/70 RUB; ⏲10.00-18.00 ma-do) Aquí capituló ante los soviéticos en 1945 el último comandante, Otto van Lasch. Actualmente alberga presentaciones informativas sobre Prusia Oriental durante la II Guerra Mundial.

Galería de Arte de Kaliningrado GALERÍA DE ARTE
(Калининградская художественная галерея; www.kaliningradartmuseum.ru; Moskovsky pr. 60-62; adultos/estudiantes 100/80 RUB; ⏲10.00-18.00 ma y mi, vi-do, hasta 21.00 ju) Exhibe obras modernas y contemporáneas de artistas locales, incluidas algunas de la época soviética. Su tienda vende libros y obras de arte.

Ploshchad Pobedy PLAZA
(Площадь победы) Esta céntrica plaza ha cambiado mucho desde 1934, cuando se llamaba Adolf-Hitler Platz. Bordeada de centros comerciales, alberga la catedral de Cristo Salvador (Кафедральный Собор Христа Спасителя), construida en el 2006 con cúpulas doradas al estilo ruso bizantino.

Zoo de Kaliningrado ZOOLÓGICO
(Калининградский Зоопарк; www.kldzoo.ru; pr. Mira 26; fin de semana/entre semana 150/100 RUB; ⏲9.00-20.00 may-sep, hasta 17.00 oct-abr) Osos, hipopótamos, focas, flamencos y otros animales viven en este zoo.

Parque Central PARQUE
(Центральный парк; entrada principal pr. Pobedy 1) Este parque tipo bosque en un antiguo cementerio alemán cuenta con estatuas, atracciones de feria y un anfiteatro que acoge conciertos en verano.

Dónde dormir

No faltan hoteles de precio medio y alto, pero sí económicos. Si no se especifica lo contrario, los precios incluyen el desayuno.

Amigos Hostel ALBERGUE €
(Амигос Хостел; ☎8-911-485 2157; www.amigos-hostel.ru; ul. Yablonevaya Alleya 34; dc 500-550 RUB, d 1200 RUB; 📶) Ocupa una espléndida casa en una parte encantadora de la ciudad. Ofrece habitaciones grandes y luminosas, una cocina y zonas comunes impolutas, y muchas opciones de transporte público en la misma puerta. Alquila bicicletas (250 RUB/h) y patines (70 RUB/h).

Akteon Lindros Hostel ALBERGUE €
(Хостел Актеон Линдрос; ☎8-900-568 [illegible]333; ul. Engelsa 14; dc/d desde 500/1190 RUB; 📶) Limpio y tranquilo, dispone de dormitorios con literas, una buena cocina y un personal muy servicial. Los autobuses nº 5, 9, 12, 14 y 35 llegan desde el centro de la ciudad.

★ Skipper Hotel HOTEL €€

(Гостиница Шкипер; ☎4012-307 237; www.skipperhotel.ru; ul. Oktyabrskaya 4a; h desde 2800 RUB; ❄📶) En un pintoresco edificio de época con una fabulosa ubicación a orillas del río en el Pueblo Pesquero, queda cerca de muchos de los principales puntos de interés, cafés y bares. Ofrece habitaciones limpias con una vaga temática náutica y excelentes vistas de los animados alrededores.

Villa Severin PENSIÓN €€

(Вилла Северин; ☎4012-365 373; www.villa-severin.ru; ul. Leningradskaya 9a; i/d desde 1600/2200 RUB; ❄@📶) Esta villa cuenta con un adorable jardín y una encantadora ubicación junto al Estanque Superior (Prud Verkhny). Entre sus 10 habitaciones confortablemente amuebladas, se incluye una sencilla habitación de estudiantes (1000 RUB sin desayuno). También dispone de una pequeña sauna y un café.

Chaika HOTEL €€€

(Чайка; ☎4012-352 211; www.hotelchaika.ru; ul. Pugacheva 13; i/d desde 3500/4450 RUB; ❄@📶) En una frondosa calle cerca del pintoresco barrio de Amalienau, el delicioso "Gaviota" ofrece 28 habitaciones con elegantes toques de época, además de restaurante, un confortable salón y sala de *fitness*.

Heliopark Kaiserhof HOTEL €€€

(☎4012-592 222; www.heliopark.ru; ul. Oktyabrskaya 6a; i/d desde 4500/4950 RUB; ❄@📶🏊) Parte del Pueblo Pesquero, este hotel exquisitamente diseñado y amueblado cuenta con luminosas habitaciones, un *spa* y una sauna. Los precios bajan a la mitad de viernes a domingo.

Dónde comer

Para comprar alimentos se aconseja ir al animado **mercado central** (Центральный рынок; ul. Chernyakhovskogo; ⏲8.00-18.00).

Tabasko INTERNACIONAL €

(Табаско; pr. Mira 19; *pizzas* 140-630 RUB, *sushi* 35-100 RUB; ⏲11.00-23.30 do-ju, hasta 1.30 vi y sa) Este popular restaurante ofrece una buena y amplia selección de *pizzas* y *sushi*.

Borsch and Salo UCRANIANA €€

(Борщ и Сало; pl. Pobedy 10; comidas 300-500 RUB; ⏲12.00-24.00 do-ju, hasta 2.00 vi y sa; 📶) Decorado como una cabaña rural ucraniana, prepara sabrosos y sustanciosos platos. También sirve muchos tipos de *brandy* aromatizado y a veces ofrece una copa gratis.

Zarya RUSA, EUROPEA €€

(Заря; ☎4012-300 388; pr. Mira 43; comidas 200-540 RUB; ⏲10.00-3.00; 📶) Esta moderna *brasserie* en el vestíbulo del cine Scala cuenta con una atractiva zona al aire libre. Es muy popular para tomar un bocado antes y después de ir al cine, y sirve desde carne y pescado hasta camembert frito.

★ Fish Club PESCADO €€€

(Рыбный клуб; ul. Oktyabrskaya 4a; comidas 500-1500 RUB; ⏲12.00-24.00) Para darse un capricho comiendo pescado con buenas vistas, este elegante restaurante junto al río resulta insuperable. Utiliza ingredientes frescos, que preparan con mucha elegancia, y ofrece el mejor servicio de la ciudad. Si no se come fuera, pídase una mesa cerca de la pecera.

Dolce Vita EUROPEA, RUSA €€€

(☎4012-351 612; www.dolcevita-kaliningrad.ru; pl. Marshala Vasilevskogo 2; principales 420-1450 RUB; ⏲12.00-24.00; 📶🖊) Muchos de sus ingeniosos platos parecen excesivamente recargados en la carta, pero su competente chef hace que funcionen. Ofrece una excelente selección para vegetarianos, fabuloso pescado y deliciosas pastas.

Dónde beber y vida nocturna

Las discotecas abren desde las 21.00, pero no empiezan a animarse hasta pasada la media-

PRECIOS DE ALOJAMIENTOS

Los siguientes indicadores de precios se refieren a la habitación doble más barata.

€ menos de 1500 RUB

€€ entre 1500 y 4000 RUB

€€€ más de 4000 RUB

PRECIOS EN RESTAURANTES

Los siguientes indicadores de precios se refieren a una comida principal.

€ menos de 500 RUB

€€ entre 500 y 1000 RUB

€€€ más de 1000 RUB

Kaliningrado

noche. Acogen actuaciones de importantes DJ de Rusia y Europa occidental.

Los salones de té y los *pubs* también sirven comida y suponen buenas alternativas a los restaurantes y cafés.

Khmel CERVECERÍA ARTESANAL

(Clover City Centre, pl. Pobedy 10; ☉12.00-2.00) Este atractivo *gastropub* de varias plantas elabora cuatro tipos de cerveza. Su interesante carta (350-600 RUB) incluye opciones poco corrientes, como reno y jabalí.

Stoned Pony DISCOTECA

(ul. Chernyakhovskogo 2a; ☉11.00-2.00 lu-ju, hasta 6.00 vi y sa, hasta 24.00 do) Esta divertida discoteca alternativa atrae a una clientela joven y de mentalidad abierta; sus expertos bármanes ayudan a animar el ambiente.

Bar Verf BAR DE VINOS

(ul. Oktyabrskaya 4a, Pueblo Pesquero; ☉ 1.00-24.00; 📶) Tranquilo bar de vinos con mesas al aire libre y vistas de la catedral. A veces proyecta películas.

Kaliningrado

Puntos de interés

1	Museo del Ámbar	D2
2	Museo del Búnker	C3
3	Parque Central	A2
4	Antigua Bolsa	C4
5	Puerta de Friedland	D5
6	Museo de Historia y Arte	D3
7	Galería de Arte de Kaliningrado	D3
8	Catedral de Kaliningrado	D4
9	Zoo de Kaliningrado	B2
10	Museo del Océano Mundial	C4
11	Ploshchad Pobedy	C2

Dónde dormir

12	Chaika	A2
13	Heliopark Kaiserhof	D4
14	Skipper Hotel	D4
15	Villa Severin	D1

Dónde comer

	Borsch and Salo	(véase 20)
16	Mercado central	C2
17	Dolce Vita	D2
	Fish Club	(véase 14)
	Solar Stone	(véase 1)
18	Tabasko	B2
19	Zarya	B2

Dónde beber y vida nocturna

	Bar Verf	(véase 14)
20	Khmel	C2
21	Kvartira	B2
22	Stoned Pony	C2
	Universal	(véase 19)

Ocio

23	Sala Filarmónica	C5
24	Reporter	C1

Universal DISCOTECA
(☎4012-921 005; pr. Mira 43; entrada desde 500 RUB) La discoteca más elegante de Kaliningrado acoge actuaciones de DJ y desfiles de moda. Comparte ubicación con el cine Scala.

Amsterdam DISCOTECA
(www.amsterdam-club.ru; 38/11 Litovsky val.; entrada 1000 RUB; ⊙9.00-6.00 vi y sa) Esta gran discoteca alternativa frecuentada por gais se halla en un viejo edificio de ladrillo bajando 200 m por una calle sin nombre junto a Litovsky val.

Ocio

De vez en cuando se celebran conciertos de música clásica en la catedral.

Reporter MÚSICA EN DIRECTO
(Клуб Репортёр; ☎4012-571 601; www.reporter-club.ru; ul. Ozerova 18; ⊙11.00-1.00) Genial club de estilo industrial con eclécticos conciertos y *jam sessions* casi todas las noches a las 21.00. Para almorzar ofrece menús del día por 150 RUB.

Sala Filarmónica MÚSICA CLÁSICA
(Филармония; ☎4012-643 451; www.kenigfil.ru; ul. Bogdana Khmelnitskogo 61a; entradas desde 200 RUB) Esta iglesia neogótica muy bien restaurada con una excelente acústica resulta ideal para conciertos de órgano, música de cámara y orquestas sinfónicas.

Información

Baltma Tours (☎4012-931 931; www.baltma.ru; pr. Mira 94, 4ª planta) Su personal multilingüe ayuda a tramitar el visado y reservar alojamiento, circuitos por la ciudad y excursiones locales.

Hospital de urgencias (Городская больница скорой медицинской помощи; ☎4012-466 989; ul. A. Nevskogo 90; ⊙24 h)

Konigsberg.ru (www.konigsberg.ru) Mucha información sobre visados, hoteles y todo lo que pasa en Kaliningrado.

Centro regional de información turística (☎4012-555 200; www.visit-kaliningrad.ru; pr. Mira 4; ⊙9.00-20.00 lu-vi, 11.00-18.00 sa may-sep, 9.00-19.00 lu-vi, 11.00-16.00 sa oct-abr) Con cuantiosa información sobre la región.

Royal Castle (☎4012-350 782; www.kalinin

INDISPENSABLE

KVARTIRA

Escondido en la planta baja de un bloque de apartamentos, el **Kvartira** (☎4012-216 736; ul. Serzhanta Koloskova 13; 📶) es uno de los garitos más geniales de Kaliningrado. Con una fascinante variedad de libros, CD, discos y DVD de cultura pop, todos ellos en venta o alquiler (como el resto de cosas, incluido el elegante mobiliario), el Kvartira también sirve bebidas y tentempiés.

Se proyectan películas gratis varias noches, mientras que en otras puede haber fiestas o eventos artísticos. Pero siempre se logra entablar amistad con los lugareños. Lo mejor es visitarlo al atardecer, aunque dado su errático horario, se aconseja llamar antes.

MERECE LA PENA

PARQUE NACIONAL DE KURSHSKAYA KOSA

Más de la mitad de los 98 km del istmo de Curlandia se encuentran en territorio ruso y están protegidos por el **Parque Nacional de Kurshskaya Kosa** (Национальный парк Куршская коса; www.park-kosa.ru; entrada por persona/automóvil 40/300 RUB). Una excursión de un día desde Kaliningrado permite explorar el lugar, observar aves y otra fauna o descansar en sus playas vírgenes. Destacan las espectaculares vistas de las dunas desde las plataformas elevadas en **Vistota Efa,** así como los pinos esculpidos por el viento del **Bosque Danzante** (Танцующий лес; km. 37).

Los autobuses de Kaliningrado al istmo (101 RUB, 2 h, 4 diarios) paran en la localidad costera de Zelenogradsk a la ida y a la vuelta. El centro de turismo regional de Kaliningrado tiene los horarios. También se puede alquilar un automóvil (desde 1500 RUB aprox.) o concertar un circuito (700 RUB aprox.) en Kaliningrado o Zelenogradsk.

gradinfo.ru; Hotel Kaliningrad, Leninsky pr. 81; ⌚8.00-20.00 lu-vi, 9.00-16.00 sa) Acceso a internet y reserva de circuitos a Kurshskaya Kosa (istmo de Curlandia) y otros lugares.

COMPRENDER KALININGRADO

Kaliningrado hoy

Los últimos enfrentamientos de Rusia con Occidente han provocado que Kaliningrado, rodeada por países de la OTAN, sufra una especie de complejo de asedio, especialmente palpable durante el desfile del Día de la Victoria el 9 de mayo. Para la mayoría de los habitantes las malas relaciones con los países vecinos están convirtiéndose en un dolor de cabeza, ya que gran parte de la economía de la región depende del comercio con Polonia y Lituania. Con la enorme devaluación del rublo a causa del desplome del precio del petróleo y las sanciones de Occidente contra Rusia, la capacidad de la población de comprar productos en la UE ha disminuido. Esto, por otro lado, significa que la región se ha vuelto más barata para los visitantes extranjeros.

La crisis económica actual ha afectado a Kaliningrado, pero todavía se cuenta con el colchón de la riqueza acumulada durante la década "dorada" del 2000 como protección frente al desempleo y la pobreza. Actualmente se está construyendo un nuevo estadio de fútbol, ya que acogerá partidos de la fase de grupos de la Copa Mundial del 2018.

Historia

Königsberg se fundó en 1255 y se unió a la Liga Hanseática en 1340. Entre 1457 y 1618 fue la residencia de los grandes maestres de la Orden Teutónica y de sus sucesores los duques de Prusia. En el castillo de la ciudad fue coronado en 1701 el primer rey de Prusia, Federico I. Durante los dos siglos siguientes Königsberg floreció y produjo personalidades como el filósofo del s. XVIII Immanuel Kant.

El centro urbano quedó arrasado por los ataques aéreos británicos de agosto de 1944 y el asalto del Ejército Rojo del 6 al 8 de abril de 1945. Las autoridades soviéticas deportaron a todos los alemanes que quedaban y repoblaron la zona, principalmente con rusos. Rebautizada como Kaliningrado el 4 de julio de 1946, la ciudad se reconstruyó en el grandioso estilo soviético de hormigón, si bien suavizado por una red de lagos y cursos de agua y la laguna de Kaliningrado. En los años sesenta se tiró lo que quedaba del castillo para remplazarlo por la Dom Sovetov (Casa de los Sóviets). Durante la construcción de este engendro, se descubrió bajo el terreno un pasadizo subterráneo de cuatro niveles (ahora inundado) que conectaba con la catedral. El deteriorado edificio a medio acabar nunca se ha utilizado.

GUÍA PRÁCTICA

ℹ Cómo llegar y salir

AVIÓN

El **aeropuerto de Khrabrovo** (☎4012-610 620; www.kgd.aero), 24 km al norte de la ciudad, acoge vuelos diarios a Moscú, San Petersburgo y Berlín; más información en su web.

VISADOS

La traba del visado evita en gran medida el turismo masivo en Rusia, pero Kaliningrado es (o era) una excepción. Cuando se escribió esta guía no estaba claro si Rusia iba a continuar con el experimento que permite a los ciudadanos de los países del Espacio Schengen (es decir, la mayor parte de la UE), así como de Gran Bretaña y Japón, entrar en Kaliningrado con un visado de 72 h expedido en la frontera. Este experimento debía terminar a finales del 2014, pero las autoridades lo prorrogaron. Como Kaliningrado será una sede de la fase de grupos de la Copa Mundial de Fútbol del 2018, probablemente esta opción siga vigente durante los próximos años.

A más tardar 10 días antes de la visita, se debe enviar el pasaporte escaneado, la dirección y la fecha de llegada a una de las agencias turísticas acreditadas que aparecen en www.visit-kaliningrad.ru. Para saber los requisitos exactos, que pueden cambiar, consúltese esta web. Después, se puede recoger el visado al cruzar la frontera en el aeropuerto de Khrabrovo y en los pasos fronterizos de Bagrationovsk y Khrabrovo en la frontera con Polonia. Estos dos últimos resultan muy prácticos si se llega vía por Gdansk, que cuenta con un aeropuerto internacional. En la frontera lituana no está disponible el visado de 72 h.

AUTOBÚS

Desde la **estación de autobuses Yuzhny** (ul. Zheleznodorozhnaya 7) salen autobuses locales, así como internacionales de **Ecolines** (☎4012-758 733; www.ecolines.net) a Varsovia y varias ciudades alemanas. Los servicios internacionales a países bálticos de **König Avto** (☎4012-999 199; www.kenigavto.ru) parten desde su propia estación; circulan a Vilna, Klaipeda y Riga.

TREN

Todos los trenes de larga distancia y la mayor parte de los locales salen de **Yuzhny Vokzal** (Южный вокзал, estación del Sur; pl. Kalinina) y algunos pasan por **Severny Vokzal** (Северный вокзал, estación del Norte; pl. Pobedy), pero no siempre paran allí.

Entre los destinos de larga distancia se cuentan Moscú, San Petersburgo y Minsk; existen trenes locales a Svetlogorsk y Zelenogradsk.

Cómo desplazarse

Los tranvías (10 RUB), trolebuses (10 RUB), autobuses (12 RUB) y microbuses (12-17 RUB) llevan a casi cualquier sitio. El autobús nº 144 va al aeropuerto desde la estación de autobuses (30 RUB, 30 min). Un taxi a/desde el aeropuerto cuesta 600 RUB con **Taxi Kaliningrad** (☎4012-585 858; www.taxi-kaliningrad.ru).

Se pueden alquilar automóviles en **City-Rent** (☎4012-509 191; www.city-rent39.com; Moskovsky pr. 182a), con una sucursal en el aeropuerto.

Visados

[illegible] del visado [illegible] una medida [illegible] turismo [illegible] Kaliningrado [illegible] es [illegible] cual [illegible]. Aunque [illegible] esto [illegible] no es muy claro, el [illegible] conductor [illegible] que permite a los [illegible] de los países del espacio Schengen (es decir, la mayor parte de la UE) [illegible] con un visado de 72 h [illegible] de [illegible] 2014 pero [illegible]. Durante [illegible] de [illegible] 2017 [illegible] esta [illegible] los próximos años.

A [illegible] tardar 10 días antes de [illegible] se debe [illegible] pasaporte escaneado [illegible] y la [illegible] de [illegible] de las agencias turísticas [illegible] que aparecen en www.visit-kaliningrad.ru [illegible] que pueden [illegible] consultarse [illegible] por vía [illegible] el [illegible] de la frontera en el aeropuerto de Kaliningrado [illegible] pasos fronterizos de [illegible] y [illegible] en la frontera con Polonia. Estas disposiciones [illegible] muy práctica si se llega de [illegible] que [illegible] un aeropuerto internacional [illegible] de este visado de 72 h.

Autobús

Desde la estación de autobuses Yuzhny (Южный; [illegible]) salen autobuses locales, así como internacionales de Ecolines ([illegible]; www.ecolines.net) a Varsovia y varias ciudades alemanas. Los servicios internacionales a países bálticos de König Avto ([illegible]; www.koenigavto.ru) parten desde su propia estación, [illegible] a Vilna, Klaipeda y Riga.

Tren

Todos los trenes de larga distancia y la mayor parte de los locales salen de Yuzhny Vokzal ([illegible]), estación del sur, pl. Kalinina; algunos pasan por Severny Vokzal ([illegible]), estación del norte ([illegible] Pobedy), pero no siempre paran allí.

Entre los destinos de larga distancia se cuentan Moscú, San Petersburgo y Minsk; [illegible] trenes locales a Svetlogorsk y Zelenogradsk.

Cómo desplazarse

Los tranvías (20 RUB), trolebuses (10 RUB), autobuses (12 RUB) y microbuses (12 [illegible] RUB) llevan a casi cualquier sitio. El autobús n.º 144 va al aeropuerto desde la estación de autobuses (30 RUB, 30 min). Un taxi desde el aeropuerto cuesta 600 RUB con Taxi Kaliningrad ([illegible]; www.taxi-kaliningrad.ru).

Se pueden alquilar automóviles en City-Rent ([illegible]; www.city-rent39.com; Moskovsky pr 182a), con una sucursal en el aeropuerto.

Guía práctica

Datos prácticos A-Z

Acceso a internet

El uso de la red ha crecido a velocidad pasmosa en el Báltico, superando a gran parte de la Europa occidental. Cada vez más habitantes están conectados gracias a la tecnología inalámbrica y a la bajada de precio de ordenadores portátiles y *smartphones*. Para el viajero esto implica que se encuentren menos cibercafés y más zonas wifi; Estonia en particular hay wifi prácticamente por todas partes. En la mayoría de las ciudades principales existe algún café con ordenadores para acceder a internet, pero en las zonas rurales resulta difícil encontrar uno. En estos lugares, las oficinas de turismo o las bibliotecas suponen la mejor opción. Las bibliotecas públicas constituyen también una fuente fiable de wifi gratis.

Casi todos los hoteles de gama alta, cada vez más establecimientos de gama media e incluso muchas opciones baratas ofrecen internet en las habitaciones, aunque la velocidad varía mucho.

Una forma barata de asegurarse el acceso a internet en todo momento es comprar una tarjeta SIM local con acceso a internet móvil. Se puede usar el teléfono móvil como punto de acceso y conectar los demás dispositivos.

Cada país cuenta con listas de puntos de acceso a wifi. Más información en:

- **Estonia** www.wifi.ee
- **Letonia** http://wifi.inbox.lv
- **Lituania** www.wifi.lt

Aduana

Antes de comprar pinturas u otros objetos culturales en el Báltico, pregúntese al vendedor si habrá que pagar derechos de aduana o pedir un permiso especial de exportación. Puede precisarse el permiso de un departamento estatal previo a su exportación. Véase la información de aduanas de cada país para Estonia (p. 179), Letonia (p. 287) y Lituania (p. 402).

ALQUILERES RURALES

Baltcott (www.baltcott.com) Empresa estonia con decenas de casas rurales y apartamentos en Estonia (☎648 5788) y Letonia (☎6756 9435). En su web se puede encontrar una cabaña en el Parque Nacional de Lahemaa, una granja en Saaremaa, un apartamento de playa en Pärnu o Jūrmala o un alojamiento urbano en Tallin o Riga.

Lauku Celotajs (www.celotajs.lv) Esta empresa turística letona incluye en su catálogo decenas de hoteles rurales y granjas en Letonia y otros lugares.

Alojamiento

En el Báltico, los tristes alojamientos del bloque del Este pertenecen al pasado. Muchos hoteles se han renovado y, pese a que aún quedan algunos monstruos soviéticos grises, actualmente abundan otras opciones. Las capitales ofrecen el mejor surtido, desde albergues hasta hoteles de cadenas internacionales, donde no obstante cuesta encontrar sitio los fines de semana de verano.

Por lo general, caben en la categoría económica los albergues, *campings* y pensiones más baratas; en la de precio medio, casi todas las pensiones y hoteles menos caros; y en la de precio alto, los hoteles más lujosos y los hoteles-*boutique*. En las capitales, especialmente en Tallin, resulta difícil encontrar una habitación doble decente barata, pero existe mucha competencia, así que a menudo se puede encontrar algo buscando en línea.

La temporada alta va de junio a agosto (en las estaciones de esquí hay una segunda en invierno). En caso de viajar durante la misma, se debe reservar con mucha antelación. Esto resulta esencial en Tallin, Vilna, Riga y en destinos veraniegos populares como las islas estonias y todas las localidades costeras.

De octubre a abril (y en menor medida en septiembre y mayo) el precio de las habitaciones cae alrededor del 30% y a veces mucho más, según la habilidad negociadora del viajero. Nótese también que los destinos de escapada de fin de semana, como populares localidades de mar o Tallin, son más caros en viernes y sábado que entre semana.

'Campings'

Sin vehículo privado se llega a pocos de los *campings* más bonitos, enclavados en bosques o lagos. Algunos ofrecen casitas de madera o, con menos frecuencia, bungalós de ladrillo. Aunque las cabañas presentan diferentes formas y tamaños, suelen consistir en un único espacio pequeño con tres o cuatro camas. Las duchas y lavabos son casi siempre comunes, con enormes variaciones en su nivel de limpieza.

Los *campings* suelen abrir en mayo o junio y cerrar a mediados o finales de septiembre. Una casita de madera cuesta 7-30 €/persona y una parcela, 4-10 €/persona.

Estonia en particular dispone de una entidad sumamente eficiente que supervisa la acampada. **RMK** (☎676 7500; www.rmk.ee) cuenta con decenas de lugares para acampar en bosques por todo el país; conviene consultar su web específica www.looduse gakoos.ee para más información.

Casas rurales

Se trata de un tipo de alojamiento muy variado y no siempre implica estancias en granjas como cabría suponer. Muchas "granjas para turistas" son pequeñas casas de huéspedes, mientras que otras ofrecen apartamentos con todos los servicios o casitas enteras. En cualquier caso, brindan experiencias memorables. Por un precio adicional, las familias anfitrionas a menudo sirven comidas caseras y organizan actividades como ir a pescar, buscar setas, recoger bayas y pasear en bote o a caballo, entre otras.

Baltic Country Holidays (Lauku Ceļotājs; ☎6761 7600; www.traveller.lv) Con sede en Letonia, reserva alojamiento en entornos rurales de todo el Báltico, desde B&B y pensiones hasta casitas enteras o parcelas de *camping*.

Countryside Tourism Association of Lithuania (☎37-400 354; www.countryside.lt) Concierta alojamientos en granjas y casas rurales por toda Lituania.

Turismo rural de Estonia (☎600 9999; www.maaturism.ee) Reserva toda la gama de alojamientos, desde *campings* y B&B en granjas hasta hoteles en palacios y castillos.

Pensiones

Algo más grandes que los B&B pero más pequeñas que los hoteles, suponen una opción genial para alojarse a precios asequibles y a menudo en un marco informal y acogedor. Suelen contar con menos de doce habitaciones, pero aparte de eso, no existen normas fijas. Algunas disponen de baño privado, en otros casos comunes, algunas ofrecen desayuno y otras no; hoy en día, habitualmente incluyen wifi. El nivel de limpieza puede variar, aunque en general es bueno. Los precios van de unos 20 a unos 90 € por habitación.

Albergues

Cada vez existen más, concentrados sobre todo en las capitales y principales ciudades. Una cama en dormitorio colectivo cuesta unos 10-15 € en las capitales en temporada alta. En verano debe reservarse con mucha antelación.

Los tres países bálticos cuentan con albergues de **Hostelling International** (www.hihostels.com). Para recomendaciones de mochileros se puede consultar **Hostelworld** (www.hostelworld.com). Estas son algunas webs con una lista (no exhaustiva) de albergues en cada país:

➡ **Estonia** www.hostels.ee

➡ **Letonia** www.hostellinglatvia.com

➡ **Lituania** www.lha.lt

Hoteles

Los países bálticos ofrecen hoteles para todos los bolsillos, aunque las habitaciones sencillas y dobles baratas escasean en las capitales, cada vez más sofisticadas (la oferta de albergues, en cambio, es abundante). A medida que los hoteles más baratos se esfuerzan en alegrar su aspecto, elevan los precios. Aún quedan reliquias deliciosamente horribles de la era soviética, pero, aunque conservan sus exteriores austeros, los interiores suelen estar renovados.

La gama media, tanto dentro como fuera de las capitales, incluye pequeños hoteles familiares cuyo único inconveniente es que disponen de pocas habitaciones y se llenan enseguida.

Abundan los hoteles de categoría, muchos gestionados por empresas occidentales o parte de cadenas internacionales reconocidas. Otros –como el Dome Hotel (p. 218) en Riga, el Radisson Blu Royal Astorija (p. 312) en Vilna y el Three Sisters (p. 72) en Tallin– ocupan edificios históricos exquisitamente renovados que datan de los ss. XIII a XIX.

Hoteles 'spa'

Se trata de opciones excelentes para darse un capricho y, en aquellos que disponen de parques acuáticos, también para ir con niños. Aunque no se pase la noche, se pueden recibir tratamientos como cubrimientos de arcilla, masajes y baños herbales, entre otras muchas opciones.

Estonia y Letonia ofrecen la mejor selección, y la letona Jūrmala es la capital balnearia del Báltico. Druskininkai constituye la primera referencia como *spa* en Lituania; Birštonas también es popular. Kuressaare, en Saaremaa, se considera la capital de los *spas* en Estonia.

Comunidad homosexual

Tras la independencia se despenalizaron los actos homosexuales en los tres países bálticos, y hoy la edad de consentimiento es igual para todos los ciudadanos. Pero no todo es tan de color de rosa como parece. La laica Estonia es la más tolerante de las tres; existen bastantes más prejuicios en la católica Lituania y quizá aún más en Letonia. En el mapa del 2015 de la web Rainbow Europe, que clasifica los países según la protección jurídica que ofrecen a sus población de gais, lesbianas, transexuales y bisexuales (GLTB), Estonia obtuvo un 34%, Lituania un 19% y Letonia un 18% (como referencia, el Reino Unido obtuvo un 86% y la vecina Suecia un 72%).

En los tres países, "salir del armario" supone múltiples riesgos y pequeñas muestras de afecto en público pueden provocar reacciones agresivas. Existe una pequeña escena gay en Tallin (p. 79), Riga y Vilna (p. 318), pero apenas nada más.

Una vez dicho esto, Baltic Pride se ha convertido en un festival anual con celebraciones muy logradas y sin problemas, que cada año tiene lugar en una capital. En el 2015 Riga fue la primera capital báltica en acoger Europride, y la marcha se celebró sin incidentes.

Webs

ILGA Europe (www.ilga-europe.org) Excelente información por países sobre la vida homosexual y su aceptación en toda Europa, Báltico incluido.

Portal estonio LGBT (www.gay.ee)

Portal letón LGBT (www.gay.lv)

Portal lituano LGBT (www.gay.lt)

Clima

Riga

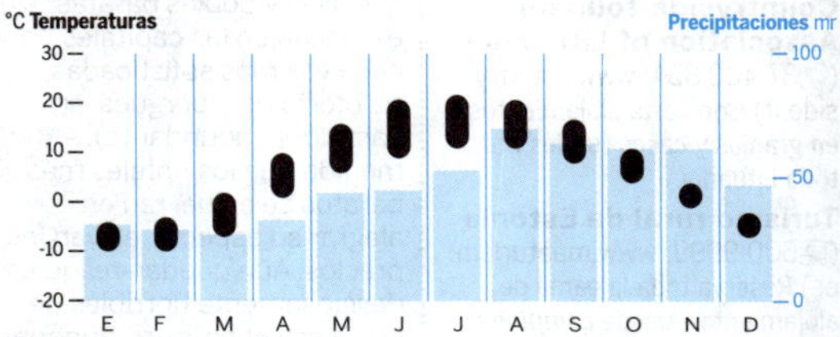

Tallin

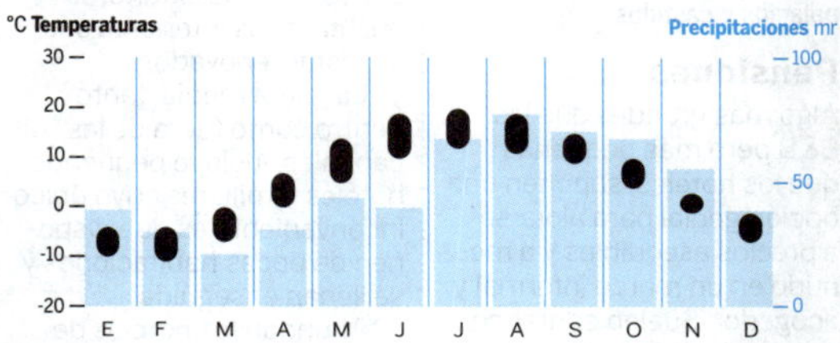

Vilna

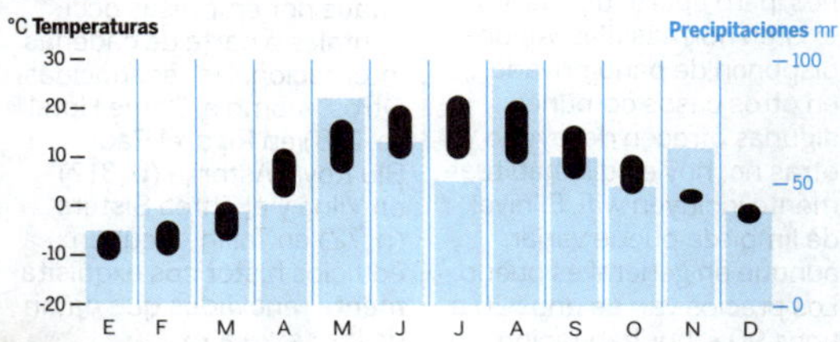

Correos

Desde cualquiera de los tres países, las cartas y tarjetas postales tardan 2-4 días a Europa occidental, 7-10 a EE UU y algo más a Sudamérica. De vez en cuando se pierde alguna carta o paquete como en cualquier otro país, pero en general todo llega.

Se pueden comprar los sellos en la oficina de correos (estonio: *postkontor*; letón:

¿QUÉ PLANTA?

Antes de empezar a subir escaleras, hay que tener en cuenta que en los países bálticos llaman 1ª planta a la planta baja.

pasts; lituano: *paštas*) y enviar el correo desde allí. En Estonia también pueden comprarse los sellos en una tienda y echar el sobre en cualquier buzón de correos.

Véanse las tarifas postales y ulterior información en las webs de las compañías postales:

Eesti Post (www.post.ee) Estonia

Latvijas Pasts (www.pasts.lv/en/) Letonia

Lietuvos Paštas (www.post.lt) Lituania

Existen caros servicios de mensajería urgente internacional en las capitales.

El formato de las direcciones escritas sigue las normas occidentales, por ejemplo:

Kazimiera Jones
Veidenbauma iela 35-17
LV-5432 Ventspils
Letonia

Veidenbauma iela 35-17 significa "calle Veidenbaum, edificio nº 35, apartamento nº 17". Los códigos postales son en Estonia las letras EE seguidas de cinco dígitos; en Letonia LV y cuatro dígitos; y en Lituania, LT y cinco dígitos (aunque sin resultar el LT imprescindible). Para quien desee recibir correo durante el viaje, existe un servicio de lista de correos en la oficina principal de correos de Tallin y Vilna, así como en la oficina de correos contigua a la estación de trenes de Riga; las tres guardan el correo durante un mes. Las cartas han de dirigirse a la lista de correos como sigue, anteponiendo nombre y apellidos del destinatario:

Estonia Poste Restante, Narva maantee 1, EE10101 Tallin, Estonia

Letonia Poste Restante, Riga, LV-1050 Letonia

Lituania Poste Restante, Vilna ACP, Gedimino prospektas 7, LT-01001 Vilna, Lituania

Cuestiones legales

En caso de ser arrestado en los países bálticos, los derechos legales básicos son los mismos que en cualquier otro lugar de Europa, incluyendo el derecho a ser informado del motivo del arresto (antes de ser trasladado a comisaría), de informar a un familiar de la situación (una vez en comisaría) y de que un abogado se halle presente durante el interrogatorio. No se puede detener a nadie más de 72 h sin cargos.

En los tres países se prohíbe fumar en restaurantes, bares, locales nocturnos y cafés, aunque se permite en terrazas al aire libre o salas de fumadores (con ventilación adecuada).

En general, está prohibido beber alcohol fuera de los bares y restaurantes. El riesgo de multa es alto en las grandes capitales.

Descuentos

Tarjetas de descuento urbanas

Las tres capitales ofrecen tarjetas de descuento. Ventspils cuenta con su propia moneda virtual que puede adquirirse y gastarse al visitar sus puntos de interés.

Carnés de albergues

Con el de Hostelling International (HI) se obtienen descuentos de hasta el 20% en los de esta red, pero en el Báltico hay muchos albergues no afiliados. El carné puede adquirirse durante el viaje en un albergue afiliado o antes de partir en la **Red de Albergues Juveniles** (YHA; www.hihostels.com) del país de origen.

Para la tercera edad

Se ofrecen ciertos descuentos, a menudo en entradas de museos y también en las de conciertos y actuaciones; siempre merece la pena preguntar y llevar un documento que acredite la edad. Los ferris y autobuses de larga distancia suelen contar con tarifas para jubilados con un descuento del 10% aprox.

Carné joven y de estudiante

Da derecho a gran variedad de descuentos por toda la región. El más común es la **International Student Identity Card** (ISIC; www.isic.org) para estudiantes a tiempo completo mayores de 12 años, con descuentos en alojamientos, transportes y algunas atracciones. Se adquiere en sindicatos universitarios, organizaciones de albergues y algunas agencias de viajes; véase más información en la web de la **International Student Travel Confederation** (ISTC; www.istc.org).

La ISTC también gestiona la **International Youth Travel Card** (IYTC o Go25), carné con beneficios similares a los de la ISIC para per-

¿CUÁL ES LA PUERTA?

No hay que llegar muy apurados a los lavabos, pues habrá que meditar un rato antes de saber qué puerta empujar. Los lavabos para hombres están indicados con la letra "M" en Estonia y con la "V" en Letonia y Lituania; los de mujeres están indicados con la letra "N" en Estonia, la "S" en Letonia y la "M" en Lituania. En algunas puertas rige el sistema de triángulos: un triángulo en forma de falda para las mujeres y un triángulo invertido, simulando unos hombros anchos, para los hombres. Y, por si fuera poco, en Lituania (como en la vecina Polonia), los masculinos pueden presentar un triángulo y los femeninos, un círculo.

sonas entre 12 y 26 años que no sean estudiantes a tiempo completo. La ISTC dispone además del **International Teacher Identity Card** (ITIC) para profesionales de la enseñanza.

Dinero

Cajeros automáticos

Abundan en las ciudades y principales poblaciones y aceptan Cirrus, Visa y MasterCard, lo que permite sacar dinero las 24 h. Casi todos operan también en los principales idiomas de Europa.

Tarjetas de crédito

Las aceptan muchos hoteles, tiendas y restaurantes, sobre todo los de más categoría. Visa y MasterCard son las más difundidas, aunque también aparecen Diners Club y American Express. Resultan esenciales para alquilar automóviles. Por lo general, lo más cómodo es usar la Visa o MasterCard para sacar adelantos de efectivo en cajeros automáticos.

Cambio de divisas

En todas las localidades existe algún sitio donde cambiar efectivo, normalmente un banco, una oficina de cambio o un punto de cambio de divisas. Estos últimos se encuentran en todas partes, sobre todo aeropuertos, estaciones de autobuses y estaciones de trenes. Los tipos varían en cada establecimiento. Los puntos de cambio de divisas suelen estar abiertos durante el horario comercial habitual.

Propinas y regateo

Resulta bastante habitual, aunque no obligatorio, dar a los camareros una propina del 5-10% redondeando la cuenta. Se estila algo de regateo (pero no mucho) en los mercadillos; es difícil conseguir un descuento de más del 10- 20%.

Cheques de viaje

Cual dinosaurios, van desapareciendo ante la explosión de cajeros automáticos que aceptan tarjetas internacionales. Aún se pueden cambiar (con tremendas comisiones) en bancos de las principales ciudades.

Electricidad

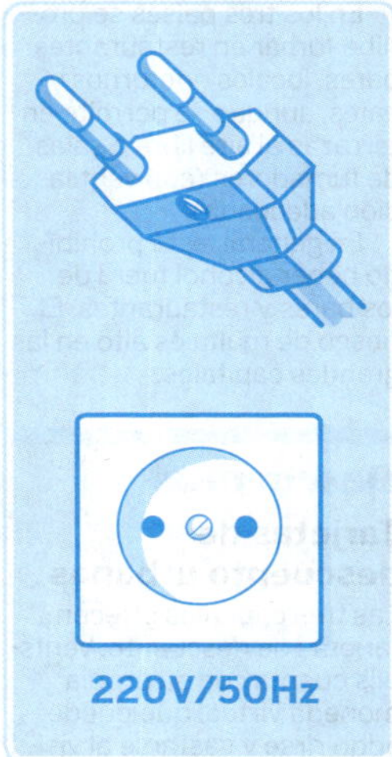

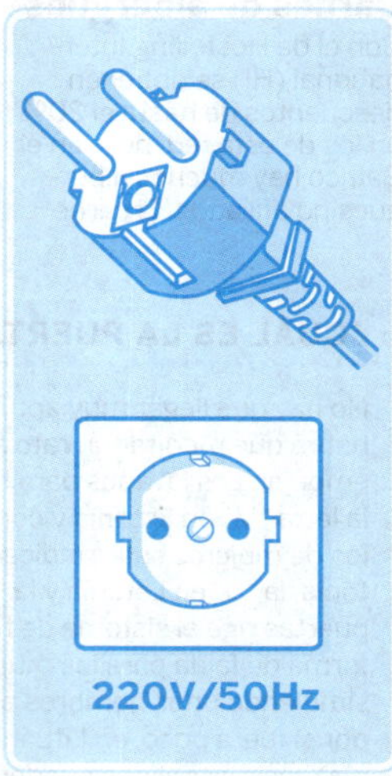

Embajadas y consulados

Estonia, Letonia y Lituania cuentan con numerosas representaciones diplomáticas en el extranjero. Del mismo modo, muchos países disponen de sus propias embajadas o consulados en las capitales bálticas. Véase Estonia (p. 180), Letonia (p. 287) y Lituania (p. 404) para más información.

Téngase presente que en el extranjero el viajero está sujeto a las leyes del país donde se halle y que su embajada no se mostrará comprensiva si acaba en la cárcel por cometer un delito local, aunque en su país de origen esos actos no estén penados.

Algunos países poseen una única representación diplomática para todo el Báltico (normalmente en Riga) y otros cubren esta región desde sus embajadas de Estocolmo o Berlín.

Hora local

Estonia, Letonia y Lituania están en la zona horaria de Europa del este (GMT/UTC +2). Los tres países siguen el horario de ahorro de luz solar desde el último domingo de marzo hasta el último domingo de octubre, que es GMT +3.

Los horarios de trenes, autobuses y vuelos se dan en formato 24 h. Los días de la semana pueden indicarse con letras (la inicial de cada día) o numerales (I o 1 = lunes; VII o 7 = domingo). Las fechas se indican al estilo europeo: día, mes y año, de modo que 01.06.1974 equivale al 1 de junio de 1974.

Horario comercial

A continuación se listan los horarios comerciales habituales en la región.

Bancos 9.00- 16.00 o 17.00 lu-vi

Bares 11.00 o 12.00-24.00 do-ju, hasta 2.00 o 3.00 vi y sa

Cafés 8.00 o 9.00-22.00 o 23.00 diario

Clubes 22.00-4.00 o 5.00 ju-sa. En Letonia empiezan a llenarse a las 23.00 y cierran hacia las 6.00, de miércoles a sábados; en los meses más cálidos a menudo abren también de domingos a martes.

Oficinas de correos 8.00-18.00 o 19.00 lu-vi, 8.00 o 9.00-14.00 o 15.00 sa

Restaurantes 12.00-23.00 o 24.00 diario

Tiendas 10.00-18.00 o 19.00 lu-vi, 10.00-15.00 o 16.00 sa

Supermercados 8.00 o 9.00-22.00 diario

Información turística

Tanto las tres capitales como la mayor parte de las ciudades y localidades de mar cuentan con algún tipo de eficiente oficina de turismo con listas de alojamientos y folletos informativos, muchos de ellos en inglés y normalmente entregados con una sonrisa. Estas oficinas las coordina la entidad nacional de turismo, reseñada en el apartado "Datos prácticos" del país (Estonia, p. 180; Letonia, p. 288; y Lituania, p. 404). Casi todas las localidades que figuran en esta guía disponen de webs para turistas.

Lavabos públicos

Comparados con los apestosos agujeros negros del pasado báltico, ahora son una maravilla, en su mayor parte limpios y modernos, sin repugnantes cestas en el rincón pues el papel se tira al retrete. Esto no quiere decir que sea recomendable pasar mucho rato en los lavabos públicos de las estaciones de trenes o autobuses, ya que no resultan muy acogedores. Existen lavabos públicos en algunos lugares, pero en las grandes ciudades se pueden usar los de los grandes hoteles sin que el personal proteste demasiado (o también se puede ir al McDonald's más cercano).

Mapas y planos

Resulta fácil conseguir buenos mapas nacionales y regionales fuera de la zona, así como planos de ciudades en cada país báltico. Para planear el viaje resulta útil un mapa de toda la zona: *Estonia, Latvia, Lithuania*, de **Cartographia** (www.cartographia.hu), cubre los tres países a escala 1:700 000, y muchas editoriales ofrecen algo similar. Insight Travel Maps ofrece el práctico *Baltic States* (escala 1:800 000) con planos de Tallin y Riga.

En la zona se venden buenos mapas como *Eesti Latvija Lietuva* (escala 1:700 000), publicado por **Briedis** (www.briedis.eu) en Vilna. En Estonia, **EO Map** (www.eomap.ee) cuenta con el estupendo *Baltimaad* (Países bálticos; escala 1:800 000), a la venta en casi todas las librerías.

En Letonia, **Jāņa Sēta** (www.kartes.lv) lidera el mercado con su mapa de tamaño bolsillo de 152 páginas con espiral *Baltic Countries & Kaliningrad Region* (escala 1:500 000), que contiene 72 planos de ciudades y poblaciones, además de mapas de carreteras de toda la región. También se recomienda su mapa de carreteras *Baltic Countries* (escala 1:700 000).

Una buena web de mapas es www.maps.com. Véase también p. 180 para Estonia, p. 288 para Letonia y p. 405 para Lituania.

Mujeres viajeras

Aunque bastante tradicionales respecto al papel de los géneros, los bálticos son muy reservados y es raro que importunen a otras personas. Resulta poco probable que los hombres molesten a las mujeres; no obstante, yendo sin compañía quizá se deban evitar unos pocos bares y cervecerías de mal aspecto. Aunque muchas mujeres viajan solas en autobuses y trenes nocturnos, si se viaja en tren por la noche se estará más tranquila echando el pesado pestillo metálico a la puerta del compartimento.

Salud

En conjunto la zona el Báltico es muy saludable para viajar, si bien fuera de las capitales las instalaciones médicas no se hallen del todo a la altura occidental. Casi todas las farmacias capitalinas y de las principales ciudades cuentan con medicinas occidentales importadas. En las capitales existen clínicas privadas con asistencia médica de calidad occidental y en inglés, aunque suelen resultar caras. En una emergencia, búsquese primero la ayuda del hotel si se está alojado en uno; los más grandes pueden tener médicos de guardia. La atención de urgencias es gratuita en los tres países.

Para los ciudadanos europeos, la tarjeta sanitaria europea cubre la mayoría de las prestaciones médicas, pero no aquellas que no son urgentes ni los gastos de repatriación. En muchos países de la UE se puede solicitar por internet en la web de la autoridad sanitaria local.

Picaduras de insectos

La encefalitis por garrapatas es una infección grave. Se recomienda vacunarse si se va a pasar mucho tiempo en zonas boscosas, incluidas las costas donde abundan los pinares. Dos dosis de la vacuna protegen durante un año; tres dosis bastan para tres años. Siempre se debe examinar el cuerpo después de caminar por una zona poten-

LO ESENCIAL

Prensa impresa y digital Las grandes publicaciones internacionales en inglés, como *The Economist* o *National Geographic*, están disponibles en los quioscos céntricos de las tres capitales. El *Baltic Times* es un periódico con sede en Riga que cubre la política y la actualidad de los tres países. El portal en inglés del canal público estonio es news.err.ee, el del canal público letón es lsm.lv/en y pueden encontrarse noticias de Lituania en inglés en en.delfi.lt. Para una lectura más detallada sobre política internacional y letona traducida al inglés, se puede visitar rebaltica.lv/en.

Radio La BBC World Service se encuentra en el punto del dial 100.5 FM en Riga, el 103.5 FM en Tallin y el 95.5 FM en Vilna.

Televisión Hay canales en inglés disponibles en la mayoría de los hoteles y de los paquetes por cable.

Pesos y medidas Los tres países usan el sistema métrico para la longitud (metros), el peso (kilogramos) y la temperatura (grados Celsius).

Tabaco En los tres países está prohibido fumar en restaurantes, bares y clubes nocturnos (excepto en terrazas al aire libre). En Letonia se aplican restricciones adicionales cerca de las escuelas.

cialmente infestada de garrapatas; en la costa lituana hay señales que alertan a los caminantes y bañistas de las zonas donde las garrapatas abundan especialmente. Si se advierte una garrapata pegada, presiónese con unas pinzas alrededor de su cabeza y tírese hacia arriba con suavidad. No hay que tirar de la parte trasera del cuerpo porque el contenido de las tripas podría introducirse en la piel a través de las partes de la cabeza agarradas a ella, y aumentaría así el riesgo de infección.

En la región, los mosquitos son una plaga que puede causar irritación y picaduras infectadas. Úsese un repelente de insectos con DEET.

Agua

Aunque algunos asesores oficiales de viajes aconsejan beber solo agua hervida o embotellada y evitar la del grifo, los locales insisten en que esta es perfectamente potable (si bien de sabor no del todo agradable). No debe beberse el agua de ríos ni lagos, pues puede tener bacterias o virus que causan diarrea o vómitos.

Seguro de viaje

Se recomienda contratar uno que cubra robo, pérdidas y asistencia médica. Puede obtenerse un seguro de viaje de cobertura mundial en www.lonelyplanet.com/travel-insurance. Se puede comprar, ampliar y denunciar siniestros en cualquier momento, incluso si ya se está en camino.

Algunas pólizas ofrecen opciones de mayor o menor cobertura médica. Dada la gran variedad de pólizas, hay que fijarse bien en la letra pequeña; algunas excluyen específicamente "actividades peligrosas" que a veces incluyen el excursionismo.

Quizá se prefiera una póliza que pague directamente a médicos y hospitales en vez de tener que pagarlos el viajero primero y reclamar el reembolso después; en este último caso, consérvese toda la documentación. Algunas pólizas requieren llamar (a cobro revertido) a un centro del país de origen donde realizan una valoración inmediata del problema del viajero. Compruébese que la póliza cubra ambulancias y el vuelo de repatriación de urgencia.

Teléfono

En las pequeñas Estonia y Letonia los códigos de ciudad pertenecen al pasado; si se llama desde el extranjero, basta marcar el código del país seguido del número del abonado. En Lituania resulta un tanto más complicado. Puede encontrarse más información en los datos prácticos por país (Estonia, p. 181; Letonia, p. 288; y Lituania, p. 405).

Hablando de móviles, en Estonia, Letonia y Lituania se utiliza el sistema GSM 900/1800, compatible con el resto de Europa pero no con el norteamericano GSM 1900. Si se dispone de un teléfono compatible con el GSM 900/1800, puede comprarse un barato paquete de tarjeta SIM en diversos proveedores de telefonía móvil en los tres países.

Trabajo

A la zona ya le resulta difícil dar empleo a sus habitantes, por lo que escasea el trabajo temporal para visitantes. La mayoría de los no nativos que trabajan en estos países han sido destinados por sus empresas de origen. Sin embargo, se viven tiempos de cambios y existen ciertas posibilidades para quien desee permanecer un tiempo y probarlo, aunque sin esperar hacerse rico en términos occidentales. Para la enseñanza de idiomas y otros empleos, consúltese www.goabroad.com.

Viajeros con discapacidades

Se enfrentarán a muchos desafíos en un Báltico de calles adoquinadas, destartaladas aceras y edificios antiguos a menudo sin ascensor. Dicho esto, en las ciudades muchos hoteles ofrecen habitaciones equipadas para personas con discapacidades; se recomienda informarse primero en las oficinas de turismo de las capitales. En la costa occidental lituana, algunas playas de Nida y Palanga disponen de rampas que permiten acceder en silla de ruedas a la arena.

Webs útiles:

Able Travel (www.able-travel.com) Ofrece información sobre Estonia (por desgracia, no sobre Letonia ni Lituania).

Apeirons (☎6729 9277; www.apeirons.lv) Organización de personas con discapacidades y sus amigos, un buen primer contacto en Letonia.

Libertad de Movimientos (Liikumisvabadus; http://liikumisvabadus.invainfo.ee) Web con detallada información (en inglés) sobre accesibilidad en Estonia para usuarios de sillas de ruedas y personas de movilidad reducida, dividida por regiones, localidades y lugares de interés.

Visados

Primero se debe comprobar el pasaporte, cuya validez mínima ha de ser de tres meses tras la fecha de finalización del viaje al Báltico. Solo algunos países necesitan visado; no se exige para entrar en Estonia, Letonia o Lituania a los ciudadanos de la UE y EE UU.

Para otras nacionalidades, consúltese la web del correspondiente Ministerio de Asuntos Exteriores:

Estonia Välisministeerium; www.vm.ee

Letonia www.pmlp.gov.lv

Lituania www.migracija.lt

Ampliación de visados

El visado de entrada única a veces se puede ampliar. En Letonia hay que ir al servicio de extranjería de la **Oficina de Asuntos de Ciudadanía y Migraciones** (Pilsonības un migrācijas lietu pārvalde; ☎6721 9656; www.pmlp.gov.lv; Alunāna iela 1, Riga). En Lituania seguramente primero se deberá acudir al departamento de migración del **Ministerio del Interior** (Migracijos Departamentas; ☎52-717 112; www.migracija.lt; L. Sapiegos 1, Vilna).

Visados para Bielorrusia

No se conceden en las fronteras de carretera; se precisarán, tramitados de antemano, hasta para pasar en tránsito por Bielorrusia. Los expiden en las embajadas bielorrusas de las tres capitales bálticas; véanse los datos de contacto en www.belembassy.org. Se puede obtener más información en el **Ministerio de Asuntos Exteriores de la República de Bielorrusia** (www.mfa.gov.by).

Visados para Rusia

Todo visitante extranjero necesita visado para entrar en Rusia. Como los trámites para obtenerlo son lentos, se recomienda vivamente conseguirlo antes de salir de casa. El visado de turista requiere una invitación, que puede cursar un hotel o ciertos albergues de Rusia o especialistas de visados en línea (p. ej., www.visatorussia.com). Luego se presenta la invitación y la solicitud en un consulado ruso y unas semanas más tarde se recibe el visado; puede pagarse a una gestoría para que se encargue de este proceso, recomendable dada su experiencia burocrática.

Si no se pensó en ir a Rusia hasta estar en el Báltico, puede intentarse pedir el visado en las embajadas rusas de Tallin, Riga o Vilna. Se tendrá que rellenar mucho papeleo y quizá se obtenga el visado, aunque no hay garantías y puede depender de la nacionalidad del viajero. También se puede pedir ayuda a una agencia local de viajes.

Para quienes pretendan visitar el enclave ruso de Kaliningrado existe un visado especial de 72 h que se expide en el acto para ciudadanos del Espacio Schengen (casi todos los de la UE), pero debe solicitarse de antemano y solo se concede a quienes lleguen en avión o crucen desde Polonia. Quizá sea mejor obtener un visado ruso normal, tramitado con antelación.

Voluntariado

En Estonia la arraigada organización WWOOF (World Wide Opportunities on Organic Farms) proporciona trabajo voluntario en granjas de cultivo ecológico a cambio de alojamiento y comidas. La filial lituana está arrancando (www.wwoof.lt) y Letonia solo cuenta con un par de granjas en la lista de **WWOOF Independents** (www.wwoof.org/wwind). De vez en cuando se anuncian oportunidades locales de voluntariado para anglohablantes en el periódico *Baltic Times* (www.baltictimes.com).

Transporte

CÓMO LLEGAR Y SALIR

Existen muchas formas de entrar en los países bálticos, inc uso desde un país vecino. Por ejemplo, se puede volar o tomar un autobús hasta Varsovia y después entrar a Lituania en tren, o volar hasta Helsinki y allí tomar un ferri hasta Estonia. Ya en territorio báltico, las distancias son relativamente cortas.

Esta sección informa sobre cómo llegar a Estonia, Letonia y Lituania desde fuera de la región.

Llegada a Estonia, Letonia y Lituania

Los trámites de entrada resultan bastante sencillos y rápidos tanto si se llega en autobús, barco, avión o tren. Si se viaja desde el Espacio Schengen (casi todos los países de la UE), no se precisa ninguna formalidad de llegada.

Pasaporte

Los viajeros procedentes de fuera del Espacio Schengen necesitan un pasaporte válido durante los tres meses posteriores al final de la estancia prevista. Los ciudadanos de la UE y de EE UU, entre otros, no necesitan visado para entrar en Estonia, Letonia o Lituania. Véase p. 418 para más información.

Avión

Aeropuertos y aerolíneas

El operador nacional de Estonia es **Estonian Air** (www.estonian-air.ee) y el de Letonia, **airBaltic** (☎9000 1100; www.airbaltic.com). El antiguo operador aéreo nacional de Lituania ya no existe. A continuación se listan los aeropuertos internacionales de la región:

Aeropuerto de Kaunas (KUN; ☎6124 4442; www.kaunas-airport.lt)

Aeropuerto de Palanga (Palangos Oro Uostas; ☎6124 4442; www.palanga-airport.lt; Liepaja plentas 1) Vuelos directos a Copenhague.

Aeropuerto internacional de Riga (Starptautiskā Lidosta Rīga; ☎1817; www.riga-airport.com; Mārupe District; 🚌22)

Aeropuerto de Tallin (TLL; ☎605 8888; www.tallinn-airport.ee; Tartu mnt 101; 🚌2)

Aeropuerto de Tartu (TAY; ☎605 8888; www.tartu-airport.ee; Lennu tn 44, Reola küla)

Aeropuerto internacional de Vilna (Tarptautinis Vilniaus Oro Uostas; ☎6124 4442; www.vno.lt; Rodūnios kelias 10a; 📶; 🚌1, 2) La principal vía de entrada aérea a Lituania, con algunos vuelos directos a grandes ciudades europeas.

EL CAMBIO CLIMÁTICO Y LOS VIAJES

Todos los viajes con motor generan una cierta cantidad de CO_2, la principal causa del cambio climático provocado por el hombre. En la actualidad, el principal medio de transporte para los viajes son los aviones, que emplean menos cantidad de combustible por kilómetro y persona que la mayoría de los automóviles, pero también recorren distancias mucho mayores. La altura a la que los aviones emiten gases (incluido el CO_2) y partículas también contribuye a su impacto en el cambio climático. Muchas páginas web ofrecen "calculadoras de carbono" que permiten al viajero hacer un cálculo estimado de las emisiones de carbono que genera en su viaje y, si lo desea, compensar el impacto de los gases invernadero emitidos participando en iniciativas de carácter ecológico por todo el mundo. Lonely Planet compensa todos los viajes de su personal y de los autores de sus guías.

Billetes

El sistema de venta automática de billetes por internet funciona bien si se planea un viaje de ida o ida y vuelta en fechas concretas, pero si se traza una ruta complicada se recomienda acudir a una agencia de viajes, pues informa de ofertas especiales, estrategias para evitar las escalas y da otros consejos prácticos.

El pago mediante tarjeta de crédito ofrece protección si se acaba negociando con alguna agencia poco fiable, ya que buena parte de los emisores de tarjetas devuelven el dinero si se demuestra no haber recibido aquello por lo que se ha pagado. Si se duda del proveedor del servicio, por lo menos se recomienda llamar a la línea aérea y confirmar si se ha efectuado la reserva.

Cáucaso y Asia central

AirBaltic vuela de Riga a Tiflis (Georgia) y Bakú (Azerbaiyán). **Uzbekistan Airways** (HY; www.uzairways.com) opera vuelos de Riga a Tashkent (Uzbekistán).

Europa continental

Las compañías de bajo coste han revolucionado el transporte aéreo europeo en la última década, y la oferta abunda cuando se trata de ir desde los aeropuertos bálticos a países de la UE. La riguesa airBaltic vuela a una docena de destinos de la UE. **Ryanair** (FR; www.ryanair.com), **Wizz Air** (W6; ☎Letonia 9020 0905; www.wizzair.com) y **easyJet** (U2; ☎Reino Unido 870 600 0000; www.easyjet.com) también conectan las capitales bálticas con una serie de destinos, sobre todo en Alemania.

AirBaltic también vuela a Ucrania, Bielorrusia y Moldavia, en código compartido con los operadores nacionales de estos países. Además, **Ukrainian International Airlines** (PS; www.flyuia.com) vuela de Kiev a Vilna, al igual que **Belavia** (B2; ☎Estonia 6732 0314; http://en.belavia.by) desde Minsk.

Oriente Medio

Turkish Airlines (TK; ☎Letonia 6735 9440; www.turkishairlines.com) conecta Tallin y Riga con Estambul. AirBaltic vuela a Tel Aviv.

Países nórdicos

AirBaltic, además de **SAS** (☎Lituania 5-230 6638; www.scandinavian.net), Finnair, **Norwegian** (DY; ☎Noruega 2149 0015; www.norwegian.no), Ryanair y Wizz Air conectan todos los aeropuertos del Báltico con cualquier ciudad escandinava importante.

América del Norte

Uzbekistan Airways opera un vuelo directo desde Nueva York (JFK) a Riga. También se puede reservar un vuelo en código compartido del grupo Star Alliance en **Austrian Airlines** (OS; ☎Lituania 5-210 5030; www.aua.com), **Brussels Airlines** (SN; ☎Lituania 5-252 5555; www.brusselsairlines.com), **LOT** (LO; ☎Estonia 668 1008, Letonia 6720 7113, Lituania 5-273 9000; www.lot.com), **Lufthansa** (LO; ☎Letonia 6728 5901, Lituania 5-212 0220; www.lufthansa.com), SAS o Turkish Airlines; del grupo One World en Finnair; o del grupo **SkyTeam** (www.skyteam.com) en Aeroflot o **ČSA** (Czech Airlines, OK; ☎Estonia 630 9397, Letonia 6720 7636, Lituania 5-215 1511; www.czechairlines.com).

Rusia

La rusa **Aeroflot** (SU; ☎Estonia 605 8887, Letonia 6778 0770, Lituania 212 4189; www.aeroflot.com) vuela de Moscú a las tres capitales bálticas. AirBaltic también vuela a San Petersburgo desde Riga.

Por tierra

Bicicleta

Las bicicletas se pueden transportar por un precio económico (o gratis) en los ferris que van desde los países nórdicos y Alemania hasta los países bálticos; para rutas de ferri, véase p. 429. Los ciclistas que vayan por Polonia circularán por las mismas rutas que los conductores; para más información, véase p. 428.

Cruzar fronteras

Estonia comparte frontera con Rusia y Letonia; Letonia con Estonia, Rusia, Bielorrusia y Lituania; mientras Lituania linda con Letonia, Bielorrusia, Polonia y la región de Kaliningrado (Rusia).

Ahora que los países bálticos forman parte de la UE y del Espacio Schengen, han desaparecido los controles fronterizos entre Estonia, Lituania, Letonia y Polonia.

Pero cruzar a Bielorrusia y Rusia es un tema totalmente diferente. Estas fronteras siguen estando rigurosamente controladas y se precisa obtener un visado con antelación (p. 418). En cualquier caso, hay que contar al menos 1 h de espera en la frontera.

Los automóviles particulares hacen cola durante horas para entrar y salir de Rusia y Bielorrusia en los principales puntos fronterizos. Sin embargo, en Estonia se puede evitar la cola reservando una franja horaria para cruzar la frontera en www.estonianborder.eu (por desgracia no sirve para los automóviles que regresan a Estonia). Los autobuses internacionales no hacen cola.

La región de Kaliningrado goza de carreteras fronterizas más tranquilas con Lituania en Panemunė-Sovietsk, entre Kybartai (Lituania) y Nesterov, y en el istmo de Curlandia por la carretera Klaipėda-Zelenogradsk. Pero hay que tener en cuenta que el acuerdo de visado de tres días por encargo para la región de Kaliningrado solo funciona si se entra desde Polonia o por el aeropuerto de Khrabrovo.

Autobús

Salvo algunas excepciones, se trata de la manera más económica y menos cómoda de llegar a los países bálticos desde Europa. Los hay directos desde San Petersburgo, en el lejano norte, París, en el lejano oeste, Sofía, en el lejano sur, y Moscú, en el lejano este. Desde buena parte del resto de Europa se puede llegar tras efectuar un único trasbordo en Varsovia. Empresas de autobuses paneuropeas ofrecen servicios desde las capitales bálticas a una multitud de destinos en la UE, Rusia y Bielorrusia.

Se recomienda consultar en las webs de las empresas de autobuses los mapas, precios, horarios, puntos de venta y demás; también se pueden comprar los billetes en línea. Se ofrece el 10% de descuento a menores de 26 años y mayores de 60. Los billetes de ida y vuelta resultan un 20% más económicos que los de ida.

Ecolines www.ecolines.net
Eurolines www.eurolines.com
Lux Express www.luxexpress.eu
Simple Express www.simple-express.eu

Automóvil y motocicleta

Quien lleve su propio vehículo al Báltico debe asegurarse de que se halla en buen estado antes de partir.

Merece la pena contactar con los clubes automovilísticos y con las embajadas de Estonia, Letonia y Lituania para informarse de las normativas locales, los trámites de cada frontera y demás.

AAA (www.aaa.com) EE UU
RACE (www.race.es) España

DOCUMENTACIÓN

Conviene llevar la documentación del registro del vehículo, preferiblemente un certificado internacional, que viene a ser la ficha técnica traducida. Los clubes del automóvil deberían facilitarla. También se recomienda llevar un permiso internacional de conducción (IDP; se puede pedir en el mismo club), aunque en casi todos los casos bastará con el permiso de conducir del país de origen. Los tres países bálticos exigen un seguro obligatorio de accidentes a los conductores.

En las fronteras de Estonia, Letonia y Lituania se pueden comprar pólizas de seguro a tarifas de compensación limitada. Es necesario tener la documentación en regla para cruzar cualquier país; los clubes automovilísticos informan al respecto.

BIELORRUSIA

No existen razones especiales para internarse en Bielorrusia, a menos que se trate del destino final o como forma de acceder a Ucrania tras haber adquirido previamente un visado de tránsito para Bielorrusia.

No hay que intentar acercarse a la frontera o pisar suelo bielorruso sin un visado bielorruso de tránsito, disponible solo en las embajadas de Bielorrusia. No se expenden visados en ninguna frontera bielorrusa. Incluso con visado hay que contar con esperar varias horas en la frontera.

Téngase en cuenta que, aunque Bielorrusia y Rusia forman una unión aduanera y no existen controles fronterizos entre ellas, no se puede entrar en Bielorrusia con un visado ruso.

FINLANDIA

El ferri de vehículos desde Helsinki a Tallin resulta el más rápido y práctico. También se puede salir desde Finlandia y atravesar territorio ruso; desde la frontera finlandeso-rusa de Vaalimaa-Torfyanovka quedan 360 km hasta Narva (Estonia). Se podría realizar en un día pero no tiene mucho sentido a menos que se quiera ver San Petersburgo de camino.

ALEMANIA

Llevar un vehículo al Báltico suele implicar un viaje en ferri desde los puertos alemanes de Kiel o Lübeck a Klaipėda (Lituania) o Ventspils o Liepāja (Letonia). Pero también se puede conducir hasta Lituania cruzando Polonia.

POLONIA

Uno tarda en darse cuenta de que ha cruzado la frontera, porque no está vigilada ni realmente indicada. Ahora que Lituania y Polonia forman parte del Acuerdo de Schengen, las formalidades fronterizas son mínimas o inexistentes. Hay que prepararse para un viaje agitado y agotador por las carreteras repletas de camiones y de un único carril del este de Polonia. La situación mejora al entrar en Lituania o al llegar a Varsovia en el viaje de vuelta.

RUSIA

Desde San Petersburgo a la frontera estonia en Ivangorod-Narva hay solo 140 km. Para llegar a Moscú por carretera desde los tres países bálticos, la autopista Riga-Moscú es la ruta más directa, y tanto los tramos rusos como los letones se hallan en buen estado. Desde Estonia se puede cruzar la frontera en Lütä (se puede reservar una franja horaria en www.estonianborder.eu para evitar colas) y conducir hacia el sur hasta la autopista Riga-Moscú. Si se llega desde Lituania, hay que recordar que es necesario un visado de tránsito bielorruso para usar la práctica autopista Minsk-Moscú. Si no se dispone de él, hay que conducir hasta el control de Zilupe en la autopista Moscú-Riga, donde la espera supone a veces perder más de medio día.

SUECIA

Los ferris para automóviles van de Estocolmo a Tallin y Riga, desde Nynäshamn a Venstpils y Liepāja (Letonia) y desde Karlshamn a Klaipėda.

Tren

Viajar en tren no es una opción en los países bálticos hoy en día, a menos que se entre desde Rusia o Bielorrusia. También hay una línea deficiente que conecta la región con el resto de la UE a través de Polonia.

POLONIA

Aunque sorprenda, ya no existe una ruta ferroviaria directa entre Varsovia y Vilna. En su lugar, se puede viajar de día en trenes regionales desde Varsovia a Kaunas o Vilna, con cambio de trenes en Šeštokai, en Lituania (cerca de la frontera polaco-lituana). Los horarios están pensados para dar unos 15 min al transbordo. Todo el viaje dura 9½ h. Esta opción no pasa por Bielorrusia.

RUSIA Y BIELORRUSIA

La antigua red ferroviaria soviética aún funciona en buena parte de la antigua URSS. Los trenes que comunican Moscú con todos los países bálticos permiten combinar la visita a dichos países con un viaje en el Transiberiano u otros trayectos que pasan por Rusia o Asia central. Para más información, consúltese la web de los ferrocarriles rusos http://pass.rzd.ru.

Si se puede descifrar, el portal www.poezda.net facilita los horarios para trenes dentro de la antigua Unión Soviética, aunque http://bahn.hafas.de resulta más fácil para horarios de trenes europeos pero no ofrece precios.

Hay trenes nocturnos que conectan Riga y Tallin con Moscú y San Petersburgo. Esta última dispone de conexiones con trenes de alta velocidad con Helsinki (Finlandia), lo que permite una ruta circular que regresa a Tallin en ferri (siempre que se disponga de un visado ruso).

Desde Vilna, dos trenes diarios van a la estación de trenes bielorrusos de Moscú. Dado que cruzan Bielorrusia, se requiere un visado para este país. Desde Vilna hay dos trenes diarios a Kaliningrado (unas 7 h).

Por mar

Las numerosas opciones de trayectos por mar ofrecen un viaje más lento pero más relajado. Se puede navegar desde Finlandia a Estonia (solo 85 km); desde Alemania a Letonia y Lituania; desde Dinamarca a Lituania; y desde Suecia a los tres países bálticos. Existen tantos servicios entre Tallin y Helsinki que resulta fácil encontrar pasaje cualquier día, pero se ha de reservar con antelación en otras rutas, especialmente de Estocolmo a Tallin y en los ferris de carga a Dinamarca.

Los horarios y tarifas cambian con frecuencia. Las webs de los operadores de ferris e hidroplanos ofrecen horarios y tarifas actualizados.

DINAMARCA

La empresa naviera **DFDS Seaways** (☎en Dinamarca 7620 6700, en Lituania 4639 5088; http://freight.dfdsseaways.com) opera un servicio de cargo que conecta Fredericia (Dinamarca) y Klaipėda (Lituania) vía Copenhague dos veces por semana. Como dispone de pocos camarotes, se recomienda reservar con antelación.

FINLANDIA

Actualmente una flota de ferris transporta a más de dos millones de personas a través del golfo de Finlandia, por los 85 km que separan Helsinki de Tallin. Existen decenas de travesías diarias en ambos sentidos (los barcos tardan 2-3½ h; los hidroplanos, 1½ h). Pero con mal tiempo o mucho viento, los hidroplanos suelen suspender el servicio; solo funcionan cuando no hay hielo en el mar (normalmente fin mar/abr-fin dic); los ferris más grandes navegan todo el año.

Hay que comparar precios; los billetes por adelantado por internet suelen resultar más económicos. Las tarifas varían mucho, según la temporada, el día y la hora del viaje, y otros factores (conviene comprobar si la compañía cobra, o no, un suplemento por combustible). Las tarifas se encarecen en horas de mayor demanda como los viernes por la noche, los sábados por la mañana y los domingos por la tarde. En casi todas las líneas de ferris, los estudiantes y jubilados se benefician de un descuento del 10-15%, los niños de 6-17 años pagan la mitad y los menores de 6 años viajan gratis. La mayoría de los operadores disponen de ofertas especiales para familias y billetes en serie para pasajeros habituales.

ALEMANIA

Scandlines (☎en Letonia 4631 0561; www.scandlines.lt) fleta ferris dos veces por semana en cada dirección desde Travemünde (Lübeck) a Ventspils y Liepāja, en Letonia. La compañía DFDS Seaways ofrece un servicio entre Klaipėda y Kiel.

SUECIA

A/DESDE ESTONIA

Tallink Silja (☎en Estonia 640 9808, en Suecia 8222 140; www.tallinksilja.com) navega cada noche entre Tallin y Estocolmo, con parada en Mariehamn, en las islas Aland (Finlandia). Los ferris realizan la travesía en 17 h durante todo el año y salen desde la terminal D en Tallin y la terminal Värtahamnen en Estocolmo. Se trata de un servicio muy solicitado; conviene comprar el billete con uno o dos meses de antelación.

A/DESDE LETONIA

Tallink Silja opera servicios nocturnos diarios entre Riga y Estocolmo.

Los barcos de Scandlines conectan los puertos de Liepāja y Ventspils con Nynäshamn (a unos 60 km

Rutas de ferrocarril y ferri

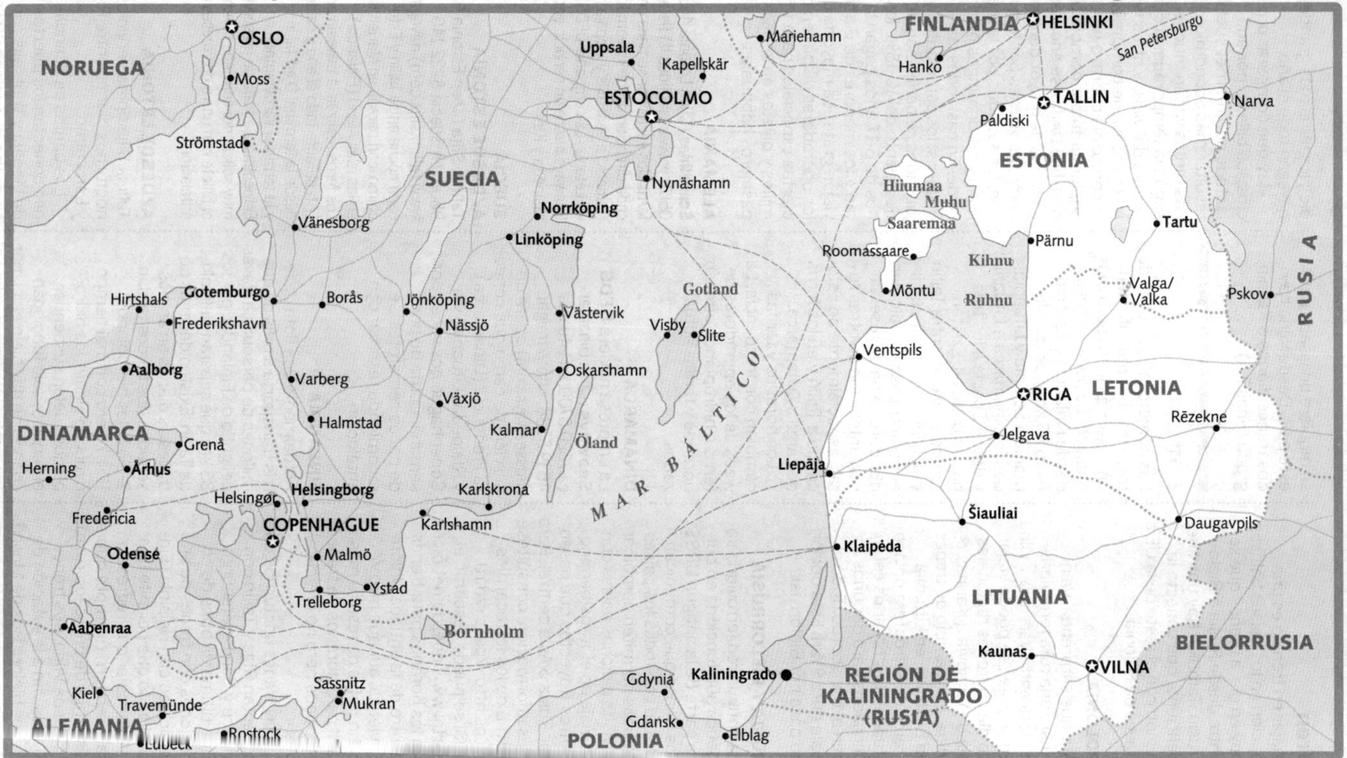

de Estocolmo), con cinco salidas semanales desde ambos puertos.

A/DESDE LITUANIA

DFDS Seaways (☎en Lituania 4632 3232, en Suecia 4543 3680; www.dfdsseaways.com) Ofrece ferris diarios desde Karlshamn a Klaipėda (butaca/litera 38/80 €; 14 h).

Yate

Los países bálticos –especialmente Estonia con sus islas y su accidentada costa– atraen a cientos de yates cada año, principalmente de Finlandia y Escandinavia. Buenas fuentes en internet:

http://marinas.nautilus.ee Información sobre regulaciones de entrada, una base de datos con todos los puertos deportivos de la zona e información para pedir la *Estonian Cruising Guide*.

www.balticyachting.com Abarca el sur de Finlandia y el oeste de Estonia.

También se pueden alquilar yates en toda la región.

Circuitos

Varias agencias de viajes internacionales están especializadas en la región báltica.

Baltic Holidays (www.balticholidays.com) Este operador británico ofrece salidas cortas de *spa* o en la ciudad, vacaciones en la playa, en familia o en el campo y viajes temáticos a medida. Ayuda con la investigación genealógica.

Baltics and Beyond (www.balticsandbeyond.com) Compañía con sede en Reino Unido que ofrece circuitos convencionales, opciones autoguiadas y viajes personalizados a los tres países bálticos y a algunos de sus vecinos (incluidos Bielorrusia, Rusia y Polonia).

Regent Holidays (www.regent-holidays.co.uk) Compañía británica con una variada oferta de opciones por el Báltico, incluidas salidas cortas y con combinación de vuelo y automóvil.

Vytis Tours (www.vytistours.com) Esta empresa estadounidense propone toda suerte de circuitos, desde económicas excursiones de ocho días por las capitales bálticas al "Gran Tour", más extenso, de 17 días.

CÓMO DESPLAZARSE

Avión

Hay muchos vuelos regulares entre las tres capitales bálticas pero los vuelos dentro de cada país son mínimos.

Compañías aéreas que vuelan dentro de Estonia, Letonia y Lituania

airBaltic (☎17107; www.airbaltic.com) Vuela de Riga a Palanga, Tallin y Vilna; y de Vilna a Tallin.

Avies (U3; ☎680 3501; www.avies.ee) Vuela a/desde Tallin y Kärdla (Hiiumaa).

Estonian Air (OV; ☎640 1160; www.estonian-air.ee) Vuela de Tallin a Vilna.

Bicicleta

Los tres países resultan ideales para desplazarse en bicicleta, llanos, pequeños y con poco tráfico en casi todas las carreteras. Sobre todo en las islas estonias se ven muchos ciclistas en verano; suelen usar su propia bicicleta, pero hay muchos sitios donde las alquilan, incluidas las capitales y casi todas las ciudades.

Los ciclistas deberían llevar ropa impermeable y, quizá, una tienda de acampada, ya que en algunos lugares remotos no resulta fácil encontrar alojamiento. Las agencias de viajes y organizaciones, tanto dentro como fuera de la región, organizan circuitos en bicicleta.

Barco

Ferri

Cuando se redactaba esta guía no se podía viajar en ferri entre los países bálticos. Estonia dispone de conexiones por ferri con muchas de sus islas, aunque los barcos más pequeños no dan servicio en invierno, cuando el mar se hiela. Los ferris escasean en Letonia, aunque se puede tomar un barco lento entre Riga y Jūrmala. En Lituania, se va en barco de Klaipėda al istmo de Curlandia.

Yate

Mucha gente se desplaza por la costa del Báltico en yate privado, sobre todo por las muchas islas y bahías de Estonia. **Sailing.ee** (☎Estonia 5333 1117; www.sailing.ee; Regati puiestee 1, Tallinn) alquila yates con o sin patrón.

http://marinas.nautilus.ee Información y consejos sobre los muchos puertos deportivos de Estonia.

www.marinaslatvia.lv Información sobre los puertos deportivos de Letonia.

Autobús

La región está bien comunicada en autobús pero escasean los servicios a aldeas apartadas. Autobuses directos conectan las tres capitales y existen servicios transfronterizos entre otras localidades importantes.

Los autobuses suelen resultar más rápidos y un poco más económicos que los trenes. Los servicios locales, es decir, los trayectos de menos de 2 h, ofrecen menos comodidades. Se recomienda evitar los asientos junto a la ventana cuando llueve, nieva o hace mucho frío; viajar con alguien de confianza a quien uno se pueda arrimar para tener calor corporal; y ocupar el asiento asignado para evitar altercados con alguna despiadada *babushka* (abuela) que quiera sentarse en el asiento del viajero.

Existen microbuses rápidos y modernos que cubren rutas cortas, llevan a unos 15 pasajeros y teóricamente efectúan menos paradas que los autobuses grandes.

En comparación, los autobuses entre los países bálticos resultan igual de cómodos que los de largo recorrido de otros países europeos. Casi todos están limpios y cuentan con calefacción, un aseo, dispensador de bebidas calientes y TV a bordo. Muchos autobuses regulares a/desde Tallin, Riga y Vilna son nocturnos; brindan una forma cómoda y segura de viajar, incluso para las viajeras solitarias.

Autobuses de Estonia, Letonia y Lituania

BussiReisid (☎12550; www.bussireisid.ee) Todos los servicios de Estonia.

Ecolines (☎en Riga 6721 4512, en Tallin 606 2217, en Vilna 5213 3300; www.ecolines.net) Las rutas más importantes incluyen Riga-Salacgrīva-Pärnu-Tallin; Riga-Valmiera-Valga-Tartu-Narva; Riga-Panevėžys-Vilna-Kaunas; Liepāja-Palanga-Klaipėda; Rēzekne-Daugavpils-Utena-Vilna-Kaunas.

Hansabuss (☎627 9080; www.hansabuss.ee) Cuatro autobuses diarios entre Riga y Tallin, tres paran en Pärnu.

Lux Express (☎680 0909; www.luxexpress.eu) Con su filial económica **Simple Express** (www.simpleexpress.eu), las rutas más destacadas incluyen Tallin-Pärnu-Riga-Vilna; Narva-Tartu-Valga-Riga; Riga-Vilna; Riga-Kaunas; Riga-Šiauliai; Vilna-Kaunas.

Billetes e información

Las oficinas/taquillas de billetes nacionales e internacionales están claramente señalizadas en el idioma del país y, a veces, también en inglés. Los billetes están impresos en el idioma local y se entienden fácilmente una vez se conocen las palabras que designan el "asiento", la "parada de autobús", etc.

Los billetes para autobuses de larga distancia se venden por adelantado en la estación de salida. Para autobuses locales a poblaciones cercanas o para autobuses de largo recorrido que están en plena ruta ("en tránsito"), normalmente se paga a bordo. Si hubiera mucha gente esperando para este último caso, quizás haya que 'pelear' por un asiento.

En casi todas las estaciones de autobuses y trenes de pueblos y ciudades, hay mostradores de información con personal que habla algo de inglés.

Horarios y tarifas

Antes de partir se recomienda consultar los horarios en las webs de las compañías de autobuses o, al llegar a la región en cuestión, conviene cerciorarse de los horarios en la oficina local de turismo. Las oficinas de Tallin, Riga y Vilna siempre actualizan los horarios de transportes. Las guías de ciudades **In Your Pocket** (www.inyourpocket.com) de las capitales incluyen los horarios completos de autobuses nacionales y por los países bálticos, que se actualizan cada dos meses.

Los horarios completos aparecen colgados en los vestíbulos de las principales estaciones de autobuses. Alguno requiere una decodificación más minuciosa. Pero casi todos muestran el horario de salida y los días de salida (se utilizan números romanos o árabes, donde el "1" significa "lunes").

Los precios varían mucho entre los tres países, así como entre compañías de autobuses, que reflejan la velocidad del autobús, los niveles de comodidad y la hora de salida y llegada.

Consulta en línea de horarios de autobuses:

Estonia www.tpilet.ee
Letonia www.autoosta.lv
Lituania www.stotis.lt

Automóvil y motocicleta

Para mayor flexibilidad y acceso a destinos alejados, conducir resulta la mejor opción.

Combustible y piezas de recambio

En todas las carreteras principales hay gasolineras de las compañías más importantes abiertas 24 h, muchas de autoservicio con un sistema de pago automático que acepta billetes o tarjetas de crédito con PIN. Resulta fácil encontrar combustible de calidad occidental, incluida la gasolina sin plomo.

Normas de tráfico

Se circula por la derecha. El máximo legal de alcohol en sangre varía según el país (Estonia 0,02%; Letonia 0,05%; Lituania 0,04%). Es obligatorio llevar el cinturón de seguridad y las luces siempre encendidas. El límite de velocidad en las zonas urbanas es de 50km/h; los límites fuera de dichas zonas varían de 70 a 100 km/h. Hay que fijarse bien en las señales, ya que dichos límites se hacen cumplir estrictamente. Las multas deben abonarse en el acto; las penalizaciones varían y se debe solicitar un recibo para asegurarse de que los agentes no se embolsan nada.

No se puede utilizar el teléfono móvil mientras se conduce (pero sí el manos libres). Normalmente de diciembre a marzo hay que llevar los neumáticos de invierno, pero si hay condiciones meteorológicas severas fuera de esas fechas (como ocurre casi todos los años), el período se amplía, por lo que se deben consultar las condiciones de la zona si se conduce entre octubre y abril.

En algunos países básicos aún existen los parquímetros tradicionales de monedas, pero Tallin y Vilna han adaptado los sistemas electrónicos. Allí el aparcamiento se paga por SMS; para ello se marca un número y se introduce la matrícula del automóvil y el número de la localización (indicada en algún lugar próximo).

Circular por el casco antiguo de Riga, Tallin, Vilna y Kaunas es gratis, pero el aparcamiento resulta caro y suele regirse por normas confusas; conviene preguntar en el hotel o la oficina de turismo para evitar multas. Se debe pagar un pequeño importe para entrar en vehículo en el principal complejo de veraneo de la costa de Letonia, Jūrmala, y para acceder al Parque Nacional del Istmo de Curlandia.

Conviene ir con cuidado cuando se conduzca cerca de los tranvías, trolebuses y autobuses de las ciudades. A veces los viandantes cruzan la calle corriendo para subirse al vehículo en marcha. Cuando un tranvía abre sus puertas para dejar entrar o salir a los pasajeros, el tráfico de detrás debe parar. Cuidado con los trolebuses, pues suelen efectuar un movimiento brusco cuando salen de una parada.

Autostop

No se trata de una práctica completamente segura en ningún lugar del mundo y no se recomienda. Los viajeros que se decidan por esta opción, deben entender que asumen un riesgo potencialmente peligroso, que se reduce si se practica en pareja y se informa a alguien de donde se planea ir.

En los países bálticos, muchas personas se desplazan de esta manera. El **Vilnius Hitchhiking Club** (VHHC; www.autostop.lt) facilita información y contactos para viajeros que quieren practicarlo en los tres países bálticos. Los tableros de anuncios de los albergues de las ciudades suponen un buen lugar para encontrar o compartir un vehículo; la página web www.digihitch.com también debería ayudar.

DISTANCIAS POR CARRETERA (KM)

	Tallin	Tartu	Pärmu	Narva	Valka/Valga	Riga	Liepāja	Daugavpils	Ventspils	Vilna	Kaunas	Klaipėda	Panevėžys
Tartu	190												
Pärnu	130	205											
Narva	210	194	304										
Valka/Valga	276	86	140	268									
Riga	310	253	180	435	167								
Liepāja	530	473	400	655	387	220							
Daugavpils	540	377	410	559	291	230	450						
Ventspils	510	453	380	635	367	200	119	430					
Vilna	600	543	470	725	457	290	465	167	584				
Kaunas	575	523	460	715	447	280	230	267	349	100			
Klaipėda	620	538	490	745	477	310	155	477	274	310	210		
Panevėžys	460	403	330	585	317	150	270	168	350	140	110	235	
Šiauliai	465	383	310	565	297	130	192	387	330	220	140	155	80

Transporte local

Autobús, tranvía y trolebús

Una oferta mixta de tranvías, autobuses y trolebuses (autobuses que funcionan con electricidad mediante cables elevados) conforman la completa red de transporte público por las localidades de los tres países bálticos. Los tres tipos de transporte se llenan, sobre todo durante las horas punta de la mañana y la tarde.

Los tranvías, trolebuses y autobuses funcionan de 5.30 a 0.30 aproximadamente, pero los servicios disminuyen mucho en algunas zonas periféricas después de las 19.00. En Tallin y Vilna, el mismo billete resulta válido para cualquier tipo de transporte, excepto los microbuses; en Riga debe comprarse el billete a bordo en los autobuses, pero los billetes de trolebús y de tranvía son intercambiables. En los tres países se valida el bono en las máquinas perforadoras que se hay a bordo de los vehículos. Los billetes se compran en quioscos de prensa que los muestran en los escaparates y a algunos conductores (más localizables pero cobran un poco más). Se venden también abonos multiviaje, semanales y mensuales. El sistema se fía de la honestidad de pasajero y es fácil colarse pero hay inspecciones habituales, con multas a abonar en el momento si no se presenta el billete validado.

Viajar en todos los tranvías y autobuses requiere cierto protocolo. Las personas jóvenes, en forma y capaces de aguantar de pie el viaje no ocupan los asientos de la parte delantera, que corresponden a las *babushkas* (ancianas) y a los niños pequeños. Además, hay que prepararse para salir con mucha antelación. Es bueno saber cómo decir "disculpe" en ruso o en el idioma del país báltico correspondiente para dar a entender a los demás viajeros que se quiere bajar de un autobús atestado.

El transporte urbano regular y los taxis aguardan en todos los aeropuertos.

Taxi

Abundan y suelen ser económicos. Entre las 22.00 y las 6.00 se aplica la tarifa nocturna, más cara. Para evitar timos, hay que insistir para que se encienda el taxímetro. En cualquier ciudad, resulta más fácil y seguro pedir el taxi por teléfono.

Tren

Los trenes de cercanías cubren la periferia de las ciudades principales y algunas localidades y aldeas circundantes. Los visitantes no utilizan mucho el tren como medio de transporte urbano porque los trenes principalmente van a zonas residenciales o industriales donde hay poco que ver. Pero algunos resultan útiles para salidas de un día a destinos que quedan fuera de las ciudades.

Circuitos

Muchas agencias de viajes de la zona se especializan en viajes por la región báltica y ayudan a organizar un viaje.

City Bike (☎Estonia 511 1819; www.citybike.ee) Reputada y veterana compañía con sede en Tallin que organiza circuitos en bicicleta de varios días por Estonia, Letonia y Lituania.

Scanbalt Experience (☎Estonia 5301 9139; www.scanbaltexperience.com) Una compañía orientada a los mochileros que ofrece viajes de aventura en autobús por Escandinavia y la región báltica.

TrekBaltics (☎Estonia 5623 3255; www.trekbaltics.com) Un operador con base en Estonia con una variada oferta de paquetes de senderismo con acampada, aventuras y actividades (p. ej., circuitos en bicicleta) y salidas cortas de *spa*, por los tres países bálticos. La completa excursión de 19 días Grand Baltics Trek se puede realizar como campista o con más comodidades (pernocta en cabañas, granjas y albergues).

Tren

Estonia, Letonia y Lituania cuentan con líneas de ferrocarril, pero el servicio se ha reducido mucho en los últimos años y la mayor parte de los viajes de larga distancia en los países bálticos se realiza en autobús o en avión. En el momento de redactar esta guía, parece haberse pospuesto una red ferroviaria prevista entre países (el proyecto Rail Baltica).

Por el momento hay que contentarse con unos trenes lentos, económicos y no muy cómodos. Las ventanas no se pueden abrir casi nunca y el ambiente suele estar cargado (y oler mal, si no hay suerte con los compañeros de viaje); y uno tendrá las mismas posibilidades de congelarse que de asarse en función de si funciona o no la calefacción. Los trenes locales, conocidos como de cercanías o eléctricos, resultan bastante más lentos que los de largo recorrido y efectúan muchas más paradas que los segundos.

Líneas

No existen trenes directos entre las capitales bálticas, aunque se puede viajar de Tallin a Riga en tren con una parada en Valga (en la frontera estonio-letona).

Billetes e información

En Letonia y Lituania se pueden comprar los billetes por adelantado y justo antes de la salida en las estaciones de trenes. En las más grandes, como la de Riga, solo se pueden comprar billetes para ciertos tipos de trenes o de destinos en determinadas ventanillas.

Las estaciones de trenes de Estonia, salvo la de Tallin, son lugares desiertos sin ventanillas de venta de billetes o servicios de ningún tipo. Se compran los billetes en el tren y no hay que ir a las estaciones de trenes (bastante apartadas del centro urbano) a menos que se sepa la hora exacta de salida. También se pueden comprar billetes nacionales en línea en www.elron.ee.

En los trenes de larga distancia entre los países bálticos y otros países, los billetes deben entregarse al encargado del vagón, que lo guardará durante el viaje y lo devolverá 15 min antes de llegar al destino final del viajero (si se viaja en tren nocturno, supone un práctico "despertador").

Horarios

Las siguientes webs ofrecen horarios de trenes en línea

Estonia www.elron.ee
Letonia www.pv.lv
Lituania www.slotis.lt

En las estaciones de tren, los horarios suelen indicar el número del tren, la hora de salida y de llegada y el andén desde el que sale. Algunos muestran el horario del tren de regreso, los minutos que el tren espera en la estación o el momento en el que el tren salió del lugar y empezó su viaje. En los horarios siempre hay que fijarse en la letra pequeña, ya que algunos trenes solo circulan unos días determinados o entre ciertas fechas.

Idioma

ESTONIO

El estonio pertenece a la rama balto-finesa de las lenguas ugrofinesas. Está íntimamente vinculado al finés y lejanamente relacionado con el húngaro. La mayoría de los estonios, sobre todo las generaciones más jóvenes, entienden inglés y finlandés, pero el viajero notará que la gente es más hospitalaria con los visitantes que se esfuerzan por hablar su idioma.

Casi todas las consonantes estonias son iguales que en español. El acento suele recaer en la primera sílaba.

Conversación

Hola.	*Tere.*
Adiós.	*Head aega.*
Sí.	*Jah.*
No.	*Ei.*
Gracias.	*Tänan.*
De nada.	*Palun.*

Disculpe./Lo siento. *Vabandage.*

¿Cómo está? *Kuidas läheb?*

Bien. *Hästi.*

¿Cómo se llama? *Mis te nimi on?*

Me llamo... *Mu nimi on ...*

¿Habla inglés? *Kas te räägite inglise keelt?*

No comprendo. *Ma ei saa aru.*

Alojamiento

¿Dónde hay un...?	*Kus asub ...?*
camping	*kämping*
hotel	*hotell*
pensión	*võõrastemaja*

Quisiera una habitación individual/doble.
Ma tahaksin ühe/kahe voodiga tuba.

¿Cuánto cuesta por persona/noche?
Kui palju maksab voodikoht/ööpäev?

Indicaciones

¿Dónde está...?
Kus on ...?
¿Queda lejos?
Kui kaugel see on?
¿Me lo podría indicar en el mapa?
Palun näidake mulle seda kaardil.

Gastronomía

¿Tiene una carta?
Kas ma saaksin menüü?
Quisiera...
Ma sooviksin ...
Soy vegetariano.
Ma olen taimetoitlane.
¡Buen provecho!
Head isu!
¡A su salud!
Terviseks!
La cuenta, por favor.
Palun arve.

SEÑALES – ESTONIO

Sissepääs	Entrada
Väljapääs	Salida
Avatud/Lahti	Abierto
Suletud/Kinni	Cerrado
WC	Lavabos
Meestele	Hombres
Naistele	Mujeres

Urgencias

¡Socorro!	*Appi!*
¡Fuera!	*Minge ära!*
¡Llamen a un médico!	*Kutsuge arst!*
Estoy enfermo.	*Ma olen haige.*
Me he perdido.	*Ma olen eksinud.*

Compras y servicios

¿A qué hora abren/cierran?
Mis kell see avatakse/suletakse?
¿Cuánto cuesta?
Kui palju see maksab?

banco	*pank*
farmacia	*apteek*
mercado	*turg*
policía	*politsei*
oficina de correos	*postkontor*
aseo	*tualett*
oficina de turismo	*turismibüroo*

Horas y números

¿Qué hora es? *Mis kell on?*
Es la una en punto. *Kell on üks.*
por la mañana *hommikul*
por la noche *õhtul*

1	*üks*
2	*kaks*
3	*kolm*
4	*neli*
5	*viis*
6	*kuus*
7	*seitse*
8	*kaheksa*
9	*üheksa*
10	*kümme*

Transporte

¿Dónde está el/la...?	*Kus on ...?*
aeropuerto	*lennujaam*
estación de autobuses	*bussijaam*
terminal del ferri	*sadam*
estación de trenes	*rongijaam*
¿Qué ...va hasta allí?	*Mis ... ma sinna saan?*
autobús	*bussiga*
tranvía	*trammiga*
trolebús	*trolliga*

¿A qué hora sale el próximo autobús/tren?
Mis kell on järgmine buss/rong ?

Por favor, quisiera comprar un billete de ida/ida y vuelta.
Palun üks/edasitagasi pilet.

LETÓN

El letón pertenece a la familia de lenguas bálticas. Solo un 55% de la población y algo más del 45% de los capitalinos lo hablan como lengua materna. El letón y el lituano tienen muchas palabras en común, pero no las suficientes como para resultar mutuamente inteligibles.

En las guías de pronunciación de Lonely Planet se aclara que una línea encima de una vocal significa que se alarga el sonido. Los indicadores (m) y (f) señalan respectivamente la forma masculina y femenina.

Conversación

Hola.	*Sveiks.* (m) *Sveika.* (f)
Adiós.	*Uz redzēšanos.*
Sí.	*Jā.*
No.	*Nē.*
Por favor.	*Lūdzu.*
Gracias.	*Paldies.*
De nada.	*Lūdzu.*
Disculpe.	*Atvainojiet.*
Lo siento.	*Piedodiet.*

¿Cómo está? *Kā jums klājas?*
Bien, gracias. *Labi, paldies.*
¿Cómo se llama? *Kā jūs sauc?*
Me llamo... *Mani sauc ...*
¿Habla inglés? *Vai jūs runājat angliski?*
No comprendo. *Es nesaprotu.*

Alojamiento

Estoy buscando un...	*Es meklēju ....*
hotel	*viesnīcu*
albergue	*jauniešu mītni*

Quisiera una habitación individual/doble.
Es vēlos vienvietīgu/divvietīgu istabu.
¿Cuánto cuesta por noche?
Cik maksā diennaktī?

SEÑALES – LETÓN

Ieeja	Entrada
Izeja	Salida
Atvērts	Abierto
Slēgts	Cerrado
Tualetes	Lavabos
Vīriešu	Hombres
Sieviešu	Mujeres

Indicaciones

¿Cómo puedo llegar a...?
Kā es tieku līdz ...?
¿Queda lejos?
Vai tas atrodas tālu?
¿Me lo podría indicar (en el mapa), por favor?
Lūdzu parādiet man (uz kartes)?

Gastronomía

Una mesa para ... personas, por favor.
Lūdzu galdu ... personām.
¿Tiene una carta?
Vai jums ir ēdienkarte?
¿Qué me recomienda?
Ko jūs iesakat?
Soy vegetariano.
Es esmu veģetārietis/te. (m/f)
Quisiera...
Es vēlos ...
La cuenta, por favor.
Lūdzu rēķinu.

Urgencias

¡Socorro!	*Palīgā!*
¡Fuera!	*Ejiet projam!*

¡Llame a un médico!
Izsauciet ārstu!
Estoy enfermo/a.
Es esmu slims/slima. (m/f)
Me he perdido.
Es esmu apmaldījies/apmaldījusies. (m/f)

Compras y servicios

¿A qué hora abre?
No cikiem ir atvērts?
¿A qué hora cierra?
Cikos slēdz?
¿Cuánto cuesta?
Cik tas maksā?
¿Dónde están los aseos?
Kur ir tualetes?

banco	*banka*
farmacia	*aptieka*
puesto de cambio de moneda	*valūtas maiņa*
mercado	*tirgus*
oficina de correos	*pasts*

Horas y números

¿A qué hora?/(¿Qué hora es?)
Cik (ir) pulkstenis?
Son las cinco en punto.
Ir pieci.

mañana	*rīts*
tarde	*pēcpusdiena*
noche	*nakts*
1	*viens*
2	*divi*
3	*trīs*
4	*četri*
5	*pieci*
6	*seši*
7	*septiņi*
8	*astoņi*
9	*deviņi*
10	*desmit*

Transporte

¿Dónde está el/la ...?	*Kur atrodas ...?*
aeropuerto	*lidosta*
estación de autobuses	*autoosta*
terminal de ferris	*pasažieru osta*
estación de trenes	*dzelzceļa stacija*
parada de tranvía	*tramvaja pietura*

Quisiera comprar un billete....
Es vēlos nopirkt ... biļeti.

de ida	*vienvirziena*
de ida y vuelta	*turpatpakaļ*

LITUANO

El lituano pertenece a la familia de lenguas bálticas, igual que el letonio. El bajo lituano *(Žemaičiai)*, que se habla en el oeste, es un dialecto independiente del alto lituano *(Aukštaičiai)*, hablado en el resto del país y considerado el dialecto estándar.

SEÑALES – LITUANO

Įėjimas	Entrada
Išėjimas	Salida
Atidara	Abierto
Uždara	Cerrado
Dėmesio	Precaución
Patogumai	Lavabos

Conversación

Hola.	*Sveiki.*
Adiós.	*Sudie.*
Sí./No.	*Taip./Ne.*
Por favor.	*Prašau.*
Gracias.	*Dėkoju.*
De nada.	*Prašau.*
Disculpe.	*Atsiprašau.*
Lo siento.	*Atleiskite.*

¿Cómo está?
Kaip gyvuojate?
¿Cómo se llama?
Kaip jūsų vardas?
Me llamo...
Mano vardas yra ...
¿Habla inglés?
Ar kalbate angliškai?
No comprendo.
Aš jūsų nesuprantu.

Alojamiento

Busco un hotel.
Aš ieškau viešbučio.
Me gustaría una habitación individual/doble.
Aš noriu vienviečio/dviviečio kambario.
¿Cuánto cuesta por noche, por persona?
Kiek kainuoja apsistoti nakčiai asmeniui?

Indicaciones

¿Cómo puedo llegar a ...?
Prašom pasakyti, kaip patekti ...?
¿Queda lejos?
Ar toli?
¿Me lo podría indicar (en el mapa)?
Galėtumėt man parodyti (žemėlapyje)?

Gastronomía

Una mesa para ..., por favor.
Stalą ..., prašau.
¿Podría ver la carta, por favor?
Ar galėčiau gauti meniu prašau?
¿Tiene la carta en inglés?
Ar jūs turite meniu angliškai?
Me gustaría probar eso.
Aš norėčau išbandyti to.
No como (carne).
Aš nevalgau (mėsiško).

Urgencias

¡Socorro!	*Gelbėkite!*
¡Fuera!	*Eik šalin!*
Estoy enfermo.	*Aš sergu.*

¡Llamen a un médico!
Iššaukite gydytoją!
Me he perdido.
Aš paklydusi/paklydęs. (m/f)

Compras y servicios

¿A qué hora abre/cierra?
Kelintą valandą atsidaro/užsidaro?
¿Cuánto cuesta?
Kiek kainuoja?

Estoy buscando el/la...	*Aš ieškau ...*
banco	*bankas*
farmacia	*vaistinė*
oficina de cambio de moneda	*valiutos*
mercado	*turgus*
policía	*policijos*
oficina de correos	*pašto*
lavabo público	*tualeto*

Horas y números

¿Qué hora es?
Kiek dabar laiko?
Son las dos en punto.
Dabar antra valanda.

mañana	*rytas*
tarde	*popietė*
noche	*naktis*

1	*vienas*
2	*du*
3	*trys*
4	*keturi*
5	*penki*
6	*šeši*
7	*septyni*
8	*aštuoni*
9	*devyni*
10	*dešimt*

Transporte

Dónde está el/la ...?	*Kur yra ...?*
aeropuerto	*oro uostas*
parada de autobús	*autobuso stotelė*
terminal de ferris	*kelto stotis*
estación de trenes	*geležinkelio stotis*
Quisiera (un) billete ...	*Aš norėčiau bilietą ...*
de ida	*vieną galą*
de ida y vuelta	*abu galus*

GLOSARIO

Véanse los capítulos dedicados a cada país para consultar algunas palabras y frases útiles relacionadas con la gastronomía; véase el capítulo Idioma (p. 435) para otras palabras y frases útiles. Este glosario es una lista de términos en estonio (est), finés (fin), alemán (ale), letón (let), lituano (lit) y ruso (rus) con los que el viajero se podría encontrar durante su estancia en los países bálticos.

aikštė (lit) – plaza
aludė (lit) – bodega de cerveza
alus (let, lit) – cerveza
apteek (est) – farmacia
aptieka (let) – farmacia
Aukštaitija (lit) – tierras altas de Lituania
autobusų stotis (lit) – estación de autobuses
autoosta (let) – estación de autobuses
autostrāde (let) – autopista

baar (est) – pub, bar
babushka (rus) – abuela/pensionista con pañuelo en la cabeza
bagāžas glabātava (let) – sala de consigna
bagažinė (lit) – sala de consigna
bāka (let) – faro
baras (lit) – *pub*, bar
baznīca (let) – iglesia
bažnyčia (lit) – iglesia
brokastis (let) – desayuno
bulvāris (let) – bulevar
bussijaam (est) – estación de autobuses

ceļš (let) – vía férrea, carretera
centras (lit) – centro urbano
centrs (let) – centro urbano
Chudkoye Ozero (rus) – lago Peipus
Curlandia – Kurzeme

daina (let) – canción o verso poético que se transmite por tradición oral
datorsalons (let) – cibercafé
dzintars (let) – ámbar

ebreji (let) – judíos
Eesti (est) – Estonia
ežeras (lit) – lago
ezerpils (let) – fortaleza lacustre
ezers (let) – lago

gatvė (lit) – calle
geležinkelio stotis (lit) – estación de trenes
gintarinė/gintarinis (lit) – ámbar

hinnakiri (est) – lista de precios
hommikusöök (est) – desayuno

iela (let) – calle
iezis (let) – roca
informacija (lit) – centro de información
internetas kavinė (lit) – cibercafé
interneti kohvik (est) – cibercafé

järv (est) – lago

kafejnīca (let) – café
kalnas (lit) – montaña, colina
kalns (let) – montaña, colina
kämping (est) – *camping*
katedra (lit) – catedral
katedrāle (let) – catedral
kauplus (est) – tienda
kavinė (lit) – café
kelias (lit) – carretera
kempingas (lit) – *camping*
kempings (let) – *camping*
kesklinn (est) – centro urbano
kino (est, let, lit) – cine
kirik (est) – iglesia
klint báltico – afloramiento de costa caliza que se extiende desde Suecia y cruza todo el norte de Estonia hasta Rusia
kohvik (est) – café
kõrts (est) – posada, taberna
krogs (let) – *pub*, bar

Kurshskaya Kosa (rus) – istmo de Curlandia
Kursių marios (lit) – laguna de Curlandia
Kursių Nerija (lit) – istmo de Curlandia

laht (est) – bahía
Latvija (let) – Letonia
laukums (let) – plaza
lennujaam (est) – aeropuerto
lidosta (let) – aeropuerto
Lietuva (lit) – Lituania
looduskaitseala (est) – reserva natural/paisaje
loss (est) – castillo, palacio

maantee (est) – autopista
mägi (est) – montaña, colina
Metsavennad (est) – movimiento de la resistencia los Hermanos del Bosque
midus (lit) – aguamiel
mõis (est) – casa señorial
muuseum (est) – museo
muzejs (let) – museo
muziejus (lit) – museo
nacionālais parks (let) – parque nacional

õlu (est) – cerveza
oro uostas (lit) – aeropuerto
osta (let) – puerto

pakihoid (est) – consigna
parkas (lit) – parque
parks (let) – parque
paštas (lit) – oficina de correos
pasts (let) – oficina de correos
Peko (est) – dios pagano de la fertilidad en las tradiciones seto
perkėla (lit) – puerto
piletid (est) – billetes
pilies (lit) – castillo
pils (let) – castillo, palacio
pilsdrupas (let) – castillo de caballeros
pilskalns (let) – colina del castillo
plets (est) – plaza
plentas (lit) – autopista
pliažas (lit) – playa
pludmale (let) – playa
pood (est) – tienda
postkontor (est) – oficina de correos
prospektas (lit) – bulevar
prospekts (let) – bulevar
pubi (est) – *pub*
puhketalu (est) – granja turística (granja que ofrece alojamiento)
puiestee (est) – bulevar
pusryčiai (lit) – desayuno

raekoda (est) – ayuntamiento
rahvuspark (est) – parque nacional
rand (est) – playa
rātsnams (let) – ayuntamiento
raudteejaam (est) – estación de trenes
Reval (ale) – Tallin en alemán antiguo
rezervāts (let) – reserva
Riigikogu (est) – Parlamento
rotušė (lit) – ayuntamiento
rūmai (lit) – palacio

saar (est) – isla
sadam (est) – puerto
Saeima (let) – Parlamento
Seimas (lit) – Parlamento
seto (est) – etnia que mezcla tradiciones estonias y ortodoxas
Setomaa (est) – territorio de los seto en el sureste de Estonia y Rusia
sild (est) – puente
smuklė (lit) – taberna
stacija (let) – estación
švyturys (lit) – faro

Tallinna (fin) – Tallin
talu (est) – granja
tänav (est) – calle
tee (est) – carretera
tiltas (lit) – puente
tilts (let) – puente
tirgus (let) – mercado
toomkirik (est) – catedral
trahter (est) – taberna
tuletorn (est) – faro
turg (est) – mercado
turgus (lit) – mercado
turismitalu (est) – granja turística (que ofrece alojamiento)

vanalinn (est) – casco antiguo
vaistinė (lit) – farmacia
väljak (est) – plaza
Vecrīga (let) – casco antiguo de Riga
Vía Báltica – carretera internacional (E67) que comunica Estonia con Polonia

žydų (lit) – judíos

Entre bastidores

LA OPINIÓN DEL LECTOR

Agradecemos a los lectores cualquier comentario que ayude a que la próxima edición pueda ser más exacta. Toda la correspondencia recibida se envía al equipo editorial para su verificación. Es posible que algún fragmento de esta correspondencia se use en las guías o en la web de Lonely Planet. Aquellos que no quieran ver publicados sus textos ni su nombre, deben hacerlo constar. La correspondencia debe enviarse, indicando en el sobre Lonely Planet/ Actualizaciones, a la dirección de geoPlaneta en España: Av. Diagonal 662-664. 08034 Barcelona. También puede remitirse un correo electrónico a: viajeros@lonelyplanet.es. Para información, sugerencias y actualizaciones, se puede visitar www.lonelyplanet.es.

NUESTROS LECTORES

Gracias a los viajeros que consultaron la última edición y escribieron a Lonely Planet para enviar información, consejos útiles y anécdotas interesantes: Alan Porter, Alessio Fabrizi, Amanda Kiilerich, Ben Boodman, Benjamin Deissler, Carlos Lacadena, Chiara Manenti, Daniëlle Wolbers, Dean Meservy, Jyoti Careswell, Kingsley Ashford-Brown, Marju Mätas, Martin Hellwagner, Rodrigo López, Sigitas Zemaitis

AGRADECIMIENTOS

Peter Dragicevich

Gracias especiales a mi sufrido agente de viajes David Inglis, de Travel Managers (Auckland). Cuando una compañía se las arregló para anular mis vuelos de regreso (después de que un retraso convirtiera mi viaje a Tallin en una pesadilla de 76 h, aunque esa es otra historia), entró en acción y consiguió sacarme de Tallin en un plazo mínimo.

Hugh McNaughtan

Mi más sincero agradecimiento a Helen, Tasmin, Irmantas, Saulius, Milda y, por supuesto, a las señoras de los lavabos.

Leonid Ragozin

Agradezco a Letonia que se convirtiera en mi hogar cuando hubo problemas en Rusia. Muchas gracias a mis queridos amigos Ilze y Ģirts Jankovskis por hacer que me enamorase de su país y a Reinis Norkārkls por explicármelo. También quiero dar las gracias a las grandes periodistas letonas Sanita Jemberga y Rita Ruduša por sus inestimables consejos sobre la vida y los viajes en Letonia. Y un agradecimiento especial para Vita Viļuma, que me guía por el universo de la lengua letona. Por último, este proyecto habría sido imposible sin la ayuda constante y el espíritu aventurero de mi esposa, Masha Makeeva.

RECONOCIMIENTOS

Mapa climatológico adaptado de M. C. Peel, B. L. Finlayson y T. A. McMahon (2007) "Updated World Map of the Köppen-Geiger Climate Classification", *Hydrology and Earth System Sciences*, 11, pp. 1633-1644. Fotografía de cubierta: Tallin, Estonia, perfil del casco antiguo de la colina de Toompea, Sean Pavone/Shutterstock Muchas de las imágenes de esta guía están disponibles para la autorización de su reproducción en Lonely Planet Images: www.lonelyplanetimages.com.

ESTE LIBRO

Esta es la traducción al español de la 7ª edición de la guía *Estonia, Latvia & Lithuania*, escrita y documentada por Peter Dragicevich, Hugh McNaughtan y Leonid Ragozin. La 6ª edición fue escrita por Brandon Presser, Peter Dragicevich, Mark Baker, Simon Richmond y Andy Symington.

Versión en español

GeoPlaneta, que posee los derechos de traducción y distribución de las guías Lonely Planet en los países de habla hispana, ha adaptado para sus lectores los contenidos de este libro. Lonely Planet y GeoPlaneta quieren ofrecer al viajero independiente una selección de títulos en español; esta colaboración incluye, además, la distribución en España de los libros de Lonely Planet en inglés e italiano, así como un sitio web, www.lonelyplanet.es, donde el lector encontrará amplia información de viajes y las opiniones de los viajeros.

Gracias a Gemma Graham, Anne Mason, Kirsten Rawlings, Alison Ridgway, Angela Tinson, Lauren Wellicome

Índice

ABREVIACIONES

Est - Estonia
Hel - Helsinki
Kal - Kaliningrado
Let - Letonia
Lit - Lituania

A

B

La **negrita** indica los mapas.
El azul indica las fotografías.

La **negrita** indica los mapas.
El azul indica las fotografías.

La **negrita** indica los mapas.
El **azul** indica las fotografías.

L

M

La **negrita** indica los mapas.
El **azul** indica las fotografías.

La **negrita** indica los mapas.
El **azul** indica las fotografías.

Leyenda de los mapas

Puntos de interés

- Playa
- Reserva de aves
- Templo budista
- Castillo/palacio
- Templo cristiano
- Templo confuciano
- Templo hindú
- Templo islámico
- Templo jainita
- Templo judío
- Monumento
- Museo/galería de arte/edificio histórico
- Ruinas
- *Sento* (baño público)/*onsen*
- Templo sintoísta
- Templo sij
- Templo taoísta
- Lagar/viñedo
- Zoo/santuario de vida silvestre
- Otros puntos de interés

Actividades, cursos y circuitos

- *Bodysurf*
- Submarinismo/buceo
- Canoa/kayak
- Curso/circuito
- Esquí
- Buceo
- Surf
- Natación/piscina
- Senderismo
- *Windsurf*
- Otras actividades

Alojamiento

- Alojamiento
- *Camping*

Dónde comer

- Lugar donde comer

Dónde beber

- Lugar donde beber
- Café

Ocio

- Ocio

De compras

- Comercio

Información

- Banco, cajero automático
- Embajada/consulado
- Hospital/médico
- Acceso a internet
- Comisaría de policía
- Oficina de correos
- Teléfono
- Aseos públicos
- Información turística
- Otra información

Otros

- Playa
- Cabaña/refugio
- Faro
- Puesto de observación
- Montaña/volcán
- Oasis
- Parque
- Puerto de montaña
- Zona de *picnic*
- Cascada

Núcleos de población

- Capital (nacional)
- Capital (provincial)
- Ciudad/gran ciudad
- Pueblo/aldea

Transporte

- Aeropuerto
- Puesto fronterizo
- Autobús
- Teleférico/funicular
- Ciclismo
- Ferri
- Metro
- Monorraíl
- Aparcamiento
- Gasolinera
- S-Bahn
- Taxi
- Tren
- Tranvía
- U-Bahn
- Otros transportes

Nota: No todos los símbolos aparecen en los mapas de este libro.

Red de carreteras

- Autopista
- Autovía
- Ctra. principal
- Ctra. secundaria
- Ctra. local
- Callejón
- Ctra. sin asfaltar
- Camino en construcción
- Zona peatonal
- Escaleras
- Túnel
- Puente peatonal
- Circuito a pie
- Desvío del circuito
- Camino de tierra

Límites

- Internacional
- 2º rango, provincial
- En litigio
- Regional/suburbano
- Parque marítimo
- Acantilado
- Muralla

Hidrografía

- Río/arroyo
- Agua estacional
- Canal
- Agua
- Lago seco/salado/estacional
- Arrecife

Áreas delimitadas

- Aeropuerto/pista
- Playa, desierto
- Cementerio cristiano
- Cementerio (otro tipo)
- Glaciar
- Marisma
- Parque/bosque
- Edificio de interés
- Zona deportiva
- Pantano/manglar

LOS AUTORES

Peter Dragicevich
Estonia Tras doce años escribiendo para diarios y revistas en su Nueva Zelanda natal y en Australia, Peter abandonó el despacho y se puso en marcha. Desde entonces ha colaborado en decenas de títulos de Lonely Planet, incluida la edición anterior de esta obra, *Scandinavian Europe* y cinco ediciones sucesivas de la guía *Eastern Europe*. Considera Tallin una de sus ciudades europeas favoritas. Peter también ha participado en la sección de planos de este libro.

Hugh McNaughtan
Lituania Hugh, antiguo profesor de inglés, decidió que pedir visados era mejor que pedir becas y convirtió su pasión por los viajes en una ocupación a tiempo completo. Como también había escrito crítica gastronómica en su ciudad natal (Melbourne), se ha comido toda Europa y ha descubierto que la mejor manera de abrir el apetito por la contundente comida de Lituania es pasarse el día recorriendo en bicicleta sus increíbles bosques. Nada le hace más feliz que salir de viaje con sus dos hijas, excepto, quizá, el críquet.

Leonid Ragozin
Letonia, Excursión a Helsinki, Excursión a Kaliningrado, Datos prácticos A-Z, Transporte Leonid estudió las dinámicas de las playas en la Universidad Estatal de Moscú, pero, a falta de buenas playas en Rusia, se hizo periodista y pasó 12 años viajando por distintas secciones de la BBC, con un paréntesis de cuatro años como corresponsal de la edición rusa de *Newsweek*. Ahora es un periodista independiente especializado en buena medida en el conflicto entre Rusia y Ucrania (dos destinos Lonely Planet suyos), lo que le ha obligado a abandonar Moscú y hallar un nuevo hogar en Riga. Esto ha convertido la escritura de este libro en una experiencia que ha transformado literalmente su vida.

geoPlaneta
Av. Diagonal 662-664. 08034 Barcelona
viajeros@lonelyplanet.es
www.geoplaneta.com - www.lonelyplanet.es

Lonely Planet Global
Lonely Planet Global Limited, Unit E, Digital Court,
The Digital Hub, Rainsford Street, Dublín 8, Irlanda
(oficinas también en Reino Unido y Estados Unidos)
www.lonelyplanet.com - talk2us@lonelyplanet.com.au

Estonia, Letonia y Lituania
3ª edición en español – septiembre del 2016
Traducción de *Estonia, Latvia & Lithuania*, 7ª edición – mayo del 2016
©Lonely Planet Global Limited
1ª edición en español – noviembre del 2006

Editorial Planeta, S.A.
Av. Diagonal 662-664, 7º. 08034 Barcelona (España)
Con la autorización para la edición en español de Lonely Planet Global Ltd
A.B.N. 36 005 607 983, Lonely Planet Global Limited, Unit E, Digital Court,
The Digital Hub, Rainsford Street, Dublín 8, Irlanda

ISBN: 978-84-08-15224-8

Depósito legal: B. 76-2016
Impresión y encuadernación: Grafo
Printed in Spain – Impreso en España